最新汽车正时校对手册

韩旭东　主编

辽宁科学技术出版社
·沈阳·

图书在版编目（CIP）数据

最新汽车正时校对手册 / 韩旭东主编. — 沈阳：
辽宁科学技术出版社, 2022.5
ISBN 978-7-5591-2493-7

Ⅰ.①最… Ⅱ.①韩… Ⅲ.①汽车—发动机—车辆修
理—手册 Ⅳ.①U472.43-62

中国版本图书馆CIP数据核字(2022)第068088号

出版发行：辽宁科学技术出版社
　　　　　（地址：沈阳市和平区十一纬路25号　邮编：110003）
印　刷　者：辽宁新华印务有限公司
经　销　者：各地新华书店
幅面尺寸：210mm×285mm
印　　张：46
字　　数：1350千字
出版时间：2022年5月第1版
印刷时间：2022年5月第1次印刷
责任编辑：吕焕亮
封面设计：熊猫工作室
责任校对：王玉宝
书　　号：ISBN 978-7-5591-2493-7
定　　价：150.00元

编辑电话：024-23284373
E-mail:atauto@vip.sina.com
邮购热线：024-23284626

前 言

发动机凸轮轴链轮和曲轴链轮上都有正时标记，在进行发动机拆装和维修时必须校对正时标记，即进行正时校对，否则发动机就不能正常运行。在进行正时校对时必须按照规定一步一步地进行，各个车型发动机正时校对方法不同，维修人员必须参考相关资料才能进行工作。

由于正时校对使用频率相当高且维修过程都要参考这些资料，为了方便广大维修人员查找最新汽车正时校对方法，我们编写了这本《最新汽车正时校对手册》。本书的特点如下：

（1）车型全。书中几乎涵盖了2019—2022年上市的最常见的汽车车型，包括30种车系和上百种车型。

（2）车型新。书中包括很多最新款车型，北京奔驰 A250L（W177）、奔驰 E350 COUPE（W238）、华晨宝马 X1 18Li（F49）、华晨宝马 118i（F52）、华晨宝马 X3 xDrive 25i（G08）、华晨宝马 540Li（G38）（3.0T B58B30）、奇瑞捷豹 XEL、奇瑞捷豹 E-PACE、捷豹 F-PACE、路虎星脉、一汽奥迪 Q5L、奥迪 A8L（D5）、上海大众途昂、斯柯达柯米克、一汽大众探歌等。

（3）实用性强。本书详细介绍正时校对方法，图文并茂，直观易懂，查找方便，实用性强。可以说，本书是一本价值很高的汽车正时校对宝典。

本书由韩旭东主编，鲁子南、胡志涛、裴海涛、路国强、王海文、孙德文、何广飞、延福标、李洪全、宁振华、钱树贵、杨正海、陈文辉、杨金和、孟研科、汪义礼、张效良、李德强、马见玲、武瑞强、陈海新、张海龙、胡正新、李辉、李德亮、王卓、王树礼和陈东波参与编写。由于作者水平有限，书中难免有错误和不当之处，敬请广大读者批评指正。

编 者

目　录

索 引

1

第一章　奔驰车系

第一节　奔驰车型

一、车型

北京奔驰 A180L（W177）（1.3T M282.914），2019—2022 年。

北京奔驰 A200L（W177）（1.3T M282.914），2019—2022 年。

进口奔驰 A180（W177）（1.3T M282.914），2019—2021 年。

进口奔驰 A200（W177）（1.3T M282.914），2019—2021 年。

北京奔驰 GLA180（X156）（1.3T M282.914），2020—2022 年。

北京奔驰 GLA200（X156）（1.3T M282.914），2020—2022 年。

北京奔驰 GLB180（X247）（1.3T M282.914），2020—2022 年。

北京奔驰 GLB200（X247）（1.3T M282.914），2020—2022 年。

进口奔驰 B180（W247）（1.3T M282.914），

2020—2021 年。

进口奔驰 B200（W247）（1.3T M282.914），2020—2021 年。

进口奔驰 CLA200（W118）（1.3T M282.914），2020—2022 年。

（一）专用工具

定位工具 282 589 00 23 00，如图 1-1 所示。

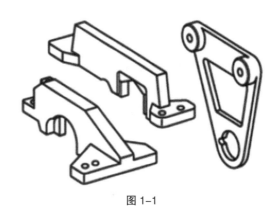

图 1-1

（二）检查凸轮轴的基本位置

发动机 M282 属于型号 W177 机型，如图 1-2 所示。

3.标记　4.标记　6.进气凸轮轴调节器　8.排气凸轮轴调节器

图 1-2

1. 小心

（1）被尖锐的汽车部件刮擦有导致受伤的风险。对带毛刺和锋利边角的车辆部件进行操作或在其附近作业时，一定要戴上防护手套，去除维修板件的毛刺。

（2）处理发动机油时有伤害皮肤和眼睛的风险。误服发动机油有中毒危险。穿戴防护手套、防护服和护目镜。切勿将发动机油注入饮料瓶中。

2. 拆卸

（1）拆下火花塞。

（2）拆下气缸盖罩进气口。

（3）拆下气缸盖罩出气口。

（4）将固定锁从启动机齿圈上拆下。

（5）拧入曲轴皮带轮的螺栓。拧入曲轴皮带轮的螺栓，直到发动机沿发动机转动方向转动。

（6）沿发动机转动方向，通过曲轴转动发动机，直至达到1号气缸的点火上止点（TDC）位置。进气凸轮轴调节器（如图1-2中6）和排气凸轮轴调节器（如图1-2中8）上的标记（如图1-2中3）必须垂直向上。曲轴齿轮上的标记（如图1-2中4）必须垂直向下。

（7）拆下曲轴皮带轮的螺栓。

3. 检验

（1）将定位工具安装到凸轮轴和曲轴上。首先，将定位工具安装到曲轴上。然后，将定位工具安装到凸轮轴上。如果能下安装定位工具，拆下定位工具并继续安装；如果无法安装定位工具，查找确定原因。

4. 安装

（1）安装气缸盖罩出气口，先不要安装正时箱盖罩。

（2）安装气缸盖罩进气口。

（3）安装火花塞。

（4）检查发动机油液位，如有必要，则进行校正。

警告：发动机运转时，汽车可能会自行启动而造成事故。发动机启动或运转期间，在附近工作存在导致擦伤和烧伤的风险。在操作排气系统和相关部件时有烧伤、窒息和中毒危险。由于吸入废气的气态和固态部分造成窒息和中毒危险。由于皮肤接触废气的固态部分造成中毒危险。

（5）执行发动机试运行，同时检查发动机是否正常工作及密封性。固定好车辆，以防其自行移动。穿上密闭且紧身的工作服.切忌接触高温或旋转的部件。

警告：穿戴防护服和防护眼镜，使用排风装置。将人员撤离危险区域。

二、车型

北京奔驰 C200/C200L（W205）（1.5T M264.915），2019—2021年。

北京奔驰 C260/C260L（W205）（1.5T M264.915），2019—2021年。

北京奔驰 C300L（W205）（2.0T M264.920），2019—2021年。

北京奔驰 E260L（W213）（2.0T M264.920），2019—2022年。

北京奔驰 E300L（W213）（2.0T M264.920），2019—2022年。

北京奔驰 E350L 4MATIC（W213）（2.0T M264.920），2019—2021年。

北京奔驰 E260L（W213）（1.5T M264.915），2019—2021年。

北京奔驰 GLC260L 4MATIC（X253）（2.0T M264.920），2020—2022年。

北京奔驰 GLC300L 4MATIC（X253）（2.0T M264.920），2020—2022年。

进口奔驰 C200轿跑车（W205）（1.5T M264.915），2020—2021年。

进口奔驰 C260轿跑车（W205）（1.5T M264.915），2019—2021年。

进口奔驰 E260轿跑车 4MATIC（C238）（1.5T M264.915），2019—2021年。

进口奔驰 E300轿跑车（C238）（2.0T M264.920），2019—2021年。

进口奔驰 CLS260（C257）（1.5T M264.915），2020—2021年。

进口奔驰 CLS300（C257）（2.0T M264.920），2018—2021年。

进口奔驰 CLS350 4MATIC（C257）（2.0T M264.920），2018—2021年。

进口奔驰 GLC260 4MATIC轿跑车（X253）（2.0T M264.920），2020—2021年。

进口奔驰 GLC300 4MATIC轿跑车（X253）（2.0T M264.920），2020—2021年。

进口奔驰 GLE350 4MATIC（X167）（2.0T M264.920），2020—2021年。

进口奔驰 GLE350 4MATIC轿跑车（C292）（2.0T M264.920），2020年。

进口奔驰 G350（W464）（2.0T M264.920），2020年。

（一）检查凸轮轴的基本位置

发动机 M264属于型号238机型，如图1-3所示。

1. 拆卸/安装

（1）拆下凸轮轴上的霍耳传感器、排气凸轮轴霍

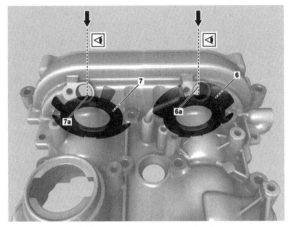

6.脉冲轮　6a.边缘　7.脉冲轮　7a.轴承狭槽
图1-3

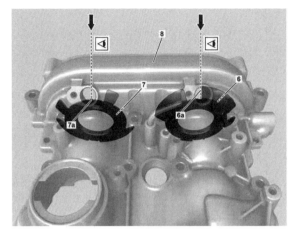

6.脉冲轮　6a.边缘　7.脉冲轮　7a.轴承狭槽　8.气缸盖罩
图1-5

耳传感器和进气凸轮轴霍耳传感器。

（2）拆下右侧增压空气管。

（3）拆下增压空气冷却器，并在保持管路连接的情况下将其放在前方。

（4）沿发动机转动方向，通过曲轴中央螺栓转动发动机，直至达到1号气缸的点火上止点（TDC）位置。皮带轮上的上止点标记必须与正时齿轮室盖罩上的定位缘对齐。

（5）检查凸轮轴的基本位置。检查排气凸轮轴位置时，脉冲轮（如图1-3中6）的边缘（如图1-3中6a）必须在霍耳传感器开口的中心处可见。检查进气凸轮轴位置时，脉冲轮（如图1-3中7）的轴承狭槽（如图1-3中7a）必须在霍耳传感器开口的中心处。如果基本位置不正确，设定凸轮轴的基本位置。

（6）按照拆卸的相反顺序进行安装。

（二）调节凸轮轴的基本位置

发动机M264属于型号W213、W238、W257，如图1-4和图1-5所示。

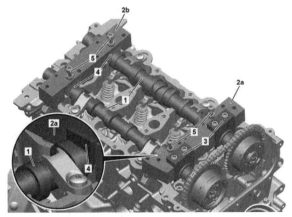

1.凸轮轴　2a.压紧工具　2b.压紧工具　3.支架　4.轴承托架　5.螺栓
图1-4

1. 专用工具

（1）固定装置270 589 01 61 00，如图1-6所示。

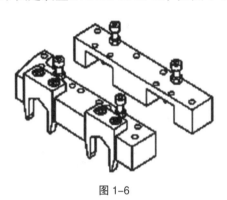

图1-6

（2）套筒270 589 01 07 00，如图1-7所示。

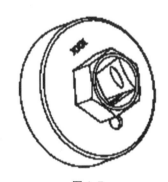

图1-7

2. 小心

（1）被尖锐的汽车部件刮擦有导致受伤的风险。对带毛刺和锋利边角的车辆部件进行操作或在其附近作业时，一定要戴上防护手套。去除维修板件的毛刺。

（2）处理发动机油时有伤害皮肤和眼睛的风险。误服发动机油有中毒危险。穿戴防护手套、防护服和护目镜。切勿将发动机油注入饮料瓶中。

3. 警告

搬运部件时会被夹住、挤压，严重时还会造成手脚骨折。搬运部件时，肢体不得进入机械部件的工作范围。

4. 拆卸

（1）拆下右侧增压空气管。

（2）拆下增压空气冷却器，并在保持管路连接的情况下将其放在前方。

（3）沿发动机转动方向，通过曲轴中央螺栓转动发动机，直至达到1号气缸的点火上止点（TDC）位置。皮带轮上的上止点标记必须与正时箱盖罩上的定位缘对齐。

（4）拆下气缸盖罩（如图1-5中8）。

（5）安装压紧工具（如图1-4中2a、2b）并拧入螺栓（如图1-4中5），直到轴承座平靠在气缸盖上。

（6）拆下凸轮轴调节器。

4. 调节

（1）将凸轮轴（如图1-4中1）转入基本位置。使用专用扳手套筒或螺栓并配套使用垫片转动凸轮轴（如图1-4中1）。否则，会损坏凸轮轴（如图1-4中1）。如果脉冲轮（如图1-5中6）的边缘（如图1-5中6a）和脉冲轮（如图1-5中7）的轴承狭槽（如图1-5中7a）竖直朝上，则表明凸轮轴（如图1-4中1）位于基本位置。

（2）安装支架（如图1-4中3）。不适用于将凸轮轴(如图1-4中1)调节入位。这会损坏支架(如图1-4中3)并造成正时错误。使用专用扳手套筒或螺栓并配套使用垫片转动凸轮轴（如图1-4中1）。否则，会损坏凸轮轴（如图1-4中1）。必须可以无压力地安装支架（如图1-4中3）。否则，会损坏凸轮轴（如图1-4中1）并导致正时错误。

5. 安装

（1）安装凸轮轴调节器并用手稍稍拧紧控制阀。安装凸轮轴调节器和正时链时，确保曲轴不会扭转。

（2）安装链条张紧器。

（3）拧紧控制阀。

（4）将支架（如图1-4中3）从压紧工具（如图1-4中2a）上拆下。

（5）松开螺栓（如图1-4中5），直到凸轮轴（如图1-4中1）可旋转。压紧工具（如图1-4中2a、2b）仍安装在气缸盖上。

6. 检验

（1）沿发动机转动方向，通过曲轴中央螺栓转动发动机，直至达到1号气缸的点火上止点（TDC）位置。

皮带轮上的上止点标记必须与正时箱盖罩上的定位缘对齐。

（2）拧入螺栓（如图1-4中5），直到轴承座（如图1-4中4）平放到气缸盖上。

（3）检查凸轮轴的基本位置：为此，将支架（如图1-4中3）安装到压紧工具（如图1-4中2a）上，必须可以无压力地安装支架（如图1-4中3）。否则，会损坏凸轮轴（如图1-4中1）并导致正时错误。如果无法安装支架（如图1-4中3），从操作步骤以上重复作业步骤。

（4）拆下支架（如图1-4中3）和压紧工具（如图1-4中2a、2b）。

（5）安装气缸盖罩（如图1-5中8）。

（6）增压空气冷却器。

（7）安装右侧增压空气管。

三、车型

北京奔驰 C200/C200L（W206）（1.5T M254.915），2022年。

北京奔驰 C260/C260L（W206）（1.5T M254.915），2022年。

（一）检查凸轮轴的基本位置

发动机 254.9 属于型号 W206，如图1-8所示。

1. 专用工具

（1）套筒扳手 285 589 01 03 00，如图1-9所示。

（2）定位工具 254 589 00 23 00，如图1-10所示。

2. 警告

（1）受伤的风险。搬运部件时会被夹住、挤压，严重时还会造成手脚骨折。搬运部件时警告，肢体不得进入机械部件的工作范围。

3. 小心

（1）被尖锐的汽车部件刮擦有导致受伤的风险。对带毛刺和锋利边角的车辆部件进行操作或在其附近作业时，一定要戴上防护手套。去除维修板件的毛刺。

（2）处理发动机油时有伤害皮肤和眼睛的风险。误服发动机油有中毒危险。穿戴防护手套、防护服和护目镜。切勿将发动机油注入饮料瓶中。

4. 拆卸 / 安装

（1）拆下排气凸轮轴霍耳传感器。安装：仅在发动机试运行后安装上部发动机盖。

（2）拆下进气凸轮轴霍耳传感器。安装：仅在发动机试运行后安装上部发动机盖。

（3）沿发动机转动方向将发动机转至1号气缸的点火上止点（TDC），并安装曲轴的固定锁。发动机254.9属于型号206除了代码ME10〔混合动力车辆

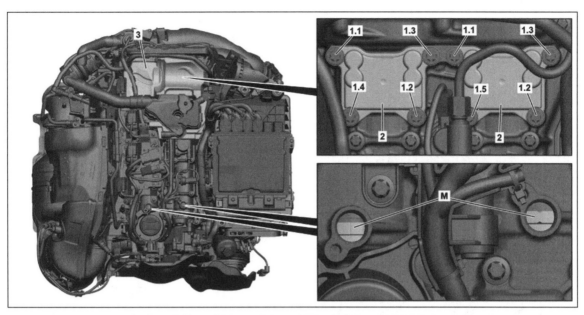

1.1.螺栓 1.2.螺栓 1.3.螺栓 1.4.螺栓 1.5.螺栓 2.保养盖 3.后部隔噪装置 M.标记

图 1-8

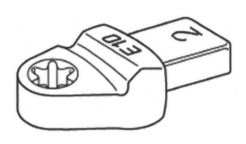

图 1-9

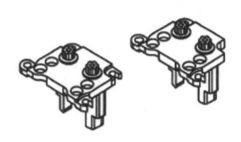

图 1-10

（Plug-In、PHEV）〕和发动机254.9属于型号206带代码ME10〔混合动力车辆（Plug-In、PHEV）〕。如果标记（如图1-8中M）不可见，则1号气缸的活塞未置于点火上止点（TDC）处。

（4）将部分负荷通风管从机油分离器上拆下并放到一旁。

（5）将全负荷通风管从机油分离器上拆下并放到一旁。

（6）拆下气缸盖罩上方的后部隔噪装置（如图1-8中3）。

（7）按照相反的数字顺序松开右侧保养盖（如图1-8中2）的螺栓（如图1-8中1.1至1.4）。安装：按照数字顺序拧入螺栓（如图1-8中1.1至1.4），螺栓连接维修盖到凸轮轴外壳力矩8N·m。

（8）按照相反的数字顺序松开左侧保养盖（如图1-8中2）的螺栓（如图1-8中1.1至1.3）。松开和拧紧期间，确保燃油高压管路未损坏。否则，燃油系统会发生泄漏或损坏。安装：按照数字顺序拧入螺栓（如图1-8中1.1至1.3），螺栓连接维修盖到凸轮轴外壳力矩8N·m。

（9）松开螺栓（如图1-8中1.5）。关于在使用具有不同螺距长度的定位或套入工具时计算拧紧扭矩的说明。松开和拧紧期间，确保燃油高压管路未损坏。否则，燃油系统会发生泄漏或损坏。螺栓连接维修盖到凸轮轴外壳力矩8N·m。

（10）拆下保养盖（如图1-8中2）。安装：更换密封件。

（11）按照拆卸的相反顺序进行安装。

5.检验

将定位工具安装到检修孔中并检查凸轮轴的基本位置。将已分解的定位工具插入检修孔中。如果无法插入定位工具，重新设定凸轮轴的基本位置。

6.警告

（1）在操作排气系统和相关部件时有烧伤、窒息和中毒危险。穿戴防护服和防护眼镜。使用排风装置。将人员撤离危险区域。由于吸入废气的气态和固态部分造成窒息和中毒危险。由于皮肤接触废气的固态部分造成中毒危险。

（2）发动机运转时，汽车可能会自行启动而造成事故。发动机启动或运转期间，在附近工作存在导致擦伤和烧伤的风险。固定好车辆，以防其自行移动。穿上密闭且紧身的工作服。切忌接触高温或旋转的部件。

（3）执行发动机试运行。同时，检查发动机是否正常工作及其密封性。

（二）调节凸轮轴的基本位

发动机 254.9 属于型号 W206，如图 1-11 所示。

1. 专用工具

（1）调节工具 654 589 00 21 00，如图 1-12 所示。

（2）套筒扳手套头 177 589 01 09 00，如图 1-13 所示。

（3）套筒扳手 285 589 01 03 00，如图 1-14 所示。

（4）定位工具 254 589 00 23 00，如图 1-15 所示。

（5）反向固定器 654 589 00 40 00，如图 1-16 所示。

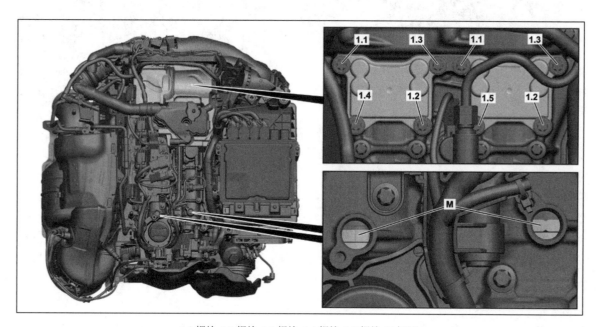

1.1.螺栓 1.2.螺栓 1.3.螺栓 1.4.螺栓 1.5.螺栓 M.标记

图 1-11

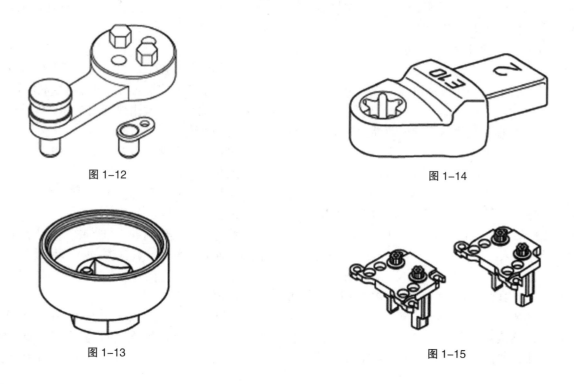

图 1-12

图 1-14

图 1-13

图 1-15

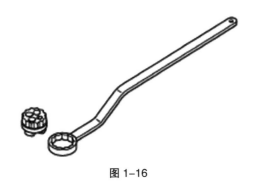

图 1–16

2. 警告

（1）受伤的风险。搬运部件时会被夹住、挤压，严重时还会造成手脚骨折。搬运部件时警告，肢体不得进入机械部件的工作范围。

3. 小心

（1）被尖锐的汽车部件刮擦有导致受伤的风险。对带毛刺和锋利边角的车辆部件进行操作或在其附近作业时，一定要戴上防护手套，去除维修板件的毛刺。

（2）处理发动机油时有伤害皮肤和眼睛的风险。误服发动机油有中毒危险。穿戴防护手套、防护服和护目镜。切勿将发动机油注入饮料瓶中。

4. 拆卸

（1）将凸轮轴移动至基本位置。

（2）拆下进气凸轮轴的凸轮轴调节器。

（3）拆下排气凸轮轴的凸轮轴调节器。

5. 调节

（1）拆下定位工具。

（2）用套筒扳手套头转动进气凸轮轴和排气凸轮轴，直至脉冲轮上的标记（如图 1–11 中 M）可见。

（3）安装定位工具。将已分解的定位工具插入检修孔中。如有必要，进一步用套筒扳手套筒转动凸轮轴，直至可插入定位工具。

6. 安装

（1）安装排气凸轮轴的凸轮轴调节器。

（2）安装进气凸轮轴的凸轮轴调节器。

（3）拆下曲轴锁的定位销。

（4）沿发动机转动方向转动发动机两圈，并将 1 号气缸的活塞设置到点火上止点（TDC）处。沿发动机转动方向转动发动机。否则会损坏发动机。减震器上的上止点（TDC）标记必须与曲轴箱上的标记匹配。

（5）通过凸轮轴外壳处的传感器开口执行目视检查。如果标记（如图 1–11 中 M）不可见，则脉冲轮上的标记（如图 1–11 中 M）必须可见。1 号气缸的活塞未置于点火上止点（TDC）处。

（6）安装曲轴锁的定位销。

7. 检验

（1）安装定位工具。将已分解的定位工具插入检修孔中。如果无法插入定位工具，重复调整。

（2）拆下定位工具。

（3）定位进气凸轮轴和排气凸轮轴的保养盖。更换密封件。

（4）按照数字顺序拧入右侧保养盖的螺栓（如图 1–11 中 1.1 至 1.4）。螺栓连接维修盖到凸轮轴外壳，拧紧力矩 8N·m。

（5）按照数字顺序拧入左侧保养盖的螺栓（如图 1–11 中 1.1 至 1.3）。拧紧期间，确保燃油高压管路未损坏。否则，燃油系统会发生泄漏或损坏。螺栓连接维修盖到凸轮轴外壳，拧紧力矩 8N·m。

（6）拧紧螺栓（如图 1–11 中 1.5），关于在使用具有不同螺距长度的定位或套入工具时计算拧紧扭矩的说明。拧紧期间，确保燃油高压管路未损坏。否则，燃油系统会发生泄漏或损坏。螺栓连接维修盖到凸轮轴外壳，拧紧力矩 8N·m。

（7）安装连接至机油分离器的部分负荷通风管。

（8）安装连接至机油分离器的全负荷通风管。

（9）安装气缸盖罩上方的后部隔噪装置。

（10）安装排气凸轮轴霍耳传感器。仅在发动机试运行后安装上部发动机盖。

（11）安装进气凸轮轴霍耳传感器。仅在发动机试运行后安装上部发动机盖。

（12）拆下曲轴固定锁。发动机 254.9 属于型号 206 除了代码 ME10〔混合动力车辆（Plug-In、PHEV）〕。发动机 254.9 属于型号 206 带代码 ME10〔混合动力车辆（Plug-In、PHEV）〕。只有在发动机试运行完成之后，才可安装发动机舱饰板。

8. 警告

（1）在操作排气系统和相关部件时有烧伤、窒息和中毒危险。穿戴防护服和防护眼镜。使用排风装置。将人员撤离危险区域。由于吸入废气的气态和固态部分造成窒息和中毒危险。由于皮肤接触废气的固态部分造成中毒危险。

（2）发动机运转时，汽车可能会自行启动而造成事故。发动机启动或运转期间，在附近工作存在导致擦伤和烧伤的风险。固定好车辆，以防其自行移动。穿上密闭且紧身的工作服。切忌接触高温或旋转的部件。

（3）执行发动机试运行，然后检查发动机是否正常工作及其密封性。

四、车型

北京奔驰AMG A35L 4MATIC（W177）（2.0T M260.920），2020年。

进口奔驰B260 4MATIC（W247）（2.0T M260.920），2020—2021年。

北京奔驰A220 L 4MATIC（W177）（2.0T M260.920），2020年。

进口奔驰CLA260 4MATIC（W118）（2.0T M260.920），2020—2022年。

（一）检查凸轮轴的基本位置

发动机M260属于型号W118、W177、W247，结构如图1-17所示。

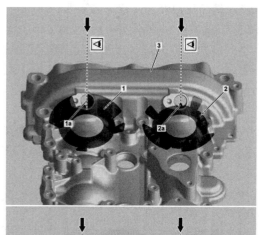

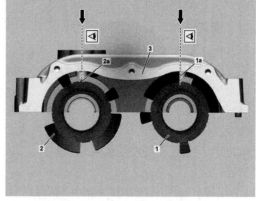

1.扇形盘 1a.边缘 2.扇形盘 2a.轴承狭槽 3.气缸盖罩

图1-17

1. 专用工具

（1）套筒扳手头001 589 65 09 00，如图1-18所示。

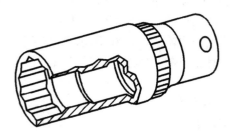

图1-18

2. 警告

（1）受伤的风险。处理炽热或发光的物体时，可能导致皮肤或眼睛损伤。如有必要，穿戴防护手套、防护服和防护眼镜。

（2）受伤的风险。搬运部件时会被夹住、挤压，严重时还会造成手脚骨折。搬运部件时，肢体不得进入机械部件的工作范围。

3. 小心

（1）处理发动机油时有伤害皮肤和眼睛的风险。误服发动机油有中毒危险。穿戴防护手套、防护服和护目镜。切勿将发动机油注入饮料瓶中。

（2）被尖锐的汽车部件刮擦有导致受伤的风险。对带毛刺和锋利边角的车辆部件进行操作或在其附近作业时，一定要戴上防护手套。去除维修板件的毛刺。

4. 拆卸 / 安装

（1）拆下进气凸轮轴的霍耳传感器。

（2）拆下排气凸轮轴的霍耳传感器。

（3）拆下右前翼子板内衬。

（4）在曲轴中央螺栓处沿发动机转动方向将发动机转动至1号气缸的点火上止点（TDC）位置。皮带轮 / 减震器上的上止点（TDC）标记必须与正时箱盖罩上的定位缘对齐。套筒扳手头，如图1-18所示。

5. 检查凸轮轴的基本位置

通过在气缸盖罩（如图1-17中3）的霍耳传感器开口上进行目视检查来检查凸轮轴的基本位置。要检查排气凸轮轴调节，扇形盘（如图1-17中1）部分扇形的边缘（如图1-17中1a）在霍耳传感器开口中央必须可见。若要检查进气凸轮轴调节，扇形盘（如图1-17中2）的轴承狭槽（如图1-17中2a）必须位于霍耳传感器开口的中央。如果基本设置不正确，重新设定凸轮轴的基本位置。

6. 安装

按照拆卸的相反顺序进行安装。

（二）调节凸轮轴的基本位置

发动机M260属于型号W118、W177、W247。更改提示：将发动机转至上止点位置，新增。如图1-19和图1-20所示为发动机M260，未装配可变气门升程系统（CAMTRONIC）/ 代码（A14）。

1. 专用工具

（1）固定装置270 589 01 61 00，如图1-21所示。

（2）套筒扳手头001 589 65 09 00，如图1-22所示。

（3）套筒270 589 01 07 00，如图1-23所示。

2. 警告

（1）受伤的风险。处理炽热或发光的物体时，可

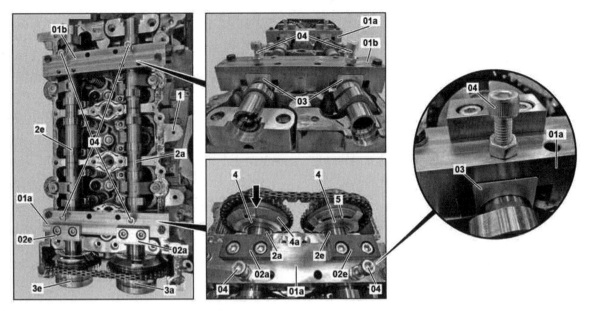

01a.压紧装置 04.螺栓 3e.凸轮轴调节器 01b.压紧装置 1.气缸盖 4.扇形盘 02a.支架 2a.排气凸轮轴 4a.扇形段 02e.支架 2e.进气凸轮轴 5.轴承狭槽 03.轴承座 3a.凸轮轴调节器

图 1-19

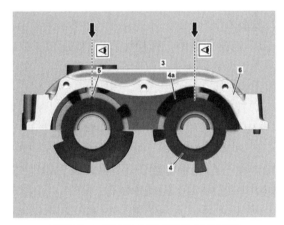

4.扇形盘 4a.扇形段 5.轴承狭槽 6.气缸盖罩

图 1-20

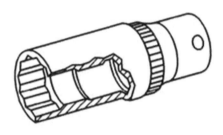

图 1-22

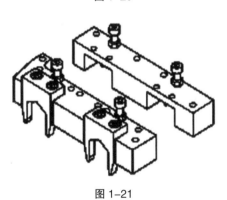

图 1-21

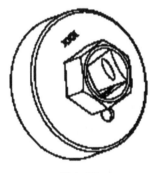

图 1-23

能导致皮肤或眼睛损伤。如有必要，穿戴防护手套、防护服和防护眼镜。

（2）受伤的风险。搬运部件时会被夹住、挤压，严重时还会造成手脚骨折。搬运部件时，肢体不得进入机械部件的工作范围。

3.小心

（1）被尖锐的汽车部件刮擦有导致受伤的风险。对带毛刺和锋利边角的车辆部件进行操作或在其附近作业时，一定要戴上防护手套。去除维修板件的毛刺。

（2）处理发动机油时有伤害皮肤和眼睛的风险。误服发动机油有中毒危险。穿戴防护手套、防护服和护目镜。切勿将发动机油注入饮料瓶中。

4. 拆卸

（1）拆下气缸盖罩（如图1-20中6）。

（2）拆下右前翼子板内衬。

（3）通过曲轴中央螺栓沿发动机转动方向转动发动机，直到位于1号气缸的点火上止点（TDC）。排气凸轮轴（如图1-19中2a）的扇形段（如图1-20中4a）和进气凸轮轴（如图1-19中2e）的轴承狭槽（如图1-20中5）的边缘朝上。以下操作中要确保曲轴未被转动。套筒扳手头，图1-22所示。

（4）拆下凸轮轴调节器（如图1-19中3a、3e）。

（5）安装压紧装置（如图1-19中01b）。拧入螺栓（如图1-19中04），直到轴承座（如图1-19中03）平放到气缸盖（如图1-19中1）上。固定装置，如图1-21所示。

（6）拆下支架（如图1-19中02a、02e）。压紧装置（如图1-19中01a）仍安装在气缸盖（如图1-19中1）上。

5. 调节

（1）将排气凸轮轴（如图1-19中2a）和进气凸轮轴（如图1-19中2e）转动到基本位置。转动排气凸轮轴（如图1-19中2a）和进气凸轮轴（如图1-19中2e）时，只能使用套筒扳手用套筒或将螺栓与垫圈配套使用。否则会损坏排气凸轮轴（如图1-19中2a）和进气凸轮轴（如图1-19中2e）。排气凸轮轴（如图1-19中2a）的扇形段（如图1-20中4a）和进气凸轮轴（如图1-19中2e）的轴承狭槽（如图1-20中5）的边缘必须垂直朝上。套筒，如图1-23所示。

（2）安装支架（如图1-19中02a、02e）。转动排气凸轮轴（如图1-19中2a）和进气凸轮轴（如图1-19中2e）时，只能使用套筒扳手用套筒或将螺栓与垫圈配套使用。否则会损坏排气凸轮轴（如图1-19中2a）和进气凸轮轴（如图1-19中2e）。必须可以无压力地定位和安装支架（如图1-19中02a、02e）。否则会损坏支架（如图1-19中02a、02e）并造成正时错误。固定装置，如图1-21所示。不适用于将凸轮轴（如图1-19中2a、2e）移入位。否则会损坏排气凸轮轴（如图1-19中2a）、进气凸轮轴（如图1-19中2e）并造成正时错误。

6. 安装

（1）安装凸轮轴调节器（如图1-19中3a、3e），然后用手稍稍拧紧控制阀。装配凸轮轴调节器（如图1-19中3a、3e）或正时链时，确保曲轴未转动。安装链条张紧器后先将控制阀完全拧紧。凸轮轴调节器（如图1-19中3a、3e）必须能够自由转动到排气凸轮轴（如图1-19中2a）和进气凸轮轴（如图1-19中2e）上。

（2）安装链条张紧器。

（3）将凸轮轴调节器（如图1-19中3a、3e）的控制阀拧紧至最终拧紧扭矩。

（4）拆下支架（如图1-19中02a、02e）。压紧装置（如图1-19中01a、01b）留在气缸盖（如图1-19中1）上。固定装置，如图1-21所示。

（5）将螺栓（如图1-19中04）从压紧装置（如图1-19中01a、01b）处松开，直至可以转动凸轮轴（如图1-19中2a、2e）。压紧装置（如图1-19中01a、01b）留在气缸盖（如图1-19中1）上。

7. 检验

（1）通过曲轴中央螺栓沿发动机转动方向转动发动机两圈，直到位于1号气缸的点火上止点（TDC）。套筒扳手头，如图1-23所示。

（2）拧入螺栓（如图1-19中04），直到轴承座（如图1-19中03）平放到气缸盖（如图1-19中1）上。

（3）重新安装支架（如图1-19中02a、02e），然后检查排气凸轮轴（如图1-19中2a）和进气凸轮轴（如图1-19中2e）的基本位置。

（4）必须可以无压力地定位和安装支架（如图1-19中02a、02e）。否则会损坏支架（如图1-19中02a、02e）并造成正时错误。如果无法安装支架（如图1-19中02a、02e），重复操作步骤（3）开始重复作业步骤。

（5）拆下支架（如图1-19中02a、02e）和压紧装置（如图1-19中01a、01b）。

（6）安装右前翼子板内衬。

（7）安装气缸盖罩（如图1-20中6）。

五、车型

进口奔驰 GLE450 4MATIC（X167）（2.5T 256.925），2021年。

进口奔驰 GLE450 4MATIC 轿跑车（C292）（2.5T 256.925），2020—2021年。

进口奔驰 GLS400 4MATIC（X167）（2.5T 256.925），2021年。

进口奔驰 GLS450 4MATIC（X167）（3.0T

256.930），2021年。

进口奔驰 S400L（W223）（2.5T 256.925），2021—2022年。

进口奔驰 S450L（W223）（2.5T 256.925），2021—2022年。

进口奔驰 S450L 4MATIC（W223）（2.5T 256.925），2021—2022年。

进口奔驰 S500L 4MATIC（W223）（3.0T 256.930），2021—2022年。

进口迈巴赫 S480 4MATIC（W240）（3.0T 256.930），2021年。

（一）拆卸/安装正时链的导向轮

发动机 256.9 属于型号 X167，如图 1-24 所示。

1.螺栓 2.齿轮 3.正时链
图 1-24

1. 小心

（1）处理发动机油时有伤害皮肤和眼睛的风险。误服发动机油有中毒危险。穿戴防护手套、防护服和护目镜。切勿将发动机油注入饮料瓶中。

2. 拆卸

（1）拆下进气凸轮轴的凸轮轴调节器。

（2）拆下链条张紧器。

（3）拆下螺栓（如图 1-24 中 1）。

（4）将正时链（如图 1-24 中 3）从齿轮（如图 1-24 中 2）上拆下，然后将齿轮（如图 1-24 中 2）连同轴颈一起从气缸盖上拆下并固定正时链（如图 1-24 中 3），以防掉落。

（5）将轴颈从齿轮（如图 1-24 中 2）上拆下。

3. 检验

检查齿轮（如图 1-24 中 2）和轴颈是否刮伤和磨损，如有必要，则更换相关部件。

4. 安装

（1）用发动机油润滑齿轮（如图 1-24 中 2）的内部接触面。

（2）将轴颈安装到齿轮（如图 1-24 中 2）中。

（3）将齿轮（如图 1-24 中 2）和轴颈安装到气缸盖上，然后将正时链（如图 1-24 中 3）放到齿轮（如图 1-24 中 2）上。

（4）用手稍稍拧紧螺栓（如图 1-24 中 1）。

（5）拧紧螺栓（如图 1-24 中 1）。螺钉/螺栓连接轴颈到气缸盖，拧紧力矩 57 N·m。

（6）安装链条张紧器。

（7）安装进气凸轮轴的凸轮轴调节器。

（二）检查凸轮轴的基本位置

发动机 256.9 属于型号 X167，如图 1-25 所示。

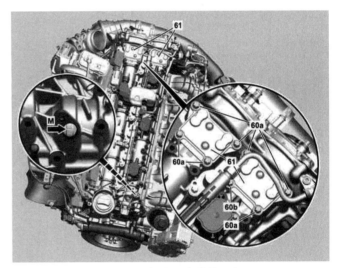

60a.螺栓 60b.螺栓 61.保养盖 M.标记
图 1-25

1. 专用工具

（1）定位工具 256 589 00 23 00，如图 1-26 所示。

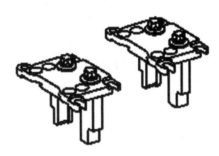

图 1-26

（2）发动机支座扳手套件 001 589 01 16 00，如图 1-27 所示。

（3）套筒扳手 285 589 01 03 00，如图 1-28 所示。

2. 小心

处理发动机油时有伤害皮肤和眼睛的风险。误服发动机油有中毒危险。穿戴防护手套，防护服和护目

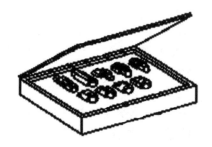

图 1-27

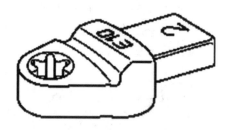

图 1-28

镜。切勿将发动机油注入饮料瓶中。

3. 拆卸 / 安装

（1）拆下上部检修盖。螺母连接雨刮器臂到前风挡玻璃雨刮器系统，M6×1 拧紧力矩 9N·m 或 13N·m。螺母连接雨刮器臂到前风挡玻璃雨刮器系统，拧紧力矩 30N·m（X167）。

（2）拆下排气凸轮轴的霍耳传感器。

（3）拆下进气凸轮轴的霍耳传感器。

（4）沿发动机转动方向将发动机转至 1 号气缸的点火上止点（TDC），并安装曲轴的固定锁。如果标记（如图 1-25 中 M）不可见，则 1 号气缸的活塞未置于点火上止点（TDC）处。

（5）拆下空气滤清器下游的发动机进气道。

（6）拆下前部隔噪装置。

（7）将全负荷排气管路从油分离器上拆下。

（8）拆下后部隔噪装置。

（9）拆下螺栓（如图 1-25 中 60a）。松开和拧紧螺栓（如图 1-25 中 60a）时，不要损坏燃油高压管路。否则会出现泄漏。螺栓连接维修盖到凸轮轴外壳，拧紧力矩 8N·m。

（10）松开螺栓（如图 1-25 中 60b）。松开和拧紧螺栓（如图 1-25 中 60b）时，不要损坏燃油高压管路。否则会出现泄漏。螺栓连接维修盖到凸轮轴外壳，拧紧力矩 8N·m。套筒扳手，如图 1-28 所示。发动机支座扳手套件，如图 1-27 所示。

（11）拆下保养盖（如图 1-25 中 61）。安装：确保密封件正确安装。否则会损坏密封件。

（12）按照拆卸的相反顺序进行安装。

4. 检验

将定位工具安装到检修孔中以检查凸轮轴的基本位置。定位工具，如图 1-26 所示。必须以拆解的方式插入检修孔中。如果无法插入定位工具，重新设定凸轮轴的基本位置。

（三）调节凸轮轴的基本位置

发动机属于 256.9 型号 W223，如图 1-29 ~ 图 1-31 所示。

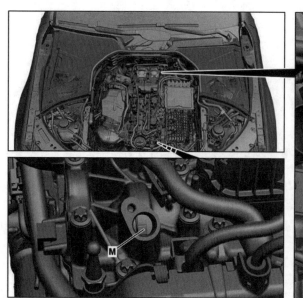

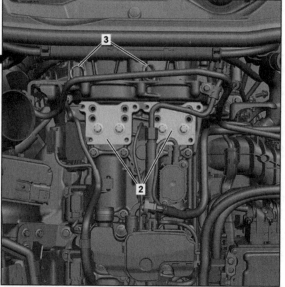

2.定位工具 3.锁定销 M.标记

图 1-29

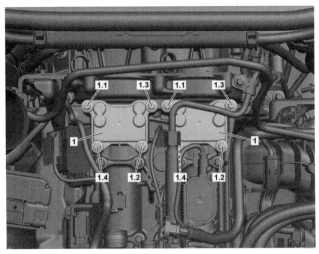

1.保养盖 1.1.螺栓 1.2.螺栓 1.3.螺栓 1.4.螺栓

图 1-30

4a.定位销 4h.固定锁

图 1-31

2. 专用工具

（1）调节工具 654 589 00 21 00，如图 1-32 所示。

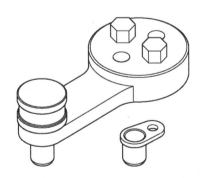

图 1-32

（2）定位工具 256 589 00 23 00，如图 1-33 所示。

（3）套筒扳手套头 177 589 01 09 00，如图 1-34 所示。

（4）装配工具 256 589 02 31 00，如图 1-35 所示。

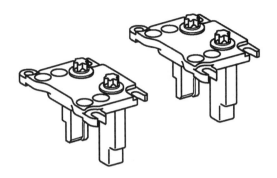

图 1-33

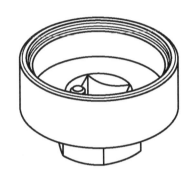

图 1-34

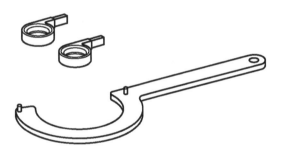

图 1-35

2. 警告

（1）受伤的风险。处理炽热或发光的物体时，可能导致皮肤或眼睛的损伤。如有必要，穿戴防护手套、防护服和防护眼镜。

3. 小心

（1）被尖锐的汽车部件刮擦有导致受伤的风险。对带毛刺和锋利边角的车辆部件进行操作或在其附近作业时，一定要戴上防护手套。去除维修板件的毛刺。

（2）处理发动机油时有伤害皮肤和眼睛的风险。误服发动机油有中毒危险。穿戴防护手套、防护服和护目镜。切勿将发动机油注入饮料瓶中。

4. 拆卸

（1）将凸轮轴移动至基本位置。

（2）拆下进气凸轮轴的凸轮轴调节器。

（3）拆下排气凸轮轴的凸轮轴调节器。

5. 调节

（1）拆下定位工具（如图1-29中2）。定位工具，如图1-33所示。

（2）转动进气凸轮轴和排气凸轮轴，直至脉冲轮上的标记（如图1-29中M）可见。套筒扳手套头，如图1-34所示。

（3）安装定位工具（如图1-29中2）。将已分解的定位工具（如图1-29中2）插入检修孔中。如有必要，进一步用套筒扳手套筒转动凸轮轴，直至可插入定位工具（如图1-29中2）。

6. 安装

（1）安装排气凸轮轴的凸轮轴调节器。

（2）安装进气凸轮轴的凸轮轴调节器。

（3）拆下固定锁（如图1-31中4h）的定位销（如图1-31中4a）。调节工具，如图1-32所示。

（4）拆下定位工具（如图1-29中2）。

（5）拆下凸轮轴调节器的锁定销（如图1-29中3）。装配工具，如图1-35所示。

（6）沿发动机转动方向转动发动机两圈，直至1号气缸的活塞位于点火上止点（TDC）处。如果通过凸轮轴外壳中的传感器开口看不到标记（如图1-29中M），则1号气缸的活塞未置于点火上止点（TDC）处。

（7）安装固定锁（如图1-31中4h）的定位销（如图1-31中4a）。

7. 检验

（1）安装定位工具（如图1-29中2）。将已分解的定位工具（如图1-29中2）插入检修孔中。如果无法插入定位工具（如图1-29中2），重复调节步骤。

（2）安装进气和排气凸轮轴的保养盖（如图1-30中1）并按照数字顺序拧紧螺栓（如图1-30中1.1至1.4）。关于在使用具有不同螺距长度的定位或套入工具时计算拧紧扭矩的说明拧紧螺栓（如图1-30中1.1至1.4）时，不要损坏高压燃油管路。否则，燃油系统会发生泄漏和损坏。更换密封件。确保密封件正确安装。螺栓连接维修盖到凸轮轴外壳8N·m。

（3）将高压管路安装到油轨处。

（4）安装气缸盖的后护盖。

（5）安装凸轮轴霍耳传感器（B6/7）。只有在泄漏测试完成后，才可安装上部发动机盖。

（6）安装凸轮轴霍耳传感器（B6/4）。只有在泄漏测试完成后，才可安装上部发动机盖。

（7）拆下曲轴的固定锁（如图1-31中4h）。只有在泄漏测试完成后，才可安装中央和前部发动机舱底部饰板。

8. 警告

（1）在操作排气系统和相关部件时有烧伤、窒息和中毒危险。由于吸入废气的气态和固态部分造成窒息和中毒危险。由于皮肤接触废气的固态部分造成中毒危险。穿戴防护服和防护眼镜。使用排风装置。将人员撤离危险区域。

（2）发动机运转时，汽车可能会自行启动而造成事故。发动机启动或运转期间，在附近工作存在导致擦伤和烧伤的风险。执行发动机试运行。同时，检查发动机是否正常工作及其密封性。固定好车辆，以防其自行移动。穿上密闭且紧身的工作服。切忌接触高温或旋转的部件。

六、车型

迈巴赫奔驰S580 4MATIC（W240）（4.0T 176.980），2021年。

进口奔驰G500（W464）（4.0T 176.980），2020—2021年。

（一）专用工具

（1）固定装置177 589 02 40 00，如图1-36所示。

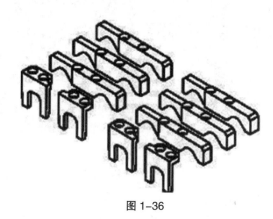

图1-36

（2）固定装置177 589 01 40 00，如图1-37所示。

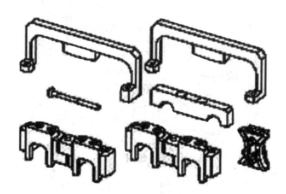

图1-37

（3）套筒扳手177 589 00 03 00，如图1-38所示。

（4）专用工具177 589 01 21 00，如图1-39所示。

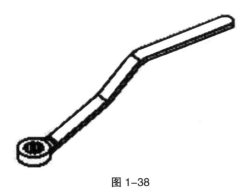

图 1-38

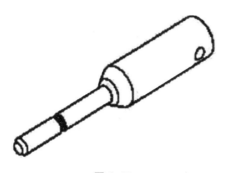

图 1-39

（5）冲子 177 589 00 15 00，如图 1-40 所示。

图 1-40

（6）套筒扳手头 001 589 65 09 00，如图 1-41 所示。

图 1-41

（7）套筒 270 589 01 07 00，如图 1-42 所示。

（8）套筒扳手头 177 589 00 09 00，如图 1-43 所示。

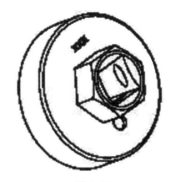

图 1-42

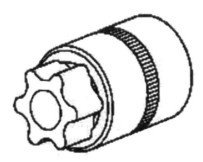

图 1-43

（二）拆卸和安装右侧气缸列凸轮轴

右侧气缸列凸轮轴如图 1-44 所示。

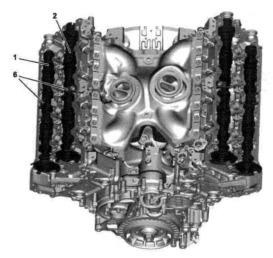

1.进气凸轮轴　2.排气凸轮轴　6.压紧工具
图 1-44

1. 小心

（1）被尖锐的汽车部件刮擦有导致受伤的风险。对带毛刺和锋利边角的车辆部件进行操作或在其附近作业时，一定要戴上防护手套。去除维修板件的毛刺。

（2）处理发动机油时有伤害皮肤和眼睛的风险。误服发动机油有中毒危险。穿戴防护手套、防护服和护目镜。切勿将发动机油注入饮料瓶中。

2. 拆卸 / 安装

（1）拆下凸轮轴调节器和固定装置。安装：仅在完成泄漏测试之后，才可安装上部发动机罩和发动机舱底部饰板。

（2）拆下压紧工具（如图 1-44 中 6）：螺钉／螺栓连接凸轮轴轴承盖到气缸盖，扭紧力矩 20N·m。

（3）拆下进气凸轮轴（如图 1-44 中 1）。不要将进气凸轮轴（如图 1-44 中 1）存放在扇形盘上，否则会损坏进气凸轮轴（如图 1-44 中 1）。安装：用发动机油润滑补偿元件和凸轮轴支承点。插入进气凸轮轴（如图 1-44 中 1）之后，进气凸轮轴（如图 1-44 中 1）的凸轮必须在 1 号气缸处向上倾斜一定角度，使进气凸轮轴（如图 1-44 中 1）和排气凸轮轴（如图 1-44 中 2）的凸轮分开，否则会损坏进气凸轮轴（如图 1-44 中 1）或排气凸轮轴（如图 1-44 中 2）。

（4）拆下排气凸轮轴（如图 1-44 中 2）。不要将排气凸轮轴（如图 1-44 中 2）存放在扇形盘上，否则会损坏排气凸轮轴（如图 1-44 中 2）。安装：用发动机油润滑补偿元件、真空泵驱动装置和凸轮轴支承点。插入排气凸轮轴（如图 1-44 中 2）之后，排气凸轮轴（如图 1-44 中 2）的凸轮必须在 1 号气缸处向上倾斜一定角度，使进气凸轮轴（如图 1-44 中 1）和排气凸轮轴（如图 1-44 中 2）的凸轮分开。否则会损坏进气凸轮轴（如图 1-44 中 1）或排气凸轮轴（如图 1-44 中 2）。

（5）检查凸轮轴（如图 1-44 中 1、2）支承点的直径是否磨损。凸轮轴轴颈的直径，进气门 29.947～29.963mm；排气门 25.947～25.963mm。凸轮轴配合轴承轴颈的直径 31.947～31.963mm。如果磨损，更换进气凸轮轴（如图 1-44 中 1）或排气凸轮轴（如图 1-44 中 2）。

（6）按照拆卸的相反顺序进行安装。警告：发动机运转时，汽车可能会自行启动而造成事故。发动机启动或运转期间，在附近工作存在导致擦伤和烧伤的风险。固定好车辆，以防其自行移动。穿上密闭且紧身的工作服。切忌接触高温或旋转的部件。

（7）执行发动机试运行，检查发动机是否正常工作及其密封性。

（8）安装发动机舱底部饰板。

（9）安装上部发动机罩。

（三）拆卸和安装左侧气缸列凸轮轴

左侧气缸列凸轮轴如图 1-45 所示。

1. 小心

（1）被尖锐的汽车部件刮擦有导致受伤的风险。

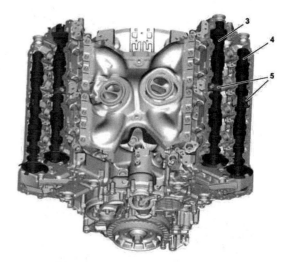

3.排气凸轮轴 4.进气凸轮轴 5.压紧工具
图 1-45

对带毛刺和锋利边角的车辆部件进行操作或在其附近作业时，一定要戴上防护手套。去除维修板件的毛刺。

（2）处理发动机油时有伤害皮肤和眼睛的风险。误服发动机油有中毒危险。穿戴防护手套、防护服和护目镜。切勿将发动机油注入饮料瓶中。

2. 拆卸 / 安装

（1）拆下凸轮轴调节器和固定装置。安装：仅在完成泄漏测试之后，才可安装上部发动机罩和发动机舱底部饰板。

（2）拆下压紧工具（如图 1-45 中 5），螺钉／螺栓连接凸轮轴轴承盖到气缸盖，扭紧力矩 20N·m。

（3）拆下进气凸轮轴（如图 1-45 中 4）。不要将进气凸轮轴（如图 1-45 中 4）安装到扇形盘上。否则，将会损坏进气凸轮轴（如图 1-45 中 4）。安装：用发动机油润滑补偿元件和凸轮轴支承点。插入进气凸轮轴（如图 1-45 中 4）之后，进气凸轮轴（如图 1-45 中 4）的凸轮必须在 5 号气缸处向上倾斜一定角度，使进气凸轮轴（如图 1-45 中 4）和排气凸轮轴（如图 1-45 中 3）的凸轮对正。否则会损坏进气凸轮轴（如图 1-45 中 4）或排气凸轮轴（如图 1-45 中 3）。

（4）拆下排气凸轮轴（如图 1-45 中 3）。不要将排气凸轮轴（如图 1-45 中 3）安装到扇形盘上。否则，将会损坏排气凸轮轴（如图 1-45 中 3）。安装：用发动机油润滑补偿元件和凸轮轴支承点。插入排气凸轮轴（如图 1-45 中 3）之后，排气凸轮轴（如图 1-45 中 3）的凸轮必须在 5 号气缸处向上倾斜一定角度，使进气凸轮轴（如图 1-45 中 4）和排气凸轮轴（如图 1-45 中 3）的凸轮对正。否则会损坏进气凸轮轴（如图 1-45 中 4）或排气凸轮轴（如图 1-45 中 3）。

（5）检查凸轮轴（如图1-45中3、4）支承点的直径是否磨损。凸轮轴轴颈的直径，进气门29.947～29.963mm；排气门25.947～25.963mm。凸轮轴配合轴承轴颈的直径31.947～31.963mm。如果磨损，更换进气凸轮轴（如图1-45中4）或排气凸轮轴（如图1-45中3）。

（6）按照拆卸的相反顺序进行安装。警告：发动机运转时，汽车可能会自行启动而造成事故。发动机启动或运转期间，在附近工作存在导致擦伤和烧伤的风险。固定好车辆，以防其自行移动。穿上密闭且紧身的工作服。切忌接触高温或旋转的部件。

（7）执行发动机试运行，检查发动机是否正常工作及其密封性。

（8）安装发动机舱底部饰板。

（9）安装上部发动机罩。

（四）检查凸轮轴的基本位置

图1-46所示为左侧气缸盖，1号气缸点火上止点（TDC）后53°曲轴转角。

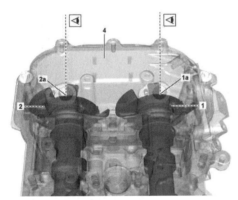

1.扇形盘 1a.边缘 2.扇形盘 2a.边缘 4.气缸盖罩
图1-46

图1-47所示为右侧气缸盖，1号气缸点火上止点（TDC）后53°曲轴转角。

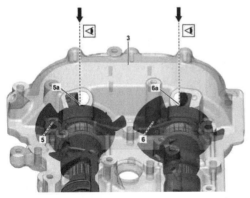

3.气缸盖罩 5.扇形盘 5a.边缘 6.扇形盘 6a.边缘
图1-47

9.测量工具 18.撑条
图1-48

图1-48为发动机正时标记点。

1. 警告受伤的风险

（1）处理炽热或发光的物体时，可能导致皮肤或眼睛损伤。如有必要，穿戴防护手套、防护服和防护眼镜。

（2）搬运部件时会被夹住、挤压，严重时还会造成手脚骨折。搬运部件时，肢体不得进入机械部件的工作范围。

2. 小心

（1）被尖锐的汽车部件刮擦有导致受伤的风险。对带毛刺和锋利边角的车辆部件进行操作或在其附近作业时，一定要戴上防护手套。去除维修板件的毛刺。

（2）处理发动机油时有伤害皮肤和眼睛的风险。误服发动机油有中毒危险。穿戴防护手套、防护服和护目镜。切勿将发动机油注入饮料瓶中。

3. 拆卸／安装

（1）拆下凸轮轴位置传感器。右侧气缸列上的凸轮轴位置传感器。左侧气缸列上的凸轮轴位置传感器。安装：只有在泄漏测试完成后，才可安装上部发动机罩。

（2）拆下发电机V形皮带的夹紧装置。安装：仅在泄漏测试完成后安装中央和前部发动机舱饰板。

（3）将测量工具安装到发电机V形皮带的张紧装置支架上。使用调节指示器177 589 01 21 01。

（4）通过曲轴中央螺栓沿发动机转动方向继续转动发动机，直到测量工具（如图1-48中9）的指针指向撑条（如图1-48中18）。撑条（如图1-48中18）对应1号气缸点火上止点（TDC）后53°曲轴转角。

4. 检验

（1）检查凸轮轴的基本位置。扇形盘（如图1-46

中1、2和图1-47中5、6）部分扇形段的边缘（如图1-46中1a、2a和图1-47中5a、6a）必须可见，大约位于凸轮轴位置传感器开口的中间。如果扇形盘（如图1-46中1、2和图1-47中5、6）未置于中间，继续沿发动机转动方向转动发动机一整圈（360°），直到测量工具（如图1-48中9）的指针指向撑条（如图1-48中18）。如果扇形盘（如图1-46中1、2和图1-47中5、6）仍未置于凸轮轴位置传感器开口的中间，设定凸轮轴的基本位置。

（2）按照拆卸的相反顺序进行安装。警告：发动机运转时，汽车可能会自行启动而造成事故。发动机启动或运转期间，在附近工作存在导致擦伤和烧伤的风险。固定好车辆，以防其自行移动。穿上密闭且紧身的工作服。切忌接触高温或旋转的部件。

（3）执行发动机试运行，检查发动机是否正常工作及其密封性。

（4）安装中央和前部发动机舱底部饰板。

（5）安装上部发动机罩。

（五）调节凸轮轴的基本位置

图1-49和图1-50所示为左侧气缸盖。

1. 警告受伤的风险

（1）处理炽热或发光的物体时，可能导致皮肤或眼睛损伤。如有必要，穿戴防护手套、防护服和防护眼镜。

（2）搬运部件时会被夹住、挤压，严重时还会造成手脚骨折。搬运部件时，肢体不得进入机械部件的工作范围。

2. 小心

（1）被尖锐的汽车部件刮擦有导致受伤的风险。

1.支架 2.支架 3.支架 4.支架 5.校准器 6.固定装置 7.凸轮轴调节器

图1-49

图1-50

对带毛刺和锋利边角的车辆部件进行操作或在其附近作业时，一定要戴上防护手套。去除维修板件的毛刺。

（2）处理发动机油时有伤害皮肤和眼睛的风险。误服发动机油有中毒危险。穿戴防护手套、防护服和护目镜。切勿将发动机油注入饮料瓶中。

3. 拆卸

（1）拆下气缸盖罩。左侧气缸盖罩和右侧气缸盖罩。

（2）安装支架（如图1-49中1、2、3、4）。

（3）通过中央螺栓将发动机转动两圈，然后将发动机置于1号气缸的点火上止点后40°曲轴转角（KW）处，并用冲子进行标记。切勿沿发动机转动的相反方向转动发动机。否则会发生损坏。

（4）拆下左侧和右侧次级链条传动装置链条张紧器。右侧次级链条传动装置链条张紧器和左侧次级链条传动装置链条张紧器。拆下链条张紧器后不要转动发动机，否则会发生损坏。在不定位曲轴的情况下拆下左右两侧次级链条传动装置链条张紧器。

（5）在凸轮轴调节器（如图1-49中7）之间插入固定装置（如图1-49中6）并紧固。

（6）将凸轮轴调节器（如图1-49中7）从凸轮轴松开，然后用固定装置（如图1-49中6）拆下。拆卸时，务必更换凸轮轴调节器（如图1-49中7）及其控制阀。因为松开时会造成不可见的损坏。

（7）将凸轮轴转至基本位置。凸轮轴的位置（如图1-50中箭头所示）必须朝上。

（8）安装校准器（如图1-49中5）。切勿用力安装校准器（如图1-49中5），否则正时将关闭。不能用校准器（如图1-49中5）将凸轮轴移入位，否则会损坏凸轮轴。

4.安装

（1）将凸轮轴调节器（如图1-49中7）放到凸轮轴上，用手稍稍拧紧控制阀，然后松开1/4圈。

（2）安装支架（如图1-49中4）。

（3）检查并确认次级链条传动装置的张紧轨落座在中央，如有必要，在中央进行定位。

（4）安装左侧和右侧的催化转换器。安装右侧次级链条传动装置链条张紧器和左侧次级链条传动装置链条张紧器。左侧和右侧次级链条传动装置链条张紧器必须在不定位曲轴的情况下安装。

（5）在凸轮轴调节器（如图1-49中7）之间插入固定装置（如图1-49中6）并紧固。

（6）紧固凸轮轴调节器(如图1-49中7)的控制阀。

（7）拆下固定装置（如图1-49中6）。

（8）拆下校准器（如图1-49中5）。

（9）将冲子从皮带轮上拆下。

（10）通过中央螺栓将发动机转动两圈，然后将发动机的1号气缸置于1号气缸的点火上止点后40°曲轴转角（KW）处，并用冲子进行标记。切勿沿发动机转动的相反方向转动发动机，否则会发生损坏。

（11）安装校准器（如图1-49中5）。切勿用力安装校准器（如图1-49中5），否则正时将关闭。如果不施加压力无法安装校准器（如图1-49中5），再次设定凸轮轴的基本位置。

（12）拆下校准器（如图1-49中5）。

（13）拆下支架（如图1-49中4）。

（14）拆下支架（如图1-49中1、2、3）。

（15）将冲子从皮带轮上拆下。

（16）安装气缸盖罩。左侧气缸盖罩和右侧气缸盖罩。

第二节　smart 车型

一、车型

smart fortwo（W453）（1.0L 281.920），2018—2019年。

smart fortwo（W453）（0.9T 281.910），2018—2019年。

smart forfour（W453）（1.0L 281.920），2018—2019年。

smart forfour（W453）（0.9T 281.910），2018—2019年。

（一）专用工具

（1）带附件的千分表，如图1-51所示。

（2）固定装置281 589 01 40 00，如图1-52所示。

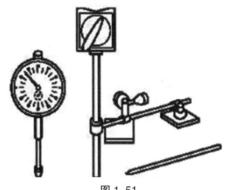

图 1-51

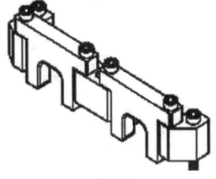

图 1-52

（二）拆卸/安装正时链

发动机 M281 配置在车型 W453 上，如图1-53和图1-54所示。

1.拆卸

（1）拆下正时箱盖罩。

（2）拆下火花塞。

（3）将发动机置于1号气缸的上止点（TDC）。曲轴正时齿轮（如图1-54中7）上的标记（如图1-54

1.正时链　5.凸轮轴链轮　6.凸轮轴调节器　7.曲轴齿轮　8.链条张紧器
9.张紧轨　10.滑轨

图 1-53

1.正时链 2.标记 3.标记 4.标记 5.凸轮轴链轮 6.凸轮轴调节器 7.曲轴齿轮

图 1-54

中4）必须垂直向下。凸轮轴链轮（如图 1-54 中 5）上的标记（如图 1-54 中 2）与凸轮轴调节器（如图 1-54 中 6）上的标记（如图 1-54 中 3）必须朝上。

（4）拆下链条张紧器（如图 1-53 中 8）。

（5）拆下张紧轨（如图 1-53 中 9）。

（6）拆下滑轨（如图 1-53 中 10）。

（7）拆下凸轮轴链轮（如图 1-53 中 5）。

（8）将正时链（如图 1-54 中 1）从凸轮轴调节器（如图 1-54 中 6）和曲轴正时齿轮（如图 1-54 中 7）上拆下。

2. 安装

（1）将正时链（如图 1-54 中 1）放置到凸轮轴调节器（如图 1-54 中 6）和曲轴齿轮（如图 1-54 中 7）上。正时链（如图 1-54 中 1）上的色码（箭头所示）必须与凸轮轴调节器（如图 1-54 中 6）上的标记（如图 1-54 中 3）和曲轴齿轮（如图 1-54 中 7）上的标记（如图 1-54 中 4）对准。

（2）安装凸轮轴链轮（如图 1-53 中 5）。

（3）安装滑轨（如图 1-53 中 10）。

（4）安装张紧轨（如图 1-53 中 9）。

（5）安装链条张紧器（如图 1-53 中 8）。

（6）安装火花塞。

（7）安装正时箱盖罩。

（三）检查发动机气门正时（如图 1-55 所示）

1. 拆卸

（1）拆下火花塞。

（2）拆下气缸盖罩。

（3）拆下曲轴皮带轮的护盖。

（4）拆下发动机油加注口。

2. 检验

（1）如图 1-55 所示，不用卡子（如图 1-55 中 4），用气缸盖罩的两个螺钉 / 螺栓安装固定装置（如图 1-55 中 1）。

（2）如图 1-55 所示，在固定装置（如图 1-55 中 1）上安装千分表（如图 1-55 中 3）和支架（如图 1-55 中 2）以及两个测量杆延长件［用于确定 1 号气缸的上止点（TDC）］。

（3）通过转动皮带轮处的曲轴将 1 号气缸的活塞置于上止点（TDC）处。

（4）将千分表（如图 1-55 中 3）连同支架（如

1.固定装置 2.支架 3.千分表 4.卡子

图 1-55

图 1-55 中 2）一起拆下。

（5）将卡子（如图 1-55 中 4）插入固定装置（如图 1-55 中 1）中。如果卡子（如图 1-55 中 4）无法插入，拆下正时链并调节正时。

（6）将固定装置（如图 1-55 中 1）连同卡子（如图 1-55 中 4）一起拆下。

3. 清洁

（1）清洁发动机油加注口的密封表面。

（2）清洁正时箱盖罩中的发动机油加注口孔。

4. 安装

（1）安装发动机油加注口。

（2）安装曲轴皮带轮的护盖。

（3）安装气缸盖罩。

（4）安装火花塞。

第二章　宝马车系

第一节　宝马车型

一、车型

华晨宝马120i M（F52）（1.5T B38A15C），2019—2021年。

华晨宝马X1 sDrive20Li（F49）（1.5T B38A15C），2019—2021年。

华晨宝马X2 sDrive20i（F39）（1.5T B38A15C），2020—2021年。

（一）拆卸和安装或更换进气和排气调整装置

1. 专用工具

需要的专用工具：2 358 122；11 9 340；00 9 460和11 6 480。

2. 准备工作

（1）拆卸气缸盖罩。

（2）检查配气相位。

（3）拆下废气触媒转换器。

3. 拆卸

（1）注意！VANOS中央阀（如图2-1中1所示）仅在已安装专用工具2 358 122时松开。如需正确安装，请参见维修说明检查配气相位。

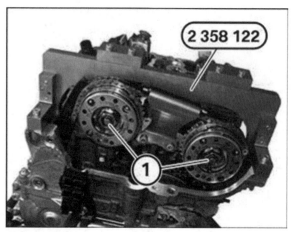

图2-1

（2）松开排气调整装置的VANOS中央阀（如图2-2中1所示）。

（3）松开进气调整装置的VANOS中央阀（如图

图2-2

图2-3

2-3中1所示）。

（4）拆下专用工具11 9 340，如图2-4所示。注意！随时准备好抹布。松开螺栓连接之后，会流出少量机油。确保发动机油不会流到皮带传动机构上。

（5）拆下进气侧的VANOS中央阀（如图2-5中1）。

（6）将进气调整装置（如图2-6中1）从进气凸轮轴上拆下。将进气调整装置（如图2-6中1）倾斜向下抽出。

（7）拆下排气侧的VANOS中央阀（如图2-7中1）。

（8）将排气调整装置（如图2-8中1）从排气凸轮轴上拆下。将排气调整装置（如图2-8中1）倾斜向下抽出。

图 2-4

图 2-5

图 2-6

图 2-7

图 2-8

4. 安装

（1）注意！进气和排气调整装置有混淆危险。小心发动机损坏！进气和排气调整装置是不同的。排气凸轮轴的 VANOS 标有 EX。进气凸轮轴的 VANOS 标有 IN，如图 2-9 所示。

图 2-9

（2）将进气调整装置（如图 2-10 中 1）插入正时链（如图 2-10 中 2），并定位在进气凸轮轴（如图 2-10 中 3）上。

图 2-10

（3）拧紧进气侧的 VANOS 中央阀（如图 2-11 中 1）。

图 2-11

（4）将排气调整装置（如图 2-12 中 1）插入正时链（如图 2-12 中 2），并定位在排气凸轮轴（如图 2-12 中 3）上。

图 2-12

（5）拧紧排气侧的 VANOS 中央阀（如图 2-13 中 1）。

图 2-13

（6）将专用工具 11 9 340（如图 2-14 所示）旋入气缸盖。用专用工具 00 9 460 将正时链预紧至 0.6 N·m。

图 2-14

（7）拧紧进气调整装置 VANOS 中央阀（如图 2-15 中 1）。

图 2-15

（8）拧紧排气调整装置 VANOS 中央阀（如图 2-16 中 1）。

图 2-16

（9）去除所有专用工具。用专用工具 11 6 480 沿发动机旋转方向将发动机转动两次。注意！不要让发动机反向旋转。

（10）检查配气相位。

（11）安装废气触媒转换器。

（12）安装气缸盖罩。

（二）更换两条正时链

1. 专用工具

需要的专用工具：2 357 904 和 11 4 120。

2. 准备工作

（1）拆下发动机及变速器。

（2）拆下变速器。

（3）将发动机装到装配架上。

（4）拆下飞轮。

（5）拆卸气缸盖。

（6）拆卸机油泵。

（7）拆下后部正时齿轮箱盖。

3. 拆卸

（1）拆下油泵驱动链条（如图 2-17 中 1）。

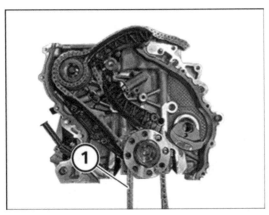

图 2-17

（2）取下凸轮轴正时链（如图 2-18 中 1）。取下承载轴销（如图 2-18 中 3）的张紧导轨（如图 2-18 中 2）。提示：一定不要拆下承载轴销（如图 2-18 中 3）。

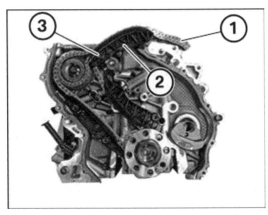

图 2-18

（3）松开链轮的中心螺栓（如图 2-19 中 1）时，必须固定曲轴。用导向销定位曲轴（参见箭头）。用螺栓（如图 2-19 中 2）将专用工具 2 357 904 定位在曲轴箱上。松开链轮的中心螺栓（如图 2-19 中 1）。

图 2-19

（4）用螺丝起子（如图 2-20 中 2）将链条张紧器的柱塞（如图 2-20 中 1）压入至极限位置并用专用工具 11 4 120 固定。松开螺栓（如图 2-20 中 3）。拆下链条张紧器。

图 2-20

（5）松开两个承载轴销（如图 2-21 中 1）。拆出导轨（如图 2-21 中 2）。松开承载轴销（如图 2-21中 4）。拆下张紧导轨（如图 2-21 中 3）。

图 2-21

（6）取下螺栓和链轮（如图2-22中1）。

图2-22

（7）拆下专用工具2 357 904。拆卸正时链（如图2-23中1）。

图2-23

4.安装

（1）安放正时链（如图2-24中1）。用专用工具2 357 904定位曲轴。用螺栓（如图2-24中2）将专用工具2 357 904固定在曲轴箱上。

图2-24

（2）注意！清洁承载轴销的所有螺纹（如有必要，

使用螺丝攻）。零件：更换承载轴销。安装链轮并拧紧螺栓。定位导轨（如图2-25中2）。旋入两个承载轴销（如图2-25中1）。定位张紧导轨（如图2-25中3）。旋入承载轴销（如图2-25中4）。

图2-25

（3）注意！用压缩空气清洁密封面（如图2-26中1）。

图2-26

（4）安装液压链条张紧器。拧紧螺栓（如图2-27中3）。用螺丝起子（如图2-27中2）固定链条张紧器的柱塞（如图2-27中1）。拆下专用工具11 4 120

图2-27

并缓慢移除螺丝起子（如图2-27中2）。

（5）提示：固定链轮的中心螺栓（如图2-28中1）时，曲轴必须保持固定。零件：更换中心螺栓（如图2-28中1）。拧紧链轮的中心螺栓（如图2-28中1）。

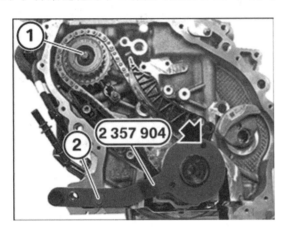

图2-28

（6）安装张紧导轨（如图2-29中2）与凸轮轴正时链（如图2-29中1）。

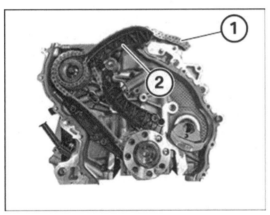

图2-29

（7）将油泵驱动链条（如图2-30中1）安装在曲轴上。

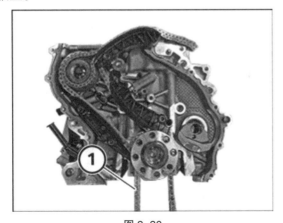

图2-30

（8）安装后部正时齿轮箱盖。

（9）装上油泵。

（10）装上飞轮。

（11）装上气缸盖。

（12）将发动机从装配架上拆下。

（13）装上变速器。

（14）安装发动机及变速器。

（三）检查凸轮轴的配气相位

1. 专用工具

需要的专用工具：11 6 480、2 288 380和2 358 122。注意！发动机有损坏危险！务必遵守检查和调整配气相位的提示！

2. 准备工作

（1）拆下气缸盖罩。

（2）拆下火花塞。

（3）拆下右前轮罩盖。

3. 检查方法

（1）用专用工具11 6 480（如图2-31所示）将发动机旋转到气缸1点火上止点位置。注意！不要往回旋转发动机。

图2-31

（2）取下油底壳上的饰盖（如图2-32中1）。

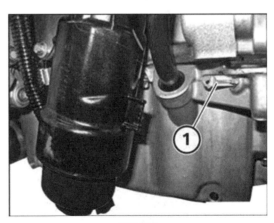

图2-32

（3）用专用工具 11 6 480（如图 2-33 所示）在中心螺栓处旋转发动机。注意！针对带手动变速器的车辆：标定孔前还有一个可能与标定孔混淆的孔。专用工具 2 288 380 必须可以推到油底壳中的凹口前。用专用工具 2 288 380 将曲轴卡在气缸 1 点火上止点位置上。

图 2-33

（4）进气和排气凸轮轴上的标记（如图 2-34 中 1）可以从上方读取。

图 2-34

（5）进气和排气凸轮轴上的平台（如图 2-35 中 1）朝上部。

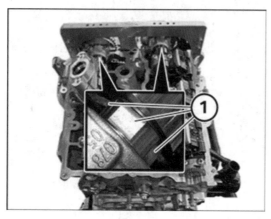

图 2-35

（6）第一缸排气凸轮轴（如图 2-36 所示）的凸轮向右倾斜并指向内部。

图 2-36

（7）第一缸进气凸轮轴（如图 2-37 所示）的凸轮向左倾斜。

图 2-37

（8）提示：专用工具 2 358 122（如图 2-38 所示）由多个部件构成：底架、气缸盖上的底架螺栓、固定排气凸轮轴的量规、固定进气凸轮轴的量规和底架上的量规螺栓。

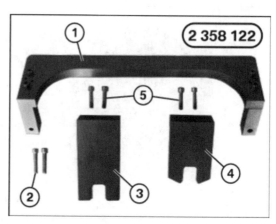

图 2-38

（9）将底架（如图2-39中1）用螺栓（如图2-39中2）固定在气缸盖上。量规（如图2-39中3）利用凹口定位在排气凸轮轴的双平面段上。量规（如图2-39中3）利用螺栓（如图2-39中5）固定在底架上。量规（如图2-39中4）利用凹口定位在进气凸轮轴的双平面段上。量规（如图2-39中4）利用螺栓（如图2-39中5）固定在底架上。

图2-39

（10）如有必要，调整配气相位。

（11）拆下所有专用工具。

（12）安装火花塞。

（13）安装气缸盖罩。

（14）安装右前轮罩饰板。

（四）调整凸轮轴的配气相位

1. 专用工具

需要的专用工具：11 9 340、00 9 460、2 358 122、2 288 380和11 6 480。注意！发动机有损坏危险！务必遵守配气相位检查和调整的相关提示！

2. 准备工作

（1）拆下废气触媒转换器。

（2）检查配气相位。

3. 调整方法

（1）松开链条张紧器（如图2-40中1）。注意！随时准备好抹布。松开螺栓连接之后，会流出少量机油。安装说明：在售后服务中，必须在链条张紧器装配时安装一个新密封环。

（2）将专用工具11 9 340（如图2-41所示）旋入气缸盖。用专用工具00 9 460将正时链预紧至0.6N·m。

（3）提示：如果不能安装专用工具2 358 122（如图2-42所示），那么必须重新调整配气相位。用开口扳手固定在相应凸轮轴的双平面段上，松开VANOS中央阀（如图2-42中1）。

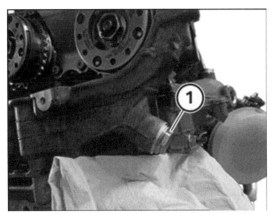

图2-40

图2-41

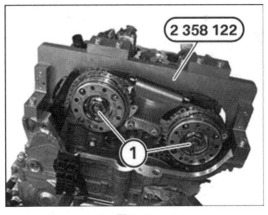

图2-42

（4）将两个凸轮轴旋转到位。提示：进气和排气凸轮轴上的标记（如图2-43中1）可以从上方读取。

（5）提示：进气和排气凸轮轴上的平台（如图2-44中1）朝上部。

（6）将底架（如图2-45中1）用螺栓（如图2-45中2）固定在气缸盖上。量规（如图2-45中3）利用凹口定位在排气凸轮轴的双平面段上。量规（如图2-45中3）利用螺栓（如图2-45中5）固定在底架上。量规（如图2-45中4）利用凹口定位在进气凸轮轴的双平面段上。量规（如图2-45中4）利用螺栓（如图2-45

中 5）固定在底架上。

图 2-43

图 2-44

图 2-45

（7）拧紧进气调整装置 VANOS 中央阀（如图 2-46 中 1）。

（8）拧紧排气调整装置 VANOS 中央阀（如图 2-47 中 1）。移开专用工具 2 288 380 和 2 358 122。

（9）用专用工具 11 6 480（如图 2-48 所示）沿发动机旋转方向将发动机转动两次。注意！不要往回旋转发动机。

（10）检查凸轮轴的配气相位。

图 2-46

图 2-47

图 2-48

（11）安装链条张紧器活塞。

（12）安装废气触媒转换器。

（13）安装气缸盖罩。

（14）安装右前轮罩饰板。

二、车型

华晨宝马 125i M（F52）（2.0T B48A20C），2019—2021 年。

华 晨 宝 马 X1 sDrive25Li（F49）（2.0T B48A20C），2019—2021 年。

华 晨 宝 马 X2 sDrive25i（F39）（2.0T

B48A20C），2020—2021 年。

（一）拆卸和安装或更换进气和排气调整装置

1. 专用工具

需要的专用工具：2 358 122、11 9 340、00 9 460
和 11 6 480。

2. 准备工作

（1）拆下气缸盖罩。

（2）检查配气相位。

（3）拆下废气触媒转换器。

3. 拆卸

（1）注意！ VANOS 中央阀（如图 2-49 中 1）仅
在已安装专用工具 2 358 122 时松开。如需正确安装，
请参见维修说明检查配气相位。

图 2-49

（2）松开排气调整装置的 VANOS 中央阀（如图
2-50 中 1）。

图 2-50

（3）松开进气调整装置的 VANOS 中央阀。

（4）拆下专用工具 11 9 340（如图 2-51 所示）。
注意！随时准备好抹布。松开螺栓连接之后，会流
出少量机油。确保发动机油不会流到皮带传动机构
上。

图 2-51

（5）拆下进气侧的 VANOS 中央阀（如图 2-52
中 1）。

图 2-52

（6）将进气调整装置（如图 2-53 中 1）从进气
凸轮轴上拆下。将进气调整装置（如图 2-53 中 1）倾
斜向下抽出。

图 2-53

（7）拆下排气侧的 VANOS 中央阀（如图 2-54
中 1）。

（8）将排气调整装置（如图 2-55 中 1）从排气
凸轮轴上拆下。将排气调整装置（如图 2-55 中 1）倾

斜向下抽出。

图 2-54

图 2-55

4. 安装

（1）注意！进气和排气调整装置有混淆危险。小心发动机损坏！进气和排气调整装置是不同的。排气凸轮轴的 VANOS 标有 EX。进气凸轮轴的 VANOS 标有 IN，如图 2-56 所示。

图 2-56

（2）将进气调整装置（如图 2-57 中 1）插入正时链（如图 2-57 中 2），并定位在进气凸轮轴（如图 2-57 中 3）上。

图 2-57

（3）拧紧进气侧的 VANOS 中央阀（如图 2-58 中 1）。

图 2-58

（4）将排气调整装置（如图 2-59 中 1）插入正时链（如图 2-59 中 2），并定位在排气凸轮轴（如图 2-59 中 3）上。

图 2-59

（5）拧紧排气侧的 VANOS 中央阀（如图 2-60 中 1）。

（6）将专用工具 11 9 340（如图 2-61 所示）旋入气缸盖。用专用工具 00 9 460 将正时链预紧至 0.6 N·m。

图 2-60

图 2-61

（7）拧紧进气调整装置 VANOS 中央阀（如图 2-62 中 1）。拧紧力矩：10N·m。

图 2-62

（8）拧紧排气调整装置 VANOS 中央阀（如图 2-63 中 1）。拧紧力矩：10N·m。

（9）去除所有专用工具。用专用工具 11 6 480（如图 2-64 所示）沿发动机旋转方向将发动机转动两次。注意！不要让发动机反向旋转。

（10）检查配气相位。

（11）安装废气触媒转换器。

图 2-63

图 2-64

（12）安装气缸盖罩。

（二）更换两条正时链（B48A0O）

1. 专用工具

需要的专用工具：2 357 904 和 11 4 120。

2. 准备工作

（1）拆下发动机及变速器。

（2）拆下变速器。

（3）将发动机装到装配架上。

（4）拆下飞轮。

（5）拆卸气缸盖。

（6）拆卸机油泵。

（7）拆下后部正时齿轮箱盖。

3. 拆卸

（1）拆下油泵驱动链条（如图 2-65 中 1）。

（2）取下凸轮轴正时链（如图 2-66 中 1）。取下承载轴销（如图 2-66 中 3）的张紧导轨（如图 2-66 中 2）。提示：承载轴销（如图 2-66 中 3）一定不要拆下。

（3）松开链轮的中心螺栓（如图 2-67 中 1）时，必须固定曲轴。将曲轴用导向销定位。用螺栓（如图

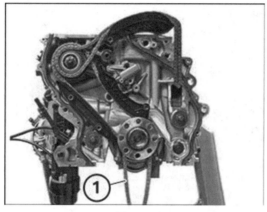

图 2-65

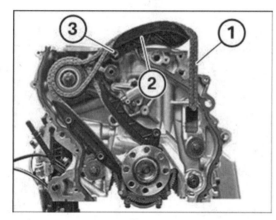

图 2-66

2-67 中 2）将专用工具 2 357 904 固定在曲轴箱上。松开链轮的中心螺栓（如图 2-67 中 1）。

图 2-67

（4）将链条张紧器的活塞（如图 2-68 中 3）用螺丝起子（如图 2-68 中 2）压入到极限位置，并用专用工具 11 4 120 固定。松开螺栓（如图 2-68 中 1）。拆下链条张紧器。

（5）松开两个承载轴销（如图 2-69 中 1）。拆出导轨（如图 2-69 中 2）。松开承载轴销（如图 2-69 中 4）。拆下张紧导轨（如图 2-69 中 3）。

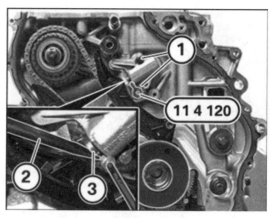

图 2-68

图 2-69

（6）松开螺栓（如图 2-70 中 1）并取下链轮（如图 2-70 中 2）。

图 2-70

（7）松开螺栓（如图 2-71 中 2）并拆下专用工具 2 357 904。拆卸正时链（如图 2-71 中 1）。

4. 安装

（1）安放正时链（如图 2-72 中 1）。用专用工具 2 357 904 定位曲轴。用螺栓（如图 2-72 中 2）将专用工具 2 357 904 固定在曲轴箱上。

（2）注意！清洁承载轴销的所有螺纹（如有必要，

图 2-71

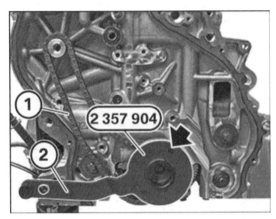

图 2-72

使用螺丝攻）。零件：更换承载轴销。安装链轮并拧紧螺栓。定位导轨（如图 2-72 中 2）。旋入两个承载轴销（如图 2-72 中 1）。拧紧力矩：20N·m。定位张紧导轨（如图 2-73 中 3）。旋入承载轴销（如图 2-73 中 4）。拧紧力矩：20N·m。

图 2-73

（3）注意！用压缩空气清洁密封面（如图 2-74 中 1）。

（4）安装液压链条张紧器。拧紧螺栓（如图 2-75 中 1）。拧紧力矩：10 N·m。将链条张紧器的活塞（如

图 2-74

图 2-75 中 3）用螺丝起子（如图 2-75 中 2）固定拆下专用工具 11 4 120，并缓慢移除螺丝起子（如图 2-75 中 2）。

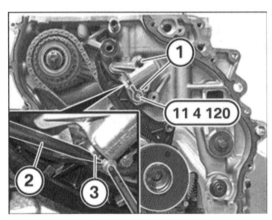

图 2-75

（5）提示：固定链轮的中心螺栓（如图 2-76 中 1）时，曲轴必须保持固定。零件：更换中心螺栓（如图 2-76 中 1）。拧紧链轮的中心螺栓（如图 2-76 中 1）。拧紧力矩：20N·m。

图 2-76

（6）安装张紧导轨（如图 2-77 中 2）与凸轮轴正时链（如图 2-77 中 1）。

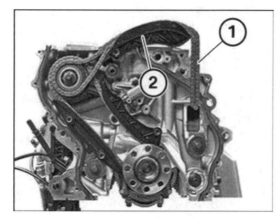

图 2-77

（7）将油泵驱动链条（如图 2-78 中 1）安装在曲轴上。

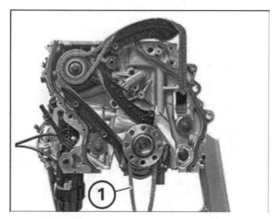

图 2-78

（8）安装后部正时齿轮箱盖。

（9）装上油泵。

（10）装上飞轮。

（11）装上气缸盖。

（12）将发动机从装配架上拆下。

（13）装上变速器。

（14）安装发动机及变速器。

（三）检查凸轮轴的配气相位（B48A0O）

1. 专用工具

需要的专用工具：11 6 480、2 288 380 和 2 358 122。注意！发动机有损坏危险！必须严格遵守检查和调整配气相位提示！

2. 准备工作

（1）拆下气缸盖罩。

（2）拆下火花塞。

（3）拆下右前轮罩盖。

3. 检查方法

（1）用专用工具 11 6 480（如图 2-79 所示）将

发动机旋转到气缸 1 点火上止点位置。注意！不要往回旋转发动机。

图 2-79

（2）取下油底壳上的饰盖（如图 2-80 中 1）。

图 2-80

（3）用专用工具 11 6 480（如图 2-81 所示）在中心螺栓处旋转发动机。注意！针对带手动变速器的车辆：标定孔前还有一个可能与标定孔混淆的孔。专用工具 2 288 380 必须滑入油底壳的曲柄。用专用工具 2 288 380 将曲轴卡在气缸 1 点火上止点位置上。

图 2-81

（4）进气和排气凸轮轴上的标记（如图2-82中1）可以从上方读取。

图2-82

（5）进气和排气凸轮轴上的平台（如图2-83中1）朝上部。

图2-83

（7）第一缸排气凸轮轴（如图2-84所示）的凸轮向右倾斜并指向内部。

图2-84

（8）第一缸进气凸轮轴（如图2-85所示）的凸轮向左倾斜。

图2-85

（9）提示：专用工具2 358 122（如图2-86所示）由多个部件构成：底架、气缸盖上的底架螺栓、固定排气凸轮轴的量规、固定进气凸轮轴的量规和底架上的量规螺栓。

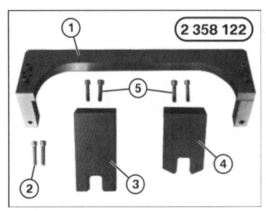

图2-86

（10）将底架（如图2-87中1）用螺栓（如图2-87中2）固定在气缸盖上。量规（如图2-87中3）利用凹口定位在排气凸轮轴的双平面段上。量规（如图2-87中3）利用螺栓（如图2-87中5）固定在底架上。量规（如图2-87中4）利用凹口定位在进气凸轮轴的双平面段上。量规（如图2-87中4）利用螺栓（如图2-87中5）固定在底架上。

图2-87

（11）如有必要，调整配气相位。

（12）拆卸所有专用工具。

（13）安装火花塞。

（14）安装气缸盖罩。

（15）安装右前轮罩盖板。

（四）调整凸轮轴的配气相位（B48AO0）

1. 专用工具

需要的专用工具：11 9 340、00 9 460、2 358 122、2 288 380和11 6 480。注意！发动机有损坏危险！务必遵守配气相位检查和调整的相关提示！

2. 准备工作

（1）检查配气相位。

（2）拆下废气触媒转换器。

3. 调整方法

（1）松开链条张紧器（如图2-88中1）。注意！随时准备好抹布。松开螺栓连接之后，会流出少量机油。安装说明：在售后服务中，必须在链条张紧器装配时安装一个新密封环。

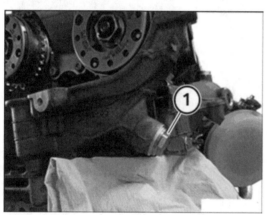

图2-88

（2）将专用工具11 9 340（如图2-89所示）旋入气缸盖。用专用工具00 9 460将正时链预紧至0.6N·m。

图2-89

（3）提示：如果不能安装专用工具2 358 122（如图2-90所示），那么必须重新调整配气相位。用开口扳手固定在相应凸轮轴的双平面段上，松开VANOS中央阀（如图2-90中1）。

图2-90

（4）将两个凸轮轴旋转到位。提示：进气和排气凸轮轴上的标记（如图2-91中1）可以从上方读取。

图2-91

（5）提示：进气和排气凸轮轴上的平台（如图2-92中1）朝上部。

图2-92

（6）将底架（如图2-93中1）用螺栓（如图2-93中2）固定在气缸盖上。量规（如图2-93中3）利用凹口定位在排气凸轮轴的双平面段上。量规（如图2-93中3）利用螺栓（如图2-93中5）固定在底架上。量规（如图2-93中4）利用凹口定位在进气凸轮轴的双平面段上。量规（如图2-93中4）利用螺栓（如图2-93中5）固定在底架上。

图2-93

（7）拧紧进气调整装置VANOS中央阀（如图2-94中1）。拧紧力矩：10N·m。

图2-94

（8）拧紧排气调整装置VANOS中央阀（如图2-95中1）。拧紧力矩：10N·m。移开专用工具2 288 380和2 358 122。

（9）用专用工具11 6 480（如图2-96所示）沿发动机旋转方向将发动机转动两次。注意！不要往回旋转发动机。

（10）检查凸轮轴的配气相位。

（11）安装链条张紧器活塞。

（12）安装废气触媒转换器。

（13）安装气缸盖罩。

（14）安装右前轮罩饰板。

图2-95

图2-96

三、车型

华晨宝马 320i/320Li（G28）（2.0T B48B20C），2019—2022年。

华晨宝马 325i/325Li（G28）（2.0T B48B20C），2019—2022年。

华晨宝马 330i/330Li（G28）（2.0T B48B20D），2019—2022年。

华晨宝马 525Li（G38）（2.0T B48B20C），2018—2022年。

华晨宝马 530Li（G38）（2.0T B48B20D），2018—2022年。

华晨宝马 530Le（G38）（2.0T B48B20C），2018—2022年。

华晨宝马 X3 xDrive 25i（G08）（2.0T B48B20C），2018—2022年。

华晨宝马 X3 xDrive 30i（G08）（2.0T B48B20D），2018—2022年。

宝马 225i（F45）（2.0T B48B20A），2018年。

宝马 320i GT（G21）（2.0T B48B20A），2018—2020年。

宝马 330i GT（G21）（2.0T B48B20B），2018—

2020年。

宝马425i（F36）（2.0T B48B20A），2019—2021年。

宝马430i（F36）（2.0T B48B20B），2019—2021年。

宝马525i（G31）（2.0T B48B20A），2019—2022年。

宝马530i（G31）（2.0T B48B20B），2019—2022年。

宝马630i GT（G32）（2.0T B48B20B），2019—2021年。

宝马730Li（G12）（2.0T B48B20B），2019—2021年。

宝马X4 xDrive 25i（G02）（2.0T B48B20A），2018—2021年。

宝马X4 xDrive 30i（G02）（2.0T B48B20B），2018—2021年。

宝马X5 xDrive 30i（G05）（2.0T B48B20B），2018—2021年。

宝马X6 xDrive 30i（G06）（2.0T B48B20B），2019—2021年。

B48A20系列发动机主要用于前驱平台，B48B20系列发动机主要用于后驱平台，虽然参数上有点区别，但是正时校对方法基本相同，请参阅华晨宝马X1 sDrive25Li（F49）（2.0T B48A20C），2019—2021年。

四、车型

宝马540i（G30）（3.0T B58B30C），2019—2022年。

宝马740Li（G12）（3.0T B58B30C），2019—2021年。

宝马840i（G16）（3.0T B58B30C），2019—2021年。

宝马X5 xDrive 40i（G05）（3.0T B58B30C），2018—2021年。

宝马X5 新能源 xDrive 45e（G05）（3.0T B58B30C），2018—2021年。

宝马X6 xDrive 40i（G06）（3.0T B58B30C），2019—2021年。

宝马X7 xDrive 40i（G07）（3.0T B58B30C），2019—2021年。

（一）检查配气相位

1.工作概述

（1）断开所有蓄电池负极导线。

（2）拆下隔音板。

（3）拆下进气滤清器壳。

（4）拆卸谐振器及上部纯空气管道。

（5）拆卸中部发动机室盖板。

（6）拆下两个前端支撑杆。

（7）拆卸前部横向连接（前端支撑杆已拆卸）。

（8）拆卸后上方横向连接。

（9）拆下集风罩。

（10）拆卸后部车前盖密封件。

（11）拆下后部隔音板。

（12）拆卸左后发动机室的盖板。

（13）拆卸左侧和右侧刮水臂。

（14）拆下风窗框板盖板。

（15）拆卸减震支柱盖上的拉杆。

（16）拆下中间前围板上部总成。

（17）拆卸左右侧密封框。

（18）拆卸中部前围下部件。

（19）拆下两个执行器。

（20）拆卸前部发动机隔热隔音罩。

（21）拆下点火线圈。

（22）拆卸高压泵和油轨之间的高压管路。

（23）拆下高压泵。

（24）拆卸气缸1至3的喷油器。

（25）拆卸气缸4至6的喷油器。

（26）拆下气缸盖罩。

（27）拆下前部机组防护板。

（28）拆卸中部机组防护板。

（29）拆下启动机。

（30）检查凸轮轴的配气相位（自动变速器）。

（31）拆除专用工具2 358 122。

（32）拆卸专用工具2 288 380。

（33）安装启动机。

（34）安装气缸盖罩。

（35）为安装准备喷油器。

（36）安装气缸4至6的喷油器。

（37）安装气缸1至3的喷油器。

（38）准备高压泵安装。

（39）安装高压泵。

（40）将高压管路安装到油轨和高压泵之间。

（41）安装点火线圈。

（42）安装前部发动机隔热隔音罩。

（43）安装两个执行器。

（44）安装中间前围下部件。

（45）安装左右侧密封框。

（46）安装中间前围板上部总成。

（47）安装减震支柱盖上的拉杆。

（48）安装风窗框板盖板。

（49）安装左侧和右侧刮水臂。

（50）安装左后发动机室的盖板。

（51）安装后部隔音板。

（52）安装后部车前盖的密封件。

（53）安装集风罩。

（54）安装后上方横向连接。

（55）安装前部横向连接（前端支撑杆已拆卸）。

（56）安装两个前端支撑杆。

（57）安装中间发动机室盖板。

（58）安装谐振器及上部纯空气管道。

（59）安装进气滤清器壳。

（60）安装隔音板。

（61）安装中心机组防护板。

（62）安装前部机组底部护板。

（63）连接所有蓄电池负极导线。

2. 准备工作

（1）断开所有蓄电池负极导线。

①断开蓄电池负极导线（发动机室）。松开锁止件（如图2-97中1）。拆下盖板（如图2-97中2）。

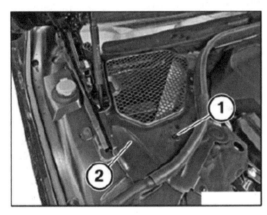

图2-97

有损坏危险：蓄电池接线柱、安全蓄电池接线柱或智能型蓄电池传感器（IBS）损坏。蓄电池接线柱损坏可能导致车载电路功能异常或失灵。通过小心地来回移动蓄电池接线柱拔下蓄电池接线柱。不要用工具取下。松开蓄电池负极接线柱上的螺母（如图2-98中1）。将蓄电池负极接线柱（如图2-98中1）从蓄电池负极中拔下。将蓄电池负极导线置于一侧并固定。

②遮盖车辆电池。警告：蓄电池接线柱未受保护。短路危险！火灾危险！遮盖车辆电池。如图2-99所示，用专用工具2 452 007遮盖车辆电池。按照如图2-99所示方式定位蓄电池负极导线（如图2-99中1）。

③拆下行李箱底板饰板。将行李箱底板饰件（如图2-100中1）用专用工具0 494 190（64 1 030）从后角处抬起。沿箭头方向取出行李箱底板饰件（如图

2-100中1）。

图2-98

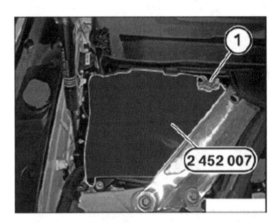

图2-99

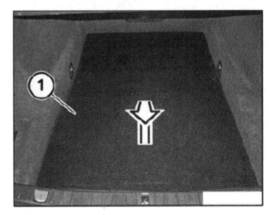

图2-100

④拆卸储物托槽。向上取下储物托槽（如图2-101中1）。

⑤拆卸应急备用轮胎的储物托槽。松开尼龙搭扣（如图2-102中1）。将应急车轮（如图2-102中2）及托垫向后上方取出。

将储物托槽（如图2-103中1）向后上方取出。

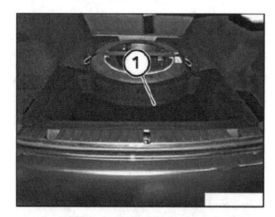

图 2-101

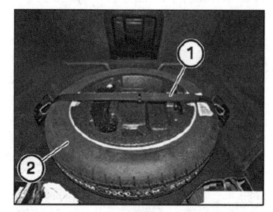

图 2-102

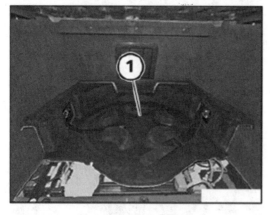

图 2-103

⑥断开蓄电池负极导线。前提：点火开关已关闭。有损坏危险：蓄电池接线柱、安全蓄电池接线柱或智能型蓄电池传感器（IBS）损坏。蓄电池接线柱损坏可能导致车载电路功能异常或失灵。通过小心地来回移动蓄电池接线柱拔下蓄电池接线柱。不要用工具取下。松开螺母（如图 2-104 中 1）。将蓄电池负极接线柱与智能型蓄电池传感器（如图 2-104 中 2）从蓄电池负极上拔下。将蓄电池负极导线置于一侧并固定。

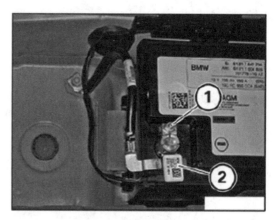

图 2-104

⑦断开主动转向系统的蓄电池负极导线。技术信息：仅在蓄电池接线柱上连接和断开蓄电池。不要脱开插头！松开螺栓（如图 2-105 中 1）。拆下支架（如图 2-105 中 2）。将分隔元件（如图 2-105 中 3）向上取出并置于一侧。

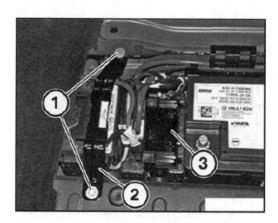

图 2-105

向上拆下分隔元件的泡沫插入件（如图 2-106 中 1）。用所属的泡沫插入件将辅助电池（如图 2-106 中 2）向右推动。

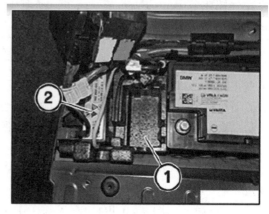

图 2-106

对于生产时间在 2016 年 7 月之后的款型：必要时松开夹子（如图 2-107 中 1）并取下盖板（如图 2-107 中 2）。可选安装饰盖。

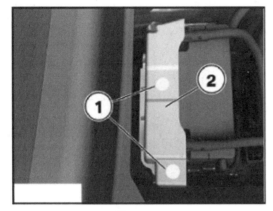

图 2-107

打开护罩 （如图 2-108 中 1）。松开蓄电池负极导线上的螺栓 （如图 2-108 中 2）。将蓄电池负极导线 （如图 2-108 中 2）置于一侧并固定。

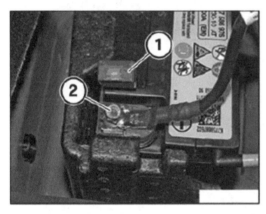

图 2-108

（2）拆下隔音板。有损坏危险：隔音板损坏。拆卸时猛烈拉扯或在安装时过度用力会导致隔音盖板断裂。小心拆卸和安装隔音盖板。依次拆卸和安装球面轴颈上的快装连接器。仅在温度 >20℃时拆卸和安装隔音盖板。在安装时只可以用蒸馏水作为辅助工具，不可以使用润滑剂。将隔音板 （如图 2-109 中 1） 从标记区域的支架向上脱开。

（3）拆下进气滤清器壳。解除联锁并松开插头（如图 2-110 中 1）。松开夹箍（如图 2-110 中 2）。松开螺栓（如图 2-110 中箭头）。拆下进气滤清器壳上部分（如图 2-110 中 3）。

拆下空气滤清器滤芯 （如图 2-111 中 1）。

松开螺栓 （如图 2-112 中 1）。如果装有松脱夹子 （如图 2-112 中 2），将空气滤清器壳下部件 （如图 2-112 中 3）向上从橡胶支座拔出并拆下。

图 2-109

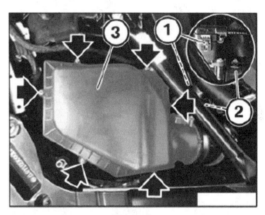

图 2-110

图 2-111

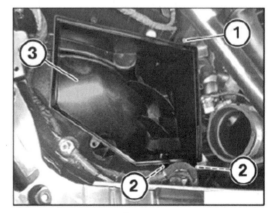

图 2-112

（4）拆卸谐振器及上部纯空气管道。松开夹箍（如图2-113中1）并拔下上部纯空气管道（如图2-113中2）。将谐振器（如图2-113中3）向上从橡胶支座中拔下。抽出并拆卸谐振器（如图2-113中3）及上部纯空气管道（如图2-113中2）。

稍稍抬起，并将后上部横向连接件（如图2-117中3）向后抽出并取下。

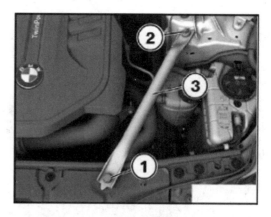

图2-115

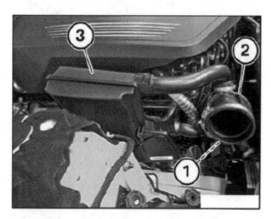

图2-113

（5）拆卸中部发动机室盖板。松开所有膨胀铆钉（如图2-114中箭头）。拆下盖板（如图2-114中1）。

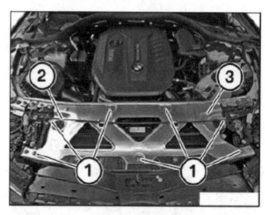

图2-116

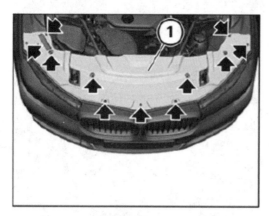

图2-114

（6）拆下两个前端支撑杆。注意：该说明仅以左侧部件为例。右侧的工作步骤与之相同。拆下前端支撑杆。松开螺栓（如图2-115中1和2）。取下前端支撑杆（如图2-115中3）。

（7）拆卸前部横向连接（前端支撑杆已拆卸）。松开螺栓（如图2-116中1）。取下拉线（如图2-116中2）。将前部横向连接件（如图2-116中3）向上抽出。

（8）拆卸后上方横向连接。有损坏危险：划伤。工具和边缘锋利的部件可能会导致划伤。保护工作范围。小心地操作工具和部件。松开螺栓（如图2-117中1）。将左侧车前盖锁的支座（如图2-117中2）稍稍抬起，并将后上部横向连接件（如图2-117中3）向后抽出。将右侧车前盖锁的支座（如图2-117中2）

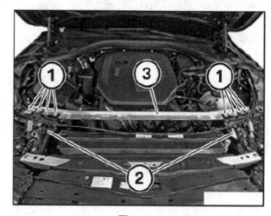

图2-117

（9）拆下集风罩。警告：高温表面，有烫伤危险！只有当部件已冷却时，才能执行所有维修工作。松脱夹子（如图2-118中1）。抽出冷却液管（如图2-118中2）并放到一边。

解除联锁并松开插头（如图2-119中1）。松开螺栓（如图2-119中2）。沿箭头方向抽出并拆下集风罩（如图2-119中3）。

图 2-118

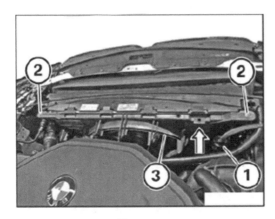

图 2-119

（10）拆卸后部车前盖密封件。向前从支架中抽出电缆（如图 2-120 中 1）。将后部车前盖密封条（如图 2-120 中 2）向内从导向件中取下。

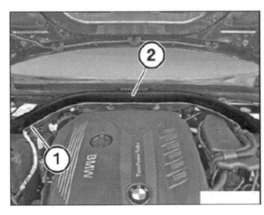

图 2-120

水臂。拆下饰盖（如图 2-123 中 1）。松开螺母（如图 2-123 中 2）。

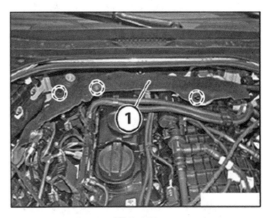

图 2-121

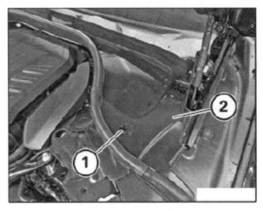

图 2-122

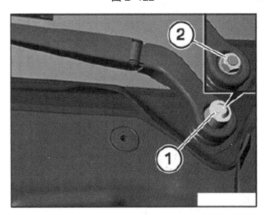

图 2-123

借助专用工具 0 493 441（61 6 060）拔下刮水臂（如图 2-124 中 1）。

（14）拆下风窗框板盖板。将风窗框板盖板（如图 2-125 中 1）从卡子（如图 2-125 中 2 和 3）中松开。从侧向开始向上拔下风窗框板盖板（如图 2-125 中 1）。

（15）拆卸减震支柱盖上的拉杆。技术信息：无车顶撑杆或拉杆不允许行驶。

（11）拆下后部隔音板。松脱标记区域内的隔音板（如图 2-121 中 1）并向上拆卸。

（12）拆卸左后发动机室的盖板。松开锁止件（如图 2-122 中 1）。拆下盖板（如图 2-122 中 2）。

（13）拆卸左侧和右侧刮水臂。注意：该说明仅以左侧部件为例。右侧的工作步骤与之相同。拆卸刮

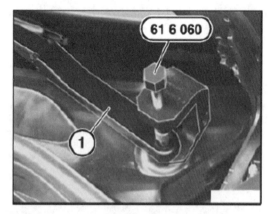

图 2-124

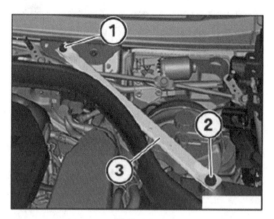

图 2-127

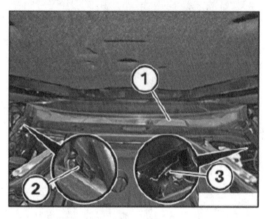

图 2-125

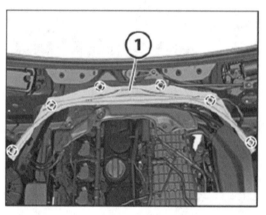

图 2-128

规格 1：

松开螺栓（如图 2-126 中 1 和 2）。将拉杆（如图 2-126 中 3）在减震支柱盖上向上拆卸。

（17）拆卸左右侧密封框。注意：操作说明仅针对右侧部件。左侧的工作步骤与之相同。松开螺栓（如图 2-129 中 1）。松开卡子（如图 2-129 中 2）。向上抽出密封框（如图 2-129 中 3）。

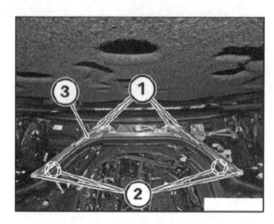

图 2-126

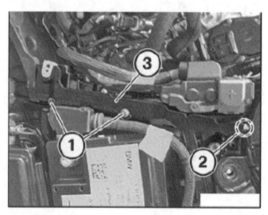

图 2-129

规格 2：

松开螺栓（如图 2-127 中 1 和 2）。将拉杆（如图 2-127 中 3）在减震支柱盖上向上拆卸。

（16）拆下中间前围板上部总成。松开标记区域内的螺栓。拆下中间前围板上部总成（如图 2-128 中 1）。

（18）拆卸中部前围下部件。松开螺栓（如图 2-130 中 1）。松开螺母（如图 2-130 中 2）。拆卸中部前围下部件（如图 2-130 中 3）。

（19）拆下两个执行器。

有损坏危险：静电放电。电气组件损坏或毁坏。

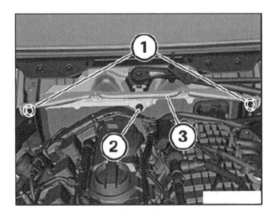

图 2-130

直至安装前，电气组件的原包装不得损坏。如需寄回，也只允许使用原包装。已拆卸的部件应立即进行包装。注意关于使用相应专用工具 12 7 060 的用户提示。只能接触电气元件的壳体。不得直接接触线脚和插座！穿上绝缘服和防静电鞋（带 ESD 标志）。

　　将专用工具 2 360 895 正确定位在进气侧执行器（如图 2-131 中 1）上。

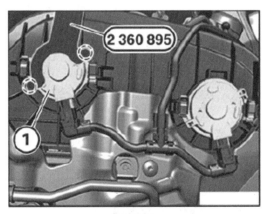

图 2-131

　　将进气侧的执行器（如图 2-132 中 1）用专用工具 2 360 895 沿箭头方向转动 50° 并松开。

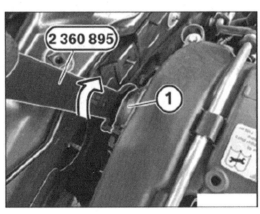

图 2-132

　　注意：插图显示发动机背面。

　　将专用工具 2 360 895 正确定位在排气侧执行器（如图 2-133 中 1）上。

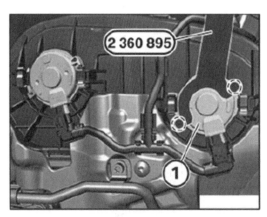

图 2-133

　　将排气侧的执行器（如图 2-134 中 1）用专用工具 2 360 895 沿箭头方向转动 50° 并松开。

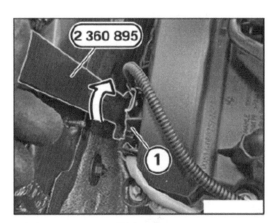

图 2-134

　　注意：插图显示发动机背面。

　　解除联锁并脱开两个插头（如图 2-135 中 1）。抽出并拆卸两个执行器。

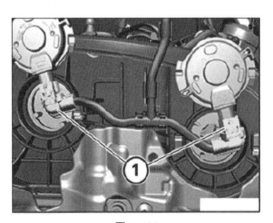

图 2-135

（20）拆卸前部发动机隔热隔音罩。解除联锁燃油箱排气管（如图2-136中1），从燃油箱排气阀上拔下并在标记区域处松脱。解除联锁并拔下燃油箱排气管（如图2-136中2）。

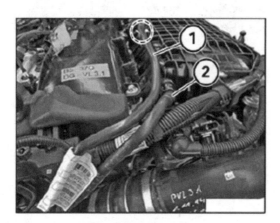

图2-136

解除联锁并拔下插头（如图2-137中1和2）。在标记区域处松脱电线束（如图2-137中3），并将其置于一侧。必要时松开接地导线的螺栓。

图2-137

小心地抽出并拆卸发动机隔热隔音罩（如图2-138中1）。

图2-138

（21）拆下点火线圈。警告：高温表面有烫伤危险！只有当部件已冷却时，才能执行所有维修工作。注意：该描述只用于一个部件。所有其他部件的工作步骤与之相同。解除联锁并松开插头（如图2-139中1）。松开螺栓（如图2-139中2）。抽出并拆下点火线圈（如图2-139中3）。

图2-139

（22）拆卸高压泵和油轨之间的高压管路。

受伤危险！穿戴合适的个人防护装备。在执行安装工作前，让冷却系统冷却至40℃以下。注意气缸盖罩上的警告牌。

有损坏危险：污物或异物。污物可能导致功能异常、功能失效或不密封。注意保持绝对清洁。对部件进行保护，例如加以遮盖，以防污物进入。用密封塞密封管路接头。松开锁紧螺母（如图2-140中1）。松开螺栓（如图2-140中2）。抽出并拆卸高压管路（如图2-140中3）。

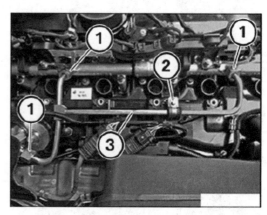

图2-140

（23）拆下高压泵。警告：对燃油系统执行维修工作。火灾危险！有爆炸危险！当对燃油系统执行维修工作时，注意确保工作场地足够通风，例如借助抽吸。导线敞开和接口密封闭合；将可能溢出的燃油直接于出口处接住。禁止有明火和烟雾。

有损坏危险：点火线圈损坏。点火线圈的硅胶软管不得被燃油污染，否则会导致点火线圈失灵。在燃油系统上进行作业时，用合适的物品覆盖点火线圈，必要时拆卸。不要给火花塞插头的硅树脂软管上油或上油脂。硅树脂软管涂有滑石粉，以便减小拉拔力。解除联锁并松开插头（如图2-141中1）。交替松开螺栓（如图2-141中箭头）。抽出并拆下高压泵（如图2-141中2）。在拔下高压泵（如图2-141中2）时，发动机油可能溢出，准备好抹布。

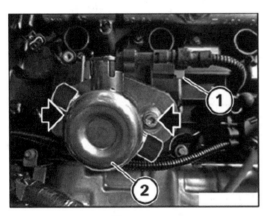

图 2-141

（24）拆卸气缸1至3的喷油器。有损坏危险：污物或异物。污物可能导致功能异常、功能失效或不密封。注意保持绝对清洁。对部件进行保护，例如加以遮盖，以防污物进入。用密封塞密封管路接头。

有损坏危险：点火线圈损坏。点火线圈的硅胶软管不得被燃油污染，否则会导致点火线圈失灵。在燃油系统上进行作业时，用合适的物品覆盖点火线圈，必要时拆卸。不要给火花塞插头的硅树脂软管上油或上油脂。硅树脂软管涂有滑石粉，以便减小拉拔力。

有损坏危险：

喷油器喷口和特氟隆环损坏。喷油器喷口和特氟隆环处理不当可能会导致喷油器功能异常。避免与喷油器喷口发生机械接触。更换特氟隆环时手和作业底板必须干净且无油。不要使用润滑辅助工具。不要借助手指推上特氟隆环。

喷油器损坏。过大的力作用可能会损坏喷油器，从而必须更换喷油器。最大可用13N·m的扭力运动扭转喷油器。松开螺母（如图2-142中1）。抽出接地导线（如图2-142中2）并放在一边。抽出电缆盒（如图2-142中3）并放在一边。

将锁止件（如图2-143中1）沿向上箭头方向解除联锁。按压锁止件（如图2-143中1）并沿箭头

方向松开。将插头（如图2-143中2）从喷油器上拔下。

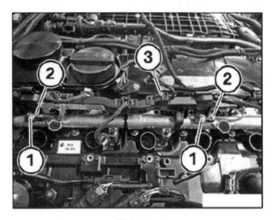

图 2-142

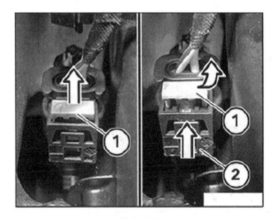

图 2-143

将喷油器的所有插头（如图2-144中1）解除联锁并松开。

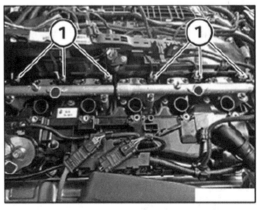

图 2-144

解除联锁并松开插头（如图2-145中1）。松开螺栓（M5×30）（如图2-145中2）。螺栓（如图2-145中2）禁止重复使用。用合适的工具盛接排出的燃油并妥善处理。

图 2-145

松开螺栓（M6×70）（如图 2-146 中箭头）。螺栓（如图 2-146 中箭头）禁止重复使用。将油轨（如图 2-146 中 1）向上拆卸。喷油器留在气缸盖上。

图 2-146

拆下密封件（如图 2-147 中 1）。该密封件（如图 2-147 中 1）仅在工厂内首次安装时使用，不得重复安装。

图 2-147

有损坏危险：

如果超出了拉力的规定值：更新喷射装置。拆卸喷油器请使用专用工具 2 358 417。通过专用工具 2

358 417 将确保，不会超出拉力。专用工具 2 358 417 由以下部分构成：

①螺纹套筒，如图 2-148 中 1 所示。

②拉出螺纹（左旋螺纹），如图 2-148 中 2 所示。

③喷油器定位件，如图 2-148 中 3 所示。

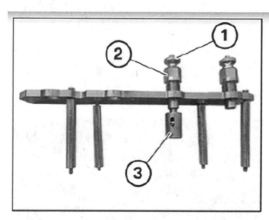

图 2-148

将喷油器（如图 2-149 中 1）的定位件从专用工具 2 358 417 上拆下。

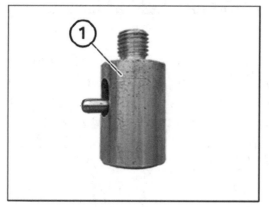

图 2-149

压入锁止件（如图 2-150 中 1）并将螺纹套筒（如图 2-150 中 2）从专用工具 2 358 417 中拆出。

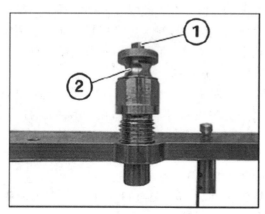

图 2-150

装上喷油器的所有定位件（如图2-151中1）。如果杆（如图2-151中2）在上方，则说明定位件（如图2-151中1）尚未联锁。

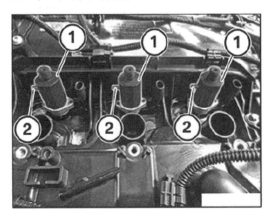

图 2-151

将定位件（如图2-152中1）转动90°并将杆（如图2-152中2）向下锁定。

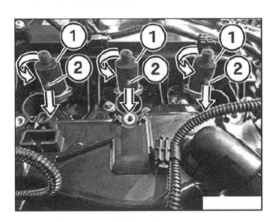

图 2-152

有损坏危险：

喷油器损坏。过大的力作用可能会损坏喷油器，从而必须更换喷油器。最大可用13N·m的扭力运动扭转喷油器。将专用工具2 358 417安装到气缸盖上。手动拧紧螺栓（如图2-153中箭头）。

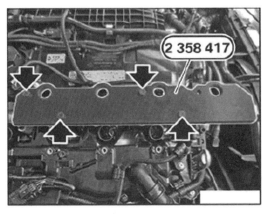

图 2-153

将拉出螺纹（如图2-154中1）在专用工具2 358 417上完全旋入。将螺纹套筒（如图2-154中1）推入，并完全旋到喷油器的定位件上。

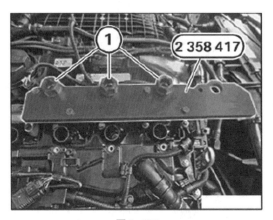

图 2-154

在专用工具2 358 417上以5 N·m的力矩拧紧螺栓（如图2-155中箭头）。

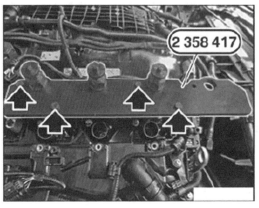

图 2-155

将扭矩扳手右旋设置为13N·m。将扭矩扳手（如图2-156中1）用专用工具0 496 106（11 8 720）沿顺时针方向转动，直至喷油器拉出为止。单个拆卸所有喷油器。

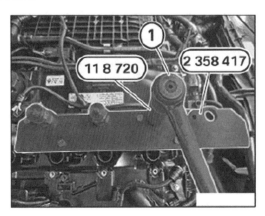

图 2-156

在拆下专用工具 2 358 417 及喷油器之前检查所有喷油器是否都已从气缸盖中完全拉出。这可以从螺纹套管（如图 2-157 中 1）上已能看到的全部螺纹看出来。松开专用工具 2 358 417 上的螺栓。

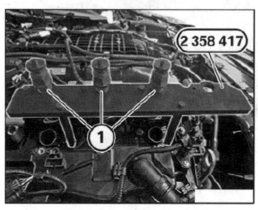

图 2-157

将专用工具 2 358 417 和喷油器（如图 2-158 中 1）一起小心地竖直向上从气缸盖上拆下。将专用工具 2 358 417 和喷油器（如图 2-158 中 1）结合一起平放在一个干净的工作台上。

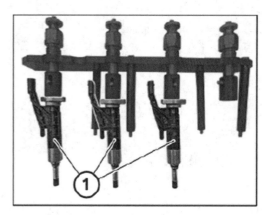

图 2-158

将定位件的锁止件（如图 2-159 中 1）向上解除联锁。

图 2-159

将已解除联锁的定位件（如图 2-160 中 1）旋转90°。将喷油器向下松开并拆下。

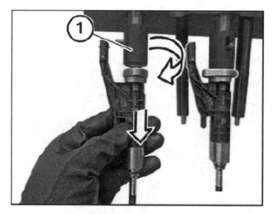

图 2-160

（25）拆卸气缸 4 至 6 的喷油器。松开螺母（如图 2-161 中 1）。抽出接地导线（如图 2-161 中 2）并放在一边。抽出电缆盒（如图 2-161 中 3）并放在一边。

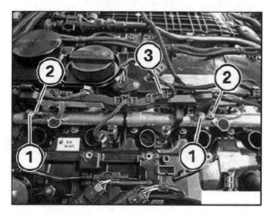

图 2-161

将锁止件（如图 2-162 中 1）沿向上箭头方向解除联锁。按压锁止件（如图 2-162 中 1）并沿箭头方向松开。将插头（如图 2-162 中 2）从喷油器上拔下。

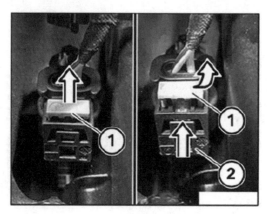

图 2-162

将喷油器的所有插头（如图2-163中1）解除联锁并松开。

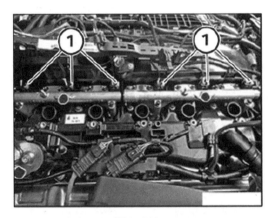

图2-163

松开螺栓（M5×30）（如图2-164中1）。螺栓（M5×30）（如图2-164中1）不允许重复使用。用合适的工具盛接排出的燃油并妥善处理。

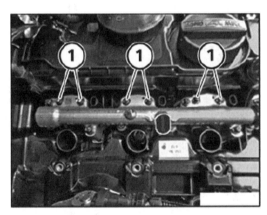

图2-164

松开螺栓（M6×70）（如图2-165中箭头）。螺栓（M6×70）（如图2-165中箭头）不允许重复使用。将油轨（如图2-165中1）向上拆卸。喷油器留在气缸盖上。

图2-165

拆下密封件（如图2-166中1）。该密封件（如图2-166中1）仅在工厂内首次安装时使用，不得重复安装。

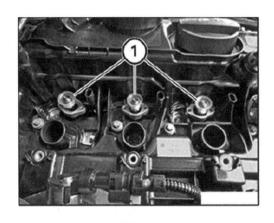

图2-166

有损坏危险：

如果超出了拉力的规定值：更新喷射装置。拆卸喷油器请使用专用工具2 358 417。通过专用工具2 358 417将确保，不会超出拉力。专用工具2 358 417由以下部分构成：

①螺纹套筒，如图2-167中1所示。

②拉出螺纹（左旋螺纹），如图2-167中2所示。

③喷油器的定位件，如图2-167中3所示。

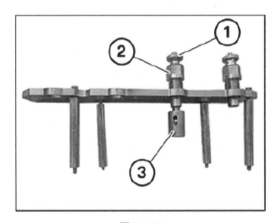

图2-167

将喷油器（如图2-168中1）的定位件从专用工具2 358 417上拆下。

压入锁止件（如图2-169中1）并将螺纹套筒（如图2-169中2）从专用工具2 358 417中拆出。

装上喷油器的所有定位件（如图2-170中1）。如果杆（如图2-170中2）在上方，则说明定位件（如图2-170中1）尚未联锁。

将定位件（如图2-171所示）转动90°并将杆向下锁定。

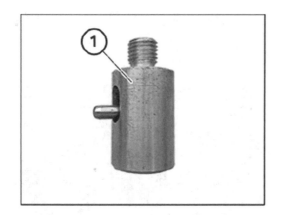

图 2-168

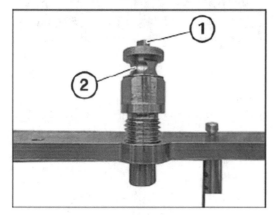

图 2-169

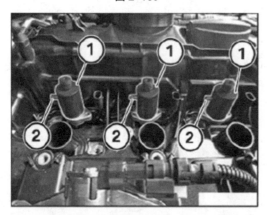

图 2-170

图 2-171

有损坏危险：喷油器损坏。过大的力作用可能会损坏喷油器，从而必须更换喷油器。最大可用 13N·m 的扭力运动扭转喷油器。将专用工具 2 358 417 安装到气缸盖上。手动拧紧螺栓（如图 2-172 中箭头）。

图 2-172

技术信息：套管螺纹属于左旋螺纹。将拉出螺纹（如图 2-173 中 1）在专用工具 2 358 417 上完全旋入。

图 2-173

将螺纹套筒（如图 2-174 中 1）推入，并完全旋到喷油器的定位件上。在专用工具 2 358 417 上以 5N·m 的力矩拧紧螺栓（如图 2-174 中箭头）。

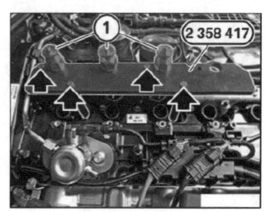

图 2-174

将扭矩扳手右旋设置为13N·m。将扭矩扳手（如图2-175中1）用专用工具0 496 106（11 8 720）沿顺时针方向转动，直至喷油器拉出为止。必须单个拆除所有喷油器。

图 2-175

在拆下专用工具2 358 417及喷油器之前检查所有喷油器是否都已从气缸盖中完全拉出。这可以从螺纹套管（如图2-176中1）上已能看到的全部螺纹看出来。松开专用工具2 358 417上的螺栓。

图 2-176

将专用工具2 358 417和喷油器（如图2-177中1）一起小心地竖直向上从气缸盖上拆下。将专用工具2 358 417和喷油器结合一起平放在一个干净的工作台上。

将定位件的锁止件（如图2-178中1）向上解除联锁。

将已解除联锁的定位件（如图2-179中1）旋转90°。将喷油器向下松开并拆下。

（26）拆下气缸盖罩。松脱发动机排气管（如图2-180中1）。

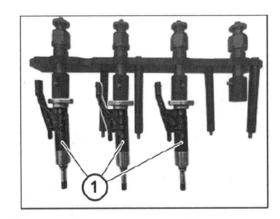

图 2-177

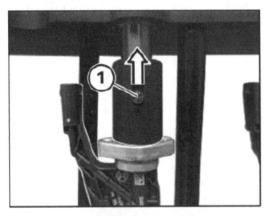

图 2-178

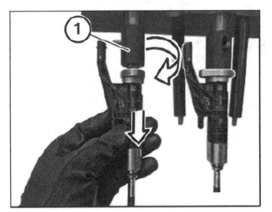

图 2-179

图 2-180

55

将两个插头（如图 2-181 中 1）解除联锁，脱开并从电线束（如图 2-181 中 2）上松开。

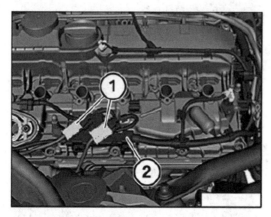

图 2-181

松开螺栓（如图 2-182 中 1）并将燃油供油管（如图 2-182 中 2）放到一边。松脱标记区域内的电线束（如图 2-182 中 3）并置于一侧。将电线束（如图 2-182 中 4）在标记区域内松脱并放到一边。松开螺栓（如图 2-182 中 5）并将支架及蓄电池正极导线置于一侧。

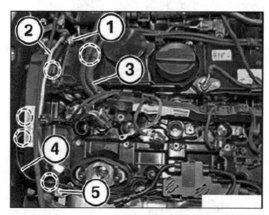

图 2-182

解除联锁并脱开插头（如图 2-183 中 1）。将电线束（如图 2-183 中 2）在标记区域内松脱并放到一边。

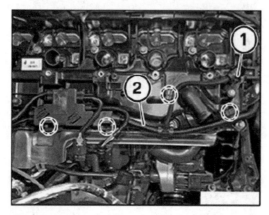

图 2-183

解除联锁并脱开插头（如图 2-184 中 1）。将电线束（如图 2-184 中 2 和 3）在标记区域内松脱并放到一边。

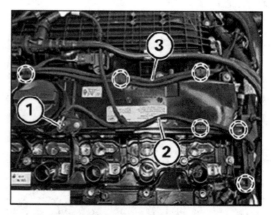

图 2-184

按照 21 至 1 的顺序松开所有螺栓，如图 2-185 所示。拆下气缸盖罩。

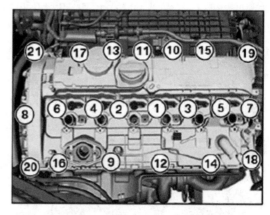

图 2-185

（27）拆下前部机组防护板。注意：为了更清楚概览：示意图中有部分部件已隐藏。松开螺栓（如图 2-186 中箭头）。抽出前部机组防护板（如图 2-186 中 1）。

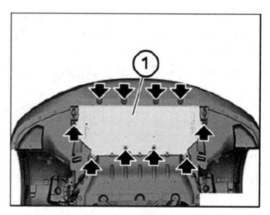

图 2-186

（28）拆卸中部机组防护板。沿虚线松开螺栓。抽出中间机组防护板（如图 2-187 中 1）。

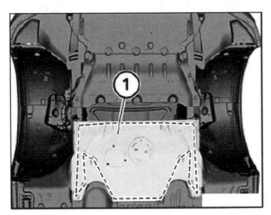

图 2-187

（29）拆下启动机。松开螺母（如图 2-188 中 1）。抽出并拆下总线端 KL.50（如图 2-188 中 2）。松开螺母（如图 2-188 中 3）。抽出并拆下蓄电池正极导线（如图 2-188 中 4）。

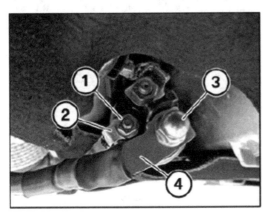

图 2-188

松开夹子（如图 2-189 中箭头）。

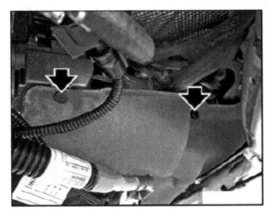

图 2-189

松开夹子（如图 2-190 中箭头）。抽出隔音装置（如

图 2-190 中 1），并置于一侧。

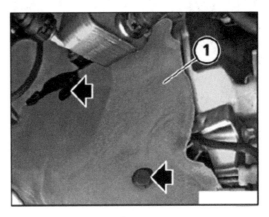

图 2-190

松开螺栓（如图 2-191 中 1）。抽出并拆下启动机（如图 2-191 中 2）。

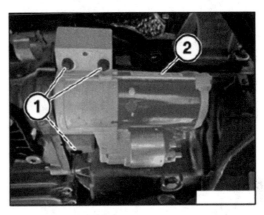

图 2-191

（30）检查凸轮轴的配气相位（自动变速器）。

有损坏危险：发动机损坏。如果用手沿错误旋转方向旋转发动机，可能损坏发动机。只能用手沿正确的旋转方向旋转发动机：沿顺时针方向，面向减震器或者沿逆时针方向，面向链条传动。仅当安装了后部正时链时才适用。

①将发动机用专用工具 0 493 380（11 6 480）转动至第 1 个气缸的点火上止点位置，如图 2-192 所示。

②将曲轴卡在第 1 个气缸的点火上止点位置（自动变速器）。装有自动变速器的车辆：将专用工具 2 365 488 定位并用相应螺栓固定。将曲轴用专用工具 2 288 380 在第 1 个气缸的点火上止点位置卡住，如图 2-193 所示。

③检查。检查是否能从上面读取到排气凸轮轴的标记（如图 2-194 中 1）和进气凸轮轴的标记（如图 2-194 中 2）。

④结果：无法从上面读取到标记（如图 2-194 中

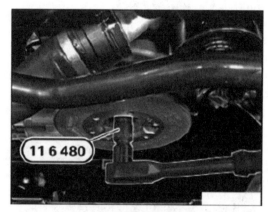

图 2-192

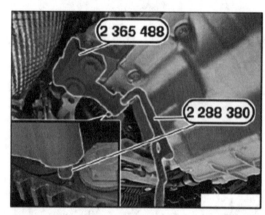

图 2-193

图 2-194

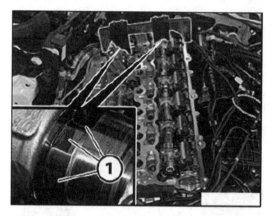

图 2-195

⑧措施：将凸轮轴转到正确的位置，使两个凸轮轴上三个削平中间的那个（如图 2-196 中 1）都朝上。检查第 1 个气缸上排气凸轮轴（如图 2-196 中 1）和进气凸轮轴（如图 2-196 中 2）的凸轮位置是否如图 2-196 所示。

图 2-196

⑨专用工具组 2 358 122 概述（如图 2-197 所示）。

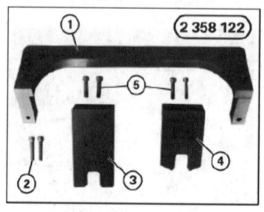

1.底架　2.气缸盖上底架螺栓　3.用于固定排气凸轮轴的量规　4.用于固定进气凸轮轴的量规　5.底架上的量规螺栓

图 2-197

1 和 2）。

⑤措施：将凸轮轴转到正确的位置或者重新调整配气相位。

⑥检查：检查两个凸轮轴上三个加工平面（如图 2-195 中 1）里中间的一个加工平面。当凸轮轴扭转 180°后（中间的平整面指向下方），也可以安装专用工具 2 358 122。

⑦结果：三个削平中间的那个（如图 2-195 中 1）不朝上。

⑩将专用工具 2 358 122 的底架（如图 2-198 中 1）用螺栓（如图 2-198 中 2）固定在气缸盖上。将量规（如图 2-198 中 3）以凹口定位在排气凸轮轴上并用螺栓（如图 2-198 中 5）固定在底架（如图 2-198 中 1）上。将量规（如图 2-198 中 4）以凹口定位在进气凸轮轴上并用螺栓（如图 2-198 中 5）固定在底架（如图 2-198 中 1）上。提示：若无法安装专用工具 2 358 122，则必须重新调整配气相位。

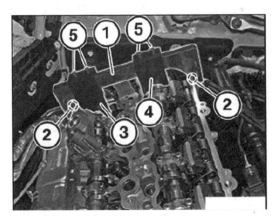
图 2-198

（31）拆除专用工具 2 358 122。

（32）拆卸专用工具 2 288 380。

（33）安装启动机。注意：不按照专业规定铺设蓄电池正极导线。短路危险！蓄电池正极导线无磨损铺设并且未夹紧。插入并安装启动机（如图 2-199 中 2）。拧紧螺栓（如图 2-199 中 1）。固定启动机装到发动机上：M8×60，拧紧力矩为 19 N·m。

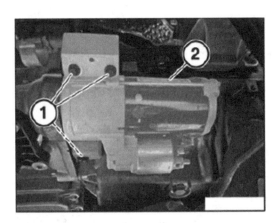
图 2-199

插入并安装隔音装置（如图 2-200 中 1）。固定夹子（如图 2-200 中箭头）。

固定夹子（如图 2-201 中箭头）。

穿入并安装总线端 KL. 50（如图 2-202 中 1）。拧紧螺母（如图 2-202 中 2）。总线端 KL. 50 装到启

动机：M6 拧紧力矩为 7 N·m。插入并安装蓄电池正极导线（如图 2-202 中 3）。将蓄电池正极导线（3）安装到极限位置（如图 2-202 中 4）。拧紧螺母（如图 2-202 中 5）。将蓄电池正极导线连接到启动机上：固定螺帽 M8，拧紧力矩为 13.5 N·m。

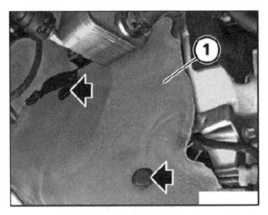
图 2-200

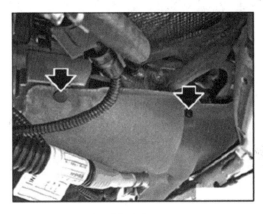
图 2-201

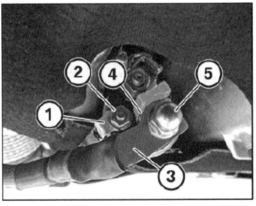
图 2-202

（34）安装气缸盖罩。更新密封件（如图 2-203 中 1 和 2）。零件：密封件。

注意标记区域内高压泵托架（如图 2-204 中 2）上气缸盖罩（如图 2-204 中 1）的正确安装。气缸盖

59

罩（如图 2-204 中 1）在标记区域禁止贴在高压泵托架（如图 2-204 中 2）上。

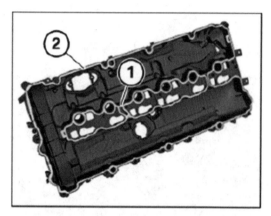

图 2-203

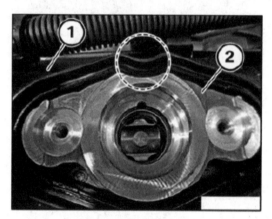

图 2-204

定位气缸盖罩。确保气缸盖罩未贴在高压泵托架上！按照 1 至 21 的顺序拧紧所有螺栓，如图 2-205 所示。气缸盖罩固定在气缸盖上：M6×27，拧紧力矩为 10 N·m。

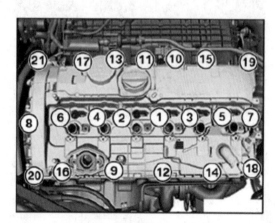

图 2-205

将电线束（如图 2-206 中 2 和 3）插入标记的区域内。连接插头（如图 2-206 中 1）。

图 2-206

将电线束（如图 2-207 中 2）在标记的区域内嵌入。连接插头（如图 2-207 中 1）。

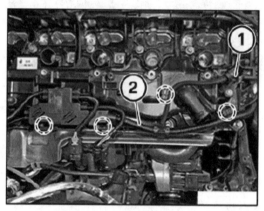

图 2-207

定位蓄电池正极导线支架并用螺栓（如图 2-208 中 5）拧紧。将蓄电池正极导线支架安装到气缸盖罩上：自攻塑料螺栓 M6×18，扭紧力矩为 6.5N·m。将电线束（如图 2-208 中 1）在标记的区域内嵌入。将电线束（如图 2-208 中 3）嵌入标记区域内。正确铺设燃油供油管（如图 2-208 中 2）并用螺栓（如图 2-208 中 1）拧紧。燃油供油管安装到气缸盖罩上：自攻塑料螺栓 M6×18 扭紧力矩为 6.5N·m。

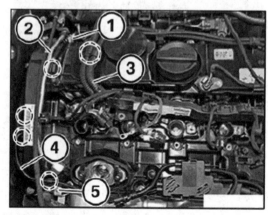

图 2-208

连接插头（如图 2-209 中 1）并在电线束（如图 2-209 中 2）上嵌入。

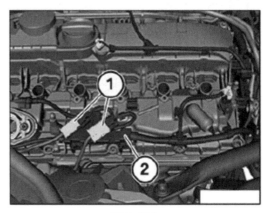

图 2-209

技术信息：卡子、导向件和固定元件不得损坏或缺失。嵌入发动机排气管（如图 2-210 中 1）。

图 2-210

（35）为安装准备喷油器。

有损坏危险：喷油器喷口和特氟隆环损坏。喷油器喷口和特氟隆环处理不当可能会导致喷油器功能异常。避免与喷油器喷口发生机械接触。更换特氟隆环时手和作业底板必须干净且无油。不要使用润滑辅助工具。不要借助手指推上特氟隆环。

技术信息：重新安装喷油器前必须更新特氟隆环。已安装过一次的特氟隆环不能再次使用。新的喷油器交货时配备新的特氟隆环。在喷油器上安装新的特氟隆环后，喷油器必须在 10min 内安装到气缸盖内，或者用护罩保护，否则特氟隆环会膨胀。

安装喷油器前：更新特氟隆环（如图 2-211 中 2）。零件：特氟隆环。避免与喷油器喷口（如图 2-211 中 4）发生机械接触。

将特氟隆环（如图 2-211 中 2）用专用工具组 0 495 756（13 0 190）中的专用工具 0 495 757（13 0

191）（如图 2-211 中 3）从喷油器（如图 2-211 中 1）上拆下。必要时，用无绒抹布清洁喷油器的圆柱形部分；不要使用超声波或其他辅助工具。不要清洁喷油器喷口！

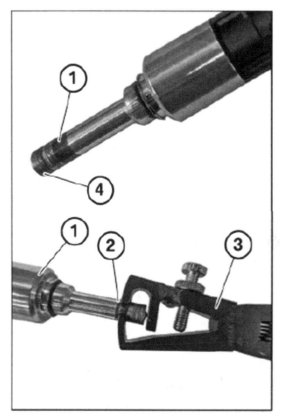

图 2-211

将新的特氟隆环（如图 2-212 中 1）推到专用工具组 0 496 668（13 0 280）中的锥形装配工具 0 496 771（13 0 283）（如图 2-212 中 2）上。

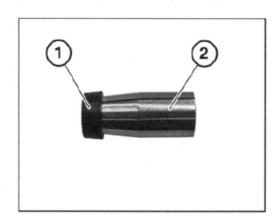

图 2-212

将特氟隆环（如图 2-213 中 1）用专用工具组 0 496 668（13 0 280）中的锥形装配工具 0 496 771（13

0 283）（如图 2-213 中 2）安装到喷油器喷口（如图 2-213 中 3）上。

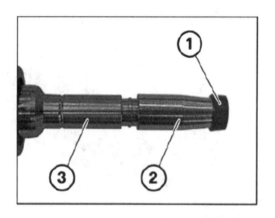

图 2-213

用专用工具组 0 496 668（13 0 280）中专用工具 0 496 769（13 0 281）的滑动套筒（如图 2-214 中 1）将特氟隆环（如图 2-214 中 2）推到喷油器的凹槽（如图 2-214 中 3）中。

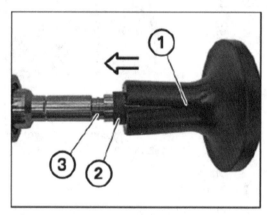

图 2-214

用专用工具组 0 496 668（13 0 280）中的专用工具 0 496 770（13 0 282）（如图 2-215 中 1）将已扩张的特氟隆环调整至装配尺寸。将专用工具 0 496 770（13 0 282）（如图 2-215 中 1）推至喷油器（如图 2-215 中 2）上的极限位置。

将滑动套筒（如图 2-216 中 1）（专用工具 0 496 770（13 0 282）向后拉，松开锥形装配工具 0 496 771（13 0 283）（如图 2-216 中 2）。

（36）安装气缸 4 至 6 的喷油器。技术信息：在组装时务必遵守螺栓连接顺序和拧紧力矩。未遵守规定可能会导致不密封和损坏。

将支架（如图 2-217 中 1）通过插旋式连接（如图 2-217 中 2）安装在喷油器上。如果在支架（如图 2-217 中 1）上已有一个铸造凸耳：注意支架的安装位置是否正确。

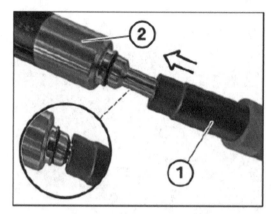

图 2-215

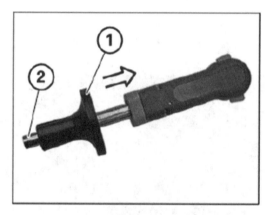

图 2-216

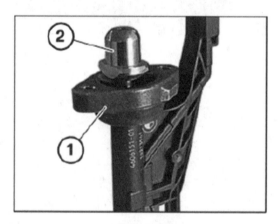

图 2-217

必要时注意铸造凸耳的位置：支架正确安装时，铸造凸耳位于后面，如图 2-218 所示。

必要时注意铸造凸耳的位置：支架错误安装时，铸造凸耳（如图 2-219 中 1）位于前面。

有损坏危险：喷油器损坏。

由于油轨和喷油器之间的距离不正确，喷油器上的焊缝可能破裂，从而必须更新喷油器。务必使用塞尺。当塞尺不能给出 8.5mm 的厚度时，更换塞尺。使用专用工具（间距量规）2 358 022（如图 2-220中 1）。

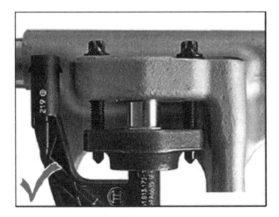

图 2-218

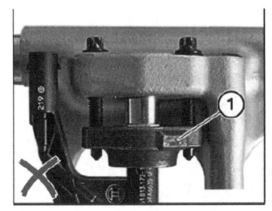

图 2-219

图 2-220

更新螺栓（M5×30）。零件：螺栓（M5×30）将喷油器用支架和螺栓（M5×30）（如图 2-221 中 1）安装在油轨上。将油轨放到干净的台面上，确保喷油器在油轨上的开口指向上方。然后电气喷油器接口必须指向燃油压力传感器方向。将专用工具（间距量规）

2 358 022（如图 2-221 中 2）推到支架和油轨之间的喷油器头上。注意专用工具（间距量规）2 358 022（如图 2-221 中 2）贴在固定桥上。将两个螺栓（M5×30）（如图 2-221 中 1）均匀地用手拧紧，直到专用工具（间距量规）2 358 022（如图 2-221 中 2）平整地贴在油轨和支架上。

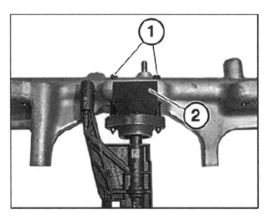

图 2-221

取下专用工具（间距量规）2 358 022（如图 2-222中 1）。在所有喷油器上重复该工作步骤。

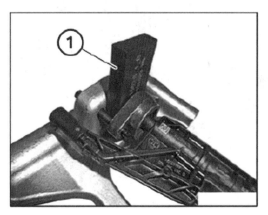

图 2-222

检查油轨上喷油器的位置是否松动。将电气喷油器接口与油轨平行对齐。喷油器必须可以自由移动，如图 2-223 所示。

更新螺栓（如图 2-224 中 A 至 D）。零件：螺丝。将油轨（如图 2-224 中 1）及喷油器从上部插到气缸盖上。注意喷油器顶端嵌入气缸盖中为此规定的孔内。注意喷油器上的导向件要正确推入气缸盖中的导向孔内。将油轨（如图 2-224 中 1）向下按压，直至感觉到阻力；放上螺栓（M6×30）（如图 2-224 中 A 和 B），并用手拧紧。将扭力扳手调到 2 N·m。用扭力扳手将螺栓（如图 2-224 中 A 和 B）分别交替拧紧 180°，直至油轨紧贴在气缸盖上。图 2-224 中 1 为平整地贴在气缸盖上的油轨。装入螺栓（如图2-224中C和D）。
技术信息：在组装时务必遵守螺栓连接顺序和拧紧力矩。未遵守规定可能会导致不密封和损坏。将螺栓（如图2-224中A）用5 N·m扭矩拧紧。将螺栓（如图2-224中D）用5 N·m扭矩拧紧。将螺栓（如图2-224中B）用5 N·m扭矩拧紧。将螺栓（如图2-224中C）用5 N·m扭矩拧紧。

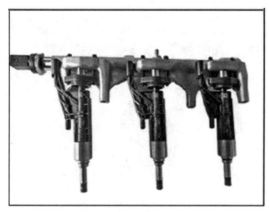

图2-223

图2-224

注意油轨（如图2-225中1）平整地紧贴在气缸盖上。

图2-225

将套筒扳手插在加长件上。禁止使用转换棘轮或扭力扳手。将螺栓（M5×30）分别成对地（如图2-226中1和2、3和4、5和6）以90°幅度手动交替拧紧。将扭力扳手调到5N·m。按照图2-226拧紧螺栓（M5×30）：

喷油器4：

将螺栓1用扭力扳手以90°±15°的转角拧紧。将螺栓2用扭力扳手以90°±15°的转角拧紧。针对螺栓1和2重复工作步骤，直到两个螺栓达到5 N·m。

喷油器5：

将螺栓3用扭力扳手以90°±15°的转角拧紧。将螺栓4用扭力扳手以90°±15°的转角拧紧。针对螺栓3和4重复工作步骤，直到两个螺栓达到5 N·m。

喷油器6：

将螺栓5用扭力扳手以90°±15°的转角拧紧。

将螺栓6用扭力扳手以90°±15°的转角拧紧。

针对螺栓5和6重复工作步骤，直到两个螺栓达到5N·m。

图2-226

用垂直画线标记所有螺栓（如图2-227中1至6）。用转角拧紧螺栓。将螺栓（如图2-227中1）用90°±15°转角拧紧。将螺栓（如图2-227中2）用90°±15°转角拧紧。将螺栓（如图2-227中3）用90°±15°转角拧紧。将螺栓（如图2-227中4）用90°±15°转角拧紧。将螺栓（如图2-227中5）用90°±15°转角拧紧。将螺栓（如图2-227中6）用90°±15°转角拧紧。

检查是否所有螺栓（如图2-228中1至6）均用90°±15°转角拧紧。所有标记（线）必须全部保持水平方向。

松开螺栓（M6×70）（如图2-229中A至D）。螺栓必须强制松开。将螺栓（如图2-229中A）用5 N·m扭矩拧紧。将螺栓（如图2-229中D）用5 N·m扭矩拧紧。将螺栓（如图2-229中B）用5 N·m扭矩拧紧。将螺栓（如图2-229中C）用5 N·m扭矩拧紧。

图 2-227

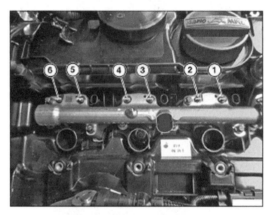

图 2-228

图 2-229

图 2-230

图 2-231

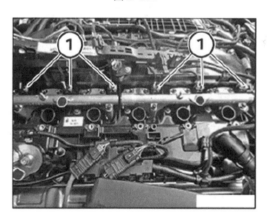

图 2-232

用垂直划线标记所有螺栓（如图2-230中A至D）。将螺栓（M6×70）（如图2-230中A至D）以90°转角拧紧。

检查是否所有螺栓（如图2-231中A至D）均用90°转角拧紧。所有标记（线）必须全部保持水平方向。

将所有插头（如图2-232中1）连接至喷油器并锁定。必须听到所有插头（如图2-232中1）嵌入的声音。

插入并安装电缆检查井（如图2-233中3）。穿入并安装接地导线（如图2-233中2）。拧紧螺母（如图2-233中1）。接地导线安装到油轨上：M6拧紧力矩为5 N·m。

（37）安装气缸1至3的喷油器。将支架（如图2-234中1）通过插旋式连接（如图2-234中2）安装在喷油器上。如果在支架（如图2-234中1）上已有一个铸造凸耳：注意支架的安装位置是否正确。

必要时注意铸造凸耳的位置：支架正确安装时，铸造凸耳位于后面，如图2-235所示。

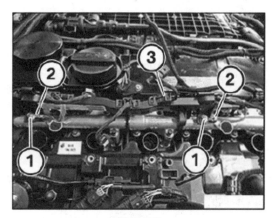

图 2-233

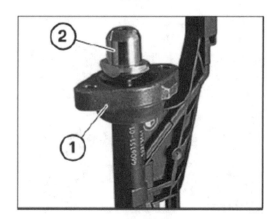

图 2-234

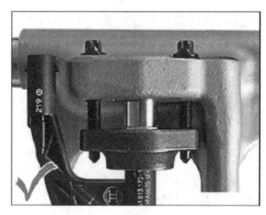

图 2-235

器在油轨上的开口指向上方。然后电气喷油器接口必须指向燃油压力传感器方向。将专用工具（间距量规）2 358 022（如图 2-238 中 2）推到支架和油轨之间的喷油器头上。注意专用工具（间距量规）2 358 022（如图 2-238 中 2）贴在固定桥上。将两个螺栓（M5×30）（如图 2-238 中 1）均匀地用手拧紧，直到专用工具（间距量规）2 358 022（如图 2-238 中 2）平整地贴在油轨和支架上。

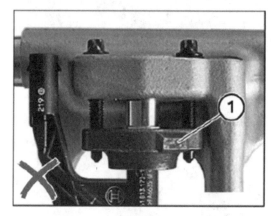

图 2-236

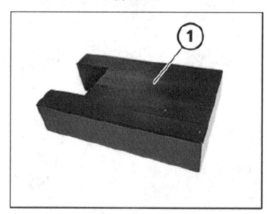

图 2-237

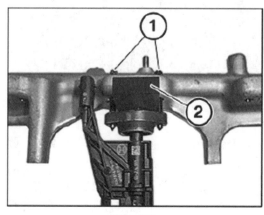

图 2-238

必要时注意铸造凸耳的位置：支架错误安装时，铸造凸耳（如图 2-236 中 1）位于前面。

有损坏危险：喷油器损坏。

由于油轨和喷油器之间的距离不正确，喷油器上的焊缝可能破裂，从而必须更新喷油器。务必使用塞尺。当塞尺不能给出 8.5mm 的厚度时，更换塞尺。使用专用工具（间距量规）2 358 022（如图 2-237 中 1）。

更新螺栓（M5×30）。零件：螺栓（M5×30）。将喷油器用支架和螺栓（M5×30）（如图 2-238 中 1）安装在油轨上。将油轨放到干净的台面上，确保喷油

取下专用工具（间距量规）2 358 022（如图 2-239 中 1）。在所有喷油器上重复该工作步骤。

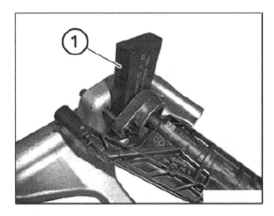

图 2-239

检查油轨上喷油器的位置是否松动。将电气喷油器接头与油轨平行对齐。喷油器必须可以自由移动，如图 2-240 所示。

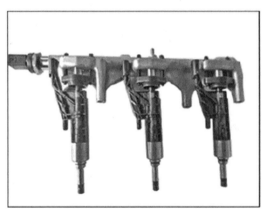

图 2-240

更新螺栓（如图 2-241 中 A 至 D）。零件：螺丝。将油轨（如图 2-241 中 1）及喷油器从上部插到气缸盖上。注意喷油器顶端要嵌入气缸盖中为喷油器设计的孔内。注意喷油器上的导向件要正确推入气缸盖中的导向孔内。将油轨（如图 2-241 中 1）向下按压，直至感觉到阻力；放上螺栓（M6×30）（如图 2-241 中 A 和 B），并用手拧紧。用扭力扳手将螺栓（如图 2-241 中 A 和 B）分别交替拧紧 180°，直至油轨紧贴在气缸盖上。插图所示为平整地贴在气缸盖上的油轨。装入螺栓（如图 2-241 中 C 和 D）。将螺栓（如图 2-241 中 A）用 5 N·m 扭矩拧紧。将螺栓（如图 2-241 中 D）用 5 N·m 扭矩拧紧。将螺栓（如图 2-241 中 B）用 5 N·m 扭矩拧紧。将螺栓（如图 2-241 中 C）用 5 N·m 扭矩拧紧。连接并联锁插头（如图 2-241 中 2）。必须听到插头（如图 2-241 中 2）嵌入的声音。

图 2-241

注意油轨（如图 2-242 中 1）平整地紧贴在气缸盖上。

图 2-242

将套筒扳手插在加长件上。禁止使用转换棘轮或扭力扳手。将螺栓（M5×30）分别成对地（如图 2-243 中 1 和 2、3 和 4、5 和 6）以 90° 幅度手动交替拧紧。将扭力扳手调到 5 N·m。

图 2-243

按照图 2-244 拧紧螺栓（M5×30）。
喷油器 1：

将 螺栓（如图 2-244 中 1）用 扭力扳手以 90°±15° 的转角拧紧。将螺栓（如图 2-244 中 2）用扭力扳手以 90°±15° 的转角拧紧。针对螺栓（如图 2-244 中 1 和 2）重复工作步骤，直到两个螺栓达到 5 N·m。

喷油器 2：

将 螺栓（如图 2-244 中 3）用 扭力扳手以 90°±15° 的转角拧紧。将螺栓（如图 2-244 中 4）用扭力扳手以 90°±15° 的转角拧紧。针对螺栓（如图 2-244 中 3 和 4）重复工作步骤，直到两个螺栓达到 5 N·m。

喷油器 3：

将 螺栓（如图 2-244 中 5）用 扭力扳手以 90°±15° 的转角拧紧。将螺栓（如图 2-244 中 6）用扭力扳手以 90°±15° 的转角拧紧。针对螺栓（如图 2-244 中 5 和 6）重复工作步骤，直到两个螺栓达到 5 N·m。

用画线标记所有螺栓（如图 2-244 中 1 至 6）。用转角拧紧螺栓。将螺栓（如图 2-244 中 1）用 90°±15° 转角拧紧。将螺栓（如图 2-244 中 2）用 90°±15° 转角拧紧。将螺栓（如图 2-244 中 3）用 90°±15° 转角拧紧。将螺栓（如图 2-244 中 4）用 90°±15° 转角拧紧。将螺栓（如图 2-244 中 5）用 90°±15° 转角拧紧。将螺栓（如图 2-244 中 6）用 90°±15° 转角拧紧。

图 2-244

检查是否所有螺栓（如图 2-245 中 1 至 6）均用 90°±15° 转角拧紧。所有标记（线）必须全部保持水平方向。

松开螺栓（M6×70）（如图 2-246 中 A 至 D）。螺栓必须强制松开。将螺栓（如图 2-246 中 A）用 5 N·m 扭矩拧紧。将螺栓（如图 2-246 中 D）用 5 N·m 扭矩拧紧。将螺栓（如图 2-246 中 B）用 5 N·m 扭矩拧紧。将螺栓（如图 2-246 中 C）用 5 N·m 扭矩拧紧。

图 2-245

图 2-246

用垂直画线标记所有螺栓（如图 2-247 中 A 至 D）。将螺栓（M6×70）（如图 2-247 中 A 至 D）以 90° 转角拧紧。

图 2-247

检查是否所有螺栓（如图 2-248 中 A 至 D）均用 90° 转角拧紧。所有标记（线）必须全部保持水平方向。

图 2-248

将所有插头（如图 2-249 中 1）连接至喷油器并锁定。必须听到所有插头（如图 2-249 中 1）嵌入的声音。

图 2-249

插入并安装电缆检查井（如图 2-250 中 3）。穿入并安装接地导线（如图 2-250 中 2）。拧紧螺母（如图 2-250 中 1）。接地导线安装到油轨上：M6 拧紧力矩为 5 N·m。

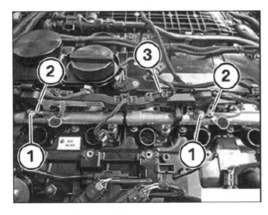

图 2-250

（38）准备高压泵安装。将高压泵驱动装置的凸轮转到下死点位置。将深度游标卡尺（如图 2-251 中 1）平放在高压泵法兰上。沿发动机旋转方向通过中心螺栓转动发动机，直至达到凸轮轴的下死点位置。深度游标卡尺（如图 2-251 中 1）位于最低位置。

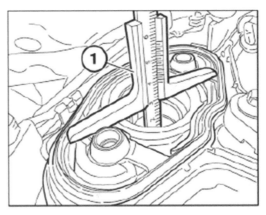

图 2-251

检查高压泵法兰的螺纹（如图 2-252 中 1）上是否有密封剂残留物。必要时用螺纹加工刀具 M6 清洁螺纹（如图 2-252 中 1）。应注意，未有污物进入到发动机内。使用合适的工具遮盖住高压泵法兰上的开口。

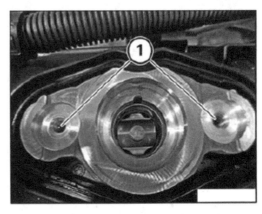

图 2-252

更新密封件（如图 2-253 中 1）。零件：密封件。

（39）安装高压泵。插入并安装高压泵（如图 2-254 中 2）。更新螺栓（如图 2-254 中箭头）。零件：螺丝。定位高压泵（如图 2-254 中 2）螺栓（箭头）并交替以 90° 的幅度拧紧。必须遵守规定，以免因歪斜而令柱塞折断。高压泵安装到气缸盖罩上。更换螺栓 M6×25，拧紧力矩为 12N·m。连接并联锁插头（如图 2-254 中 1）。必须听到插头（如图 2-254 中 1）嵌入的声音。

（40）将高压管路安装到油轨和高压泵之间。插入并安装高压管路（如图 2-255 中 3）。用手拧紧锁紧螺母（如图 2-255 中 1）。拧紧锁紧螺母（如图 2-255 中 1）。油轨和高压泵之间的高压管路：M14×1.5 拧紧力矩为 33 N·m。拧紧螺栓（如图 2-255 中 2）。燃油管路装到气缸盖罩上：M6×8 拧紧力矩为 6.5 N·m。检查燃油系统是否密封。

图 2-253

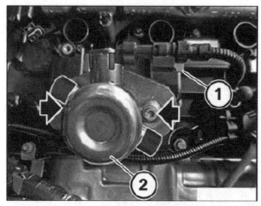

图 2-254

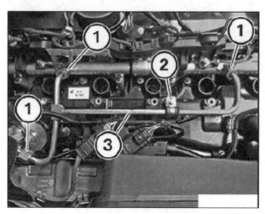

图 2-255

（41）安装点火线圈。有损坏危险：点火缺火会造成废气触媒转换器损坏。未正确安装的点火线圈可能会在发动机运转时松开并由此导致点火缺火。应确保密封唇正确位于点火线圈上，以便能毫无问题地进行密封。不要挤压密封唇。注意：该描述只用于一个部件。所有其他部件的工作步骤与之相同。插入并安装点火线圈（如图 2-256 中 3）。拧紧螺栓（如图 2-256 中 2）。点火线圈：M6×31.8，拧紧力矩为 8N·m。连接并联锁插头（如图 2-256 中 1）。必须听到插头（如图 2-256 中 1）嵌入的声音。

图 2-256

（42）安装前部发动机隔热隔音罩。安装发动机隔热隔音罩（如图 2-257 中 1）。

图 2-257

正确铺设电线束（如图 2-258 中 3）并嵌入标记区域内。如有必要，定位接地导线并用螺栓拧紧。前部接地导线安装到气缸盖上：M6 扭紧力矩 8N·m。连接插头（如图 2-258 中 1 和 2）。

技术信息：注意接口的正确锁止。必须能听到锁止件嵌入的声音。将燃油箱排气管（如图 2-259 中 2）与进气集气箱相连。将燃油箱排气管（如图 2-259 中 1）与燃油箱排气阀相连并嵌入标记区域内。

（43）安装两个执行器。注意：插图显示发动机背面。定位两个执行器。连接并联锁两个插头（如图 2-260 中 1）。注意要听到插头（如图 2-260 中 1）嵌入的声音。

图 2-258

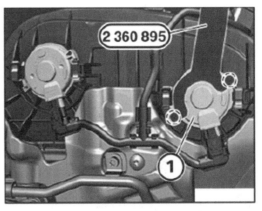

图 2-261

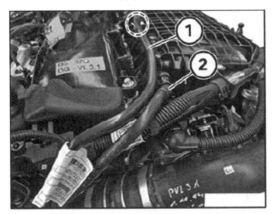

图 2-259

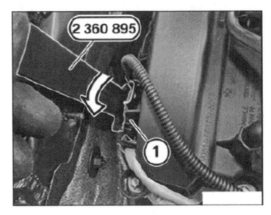

图 2-262

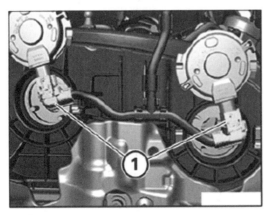

图 2-260

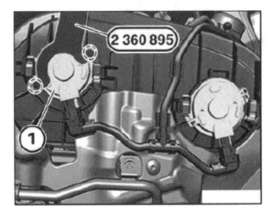

图 2-263

将专用工具 2 360 895 正确定位在排气侧执行器（如图 2-261 中 1）上。

放置排气侧执行器（如图 2-262 中 1）并用专用工具 2 360 895 沿箭头方向旋转，直至位于夹子的极限位置。

将专用工具 2 360 895 正确定位在进气侧执行器（如图 2-263 中 1）上。

放置进气侧执行器（如图 2-264 中 1）并用专用工具 2 360 895 沿箭头方向旋转，直至位于夹子的极限位置。

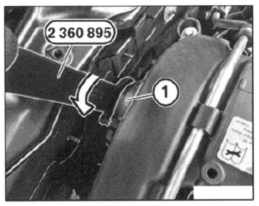

图 2-264

（44）安装中间前围下部件。定位中间前围板下部（如图2-265中3）。拧紧螺母（如图2-265中2）和螺栓（如图2-265中1）。前围板下部安装到车身上：螺栓拧紧力矩2.6 N·m；塑料螺母拧紧力矩2.6 N·m。

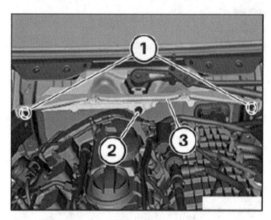

图2-265

（45）安装左右侧密封框。注意：操作说明仅针对右侧部件。左侧的工作步骤与之相同。插入密封框（如图2-266中3）。检查卡子（如图2-266中2）的位置是否正确。拧紧螺栓（如图2-266中1）。前部配电器密封框：螺栓RF5×25拧紧力矩为2.5N·m。

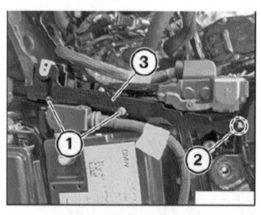

图2-266

（46）安装中间前围板上部总成。定位中间前围板上部总成（如图2-267中1）。拧紧标记区域内的螺栓。前围板上部总成安装到下部前围上：拧紧力矩3 N·m。

（47）安装减震支柱盖上的拉杆。技术信息：无车顶撑杆或拉杆不允许行驶。

规格1：

将拉杆（如图2-268中3）安装在减震支柱盖上。拧紧螺栓（如图2-268中1）。拉杆装在前围上：螺栓M10×25，拧紧力矩为56N·m。更新螺栓（如图2-268中2）。零件：螺丝。拧紧螺栓（如图2-268中2）。拉杆安装到减震支柱盖上。更换螺栓，接合

力矩：56N·m，旋转角：90°。

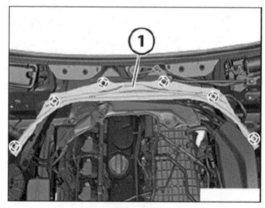

图2-267

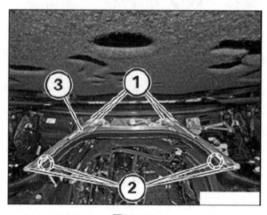

图2-268

规格2：

将拉杆（如图2-269中3）安装到减震支柱盖上。拧紧螺栓（如图2-269中1）。拉杆装在前围上：螺栓M10×25，拧紧力矩为56 N·m。更新螺栓（如图2-269中2）。拧紧螺栓（如图2-269中2）。拉杆安装到减震支柱盖上：更换螺栓。接合力矩为56N·m，旋转角：90°。

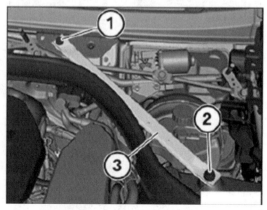

图2-269

（48）安装风窗框板盖板。从侧向开始将风窗框

板盖板（如图 2-270 中 1）压入上卡子。将风窗框板盖板（如图 2-270 中 1）嵌入卡子（如图 2-270 中 2 和 3）。

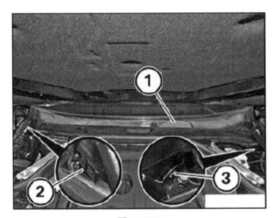

图 2-270

（49）安装左侧和右侧刮水臂。

安装刮水臂。技术信息：在装配刮水臂前，通过按下转向柱开关置于正确的转向位置。插上刮水臂（如图 2-271 中 3）。将刮水臂（如图 2-271 中 2）朝着车窗玻璃边缘（如图 2-271 中 1）正确定位。车窗玻璃边缘至刮水器刮片的距离：右侧刮水臂（如图 2-271 中 A）65mm；左侧刮水臂（如图 2-271 中 B）58mm。

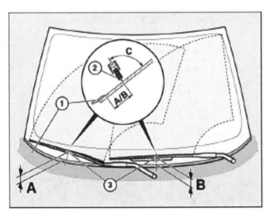

图 2-271

拧紧螺母（如图 2-272 中 2）。刮水臂组合六角螺母为 35N·m。插上饰盖（如图 2-272 中 1）。

（50）安装左后发动机室的盖板。安装盖板（如图 2-273 中 2）。联锁锁止件（如图 2-273 中 1）。

（51）安装后部隔音板。注意发动机背面隔音盖板（如图 2-274 中 1）的正确定位。

将隔音板（如图 2-275 中 1）从上方安装，并嵌入标记区域内。

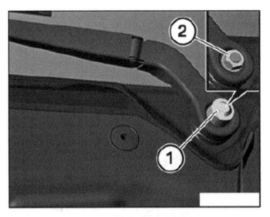

图 2-272

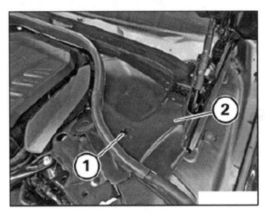

图 2-273

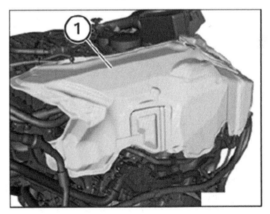

图 2-274

图 2-275

（52）安装后部车前盖的密封件。将后部车前盖密封条（如图2-276中2）压入导向件中。将电缆（如图2-276中1）穿入支架。检查后部车前盖密封条（如图2-276中2）和电缆（如图2-276中1）的位置是否正确。

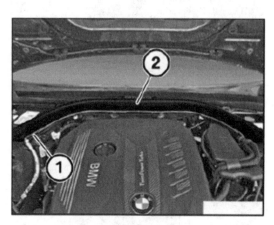

图 2-276

（53）安装集风罩。沿箭头方向插入并安装集风罩（如图2-277中3）。拧紧螺栓（如图2-277中2）。集风罩安装到水箱上：TS6X20 扭紧力矩为6N·m。连接并联锁插头（如图2-277中1）。必须听到插头（如图2-277中1）嵌入的声音。

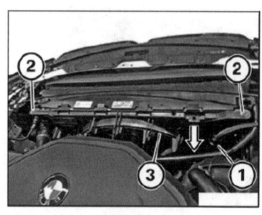

图 2-277

插入并安装冷却液管（如图2-278中2）。联锁夹子（如图2-278中1）。必须能听到夹子（如图2-278中1）嵌入的声音。

（54）安装后上方横向连接。有损坏危险：划伤。工具和边缘锋利的部件可能会导致划伤。保护工作范围。小心地操作工具和部件。将右侧车前盖锁的支座（如图2-279中2）稍稍抬起，并将后方上部横向连接件（如图2-279中3）向前插入。将左侧车前盖锁的支座（如图2-279中2）稍稍抬起，并将后方上部横向连接件（如图2-279中3）向前插入。拧紧螺栓（如

图2-279中1）。后上部横向连接件装到轮罩支撑架上：星形螺栓 M8×30，拧紧力矩 19 N·m。星形螺栓 M10×40，拧紧力矩 19 N·m。

图 2-278

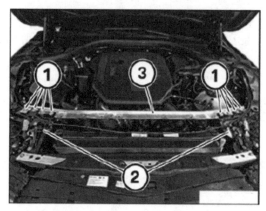

图 2-279

（55）安装前部横向连接（前端支撑杆已拆卸）。插入前部横向连接件（如图2-280中3）。嵌入拉线（如图2-280中2）。拧紧螺栓（如图2-280中1）。前部横向连接：螺栓拧紧力矩 11.8N·m。

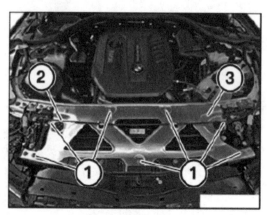

图 2-280

（56）安装两个前端支撑杆。安装前端支撑板。安装前端支撑板（如图2-281中3）。更新螺栓（如

图 2-281 中 1）。拧紧螺栓（如图 2-281 中 1）。前端支撑杆装到横向连接件上。更换螺栓，接合力矩 28N·m，旋转角 90°。更新螺栓（如图 2-281 中 2）。拧紧螺栓（如图 2-281 中 2）。前端支撑板：更换螺栓，接合力矩 56N·m，旋转角 90°。

安装谐振器（如图 2-284 中 3）及上部纯空气管道（如图 2-284 中 2）。将谐振器（如图 2-284 中 3）压入橡胶支座。拧紧夹箍（如图 2-284 中 1）。上部纯空气管道夹箍安装在下部纯空气管道上：夹箍拧紧力矩 3N·m。

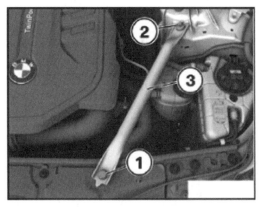

图 2-281

图 2-284

（57）安装中间发动机室盖板。安装盖板（如图 2-282 中 1）。安装所有膨胀铆钉（如图 2-282 中箭头）。

（59）安装进气滤清器壳。检查橡胶支座（如图 2-285 中 1）的位置是否正确。

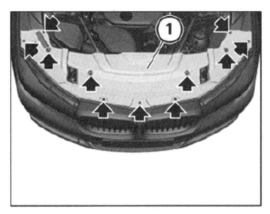

图 2-282

图 2-285

（58）安装谐振器及上部纯空气管道。检查橡胶支座（如图 2-283 中 1）的位置是否正确。

将空气滤清器壳下部件（如图 2-286 中 3）穿入并嵌入在橡胶支座中。如果装有安装夹子（如图 2-286 中 2），必须听到夹子（如图 2-286 中 2）嵌入空气滤清器壳下部件（如图 2-286 中 3）的声音。拧紧螺栓（如图 2-286 中 1）。进气消音器壳装到谐振器上：TS5×20 拧紧力矩为 2.5N·m。

安装空气滤清器滤芯（如图 2-287 中 1）。

穿入并装上进气滤清器壳上部分（如图 2-288 中 3）。拧紧螺栓（如图 2-288 中箭头）。进气滤清器壳上部件连接到进气滤清器壳下部件上：TS5×20 / TS5×26，拧紧力矩 2.5N·m。拧紧夹箍（如图 2-288 中 2）。纯空气管道装到进气滤清器壳上部分上：夹箍拧紧力矩 3N·m。连接并联锁插头（如图 2-288 中

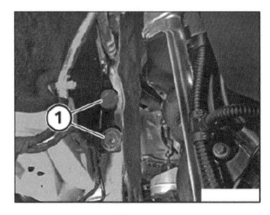

图 2-283

1）。必须听到插头（如图 2-288 中 1）嵌入的声音。

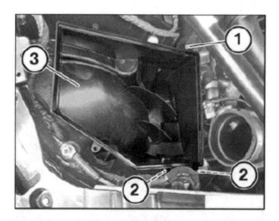

图 2-286

图 2-287

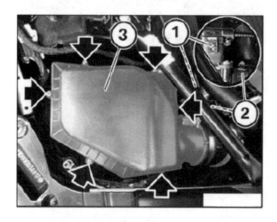

图 2-288

（60）安装隔音板。有损坏危险：隔音板损坏。拆卸时猛烈拉扯或在安装时过度用力会导致隔音盖板断裂。小心拆卸和安装隔音盖板。依次拆卸和安装球面轴颈上的快装连接器。仅在温度 >20℃ 时拆卸和安装隔音盖板。在安装时只可以用蒸馏水作为辅助工具，不可以使用润滑剂。检查隔音盖板是否正确安装在所有橡胶支座（如图 2-289 中 1）上。

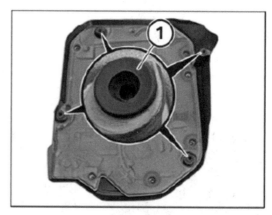

图 2-289

将隔音板（如图 2-290 中 1）在标记区域内嵌入支架。

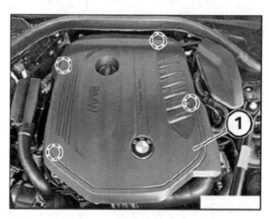

图 2-290

（62）安装中心机组防护板。插入中间机组防护板（如图 2-291 中 1）。沿虚线拧紧螺栓。机组防护板：螺栓拧紧力矩 3N·m。

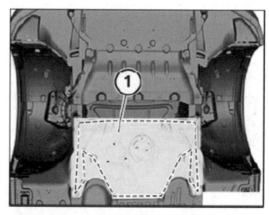

图 2-291

（62）安装前部机组底部护板。插入前部机组防护板（如图 2-292 中 1）。拧紧螺栓（如图 2-292 中箭头）。机组防护板：螺栓拧紧力矩 3N·m。

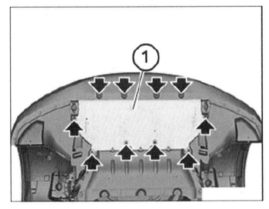

图 2-292

（63）连接所有蓄电池负极导线。

①连接主动转向系统的蓄电池负极导线。

技术信息：仅在蓄电池接线柱上连接和断开蓄电池。不要脱开插头！将蓄电池负极导线定位到负极上并用螺栓（如图 2-293 中 2）拧紧。主动转向控制的蓄电池接线柱：螺栓 M6，拧紧力矩 6N·m。关闭护罩（如图 2-293 中 1）。

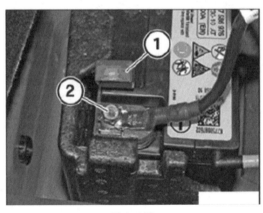

图 2-293

对于生产时间在 2016 年 7 月之后的款型：必要时定位饰盖（如图 2-294 中 2）并将其嵌入到夹子（如图 2-294 中 1）上。可选安装饰盖。

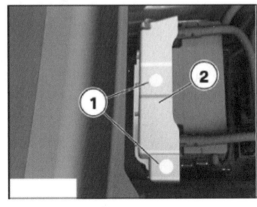

图 2-294

用所属的泡沫插入件将辅助电池（如图 2-295 中 2）向左推动。从上向下插入分隔元件的泡沫插入件（如图 2-295 中 1）。

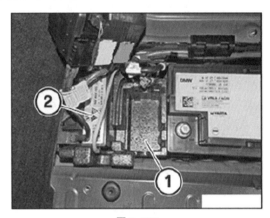

图 2-295

插入分隔元件（如图 2-296 中 3）。定位支架（如图 2-296 中 2）。拧紧螺栓（如图 2-296 中 1）。车身上的蓄电池支架（主动转向控制）：六角螺栓 M6 拧紧力矩 8N·m。

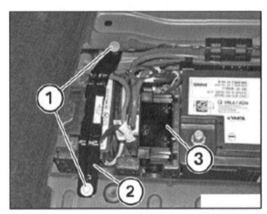

图 2-296

②连接蓄电池负极导线。将蓄电池负极接线柱（如图 2-297 中 2）定位在定位蓄电池负极上。拧紧螺母（如图 2-297 中 1）。蓄电池负极接线柱：螺母扭紧力矩 5N·m。

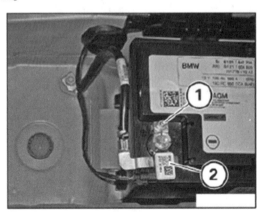

图 2-297

③安装应急备用轮胎的储物托槽。放入储物托槽（如图2-298中1）。

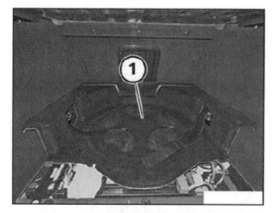

图2-298

嵌入带托垫的应急车轮（如图2-299中2）。连接尼龙搭扣（如图2-299中1）。

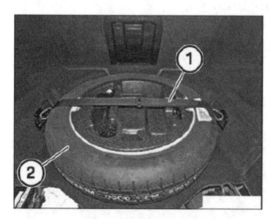

图2-299

④安装储物托槽。向下嵌入储物托槽（如图2-300中1）。

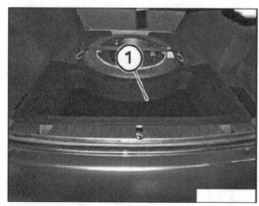

图2-300

⑤安装行李箱底板饰件。沿箭头方向放入行李箱底板饰件（如图2-301中1）。

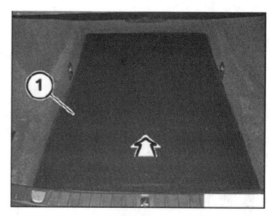

图2-301

⑥移除车辆电池的遮盖。抬起蓄电池负极导线（如图2-302中1）。去除专用工具2 452 007。

图2-302

⑦连接蓄电池负极导线（发动机室）。

将蓄电池负极接线柱（如图2-303中1）定位在定位蓄电池负极上。将螺母拧接到蓄电池负极接线柱（如图2-303中1）上。蓄电池负极接线柱：螺母扭紧力矩5N·m。

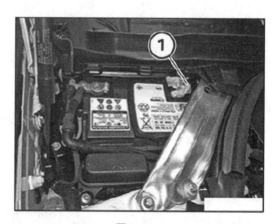

图2-303

安装盖板（如图2-304中2）。联锁锁止件（如

图 2-304 中 1）。

20N·m 旋转角 25°。

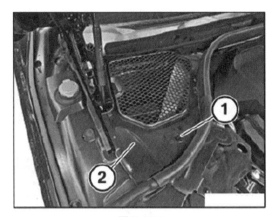

图 2-304

（二）调整凸轮轴的配气相位

1. 工作概述

（1）拆下链条张紧器。

（2）调整凸轮轴的配气相位。

（3）拆除所有专用工具。

（4）检查凸轮轴的配气相位（自动变速箱）。

2. 调整凸轮轴的配气相位

（1）拆下链条张紧器。技术信息：收集并妥善处理排出的液体。遵守当地的废弃物处理规定。提示：使用如图 2-305 所示的工具松开链条张紧器。

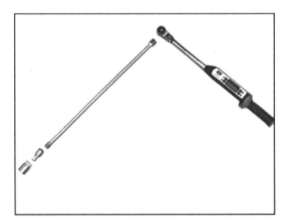

图 2-305

拆卸链条张紧器（如图 2-306 中 1）时，会流出少量发动机油，准备好抹布。将链条张紧器（如图 2-306 中 1）从下部松开。

（2）调整凸轮轴的配气相位。

①安装新的链条张紧器。更新密封环（如图 2-307 中 1）。

使用工具拧紧链条张紧器。

将链条张紧器从下部拧紧。链条张紧器安装到气缸盖上：链条张紧器柱塞 M 22×1.5，接合力矩

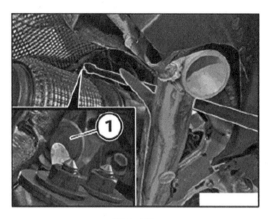

图 2-306

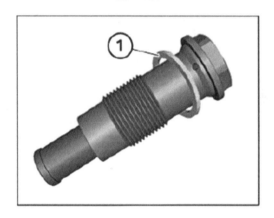

图 2-307

②专用工具组 2 358 122 概述（如图 2-308 所示）。

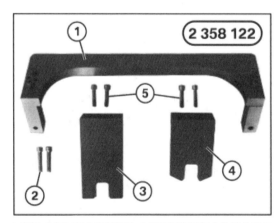

1.底架 2.气缸盖上底架螺栓 3.用于固定排气凸轮轴的量规
4.用于固定进气凸轮轴的量规 5.底架上的量规螺栓

图 2-308

将中央阀（如图 2-309 中 1）用专用工具 0 496 855 中的转换棘轮（如图 2-309 中 2）及专用工具 2 450 487 松开。

将中央阀（如图 2-310 中 1）用专用工具 0 496 855 松开。

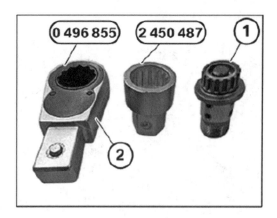

图 2-309

图 2-310

将专用工具组 2 358 122 的底架定位在气缸盖上。必要时，用专用工具 0 493 380（11 6 480）旋转发动机的曲轴。将用于固定进气凸轮轴的量规定位在进气凸轮轴上并用螺栓固定在底架上。将进气调整装置（如图 2-311 中 1）的 VANOS 中央阀用专用工具 0 496 855 或 2 450 487 松开。

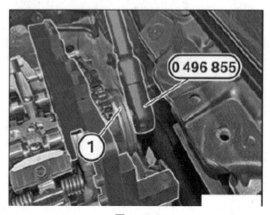

图 2-311

必要时，用专用工具 0 493 380（11 6 480）旋转发动机的曲轴。将用于固定排气凸轮轴的量规定位在排气凸轮轴上并用螺栓固定在底架上。将排气调整装

置（如图 2-312 中 1）的 VANOS 中央阀用专用工具 0 496 855 或 2 450 487 松开。

图 2-312

将两个凸轮轴旋转到正确位置，确保排气凸轮轴的标记（如图 2-313 中 1）和进气凸轮轴的标记（如图 2-313 中 2）可以从上方查看。

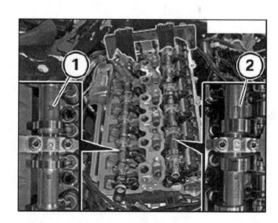

图 2-313

两个凸轮轴上三个平整面（如图 2-314 中 1）的中间一个必须指向上方。

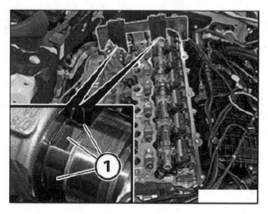

图 2-314

将量规（如图 2-315 中 3）以凹口定位在排气凸

轮轴上并用螺栓（如图2-315中5）固定在底架（如图2-315中1）上。将量规（如图2-315中4）以凹口定位在进气凸轮轴上并用螺栓（如图2-315中5）固定在底架（如图2-315中1）上。

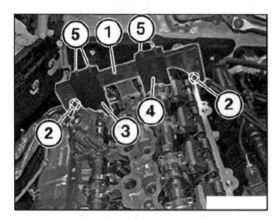

图2-315

为了拧紧中央阀使用专用工具0 496 855中的转换棘轮及专用工具2 450 487。

为了拧紧中央阀使用专用工具0 496 855。

将进气调整装置的VANOS中央阀用专用工具0 496 855或2 450 487拧紧。

VANOS中央阀装到凸轮轴上结合力矩如表2-1所示。

表2-1

M12×1	1. 接合力矩	30N·m
	2. 接合力矩	50N·m
	第3转角	65°
M21×1	1. 接合力矩	10N·m
	2. 接合力矩	30N·m
	3. 接合力矩	50N·m
	4. 转角	28°
M22×1	1. 接合力矩	30N·m
	2. 接合力矩	50N·m
	第3转角	28°

将排气调整装置的VANOS中央阀用专用工具0 496 855或2 450 487拧紧。

VANOS中央阀装到凸轮轴上结合力矩如表2-2所示。

表2-2

M12×1	1. 接合力矩	30N·m
	2. 接合力矩	50N·m
	第3转角	65°
M21×1	1. 接合力矩	10N·m
	2. 接合力矩	30N·m
	3. 接合力矩	50N·m
	4. 转角	28°
M22×1	1. 接合力矩	30N·m
	2. 接合力矩	50N·m
	第3转角	28°

（3）拆除所有专用工具。

（4）检查凸轮轴的配气相位（自动变速器）。

将发动机用专用工具0 493 380（11 6 480）转动至第1个气缸的点火上止点位置，如图2-316所示。

图2-316

①将曲轴卡在第1个气缸的点火上止点位置（自动变速器）。

装有自动变速器的车辆：

将专用工具2 365 488定位并用相应螺栓固定。将曲轴用专用工具2 288 380在第1个气缸的点火上止点位置卡住，如图2-317所示。

②检查是否能从上面读取到排气凸轮轴的标记（如图2-318中1）和进气凸轮轴的标记（如图2-318中2）。

③结果：无法从上面读取到标记（如图2-318中1和2）。

④措施：将凸轮轴转到正确的位置或者重新调整配气相位。

⑤检查两个凸轮轴上三个加工平面（如图2-319

中1）里中间的一个加工平面。当凸轮轴扭转180°后（中间的平整面指向下方），也可以安装专用工具2 358 122。

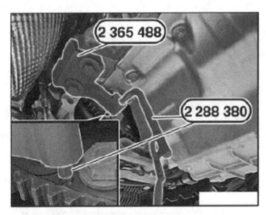

图 2-317

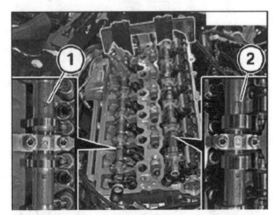

图 2-318

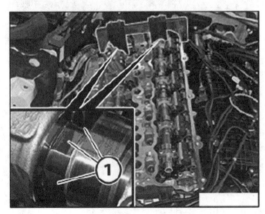

图 2-319

⑥结果：3个削平中间的那个（如图2-320中1）不朝上。

⑦措施：将凸轮轴转到正确的位置，使两个凸轮轴上3个削平中间的那个（如图2-320中1）朝上。

检查第1个气缸上排气凸轮轴（如图2-320中1）和进气凸轮轴（如图2-320中2）的凸轮位置是否如图2-320所示。

图 2-320

将专用工具2 358 122的底架（如图2-321中1）用螺栓（如图2-321中2）固定在气缸盖上。将量规（如图2-321中3）以凹口定位在排气凸轮轴上并用螺栓（如图2-321中5）固定在底架（如图2-321中1）上。将量规（如图2-321中4）以凹口定位在进气凸轮轴上并用螺栓（如图2-321中5）固定在底架（如图2-321中1）上。

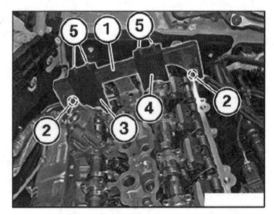

图 2-321

提示：若无法安装专用工具2 358 122，则必须重新调整配气相位。

第二节　迷你车型

一、车型

MINI 1.5T COOPER（F55/F56）（1.5T B38A15A），2019—2022年。

MINI 1.5T ONE（F55/F56）（1.5T B38A15A），2019—2022年。

MINI CLUBMAN 1.5T ONE（F54）（1.5T B38A15A），2019—2022年。

MINI CLUBMAN 1.5T COOPER（F54）（1.5T B38A15A），2019—2022年。

MINI COUNTRYMAN 1.5T COOPER（F60）（1.5T

B38A15A），2019—2022 年。

MINI COUNTRYMAN 1.5T COOPER ALL4（F60）（1.5T B38A15A），2019—2022 年。

其正时校对方法与华晨宝马 X1 sDrive20Li（F49）（1.5T B38A15C），2019—2021 年基本相同，请参考其内容。

二、车型

MINI CLUBMAN 2.0T COOPER S（F54）（2.0T B48A20A），2019—2022 年。

MINI COUNTRYMAN 2.0T COOPER S（F60）（2.0T B48A20A），2019—2022 年。

MINI COUNTRYMAN 2.0T COOPER S ALL4（F60）（2.0T B48A20A），2019—2022 年。

其正时校对方法与华晨宝马 X1 sDrive25Li（F49）（2.0T B48A20C），2019—2021 年基本相同，请参考其内容。

第三章　捷豹／路虎车系

一、车型

奇瑞路虎揽胜新能源极光 L P300e（1.5L INGENIUM I3），2021 年。

奇瑞路虎发现运动版新能源 P300e（1.5L INGENIUM I3），2021—2022 年。

（一）上部正时链条拆卸和安装

1. 专用工具

（1）JLR-303-1630 曲轴皮带轮锁定工具，如图 3-1 所示。

图 3-1

（2）JLR-303-1654 可变凸轮轴正时执行器／单元锁定工具，如图 3-2 所示。

图 3-2

（3）JLR-303-1655 凸轮轴锁定工具，如图 3-3 所示。

图 3-3

（4）JLR-303-1655-01 无槽丝锥，如图 3-4 所示。

图 3-4

（5）JLR-303-1655-02 丝锥夹头，如图 3-5 所示。

图 3-5

（6）JLR-303-1656曲轴旋转工具，如图3-6所示。

图3-6

（7）JLR-303-1686锁定工具适配器，曲轴皮带轮，如图3-7所示。

图3-7

2. 拆卸

注意：本程序的插图中包括某些差异，具体取决于车辆规格，但基本信息始终是正确的。本程序的插图中某些部件未显示，以便获得更清晰的视图。

（1）以合适的2柱举升机升起并支撑车辆。

（2）断开启动蓄电池接地电缆。

（3）拆下上部正时盖。

（4）拆下右前轮拱内衬。

（5）装配专用工具，如图3-8所示。专用工具：JLR-303-1686 和 JLR-303-1630。

（6）小心：切勿逆时针旋转曲轴。正时链条缠结可能会损坏发动机。进气可变凸轮轴正时（VCT）链轮上的正时标记必须与着色链节的中心对齐。排气VCT单元中的槽必须与着色链节的中心对齐。使用专用工具顺时针旋转曲轴，直到正时标记对齐，如图3-9所示。专用工具：JLR-303-1656。

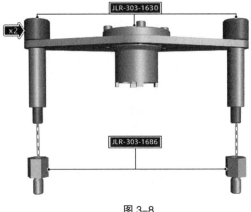

图3-8

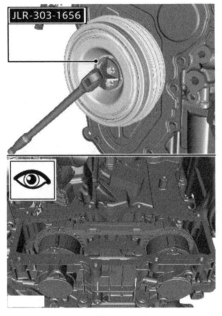

图3-9

（7）如图3-10所示，确保正时标记与着色链节的中心对齐。

图3-10

（8）如图 3-11 所示，安装专用工具。专用工具：JLR-303-1630 和 JLR-303-1686。

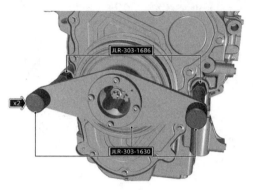

图 3-11

（9）如图 3-12 所示，从 2 个 VCT 电磁阀断开 2 个电气接头。

图 3-12

（10）如图 3-13 所示，卸下 4 个螺栓。拆下 2 个 VCT 电磁阀。2 个 O 形密封圈是否磨损，如果需要则进行更换。

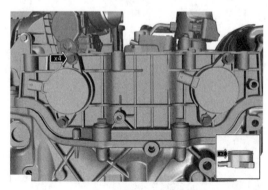

图 3-13

（11）小心：确保没有碎屑会掉入打开的发动机正时区域。如果未遵循此指令，可能会损坏发动机或正时链。注意：在某些车辆上，用于凸轮轴锁定工具的孔可能没有切削螺纹。在这些情况下，请完成此步骤。如果孔确实没有切削螺纹，请转至下一步。使用专用工具 JLR-303-1655-01 和 JLR-303-1655-02 以在孔中制作螺纹，如图 3-14 所示。分阶段逐步使用这些专用工具，在每个阶段后清洁丝锥。

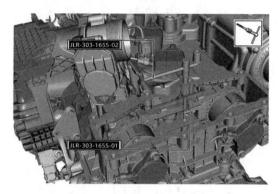

图 3-14

（12）如图 3-15 所示，安装专用工具。专用工具：JLR-303-1655。

图 3-15

（13）如图 3-16 示，安装专用工具。专用工具：JLR-303-1654。

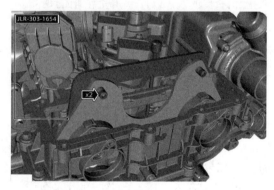

图 3-16

（14）如图 3-17 所示，拧松 2 个 VCT 螺栓，但不要完全拆下。

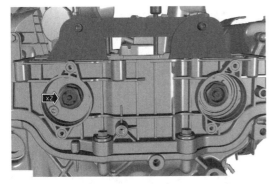

图 3-17

（15）如图 3-18 所示，拆下并丢弃上部正时链张紧器。

图 3-18

（16）如图 3-19 所示，拆除专用工具。专用工具：JLR-303-1654。

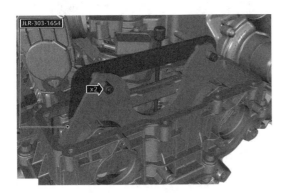

图 3-19

（17）如图 3-20 所示，卸下 2 个螺栓。拆下并丢弃上部正时链导轨。

（18）如图 3-21 所示，取下舱口盖。检查 O 形密封圈是否磨损，如果需要则进行更换。拆下上部正时链导轨螺栓。拆下并丢弃 2 个上部正时链导轨。

（19）如图 3-22 所示，拆下并丢弃 2 个 VCT 螺栓。拆下 2 个 VCT 单元。

（20 如图 3-23 所示，拆下上部正时链。

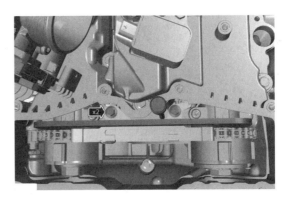

图 3-20

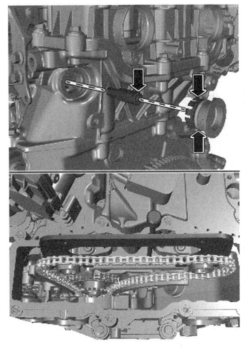

图 3-21

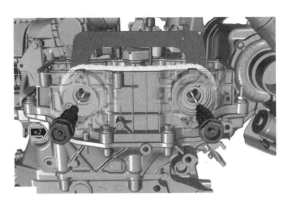

图 3-22

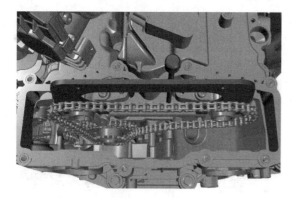

图 3-23

3. 安装

（1）小心：确保上部正时链不会从张紧轮上脱离并保持在正确位置，如图 3-24 所示。安装上部正时链。确保着色链节与张紧轮上的正时标记对齐。

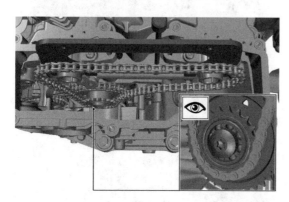

图 3-24

（2）如图 3-25 所示，安装 2 个新的上部正时链导轨。更换零部件：上部正时链导轨，数量 2 个。安装并拧紧螺栓。扭紧力矩：25N・m。使用干净的发动机机油润滑 O 形密封圈。安装舱口盖。

（3）小心：确保上部正时链不会从张紧轮上脱离并保持在正确位置。进气 VCT 链轮上的正时标记必须与着色链节的中心对齐。排气 VCT 单元中的槽必须与着色链节的中心对齐。

①将进气 VCT 单元安装至进气凸轮轴。

②确保凸轮轴上的定位销与 VCT 单元中的槽对齐。

③安装并拧紧新的 VCT 螺栓。更换零部件：可变凸轮轴正时（VCT）螺栓，数量 1 个。扭紧力矩：10N・m。

④松开 VCT 螺栓。扭矩：松开 90°。

⑤将排气 VCT 单元安装至排气凸轮轴。

⑥确保凸轮轴上的定位销与 VCT 单元中的槽对齐。

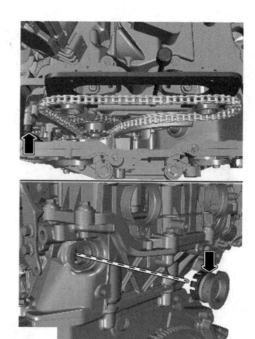

图 3-25

⑦安装并拧紧新的 VCT 螺栓。更换零部件：可变凸轮轴正时（VCT）螺栓，数量 1 个。扭紧力矩：10N・m。

⑧松开 VCT 螺栓。扭矩：松开 90°。

⑨确保按图 3-26 中所示对齐正时标记。

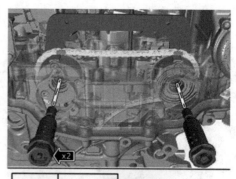

图 3-26

（4）安装一个新的上部正时链导轨。更换零部件：上部正时链导轨，数量 1 个。安装并拧紧 2 个螺栓，如图 3-27 所示。扭紧力矩：11.5N・m。

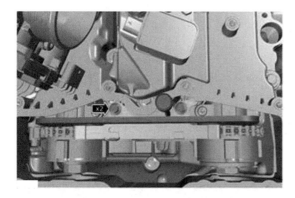

图 3-27

（5）如图 3-28 所示，安装专用工具。专用工具：
JLR-303-1654。

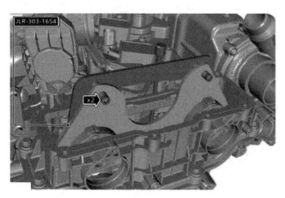

图 3-28

（6）如图 3-29 所示，安装并拧紧新的上部正时
链张紧器。更换零部件：上部正时链张紧器，数量 1 个。
扭紧力矩：55N·m。

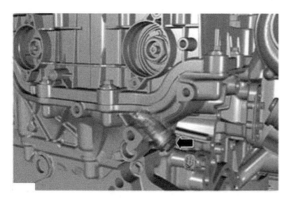

图 3-29

（7）如图 3-30 所示，按下并松开上部正时链导轨，
以释放上部正时链张紧器。

（8）如图 3-31 所示，拧紧 2 个 VCT 螺栓。扭紧
力矩：级 1：25N·m；级 2：56°。

（9）如图 3-32 所示，拆除专用工具。专用工具：
JLR-303-1654。

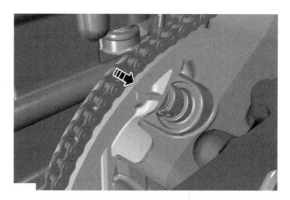

图 3-30

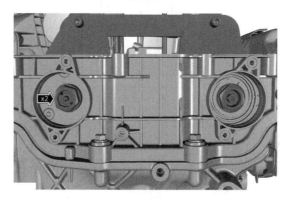

图 3-31

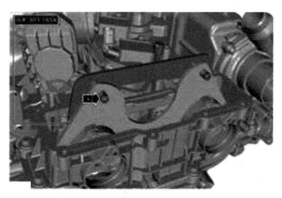

图 3-32

（10）如图 3-33 所示，拆除专用工具。专用工具：
JLR-303-1655。

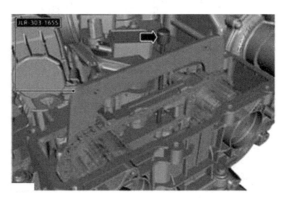

图 3-33

（11）如图3-34所示，拆下专用工具。专用工具：JLR-303-1630和JLR-303-1686。

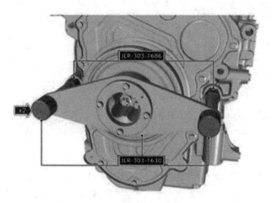

图3-34

（12）如图3-35所示，拆卸专用工具。专用工具：JLR-303-1630和JLR-303-1686。

图3-35

（13）如图3-36所示，使用专用工具，按顺时针方向旋转曲轴。专用工具：JLR-303-1656。检查正时部件，确保其安装正确。

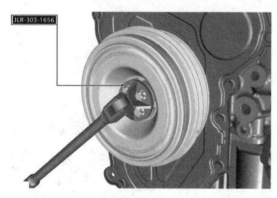

图3-36

（14）如图3-37所示，安装2个VCT电磁阀。安装并拧紧2个螺栓。扭紧力矩：5N·m。用干净的发动机机油润滑2个O形密封圈。

（15）如图3-38所示，将2个电气接头连接至2

个VCT电磁阀。

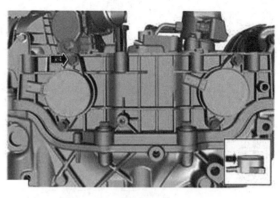

图3-37

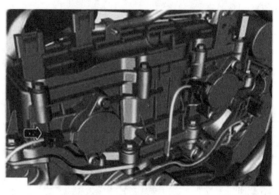

图3-38

（16）安装发动机下挡板。

（17）安装右前轮拱内衬。

（18）安装上部正时盖。

（19）连接启动蓄电池接地电缆。

（二）下部正时链条

1. 拆卸

注意：本程序的插图中包括某些差异，具体取决于车辆规格，但基本信息始终是正确的。本程序的插图中某些部件未显示，以便获得更清晰的视图。

（1）以合适的2柱举升机升起并支撑车辆。

（2）断开12V系统。

（3）拆下上部正时链。

（4）拆下下部正时链罩。

（5）如图3-39所示。卸下并丢弃2个螺栓。拆下并丢弃下部正时链张紧器。

（6）按如下操作。

①拆下并丢弃下部正时链导轨（如图3-40中A）。

②拆除螺栓。

③拆下并丢弃下部正时链导轨（如图3-40中B）。

④卸下2个螺栓。

⑤拆下并丢弃下部正时链导轨（如图3-40中C）。

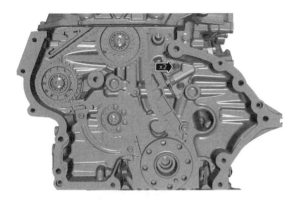

图 3-39

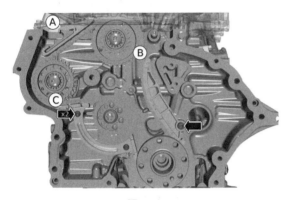

图 3-40

（7）注意：拆除之前，请记下部件的安装位置。卸下并丢弃 2 个螺栓，如图 3-41 所示。拆下并丢弃 2 个张紧轮。拆下下部正时链。

图 3-41

2. 安装

（1）小心：必须在张紧器上施加压力的情况下，检查下部正时链张紧器上的正时标记对齐情况，如图 3-42 所示。否则，将可能导致发动机损坏。

①安装 2 个张紧轮和下部正时链。确保着色链节与上部张紧轮和平衡轴链轮上的正时标记对齐。更换零部件：正时链张紧轮，数量 2 个。更换零部件：下部正时链，数量 1 个。

②安装并拧紧 2 个新螺栓。更换零部件：正时链

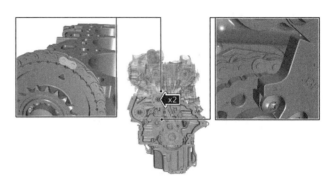

图 3-42

张紧轮螺栓，数量 2 个。扭紧力矩：35N·m。

（2）安装新的下部正时链导轨。更换零部件：下部正时链导轨，数量 1 个。安装并拧紧新螺栓。更换零部件：下部正时链导轨枢轴螺栓，数量 1 个。扭紧力矩：25N·m。将下部正时链导轨推向下部正时链，确保正时标记与着色链节对齐，如图 3-43 所示。

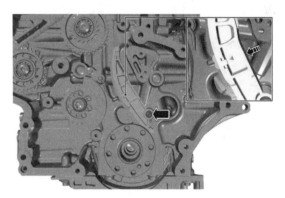

图 3-43

（3）按下列顺序操作。

①安装新的下部正时链导轨（如图 3-44 中 A）。更换零部件：下部正时链导轨，数量 1 个。

②安装新的下部正时链导轨（如图 3-44 中 B）。更换零部件：下部正时链导轨，数量 1 个。

③安装并拧紧 2 个新螺栓。更换零部件：下部正时链导轨枢轴螺栓，数量 2 个。扭紧力矩：12N·m。

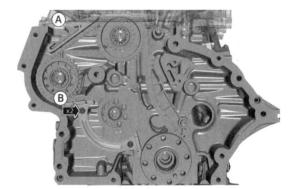

图 3-44

（4）按如下顺序操作。

①安装一个新的下部正时链张紧器，如图3-45所示。更换零部件：下部正时链张紧器，数量1个。

②安装并拧紧2个新螺栓。更换零部件：下部正时链张紧器螺栓，数量2个。扭紧力矩：12N·m。

③重新定位下部正时链条导轨并朝向张紧器固定。

④卸下并丢弃卡夹。

⑤确保下部正时链导轮相对下部正时链正确张紧。

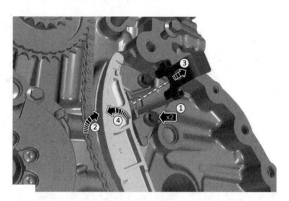

图3-45

（5）安装下部正时链罩。

（6）安装上部正时链。

（7）连接12V系统。

二、车型

奇瑞发现运动200PS(2.0T PT204)，2020—2022年。

奇瑞发现运动249PS(2.0T PT204)，2020—2022年。

奇瑞路虎揽胜极光L 200PS(2.0T PT204)，2021年。

奇瑞路虎揽胜极光L 249PS(2.0T PT204)，2021年。

路虎揽胜星脉P250(2.0T PT204)，2020—2021年。

路虎发现2.0T（ 2.0T PT204 ），2018—2020年。

路虎发现300PS（ 2.0T PT204 ），2021年。

路虎卫士90 2.0T P300（ 2.0T PT204 ），2022年。

奇瑞捷豹XEL 2.0T 200PS（ 2.0T PT204 ），2018—2021年。

奇瑞捷豹XEL 2.0T 250PS（ 2.0T PT204 ），2018—2021年。

奇瑞捷豹XFL 2.0T P200（ 2.0T PT204 ），2019—2021年。

奇瑞捷豹XFL 2.0T P250（ 2.0T PT204 ），2019—2021年。

奇瑞捷豹E-PACE P200（ 2.0T PT204 ），2018年。

奇瑞捷豹E-PACE P250（ 2.0T PT204 ），2018年。

捷豹F-PACE 250PS（ 2.0T PT204)，2021—2022年。

捷豹F-TYPE P300（ 2.0T PT204)，2021—2022年。

（一）上部正时链拆卸和安装

1. 专用工具

（1）JLR-303-1630，曲轴皮带轮锁定工具如图3-46所示。

图3-46

（2）JLR-303-1635，凸轮轴设置工具，如图3-47所示。

图3-47

（3）JLR-303-1656，曲轴旋转工具，如图3-48所示。

图3-48

（4）JLR-303-1686，锁定工具适配器，曲轴皮带轮，如图3-49所示。

图 3-49

2.拆卸

小心：断开任何部件的连接之前，确保该区域洁净且无异物。断开连接时，所有开口必须进行密封。
注意：本程序的插图中包括某些差异，具体取决于车辆规格，但基本信息始终是正确的。本程序的插图中某些部件未显示，以便获得更清晰的视图。以下步骤适用于所有车辆。

（1）断开 12V 系统。

（2）以合适的 2 柱举升机升起并支撑车辆。

（3）拆下前轮拱内衬。

（4）拆下上部正时盖。

（5）如图 3-50 所示，安装专用工具 JLR-303-1656。专用工具：JLR-303-1656。使用专用工具 JLR-303-1656 旋转曲轴，直到正时标记对齐。

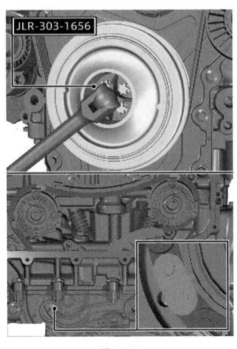

图 3-50

（6）如图 3-51 所示，安装专用工具 JLR-303-1635。专用工具：JLR-303-1635。安装并拧紧 2 个专用工具螺栓。扭紧力矩：13N·m。

图 3-51

（7）小心：仅顺时针旋转曲轴。注意：可能需要将发动机转动至正确位置才能安装专用工具。必须将专用工具的 4 个定位销正确安装到曲轴皮带轮上。将专用工具 JLR-303-1630 安装到曲轴皮带轮上，如图 3-52 所示。专用工具：JLR-303-1630。安装并用手拧紧 2 个专用工具螺栓。

图 3-52

（8）拆下并丢弃上部正时链张紧器，如图 3-53 所示。

（9）卸下并丢弃 2 个螺栓，如图 3-54 所示。拆下并丢弃上部正时链导轨。

（10）卸下螺栓并丢弃，如图 3-55 所示。拆下并丢弃左上部正时链导轨。

图 3-53

图 3-54

图 3-55

（11）拆下并丢弃上部正时链张紧器臂，如图 3-56 所示。

图 3-56

（12）从 2 个可变凸轮轴正时（VCT）单元松开上部正时链，如图 3-57 所示。从张紧轮上松开上部正时链。拆下上部正时链。

图 3-57

（13）拆下并丢弃传动链盖，如图 3-58 所示。

3. 安装

（1）安装上部正时链，如图 3-59 所示。

（2）检查正时链上突出显示的链节是否与张紧轮和 2 个 VCT 单元上的正时标记对齐，如图 3-60 所示。

（3）小心：确保上部正时链不会从张紧轮上脱离并保持在正确位置，如图 3-61 所示。安装一个新的上部正时链张紧器臂。更换零部件：正时链张紧器臂，数量 1 个。

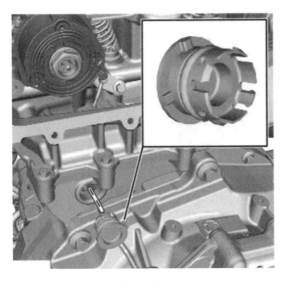

图 3-58

图 3-61

（4）小心：确保上部正时链不会从张紧轮上脱离并保持在正确位置。安装新的左侧上部正时链导轨，如图 3-62 所示。更换零部件：上部正时链导轨，数量 1 个。安装并拧紧新螺栓。更换零部件：左侧正时链导轨螺栓，数量 1 个。扭紧力矩：25N·m。

（5）小心：确保上部正时链不会从张紧轮上脱离并保持在正确位置。安装一个新的上部正时链导轨。更换零部件：上部正时链导轨，数量 1 个。安装并拧紧 2 个新螺栓，如图 3-63 所示。更换零部件：上部正时链上部导轨螺栓，数量 2 个。扭紧力矩：11N·m。

（6）检查新的正时链张紧器是否处于重置位置。棘轮卡夹应该位于第一个凹槽中，如图 3-64 所示。

图 3-59

图 3-60

图 3-62

图 3-63

（7）安装并拧紧新的正时链张紧器，如图 3-65 所示。更换零部件：正时链张紧器，数量 1 个。扭紧力矩：55N·m。

图 3-65

（8）小心：确保正时链张紧器活塞完全伸展。不要手动调整正时链张紧轮。为了正确安装正时链张紧器，请推压正时链导轨使其紧靠张紧器，如图 3-66 所示。这将使正时链张紧器到达其最终张紧位置。

（9）拆下 2 个专用工具螺栓。拆下专用工具 JLR-303-1635，如图 3-67 所示。专用工具：JLR-303-1635。

（10）松开 2 个专用工具螺栓，如图 3-68 所示。拆下专用工具 JLR-303-1630。专用工具：JLR-303-1630。

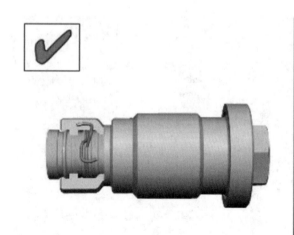

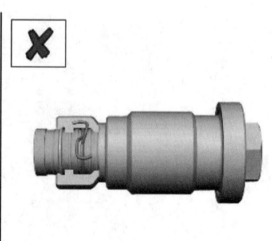

图 3-64

图 3-66

图 3-67

图 3-68

（11）使用专用工具 JLR-303-1656 曲轴皮带轮锁定工具顺时针旋转曲轴 2 次，如图 3-69 所示。专用工具：JLR-303-1656。

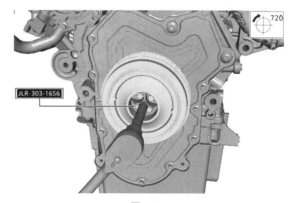

图 3-69

（12）安装新的传动链盖。更换零部件：正时链堵头，数量 1 个，如图 3-70 所示。

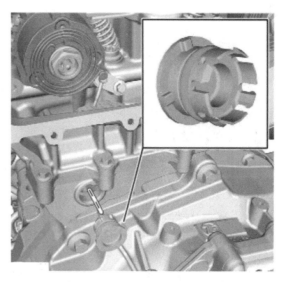

图 3-70

（13）安装上部正时盖。

（14）安装前轮拱内衬。

（15）连接 12V 系统。

（二）正时链、导轨和张紧器拆卸和安装

1. 专用工具

锁定工具，可变凸轮轴正时执行器 / 单元 JLR-303-1636，如图 3-71 所示。

2. 拆卸

小心：断开任何部件的连接之前，确保该区域洁净且无异物。断开连接时，所有开口必须进行密封。

注意：本程序的插图中包括某些差异，具体取决于车辆规格，但基本信息始终是正确的。本程序的插图中某些部件未显示，以便获得更清晰的视图。

图 3-71

（1）断开 12V 系统。

（2）以合适的 2 柱举升机升起并支撑车辆。

（3）拆下前轮拱内衬。

（4）拆下下部正时盖。

（5）拆下上部正时链。

（6）如图 3-72 所示，安装专用工具 JLR-303-1636。专用工具：JLR-303-1636。安装并拧紧 2 个专用工具螺栓。扭紧力矩：13N·m。

图 3-72

（7）拧松 2 个可变凸轮轴正时（VCT）螺栓，但不要完全拆下，如图 3-73 所示。

（8）拆下 2 个专用工具螺栓。拆下专用工具 JLR-303-1636，如图 3-74 所示。专用工具：JLR-303-1636。

（9）小心：在拆卸之前，先记录 VCT 单元的位置。每个 VCT 单元都与特定的凸轮轴相匹配。拆下并丢弃 2 个 VCT 单元中央螺栓，如图 3-75 所示。拆下 2 个 VCT 单元。

（10）卸下并丢弃 2 个螺栓，如图 3-76 所示。拆下并丢弃下部正时链张紧器。

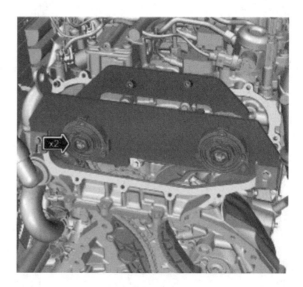

图 3-73

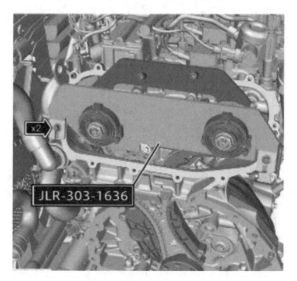

图 3-74

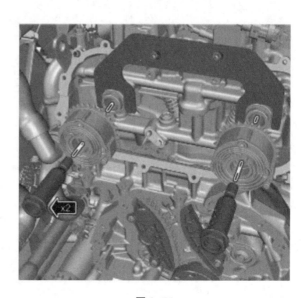

图 3-75

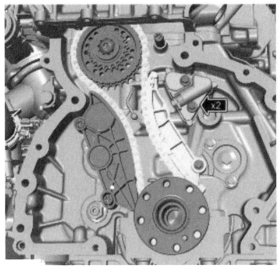

图 3-76

图 3-78

（11）拆下并丢弃张紧器臂螺栓，如图 3-77 所示。拆下并丢弃下部正时链张紧器臂。

图 3-77

图 3-79

（12）拆下并丢弃 2 个下部正时链导轨螺栓，如图 3-78 所示。拆下并丢弃下部正时链导轨。

（13）卸下螺栓并丢弃，如图 3-79 所示。拆下并丢弃张紧轮。

（14）拆下下部正时链，如图 3-80 所示。

3. 安装

（1）将新的正时链安装到新张紧轮上。更换零部件：下部正时链，数量 1 个。更换零部件：正时链张紧轮，数量 1 个。检查正时链上突出显示的链节是否与张紧轮上的正时标记对齐，如图 3-81 所示。

图 3-80

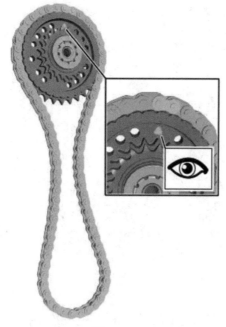

图 3-81

图 3-83

（2）安装张紧轮和正时链总成，如图 3-82 所示。安装并拧紧新的张紧轮螺栓。更换零部件：正时链张紧轮螺栓，数量 1 个。扭紧力矩：35N·m。

图 3-82

（3）安装新的下部正时链导轨，如图 3-83 所示。更换零部件：下部正时链导轨，数量 1 个。安装并拧紧 2 个新的下部正时链导轨螺栓。更换零部件：正时链导轨螺栓，数量 2 个。扭紧力矩：25N·m。

（4）确保正时链上突出显示的链节与张紧轮上的正时标记对齐，如图 3-84 所示。确保正时链上突出显示的链节、正时链导轨上的标记和气缸缸体对齐。

图 3-84

（5）安装一个新的下部正时链张紧器臂，如图 3-85 所示。更换零部件：正时链张紧器臂，数量 1 个。安装并拧紧新的张紧器臂螺栓。更换零部件：下部正时链导轨枢轴螺栓，数量 1 个。扭紧力矩：11N·m。

图 3-85

（6）检查正时链张紧器是否处于重置位置。棘轮卡夹应该位于第一个凹槽中，如图 3-86 所示。

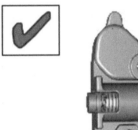

图 3-86

（7）安装一个新的下部正时链张紧器，如图 3-87 所示。更换零部件：正时链张紧器，数量 1 个。安装并拧紧 2 个新螺栓。更换零部件：下部正时链张紧器螺栓，数量 2 个。扭紧力矩：11N·m。

（8）小心：确保正时链张紧器完全展开，如图 3-88 所示。松开下部正时链张紧器活塞。

（9）安装 2 个 VCT 单元。确保按照拆卸步骤中的记录安装正确的 VCT 单元。确保按图 3-89 中所示，将凸轮轴销正确定位到 VCT 单元中。安装并拧紧 2 个新的 VCT 单元中央螺栓。更换零部件：可变凸轮轴正时执行器螺栓，数量 2 个。扭紧力矩：级 1：10N·m；级 2：旋松 90°。

图 3-87

图 3-88

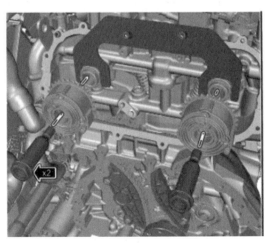

图 3-89

（10）安装专用工具 JLR-303-1636，如图 3-90 所示。专用工具：JLR-303-1636。安装并拧紧 2 个专用工具螺栓。扭紧力矩：13N·m。

图 3-90

（11）完全拧紧 2 个 VCT 中央螺栓，如图 3-91 所示。扭紧力矩：级 1：25N·m；级 2：60°。

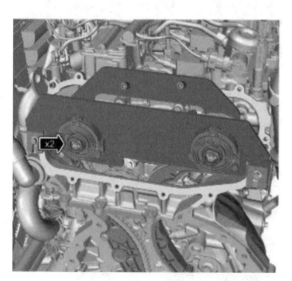

图 3-91

（12）拆下 2 个专用工具螺栓，如图 3-92 所示。拆下专用工具 JLR-303-1636。专用工具：JLR-303-1636。

（13）安装上部正时链。

（14）安装下部正时盖。

（15）安装前轮拱内衬。

（16）连接 12V 系统。

图 3-92

（三）机油泵驱动链拆卸和安装

1. 专用工具

（1）205-053 差速器小齿轮法兰固定器，如图 3-93 所示。

图 3-93

2. 拆卸

注意：本程序的插图中包括某些差异，具体取决于车辆规格，但基本信息始终是正确的。本程序的插图中某些部件未显示，以便获得更清晰的视图。

（1）以合适的 2 柱举升机升起并支撑车辆。

（2）断开启动蓄电池接地电缆。

（3）拆下油底壳。

（4）使用专用工具固定机油泵驱动链轮。专用工具：205-053，如图 3-94 所示。卸下螺栓并丢弃。拆下机油泵传动链和驱动链轮。

3. 安装

（1）小心：确保机油泵驱动链轮与机油泵轴正确对齐。安装机油泵传动链和驱动链轮。使用专用工具固定机油泵驱动链轮。专用工具：205-053。安装并拧

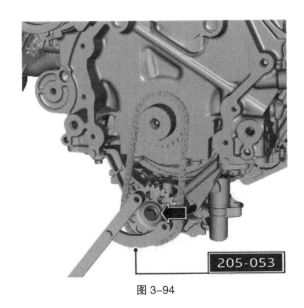

图 3-94

紧新螺栓。更换零部件：机油泵齿轮螺栓，数量 1 个。扭紧力矩：级 1：60N·m；级 2：90°。

（2）安装油底壳。

（3）连接启动蓄电池接地电缆。

三、车型

路虎揽胜运动新能源 P400e（2.0T PT204），2018—2022 年。

路虎卫士新能源 110 P400e（2.0T PT204），2022 年。

（一）上部正时链条拆卸和安装

1. 专用工具

（1）JLR-303-1630 曲轴皮带轮锁定工具，如图 3-95 所示。

图 3-95

（2）JLR-303-1635 凸轮轴设置工具，如图 3-96 所示。

（3）JLR-303-1636 锁定工具，可变凸轮轴正时执行器 / 单元，如图 3-97 所示。

图 3-96

图 3-97

（4）JLR-303-1656 曲轴旋转工具，如图 3-98 所示。

图 3-98

3. 拆卸

小心：断开任何部件的连接之前，确保该区域洁净且无异物。断开连接时，所有开口必须进行密封。

注意：本程序的插图中包括某些差异，具体取决于车辆规格，但基本信息始终是正确的。本程序的插图中某些部件未显示，以便获得更清晰的视图。

（1）以合适的 2 柱举升机升起并支撑车辆。

（2）断开启动蓄电池接地电缆。

（3）拆下机罩。

（4）拆下上部正时盖。

（5）拆下增压空气冷却器。

（6）松开4个侧面固定夹，如图3-99所示。

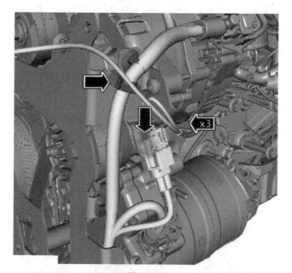

图3-99

（7）松开2个前卡夹，如图3-100所示。

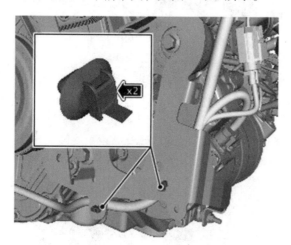

图3-100

（8）拆下增压空气冷却器支架，如图3-101所示。

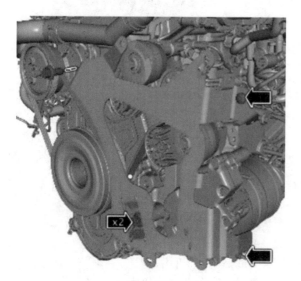

图3-101

（9）如图3-102所示，安装专用工具JLR-303-1656。专用工具：JLR-303-1656。使用专用工具JLR-303-1656旋转曲轴，直到正时标记对齐，如图3-102所示。

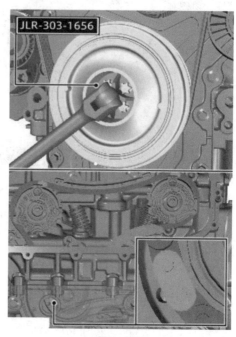

图3-102

（10）如图3-103所示，安装专用工具JLR-303-1635。专用工具：JLR-303-1635。安装并拧紧2个专用工具螺栓。扭紧力矩：13N·m。

图3-103

（11）如图3-104所示，安装专用工具JLR-303-1636。专用工具：JLR-303-1636。安装并拧紧2个专用工具螺栓。扭紧力矩：13N·m。

（12）安装专用工具JLR-303-1630以锁定曲轴，如图3-105所示。专用工具：JLR-303-1630。

（13）拧松可变凸轮轴正时（VCT）螺栓，但不要将其完全拆下，如图3-106所示。

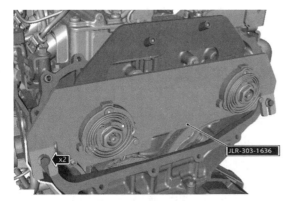

图 3-104

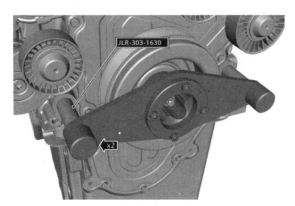

图 3-105

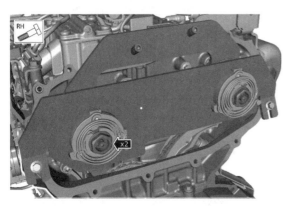

图 3-106

（14）拆下并丢弃上部正时链张紧器，如图 3-107 所示。

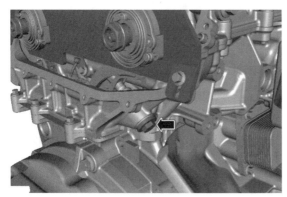

图 3-107

（15）拆下 2 个专用工具螺栓，如图 3-108 所示。拆下专用工具 JLR-303-1636。专用工具：JLR-303-1636。

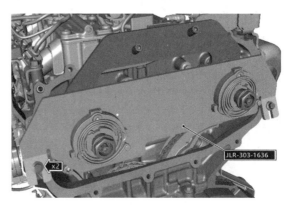

图 3-108

（16）小心：在拆卸之前，先记录 VCT 单元的位置。每个 VCT 单元都与特定的凸轮轴相匹配。拆下并丢弃 2 个 VCT 单元中央螺栓，如图 3-109 所示。拆下 2 个 VCT 单元。

图 3-109

（17）卸下并丢弃 2 个螺栓，如图 3-110 所示。拆下并弃用正时链导轨。

图 3-110

（18）卸下螺栓并丢弃。拆下并丢弃左侧正时链导轨，如图3-111所示。拆下并丢弃正时链张紧器导轨。

量1个。安装并拧紧新螺栓。更换零部件：左侧正时链导轨螺栓，数量1个。扭紧力矩：25N·m。

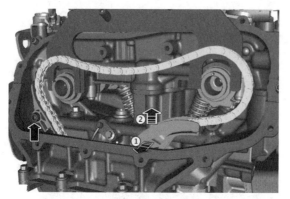

图3-111

（19）从惰轮链轮松开正时链并拆下，如图3-112所示。

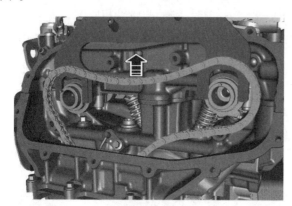

图3-112

3. 安装

（1）注意：保持链条上的张力，以防止带有颜色的链节脱离链轮的位置。安装上部正时链。确保带有颜色的链节如图3-113所示对齐。

图3-113

（2）注意：保持链条上的张力，以防止带有颜色的链节脱离链轮的位置。安装新的左侧正时链导轨，如图3-114所示。更换零部件：上部正时链导轨，数

图3-114

（3）小心：确保上部正时链不会从张紧轮上脱离并保持在正确位置。安装进气凸轮轴VCT单元。确保按照拆卸步骤中的记录安装正确的VCT单元。确保按图3-115中所示，将凸轮轴销正确定位到VCT单元中。安装并拧紧新的VCT单元中央螺栓。更换零部件：可变凸轮轴正时执行器螺栓，数量1个。扭紧力矩：级1：10N·m；级2：旋松90°。检查正时链上突出显示的链节是否与VCT单元上的正时标记对齐，如图3-115所示。

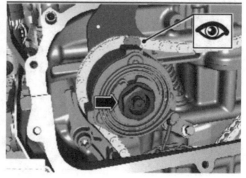

图3-115

（4）注意：保持链条上的张力，以防止带有颜色的链节脱离链轮的位置。安装新的正时链张紧器导轨，如图 3-116 所示。更换零部件：上部正时链导轨，数量 1 个。

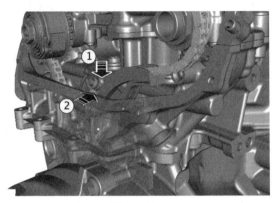

图 3-116

（5）小心：确保上部正时链不会从张紧轮上脱离并保持在正确位置。安装排气凸轮轴 VCT 单元。确保按照拆卸步骤中的记录安装正确的 VCT 单元。确保按图 3-117 中所示，将凸轮轴销正确定位到 VCT 单元中。安装并拧紧新的 VCT 单元中央螺栓。更换零部件：可变凸轮轴正时执行器螺栓，数量 1 个。扭紧力矩：级 1: 10N·m；级 2: 旋松 90°。检查正时链上突出显示的链节是否与 VCT 单元上的正时标记对齐，如图 3-117 所示。

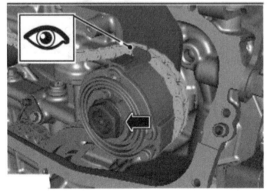

图 3-117

（6）小心：确保按图 3-118 中所示，将正时链上带有颜色的链节与 VCT 执行器上的凹槽对齐。

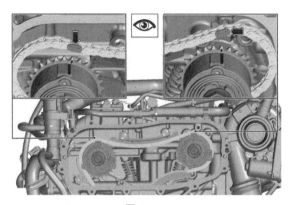

图 3-118

（7）小心：确保上部正时链不会从张紧轮上脱离并保持在正确位置。安装一个新的上部正时链导轨，如图 3-119 所示。更换零部件：上部正时链导轨，数量 1 个。安装并拧紧 2 个螺栓。更换零部件：上部正时链上部导轨螺栓，数量 2 个。扭紧力矩：11N·m。

图 3-119

（8）安装专用工具 JLR-303-1636。专用工具：JLR-303-1636。安装并拧紧 2 个专用工具螺栓，如图 3-120 所示。扭紧力矩：13N·m。

图 3-120

（9）小心：确保安装新的上部正时链张紧器，如

图 3-121 所示。安装并拧紧新的正时链张紧器。更换零部件：上部正时链张紧器，数量 1 个。扭紧力矩：55N·m。

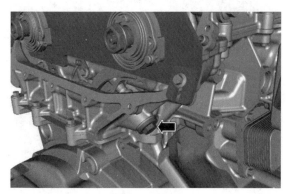

图 3-121

（10）小心：在这一阶段不要直接触摸正时链张紧器。确保正时链张紧器完全展开。为了正确展开正时链张紧器，推动正时链导轨，使其在如图 3-122 所示的位置紧靠正时链张紧器。

图 3-122

（11）完全拧紧 VCT 螺栓，如图 3-123 所示。扭矩：级 1：25N·m；级 2：60°。

图 3-123

（12）拆下 2 个专用工具螺栓，如图 3-124 所示。拆下专用工具 JLR-303-1636。专用工具：JLR-303-1636。

图 3-124

（13）拆下 2 个专用工具螺栓，如图 3-125 所示。拆下专用工具 JLR-303-1635。专用工具：JLR-303-1635。

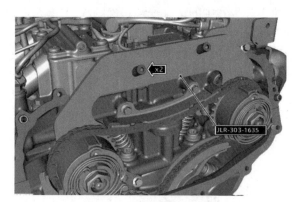

图 3-125

（14）安装上部正时盖。

（15）拆下专用工具 JLR-303-1630，如图 3-126 所示。专用工具：JLR-303-1630。

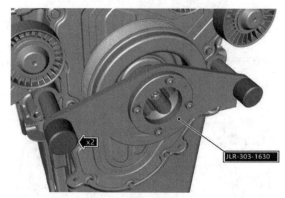

图 3-126

（16）注意：此步骤是为了确保正时部件都安装正确。使用专用工具 JLR-303-1656 顺时针旋转曲轴 2

次，如图 3-127 所示。专用工具：JLR-303-1656。

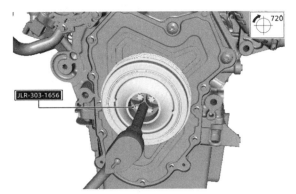

图 3-127

（17）安装增压空气散热器支架并拧紧紧固螺栓至正确扭矩，如图 3-128 所示。扭紧力矩：47N·m。

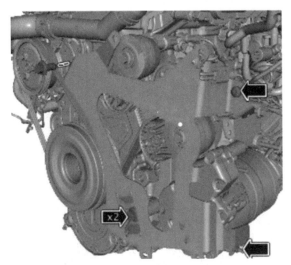

图 3-128

（18）安装 2 个固定夹，如图 3-129 所示。

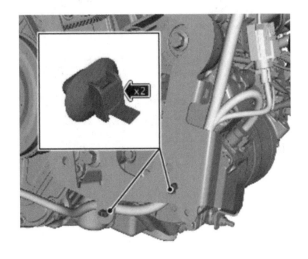

图 3-129

（19）安装 5 个固定夹，如图 3-130 所示。

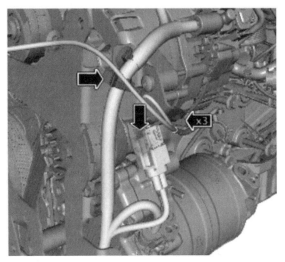

图 3-130

（20）安装增压空气冷却器。

（21）安装发动机罩。

（22）连接启动蓄电池接地电缆。

（二）下部正时链条拆卸和安装（PHEV）

1. 专用工具

（1）JLR-303-1630 曲轴皮带轮锁定工具，如图 3-131 所示。

图 3-131

（2）JLR-303-1635 凸轮轴设置工具，如图 3-132 所示。

图 3-132

（3）JLR-303-1636锁定工具，可变凸轮轴正时执行器/单元，如图3-133所示。

图 3-133

2. 拆卸

警告：如果车辆已断电，在测试完所有等电位连接点之前，请勿为车辆通电。电动车高级授权技师（EVSAP）负责确保他们遵守当地有关高压（HV）作业的所有法规。在执行此程序期间，如有指示，则必须穿戴认可的个人防护设备（PPE）。除非另有指示，否则不得将其取下。在每次使用前，必须检查所有PPE是否存在损坏迹象。如有损坏，则必须在执行此程序前领取更换用PPE。注意：必须将所有工作许可证（PTW）文档保存5年以上。本方法的插图中包括某些差异，具体取决于车辆规格，但基本信息始终是正确的。本程序的插图中某些部件未显示，以便获得更清晰的视图。

（1）警告：仅限经过Jaguar Land Rover（JLR）电动车称职技师（EVCP）培训的技师，如图3-134所示。此程序涉及与高压（HV）系统相关部件的操作。只有具备电动车称职技师（EVCP）或更高等级资质的技师才能执行此程序。必须要求本程序中的各步骤涉及的所有技师都已阅读和理解电动车（EV）安全规则。

图 3-134

（2）警告：仅限接受过Jaguar Land Rover电动车授权技师（EVAP）培训的技师，如图3-135所示。

为高压（HV）系统断电，仅限具备EVAP水平的技术人员来执行此程序。必须要求本程序中的各步骤涉及的所有技术人员都必须已阅读和理解电动车辆安全规则。

图 3-135

（3）参考高压电气接头操作和检查文档，然后再断开任何高压电气接头。

（4）以合适的2柱举升机升起并支撑车辆。

（5）断开启动蓄电池接地电缆。

（6）拆下机罩。

（7）拆下上部正时盖。

（8）拆下下部正时盖。

（9）拆下增压空气散热器。

（10）小心松开卡夹，如图3-136所示。

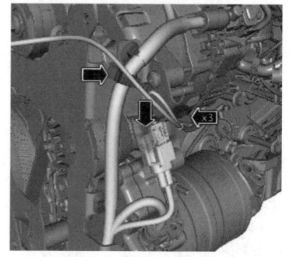

图 3-136

（11）拆下增压空气散热器支架，如图3-137所示。

（12）如图3-138所示，安装专用工具JLR-303-1630。专用工具：JLR-303-1630。使用专用工具JLR-303-1630旋转曲轴，直至对齐正时标记，如步骤（7）和（8）中所示。

（13）确保正时标记如图3-139所示对齐。

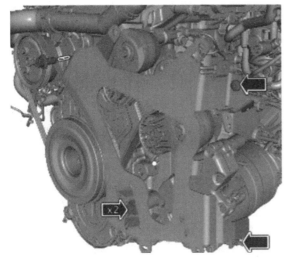

图 3-137

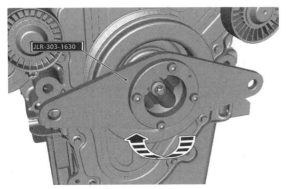

图 3-138

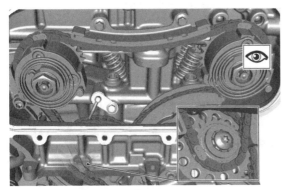

图 3-139

图 3-140

图 3-141

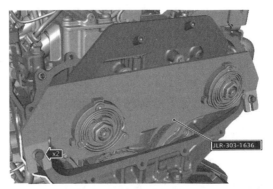

图 3-142

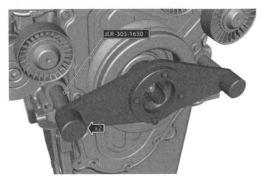

图 3-143

（14）确保正时标记如图 3-140 所示对齐。

（15）如图 3-141 所示，安装专用工具 JLR-303-1635。专用工具：JLR-303-1635。安装并拧紧 2 个专用工具螺栓。扭紧力矩：13N·m。

（16）如图 3-142 所示，安装专用工具 JLR-303-1636。专用工具：JLR-303-1636。安装并拧紧 2 个专用工具螺栓。扭紧力矩：13N·m。

（17）安装专用工具 JLR-303-1630 以锁定曲轴，如图 3-143 所示。专用工具：JLR-303-1630。

（18）拧松可变凸轮轴正时（VCT）螺栓，但不要完全拆下，如图 3-144 所示。

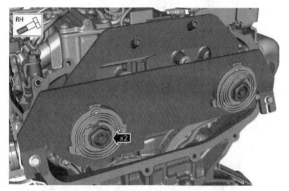

图 3-144

（19）拆下并丢弃上部正时链张紧器，如图 3-145 所示。

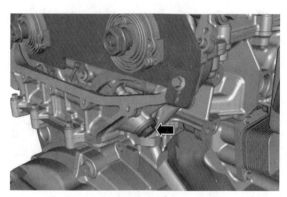

图 3-145

（20）拆下 2 个专用工具螺栓，如图 3-146 所示。拆下专用工具 JLR-303-1636。专用工具：JLR-303-1636。

图 3-146

（21）小心：拆卸之前，记录可变凸轮轴正时（VCT）单元的位置。每个 VCT 单元都与特定的凸轮轴相匹配。拆下并丢弃 2 个 VCT 单元中央螺栓，如图 3-147 所示。拆下 2 个 VCT 单元。

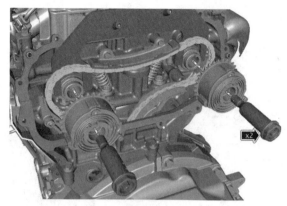

图 3-147

（22）拆下正时链导轨，如图 3-148 所示。

图 3-148

（23）拆除左侧正时链导轨，如图 3-149 所示。拆下正时链张紧器导轨。

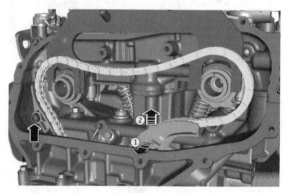

图 3-149

（24）从惰轮链轮松开正时链并拆下，如图 3-150 所示。

（25）拆下正时链导轨螺栓，如图 3-151 所示。

（26）拆下 2 个螺栓，如图 3-152 所示。拆下并丢弃下部正时链张紧器。

（27）拆下正时链张紧器导轨和螺栓，如图 3-153 所示。

图 3-150

图 3-151

图 3-152

图 3-153

（28）拆下正时链导轨和螺栓，如图 3-154 所示。

图 3-154

（29）拆下惰轮链轮，如图 3-155 所示。

（30）拆下下部正时链，如图 3-156 所示。

3. 安装

（1）将正时链安装至惰轮链轮上。确保带有颜色的链节如图 3-157 所示对齐。

（2）安装正时链和惰轮链轮。扭紧力矩：35N·m。

图 3-155

图 3-156

图 3-157

图 3-158

（3）确保正时标记如图 3-159 所示对齐。

图 3-159

（4）安装下部正时链导轨和螺栓。确保正时标记如图 3-160 所示对齐。更换零部件：下部正时链导轨，数量 1 个。扭紧力矩：25N·m。

（5）安装正时链张紧器导轨和螺栓，如图 3-161 所示。更换零部件：下部正时链导轨，数量 1 个。扭紧力矩：11N·m。

（6）小心：确保安装新的下部正时链张紧器。安装一个新的下部正时链张紧器，如图 3-162 所示。更换零部件：下部正时链张紧器，数量 1 个。安装并拧紧 2 个螺栓。扭紧力矩：11N·m。

（7）小心：确保正时链张紧器完全展开。松开下部正时链张紧器活塞，如图 3-163 所示。

（8）注意：保持链条上的张力，以防止带有颜色的链节脱离链轮的位置。安装上部正时链。确保带有颜色的链节如图 3-164 所示对齐。

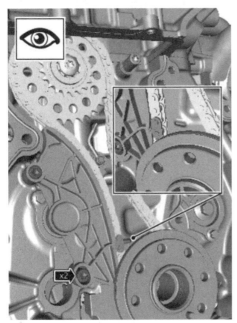

图 3-160

图 3-161

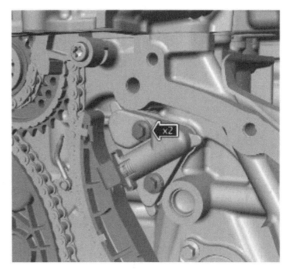

图 3-162

图 3-163

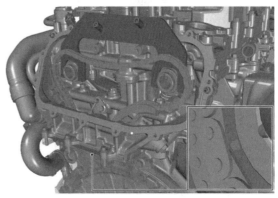

图 3-164

（9）小心：确保上部正时链不会从张紧轮上脱离并保持在正确位置。安装一个新的左侧上部正时链导轨，如图 3-165 所示。更换零部件：上部正时链导轨，数量 1 个。安装并拧紧螺栓。扭紧力矩：25N·m。

图 3-165

（10）小心：确保上部正时链不会从张紧轮上脱离并保持在正确位置。安装进气凸轮轴可变凸轮轴正时（VCT）单元。确保按照拆卸步骤中的记录安装正确的 VCT 单元。确保将凸轮轴销正确就位于 VCT 单元中，如图 3-166 所示。安装并拧紧新的 VCT 单元中央螺栓。更换零部件：可变凸轮轴正时执行器螺栓，数量 1 个。扭紧力矩：级 1: 10N·m；级 2: 旋松 90°。检查正时链上突出显示的链节是否与 VCT 单元上的正时标记对齐，如图 3-166 所示。

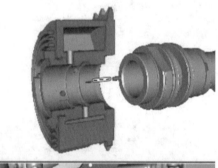

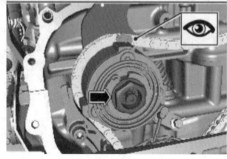

图 3-166

（11）小心：确保上部正时链不会从张紧轮上脱离并保持在正确位置。安装一个新的上部正时链张紧器臂，如图 3-167 所示。更换零部件：正时链张紧器臂，数量 1 个。

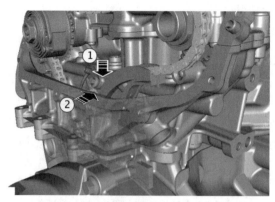

图 3-167

（12）小心：确保上部正时链不会从张紧轮上脱离并保持在正确位置。安装排气凸轮轴 VCT 单元。确保按照拆卸步骤中的记录安装正确的 VCT 单元。确保将凸轮轴销正确就位于 VCT 单元中，如图 3-168 所示。安装并拧紧新的 VCT 单元中央螺栓。更换零部件：可变凸轮轴正时执行器螺栓，数量 1 个。扭紧力矩：级 1: 10N·m；级 2: 旋松 90°。检查正时链上突出显示的链节是否与 VCT 单元上的正时标记对齐，如图 3-168 所示。

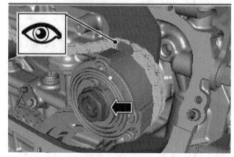

图 3-168

（13）小心：确保上部正时链不会从张紧轮上脱离并保持在正确位置。安装一个新的上部正时链导轨。更换零部件：上部正时链导轨，数量 1 个。安装并拧紧 2 个螺栓，如图 3-169 所示。扭紧力矩：11N·m。

（14）安装专用工具 JLR-303-1636，如图 3-170 所示。专用工具：JLR-303-1636。安装并拧紧 2 个专用工具螺栓。扭紧力矩：13N·m。

图 3-169

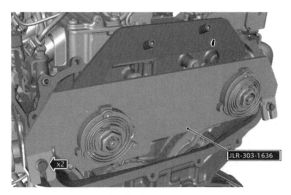

图 3-170

（15）小心：确保安装新的上部正时链张紧器。安装并拧紧新的正时链张紧器，如图 3-171 所示。更换零部件：上部正时链张紧器，数量 1 个。扭紧力矩：55N·m。

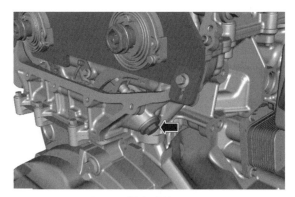

图 3-171

（16）小心：确保正时链张紧器活塞完全伸展。释放次级正时链张紧器活塞，如图 3-172 所示。

（17）完全拧紧 VCT 螺栓，如图 3-173 所示。扭紧力矩：级 1：25N·m；级 2：60°。

（18）拆下 2 个专用工具螺栓，如图 3-174 所示。拆下专用工具 JLR-303-1636。专用工具：JLR-303-1636。

（19）拆下 2 个专用工具螺栓，如图 3-175 所示。拆下专用工具 JLR-303-1635。专用工具：JLR-303-1635。

图 3-172

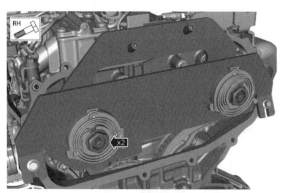

图 3-173

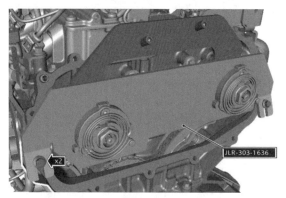

图 3-174

图 3-175

（20）拆下专用工具 JLR-303-1630，如图 3-176 所示。专用工具：JLR-303-1630。

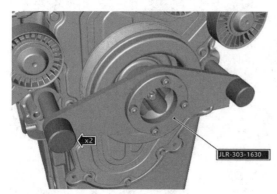

图 3-176

（21）安装增压空气散热器支架，如图 3-177 所示。扭紧力矩：47N·m。

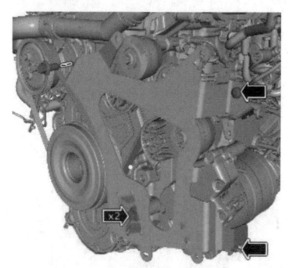

图 3-177

（22）安装各个夹扣，如图 3-178 所示。

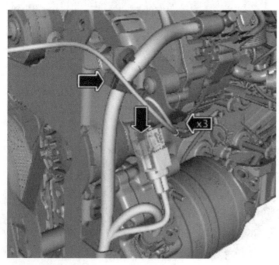

图 3-178

（23）安装增压空气散热器。

（24）安装下部正时盖。

（25）安装上部正时盖。

（26）连接启动蓄电池接地电缆。

（27）安装发动机罩。

（28）警告：仅限接受过 Jaguar Land Rover 电动车授权技师（EVAP）培训的技师，如图 3-179 所示。为高压（HV）系统通电，仅限具备 EVAP 水平的技术人员来执行此程序。必须要求本方法中的各步骤涉及的所有技术人员都必须已阅读和理解电动车辆安全规则。

图 3-179

（三）机油泵链条拆卸和安装（PHEV）

1. 专用工具

（1）205-053 差速器小齿轮法兰固定器，如图 3-180 所示。

图 3-180

2. 拆卸

警告：如果车辆已断电，在测试完所有等电位连接点之前，请勿为车辆通电。电动车高级授权技师（EVSAP）负责确保他们遵守当地有关高压（HV）作业的所有法规。在执行此程序期间，如有指示，则必须穿戴认可的个人防护设备（PPE）。除非另有指示，否则不得将其取下。在每次使用前，必须检查所有 PPE 是否存在损坏迹象。如有损坏，则必须在执行此程序前领取更换用 PPE。注意：必须将所有工作许可证（PTW）文档保存 5 年以上。本方法的插图中包括某些差异，具体取决于车辆规格，但基本信息始终是正确的。本程序的插图中某些部件未显示，以便获得更清晰的视图。

（1）警告：仅限经过 Jaguar Land Rover（JLR）电动车称职技师（EVCP）培训的技师，如图 3-181 所示。此程序涉及与高压（HV）系统相关部件的操作，只有具备电动车称职技师（EVCP）或更高等级资质的技师才能执行此程序。必须要求本程序中的各步骤涉及的所有技师都已阅读和理解电动车（EV）安全规则。

图 3-181

（2）以合适的 2 柱举升机升起并支撑车辆。

（3）为高压（HV）系统断电，仅限具备 EVAP 水平的技术人员来执行此程序，如图 3-182 所示。必须要求本程序中的各步骤涉及的所有技术人员都必须已阅读和理解电动车辆安全规则。

图 3-182

（4）参考高压电气接头操作和检查文档，然后再断开任何高压电气接头。

（5）拆下油底壳。

（6）使用专用工具固定住机油泵链轮，然后拆下并丢弃螺栓，如图 3-183 所示。专用工具：205-053。拆下机油泵齿轮。拆下机油泵链条。

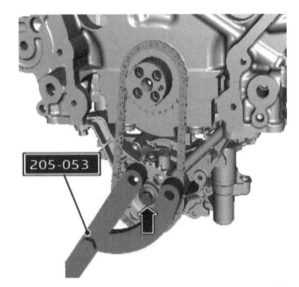

图 3-183

3. 安装

（1）小心：确保安装新的机油泵链轮螺栓。安装机油泵链条和齿轮总成。确保机油泵链轮与机油泵轴正确对齐。使用专用工具固定住机油泵链轮，然后安装并拧紧螺栓。专用工具：205-053。更换零部件：机油泵齿轮螺栓，数量 1 个。扭紧力矩：第 1 阶段：60N·m；第 2 阶段：90°。

（2）安装油底壳。

（3）为高压（HV）系统通电。仅限具备 EVAP 水平的技术人员来执行此程序。必须要求本程序中的各步骤涉及的所有技术人员都必须已阅读和理解电动车辆安全规则。

四、车型

路虎揽胜星脉 P340（3.0T PT306），2021 年。

路虎发现 360PS（3.0T PT306），2021 年。

路 虎 揽 胜 运 动 3.0 L6（3.0T PT306），2020—2022 年。

路虎揽胜 3.0 L6（3.0T PT306），2020—2021 年。

路虎揽胜 3.0 L6 360PS（3.0T PT306），2022 年。

路虎揽胜 3.0 L6 400PS（3.0T PT306），2022 年。

路虎卫士 110 P400（3.0T PT306），2020—2022 年。

路虎卫士 90 P400（3.0T PT306），2021—2022 年。

捷豹 F-PACE P340（3.0T PT306），2022 年。

（一）上部正时链条拆卸和安装

1. 专用工具

（1）JLR-303-1657 VCT 锁定工具，如图 3-184

所示。

图 3-184

（2）JLR-303-1658 凸轮轴锁定工具，如图 3-185
所示。

图 3-185

（3）JLR-303-1659 曲轴皮带轮锁定工具，如图
3-186 所示。

图 3-186

2. 拆卸

注意：本程序的插图中包括某些差异，具体取决
于车辆规格，但基本信息始终是正确的。本方法的插
图中某些部件未显示，以便获得更清晰的视图。

（1）以合适的 2 柱举升机升起并支撑车辆。

（2）断开启动蓄电池接地电缆。

（3）拆下汽油排放碳粒过滤器（GPF）。

（4）卸下冷却风扇。

（5）拆下上部正时盖。

（6）拆下下部齿轮检查塞，如图 3-187 所示。

图 3-187

（7）安装专用工具，如图 3-188 所示。专用工具：
JLR-303-1659。

图 3-188

（8）顺时针转动专用工具，直至按图 3-189 所示
对齐正时标记。

（9）安装专用工具的其余部件，如图 3-190 所示。
专用工具：JLR-303-1659。使用专用工具，将曲轴锁
定到位。

（10）拆除螺栓，如图 3-191 所示。重新定位冷
却液软管。

（11）拆下左侧凸轮轴支座检查塞，如图 3-192
所示。

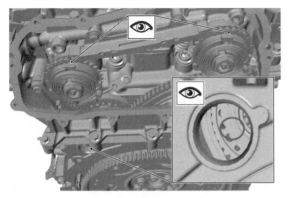

图 3-189

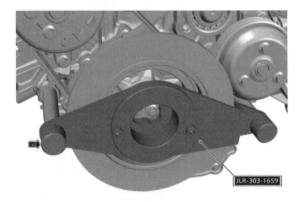

图 3-190

图 3-191

图 3-192

（12）如图 3-193 所示，安装专用工具。专用工具：JLR-303-1658。

图 3-193

（13）取下机油加注口盖。拆除螺栓。拆除机油加注口管道。拆下并弃用 O 形密封圈，如图 3-194 所示。

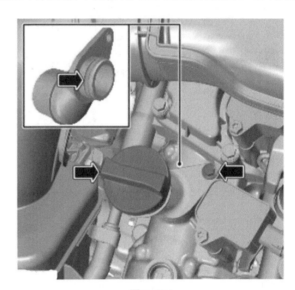

图 3-194

（14）注意：请标记图 3-195 中所示专用工具的方向。如图 3-195 所示，安装专用工具。专用工具：JLR-303-1658。

（15）卸下 2 个螺栓，如图 3-196 所示。拆下并丢弃上部正时链导轨。松开正时链张紧器，但不要完全拆下。

（16）如图 3-197 所示，安装专用工具。专用工具：JLR-303-1657。安装并拧紧 2 个螺栓。扭紧力矩：13N·m。

（17）拆下左侧正时链导轨螺栓，如图 3-198 所示。

图 3-195

图 3-198

（18）拧松 2 个可变凸轮轴正时（VCT）螺栓，但不要完全拆下，如图 3-199 所示。

图 3-196

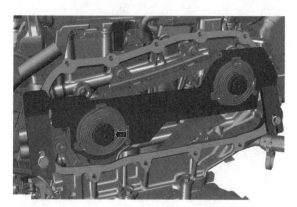

图 3-199

（19）拆下并丢弃上部正时链张紧器，如图 3-200 所示。

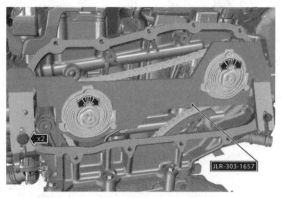

图 3-197

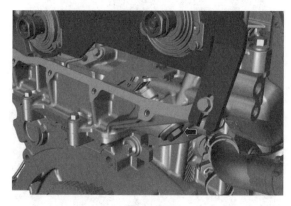

图 3-200

（20）卸下 2 个螺栓，如图 3-201 所示。拆除专用工具。专用工具：JLR-303-1657。

（21）拆下之前，请记住 VCT 所处的位置，VCT

与凸轮轴配对。拆下并丢弃 2 个 VCT 螺栓。拆下右侧 VCT 执行器。拆下左侧 VCT 执行器。

（22）从惰轮链轮松开正时链并拆下。拆下并丢弃左侧正时链导轨。拆下并丢弃正时链张紧器导轨，如图 3-202 所示。

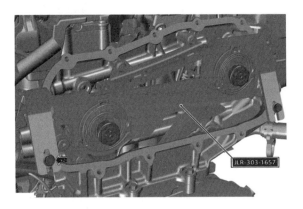

图 3-201

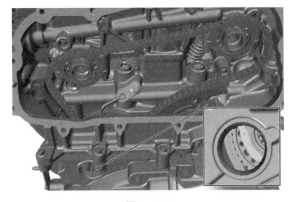

图 3-202

3. 安装

（1）安装新的左侧正时链导轨，如图 3-203 所示。更换零部件：上部正时链导轨，数量 1 个。安装新的正时链张紧器导轨。更换零部件：上部正时链张紧器导轨，数量 1 个。

图 3-203

（2）注意：保持链条上的张力，以防止正时链脱

离链轮的位置。安装上部正时链。确保链节与正时标记对齐，如图 3-204 所示。

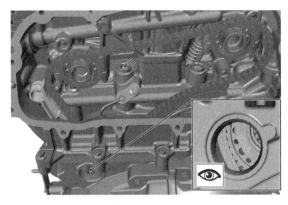

图 3-204

（3）注意：保持链条上的张力，以防止正时链脱离链轮的位置。确保将此部件安装到先前记下的位置。安装进气 VCT 执行器。确保按图 3-205 中所示，将凸轮轴定位销正确定位到 VCT 执行器中。确保按图 3-205 中所示，将正时链上的着色链节与 VCT 执行器上的正时标记对齐。安装新的 VCT 螺栓，仅用手指拧紧。更换零部件：可变凸轮轴正时（VCT）螺栓，数量 1 个。

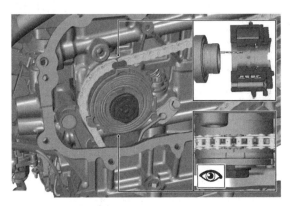

图 3-205

（4）注意：保持链条上的张力，以防止正时链脱离链轮的位置。确保将此部件安装到先前记下的位置。安装排气 VCT 执行器。确保按图 3-206 中所示，将凸轮轴定位销正确定位到 VCT 执行器中。确保按图 3-206 中所示，将正时链上的着色链节与 VCT 执行器上的正时标记对齐。安装新的 VCT 螺栓，仅用手指拧紧。更换零部件：可变凸轮轴正时（VCT）螺栓，数量 1 个。

（5）安装并拧紧螺栓，如图 3-207 所示。扭紧力矩：25N·m。

（6）注意：保持链条上的张力，以防止正时链脱离链轮的位置。安装新的正时链导轨，如图 3-208 所示。更换零部件：上部正时链导轨，数量 1 个。扭紧力矩：11N·m。

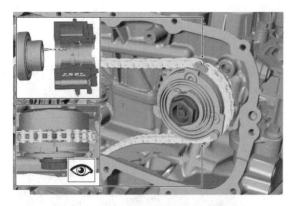

图 3-206

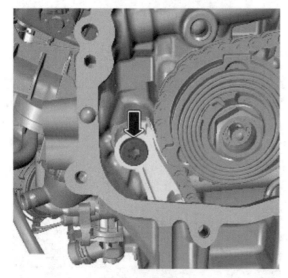

图 3-207

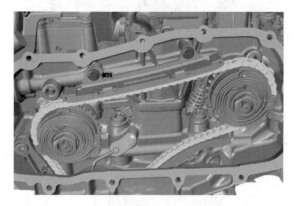

图 3-208

3-211 所示。扭紧力矩：55N·m。

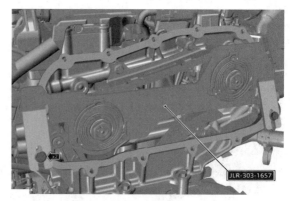

图 3-209

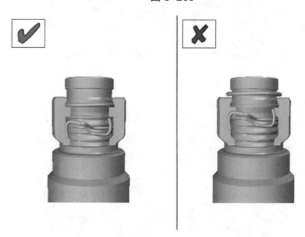

图 3-210

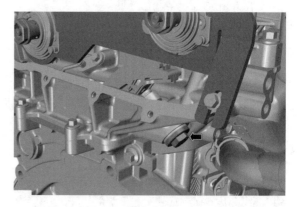

图 3-211

（7）如图 3-209 所示，安装专用工具。专用工具：JLR-303-1657。安装并拧紧 2 个螺栓。扭紧力矩：13N·m。

（8）检查新的上部正时链张紧器，确保 2 个卡夹位于图 3-210 中所示的位置。更换零部件：上部正时链张紧器，数量 1 个。如果 2 个卡夹的位置不正确，请勿安装。

（9）安装并拧紧新的上部正时链张紧器，如图

（10）小心：在这一阶段不要直接触摸正时链张紧器。确保正时链张紧器完全展开，如图 3-212 所示。为了正确展开正时链张紧器，推动正时链导轨，使其在如图 3-212 所示的位置紧靠正时链张紧器。

（11）完全拧紧 VCT 螺栓，如图 3-213 所示。扭矩：级 1：25N·m；级 2：60°。

（12）卸下 2 个螺栓，如图 3-214 所示。拆除专用工具。专用工具：JLR-303-1657。

图 3-212

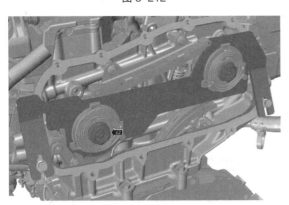

图 3-213

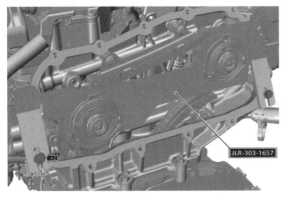

图 3-214

（13）安装下部齿轮检查塞。

（14）拆除专用工具，如图3-215所示。专用工具：JLR-303-1658。

（15）安装新O形密封圈。更换零部件：机油加注管O形密封圈，数量1个。安装机油加油口管道。安装并拧紧螺栓。扭紧力矩：12N·m。安装加油口盖。

（16）拆除专用工具，如图3-216所示。专用工具：JLR-303-1658。

图 3-215

图 3-216

（17）安装左侧凸轮轴支座检查塞。扭紧力矩：10N·m。

（18）安装上部正时盖。

（19）拆除专用工具，如图3-217所示。专用工具：JLR-303-1659。

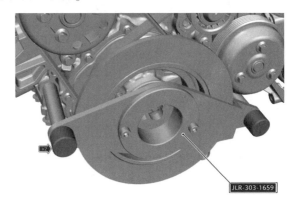

图 3-217

（20）安装冷却风扇。

（21）安装 GPF。

（22）连接启动蓄电池接地电缆。

（二）下部正时链条拆卸和安装

1. 拆卸

注意：本书的插图中包括某些差异，具体取决于车辆规格，但基本信息始终是正确的。本书的插图中某些部件未显示，以便获得更清晰的视图。

（1）以合适的 2 柱举升机升起并支撑车辆。

（2）断开启动蓄电池接地电缆。

（3）拆下上部正时链。

（4）拆下下部正时盖。

（5）确保按图 3-218 所示对齐正时标记。

（6）拆下正时链导轨螺栓，如图 3-219 所示。

图 3-218

图 3-219

（7）卸下 2 个螺栓，如图 3-220 所示。卸下正时链张紧器。

图 3-220

（8）拆除螺栓。拆下并丢弃正时链张紧器导轨，如图 3-221 所示。

图 3-221

（9）拆除螺栓，如图 3-222 所示。拆下并弃用正时链导轨。

（10）拆除螺栓，如图 3-223 所示。拆下并丢弃张紧轮。

（11）拆下下部正时链，如图 3-224 所示。

2. 安装

（1）安装新张紧轮。更换零部件：正时链张紧轮，数量 1 个。将正时链安装至惰轮链轮上。确保正时标记对齐，如图 3-225 所示。

（2）安装张紧轮和正时链总成。确保正时标记对

图 3-222

图 3-223

图 3-224

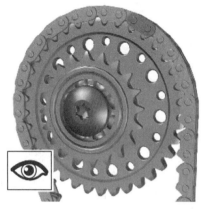

图 3-225

齐，如图 3-226 所示。安装并拧紧螺栓。扭紧力矩：
35N·m。

图 3-226

（3）确保按图 3-227 所示对齐正时标记。

图 3-227

127

（4）安装下部正时链导轮。更换零部件：下部正时链导轨，数量1个。确保正时标记如图3-228所示对齐。安装并拧紧2个螺栓。扭紧力矩：25N·m。

图 3-228

（5）安装新的正时链张紧器导轨，如图3-229所示。更换零部件：下部正时链导轨，数量1个。安装并拧紧螺栓。扭紧力矩：11N·m。

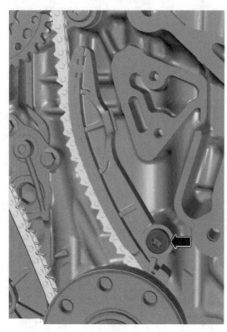

图 3-229

（6）安装新的下部正时链张紧器，如图3-230所示。更换零部件：下部正时链张紧器，数量1个。安装并拧紧2个螺栓。扭紧力矩：11N·m。

图 3-230

（7）松开下部正时链张紧器，如图3-231所示。

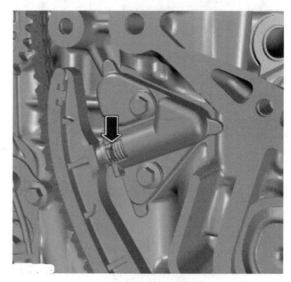

图 3-231

（8）安装下部正时盖。

（9）安装上部正时链。

（10）连接启动蓄电池接地电缆。

（三）机油泵驱动链拆卸和安装

1. 专用工具

（1）205-053差速器小齿轮法兰固定器，如图3-232所示。

2. 拆卸

警告：为收集漏出的机油做好准备。注意：本程序的插图中包括某些差异，具体取决于车辆规格，但基本信息始终是正确的。本程序的插图中某些部件未显示，以便获得更清晰的视图。

（1）以合适的2柱举升机升起并支撑车辆。

图 3-232

（2）断开启动蓄电池接地电缆。

（3）拆下发动机前盖。

（4）使用专用工具固定机油泵驱动链轮，如图 3-233 所示。专用工具：205-053。卸下螺栓并丢弃。拆下机油泵传动链和驱动链轮。

图 3-233

3. 安装

（1）安装机油泵传动链和驱动链轮。使用专用工具固定机油泵驱动链轮。专用工具：205-053。安装并拧紧新螺栓。更换零部件：机油泵齿轮螺栓，数量 1 个。扭紧力矩：级 1:60N·m；级 2:90°。

（2）安装发动机前盖。

（3）连接启动蓄电池接地电缆。

五、车型

路虎揽胜运动版 5.0 SC V8（5.0T PT508PS），2019—2022 年。

路虎揽胜 5.0 SC V8（5.0T PT508PS），2019—2021 年。

（一）正时驱动部件拆卸和安装

1. 专用工具

（1）303-1445 正时工具——凸轮轴对齐，如图 3-234 所示。

图 3-234

（2）303-1452 凸轮轴旋转工具，如图 3-235 所示。

图 3-235

（3）303-1482 张紧轮工具，如图 3-236 所示。

图 3-236

（4）JLR-303-1303 正时工具，如图 3-237 所示。

（5）JLR-303-1304 锁闭工具，如图 3-238 所示。

2. 拆卸

小心：检查所有正时部件磨损情况，必要时安装

图 3-237

图 3-238

新的部件。注意：各说明中可能会出现某些差异，但基本信息始终是正确的。为清晰起见，某些图示中可能没有显示发动机。

（1）断开蓄电池接地电缆。

（2）警告：确保采用车轴支架支撑车辆。抬起并支撑车辆。

（3）下正时盖。

（4）小心：安装时，必须使用 M16 垫圈，以防止损坏曲轴。安装曲轴皮带轮螺栓，如图 3-239 所示。扭紧力矩：20N·m。

图 3-239

（5）拆下如图 3-240 所示部件。

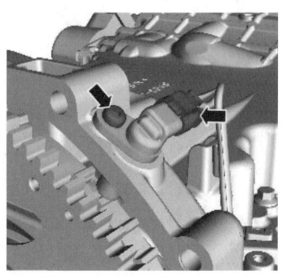

图 3-240

（6）小心：仅顺时针旋转曲轴。安装专用工具，如图 3-241 所示。专用工具：JLR-303-1303。

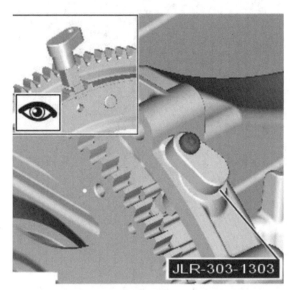

图 3-241

（7）安装专用工具，如图 3-242 所示。专用工具：JLR-303-1304。

（8）卸下曲轴带轮螺栓，如图 3-243 所示。

（9）卸下正时链张紧器，如图 3-244 所示。

（10）拆下正时链导轨，如图 3-245 所示。

（11）拆下可变气门正时（VVT）装置的螺栓，如图 3-246 所示。

（12）小心：如果可变气门正时（VVT）单元受到震动或跌落，必须安装新 VVT 单元。拆下正时链和 VVT 装置，如图 3-247 所示。

（13）卸下正时链张紧器，如图 3-248 所示。

图 3-242

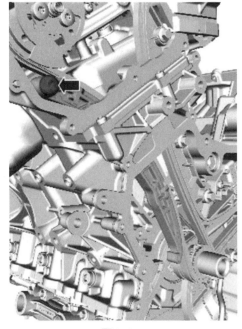

图 3-245

图 3-243

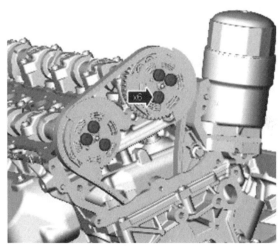

图 3-246

图 3-244

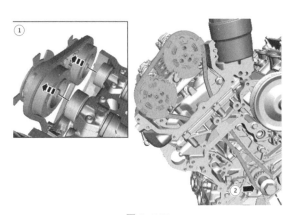

图 3-247

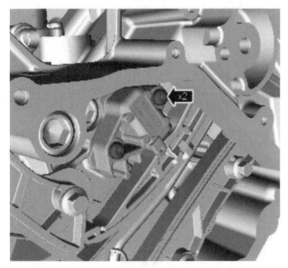

图 3-248

（14）拆下正时链导轨，如图 3-249 所示。

图 3-249

图 3-250

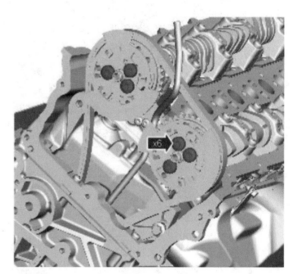

图 3-251

（15）松开机油排放管，如图 3-250 所示。

（16）拆下可变气门正时（VVT）装置的螺栓，如图 3-251 所示。

（17）小心：如果 VVT 单元受到震动或跌落，必须安装新 VVT 单元。与可变气门正时装置一起拆下正时链，如图 3-252 所示。

（18）拆下正时链固定导轨，如图 3-253 所示。

（19）小心：弃用摩擦垫圈，如图 3-254 所示。

3. 安装

（1）小心：安装一个新的摩擦垫圈，如图 3-255 所示。更换零部件：曲轴皮带轮摩擦垫圈，数量 1 个。

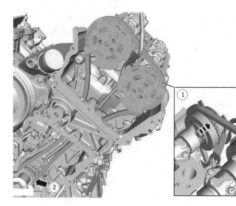

图 3-252

图 3-253

图 3-254

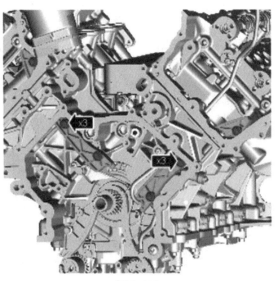

图 3-255

（2）安装正时链固定导轨，如图 3-256 所示。扭紧力矩：12N·m。

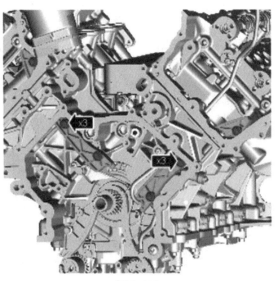

图 3-256

（3）将专用工具安装到每个凸轮轴上，如图 3-257所示。专用工具：303-1452。扭紧力矩：10N·m。

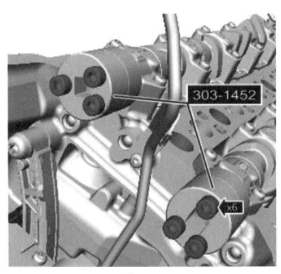

图 3-257

（4）如果位置不在如图 3-258 所示的位置，小心旋转凸轮轴。

（5）小心：切勿过度旋转凸轮轴。用手指拧紧蝶形螺母。未能遵守这一指令可能造成元件损坏。使用合适的工具，小心顺时针滚动凸轮轴，然后逆时针滚动。旋转专用工具锁定螺母，直至凸轮轴中没有移动空间为止。对两个凸轮轴重复此步骤。专用工具：303-1452。

（6）从每个凸轮轴上拆下专用工具，如图 3-259所示。专用工具：303-1452。

（7）小心：不要让凸轮轴旋转。如果 VVT 单元受到震动或跌落，必须安装新的 VVT 单元。与可变气门正时装置一起安装正时链，如图 3-260 所示。

图 3-258

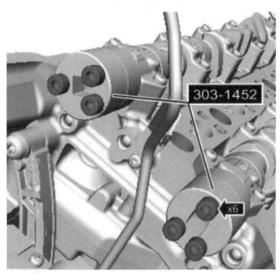

图 3-259

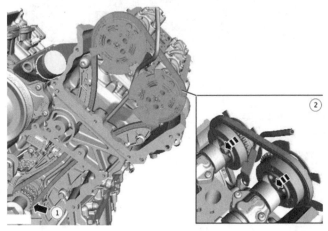

图 3-260

（8）注意：在此阶段用手拧紧螺栓。安装可变气门正时（VVT）单元螺栓，如图 3-261 所示。

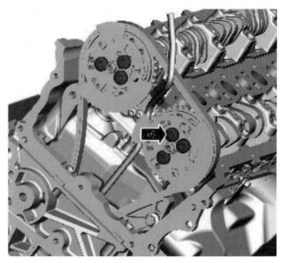

图 3-261

（9）确保所有正时链的对齐标记都处在所示的位置，如图 3-262 所示。

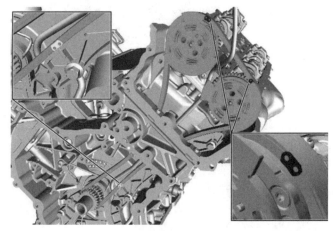

图 3-262

（10）小心：如果车辆安装了图 3-263 中第 1 部分所示的部件，则必须使用图 3-263 中第 2 部分所示的部件将其更换。切勿试图安装图 3-263 中第 1 部分所示的部件，因为这会损坏发动机。用图示确定车辆当前安装了哪种正时链张紧器和导板。确保只使用图 3-263 中第 2 部分所示的部件装配车辆。

（11）如图 3-264 所示安装正时链导轨。

（12）安装正时链导轨螺栓，如图 3-265 所示。扭紧力矩：25N·m。

（13）小心：如果车辆安装了图 3-263 中第 1 部分所示的部件，则必须使用如图 3-263 中第 2 部分所示的部件将其更换。切勿试图安装图 3-263 中第 1 部分所示的部件，因为这会损坏发动机。安装正时链张紧器之前，使用图示确定车辆当前安装了哪种正时链张紧器。确保只使用图 3-263 中第 2 部分所示的部件装配车辆。 如果安装一个新的正时链张紧器，请勿展开张紧器针脚并转至下一步。 如果安装之前已经展开过张紧器，请确保遵守所附的动画，以确保正确设置张紧器，否则会导致发动机损坏。

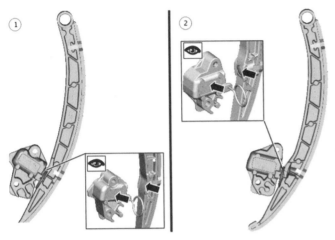

图 3-263

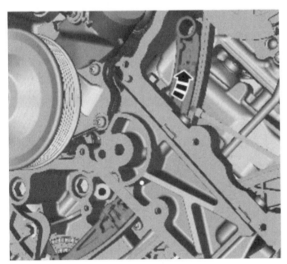

图 3-264

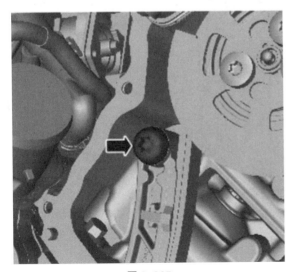

图 3-265

（14）小心：在此阶段切勿松开正时链张紧器锁定销安装正时链张紧器，如图 3-266 所示。扭紧力矩：12N·m。

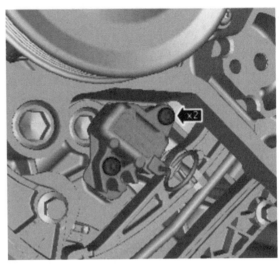

图 3-266

（15）施加并保持部件上的张力，如图 3-267 所示。

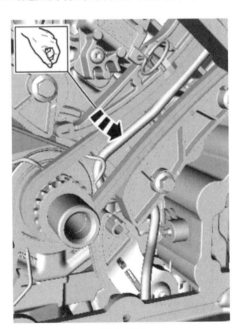

图 3-267

（16）拆下正时链张紧器固定销，并松开正时链条导轨，如图 3-268 所示。

（17）正时链张紧器活塞应该对正时链导轨施加张力，如图 3-269 所示。

（18）正时链张紧器必须保持链导轨上的张力。如果活塞可被推回，使正时链导轨与张紧器主体接触，则张紧器不正确，如图 3-270 所示。 重复步骤（13）~（18）。

图 3-268

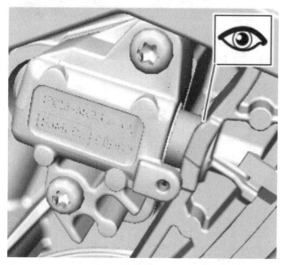

图 3-269

（19）将专用工具安装到每个凸轮轴上，如图 3-271 所示。专用工具：303-1452。扭紧力矩：10N·m。

图 3-271

（20）小心：切勿过度旋转凸轮轴。如果位置不在如图 3-272 所示的位置，小心旋转凸轮轴。

（21）小心：切勿过度旋转凸轮轴。用手指拧紧蝶形螺母。未能遵守这一指令可能造成元件损坏。使用合适的工具，小心顺时针滚动凸轮轴，然后逆时针滚动。旋转专用工具锁定螺母，直至凸轮轴中没有移动空间为止。对两个凸轮轴重复此步骤。专用工具：303-1452。

（22）从每个凸轮轴上拆下专用工具，如图 3-273 所示。专用工具：303-1452。

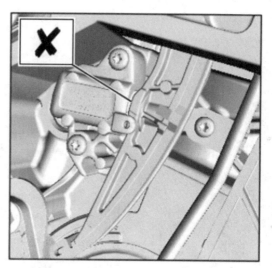

图 3-270

图 3-272

图 3-273

（23）小心：不要让凸轮轴旋转。如果 VVT 单元受到震动或跌落，必须安装新 VVT 单元。与可变气门正时装置一起安装正时链，如图 3-274 所示。

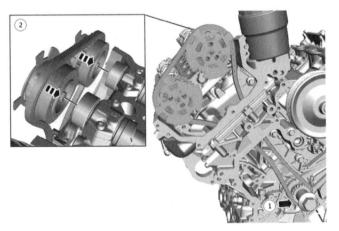

图 3-274

（24）注意：在此阶段用手拧紧螺栓。安装可变气门正时（VVT）单元螺栓，如图 3-275 所示。

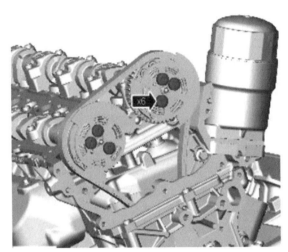

图 3-275

（25）确保所有正时链的对齐标记都处在所示的位置，如图 3-276 所示。

图 3-276

（26）小心：如果车辆安装了图 3-277 中第 1 部分所示的部件，则必须使用第 2 部分所示的部件将其更换。切勿试图安装图 3-277 中第 1 部分所示的部件，因为这会损坏发动机。使用图示确定车辆当前安装了哪种正时链张紧器和导板。确保只使用图 3-277 中第 2 部分所示的部件装配车辆。

（27）安装正时链条导轨，如图 3-278 所示。扭紧力矩：25N·m。

（28）小心：如果车辆安装了图 3-277 中第 1 部分所示的部件，则必须使用第 2 部分所示的部件将其更换。切勿试图安装图 3-277 中第 1 部分所示的部件，因为这会损坏发动机。安装正时链张紧器之前，使用图示确定车辆当前安装了哪种正时链张紧器。确保只使用图3-277中第2部分所示的部件装配车辆。如果安装一个新的正时链张紧器，请勿展开张紧器针脚并转至下一步。如果安装之前已经展开过张紧器，请确保遵守所附的动画，以确保正确设置张紧器，否则会导致发动机损坏。

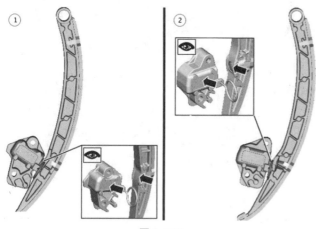

图 3-277

图 3-279

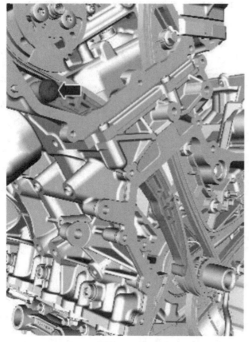

图 3-278

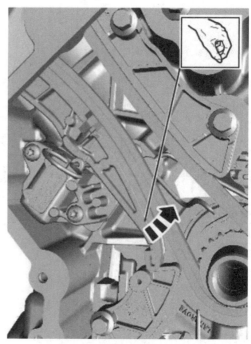

图 3-280

（29）小心：在此阶段切勿松开正时链张紧器锁定销，如图3-279所示。安装正时链张紧器。扭紧力矩：12N·m。

（30）施加并保持部件上的张力，如图3-280所示。

（31）拆下正时链张紧器固定销，并松开正时链条导轨，如图3-281所示。

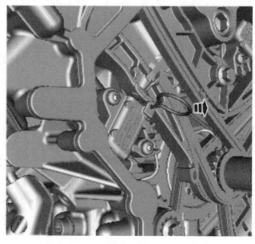

图 3-281

（32）注意：图3-282所示为左侧，右侧与之类似。活塞应对正时链导轨施加张力。

（33）正时链张紧器必须保持链导轨上的张力。如果活塞可被推回，使正时链导轨与张紧器主体接触，则张紧器不正确，如图3-283所示。重复步骤（28）~（33）。

（34）安装专用工具，如图3-284所示。专用工具：303-1482。

（35）小心：向专用工具端部施加扭矩。确保按图3-285所示将扭矩扳手与专用工具对齐。把扭矩扳手安装到专用工具上。扭紧力矩：35N·m。

（36）小心：在拧紧可变气门正时螺栓时确保拧紧扳手不移动。注意：确保首先拧紧排气可变气门正时单元螺栓，如图3-286所示。专用工具：303-1482。扭紧力矩：32N·m。

图 3-284

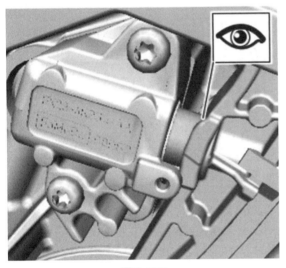

图 3-282

图 3-285

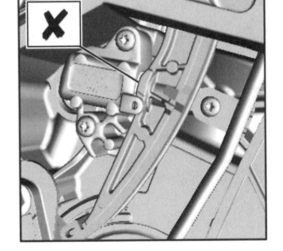

图 3-283

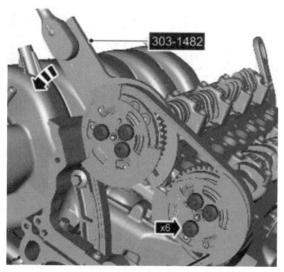

图 3-286

图 3-288

（37）安装机油排放管，如图 3-287 所示。扭紧力矩：10N·m。

图 3-287

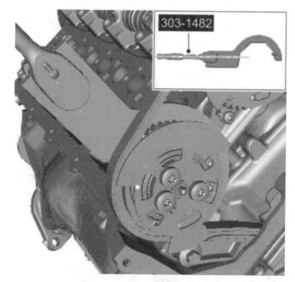

图 3-289

图 3-290

（38）拆除专用工具，如图 3-288 所示。专用工具：303-1445。

（39）小心：向专用工具端部施加扭矩。确保按图 3-289 所示将扭矩扳手与专用工具对齐。把扭矩扳手安装到专用工具上。扭紧力矩：35N·m。

（40）小心：在拧紧可变气门正时螺栓时确保拧紧扳手不移动，如图 3-290 所示。注意：确保首先拧紧进气可变气门正时单元螺栓。扭紧力矩：32N·m。

（41）拆除专用工具，如图 3-291 所示。

（42）拆除专用工具，如图 3-292 所示。专用工具：JLR-303-1303。

（43）小心：安装时，必须使用 M16 垫圈，以防止损坏曲轴。安装曲轴皮带轮螺栓，如图3-293所示。扭紧力矩：20N·m。

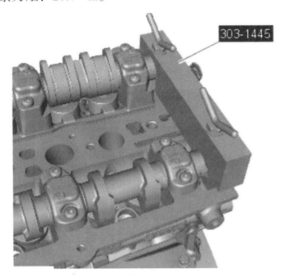

图 3-291

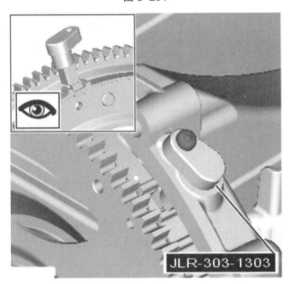

图 3-292

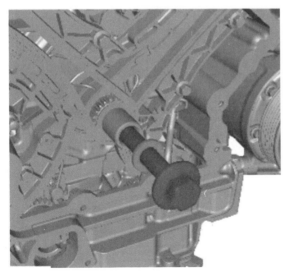

图 3-293

（44）拆除专用工具，如图3-294所示。专用工具：JLR-303-1304。

图 3-294

（45）顺时针旋转发动机整整两周。

（46）小心：仅顺时针旋转曲轴，如图3-295所示。安装专用工具。专用工具：JLR-303-1303。

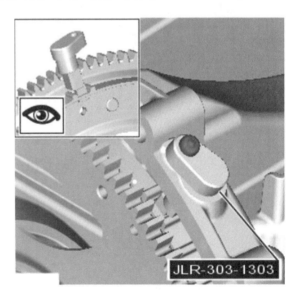

图 3-295

（47）小心：如果无法安装专用工具，则必须重复执行正时链安装步骤。安装专用工具。如果无法安装专用工具，拆下两个正时链和部件，并从步骤（3）开始重复安装过程，直至正确安装专用工具303-1445，如图3-296所示。专用工具：303-1445。

（48）小心：如果无法安装专用工具，则必须重复执行正时链安装步骤。安装专用工具，如图3-297所示。如果无法安装专用工具，拆下两个正时链和部件，并从步骤（3）开始重复安装过程，直至正确安装专用工具：303-1445。

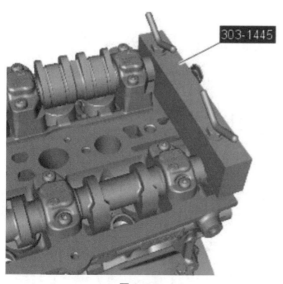

图 3-296

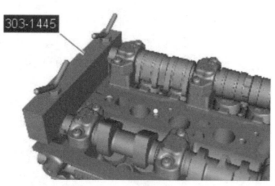

图 3-297

（49）拆除专用工具，如图 3-298 所示。专用工具：303-1445。

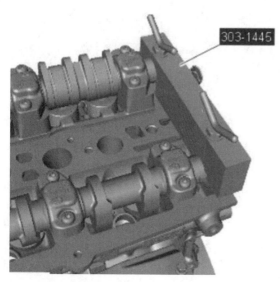

图 3-298

（50）拆除专用工具，如图 3-299 所示。专用工具：303-1445。

图 3-299

（51）拆除专用工具，如图 3-300 所示。专用工具：JLR-303-1303。

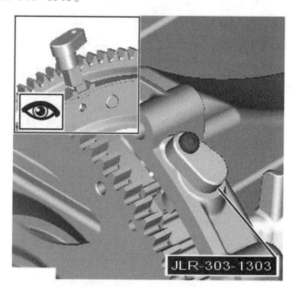

图 3-300

（52）安装如图 3-301 部件。扭紧力矩：10N·m。

图 3-301

（53）安装专用工具，如图 3-302 所示。专用工具：JLR-303-1304。

图 3-302

（54）卸下曲轴带轮螺栓，如图 3-303 所示。

图 3-303

（55）拆除专用工具，如图 3-304 所示。专用工具：JLR-303-1304。

（56）正时盖。

（57）连接蓄电池接地电缆。

（三）燃油泵凸轮轴拆卸和安装

1. 拆卸

注意：为清晰起见，某些图示中可能没有显示发动机。

（1）断开蓄电池接地电缆的连接。

（2）警告：确保采用车轴支架支撑车辆。抬起并支撑车辆。

（3）拆卸油底壳。

图 3-304

（4）拆下如图 3-305 所示部件。

图 3-305

（5）拆下如图 3-306 所示部件。

图 3-306

（6）拆下如图 3-307 所示部件。

图 3-307

（7）小心：拆卸该部件时要倍加小心，以免损坏接合面，如图 3-308 所示。

图 3-308

2. 安装

（1）小心：确保接合面干净且没有杂质，如图 3-309 所示。

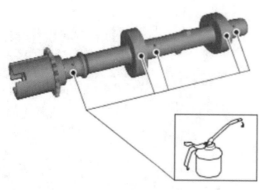

图 3-309

（2）小心：请格外小心，切勿损坏啮合面，如图 3-310 所示。扭紧力矩：12N·m。

图 3-310

（3）安装如图 3-311 所示部件。扭紧力矩：21N·m。

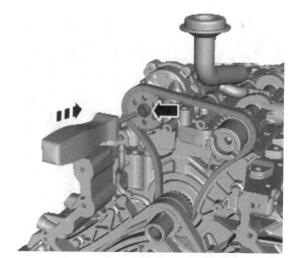

图 3-311

（4）安装如图 3-312 所示部件。扭紧力矩：12N·m。

图 3-312

（5）安装下部正时链，确保着色的正时链链节与燃油轨高压燃油泵凸轮轴和曲轴链轮标记正确对齐，如图 3-313 所示。

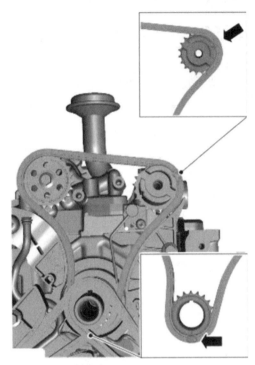

图 3-313

（6）小心：确保张紧器弹簧正确定位，如图 3-314 所示。扭紧力矩：21N·m。

图 3-314

（7）安装油底壳。

（8）连接蓄电池接地电缆。

（四）燃油泵凸轮轴正时调整（G1473765）

1. 专用工具

（1）JLR-303-1303 正时工具，如图 3-315 所示。

（2）JLR-303-1621 对齐工具，燃油泵凸轮轴正时，如图 3-316 所示。

图 3-315

图 3-316

2. 检查

（1）断开蓄电池接地电缆。

（2）警告：确保采用车轴支架支撑车辆。抬起并支撑车辆。

（3）燃油泵凸轮轴正时检查。

（4）下正时罩。

（5）小心：确保该部件周围的区域干净且没有杂质，如图 3-317 所示。检查 3 个正时链机油喷嘴是否存在损坏的迹象，需要时予以安装。

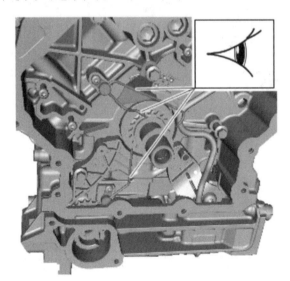

图 3-317

（6）小心：使用合适的扎带，将张紧器定位于一侧。专用工具：JLR-303-1621。扭紧力矩：12N·m。

（7）下正时罩。

（8）拆除专用工具，如图3-318所示。专用工具：JLR-303-1303。

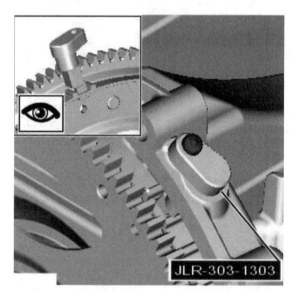

图3-318

（9）安装如图3-319所示部件。扭紧力矩：10N·m。

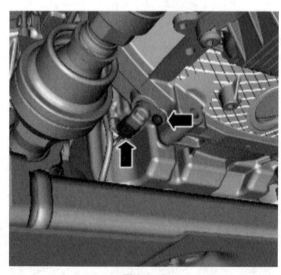

图3-319

（10）注意：安装一个新的油封垫圈，如图3-320所示。更换零部件：机油盘放油塞，数量1个。扭紧力矩：24N·m。

（11）连接蓄电池接地电缆。

（12）给发动机加注机油——对于配备机械增压器的车辆的加注值：清理机油加注口盖区域任何残留的发动机机油。

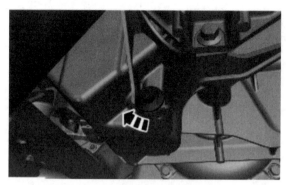

图3-320

（13）小心：确保车辆在加注机油后已放置5min。启动发动机并让其运转10min，然后关闭发动机。检查是否泄漏。

（14）小心：确保换挡杆位于驻车（P）位置。确保机罩打开。将点火开关打至打开位置。

（15）按下左侧OK（确定）按钮访问仪表盘（IC）主菜单，如图3-321所示。

图3-321

（16）按下左侧方向按钮并选择维护菜单，如图3-322所示。

（17）按下左侧OK（确定）按钮，如图3-323所示。

（18）按下左侧方向按钮并选择机油位置显示屏，如图3-324所示。

（19）按下左侧OK（确定）按钮，进入Oil Level Display（机油位置显示），如图3-325所示。

（20）小心：确保机罩打开。机油位置显示屏工作时，在2s内按两次速度控制取消按钮，如图3-326所示。

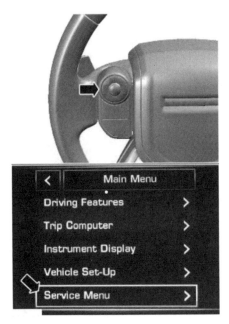

图 3-322

图 3-323

图 3-324

图 3-325

图 3-326

（21）信息中心显示维修模式下的实际机油位置。只有在启动并运行发动机 15min 后［如步骤（13）中所示］，才能关闭发动机，然后待机 10min，从机油位置显示屏上读取读数（如图 3-327 所示），如果需要，加注发动机机油。

（22）将点火开关打至关闭位置。

（23）如果又加注了机油，等待 10min，使发动机机油位置稳定。注意：以下步骤的目的是更新平均机油油位值。

（24）在维修模式下，重复执行步骤（14）~（20）可进入机油位置显示。

（25）注意：在条形图上显示的实际油量将作为一个新值写入电子控制单元。按住速度控制取消按钮 5s 以上，如图 3-328 所示。信息中心显示当前的机油位置。

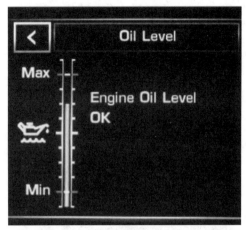

图 3-327

图 3-328

图 3-329

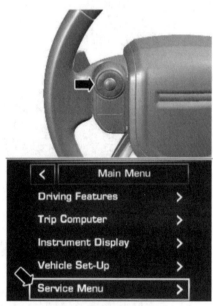

图 3-330

图 3-331

（26）将点火开关打至关闭位置。

（27）将点火开关打至打开位置。

（28）按下左侧 OK（确定）按钮访问仪表盘（IC）主菜单，如图 3-329 所示。

（29）按下左侧方向按钮并选择维护菜单，如图 3-330 所示。

（30）按下左侧 OK（确定）按钮，如图 3-331 所示。

（31）按下左侧方向按钮并选择机油位置显示屏，如图 3-332 所示。

（32）按下左侧 OK（确定）按钮，然后按说明执行，如图 3-333 所示。注意：如果信息显示"Not available"（不可用），再等 10min，以便让机油油位稳定下来。确保平均机油位置值已得到更新。

图 3-332

图 3-333

第四章　奥迪车系

一、车型

一汽奥迪 A3 Sportback 35TFSI（1.4T DJS），2019—2021年。

一汽奥迪 A3L 35TFSI（1.4T DJS），2019—2021年。

一汽奥迪 Q3 35TFSI（1.4T DJS），2019—2022年。

一汽奥迪 Q3 Sportback 35TFSI（1.4T DJS），2020—2022年。

一汽奥迪 Q2L 35TFSI（1.4T DJS），2020—2022年。

（一）齿形皮带装配

齿形皮带装配一览，带两个凸轮轴调节器的发动机，如图 4-1 所示。

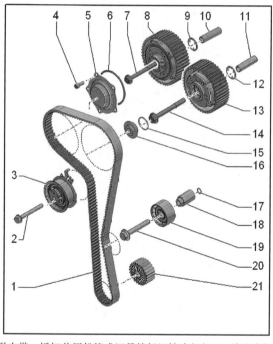

1.齿形皮带，拆卸前用粉笔或记号笔标记转动方向口，检查磨损情况 2.螺栓，拧紧力矩25N·m 3.张紧辊 4.螺栓，拧紧力矩8N·m，损坏时更换，以交叉方式交替分步松开和拧紧 5.封盖 6.O形环 7.螺栓，拆卸后更换，拧紧力矩：50N·m+135° 8.排气凸轮轴齿形带轮 9.金刚石垫圈，并非所有型号上都有，如已安装，则在拆卸后更换 10.导向套 11.导向套 12.金刚石垫圈，并非所有型号上都有，如已安装，则在拆卸后更换 13.进气凸轮轴齿形带轮：带凸轮轴调节器 14.螺栓，拆卸后更换，拧紧力矩：50N·m+135° 15.O形环 16.螺旋塞柱，拧紧力矩：20N·m 17.O形环，防丢失装置，拆卸后更换 18.间隔套 19.导向辊 20.螺栓，拧紧力矩：45N·m 21.曲轴齿形带轮，在齿形带轮和曲轴之间的接触面上不允许有油，只能在一个位置安装

图 4-1

（二）拆卸和安装齿形皮带

1.所需要的专用工具和维修设备

（1）扭矩扳手 VAS 6583，如图 4-2 所示。

图 4-2

（2）固定支架 T10172，如图 4-3 所示。

图 4-3

（3）固定螺栓 T10340，如图 4-4 所示。

图 4-4

（4）固定支架 T10475，如图 4-5 所示。

图 4-5

（5）环形扳手 SW 30 T10499A，如图 4-6 所示。

图 4-6

（6）扳手头 SW 13 T10500，如图 4-7 所示。

图 4-7

（7）装配工具 T10487，如图 4-8 所示。

图 4-8

（8）凸轮轴固定装置 T10494，如图 4-9 所示。

图 4-9

（9）松脱工具 T10527 和 T10527/1，如图 4-10 所示。

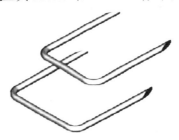

图 4-10

（10）固定支架 T10554/1，如图 4-11 所示。

图 4-11

（11）固定装置 T10554/1。固定装置 T10554/1 上的凸耳 1 和 2 的距离不同，如图 4-12 所示。固定装置 T10554/1 只能在一个位置上安装。将固定装置 T10554/1 平放在凸轮轴调节器上。

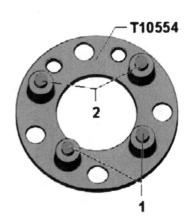

图 4-12

2.拆卸

（1）拆卸发动机罩。松开软管卡箍（如图4-12中1和2所示），拆下空气导流管。

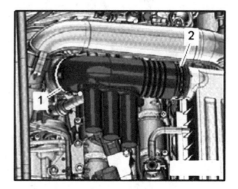

图4-12

（2）脱开电插头（如图4-13中1）。

图4-13

（3）拆下活性炭罐装置的管路（如图4-14中2），为此应按压两侧的解锁按钮。露出空气导管上活性炭罐装置的管路。用松脱工具T10527和T10527/1松开卡子（如图4-14中剪头）。取下空气导流管（如图4-14中1所示）。

图4-14

（4）带曲轴箱排气加热装置的型号：断开电插头（如图4-15中2）。拧出螺栓（如图4-15中箭头），取下曲轴箱排气软管（如图4-15中1所示）。带曲轴箱排气加热装置的型号：安装时必须用螺栓（如图4-15中箭头），重新固定接地导线。

图4-15

（5）露出电导线束（如图4-16中箭头）。拧出螺栓（如图4-16中1、3），取下冷却液泵齿形皮带的齿形皮带护罩（如图4-16中2）。

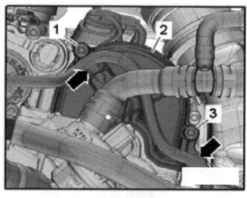

图4-16

（6）提示：机油进入冷却液泵和气缸盖之间，会导致冷却液泵密封件出现化学损坏危险。用一块抹布遮盖冷却液泵。用抹布收集溢出的发动机机油。拧出螺栓（如图4-17中箭头），取下端盖（如图4-17中1）。

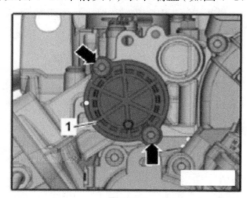

图4-17

拆卸发动机支座。

（7）拧出螺栓（如图4-18中2）。松开夹子（如图4-18中箭头），取下上部齿形皮带护罩（如图4-18中1所示）。

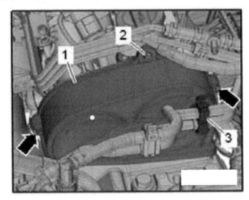

图 4-18

（8）被机油污染的齿形皮带会导致发动机有损坏危险。用抹布收集溢出的发动机机油。清洁注有发动机机油的空腔。拧出螺栓（如图4-19中箭头）。取下排气凸轮轴的凸轮轴调节器的盖。

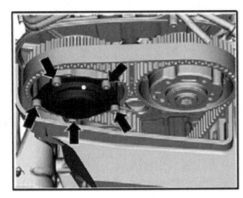

图 4-19

（9）按以下方式将曲轴转到"上止点"，拧出气缸体上"上止点"孔的螺旋塞。将固定螺栓T10340拧入气缸体至螺栓头贴紧，如图4-20所示。如果固

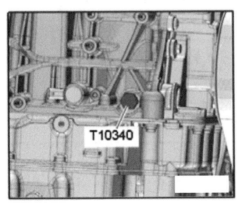

图 4-20

定螺栓不能拧入到螺栓头贴紧，则说明曲轴未处于正确位置。重新拧出固定螺栓。将曲轴沿发动机运转方向转动90°。将固定螺栓拧入气缸体内至螺栓头贴紧，然后用30N·m的力矩拧紧。沿发动机转动方向将曲轴转到极限位置。现在曲轴臂紧贴在固定螺栓上。（固定螺栓T10340只在发动机运转方向上卡住曲轴）

（10）对于两个凸轮轴来说，现在变速器侧不对称布置的凹槽必须朝向上部和下部箭头，如图4-21所示。对于排气凸轮轴A来说，可通过冷却液泵驱动轮内的开口接触到凹槽（如图4-21中上部箭头所示）。对于进气凸轮轴E，凹槽（如图4-21中下部箭头）可直接接触到。如果凸轮轴不处于所述位置，则拧出固定螺栓T10340，然后继续转动曲轴一圈并使其转到"上止点"位置。

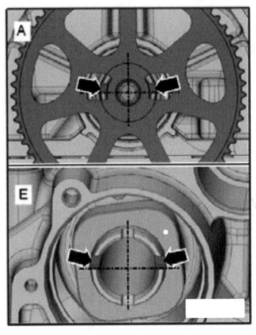

图 4-21

（11）凸轮轴固定装置T10494必须很容易插入。不允许通过工具敲入凸轮轴固定装置。如果凸轮轴不处于所述位置，则将凸轮轴固定装置T10494插入凸轮轴内至限位位置，然后用手拧紧螺栓（如图4-22中箭头）。

（12）提示：如果凸轮轴固定装置T10494无法轻松放入，则用装配工具T10487压在齿形皮带上（如图4-23中箭头），同时将凸轮轴固定装置T10494插入凸轮轴至限位位置，然后用手拧紧螺栓。拆下减震器。提示：错误操作有损坏凸轮轴的危险。绝对不要使用凸轮轴固定装置作为固定装置。

（13）排气凸轮轴：将固定装置T10554/1在凸轮

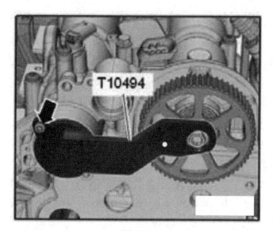

图 4-22

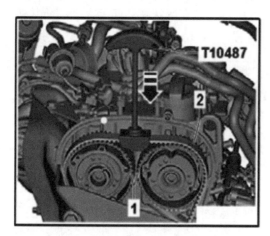

图 4-23

轴调节器和发动机支撑之间导入，如图 4-24 所示。为此首先将固定装置 T10554/1 在轴颈 2 之间从凸轮轴调节器旁穿过。

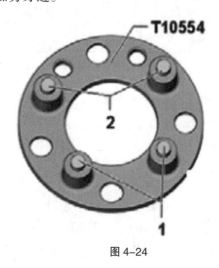

图 4-24

（14）转动固定装置 T10554/1，使其能装入孔内（如图 4-25 中箭头）。将固定装置 T10554/1 平放在凸轮轴调节器 1 上。

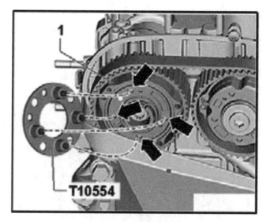

图 4-25

（15）将螺栓（如图 4-26 中 1）松开一圈。将凸轮轴齿轮用固定装置 T10172 和固定装置 T10554/1 固定住。

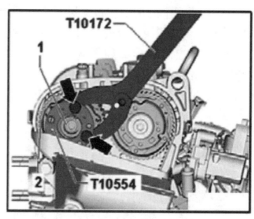

图 4-26

（16）进气凸轮轴组装工具，如图 4-27 所示。将固定装置 T10172 和固定装置 T10554/1 用滚花螺栓 T10554/2（如图 4-27 中箭头）拧紧。

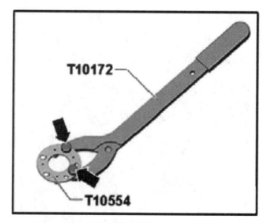

图 4-27

（17）将固定装置 T10172 和固定装置 T10554/1 平放在凸轮轴调节器（如图 4-28 中 1）上。榫头必

154

须正确装入孔（如图 4-28 中箭头）中。用固定装置 T10172 和固定装置 T10554/1 固定凸轮轴以防止扭转。

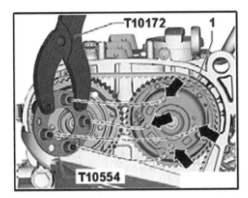

图 4-28

（18）拧出螺旋塞（如图 4-29 中 1），将位于其下方的进气侧凸轮轴链轮松开一圈。为此使用固定装置 T10172 和固定装置 T10554/1。

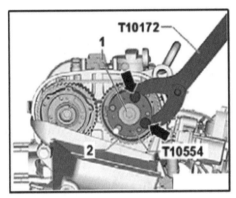

图 4-29

（19）两侧的后续操作：拆卸皮带盘。拧出螺栓（如图 4-30 中箭头），将下部齿形皮带护罩（如图 4-30 中 1）往纵梁方向推。

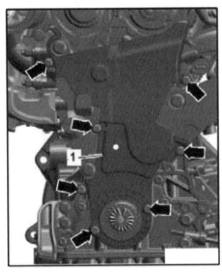

图 4-30

（20）将环形扳手 SW 30 T10499 安装在张紧轮的偏心件（如图 4-31 中 2）上。将螺栓（如图 4-31 中 1）用扳手头 SW 13 T10500 松开。用环形扳手 SW 30 T10499 松开偏心件（如图 4-31 中 2）上的张紧轮。提示：被机油污染的齿形皮带会导致发动机有损坏危险。用抹布收集溢出的发动机机油。清洁注有发动机机油的空腔。取下齿形皮带。取下曲轴正时皮带轮（如图 4-32 中 1 所示）。

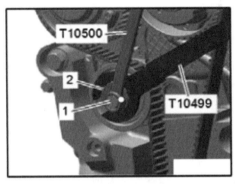

图 4-31

图 4-32

3. 安装（调整配气相位）

（1）更换拧紧时需要继续旋转一个角度的螺栓。更换自锁螺母和螺栓以及密封环、密封件和 O 形环。用符合系列标准的软管卡箍紧固所有软管连接。

（2）检查凸轮轴和曲轴的"上止点"位置，凸轮轴固定装置 T10494 已安装在凸轮轴壳体上（如图 4-33

图 4-33

中箭头）。

（3）固定螺栓 T10340 已拧入气缸体中极限位置，并用 30N·m 的力矩拧紧。曲轴已沿发动机转动方向放置到固定螺栓 T10340 上"上止点"位置，如图 4-34 所示。

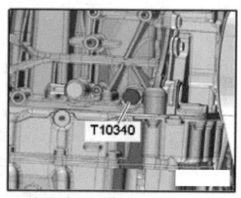

图 4-34

（4）提示：错误操作有损坏凸轮轴的危险。绝对不要使用凸轮轴固定装置作为固定装置。更换凸轮轴正时齿轮螺栓（如图 4-35 中 1、2），松动时拧入。凸轮轴正时齿轮必须能在凸轮轴上转动，同时不允许倾斜。

图 4-35

（5）张紧轮的钢板凸耳（如图 4-36 中箭头），必须嵌入气缸盖的铸造凹槽中。

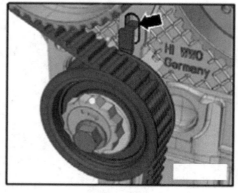

图 4-36

（6）将曲轴正时皮带轮装到曲轴上。多楔带轮与曲轴正时皮带轮之间的接触面必须无机油和油脂。曲轴正时皮带轮上的铣削面（如图 4-37 中箭头），必须靠在曲轴轴颈上的铣削面上。

图 4-37

（7）按照所述顺序安装齿形皮带（如图 4-38 所示）。

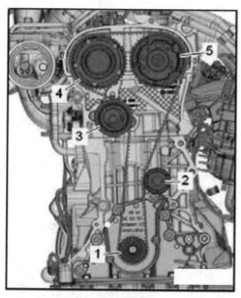

图 4-38

① 曲轴齿形带轮。
② 导向辊。
③ 张紧辊。
④ 排气侧凸轮轴正时齿轮。
⑤ 进气侧凸轮轴正时齿轮。
安装齿形皮带护罩下部。
安装皮带盘。

（8）将张紧轮的偏心件（如图 4-39 中 2）用环形扳手 SW 30 T10499 向箭头方向转动，直至调节指针（如图 4-39 中 3）位于调节窗右侧约 10mm。转回偏心件，使调节指针准确位于调节窗内。设置扭矩板手 VAS 6583 上的控紧力矩时，必须将板手头 SW13 T10500 上给出的净尺寸转到扭矩扳手上。将偏心件保持在这一位置，然后拧紧螺栓（如图 4-39 中 1），为此使用扳手头 SW 13 T10500 和扭矩扳手 VAS6583。

提示：如果继续转动了发动机或发动机曾运行，则可能导致调节指针（如图 4-39 中 3）相对调节窗的位置略微偏离。这种情况不影响齿形皮带张紧。

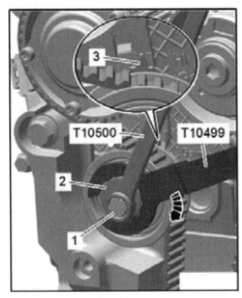

图 4-39

（9）提示：错误操作有损坏凸轮轴的危险。绝对不要使用凸轮轴固定装置作为固定装置。用 50N·m 的力矩预拧紧螺栓（如图 4-40 中 1、2），为此使用固定装置 T10172 及固定装置 T10554/1。

图 4-40

（10）拧出固定螺栓 T10340，如图 4-41 所示。

（11）拧出螺栓（如图 4-42 中箭头），取下凸轮轴固定装置 T10494。

4. 检查配气相位

（1）将曲轴沿发动机转动方向转 2 圈（如图 4-43 中箭头）。

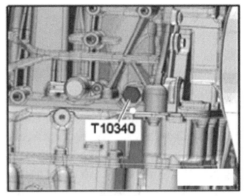

图 4-41

图 4-42

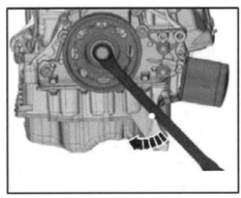

图 4-43

（2）将固定螺栓 T10340 拧入气缸体到极限位置，并用 30N·m 的力矩拧紧，如图 4-44 所示。继续沿发

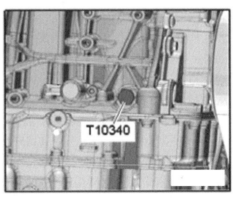

图 4-44

动机转动方向转动曲轴到限位位置。现在曲轴臂紧贴在固定螺栓上。固定螺栓 T10340 只在发动机运转方向上卡住曲轴。

（3）凸轮轴固定装置 T10494 必须很容易装入。不允许通过工具敲入凸轮轴固定装置。将凸轮轴固定装置 T10494 插入凸轮轴内至限位位置，然后通过螺栓（如图 4-45 中箭头）用手拧紧。

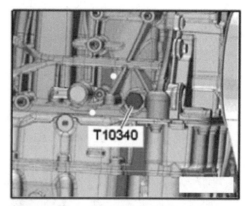

图 4-47

图 4-45

（4）提示：如果凸轮轴固定装置 T10494 无法轻松地放入，则用装配工具 T10487 压在齿形皮带上（如图 4-46 中箭头），同时将凸轮轴固定装置 T10494 插入凸轮轴至限位位置，然后用手拧紧螺栓。

图 4-48

图 4-46

图 4-49

（5）如果无法装入凸轮轴固定装置 T10494，则说明配气相位不正常：再次调节配气相位。如果能够装入凸轮轴固定装置 T10494，则说明配气相位正常。拧出固定螺栓 T10340，如图 4-47 所示。

（6）拧出螺栓（如图 4-48 中箭头），取下凸轮轴固定装置 T10494。

（7）用最终拧紧力矩拧紧螺栓（如图 4-49 中 1、2），为此使用固定装置 T10172 及固定装置 T10554/1。

（8）拧紧螺旋塞（如图 4-50 中 1），为此使用固定装置 T10172 和固定装置 T10554/1。检查是否取下了固定螺栓和凸轮轴固定装置。其余的组装以倒序

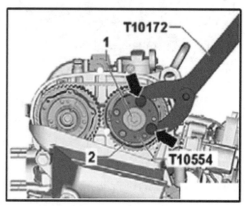

图 4-50

进行。

二、车型

一汽奥迪 A4L 35TFSI（2.0T DTAA），2020—2021 年。

一汽奥迪 A4L 40TFSI（2.0T DTAA），2020—2021 年。

一汽奥迪 Q5L 40TFSI（2.0T DTAA），2021 年。

（一）凸轮轴正时链装配

凸轮轴正时链装配一览，如图 4-51 所示。

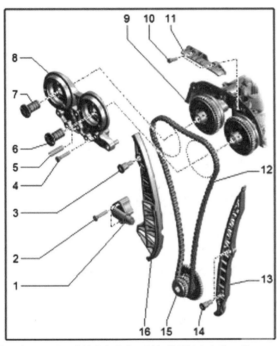

1.链条张紧器。处于弹簧张紧状态。拆卸前用插入定位工具 T40267 固定住 2.螺栓。拆卸后更换铝螺栓。用于铝螺栓：拧紧力矩4N·m + 90°。用于钢螺栓：9N·m 3.导向销：拧紧力矩20N·m 4.螺栓。拆卸后更换 5.夹紧套。根据结构情况，不是在每个轴承桥上都安装 6.控制阀。左旋螺纹。拧紧力矩5N·m 7.控制阀。左旋螺纹。拧紧力矩35N·m 8.轴承支架 9.气缸盖罩 10.螺栓。拧紧力矩9N·m 11.滑轨 12.凸轮轴正时链。为了能够重新安装，要用颜色标出转动方向。在链条传动装置上操作后必须进行匹配 13.滑轨 14.导向销。拧紧力矩20N·m 15.H级链轮 16.张紧轨

图 4-51

（二）拆卸和安装凸轮轴正时链

1. 所需要的专用工具和维修设备

（1）装配工具 T10352B，如图 4-52 所示。

（2）装配工具 T10531，如图 4-53 所示

（3）定位销 T40011，如图 4-54 所示。

（4）装配杆 T40243，如图 4-55 所示。

（5）棘轮环形扳手SW21 T40263，如图 4-56 所示。

（6）装配工具 T40266，如图 4-57 所示。

（7）装配工具 T10567，如图 4-58 所示。

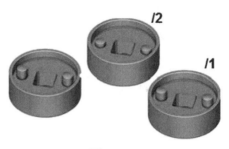

图 4-52

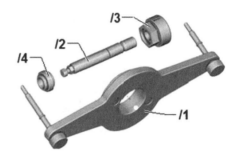

图 4-53

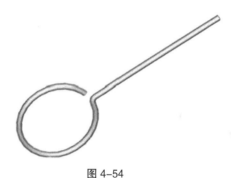

图 4-54

图 4-55

图 4-56

159

图 4-57

图 4-58

（8）插入定位工具 T40267，如图 4-59 所示。

图 4-59

（9）凸轮轴固定装 T40271，如图 4-60 所示。

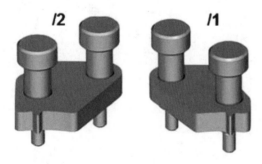

图 4-60

（10）适配器 T40314，如图 4-61 所示。

2.拆卸

（1）拆卸正时链上部盖板。

提示：控制阀有左旋螺纹。

（2）用装配工具（如图 4-62 中 1）沿箭头方向

图 4-61

拆卸左侧和右侧控制阀。视控制阀的制造状态而定，使用某个列出的工具：

①装配工具 T10352。

②装配工具 T10352/1。

③装配工具 T10352/2。

④装配工具 T10352/3。

⑤装配工具 T10352/4。

图 4-62

（3）为此，用棘轮环形扳手 Sw21 T40263、适配器 T40314 和套筒扳手 Sw24 固定住减震器，如图 4-63 所示。

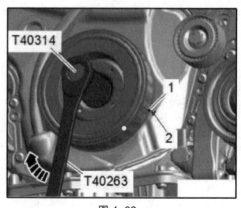

图 4-63

（4）拧出螺栓 1~6，如图 4-64 所示。小心地拔出轴承支架，此时不得歪斜。取下轴承支架。

图 4-64

（5）提示：控制机构跳动过大时有损坏发动机
的危险。仅朝发动机运转方向转动发动机。用棘轮环
形扳手 SW21 T40263（如图 4-65 中位置 6）、适配器
T40314（如图 4-65 中位置 1）和套筒扳手 SW24 转动
（如图 4-65 中箭头）减震器上的 曲轴，直至凸轮轴
位于"上止点"处。凸轮轴链轮（如图 4-65 中 2、5）
上的标记（如图 4-65 中 3）必须与气缸盖罩上的标记
（如图 4-65 中 4）相对。拆卸正时链下部盖板。再次
检查"上止点"位置。

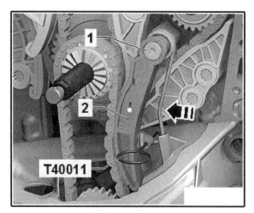

图 4-66

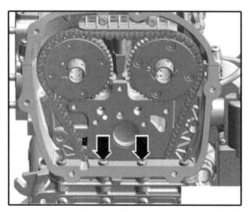

图 4-67

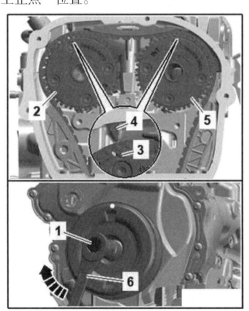

图 4-65

（6）将张紧弹簧的钢丝夹向箭头方向压，然后用
定位销 T40011 锁定，如图 4-66 所示。拧出导向销（如
图 4-66 中 1），取下链条张紧器（如图 4-66 中 2）。
将机油泵链条从三级链轮上取下，向前拔下并将下部
放在机油泵链轮上。

（7）拧出螺栓（如图 4-67 中箭头）。

（8）将装配杆 T40243 拧到气缸盖上下部箭头，
如图 4-68 所示。将链条张紧器的卡环（如图 4-68 中

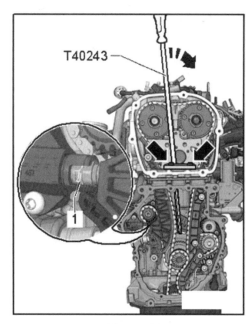

图 4-68

1）压到一起并固定。将装配杆 T40243 沿箭头方向缓
慢地按压并固定。这样可以把链条张紧器往回推。提
示：链条张紧器以油减震，因此必须缓慢地均匀用力
往回推。

（9）用插入定位工具 T40267 锁定链条张紧器，

如图 4-69 所示。拆卸装配杆 T40243。

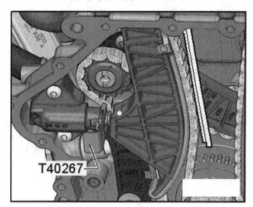

图 4-69

（10）将凸轮轴固定装置 T40271/2 拧到气缸盖上。将凸轮轴固定装置推入锥轮的花键内（如图 4-70 中箭头 B）。必要时为此用装配工具 T40266 或装配工具 T10567 略微来回转动进气凸轮轴（如图 4-70 中箭头 A）。

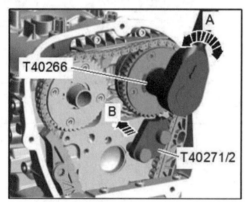

图 4-70

（11）将凸轮轴固定装置 T40271/1 拧到气缸盖上。提示：接下来的工作步骤需要有另一位机械师协助。用装配工具 T40266 或装配工具 T10567 固定住排气凸轮轴。拧出导向销（如图 4-71 中 1），向下取出张紧轨（如图 4-71 中 2）。沿顺时针继续转动排气凸轮轴（如

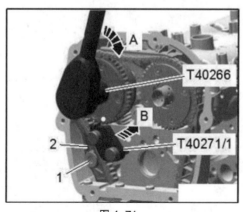

图 4-71

图 4-71 中箭头 A），直至凸轮轴固定装置 T40271/1 能够推入链轮花键内（如图 4-71 中箭头 B）。

（12）拧出螺栓（如图 4-72 中箭头），取下滑轨（如图 4-72 中 1）。

图 4-72

（13）拧出导向销（如图 4-73 中 1），取下滑轨（如图 4-73 中 2）。将凸轮轴正时链从凸轮轴齿轮上取下，然后向下取出。提示：气门和活塞头有损坏的危险。切勿在凸轮轴正时链拆下后转动曲轴。

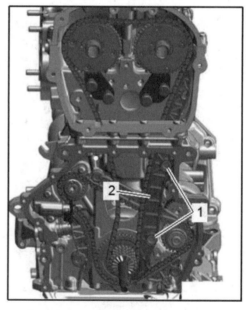

图 4-73

3. 安装

（1）前提条件：

曲轴位于"上止点"；三级链轮上的 V 形开口在虚拟的垂直线（如图 4-74 中箭头）上居中位于凸轮轴链轮之间。三级链轮已用张紧销 T10531/2 锁定。

（2）凸轮轴链轮已用凸轮轴固定装置 T40271/1 和 T40271/2 锁定 在"上止点"，标记（如图 4-75 中

图 4-74

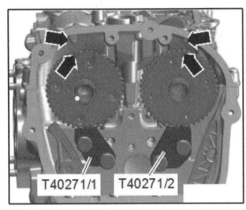

图 4-75

箭头）必须相对。

（3）如图 4-76 所示，将凸轮轴正时链通过彩色链节（如图 4-76 中箭头）挂在凸轮轴轴颈上。

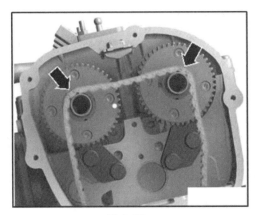

图 4-76

（4）将凸轮轴正时链放到进气凸轮轴、排气凸轮轴和三级链轮上。彩色链节必须对准链轮上的标记（如

图 4-77 中箭头）。

图 4-77

（5）装入滑轨（如图 4-78 中 2），拧紧导向销（如图 4-78 中 1）。

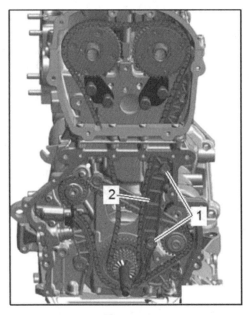

图 4-78

（6）装上滑轨（如图 4-79 中 1），并拧紧螺栓（如图 4-79 中箭头）。

（7）提示：接下来的工作步骤需要有另一位机械师协助。用装配工具 T40266 或装配工具 T10567 向箭头方向（如图 4-80 中 A）降低排气凸轮轴的预紧，然后将凸轮轴固定装置 T40271/1 从链轮啮合齿中拉出（如图 4-80 中箭头 B）。沿箭头方向（如图 4-80 中 C）

图 4-79

拧出排气凸轮轴，直至正时链紧贴滑轨（如图 4-80 中 3）。将凸轮轴固定在这个位置，装入张紧轨（如图 4-80 中 1）并拧紧导向销（如图 4-80 中 2）。拆卸 凸轮轴固定装置 T40271/1。

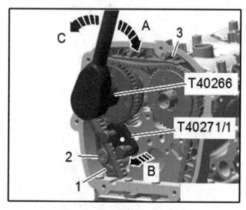

图 4-80

（8）用装配工具 T40266 或装配工具 T10567 向箭头方向（如图 4-81 中 A）降低进气凸轮轴的预紧，将凸轮轴固定装置 T40271/2 从链轮啮合齿中拉出（如图 4-81 中箭头 B），然后将凸轮轴置于静止位置。拆卸凸轮轴固定装置 T40271/2。

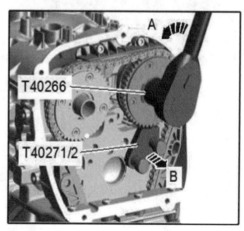

图 4-81

（9）用发动机机油浸润孔（如图 4-82 中箭头）。

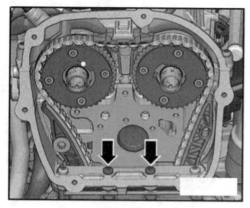

图 4-82

（10）用发动机机油浸润孔（如图 4-83 中箭头）。检查夹紧套（如图 4-83 中 1）是否已插入。

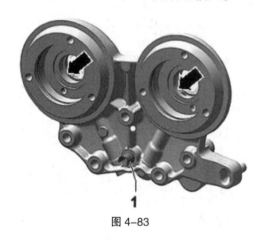

图 4-83

（11）小心地插上轴承支架，此时不得歪斜，有损坏危险。插上轴承支架，用手拧入螺栓 1~6 至贴紧，如图 4-84 所示。

图 4-84

（12）拆除插入定位工具 T40267，如图 4-85 所示。拧紧用于轴承支架的螺栓。

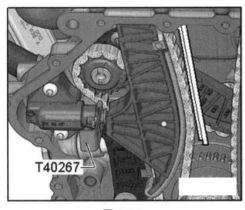

图 4-85

（13）装上机油泵链条。装入链条张紧器（如图 4-86 中 2），拧紧导向销（如图 4-86 中 1）。拆下定位销 T40011，此时钢丝夹必须在开口中紧贴油底壳上部件（如图 4-86 中箭头）。

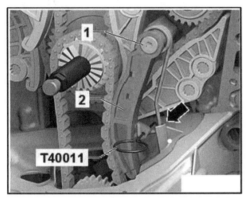

图 4-86

（14）检查调整情况：彩色链节必须对准链轮上的标记（如图 4-87 中箭头）。安装控制阀。

图 4-87

（15）提示：由于在气门机构上进行操作，因此气门和活塞头有损坏的危险。在安装凸轮轴后，至少等 30min 才启动发动机，因为液压补偿元件必须落位。为了确保气门在启动时正常入位，将曲轴小心地旋转至少 2 圈。安装带肩螺母 T10531/4 和旋转工具 T10531/3，如图 4-88 所示。将发动机沿发动机转动方向旋转两次。提示：因为传动比的原因，有色的链节在发动机转动之后不再对齐。拧下带肩螺母并取下旋转工具。

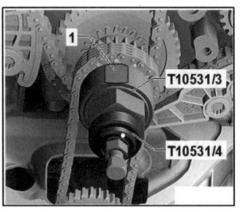

图 4-88

（16）后续安装以倒序进行，安装过程中请注意以下事项：

①安装正时链的下部盖板。

②安装正时链的上部盖板。

（17）在链条传动装置上操作后必须进行匹配。

（三）平衡轴驱动链装配

平衡轴驱动链装配一览，如图 4-89 所示。

1. 轴承螺栓安装位置

安装前在新 O 形环（如图 4-90 中 1）上涂抹发动机机油。轴承螺栓的配合销（如图 4-90 中箭头）必须卡入气缸体孔中。在轴承销上涂抹发动机机油。

2. 中间齿轮拧紧力矩和拧紧顺序

提示：拆卸后更换那些拧紧时需要继续旋转一个角度的螺栓，如图 4-91 所示。

分步拧紧螺栓：

① 拧紧力矩为 10N·m。

②旋转中间齿轮，中间齿轮不允许有间隙存在，否则松开并再次拧紧。

③拧紧力矩 25N·m。

④继续拧紧 90°。

（四）拆卸和安装平衡轴驱动链

1. 拆卸

（1）拆卸凸轮轴正时链。

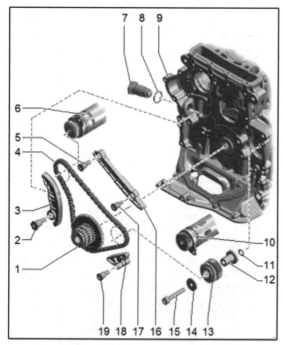

1.三级链轮 2.导向销,拧紧力矩20N·m 3.张紧轨 4.平衡轴驱动链,在链条传动装置上操作后必须进行匹配 5.导向销,拧紧力矩20N·m 6.排气侧平衡轴 7.链条张紧器,拧紧力矩85N·m 8.密封环 9.气缸体 10.进气侧平衡轴 11.O形环,用发动机机油涂抹 12.轴承螺栓,用发动机机油涂抹 13.中间齿轮 14.止推垫片 15.螺栓,拆卸后更换。如果螺栓松开过,则必须更换中间齿轮。拧紧力矩和拧紧顺序 16.滑轨 17.导向销,拧紧力矩12N·m 18.滑轨 19.导向销,拧紧力矩20N·m

图4-89

图4-90

图4-91

前提条件:曲轴位于"上止点",三级链轮上的V形开口在虚拟的垂直线(如图4-92中箭头)上居中位于凸轮轴链轮之间。三级链轮已用张紧销T10531/2锁定。

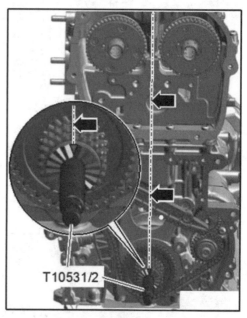

图4-92

(2)拧出螺栓(如图4-93中4),取下凸轮轴正时链的链条张紧器。拧出平衡轴驱动链的链条张紧器(如图4-93中3所示)。拧出导向销(如图4-93中1、5所示),取下张紧轨(如图4-93中2所示)和滑轨(如图4-93中6所示)。取下平衡轴驱动链。

图4-93

2. 安装

（1）安装以倒序进行，同时要注意下列事项：

前提条件：曲轴位于"上止点"，三级链轮上的V形开口在虚拟的垂直线（如图4-94中箭头）上居中位于凸轮轴链轮之间。三级链轮已用张紧销T10531/2锁定，如图4-94所示。

图4-94

（2）首先如图4-95所示将平衡轴驱动链放在平衡轴上。彩色链节必须对准链轮上的标记（如图4-95中箭头）。

图4-95

（3）装入滑轨（如图4-96中1），拧紧导向销（如图4-96中箭头）。

图4-96

（4）将平衡轴驱动链的彩色链节（如图4-97中箭头）定位在三级链轮的标记上。装入张紧轨（如图4-97中2），拧紧导向销（如图4-97中1）。

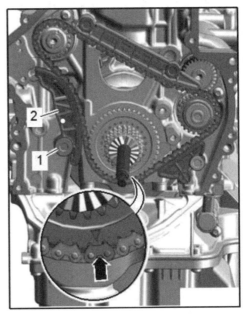

图4-97

（5）将链条张紧器（如图4-98中箭头）和密封剂一起放上并且拧紧。

图4-98

167

（6）再次检查调整情况：彩色链节必须对准链轮上的标记（如图4-99中箭头）。安装凸轮轴正时链拧紧力矩。

图 4-99

三、车型

一汽奥迪 Q5L 40TFSI（2.0T DKUA），2020 年。

一汽奥迪 A4L 35TFSI（2.0T DKUA），2019 年。

一汽奥迪 A4L 40TFSI（2.0T DKUA），2019 年。

一汽奥迪 A6L 40TFSI（2.0T DKUA），2019 年。

（一）凸轮轴正时链装配一览（如图4-100所示）

1. 检查控制阀

活塞（如图4-101中1）必须可以克服弹簧力压入约 3mm。在此过程中它不允许被卡住。

2. 轴承支架安装指南

如果要安装带张紧套（如图4-102中4）的新轴承支架（如图4-102中3），则安装轴承支架前必须检查气缸盖（如图4-102中1）中的孔箭头。如果孔箭头未规定用于张紧套（如图4-102中4），则必须将张紧套从轴承支架中取出。然后对于该孔也使用一个更短的螺栓（如图4-102中2）。

3. 轴承支架拧紧力矩和拧紧顺序（如图4-103所示）

按所示顺序分步拧紧螺栓：

（1）对于钢螺栓。

①把螺栓 1~6 用手拧入至紧贴。

②把螺栓 1~6 拧紧，力矩 9N·m。

（2）对于铝螺栓。

拆卸后更换那些拧紧时需要继续旋转一个角度的螺栓。

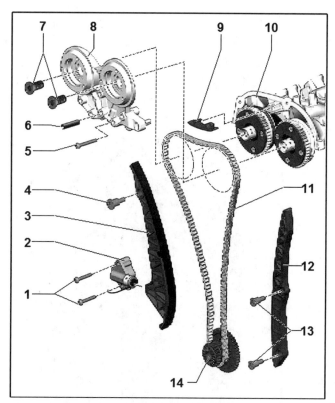

1.螺栓。拆卸后更换。用于铝螺栓，拧紧力矩4N·m + 90°。用于钢螺栓，拧紧力矩9N·m 2.链条张紧器。处于弹簧张紧状态。拆卸前用插入定位工具T40267固定住 3.正时销长导轨 4.导向销，拧紧力矩20N·m 5.螺栓。拆卸后更换铝螺栓。拧紧力矩和拧紧顺序 6.夹紧套。根据结构情况，不是在每个轴承桥上都安装 7.控制阀。左旋螺纹。视制造状态而定，有不同的型号。使用装配工具T10352A中的某个工具拆卸。拧紧力矩35N·m 8.轴承支架 9.凸轮轴正时链的滑轨 10.凸轮轴外壳 11.凸轮轴正时链。拆卸前，用颜色标记转动方向。在链条传动装置上操作后必须进行匹配 12.凸轮轴正时链的滑轨 13.导向销，拧紧力矩20N·m 14.三级链轮

图 4-100

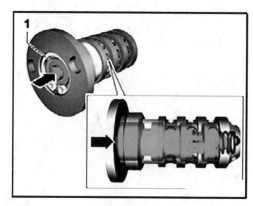

图 4-101

①把螺栓 1~6 用手拧入至紧贴。

②把螺栓 1~6 拧紧，力矩 4N·m。

③把螺栓 ~6 继续旋转 180°。

4. 三级链轮安装位置

两面（如图4-104中箭头）必须相对。

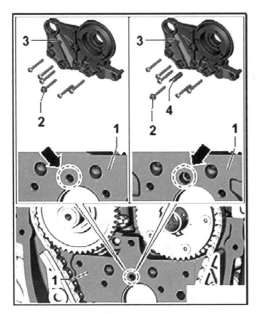

图 4-102

图 4-103

图 4-104

（二）拆卸和安装凸轮轴正时链

1.所需要的专用工具和维修设备

（1）装配工具 T10352A、装配工具 T10352/3 和装配工具 T10352/4，如图 4-105 所示。

（2）定位销 T40011，如图 4-106 所示。

（3）杠杆 T40243，如图 4-107 所示。

图 4-105

图 4-106

图 4-107

（4）棘轮环形扳手 SW21 T40263，如图 4-108 所示。

图 4-108

（5）适配接头 T40266，如图 4-109 所示。

（6）插入定位工具 T40267，如图 4-110 所示。

图 4-109

图 4-110

（7）凸轮轴固定装置 T40271，如图 4-111 所示。

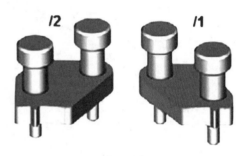

图 4-111

（8）适配接头 T40314，如图 4-112 所示。

图 4-112

2. 拆卸

（1）拆卸正时链上部盖板。提示：控制阀有左旋螺纹。

（2）用装配工具（如图 4-113 中 1）沿箭头方向拆卸左侧和右侧控制阀。视控制阀的制造状态而定，使用某个列出的工具。

①装配工具 T10352。

②装配工具 T10352/1。

③装配工具 T10352/2。

④装配工具 T10352/3。

⑤装配工具 T10352/4。

图 4-113

（3）拧出螺栓（如图 4-114 中箭头）。小心地拔出轴承支架，此时不得歪斜。取下轴承支架。

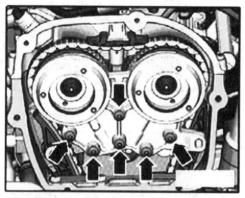

图 4-114

（4）将减震器转到"上止点"位置。提示：控制机构跳动过大时有损坏发动机的危险。仅朝发动机运转方向转动发动机。提示：视制造状态而定，标记（如图 4-115 中 2）可能没有。标记（如图 4-115 中 1）朝上时就足够了。减震器上的缺口和正时链下方盖板上的标记必须相互对着（如图 4-115 中箭头）。凸轮轴链轮的标记（如图 4-115 中 1）必须指向上。

提示：在安放到减震器上时，比顶紧装置 T10355更好的是使用由棘轮环形扳手 SW21 T40263、适配接头 T40314 和套筒扳手 SW24 构成的组合。拆卸正时链下部盖板。再次检查"上止点"位置。

（5）沿箭头方向按压机油泵的链条张紧器张紧

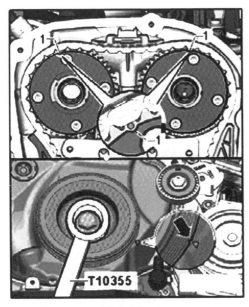

图 4-115

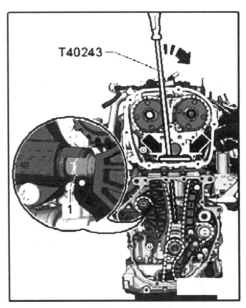

图 4-118

卡箍并用定位销 T40011 卡住。拧出螺栓（如图 4-116 中 1），取下链条张紧器（如图 4-116 中 2）。

定住。

（8）用插入定位工具 T40267 固定链条张紧器，如图 4-119 所示。拆卸杠杆 T40243。

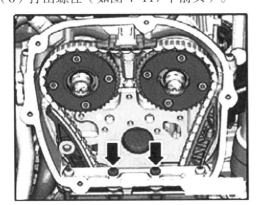

图 4-116

（6）拧出螺栓（如图 4-117 中箭头）。

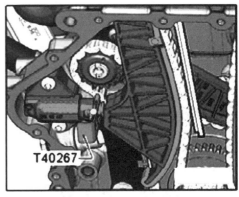

图 4-119

（9）将凸轮轴固定装置 T40271/2 拧到气缸盖上并沿箭头方向（如图 4-120 中 2）推入链轮的啮合齿中，必要时用适配器 T40266 沿箭头方向（如图 4-120 中 1）转动进气凸轮轴。

图 4-117

（7）拧入操纵杆 T40243（如图 4-118 中箭头）。将链条张紧器的卡环（如图 4-118 中 1）压到一起并固定。将操纵杆 T40243 向箭头方向缓慢地按压并固

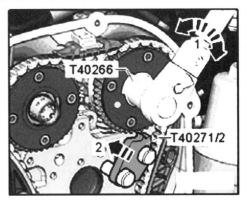

图 4-120

（10）将凸轮轴固定装置 T40271/1 安装到气缸盖上。接下来的工作步骤需要有另一位机械师协助。将排气凸轮轴用适配接头 T40266 沿箭头方向（如图 4-121 中 A）固定住。拧出螺栓（如图 4-121 中 1），将张紧轨（如图 4-121 中 2）向下推。将排气凸轮轴沿顺时针箭头方向（如图 4-121 中 A）继续旋转，直到凸轮轴固定装置 T40271/1 能够推入链轮啮合齿（如图 4-121 中 C）中，箭头方向（如图 4-121 中 B）。

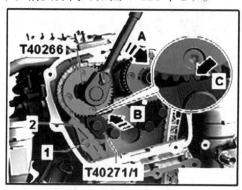

图 4-121

（11）拆卸滑轨（如图 4-122 中 1），为此用螺丝刀打开卡子（如图 4-122 中箭头），然后将滑轨向前推开。

图 4-122

（12）拧出螺栓（如图 4-123 中箭头），拆下链条张紧器（如图 4-123 中 1）。

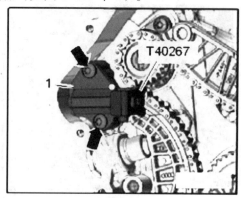

图 4-123

（13）拧出螺栓（如图 4-124 中 1），拆下滑轨（如图 4-124 中 2）。

图 4-124

（14）将凸轮轴正时链从凸轮轴齿轮上取下并挂到凸轮轴的销轴上（如图 4-125 中箭头）。

图 4-125

（15）拆卸平衡轴正时链的链条张紧器（如图 4-126 中 1）。

图 4-126

172

（16）拧出螺栓（如图 4-127 中 1）。拆卸张紧轨（如图 4-127 中 2）、滑轨（如图 4-127 中 3 和 4）。

图 4-127

（17）松开张紧螺栓（如图 4-128 中 A），拧出张紧销（如图 4-128 中 B）。取出三级链轮，同时卸下机油泵驱动装置的正时链。取下凸轮轴正时链和平衡轴驱动链。

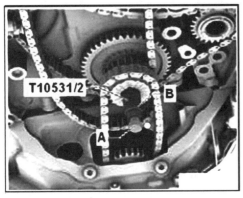

图 4-128

3. 安装

（1）检查曲轴的上止点，曲轴的平端（如图 4-129 中箭头）必须水平。用防水销钉将标记标注到气缸体（如图 4-129 中 1）上。

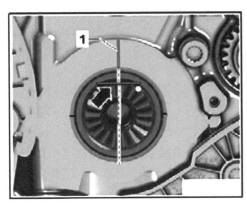

图 4-129

（2）用防水记号笔在三级链轮的齿（如图 4-130 中 1）上做标记（如图 4-130 中 2）。

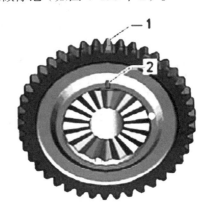

图 4-130

（3）将中间齿轮和平衡轴转至标记箭头螺栓（如图 4-131 中 1），不得松开。

图 4-131

（4）链条的彩色链节必须定位在链轮的标记上，如图 4-132 所示。无须理会可能存在的附加彩色链节的位置。放上平衡轴驱动链，将彩色链节（如图 4-132 中箭头）定位到链轮的标记上。

图 4-132

（5）安装滑轨（如图 4-133 中 1）并拧紧螺栓（如图 4-133 中箭头）。

图 4-133

（6）将带彩色链节的凸轮轴正时链（如图 4-134 中箭头）挂到凸轮轴销轴上。

图 4-134

（7）将机油泵驱动装置的正时链放到三级链轮上。沿箭头方向将三级链轮向发动机侧翻转并在曲轴上固定。标记（如图 4-135 中箭头）必须相对。

（8）将张紧销 T10531/2 拧入曲轴并用手拧紧。

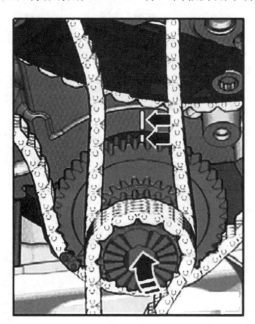

图 4-135

装上旋转工具 T10531/3。将带肩螺母 T10531/4 手动拧紧。用开口度 32 的开口扳手略微来回移动旋转工具，同时再拧紧带肩螺母，直到链轮牢固地装到曲轴啮合齿上。现在才能拧紧张紧螺栓（如图 4-136 中 A）。

图 4-136

（9）将平衡轴驱动链的彩色链节（如图 4-137 中箭头）定位在三级链轮的标记上。安装张紧轨（如图 4-137 中 1）和滑轨（如图 4-137 中 2）。拧紧螺栓（如图 4-137 中 3）。

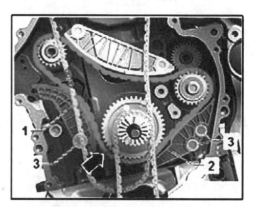

图 4-137

（10）安装链条张紧器（如图 4-138 中 1）。

（11）再次检查调整情况，彩色链节（如图 4-139 中箭头）必须对准链轮上的标记。

（12）将凸轮轴正时链放到进气凸轮轴上，排气凸轮轴放到曲轴上。将彩色链节（如图 4-140 中箭头）定位到链轮的标记上。

（13）安装滑轨（如图 4-141 中 2）并拧紧螺栓（如

图 4-138

图 4-139

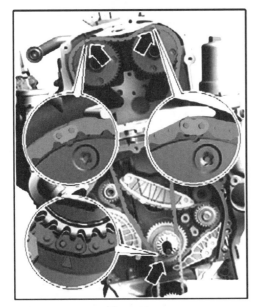

图 4-140

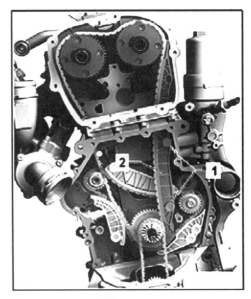

图 4-141

图 4-142

正时链紧贴到滑轨（如图 4-143 中 1）上。将凸轮轴固定在这个位置，拧上张紧轨（如图 4-144 中 2）并拧紧螺栓（如图 4-143 中 3）。

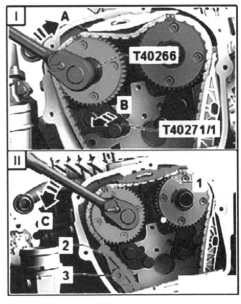

图 4-143

图 4-141 中 1）。

（14）安装上部滑轨（如图 4-142 中 1）。

（15）接下来的工作步骤需要有另一位机械师协助。将排气凸轮轴用适配器 T40266 沿箭头方向（如图 4-143 中 A）略微转动，并将凸轮轴固定装置 T40271/1 从链轮的啮合齿中（如图 4-143 中箭头方向 B）推出。将凸轮轴沿箭头方向（如图 4-143 中 C）松开，直到

（16）安装链条张紧器（如图 4-144 中 1）并拧紧螺栓（如图 4-144 中箭头）。

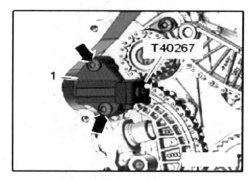

图 4-144

（17）用适配器 T40266 沿箭头方向（如图 4-145 中 1）转动进气凸轮轴，沿箭头方向（如图 4-145 中 2）从链轮的啮合齿中推出凸轮轴固定装置 T40271/2 并松开凸轮轴。拆卸凸轮轴固定装置 T40271/2。

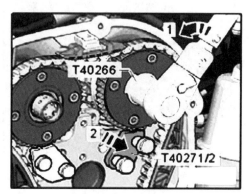

图 4-145

（18）检查调整情况，彩色链节（如图 4-146 中箭头）必须对准链轮的标记。

图 4-146

（19）安装链条张紧器（如图 4-147 中 2）并拧紧螺栓（如图 4-147 中 1），去除定位销 T40011 钢丝夹，必须在开口中（如图 4-147 中箭头）紧贴油底壳上部件。

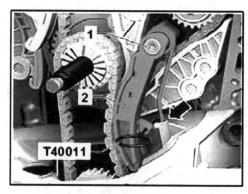

图 4-147

（20）拧入并拧紧螺栓（如图 4-148 中箭头）。

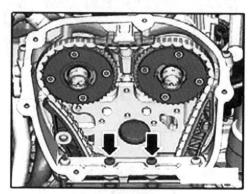

图 4-148

（21）用发动机机油浸润孔（如图 4-149 中箭头）。检查夹紧套（如图 4-149 中 1）是否已插入。

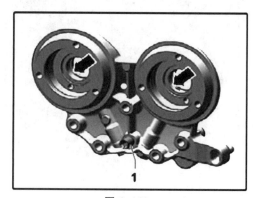

图 4-149

（22）小心地套上轴承支架，此时不得歪斜。套上轴承支架，将螺栓（如图 4-150 中箭头）手动拧入至贴紧。

（23）拆除插入定位工具 T40267，如图 4-151 所示。拧紧用于轴承支架的螺栓。安装控制阀。为了确保气

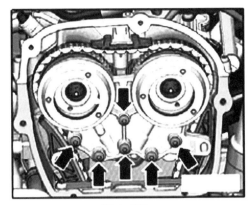

图 4-150

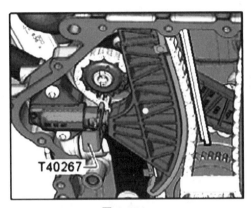

图 4-151

门在启动时正常入位，将发动机小心地旋转至少 2 圈。

提示：因为传动比的原因，有色的链节在发动机转动之后不再对齐。后续安装以倒序进行，安装过程中请注意以下事项：取下该旋转工具并安装正时链的下部盖板。安装正时链上部盖板。

（24）在链条传动装置上操作后必须进行匹配。

（三）平衡轴驱动链装配一览（如图 4-152 所示）

1. 轴承螺栓安装位置

（1）更换 O 形环（如图 4-153 中 1）并上油。

（2）轴承螺栓的配合销（如图 4-153 中箭头）必须卡入气缸体孔中。

（3）用机油润滑轴承销。

2. 中间齿轮拧紧力矩和拧紧顺序

提示：错误的齿隙有损坏发动机的危险。一定要更换中间齿轮，否则齿隙间隙便会出错。拆卸后更换那些拧紧时需要继续旋转一个角度的螺栓。

分步拧紧螺栓：

① 拧紧力矩 10N·m。

②旋转中间齿轮。中间齿轮不允许有间隙存在，否则松开并再次拧紧。

③拧紧力矩 25N·m。

④继续拧紧 90°。

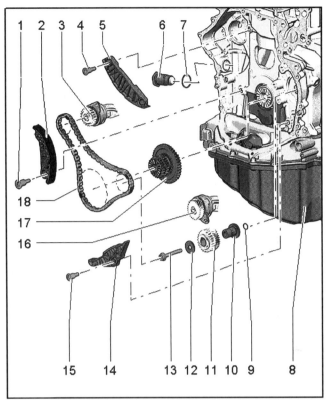

1.导向销，拧紧力矩20N·m 2.张紧轨 3.平衡轴。排气侧。用发动机机油涂抹支座。仅成对更换 4.导向销，拧紧力矩20N·m 5.滑轨 6.链条张紧器。拆卸后更换。拧紧力矩85N·m 7.密封环。不单独提供，包含在供货范围 8.气缸体 9.O形环。用发动机机油涂抹 10.轴承螺栓。用发动机机油涂抹 11.中间齿轮 12.止推垫片 13.螺栓。拆卸后更换。如果螺栓松开过，则必须更换中间齿轮、拧紧力矩和拧紧顺序 14.滑轨 15.导向销，拧紧力矩20N·m 16.平衡轴。进气侧。用发动机机油涂抹支座。仅成对更换 17.三级链轮 18.平衡轴驱动链。在链条传动装置上操作后必须进行匹配

图 4-152

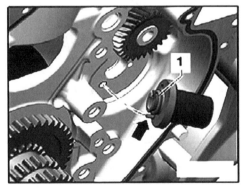

图 4-153

（四）检测配气相位

1. 所需要的专用工具和维修设备

（1）火花塞扳手 3122B，如图 4-154 所示。

（2）千分表组件，4 部分 VAS 6341，如图 4-155所示。

（3）千分表适配器 T10170 A，如图 4-156 所示。

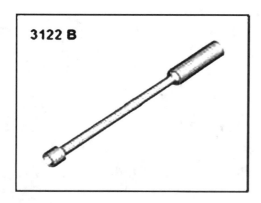

图 4-154

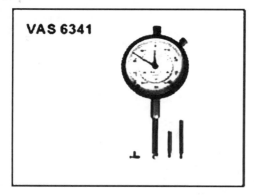

图 4-155

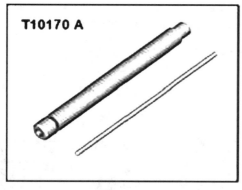

图 4-156

（4）棘轮环形扳手 SW21 T40263，如图 4-157 所示。

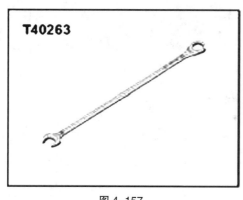

图 4-157

（5）适配接头 T40314，如图 4-158 所示。

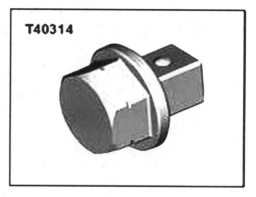

图 4-158

2. 工作步骤

（1）拆卸正时链上部盖板。拆卸前部隔音垫。如已安装，拧出螺栓（如图 4-159 中箭头），为此松开前围支架上的保险杠罩锁止件。将冷却液管推至一侧。

图 4-159

（2）用棘轮环形扳手 SW21 T40263、适配接头 T40314 和套筒扳手 SW 24 在减震器沿上发动机运转方向转动曲轴，直到标记（如图 4-160 中箭头）几乎位于上部。

图 4-160

（3）用火花塞扳手 3122B 拆下气缸的火花塞（如图 4-161 所示）。

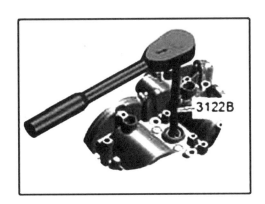

图 4-161

（4）将千分表适配器 T10170/A 拧入火花塞螺纹内，直至极限位置。将千分表组件，4 件式 VAS 6341 中的千分表和加长件 T10170A/1 插入到极限位置，用锁紧螺母（如图 4-162 中箭头）固定住。缓慢地沿发动机运转方向旋转曲轴，直至指针达到极限。在指针达到极限部位（指针回返点）时，活塞位于上止点。提示：如果曲轴转到上止点上，则必须将曲轴沿发动机运转方向再次转动 2 圈。请勿逆发动机运转方向转动发动机。在安放到减震器上时，比下面显示的顶紧装置 T10355 更好的是使用由棘轮环形扳手 SW21 T40263、适配接头 T40314 和套筒扳手 SW24 构成的组合。

（5）气缸盖罩上带标记。凸轮轴链轮的标记（如图 4-162 中 1）必须对准气缸盖上的标记（如图 4-162 中 2、3）。

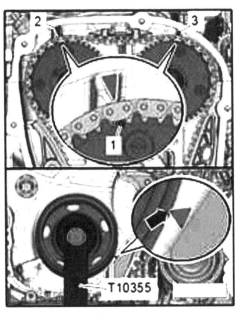

图 4-162

（6）气缸盖罩上不带标记。减震器上的缺口和正

时链下方盖板上的标记必须相互对着（如图 4-163 中箭头所示）。凸轮轴链轮的标记（如图 4-163 中 1）必须指向上。

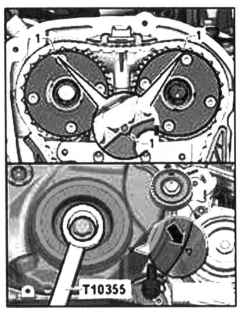

图 4-163

（7）测量从棱边（如图 4-164 中 1）到排气凸轮轴链轮上的标记（如图 4-164 中 2）的距离。标准值：74~77mm。

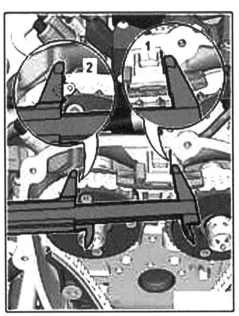

图 4-164

（8）如果已达到标准值，那么测量排气凸轮轴链轮上的标记（如图 4-165 中 3）和进气凸轮轴链轮上的标记（如图 4-165 中 4）之间的距离。标准值：124~127mm。提示：一个齿的偏差意味着和标准值偏

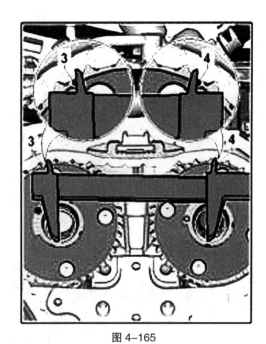

图 4-165

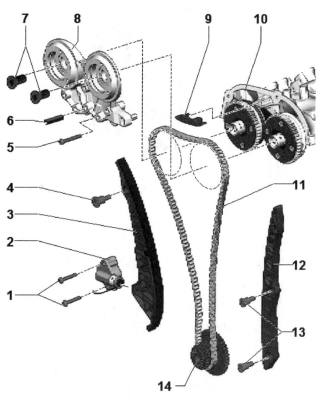

差约 6mm。如果确认有偏差，那么必须重新铺放正时链。

四、车型

一汽奥迪 A4L 45TFSI quattro（2.0T DKWA），2020—2022 年。

一汽奥迪 A6L 40TFSI（2.0T DKWA），2020—2022 年。

一汽奥迪 A6L 45TFSI（2.0T DKWA），2019—2022 年。

一汽奥迪 Q5L 45T（2.0T DKWA），2022 年。

一汽奥迪 Q5L 45TFSI（2.0T DKWA），2020—2021 年。

（一）凸轮轴正时链装配一览（如图 4-166 所示）

1. 检查控制阀

活塞（如图 4-167 中 1）必须可以克服弹簧力压入约 3mm。在此过程中它不允许被卡住。

2. 轴承支架安装指南

如果要安装带张紧套（如图 4-168 中 4）的新轴承支架（如图 4-168 中 3），则安装轴承支架前必须检查气缸盖（如图 4-168 中 4）中的孔（如图 4-168 中箭头）。如果孔（如图 4-168 中箭头）未规定用于张紧套（如图 4-168 中 4），则必须将张紧套从轴承支架中取出。然后对于该孔也使用一个更短的螺栓（如图 4-168 中 2）。

3. 轴承支架拧紧力矩和拧紧顺序（如图 4-169 所示）

按所示顺序分步拧紧螺栓：

1.螺栓。拆卸后更换。用于铝螺栓，拧紧力矩4N·m + 90°。用于钢螺栓，拧紧力矩9N·m 2.链条张紧器。处于弹簧张紧状态。拆卸前用插入定位工具T40267固定住 3.正时销长紧轨 4.导向销，拧紧力矩20N·m 5.螺栓。拆卸后更换铝螺栓。拧紧力矩和拧紧顺序 6.夹套。根据结构情况，不是在每个轴承桥上都安装 7.控制阀。左旋螺纹。视制造状态而定，有不同的型号。使用装配工具T10352A中的某个工具拆卸。拧紧力矩35N·m 8.轴承支架 9.凸轮轴正时链的滑轨 10.凸轮轴外壳 11.凸轮轴正时链。拆卸前，用颜色标记转动方向。在链条传动装置上操作后必须进行匹配 12.凸轮轴正时链的滑轨 13.导向销。拧紧力矩20N·m 14.三级链轮

图 4-166

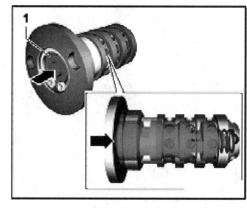

图 4-167

（1）对于钢螺栓。

①把螺栓 1~6 用手拧入至紧贴。

②螺栓 1~6 拧紧，力矩 9N·m。

（2）对于铝螺栓。

拆卸后更换那些拧紧时需要继续旋转一个角度的

180

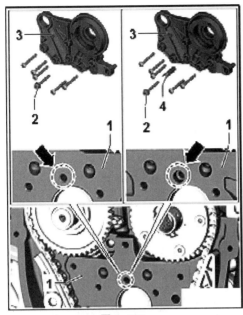

图 4-168

图 4-169

螺栓。

①把螺栓 1~6 用手拧入至紧贴。

②拧紧力矩 4N·m。

③继续旋转 180°。

4.三级链轮安装位置

两面（如图 4-170 中箭头）必须相对。

图 4-170

（二）拆卸和安装凸轮轴正时链

1.所需要的专用工具和维修设备

（1）装配工具 T10352A、装配工具 T10352/3 和装配工具 T10352/4，如图 4-171 所示。

图 4-171

（2）定位销 T40011，如图 4-172 所示。

图 4-172

（3）杠杆 T40243，如图 4-173 所示。

图 4-173

（4）棘轮环形扳手 SW21 T40263，如图 4-174 所示。

图 4-174

（5）适配接头 T40266，如图 4-175 所示。

图 4-175

（6）插入定位工具 T40267，如图 4-176 所示。

图 4-176

（7）凸轮轴固定装置 T40271，如图 4-177 所示。

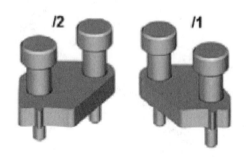

图 4-177

（8）适配接头 T40314，如图 4-178 所示。

图 4-178

2. 拆卸

（1）拆卸正时链上部盖板。提示：控制阀有左旋螺纹。

（2）用装配工具（如图 4-179 中 1）沿箭头方向拆卸左侧和右侧控制阀。视控制阀的制造状态而定，使用某个列出的工具：

①装配工具 T10352。

②装配工具 T10352/1。

③装配工具 T10352/2。

④装配工具 T10352/3。

⑤装配工具 T10352/4。

图 4-179

（3）拧出螺栓（如图 4-180 中箭头）。小心地拔出轴承支架，此时不得歪斜。取下轴承支架。

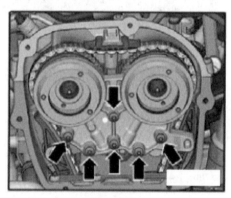

图 4-180

（4）将减震器转到"上止点"位置。提示：控制机构跳动过大时有损坏发动机的危险。仅朝发动机运转方向转动发动机。提示：视制造状态而定，标记（如图 4-181 中 2）可能没有。标记（如图 4-181 中 1）朝上时就足够了。减震器上的缺口和正时链下方盖板上的标记必须相互对着（如图 4-181 中箭头）。凸轮轴链轮的标记（如图 4-181 中 1）必须指向上。提示：在安放到减震器上时，比顶紧装置 T10355 更好的是使用由棘轮环形扳手 SW21 T40263、适配接头 T40314

182

和套筒扳手 SW 24 构成的组合。拆卸正时链下部盖板。再次检查"上止点"位置。

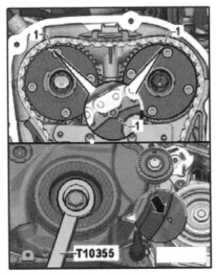

图 4-181

（5）沿箭头方向按压机油泵的链条张紧器张紧卡箍并用定位销 T40011 卡住。拧出螺栓（如图 4-182 中 1），取下链条张紧器（如图 4-182 中 2）。

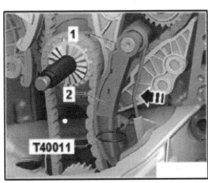

图 4-182

（6）拧出螺栓（如图 4-183 中箭头）。

图 4-183

（7）拧入操纵杆 T40243（如图 4-184 中箭头）。将链条张紧器的卡环（如图 4-184 中 1）压到一起并

固定。将操纵杆 T40243 向箭头方向缓慢地按压并固定住。

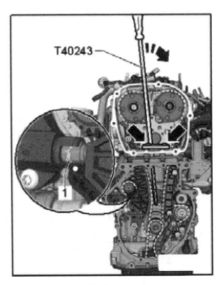

图 4-184

（8）用插入定位工具 T40267 固定链条张紧器，如图 4-185 所示。拆卸杠杆 T40243。

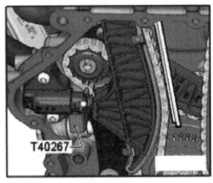

图 4-185

（9）将凸轮轴固定装置 T40271/2 拧到气缸盖上并沿箭头方向（如图 4-186 中 2）推入链轮的啮合齿中，必要时用适配器 T40266 沿箭头方向（如图 4-186 中 1）转动进气凸轮轴。

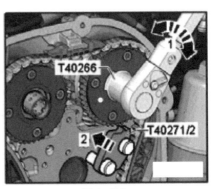

图 4-186

（10）将凸轮轴固定装置 T40271/1 安装到气缸盖上。接下来的工作步骤需要有另一位机械师协助。将排气凸轮轴用适配接头 T40266 沿箭头方向（如图4-187 中 A）固定住。拧出螺栓（如图4-187 中 1），将张紧轨（如图4-187 中 2）向下推。将排气凸轮轴沿顺时针箭头方向（如图4-187 中 A）继续旋转，直到凸轮轴固定装置 T40271/1 能够推入链轮啮合齿（如图4-187 中 C）中，如图4-187 中箭头方向 B。

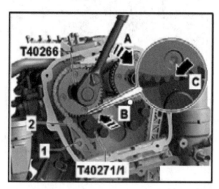

图 4-187

（11）拆卸滑轨（如图4-188 中 1），为此用螺丝刀打开卡子（如图4-188 中箭头），然后将滑轨向前推开。

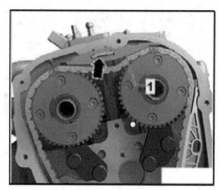

图 4-188

（12）拧出螺栓（如图4-189 中箭头），拆下链条张紧器（如图4-189 中 1）。

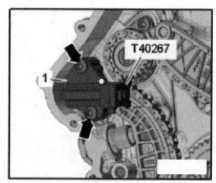

图 4-189

（13）拧出螺栓（如图4-190 中 1），拆下滑轨（如图4-190 中 2）。

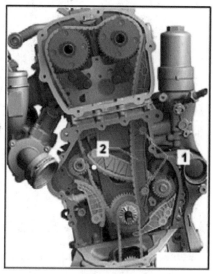

图 4-190

（14）将凸轮轴正时链从凸轮轴齿轮上取下并挂到凸轮轴的销轴上（如图4-191 中箭头）。

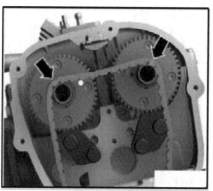

图 4-191

（15）拆卸平衡轴正时链的链条张紧器（如图4-192 中 1）。

图 4-192

（16）拧出螺栓（如图4-193 中 1）。拆卸张紧轨（如

图 4-193 中 2）、滑轨（如图 4-193 中 3 和 4）。

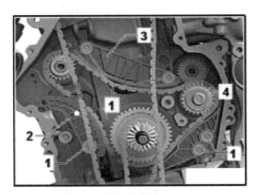

图 4-193

（17）松开张紧螺栓（如图 4-194 中 A），拧出张紧销（如图 4-194 中 B 所示）。取出三级链轮，同时卸下机油泵驱动装置的正时链。取下凸轮轴正时链和平衡轴驱动链。

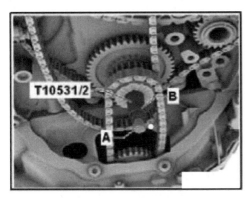

图 4-194

3. 安装

（1）检查曲轴的上止点，曲轴的平端（如图 4-195 中箭头）必须水平。用防水销钉将标记标注到气缸体（如图 4-195 中 1）上。

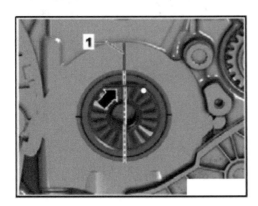

图 4-195

（2）用防水记号笔在三级链轮的齿（如图 4-196 中 1）上做标记（如图 4-196 中 2）。

图 4-196

（3）将中间齿轮和平衡轴转至标记（如图 4-197 中箭头螺栓 1），不得松开。

图 4-197

（4）链条的彩色链节必须定位在链轮的标记上。无须理会可能存在的附加彩色链节的位置。放上平衡轴驱动链，将彩色链节（如图 4-198 中箭头）定位到链轮的标记上。

图 4-198

（5）安装滑轨（如图 4-199 中 1）并拧紧螺栓（如图 4-199 中箭头）。

（6）将带彩色链节的凸轮轴正时链（如图 4-200 中箭头）挂到凸轮轴销轴上。

（7）将机油泵驱动装置的正时链放到三级链轮上。沿箭头方向将三级链轮向发动机侧翻转并在曲轴上固

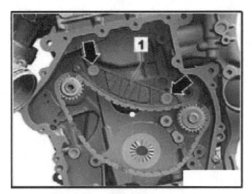

图 4-199

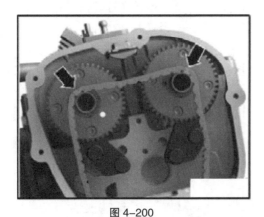

图 4-200

定。标记（如图4-201中箭头）必须相对。

图 4-201

（8）将张紧销T10531/2拧入曲轴并用手拧紧。装上旋转工具T10531/3。将带肩螺母T10531/4手动拧紧。用开口度32的开口扳手略微来回移动旋转工具，同时再拧紧带肩螺母，直到链轮牢固地装到曲轴啮合齿上。现在才能拧紧张紧螺栓（如图4-202中A）。

图 4-202

（9）将平衡轴驱动链的彩色链节（如图4-203中箭头）定位在三级链轮的标记上。安装张紧轨（如图4-203中1）和滑轨（如图4-203中2）。拧紧螺栓（如图4-203中3）。

图 4-203

（10）安装链条张紧器（如图4-204中1）。

图 4-204

（11）再次检查调整情况，彩色链节（如图4-205中箭头）必须对准链轮上的标记。

（12）将凸轮轴正时链放到进气凸轮轴上，排气

图 4-205

凸轮轴放到曲轴上。将彩色链节（如图 4-206 中箭头）定位到链轮的标记上。

图 4-206

（13）安装滑轨（如图 4-207 中 2）并拧紧螺栓（如图 4-207 中 1）。

图 4-207

（14）安装上部滑轨（如图 4-208 中 1）。

图 4-208

（15）接下来的工作步骤需要有另一位机械师协助。将排气凸轮轴用适配器 T40266 沿箭头方向（如图 4-209 中 A）略微转动，并将凸轮轴固定装置 T40271/1 从链轮的啮合齿中推出箭头方向（如图 4-209 中 B）。将凸轮轴沿箭头方向（如图 4-209 中 C）松开，直到正时链紧贴到滑轨（如图 4-209 中 1）上。将凸轮轴固定在这个位置，拧上张紧轨（如图 4-209 中 2）并拧紧螺栓（如图 4-209 中 3）。

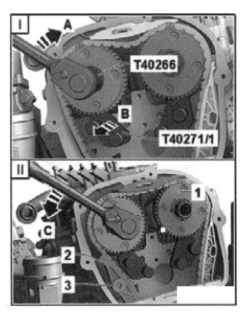

图 4-209

（16）安装链条张紧器（如图 4-210 中 1）并拧紧螺栓（如图 4-210 中箭头所示）。

（17）用适配器 T40266 沿箭头方向（如图 4-211 中 1）转动进气凸轮轴，沿箭头方向（如图 4-211 中 2）从链轮的啮合齿中推出凸轮轴固定装置 T40271/2 并松开凸轮轴。拆卸凸轮轴固定装置 T40271/2。

（18）检查调整情况，彩色链节（如图 4-212 中

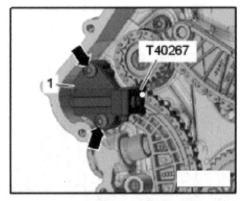

图 4-210

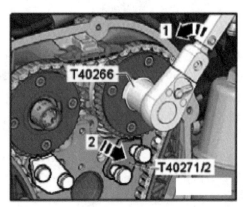

图 4-211

图 4-212

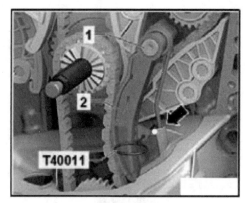

图 4-213

图 4-214

（21）用发动机机油浸润孔（如图 4-215 中箭头）。检查夹紧套（如图 4-215 中 1）是否已插入。

图 4-215

（22）小心地套上轴承支架，此时不得歪斜。套上轴承支架，将螺栓（如图 4-216 中箭头）手动拧入至贴紧。

（23）拆除插入定位工具 T40267，如图 4-217 所示。拧紧用于轴承支架的螺栓。安装控制阀。为了确保气门在启动时正常入位，将发动机小心地旋转至少 2 圈。

提示：因为传动比的原因，有色的链节在发动机

箭头）必须对准链轮的标记。

（19）安装链条张紧器（如图 4-213 中 2）并拧紧螺栓（如图 4-213 中 1），去除定位销 T40011 钢丝夹，必须在开口中（如图 4-213 中箭头）紧贴油底壳上部件。

（20）拧入并拧紧螺栓（如图 4-214 中箭头所示）。

图 4-216

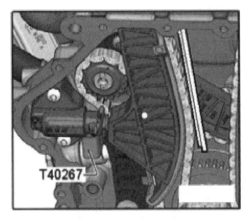

图 4-217

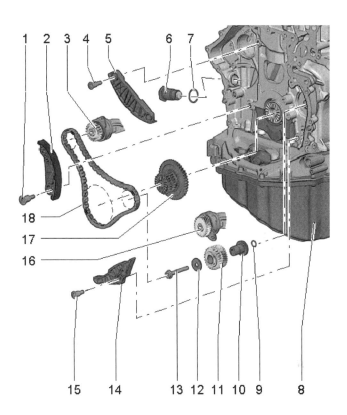

1.导向销，拧紧力矩20N·m 2.张紧轨 3.平衡轴。排气侧。用发动机机油涂抹支座。仅成对更换 4.导向销，拧紧力矩20N·m 5.滑轨 6.链条张紧器。拆卸后更换。拧紧力矩85N·m 7.密封环。不单独提供，包含在供货范围 8.气缸体 9.O形环。用发动机机油涂抹 10.轴承螺栓。用发动机机油涂抹 11.中间齿轮 12.止推垫片 13.螺栓。拆卸后更换。如果螺栓松开过，则必须更换中间齿轮、拧紧力矩和拧紧顺序 14.滑轨。用于平衡轴正时链 15.导向销，拧紧力矩20N·m 16.平衡轴。进气侧。用发动机机油涂抹支座。仅成对更换 17.三级链轮 18.平衡轴驱动链。在链条传动装置上操作后必须进行匹配

图 4-218

转动之后不再对齐。后续安装以倒序进行，安装过程中请注意以下事项：取下该旋转工具并安装正时链的下部盖板；安装正时链上部盖板。

（24）在链条传动装置上操作后必须进行匹配。

（三）平衡轴驱动链装配一览（如图4-218所示）

1. 轴承螺栓安装位置

（1）更换O形环（如图4-219中1）并上油。

（2）轴承螺栓的配合销（如图4-219中箭头）必须卡入气缸体孔中。

（3）用机油润滑轴承销。

2. 中间齿轮拧紧力矩和拧紧顺序

提示：错误的齿隙有损坏发动机的危险。一定要更换中间齿轮，否则齿隙间隙便会出错。拆卸后更换那些拧紧时需要继续旋转一个角度的螺栓。分步拧紧螺栓：

（1）拧紧力矩 10N·m。

（2）旋转中间齿轮。中间齿轮不允许有间隙存在，否则松开并再次拧紧。

（3）拧紧力矩 25N·m。

（4）继续拧紧 90°。

图 4-219

（四）检查正时链

1. 所需要的专用工具和维修设备

（1）棘轮环形扳手 SW21 T40263，如图 4-220 所示。

（2）适配接头 T40314，如图 4-221 所示。

T40263

图 4-220

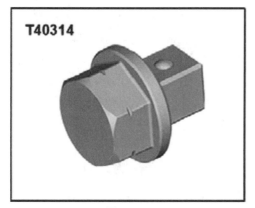

图 4-221

2. 工作步骤

（1）拆卸隔音垫（前部）。

如已安装，拧出螺栓（如图 4-222 中箭头），为此松开前围支架上的保险杠罩锁止件。将冷却液管推至一侧。

图 4-222

（2）取下密封塞（如图 4-223 中箭头）。必须更换密封塞。

（3）提示：控制机构跳动过大时有损坏发动机的危险。仅朝发动机运转方向转动发动机。用棘轮环形扳手 SW21 T40263、适配器 T40314 和套筒扳手 SW

图 4-223

24 将曲轴仅沿发动机转动方向转动（如图 4-224 中箭头）。

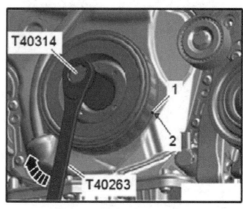

图 4-224

（4）沿发动机转动方向转动减震器，直至链条张紧器活塞沿箭头方向最大限度伸出，如图 4-225 所示。数出可见的活塞齿数。提示：可见齿数是指位于张紧器壳体右侧的所有的齿。

图 4-225

（5）如可见齿数为 6 或低于 6 则不可更换正时链。如果看见 6 个或少于这个数量的齿并且故障储存器中有记录：调整链条长度。如可见齿数为 7 或更多，更换凸轮轴正时链。

五、车型

一汽奥迪 Q3 45TFSI Quattro（2.0T DKXA），2019—2022 年。

一汽奥迪 Q3 Sportback 45TFSI Quattro（2.0T DKXA），2020—2022 年。

（一）凸轮轴正时链（带两个凸轮轴调节器的发动机）装配一览（如图 4-226 所示）

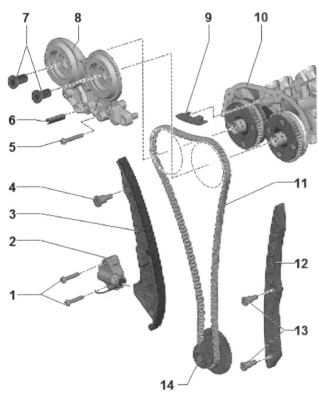

1.螺栓。拆卸后更换。用于铝螺栓，拧紧力矩 4N·m+90°。用于钢螺栓，拧紧力矩 9N·m 2.链条张紧器。处于弹簧张紧状态。拆卸前用插入定位工具 T40267 固定住 3.正时销长导轨 4.导向销，拧紧力矩 20N·m 5.螺栓。拆卸后更换铝螺栓。拧紧力矩和拧紧顺序 6.夹紧套。根据结构情况，不是在每个轴承桥上都安装 7.控制阀。左旋螺纹。视制造状态而定，有不同的型号。使用装配工具 T10352A 中的某个工具拆卸。拧紧力矩 35N·m 8.轴承支架 9.凸轮轴正时链的滑轨 10.凸轮轴外壳 11.凸轮轴正时链。拆卸前，用颜色标记转动方向 12.凸轮轴正时链的滑轨 13.导向销，拧紧力矩 20N·m 14.三级链轮

图 4-226

在拆卸或更换链条传动部件后，必须重新匹配链条延伸学习值。带两个凸轮轴调节器的发动机。

1.检查控制阀

活塞（如图 4-227 中 1）必须可以克服弹簧力压

入约 3mm。在此过程中它不允许被卡住。

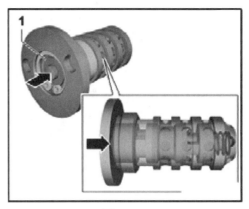

图 4-227

2.轴承支架安装指南

如果要安装带张紧套（如图 4-228 中 4 所示）的新轴承支架（如图 4-228 中 3 所示），则安装轴承支架前必须检查气缸盖（如图 4-228 中 1 所示）中的孔（如图 4-228 中箭头）。如果孔箭头未规定用于张紧套（如图 4-228 中 4 所示），则必须将张紧套从轴承支架中取出。然后对于该孔也使用一个更短的螺栓（如图 4-228 中 2 所示）。

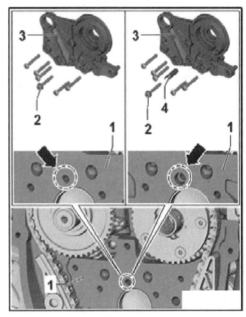

图 4-228

3.轴承支架拧紧力矩和拧紧顺序

按如图 4-229 所示顺序分步拧紧螺栓：

（1）对于钢螺栓。

①把螺栓 1~6 用手拧入至紧贴。

②拧紧力矩 9N·m。

（2）对于铝螺栓。

图 4-229

拆卸后更换那些拧紧时需要继续旋转一个角度的螺栓。

①把螺栓 1~6 用手拧入至紧贴。

②拧紧力矩 4N·m。

③继续旋转 180°。

4.三级链轮安装位置

两面（如图 4-230 中箭头）必须相对。

图 4-230

（二）拆卸和安装凸轮轴正时链（带两个凸轮轴调节器的发动机）

1.所需要的专用工具和维修设备

（1）装配工具 T10352A、装配工具 T10352/3 和装配工具 T10352/4，如图 4-231 所示。

图 4-231

（2）定位销 T40011，如图 4-232 所示。

图 4-232

（3）杠杆 T40243，如图 4-233 所示。

图 4-233

（4）棘轮环形扳手 SW21 T40263，如图 4-234 所示。

图 4-234

（5）适配接头 T40266，如图 4-235 所示。

图 4-235

（6）插入定位工具 T40267，如图 4-236 所示。

图 4-236

（7）固定装置 T40271，如图 4-237 所示。

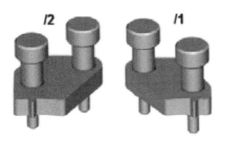

图 4-237

（8）适配接头 T40314，如图 4-238 所示。

图 4-238

2. 拆卸

（1）视车型而定可能需要进行准备工作。

①拆卸隔音垫。

②拆卸和安装正时链上部盖板，带两个凸轮轴调节器的发动机。

（2）注意旋转方向：控制阀有左旋螺纹且螺纹有损坏的危险。沿箭头方向拆卸左侧和右侧控制阀，如图 4-239 所示。根据控制阀的制造状态，使用列出的某个工具。

①装配工具 T10352。

②装配工具 T10352/1A。

③装配工具 T10352/2。

④装配工具 T10352/3。

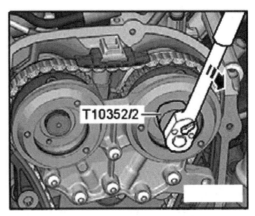

图 4-239

⑤装配工具 T10352/4。

（3）为此使用棘轮环形扳手 SW21 T40263、适配器 T40314 和套筒扳手 SW 24 在减震器上顶住曲轴，如图 4-240 所示。

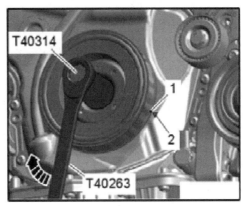

图 4-240

（4）拧出螺栓（如图 4-241 中箭头）。小心地拔出轴承支架，此时不得歪斜。取下轴承支架。

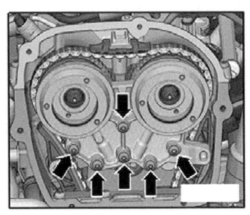

图 4-241

（5）将减震器转到"上止点"位置，如图 4-243 所示。提示：控制机构跳动过大时有损坏发动机的危

193

险。仅朝发动机运转方向转动发动机。

提示：视制造状态而定，标记（如图4-242中2）可能没有。标记（如图4-242中1）朝上时就足够了。减震器上的缺口和正时链下方盖板上的标记必须相互对着箭头（如图4-243所示）。凸轮轴标记（如图4-242中1）必须指向上。

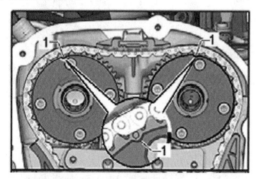

图 4-242

图 4-243

提示：在安放到减震器上时，比顶紧装置T10355更好的是使用由棘轮环形扳手SW21 T40263、适配接头T40314和套筒扳手SW 24构成的组合。

（6）拆卸正时链下部盖板。再次检查"上止点"位置。沿箭头方向按压机油泵链条张紧器的张紧架，然后用定位销T40011卡住。拧出螺栓（如图4-244中1），取下链条张紧器（如图4-244中2）。

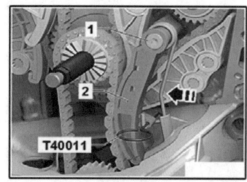

图 4-244

（7）拧出螺栓（如图4-245中箭头）。

（8）将操纵杆T40243拧到气缸盖上（如图4-246中下部箭头）。将链条张紧器的卡环（如图4-246中

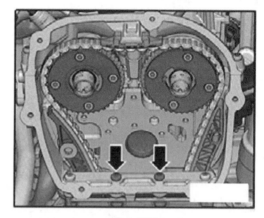

图 4-245

1）压到一起并固定。将操纵杆T40243向箭头方向缓慢地按压并固定住。这样可以把链条张紧器往回推。

提示：链条张紧器以油减震，因此必须缓慢地均匀用力往回推。

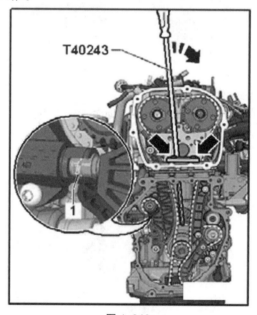

图 4-246

（9）用插入定位工具T40267锁定链条张紧器，如图4-247所示。拆卸杠杆T40243。

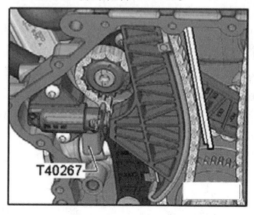

图 4-247

（10）将固定装置 T40271/2 拧到气缸盖上并沿箭头方向（如图 4-248 中 2）推入链轮的啮合齿中，必要时用适配接头 T40266 沿箭头方向（如图 4-248 中 1）转动进气凸轮轴。

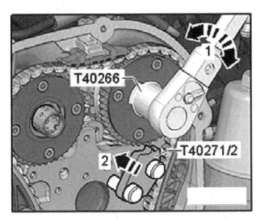

图 4-248

（11）将固定装置 T40271/1 拧到气缸盖上。接下来的工作步骤需要有另一位机械师协助。将排气凸轮轴用适配接头 T40266 沿箭头方向（如图 4-249 中 A）固定住。拧出螺栓（如图 4-249 中 1），将张紧轨（如图 4-249 中 2）向下推。将排气凸轮轴顺时针方向（箭头方向 A）继续旋转，直至固定装置 T40271/1 能够推入链轮的啮合齿 C（箭头方向 B）中。

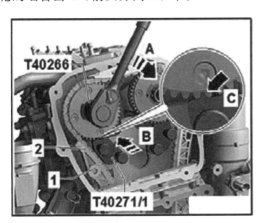

图 4-249

（12）拆卸滑轨（如图 4-250 中 1），为此用螺丝刀打开卡子（如图 4-250 中箭头），然后将滑轨向前推开。

（13）拧出螺栓（如图 4-251 中箭头），拆下链条张紧器（如图 4-251 中 1）。

（14）拧出螺栓（如图 4-252 中 1），拆下滑轨（如图 4-252 中 2）。

（15）将凸轮轴正时链从凸轮轴齿轮上取下并挂到凸轮轴的销轴上（如图 4-253 中箭头）。

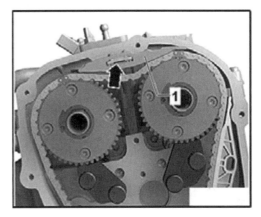

图 4-250

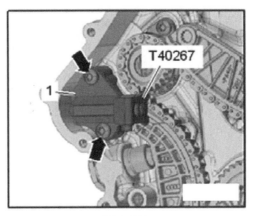

图 4-251

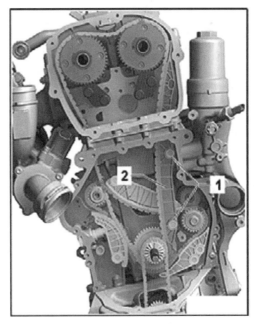

图 4-252

（16）拆卸平衡轴正时链的链条张紧器（如图 4-254 中 1）。

（17）拧出螺栓（如图 4-255 中 1）。拆卸张紧轨（如图 4-255 中 2）以及滑轨（如图 4-255 中 3 和 4）。

（18）松开张紧螺栓（如图 4-256 中 A），拧出张

图 4-253

图 4-254

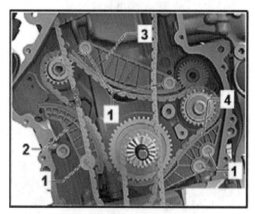

图 4-255

图 4-256

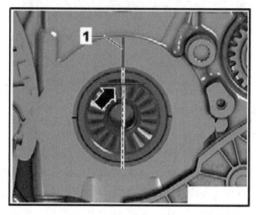

图 4-257

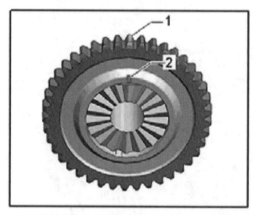

图 4-258

紧销（如图 4-256 中 B）。取出三级链轮，同时卸下机油泵驱动装置的正时链。取下凸轮轴正时链和平衡轴驱动链。提示：气门和活塞有损坏的危险。绝对不能在凸轮轴正时链拆下的情况下转动曲轴。

3.安装

（1）检查曲轴的上止点，曲轴的平端（如图 4-257 中箭头）必须水平。用防水销钉将标记标注到气缸体（如图 4-257 中 1）上。

（2）用防水记号笔在三级链轮的齿（如图 4-258 中 1）上做标记（如图 4-258 中 2）。

（3）将中间齿轮和平衡轴转至标记箭头螺栓（如图 4-259 中 1），不得松开。

（4）链条的彩色链节必须定位在链轮的标记上。无须理会可能存在的附加彩色链节的位置。放上平衡轴驱动链，将彩色链节（如图 4-260 中箭头）定位到链轮的标记上。

（5）安装滑轨（如图 4-261 中 1）并拧紧螺栓（如图 4-261 中箭头）。

（6）将带彩色链节的凸轮轴正时链（如图 4-262 中箭头）挂到凸轮轴销轴上。

图 4-259

图 4-260

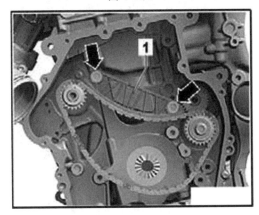

图 4-261

图 4-262

（7）将机油泵驱动装置的正时链放到三级链轮上。沿箭头方向将三级链轮向发动机侧翻转并在曲轴上固定。标记（如图4-263中箭头）必须相对。

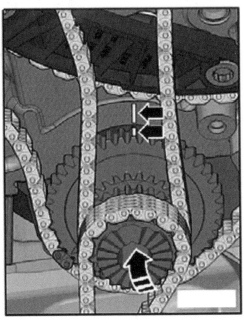

图 4-263

（8）将张紧销T10531/2拧入曲轴并用手拧紧。装上旋转工具T10531/3。将带肩螺母T10531/4手动拧紧。用开口度32的开口扳手略微来回移动旋转工具，同时再拧紧带肩螺母，直到链轮牢固地装到曲轴啮合齿上。现在才能拧紧张紧螺栓（如图4-264中A）。

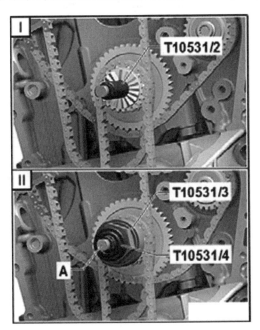

图 4-264

（9）将平衡轴驱动链的彩色链节（如图4-265中箭头）定位在三级链轮的标记上。安装张紧轨（如图

4-265中1）和滑轨（如图4-265中2）。拧紧螺栓（如图4-265中3）。

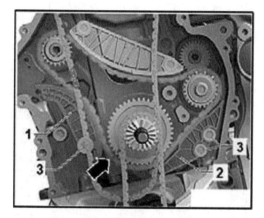

图4-265

（10）安装链条张紧器（如图4-266中1）。

图4-266

（11）再次检查调整情况，彩色链节（如图4-267中箭头）必须对准链轮上的标记。

图4-267

（12）将凸轮轴正时链放到进气凸轮轴上，排气凸轮轴放到曲轴上。将彩色链节（如图4-268中箭头）定位到链轮的标记上。

图4-268

（13）安装滑轨（如图4-269中2）并拧紧螺栓（如图4-269中1）。

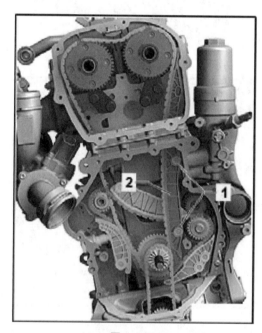

图4-269

（14）安装上部滑轨（如图4-270中1）。

（15）接下来的工作步骤需要有另一位机械师协助。将排气凸轮轴用适配器T40266沿箭头方向（如图4-271中A）略微转动，并将固定装置T40271/1（如图4-271中A）从链轮的啮合齿中（如图4-271箭头方向B）推出。将凸轮轴沿箭头方向（如图4-271中C）松开，直到正时链紧贴到滑轨（如图4-271中1）上。将凸轮轴固定在这个位置，拧上张紧轨（如图4-271

图 4-270

中 2）并拧紧螺栓（如图 4-271 中 3）。

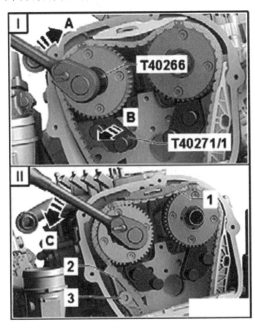

图 4-271

（16）安装链条张紧器（如图 4-272 中 1）并拧紧螺栓（如图 4-272 中箭头）。

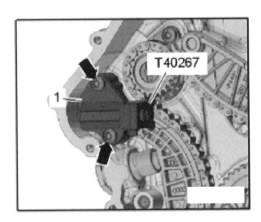

图 4-272

（17）用适配接头 T40266 沿箭头方向（如图 4-273

中 1）转动进气凸轮轴，将固定装置 T40271/2 从链轮的啮合齿中推出（如图 4-273 中箭头方向 2）并松开凸轮轴。拆卸凸轮轴固定装置 T40271/2。

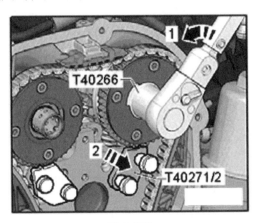

图 4-273

（18）检查调整情况，彩色链节（如图 4-274 中箭头）必须对准链轮的标记。

图 4-274

（19）安装链条张紧器（如图 4-275 中 2）并拧紧螺栓（如图 4-275 中 1）。取下定位销 T40011，机油泵链条张紧器的夹紧卡箍必须进入油底壳上部件上的开口中（如图 4-275 中箭头）至紧贴。

（20）拧入并拧紧螺栓（如图 4-276 中箭头）。

（21）用发动机机油浸润孔（如图 4-277 中箭头）。检查夹紧套（如图 4-277 中 1）是否已插入。

（22）小心地插上轴承支架，此时不得歪斜，有损坏危险。套上轴承支架并用手拧紧螺栓（如图 4-278 中箭头）。

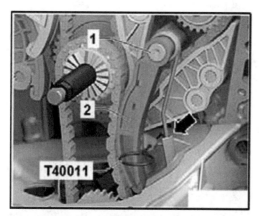

图 4-275

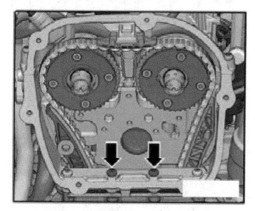

图 4-276

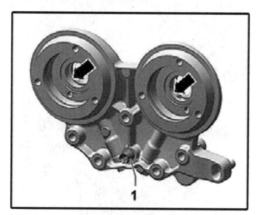

图 4-277

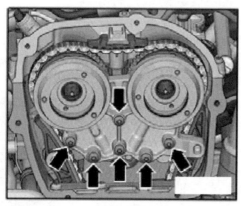

图 4-278

（23）拆除插入定位工具 T40267，如图 4-279 所示。为了确保气门在启动时正常入位，将发动机小心地旋转至少 2 圈。提示：因为传动比的原因，有色的链节在发动机转动之后不再对齐。

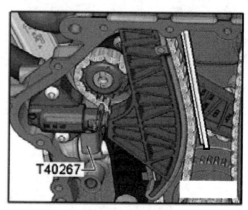

图 4-279

（24）后续安装以倒序进行，安装过程中请注意以下事项：

①取下该旋转工具并安装正时链的下部盖板。

②安装正时链上部盖板。

（25）拆卸或更换链条传动部件后，必须重新匹配链条延伸学习值。

（三）拆卸和安装凸轮轴正时链（带一个凸轮轴调节器的发动机）

1. 所需要的专用工具和维修设备

（1）装配工具 T10352A、装配工具 T10352/3 和装配工具 T10352/4，如图 4-280 所示。

图 4-280

（2）定位销 T40011，如图 4-281 所示。

（3）杠杆 T40243，如图 4-282 所示。

（4）棘轮环形扳手 SW21 T40263，如图 4-283 所示。

（5）适配接头 T40266，如图 4-284 所示。

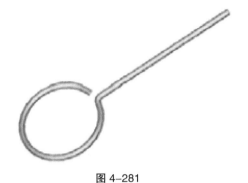

图 4-281

图 4-282

图 4-283

图 4-284

（6）插入定位工具 T40267，如图 4-285 所示。

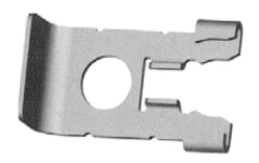

图 4-285

（7）固定装置 T40271，如图 4-286 所示。

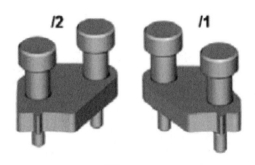

图 4-286

（8）适配接头 T40314，如图 4-287 所示。

图 4-287

2. 拆卸

（1）拆卸隔音垫。拆卸正时链上部盖板。

（2）注意旋转方向：控制阀为左旋螺纹且螺纹有损坏危险。沿箭头方向拆卸控制阀，如图 4-288 所示。根据控制阀的制造状态，使用列出的某个工具。

①装配工具 T10352。

②装配工具 T10352/1A。

③装配工具 T10352/2。

④装配工具 T10352/3。

⑤装配工具 T10352/4。

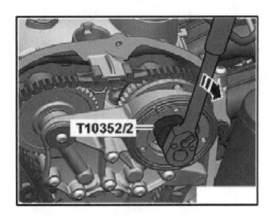

图 4-288

（3）为此使用棘轮环形扳手 SW21 T40263。适配器 T40314 和套筒扳手 SW 24 在减震器上顶住曲轴，如图 4-289 所示。

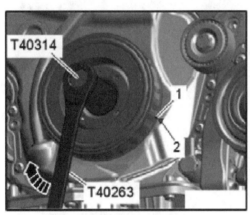

图 4-289

（4）拧出螺栓（如图 4-290 中箭头）。小心地拔出轴承支架，此时不得歪斜。取下轴承支架。

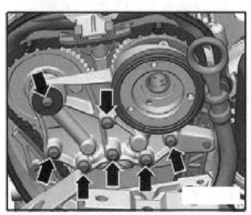

图 4-290

（5）将减震器转到"上止点"位置。提示：控制机构跳动过大时有损坏发动机的危险。仅朝发动机运转方向转动发动机。提示：视制造状态而定，标记（如图 4-291 中 2）可能没有。标记（如图 4-291 中 1）

朝上时就足够了。减震器上的缺口和正时链下方盖板上的标记（如图 4-291 中箭头）必须相互对着。凸轮轴链轮的标记（如图 4-291 中 1）必须对准标记（如图 4-291 中 2、3）。提示：在安放到减震器上时，比顶紧装置 T10355 更好的是使用由棘轮环形扳手 SW21 T40263、适配接头 T40314 和套筒扳手 SW 24 构成的组合。拆卸正时链下部盖板。再次检查"上止点"位置。

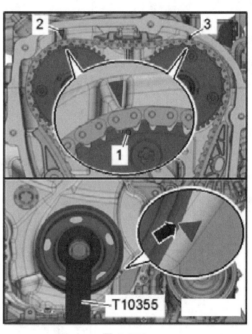

图 4-291

（6）沿箭头方向按压机油泵的链条张紧器张紧卡箍并用定位销 T40011 卡住。拧出螺栓（如图 4-292 中 1），并拆下链条张紧器（如图 4-292 中 2）。

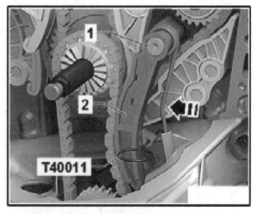

图 4-292

（7）拧出螺栓（如图 4-293 中箭头）。

（8）将操纵杆 T40243 拧到气缸盖上（如图 4-294 中下部箭头）。将链条张紧器的卡环（如图 4-294 中 1）压到一起并固定。将操纵杆 T40243 向箭头方向缓

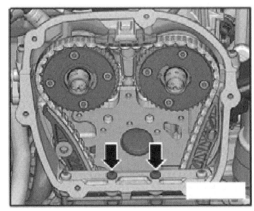

图 4-293

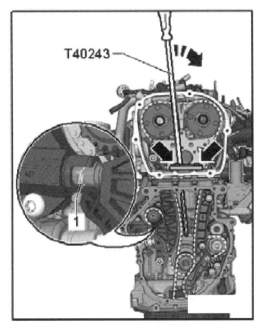

图 4-294

慢地按压并固定住。这样可以把链条张紧器往回推。

提示：链条张紧器以油减震，因此必须缓慢地均匀用力往回推。

（9）用插入定位工具 T40267 固定链条张紧器，如图 4-295 所示。拆卸杠杆 T40243。

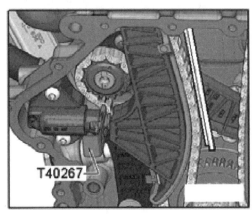

图 4-295

（10）将固定装置 T40271/2 安装到气缸盖上并沿箭头方向（如图 4-296 中 2）推入链轮的啮合齿中。必要时用适配接头 T40266 转动进气凸轮轴（如图 4-296 中 1）。

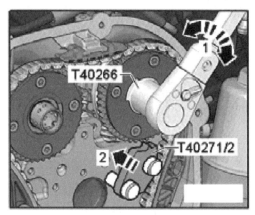

图 4-296

（11）将固定装置 T40271/1 拧到气缸盖上。接下来的工作步骤需要有另一位机械师协助。将排气凸轮轴用顶紧装置 T10172 沿箭头方向（如图 4-297 中 A）固定住。拧出螺栓（如图 4-297 中 1），将张紧轨（如图 4-297 中 2）向下推。将排气凸轮轴沿顺时针箭头方向（如图 4-297 中 A）继续转动，直至固定装置 T40271/1 能够沿箭头方向（如图 4-297 中 B）推入链轮啮合齿（如图 4-297 中 C）中。

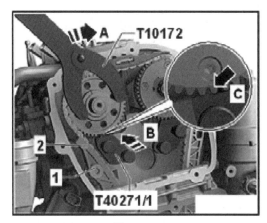

图 4-297

（12）拆卸滑轨（如图 4-298 中 1），为此用螺丝刀打开卡子（如图 4-298 中箭头），然后将滑轨向前推开。

（13）拧出螺栓（如图 4-299 中箭头），拆下链条张紧器（如图 4-299 中 1）。

（14）拧出螺栓（如图 4-300 中 1），拆下滑轨（如图 4-300 中 2）。

（15）将凸轮轴正时链从凸轮轴齿轮上取下并挂

图 4-298

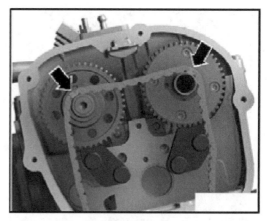

图 4-301

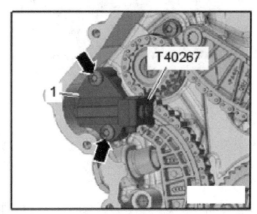

图 4-299

图 4-302

图 4-303 中 2）以及滑轨（如图 4-303 中 3、4）。

图 4-300

图 4-303

（18）松开张紧螺栓（如图 4-304 中 A），拧出张紧销（如图 4-304 中 B）。取出三级链轮，同时卸下机油泵驱动装置的正时链。取下凸轮轴正时链和平衡轴驱动链。

3. 安装

（1）检查曲轴的上止点，曲轴的平端（如图 4-305 中箭头）必须水平。如图 4-305 所示，用防水记号笔在气缸体（如图 4-305 中 1）上做标记。

到凸轮轴的销轴上（如图 4-301 中箭头）。

（16）拆卸平衡轴正时链的链条张紧器（如图 4-302 中 1）。

（17）拧出螺栓（如图 4-303 中 1），拆下张紧轨（如

图 4-304

图 4-307

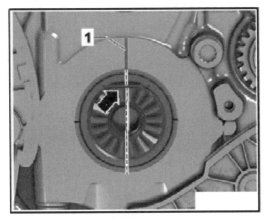

图 4-305

图 4-308

（2）用防水记号笔在三级链轮的齿（如图 4-306 中 1）上做标记（如图 4-306 中 2）。

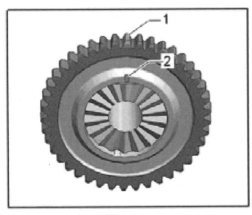

图 4-306

（3）将中间齿轮和平衡轴转至标记箭头螺栓（如图 4-307 中 1），不得松开。

（4）提示：驱动链的彩色链节必须定位在链轮的标记上。无须理会可能存在的附加彩色链节的位置。放上平衡轴驱动链，将彩色链节（如图 4-308 中箭头）必须定位在链轮的标记上。

（5）安装滑轨（如图 4-309 中 1）并拧紧螺栓箭头。

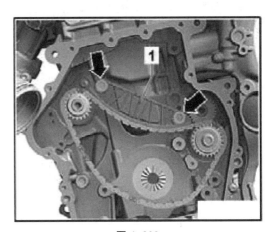

图 4-309

（6）将带标记（如图 4-310 中箭头）的凸轮轴正时链挂到凸轮轴销轴上。

（7）将机油泵驱动装置的正时链放到三级链轮上。沿箭头方向将三级链轮向发动机侧翻转并插到曲轴上。标记（如图 4-311 中箭头）必须相对。

（8）将张紧销 T10531/2 拧入曲轴并用手拧紧。装上旋转工具 T10531/3。将带肩螺母 T10531/4 手动拧紧。用开口度 32 的开口扳手略微来回移动旋转工具，同时再拧紧带肩螺母，直到链轮牢固地装到曲轴啮合

图 4-310

图 4-312

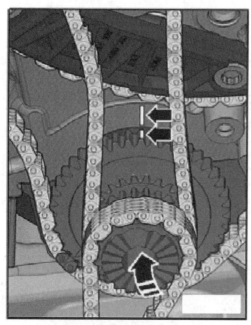

图 4-311

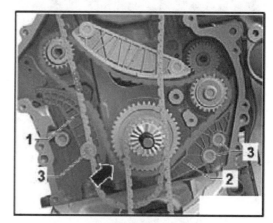

图 4-313

齿上。现在才能拧紧张紧螺栓（如图 4-312 中 A）。

（9）将平衡轴驱动链的彩色链节（如图 4-313 中箭头）定位在三级链轮的标记上。安装张紧轨（如图 4-313 中 1）和滑轨（如图 4-313 中 2）并拧紧螺栓（如图 4-313 中 3）。

（10）安装链条张紧器（如图 4-314 中 1）。

（11）再次检查调整情况，彩色链节（如图 4-315 中箭头）必须对准链轮上的标记。

（12）将凸轮轴正时链放到进气凸轮轴上，排气凸轮轴放到曲轴上。将彩色链节（如图 4-316 中箭头）定位到链轮的标记上。

（13）安装滑轨（如图 4-317 中 2）并拧紧螺栓（如图 4-317 中 1）。

（14）安装上部滑轨（如图 4-318 中箭头）。

（15）接下来的工作步骤需要有另一位机械师协助。用顶紧装置 T10172 向箭头方向（如图 4-319 中 A）

图 4-314

略微转动排气凸轮轴，然后将固定装置 T40271/1（如图 4-319 中 A）从链轮的啮合齿中（如图 4-319 中箭头方向 B）推出。将凸轮轴沿箭头方向（如图 4-319 中 C）

图 4-315

图 4-318

松开，直到正时链紧贴到滑轨（如图 4-319 中 1）上。将凸轮轴固定在这个位置，拧上张紧轨（如图 4-319 中 2）并拧紧螺栓（如图 4-319 中 3）。

图 4-316

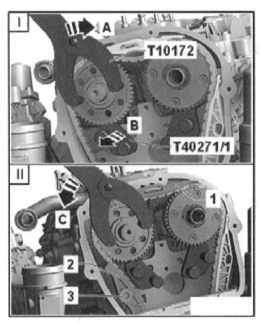

图 4-319

（16）安装链条张紧器（如图 4-320 中 1）并拧

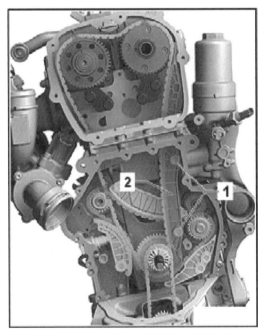

图 4-317

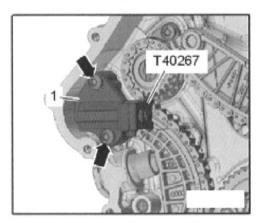

图 4-320

紧螺栓（如图 4-320 中箭头）。

（17）将进气凸轮轴用适配接头 T40266 沿箭头方向（如图 4-321 中 1）旋转。将固定装置 T40271/2 从链轮的啮合齿中推出箭头方向（如图 4-321 中 2）并松开凸轮轴。拆卸固定装置 T40271/1 和 T40271/2。

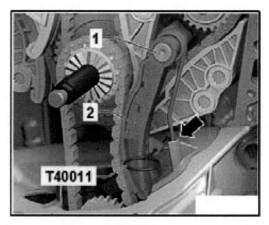

图 4-323

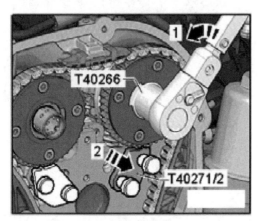

图 4-321

（18）检查调整情况，彩色链节（如图 4-322 中箭头）必须对准链轮的标记。

图 4-324

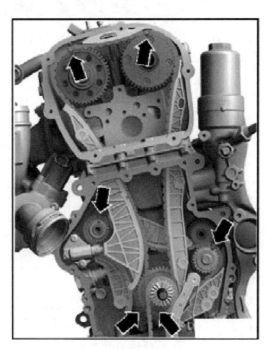

图 4-322

（19）安装链条张紧器（如图 4-323 中 2）并拧紧螺栓（如图 4-323 中 1）。取下定位销 T40011，机油泵链条张紧器的夹紧卡箍必须进入油底壳上部件上的开口中（如图 4-323 中箭头）至紧贴。

（20）拧入并拧紧螺栓（如图 4-324 中箭头）。

（21）用发动机油给开孔（如图 4-325 中箭头）上油。

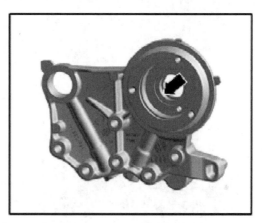

图 4-325

（22）小心地插上轴承支架，此时不得歪斜。套上轴承支架并用手拧紧螺栓（如图 4-326 中箭头）。

（23）拆除插入定位工具 T40267，如图 4-327 所示。拧紧用于轴承支架的螺栓。安装控制阀。为了确保气门在启动时正常入位，将发动机小心地旋转至少 2 圈。提示：因为传动比的原因，有色的链节在发动机转动之后不再对齐。

（24）后续安装以倒序进行，安装过程中请注意以下事项：

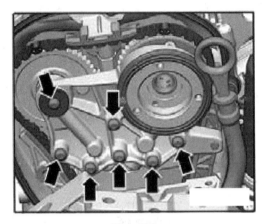

图 4-326

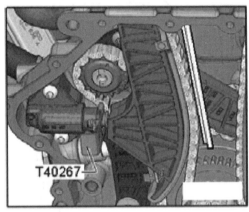

图 4-327

①取下该旋转工具并安装正时链的下部盖板。

②安装正时链上部盖板。

（25）拆卸或更换链条传动部件后，必须重新匹配链条延伸学习值。

（四）检测配气相位

1. 所需要的专用工具和维修设备

（1）火花塞扳手 3122B，如图 4-328 所示。

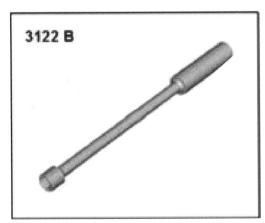

图 4-328

（2）千分表组件，4 部分 VAS 6341，如图 4-329 所示。

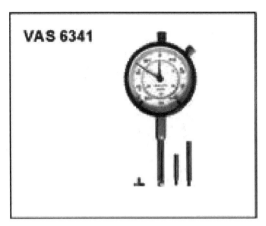

图 4-329

（3）千分表适配器 T10170 A，如图 4-330 所示。

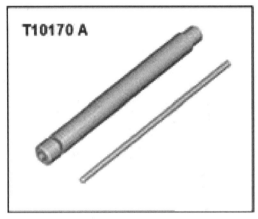

图 4-330

（4）棘轮环形扳手 SW21 T40263，如图 4-331 所示。

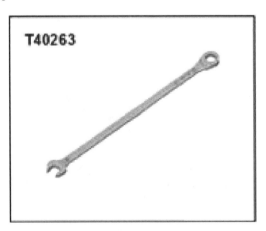

图 4-331

（5）适配接头 T40314，如图 4-332 所示。

2. 工作步骤

（1）拆卸正时链上部盖板。如尚未拆卸，则拆卸隔音垫。

（2）用棘轮环形扳手 SW21 T40263、适配接头

209

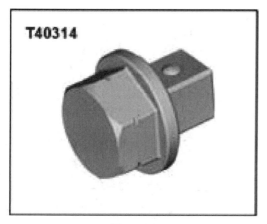

图 4-332

T40314 和套筒扳手 SW 24 在减震器上沿发动机运转方向转动曲轴，直至标记（如图 4-333 中 1、2）几乎位于上部。

图 4-333

（3）用火花塞扳手 3122B 拆下气缸 1 的火花塞，如图 4-334 所示。

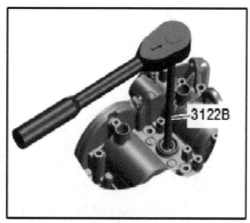

图 4-334

（4）将千分表适配器 T10170A 拧入火花塞螺纹内，直至极限位置。将千分表组件、4 件式 VAS 6341 中的

千分表和加长件 T10170A/1 插入到极限位置，用锁紧螺母（如图 4-335 中箭头）固定住。缓慢地沿发动机运转方向旋转曲轴，直至指针达到极限。在指针达到极限部位（指针回返点）时，活塞位于"上止点"。提示：如果曲轴转到"上止点"上，则必须将曲轴沿发动机运转方向再次转动 2 圈。请勿逆发动机运转方向转动发动机。在安放到减震器上时，比下面显示的顶紧装置 T10355 更好的是使用由棘轮环形扳手 SW21 T40263、适配接头 T40314 和套筒扳手 SW 24 构成的组合。

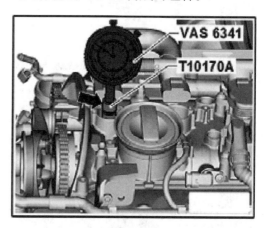

图 4-335

（5）气缸盖罩上带标记。凸轮轴链轮的标记（如图 4-336 中 1）必须对准气缸盖上的标记（如图 4-336 中 2、3）。

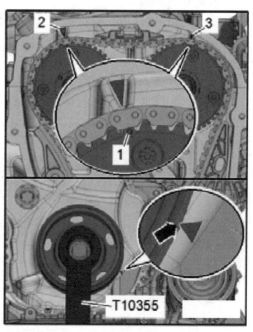

图 4-336

（6）气缸盖罩上不带标记。减震器上的缺口和正时链下方盖板上的标记必须相互对着（如图 4-337 中

箭头）。凸轮轴链轮的标记（如图4-337中1）必须指向上。

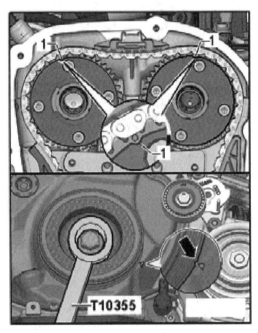

图4-337

（7）测量从棱边（如图4-338中1）到排气凸轮轴链轮上的标记（如图4-338中2）的距离。标准值：74~77mm。

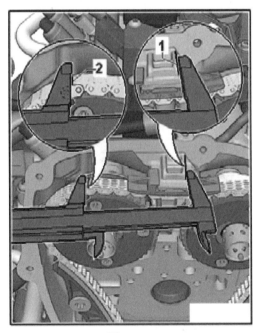

图4-338

（8）如果已达到标准值，那么测量排气凸轮轴链轮上的标记（如图4-339中3）和进气凸轮轴链轮上的标记（如图4-339中4）之间的距离。标准值：

124~127mm。提示：一个齿的偏差意味着和标准值偏差约6mm。如果确认有偏差，那么必须重新铺放正时链。视车型而定的其他工作。

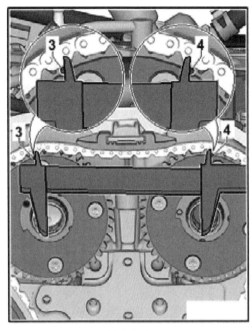

图4-339

六、车型

一汽奥迪Q3 40TFSI（2.0T DPLA），2020—2022年。

一汽奥迪Q3 Sportback 40TFSI（2.0T DPLA），2020—2022年。

（一）凸轮轴正时链装配一览（如图4-340所示）

1. 检查控制阀

活塞（如图4-341中1）必须可以克服弹簧力压入约3mm。在此过程中它不允许被卡住。

2. 轴承支架拧紧力矩和拧紧顺序

按图4-342所示顺序分步拧紧螺栓：

①把螺栓1~6用手拧入至紧贴。

②拧紧力矩9N·m。

3. 三级链轮安装位置

两面（如图4-343中箭头）必须相对。

（二）拆卸和安装凸轮轴正时链

1. 所需要的专用工具和维修设备

（1）装配工具T10531，如图4-344所示。

（2）定位销T40011，如图4-345所示。

（3）棘轮环形扳手SW21 T40263，如图4-346所示。

（4）装配工具T40266，如图4-347所示。

（5）装配工具T10567，如图4-348所示。

（6）插入定位工具T40267，如图4-349所示。

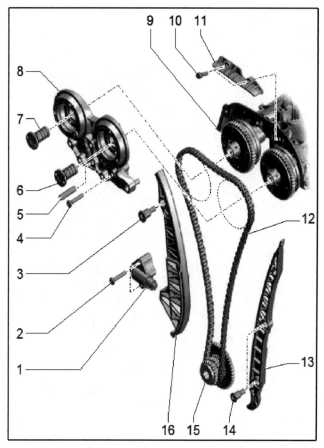

图 4-342

图 4-343

1.链条张紧器。处于弹簧张紧状态。拆卸前用插入定位工具T40267固定住　2.螺栓。拆卸后更换。用于铝螺栓，拧紧力矩4N·m+90°　3.导向销，拧紧力矩20N·m　4.螺栓。拆卸后更换　5.夹紧套。根据结构情况，不是在每个轴承桥上都安装　6.控制阀。左旋螺纹，拧紧力矩35N·m　7.控制阀。左旋螺纹，拧紧力矩35N·m　8.轴承支架　9.气缸盖罩　10.螺栓，拧紧力矩9N·m　11.滑轨　12.凸轮轴正时链。为了能够重新安装，要用颜色标出转动方向。在链条传动装置上操作后必须重新匹配链条长度的学习值　13.滑轨。用于凸轮轴正时链　14.导向销，拧紧力矩20N·m　15.三级链轮　16.张紧轨。用于凸轮轴正时链

图 4-340

T10531

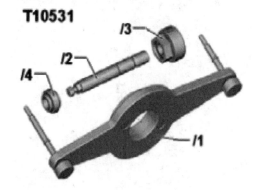

图 4-344

T40011

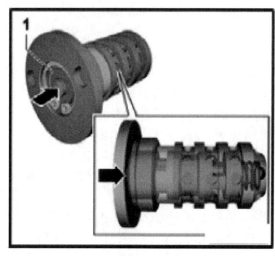

图 4-341

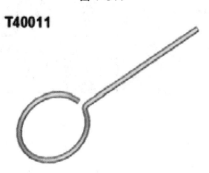

图 4-345

T40263

图 4-346

T40266

图 4-347

T10567

图 4-348

T40267

图 4-349

（7）凸轮轴固定装置 T40271，如图 4-350 所示。

T40271

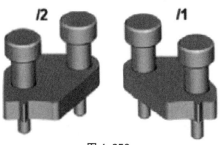

图 4-350

（8）适配器 T40314，如图 4-351 所示。

T40314

图 4-351

2. 拆卸

（1）拆卸轴承支架。

（2）提示：控制机构跳动过大时有损坏发动机的危险。仅朝发动机运转方向转动发动机。用开口度 21 的棘轮环形扳手 T40263（如图 4-352 中 6）、适配器

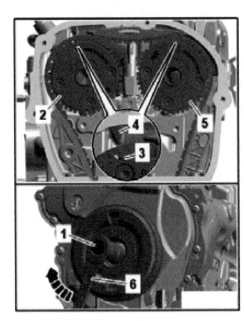

图 4-352

T40314（图 4-352 中 1）和开口度 24 的套筒扳手转动减振器上的曲轴（如图 4-352 中箭头），直至曲轴位于"上止点"处。凸轮轴链轮（如图 4-352 中 2、5）上的标记（如图 4-352 中 3）必须与气缸盖罩上的标记（如图 4-352 中 4）相对。

（3）拆卸正时链下部盖板。

（4）再次检查"上止点"位置。

（5）将张紧弹簧的钢丝夹向箭头方向压，然后用定位销 T40011 锁定。按出螺栓（如图 4-353 中 1），取下链条张紧器（如图 4-353 中 2）。将机油泵链条从三级链轮上取下，向前拔下并将下部放在机油泵链轮上。

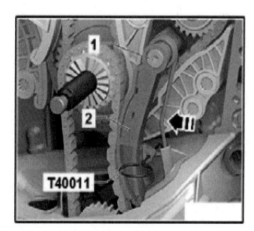

图 4-353

（6）拧出螺栓（如图 4-354 中箭头所示）。

图 4-354

（7）拧出螺栓（如图 4-355 中箭头所示）。

（8）将操纵杆 T40243 拧到气缸盖上（如图 4-356 中下部箭头）。将链条张紧器的卡环（如图 4-356 中 1）压到一起并固定。将操纵杆 T40243 向箭头方向缓慢地按压并固定住。这样可以把链条张紧器往回推。
提示：链条张紧器以油减震，因此必须缓慢地均匀用

图 4-355

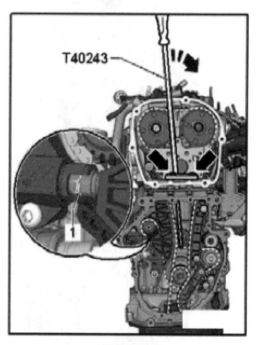

图 4-356

力往回推。

（9）用插入定位工具 T40267 锁定链条张紧器，如图 4-357 所示。拆卸杠杆 T40243。

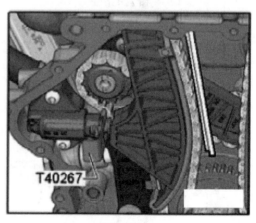

图 4-357

214

（10）将凸轮轴固定装置 T40271/2 拧到气缸盖上。将凸轮轴固定装置推入链轮的花键内（如图 4-358 中箭头 B）。必要时为此用装配工具 T40266 或装配工具 T10567 略微来回转动进气凸轮轴（如图 4-358 中箭头 A）。

图 4-360

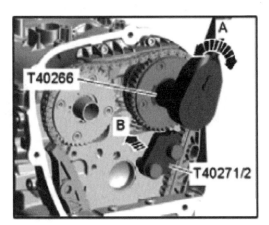

图 4-358

（11）将凸轮轴固定装置 T40271/1 拧到气缸盖上。接下来的工作步骤需要有另一位机械师协助。用装配工具 T40266 或装配工具 T10567 固定住排气凸轮轴。拧出导向销（如图 4-359 中 1），向下取出张紧轨（如图 4-359 中 2）。沿顺时针继续转动排气凸轮轴（如图 4-359 中箭头 A），直至凸轮轴固定装置 T402711 能够推入链轮花键内（如图 4-359 中箭头 B）。

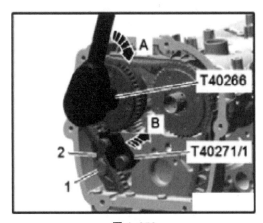

图 4-359

（12）拧出螺栓（如图 4-360 中箭头），取下滑轨（如图 4-360 中 1）。

（13）拧出导向销（如图 4-361 中 1），取下滑轨（如图 4-361 中 2）。将凸轮轴正时链从凸轮轴齿轮上取下，然后向下取出。提示：气门和活塞头有损坏的危险。绝对不能在凸轮轴正时链拆下的情况下转动曲轴。

3. 安装

（1）前提：曲轴位于上止点。三级链轮上的 V

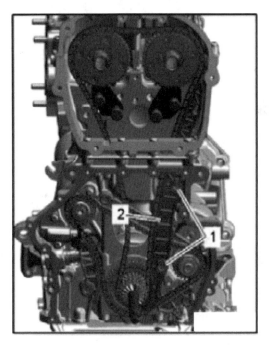

图 4-361

形开口在虚拟的垂直线（如图 4-362 中箭头）上居中位于凸轮轴链轮之间。三级链轮已用张紧销 T10531/2 锁定。

（2）凸轮轴链轮已用凸轮轴固定装置 T402711 和 T40271/2 锁定在"上止点"，标记（如图 4-363 中箭头）必须相对。

（3）如图 4-364 所示，将凸轮轴正时链通过彩色链节（如图 4-364 中箭头）挂在凸轮轴轴颈上。将凸轮轴正时链放置到进气凸轮轴、排气凸轮轴和三级链轮上。彩色链节必须正对链轮上的标记（如图 4-364 中箭头）。

（4）装入滑轨（如图 4-365 中 2），拧紧导向销（如图 4-365 中 1）。

（5）装上滑轨（如图 4-366 中 1），并拧紧螺栓（如图 4-366 中箭头）。

215

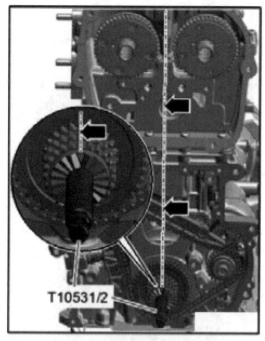

T10531/2

图 4-362

图 4-364

T40271/1　T40271/2

图 4-363

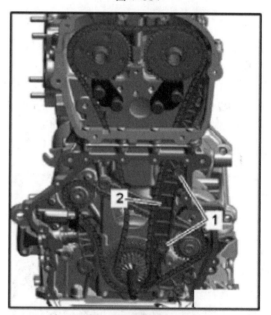

2　1

图 4-365

（6）接下来的工作步骤需要有另一位机械师协助。用装配工具 T40266 或装配工具 T10567 向箭头方向 A 降低排气凸轮轴的预紧，然后将凸轮轴固定装置 T40271/1 从链轮啮合齿中拉出（如图 4-367 箭头 B）。沿箭头方向（如图 4-367 中 C）拧出排气凸轮轴，直至正时链紧贴滑轨（如图 4-367 中 3）。将凸轮轴固定在这个位置，装入张紧轨（如图 4-367 中 1）并拧紧导向销（如图 4-367 中 2）。拆卸凸轮轴固定装置 T40271/1。

（7）用装配工具 T40266 或装配工具 T10567 向箭头方向（如图 4-368 中 A）降低进气凸轮轴的预紧，将凸轮轴固定装置 T40271/2 从链轮啮合齿中拉出（如图 4-368 中箭头 B），然后将凸轮轴置于静止位置。拆卸凸轮轴固定装置 T40271/2。

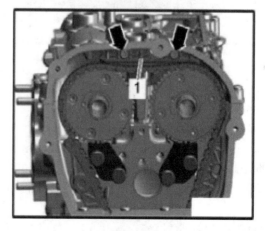

1

图 4-366

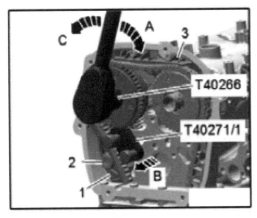

图 4-367

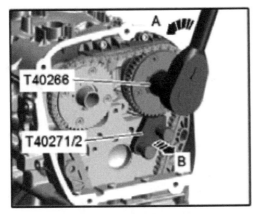

图 4-368

图 4-369

图 4-370

图 4-371

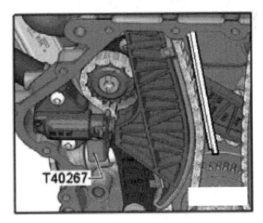

图 4-372

（8）拧入并拧紧螺栓（如图 4-369 中箭头）。

（9）用发动机机油浸润孔（如图 4-370 中箭头）。检查夹紧套（如图 4-370 中 1）是否已插入。

（10）小心地套上轴承支架，此时不得歪斜。用手拧入螺栓 1~6，直至紧贴，如图 4-371 所示。

（11）拆除插入定位工具 T40267，如图 4-372 所示。拧紧用于轴承支架的螺栓。

（12）装上机油泵链条。装入链条张紧器（如图 4-373 中 2），拧紧导向销（如图 4-373 中 1）。拆下定位销 T40011，此时钢丝夹必须在开口中紧贴油底壳上部件（如图 4-373 中箭头）。

（12）检查调整情况。

彩色链节必须对准链轮上的标记（如图 4-374 中箭头）。安装控制阀。

（13）控制机构跳动过大时有损坏发动机的危险。仅朝发动机运转方向转动发动机。安装带肩螺母 T10531/4 和旋转工具 T10531/3，如图 4-375 所示。为

217

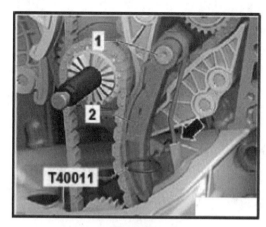

图 4-373

图 4-374

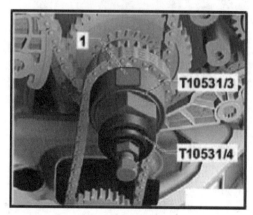

图 4-375

了确保气门在启动时正常入位,将发动机小心地旋转至少2圈。

(14)提示:因为传动比的原因,有色的链节在发动机转动之后不再对齐。

（15）拧下带肩螺母并取下旋转工具。

（16）后续安装以倒序进行,安装过程中请注意以下事项:

①安装正时链的下部盖板。

②安装正时链的上部盖板。

③拆卸、安装或更换链条传动部件后进行匹配,更换部件后进行匹配。

（三）平衡轴驱动链装配一览（如图 4-376 所示）

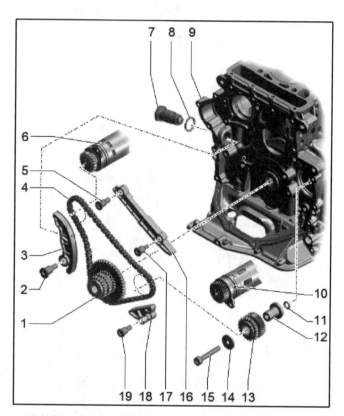

1.三级链轮 2.导向销,拧紧力矩20N·m 3.张紧轨。对于平衡轴驱动链 4.平衡轴驱动链 5.导向销,拧紧力矩20N·m 6.排气侧平衡轴 7.链条张紧器。拆卸后更换。拧紧力矩85N·m 8.密封环。不单独提供,包括在供货范围 9.气缸体 10.进气侧平衡轴 11.O形环。用发动机机油涂抹 12.轴承螺栓。用发动机机油涂抹 13.中间齿轮。如果螺栓松过过,则必须更换中间齿轮 14.止推垫片 15.螺栓。拆卸后更换。如果螺栓松开过,则必须更换中间齿轮 16.滑轨。对于平衡轴驱动链 17.导向销,拧紧力矩12N·m 18.滑轨。用于平衡轴正时链 19.导向销,拧紧力矩20N·m

图 4-376

1.轴承螺栓安装位置

安装前在新 O 形环（如图 4-377 中 1）上涂抹发动机机油。轴承螺栓的配合销（如图 4-377 中箭头）必须卡入气缸体孔中。在轴承销上涂抹发动机机油。

2.中间齿轮拧紧力矩和拧紧顺序

拆卸后更换那些拧紧时要继续旋转一个角度的螺栓,如图 4-378 所示。

图 4-377

图 4-378

分步拧紧螺栓：

①拧紧力矩 10N·m。

②旋转中间齿轮。中间齿轮不允许有间隙存在，否则松开并再次拧紧。

③拧紧力矩 25N·m。

④继续拧紧 90°。

（四）拆卸和安装平衡轴驱动链

1.拆卸

（1）拆卸凸轮轴正时链。

（2）前提：曲轴位于"上止点"。三级链轮上的 V 形开口在虚拟的垂直线（如图 4-379 中箭头）上居中位于凸轮轴链轮之间。三级链轮已用张紧销 T10531/2 锁定。

（3）拧出螺栓（如图 4-380 中 4），取下凸轮轴正时链的链条张紧器。拧出平衡轴驱动链的链条张紧器（如图 4-380 中 3）。拧出导向销（如图 4-380 中 1、5），取下张紧轨（如图 4-380 中 2）和滑轮（如图 4-380 中 6）。

（4）取下平衡轴驱动链。

2.安装

图 4-379

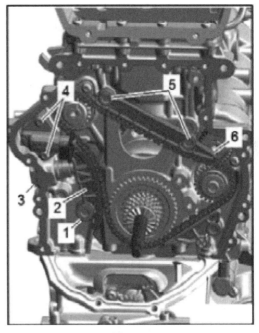

图 4-380

（1）安装以倒序进行，同时注意下列事项：

前提：曲轴位于"上止点"；三级链轮上的 V 形开口在虚拟的垂直线（如图 4-381 中箭头）上居中位于凸轮轴链轮之间。三级链轮已用张紧销 T10531/2 锁定。

（2）首先如图 4-382 所示将平衡轴驱动链放在平衡轴上。彩色链节必须对准链轮上的标记箭头。

（3）装入滑轨（如图 4-383 中 1），拧紧导向销（如图 4-383 中箭头）。

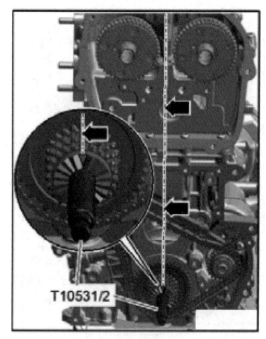

图 4-381

图 4-383

图 4-382

图 4-384

（4）如图4-384所示，将平衡轴驱动链的彩色链节（如图4-384中箭头）定位在三级链轮的标记上。

（5）装入张紧轨（如图4-384中2），拧紧导向销（如图4-384中1）。

（6）拧紧链条张紧器（如图4-385中箭头）。

（7）提示：使用密封剂。

（8）再次检查调整情况：彩色链节必须对准链轮上的标记（如图4-386中箭头）。

（9）安装凸轮轴正时链。

图 4-385

图4-386

七、车型

一汽奥迪A6L 新能源 55TFSIe Quattro（2.0 DPMA），2020—2021年。

（一）凸轮轴正时链装配一览（如图4-387所示）

1. 检查控制阀

活塞（如图4-388中1）必须可以克服弹簧力压入约3mm。在此过程中它不允许被卡住。

2. 轴承支架安装指南

如果要安装带张紧套（如图4-389中4）的新轴承支架（如图4-389中3），则安装轴承支架前必须检查气缸盖（如图4-389中1中的孔）箭头。如果孔箭头未规定用于张紧套（如图4-389中4），则必须将张紧套从轴承支架中取出。然后对于该孔也使用一个更短的螺栓（如图4-389中2）。

3. 轴承支架拧紧力矩和拧紧顺序

按图4-390所示顺序分步拧紧螺栓：

（1）对于钢螺栓。

①把螺栓1~6用手拧入至紧贴。

②拧紧力矩9N·m。

（2）对于铝螺栓

拆卸后更换那些拧紧时需要继续旋转一个角度的螺栓。

①把螺栓1~6用手拧入至紧贴。

②拧紧力矩4N·m。

③继续旋转180°。

4. 三级链轮安装位置

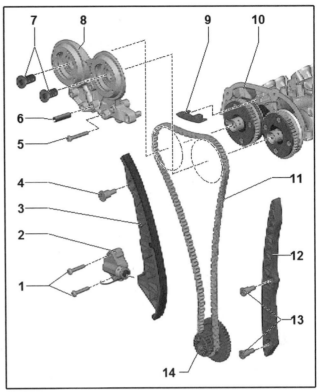

1.螺栓。拆卸后更换。用于铝螺栓，拧紧力矩4N·m+90°。用于钢螺栓，拧紧力矩9N·m 2.链条张紧器。处于弹簧张紧状态。拆卸前用插入定位工具T40267固定住 3.正时销长紧轨 4.导向销，拧紧力矩20N·m 5.螺栓。拆卸后更换铝螺栓。拧紧力矩和拧紧顺序 6.夹紧套。根据结构情况，不是在每个轴承桥上都安装 7.控制阀。左旋螺纹。视制造状态而定，有不同的型号。使用装配工具T10352A中的某个工具拆卸。拧紧力矩35N·m 8.轴承支架 9.凸轮轴正时链的滑轨 10.凸轮轴外壳 11.凸轮轴正时链。拆卸前，用颜色标记转动方向。在链条传动装置上操作后必须进行匹配 12.凸轮轴正时链的滑轨 13.导向销，拧紧力矩20N·m 14.三级链轮

图4-387

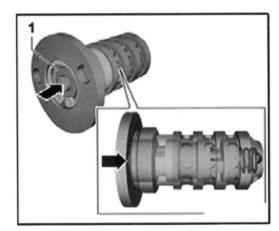

图4-388

两面（如图4-391中箭头）必须相对。

（二）拆卸和安装凸轮轴正时链

1. 所需要的专用工具和维修设备

（1）装配工具 T10352A、装配工具 T10352/3 和

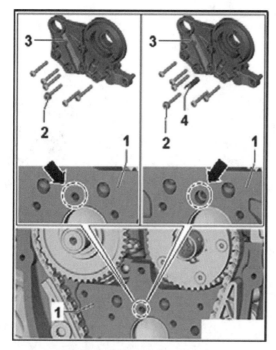

图 4-389

图 4-390

图 4-391

装配工具 T10352/4，如图 4-392 所示。

（2）定位销 T40011，如图 4-393 所示。

（3）杠杆 T40243，如图 4-394 所示。

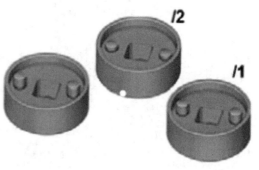

图 4-392

图 4-393

图 4-394

（4）棘轮环形扳手 SW21 T40263，如图 4-395 所示。

图 4-395

（5）适配接头 T40266，如图 4-396 所示。

图 4-396

（6）插入定位工具 T40267，如图 4-397 所示。

图 4-397

（7）凸轮轴固定装置 T40271，如图 4-398 所示。

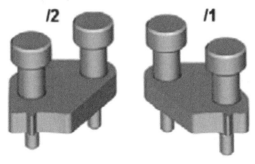

图 4-398

（8）适配接头 T40314，如图 4-399 所示。

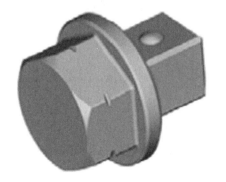

图 4-399

2.拆卸

（1）拆卸正时链上部盖板。提示：控制阀有左旋螺纹。

（2）用装配工具（如图 4-400 中 1）沿箭头方向拆卸左侧和右侧控制阀。视控制阀的制造状态而定，使用某个列出的工具：

①装配工具 T10352。

②装配工具 T10352/1。

③装配工具 T10352/2。

④装配工具 T10352/3。

⑤装配工具 T10352/4。

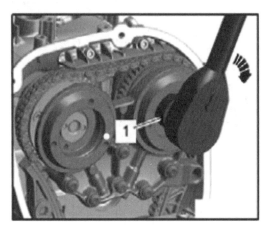

图 4-400

（3）拧出螺栓（如图 4-401 中箭头）。小心地拔出轴承支架，此时不得歪斜。取下轴承支架。

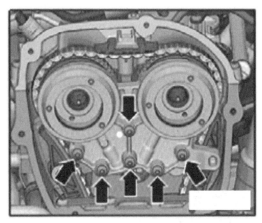

图 4-401

（4）将减震器转到"上止点"位置。提示：控制机构跳动过大时有损坏发动机的危险。仅朝发动机运转方向转动发动机。提示：视制造状态而定，标记（如图 4-402 中 2）可能没有。标记（如图 4-402 中 1）朝上时就足够了。减震器上的缺口和正时链下方盖板上的标记必须相互对着（如图 4-402 中箭头）。凸轮轴链轮的标记（如图 4-402 中 1）必须指向上。

图 4-402

提示：在安放到减振器上时，比顶紧装置 T10355 更好的是使用由棘轮环形扳手 SW21 T40263、适配接头 T40314 和套筒扳手 SW 24 构成的组合。

拆卸正时链下部盖板。

再次检查"上止点"位置。

（5）沿箭头方向按压机油泵的链条张紧器张紧卡箍并用定位销 T40011 卡住。拧出螺栓（如图 4-403 中 1），取下链条张紧器（如图 4-403 中 2）。

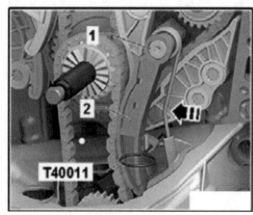

图 4-403

（6）拧出螺栓（如图 4-404 中箭头）。

（7）拧入操纵杆 T40243（如图 4-405 中箭头）。将链条张紧器的卡环（如图 4-405 中 1）压到一起并固定。将操纵杆 T40243 向箭头方向缓慢地按压并固定住。

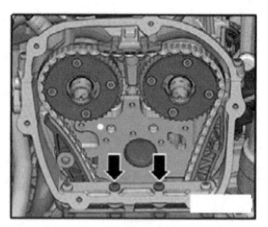

图 4-404

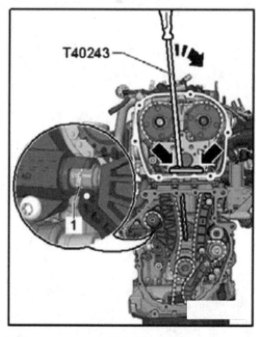

图 4-405

（8）用插入定位工具 T40267 固定链条张紧器，如图 4-406 所示。拆卸杠杆 T40243。

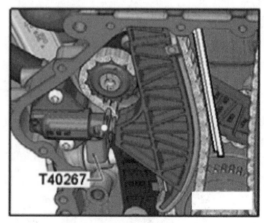

图 4-406

（9）将凸轮轴固定装置 T40271/2 拧到气缸盖上

并沿箭头方向（如图 4-407 中 2）推入链轮的啮合齿中，必要时用适配器 T40266 沿箭头方向（如图 4-407 中 1）转动进气凸轮轴。

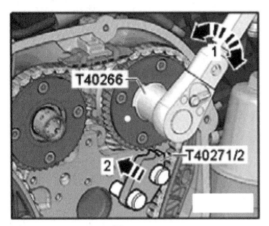

图 4-407

（10）将凸轮轴固定装置 T40271/1 安装到气缸盖上。接下来的工作步骤需要有另一位机械师协助。将排气凸轮轴用适配接头 T40266 沿箭头方向（如图 4-408 中 A）固定住。拧出螺栓（如图 4-408 中 1），将张紧轨（如图 4-408 中 2）向下推。将排气凸轮轴沿顺时针箭头方向（如图 4-408 中 A）继续旋转，直到凸轮轴固定装置 T40271/1 能够推入链轮啮合齿（如图 4-408 中 C）中，如图 4-408 中箭头方向 B。

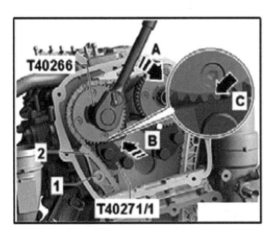

图 4-408

（11）拆卸滑轨（如图 4-409 中 1），为此用螺丝刀打开卡子（如图 4-409 中箭头），然后将滑轨向前推开。

（12）拧出螺栓（如图 4-410 中箭头），拆下链条张紧器（如图 4-410 中 1）。

（13）拧出螺栓（如图 4-411 中 1），拆下滑轨（如图 4-411 中 2）。

（14）将凸轮轴正时链从凸轮轴齿轮上取下并挂

图 4-409

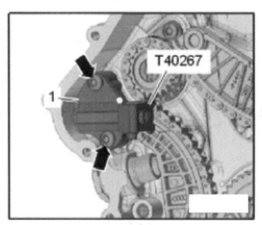

图 4-410

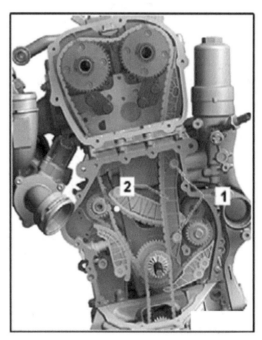

图 4-411

到凸轮轴的销轴上（如图 4-412 中箭头）。

（15）拆卸平衡轴正时链的链条张紧器（如图 4-413 中 1）。

（16）拧出螺栓（如图 4-414 中 1）。拆卸张紧

225

图 4-412

图 4-413

轨（如图 4-414 中 2）、滑轨（如图 4-414 中 3、4）。

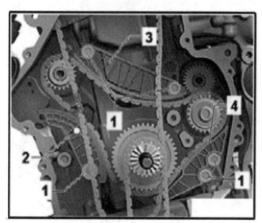

图 4-414

（17）松开张紧螺栓（如图 4-415 中 A），拧出张紧销（如图 4-415 中 B）。取出三级链轮，同时卸下机油泵驱动装置的正时链。取下凸轮轴正时链和平衡轴驱动链。

3. 安装

（1）检查曲轴的上止点，曲轴的平端（如图 4-416 中箭头）必须水平。用防水销钉将标记标注到气缸体

图 4-415

（如图 4-416 中 1）上。

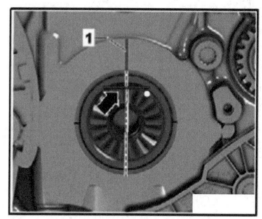

图 4-416

（2）用防水记号笔在三级链轮的齿（如图 4-417 中 1）上做标记（如图 4-417 中 2）。

图 4-417

（3）将中间齿轮和平衡轴转至标记——箭头螺栓（如图 4-418 中 1），不得松开。

（4）链条的彩色链节必须定位在链轮的标记上，如图 4-419 所示。无须理会可能存在的附加彩色链节的位置。放上平衡轴驱动链，将彩色链节（如图 4-419

图 4-418

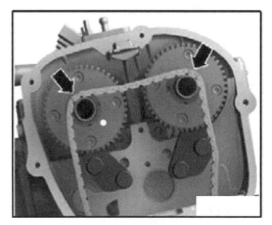

图 4-421

图 4-419

中箭头）定位到链轮的标记上。

（5）安装滑轨（如图 4-420 中 1）并拧紧螺栓（如图 4-420 中箭头）。

图 4-420

（6）将带彩色链节的凸轮轴正时链（如图 4-421 中箭头）挂到凸轮轴销轴上。

（7）将机油泵驱动装置的正时链放到三级链轮上。沿箭头方向将三级链轮向发动机侧翻转并在曲轴上固定。标记（如图 4-422 中箭头）必须相对。

（8）将张紧销 T10531/2 拧入曲轴并用手拧紧。

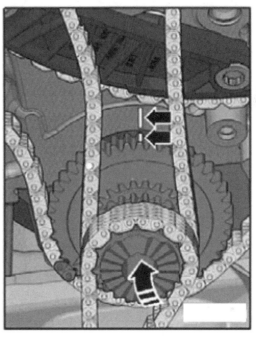

图 4-422

装上旋转工具 T10531/3。将带肩螺母 T10531/4 手动拧紧。用开口度 32 的开口扳手略微来回移动旋转工具，同时再拧紧带肩螺母，直到链轮牢固地装到曲轴啮合齿上。现在才能拧紧张紧螺栓（如图 4-423 中 A）。

（9）将平衡轴驱动链的彩色链节（如图 4-424 中箭头）定位在三级链轮的标记上。安装张紧轨（如图 4-424 中 1）和滑轨（如图 4-424 中 2）。拧紧螺栓（如图 4-424 中 3）。

（10）安装链条张紧器（如图 4-425 中 1）。

（11）再次检查调整情况，彩色链节（如图 4-426 中箭头）必须对准链轮上的标记。

（12）将凸轮轴正时链放到进气凸轮轴上，排气凸轮轴放到曲轴上。将彩色链节（如图 4-427 中箭头）定位到链轮的标记上。

（13）安装滑轨（如图 4-428 中 2）并拧紧螺栓（如

227

图 4-423

图 4-426

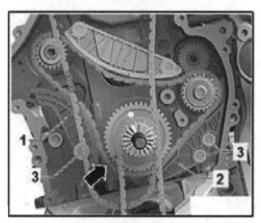

图 4-424

图 4-427

图 4-425

图 4-428 中 1 ）。

（14）安装上部滑轨（如图 4-429 中 1 ）。

（15）接下来的工作步骤需要有另一位机械师协助。将排气凸轮轴用适配器 T40266 沿箭头方向

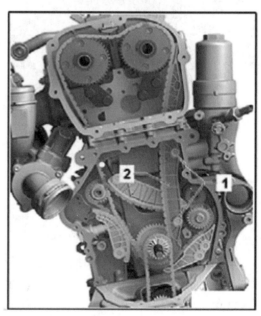

图 4-428

（如图 4-429 中 A）略微转动，并将凸轮轴固定装置 T40271/1 从链轮的啮合齿中推出（如图 4-429 中箭头方向 B）。将凸轮轴沿箭头方向（如图 4-429 中 C）松开，直到正时链紧贴到滑轨（如图 4-429 中 1）上。将凸轮轴固定在这个位置，拧上张紧轨（如图 4-429 中 2）并拧紧螺栓（如图 4-429 中 3）。

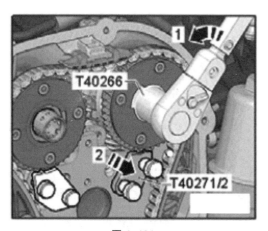

图 4-431

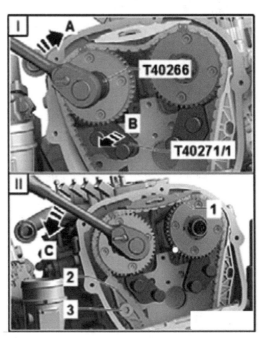

图 4-429

（16）安装链条张紧器（如图 4-430 中 1）并拧紧螺栓（如图 4-430 中箭头）。

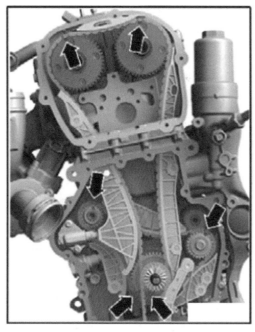

图 4-432

箭头）必须对准链轮的标记。

（19）安装链条张紧器（如图 4-433 中 2）并拧紧螺栓（如图 4-433 中 1），去除定位销 T40011，钢丝夹必须在开口中（如图 4-433 中箭头）紧贴油底壳上部件。

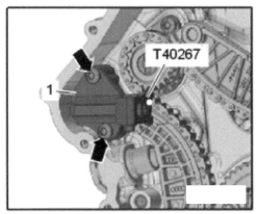

图 4-430

（17）用适配器 T40266 沿箭头方向（如图 4-431 中 1）转动进气凸轮轴，沿箭头方向（如图 4-431 中 2）从链轮的啮合齿中推出凸轮轴固定装置 T40271/2 并松开凸轮轴。拆卸凸轮轴固定装置 T40271/2。

（18）检查调整情况，彩色链节（如图 4-432 中

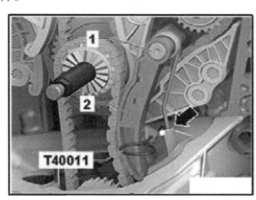

图 4-433

229

（20）拧入并拧紧螺栓（如图4-434中箭头）。

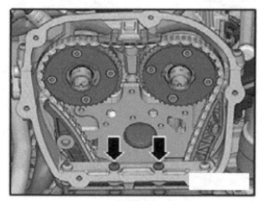

图4-434

（21）用发动机机油浸润孔（如图4-435中箭头）。检查夹紧套（如图4-435中1）是否已插入。

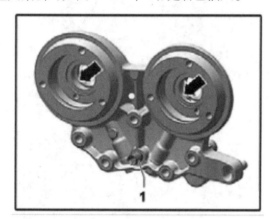

图4-435

（22）小心地套上轴承支架，此时不得歪斜。套上轴承支架，将螺栓（如图4-436中箭头）手动拧入至贴紧。

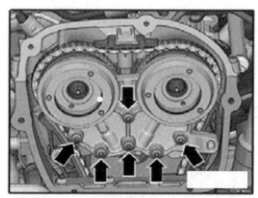

图4-436

（23）拆除插入定位工具T40267，如图4-437所示。拧紧用于轴承支架的螺栓。安装控制阀。为了确保气门在启动时正常入位，将发动机小心地旋转至少2圈。

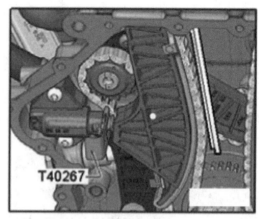

图4-437

提示：因为传动比的原因，有色的链节在发动机转动之后不再对齐。后续安装以倒序进行，安装过程中请注意以下事项：

①取下将旋转工具并安装正时链的下部盖板。

②安装正时链上部盖板。

（24）在链条传动装置上操作后必须进行匹配。

（三）检测配气相位

1.所需要的专用工具和维修设备

（1）火花塞扳手3122B，如图4-438所示。

图4-438

（2）千分表组件，4部分VAS 6341，如图4-439

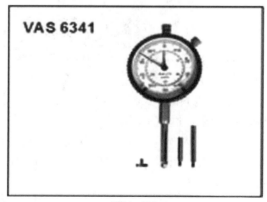

图4-439

所示。

（3）千分表适配器 T10170 A，如图 4-440 所示。

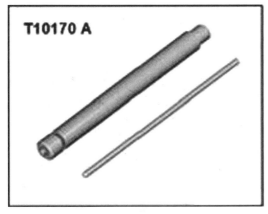

图 4-440

（4）棘轮环形扳手 SW21 T40263，如图 4-441 所示。

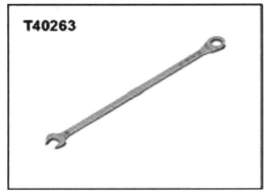

图 4-441

（5）适配接头 T40314，如图 4-442 所示。

图 4-442

2. 工作步骤

（1）拆卸正时链上部盖板。拆卸前部隔音垫。如已安装，拧出螺栓（如图 4-443 中箭头），为此松开前围支架上的保险杠罩锁止件。将冷却液管推至一侧。

（2）用棘轮环形扳手 SW21 T40263、适配接头

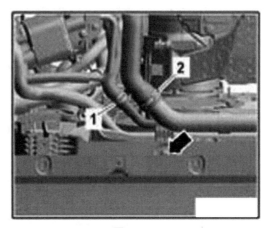

图 4-443

T40314 和套筒扳手 SW 24 在减震器上沿发动机运转方向转动曲轴，直到标记（如图 4-444 中箭头）几乎位于上部。

图 4-444

（3）用火花塞扳手 3122B 拆下气缸（如图 4-445 所示）的火花塞。

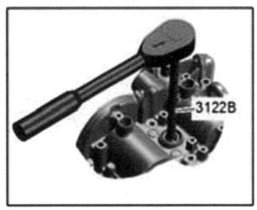

图 4-445

（4）将千分表适配器 T10170/A 拧入火花塞螺纹内，直至极限位置。将千分表组件、4 部分 VAS 6341 中的千分表和加长件 T10170A/1 插入到极限位置，用锁紧螺母（如图 4-446 中箭头）固定住。缓慢地沿发

动机运转方向旋转曲轴，直至指针达到极限。在指针达到极限部位（指针回返点）时。活塞位于"上止点"。

提示：如果曲轴转到"上止点"上，则必须将曲轴沿发动机运转方向再次转动2圈。请勿逆发动机运转方向转动发动机。在安放到减震器上时，比下面显示的顶紧装置T10355更好的是使用由棘轮环形扳手SW21 T40263、适配接头T40314和套筒扳手SW24构成的组合。

（5）气缸盖罩上带标记。凸轮轴链轮的标记（如图4-446中1）必须对准气缸盖上的标记（如图4-446中2、3）。

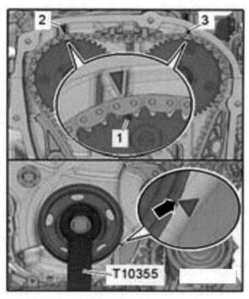

图 4-446

（6）气缸盖罩上不带标记。减震器上的缺口和正时链下方盖板上的标记必须相互对着（如图4-447中

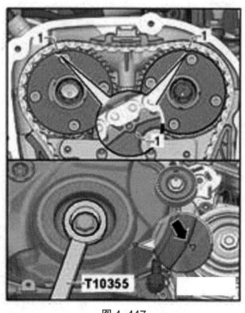

图 4-447

箭头）。凸轮轴链轮的标记（如图4-447中1）必须指向上。

（7）测量从棱边（如图4-448中1）到排气凸轮轴链轮上的标记（如图4-448中2）的距离。标准值：74~77mm。

图 4-448

（8）如果已达到标准值，那么测量排气凸轮轴链轮上的标记（如图4-449中3）和进气凸轮轴链轮上的标记（如图4-449中4）之间的距离。标准值：124~127mm。

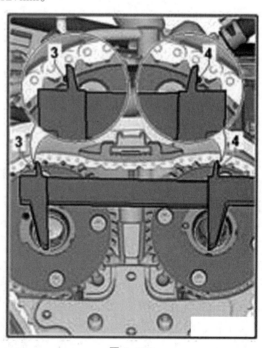

图 4-449

232

提示：一个齿的偏差意味着和标准值偏差约6mm。如果确认有偏差，那么必须重新铺放正时链。

八、车型

一汽奥迪 A6L 55TFSI Quattro（3.0T DLZA），2019—2022年。

奥迪 A6 Allroad Quattro（3.0T DLZA），2020—2022年。

（一）凸轮轴正时链装配一览

1.气缸列1（右侧）凸轮轴正时销（如图4-450所示）

2.气缸列2(左侧)凸轮轴正时链(如图4-451所示)

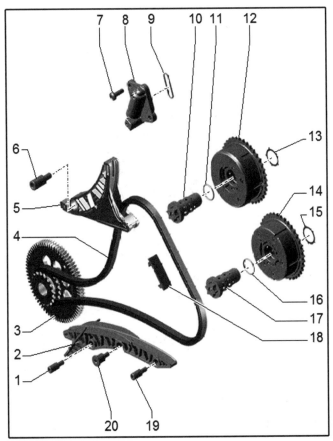

1.导向销。拆卸后更换。拧紧力矩5N·m +45°　2.滑轨 3.齿轮。带凸轮轴正时链的链轮 4.凸轮轴正时链 5.张紧轨 6.轴承螺栓，拧紧力矩23N·m 7.螺栓 8.链条张紧器 9.密封件。拆卸后更换 10.控制阀。用于凸轮轴调节器 11.O形环。拆卸后更换 12.凸轮轴调节器。用于排气凸轮轴。拆卸后更换摩擦垫圈（金刚石垫圈） 13.摩擦垫圈（金刚石垫圈）。用于凸轮轴调节器和凸轮轴轴端之间的连接安全性。拆卸后更换。小心地将新的摩擦垫圈（金刚石垫圈）置于安装位置，不要折弯 14.凸轮轴调节器。用于进气凸轮轴。拆卸后更换摩擦垫圈（金刚石垫圈） 15.摩擦垫圈（金刚石垫圈）。用于凸轮轴调节器和凸轮轴轴端之间的连接安全性。拆卸后更换。小心地将新的摩擦垫圈（金刚石垫圈）置于安装位置，不要折弯 16.O形环。拆卸后更换 17.控制阀。用于凸轮轴调节器 18.滑块。拆卸后更换 19.导向销。拆卸后更换，拧紧力矩5N·m +45° 20.导向销。拆卸后更换

图 4-450

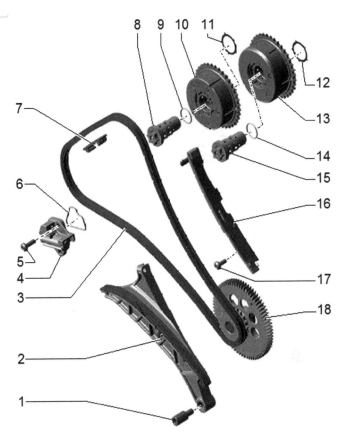

1.轴承螺栓。拧紧力矩23N·m 2.张紧轨 3.凸轮轴正时链。为了能够重新安装，要用颜色标出转动方向 4.链条张紧器 5.螺栓，拧紧力矩9N·m 6.密封件。拆卸后更换 7.滑块。拆卸后更换 8.控制阀。用于凸轮轴调节器 9.O形环。拆卸后更换 10.凸轮轴调节器。用于进气凸轮轴。拆卸后更换摩擦垫圈（金刚石垫圈） 11.摩擦垫圈（金刚石垫圈）。用于凸轮轴调节器和凸轮轴轴端之间的连接安全性。拆卸后更换。小心地将新的摩擦垫圈（金刚石垫圈）置于安装位置，不要折弯 12.摩擦垫圈（金刚石垫圈）。用于凸轮轴调节器和凸轮轴轴端之间的连接安全性。拆卸后更换。小心地将新的摩擦垫圈（金刚石垫圈）置于安装位置，不要折弯 13.凸轮轴调节器。用于排气凸轮轴。拆卸后更换摩擦垫圈（金刚石垫圈） 14.O形环。拆卸后更换 15.控制阀。用于凸轮轴调节器 16.滑轨 17.螺栓，拧紧力矩9N·m 18.齿轮。带凸轮轴正时链的链轮

图 4-451

（二）将凸轮轴正时链从凸轮轴上拆下，气缸列2（左侧）

对于以下工作流程，凸轮轴正时链保留在发动机上。

1. 所需要的专用工具和维修设备

（1）扭矩扳手 VAS 6583，如图4-452所示。

（2）定位销 T03006，如图4-453所示。

（3）固定螺栓 T40069（发动机已拆下时），如图4-454所示。

（4）棘轮环形扳手 SW21 T40263，如图4-455所示。

（5）凸轮轴固定装置 T40264/3，如图4-456所示。

VAS 6583

图 4-452

T03006

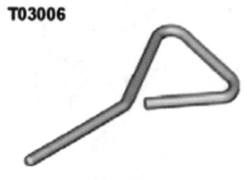

图 4-453

T40069

图 4-454

T40263

图 4-455

T40264

图 4-456

（6）适配器 T40314，如图 4-457 所示。

T40314

图 4-457

（7）凸轮轴固定装置 T40331、套筒头 E24 T90000、固定装置 T90001、固定装置 T90002、套筒头 VAS 261 001 和 Hazet 6423C。

2. 准备凸轮轴固定装置 T40331

（1）凸轮轴固定装置 T40331/1 上的标记字样"B"朝前。

（2）凸轮轴固定装置 T40331/5 和 T40331/6 以及螺栓垫圈 T40331/9 必须通过固定销（如图 4-458 中箭头）定位。用手拧紧螺栓。

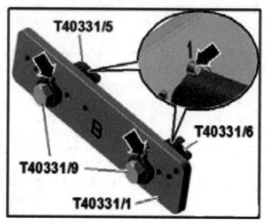

图 4-458

234

3. 拆卸

（1）如要在发动机安装状态下将凸轮轴正时链从凸轮轴上拆下时，需要做准备工作。提示：错调配气相位有毁坏发动机的危险。切勿在链条传动机构未完全安装时转动曲轴和凸轮轴。

（2）拆卸气缸列 2 正时链上部盖板。

（3）拆卸上部空气导流管。

（4）拆卸真空泵。

（5）提示：控制机构跳动过大时有损坏发动机的危险。

（6）仅朝发动机运转方向转动发动机。用棘轮环形扳手开口度 21 T40263 和适配器 T40314 转动曲轴箭头直至减振器位于"上止点"，如图 4-459 所示。

图 4-459

（7）凸轮轴调节器上的标记（如图 4-460 中 1、2）必须对准凸轮轴外壳上所涉及的铸造凸耳（如图 4-460

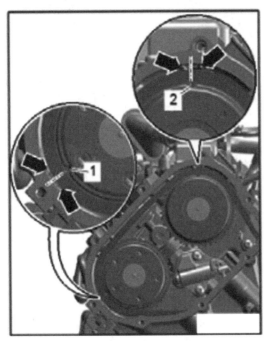

图 4-460

中箭头）。必要时继续转动曲轴一圈。

（8）拧出螺栓（如图 4-461 中箭头），取下密封塞（如图 4-461 中 2）。将机油尺导管（如图 4-461 中 1）略微压向一侧。

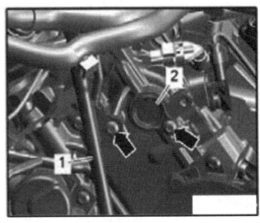

图 4-461

（9）以 9N·m 的力矩拧紧凸轮轴外壳上的适配器 T40331/2，如图 4-462 所示。

图 4-462

（10）凸轮轴固定装置 T40331/1 必须很容易插入。不允许通过冲击工具插入凸轮轴固定装置。将准备的凸轮轴固定装置 T40331/1 插入凸轮轴，直至限位位置。必要时，略微转动曲轴。如图 4-463 所示，凸轮轴固定装置 T40331/5 卡入排气凸轮轴上非对称布置的上部凹槽（如图 4-463 中 1）中。如图 4-463 所示，凸轮轴固定装置 T40331/6 卡入进气凸轮轴上的平端（如图 4-463 中 2）。以 9N·m 的力矩拧紧螺栓（如图 4-463 中箭头）。

（11）提示：顶紧装置 T90001 只能在一个位置插入，为此缺口（如图 4-464 中 1）和凸轮轴调节器上的标记（如图 4-464 中 2）必须对齐。

（12）错误操作有损坏凸轮轴的危险，绝对不要使用凸轮轴固定装置作为固定装置。为顶住所涉及的

图 4-463

凸轮轴调节器，用套筒头 VAS 261 001 安放顶紧装置 T90001，然后将控制阀（如图 4-464 中 3）通过套筒头 E24 T90000 松开。为便于装回，用颜色标记凸轮轴调节器和凸轮轴的对应关系。

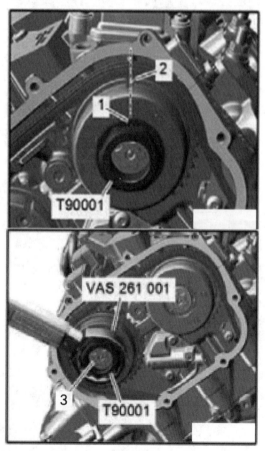

图 4-464

（13）扭转减震器上的缺口（如图 4-465 中 1）大致与皮带轮侧密封法兰上的铸造凸耳（如图 4-465 中 2）齐平。发动机未因准备工作而拆卸时的工作流程：用手将凸轮轴固定装置 T40264/3 通过减震器中的孔拧入皮带盘侧密封法兰中至紧贴。如果需要，略微来回转动曲轴使固定螺栓完全居中。

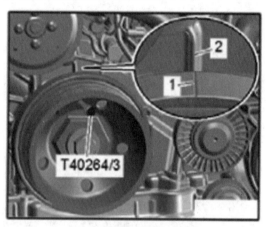

图 4-465

（14）发动机因准备工作而拆卸时的工作流程：如果螺旋塞还处于拧入状态，则将其拧出。以 20N·m 的力矩把固定螺栓 T40069 拧入孔内，如图 4-466 所示。必要时，略微来回转动曲轴。

图 4-466

（15）继续：将滑轨（如图 4-467 中 2）压回箭头，然后将链条张紧器（如图 4-467 中 1）的柱塞用定位销 T03006 卡住。提示：柱塞采用机油阻尼，只能均匀用力，缓慢压回。

（16）拧出控制阀（如图 4-468 中 1、2），取下两个凸轮轴调节器。

4. 安装

（1）用凸轮轴固定装置 T40264/3 或固定螺栓 T40069-W 曲轴卡在"上止点"位置。以 9N·m 的力矩将凸轮轴固定装置 T40331/1 在凸轮轴外壳上拧紧。

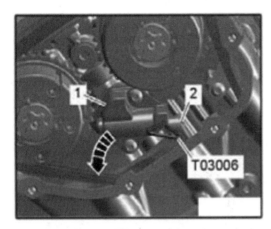

图 4-467

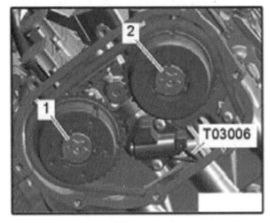

图 4-468

提示：不安装摩擦垫圈有毁坏发动机的危险。检查在凸轮轴调节器和凸轮轴轴端之间是否装有摩擦垫圈（金刚石垫圈）。凸轮轴调节器上的标记（如图 4-469

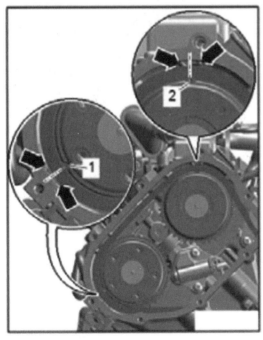

图 4-469

中 1、2）必须对准凸轮轴外壳上所涉及的铸造凸耳（如图 4-469 中箭头）。

（2）将凸轮轴调节器和已铺上的凸轮轴正时链置于之前描述的安装位置，此时注意拆卸时所做的标记。给控制阀（如图 4-470 中 1、2）的螺纹和螺栓头接触面上油，然后松松地拧入。两个凸轮轴调节器必须还能在凸轮轴上转动。拆除定位销 T03006。

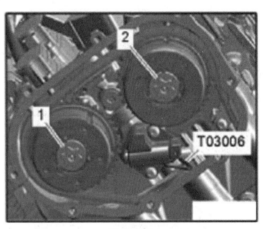

图 4-470

（3）接下来的工作步骤需要有另一位机械师协助。由第 2 名技师将扭力扳手 VAS 6583 和 Hazet 6423C 插套式转接头和工具头 VAS 261 001 以及固定支架 T90001 在排气凸轮轴的凸轮轴调节器上用 26N·m 朝逆时针方向（如图 4-471 中箭头）预紧并且保持住。

图 4-471

（4）不使用 Hazet 6423C 插套式转接头时的预紧力矩 30N·m。

（5）将控制阀用套筒头 E24 T90000 按如下方式拧紧，同时凸轮轴调节器继续保持预紧：

①排气凸轮轴上的控制阀，拧紧力矩 30N·m。

②进气凸轮轴上的控制阀，拧紧力矩 30N·m。

5.配气相位检查

（1）拆除凸轮轴固定装置 T40331/1。

（2）拆除凸轮轴固定装置 T40264/3 或固定螺栓 T40069。

（3）提示：错调配气相位有毁坏发动机的危险。切勿在链条传动机构未完全安装时转动曲轴和凸轮轴。用棘轮环形扳手开口度 21 T40263 和适配器 T40314 转动曲轴 2 圈（如图 4-471 中箭头），直到减振器再次位于"上止点"。

（4）凸轮轴调节器上的标记（如图 4-472 中 1、2）必须对准凸轮轴外壳上所涉及的铸造凸耳（如图 4-472 中箭头）。

图 4-472

（5）扭转减震器上的缺口（如图 4-473 中 1）大致与皮带轮侧密封法兰上的铸造凸耳（如图 4-473 中

图 4-473

2）齐平。发动机未因准备工作而拆卸时的工作流程：用手将凸轮轴固定装置 T40264/3 通过减震器中的孔拧入皮带盘侧密封法兰中至紧贴。如果需要，略微来回转动曲轴使固定螺栓完全居中。

（6）发动机因准备工作而拆卸时的工作流程：以 20N·m 的力矩把固定螺栓 T40069 拧入孔内，如图 4-474 所示。必要时，略微来回转动曲轴。

图 4-474

（7）继续：接下来的工作步骤需要有另一位机械师协助。由第 2 名技师将扭力扳手 VAS 6583 和 Hazet 6423C 插套式转接头和工具头 VAS 261 001 以及固定支架 T90001 在排气凸轮轴的凸轮轴调节器上用 26N·m 朝逆时针方向（如图 4-475 中箭头）预紧并且保持住。不使用 Hazet 6423C 插套式转接头时的预紧力矩 30N·m。

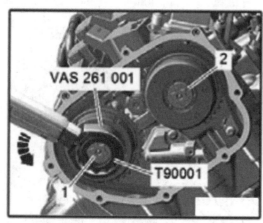

图 4-475

（8）凸轮轴固定装置 T40331/1 必须很容易插入。不允许通过冲击工具插入凸轮轴固定装置。将准备的凸轮轴固定装置 T40331/1 插入凸轮轴，直至限位位置。如图 4-476 所示，凸轮轴固定装置 T40331/5 卡入排气凸轮轴上非对称布置的上部凹槽（如图 4-476 中 1）中。如图 4-476 所示，凸轮轴固定装置 T40331/6 卡入进气凸轮轴上的平端（如图4-476中2）。如果凸轮轴固定装置T40331/1无法插入：拆除凸轮轴固定装置T40264/3或固定螺栓T40069。如之前所述，将准备的凸轮轴固定装置T40331/1插入凸轮轴，直至限位位置。为此略微转动曲轴。

图4-476

（9）将控制阀（如图4-477中1、2）用套筒头E24 T90000松开半圈。

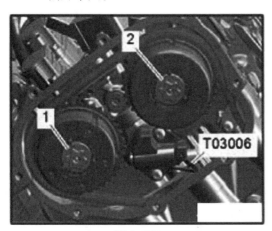

图4-477

（10）扭转减震器上的缺口（如图4-478中1）大致与皮带轮侧密封法兰上的铸造凸耳（如图4-478中2）齐平。发动机未因准备工作而拆卸时的工作流程：用手将凸轮轴固定装置T40264/3通过减震器中的孔拧入皮带盘侧密封法兰中至紧贴。如果需要，略微来回转动曲轴使固定螺栓完全居中。

（11）发动机因准备工作而拆卸时的工作流程：

图4-478

以20N·m的力矩把固定螺栓T40069拧入孔内，如图4-479所示。必要时，略微来回转动曲轴。继续：重新调整。

图4-479

（12）如果凸轮轴固定装置T40331/1可以插入：拆除凸轮轴固定装置T40264/3或固定螺栓T40069。拆除凸轮轴固定装置T40331/1。

（13）将顶紧装置T90001和顶紧装置T90002置于进气凸轮轴调节器上。

（14）将顶紧装置顶在排气凸轮轴控制阀（如图4-480中2）上。必要时，略微转动曲轴。将控制阀（如

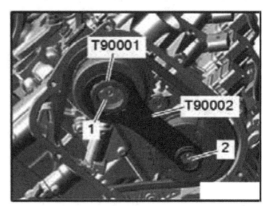

图4-480

239

图 4-480 中 1）用套筒头 E24 T90000 继续旋转 35°。

（15）将顶紧装置 T90001 和顶紧装置 T90002 置于排气凸轮轴调节器上。将顶紧装置顶在进气凸轮轴控制阀（如图 4-481 中 1）上。必要时，略微转动曲轴。将控制阀（如图 4-481 中 2）用套筒头 E24 T90000 继续旋转 35°。

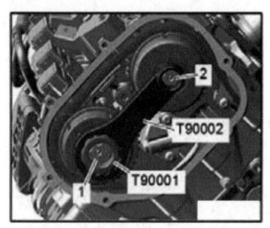

图 4-481

（16）安装真空泵。

（17）安装上部空气导流管。

（18）安装气缸列 2 正时链上部盖板。

（19）其他工作：

如果对正时链驱动做了改动或者更换了部件，则要执行在引导功能"0001 - 发动机机械机构功能"中的相关匹配。

（三）将凸轮轴正时链从凸轮轴上拆下，气缸列1（右侧）

对于以下工作流程，凸轮轴正时链保留在发动机上。

1. 所需要的专用工具和维修设备

（1）扭矩扳手 VAS 6583，如图 4-482 所示。

VAS 6583

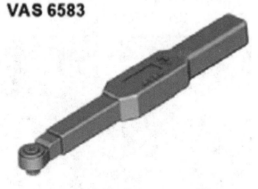

图 4-482

（2）定位销 T03006，如图 4-483 所示。

T03006

图 4-483

（3）固定螺栓 T40069（发动机已拆下时），如图 4-484 所示。

T40069

图 4-484

（4）棘轮环形扳手 SW21 T40263，如图 4-485 所示。

T40263

图 4-485

（5）凸轮轴固定装置 T40264/3，如图 4-486 所示。

（6）适配器 T40314，如图 4-487 所示。

（7）凸轮轴固定装置 T40331、套筒头 E24 T90000、固定装置 T90001、固定装置 T90002、套筒头 VAS 261 001 和 Hazet 6423C。

2. 准备凸轮轴固定装置 T40331

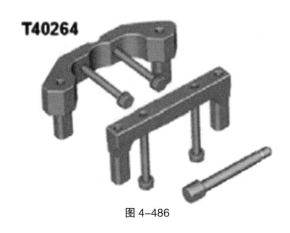

T40264

图 4-486

T40314

图 4-487

（1）凸轮轴固定装置 T40331/1 上的标记字样"A"朝前，如图 4-488 所示。

（2）凸轮轴固定装置 T40331/4 和 T40331/5 以及螺栓垫圈 T40331/9 必须通过固定销（如图 4-488 中箭头）定位。

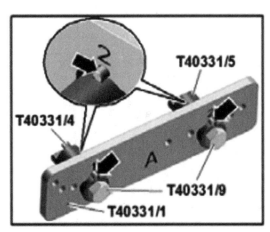

图 4-488

（3）用手拧紧螺栓。

3. 拆卸

如要在发动机安装状态下将凸轮轴正时链从凸轮轴上拆下时，需要做准备工作。提示：错调配气相位

有毁坏发动机的危险。切勿在链条传动机构未完全安装时转动曲轴和凸轮轴。

（1）拆卸气缸列 1 正时链上部盖板。

（2）拆卸上部空气导流管。

（3）提示：控制机构跳动过大时有损坏发动机的危险。仅朝发动机运转方向转动发动机。

（4）用棘轮环形扳手开口度 21 T40263 和适配器 T40314 转动曲轴（如图 4-489 中箭头）直至减震器位于"上止点"（以 3.0L 发动机为例展示）。

图 4-489

（5）凸轮轴调节器上的标记（如图 4-490 中 1 或 2）必须对准凸轮轴外壳上所涉及的铸造凸耳（如图 4-490 中箭头）。必要时继续转动曲轴一圈。

图 4-490

（6）拧出螺栓（如图 4-491 中箭头），取下密封

241

塞（如图 4-491 中 1、2）。

图 4-491

（7）以 9N·m 的力矩拧紧凸轮轴外壳上的适配器 T40331/2，如图 4-492 所示。

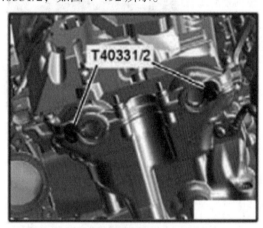

图 4-492

（8）凸轮轴固定装置 T40331/1 必须很容易插入。不允许通过冲击工具插入凸轮轴固定装置。将准备的凸轮轴固定装置 T40331/1 插入凸轮轴，直至限位位置。必要时，略微转动曲轴。如图 4-493 所示，凸轮轴固定装置 T40331/4 卡入进气凸轮轴上的平端（如图 4-493 中 1）。如图 4-493 所示，凸轮轴固定装置 T40331/5 卡入排气凸轮轴上非对称布置的上部凹槽（如图 4-493 中 2）中。以 9N·m 拧紧螺栓（如图 4-493 中箭头）。

（9）提示：顶紧装置 T90001 只能在一个位置插入，为此缺口（如图 4-494 中 1）和凸轮轴调节器上的标记（如图 4-494 中 2）必须对齐。

（10）提示：错误操作有损坏凸轮轴的危险。绝对不要使用凸轮轴固定装置作为固定装置。为顶住所涉及的凸轮轴调节器，安放套筒头 VAS 261 001 和顶紧装置 T90001，然后将控制阀（如图 4-495 中 1）通过套筒头 E24 T90000 松开。为便于装回，用颜色标记凸轮轴调节器和凸轮轴的对应关系。

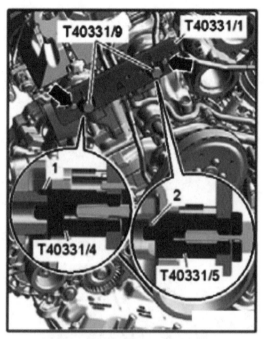

图 4-493

图 4-494

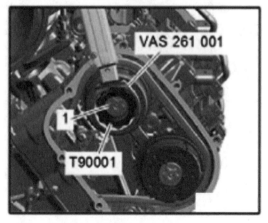

图 4-495

（11）扭转减震器上的缺口（如图 4-496 中 1）大致与皮带轮侧密封法兰上的铸造凸耳（如图 4-496 中 2）齐平。发动机未因准备工作而拆卸时的工作流程：

242

用手将凸轮轴固定装置 T40264/3 通过减震器中的孔拧入皮带盘侧密封法兰中至紧贴。如果需要，略微来回转动曲轴使固定螺栓完全居中。

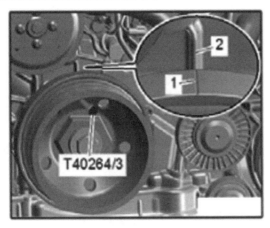

图 4-496

（12）发动机因准备工作而拆卸时的工作流程：如果螺旋塞还处于拧入状态，则将其拧出。以 20N·m 的力矩把固定螺栓 T40069 拧入孔内。必要时，略微来回转动曲轴。

图 4-497

（13）继续：将链条张紧器（如图 4-498 中 2）的柱塞用螺丝刀（如图 4-498 中 1）压回至限位位置

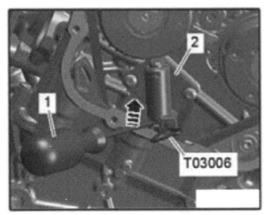

图 4-498

箭头，然后用定位销 T03006 卡住链条张紧器。提示：柱塞采用机油阻尼，只能均匀用力缓慢压回。

（14）拧出控制阀（如图 4-499 中 1、2），取下两个凸轮轴调节器。

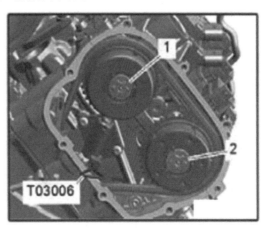

图 4-499

4. 安装

（1）用凸轮轴固定装置 T40264/3 或固定螺栓 T40069-W 曲轴卡在"上止点"位置。以 9N·m 的力矩将凸轮轴固定装置 T40331/1 在凸轮轴外壳上拧紧。拆卸后更换摩擦垫圈（金刚石垫圈）。提示：不安装摩擦垫圈有毁坏发动机的危险。检查柱凸轮轴调节器和凸轮轴辅端之间是否装有摩擦垫圈（金刚石垫圈）。凸轮轴调节器上的标记（如图 4-500 中 1、2）必须对准凸轮轴外壳上所涉及的铸造凸耳（如图 4-500 中箭头）。

图 4-500

（2）将凸轮轴调节器和已铺上的凸轮轴正时链置于之前描述的安装位置，此时注意拆卸时所做的标记。给控制阀（如图 4-501 中 1、2）的螺纹和螺栓头接触面上油，然后松松地拧入。两个凸轮轴调节器必须还能在凸轮轴上转动。拆除定位销 T03006。

图 4-501

（3）接下来的工作步骤需要有另一位机械师协助。由第 2 名技师将扭力扳手 VAS 6583 和 Hazet 6423C 插套式转接头和工具头 VAS 261 001 以及固定支架 T90001 在排气凸轮轴的凸轮轴调节器上用 26N·m 朝逆时针方向（如图 4-502 中箭头）预紧并且保持住。不使用 Hazet 6423C 插套式转接头时的预紧力矩 30N·m。将控制阀用套筒头 E24 T90000 按如下方式拧紧，同时凸轮轴调节器继续保持预紧：进气凸轮轴上的控制阀，拧紧力矩 30N·m。排气凸轮轴上的控制阀，拧紧力矩 30N·m。

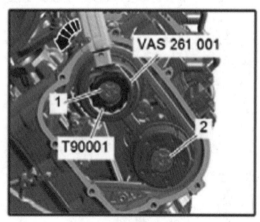

图 4-502

5. 配气相位检查

（1）拆除凸轮轴固定装置 T40331/1。

（2）拆除凸轮轴固定装置 T40264/3 或固定螺栓 T40069。提示：错调配气相位有毁坏发动机的危险。切勿在链条传动机构未完全安装时转动曲轴和凸轮轴。

（3）用棘轮环形扳手开口度 21 T40263 和适配器 T40314 转动曲轴 2 圈（如图 4-503 中箭头），直到减震器再次位于"上止点"位置。

图 4-503

（4）凸轮轴调节器上的标记（如图 4-504 中 1、2）必须对准凸轮轴外壳上所涉及的铸造凸耳（如图 4-504 中箭头）。

图 4-504

（5）扭转减震器上的缺口（如图 4-505 中 1）大致与皮带轮侧密封法兰上的铸造凸耳（如图 4-505 中 2）齐平。发动机未因准备工作而拆卸时的工作流程：用手将凸轮轴固定装置 T40264/3 通过减震器中的孔拧入皮带盘侧密封法兰中至紧贴。如果需要，略微来回转动曲轴使固定螺栓完全居中。

（6）发动机因准备工作而拆卸时的工作流程：以

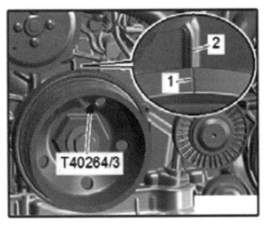

图 4-505

20N·m 的力矩把固定螺栓 T40069 拧入孔内，如图 4-506 所示。必要时，略微来回转动曲轴。

图 4-506

（7）继续：接下来的工作步骤需要有另一位机械师协助。由第 2 名技师将扭力扳手 VAS 6583 和 Hazet 6423C 插套式转接头和工具头 VAS 261 001 以及固定支架 T90001 在排气凸轮轴的凸轮轴调节器上用 26N·m 朝逆时针方向（如图 4-507 中箭头）预紧并且保持住。不使用 Hazet 6423C 插套式转接头时的预紧力矩 30N·m。

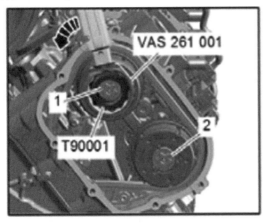

图 4-507

（8）凸轮轴固定装置 T40331/1 必须很容易插入。不允许通过冲击工具插入凸轮轴固定装置。将准备的凸轮轴固定装置 T40331/1 插入凸轮轴，直至限位位置。如图 4-508 所示，凸轮轴固定装置 T40331/4 卡入进气凸轮轴上的平端（如图 4-508 中 1）。如图 4-508 所示，凸轮轴固定装置 T40331/5 卡入排气凸轮轴上非对称布置的上部凹槽（如图 4-508 中 2）中。

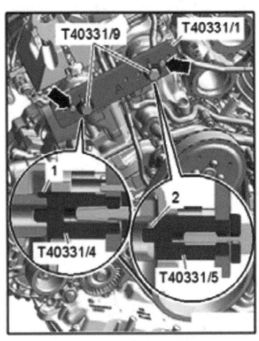

图 4-508

（9）如果凸轮轴固定装置 T40331/1 无法插入：拆除凸轮轴固定装置 T40264/3 或固定螺栓 T40069。如之前所述，将准备的凸轮轴固定装置 T40331/1 插入凸轮轴，直至限位位置。为此略微转动曲轴。将控制阀（如图 4-509 中 1、2）用套筒头 E24 T90000 松开半圈。

图 4-509

（10）扭转减震器上的缺口（如图 4-510 中 1）

大致与皮带轮侧密封法兰上的铸造凸耳（如图4-510中2）齐平。发动机未因准备工作而拆卸时的工作流程：用手将凸轮轴固定装置T40264/3通过减震器中的孔拧入皮带盘侧密封法兰中至紧贴。如果需要，略微来回转动曲轴使固定螺栓完全居中。

图4-510

（11）发动机因准备工作而拆卸时的工作流程：以20N·m的力矩把固定螺栓T40069拧入孔内，如图4-511所示。必要时，略微来回转动曲轴。继续：重新调整。

图4-511

（12）如果凸轮轴固定装置T40331/1可以插入：拆除凸轮轴固定装置T40264/3或固定螺栓T40069。拆除凸轮轴固定装置T40331/1。将顶紧装置T90001和顶紧装置T90002置于排气凸轮轴调节器上。将顶紧装置顶在进气凸轮轴控制阀（如图4-512中2）上。必要时，沿顺时针略微转动曲轴（仅沿顺时针）。将控制阀（如图4-512中1）用套筒头E24 T90000继续旋转35°。

（13）将顶紧装置T90001和顶紧装置T90002置于进气凸轮轴调节器上。将顶紧装置顶在排气凸轮轴控制阀（如图4-513中1）上。必要时，沿顺时针略

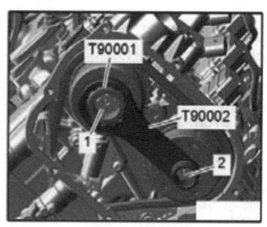

图4-512

微转动曲轴（仅沿顺时针）。将控制阀（如图4-513中2）用套筒头E24 T90000继续旋转35°。取下顶紧装置T90001和顶紧装置T90002。

图4-513

（14）安装上部空气导流管。

（15）拆卸和安装正时链上部盖板。

（16）其他工作。如果对正时链驱动做了改动或者更换了部件，则要执行在引导功能"0001 - 发动机机械机构功能"中的相关匹配。

九、车型

奥迪A5 Sportback 45TFSI quattro（2.0T DLHB），2022年。

奥迪A5 Coupe 45TFSI quattro（2.0T DLHB），2020—2022年。

奥迪A5 Cabriolet 45TFSI quattro（2.0T DLHB），2020—2022年。

奥迪A4 Allroad quattro（2.0T DLHB），2021—2022年。

奥迪A6 Avant 40TFSI（2.0T DLHB），2020—2022年。

奥迪A6 Avant 45TFSI（2.0T DLHB），2020—

2022 年。

奥迪 A7 45TFSI（2.0T DLHB），2020—2022 年。

（一）凸轮轴正时链装配一览（如图 4-514 所示）

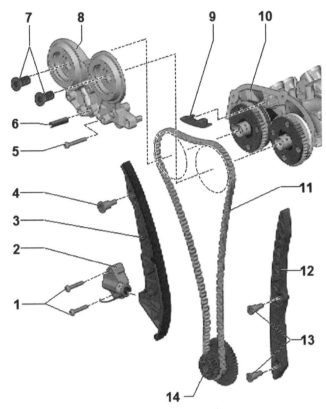

1.螺栓。拆卸后更换。用于铝螺栓，拧紧力矩4N·m + 90°。用于钢螺栓，拧紧力矩9N·m 2.链条张紧器。处于弹簧张紧状态。拆卸前用插入定位工具T40267固定住 3.正时销长紧轨 4.导向销拧紧力矩20N·m 5.螺栓。拆卸后更换铝螺栓。拧紧力矩和拧紧顺序 6.夹紧套。根据结构情况，不是在每个轴承桥上都安装 7.控制阀。左旋螺纹。视制造状态而定，有不同的型号。使用装配工具T10352A中的某个工具拆卸。拧紧力矩35N·m 8.轴承支架 9.凸轮轴正时链的滑轨 10.凸轮轴外壳 11.凸轮轴正时链。拆卸前，用颜色标记转动方向。在链条传动装置上操作后必须进行匹配 12.凸轮轴正时链的滑轨 13.导向销。拧紧力矩20N·m 14.三级链轮

图 4-514

1. 检查控制阀

活塞（如图 4-515 中 1）必须可以克服弹簧力压入约 3mm。在此过程中它不允许被卡住。

2. 轴承支架安装指南

如果要安装带张紧套（如图 4-516 中 4）的新轴承支架（如图 4-516 中 3），则安装轴承支架前必须检查气缸盖（如图 4-516 中 1）中的孔箭头。如果孔箭头未规定用于张紧套（如图 4-516 中 4），则必须将张紧套从轴承支架中取出。然后对于该孔也使用一个更短的螺栓（如图 4-516 中 2）。

3. 轴承支架拧紧力矩和拧紧顺序

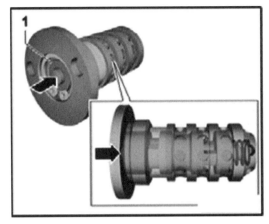

图 4-515

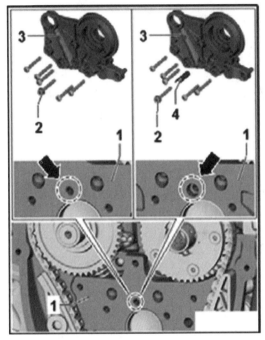

图 4-516

按图 4-517 所示顺序分步拧紧螺栓：

（1）对于钢螺栓。

①把螺栓 1~6 用手拧入至紧贴。

图 4-517

②拧紧力矩 9N·m。

（2）对于铝螺栓

拆卸后更换那些拧紧时需要继续旋转一个角度的螺栓。

①把螺栓 1~6 用手拧入至紧贴。

②拧紧力矩 4N·m。

③继续旋转 180°。

4. 三级链轮安装位置

两面（如图 4-518 中箭头）必须相对。

图 4-518

（二）拆卸和安装凸轮轴正时链

1. 所需要的专用工具和维修设备

（1）装配工具 T10352A、装配工具 T10352/3 和装配工具 T10352/4，如图 4-519 所示。

图 4-519

（2）定位销 T40011，如图 4-520 所示。

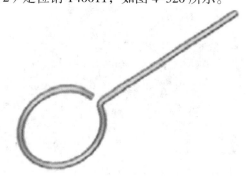

图 4-520

（3）杠杆 T40243，如图 4-521 所示。

图 4-521

（4）棘轮环形扳手 SW21 T40263，如图 4-522 所示。

图 4-522

（5）适配接头 T40266，如图 4-523 所示。

图 4-523

（6）插入定位工具 T40267，如图 4-524 所示。

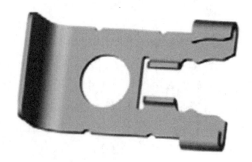

图 4-524

（7）凸轮轴固定装置 T40271，如图 4-525 所示。

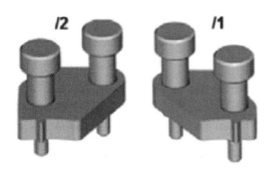

图 4-525

（8）适配接头 T40314，如图 4-526 所示。

图 4-526

2. 拆卸

（1）拆卸正时链上部盖板。提示：控制阀有左旋螺纹。

（2）用装配工具（如图 4-527 中 1）沿箭头方向拆卸左侧和右侧控制阀。视控制阀的制造状态而定，使用某个列出的工具：

①装配工具 T10352。

②装配工具 T10352/1。

③装配工具 T10352/2。

图 4-527

④装配工具 T10352/3。

⑤装配工具 T10352/4。

（3）拧出螺栓（如图 4-528）箭头。小心地拔出轴承支架，此时不得歪斜。取下轴承支架。

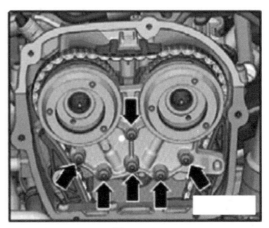

图 4-528

（4）将减震器转到"上止点"位置。提示：控制机构跳动过大时有损坏发动机的危险。仅朝发动机运转方向转动发动机。提示：视制造状态而定，标记（如图 4-529 中 2）可能没有。标记（如图 4-529 中 1）朝上时就足够了。减震器上的缺口和正时链下方盖板上的标记必须相互对着箭头。凸轮轴链轮的标记（如图 4-529 中 1）必须指向上。

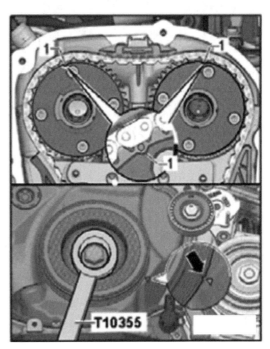

图 4-529

提示：在安放到减震器上时，比顶紧装置 T10355 更好的是使用由棘轮环形板 SW2 T40263、适配接头 T40314 和套筒扳手 SW 24 构成的组合。拆卸正时链下部盖板。再次检查"上止点"位置。

（5）沿箭头方向按压机油泵的链条张紧器张紧卡箍并用定位销 T40011 卡住。拧出螺栓（如图 4-530中 1），取下链条张紧器（如图 4-530 中 2）。

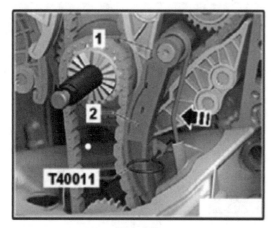

图 4-530

（6）拧出螺栓（如图 4-531 中箭头）。

图 4-531

（7）拧入操纵杆 T40243 箭头。将链条张紧器的卡环（如图 4-532 中 1）压到一起并固定。

将操纵杆 T40243 向箭头方向缓慢地按压并固定住。

（8）用插入定位工具 T40267 固定链条张紧器，如图 4-533 所示。拆卸杠杆 T40243。

（9）将凸轮轴固定装置 T40271/2 拧到气缸盖上并沿箭头方向（如图 4-534 中 2）推入链轮的啮合齿中，必要时用适配器沿箭头方向（如图 4-534 中 1）转动进气凸轮轴。

（10）将凸轮轴固定装置 T40271/1 安装到气缸盖上。接下来的工作步骤需要有另一位机械师协助。将排气凸轮轴用适配接头 T40266 沿箭头方向（如图 4-535中 A）固定住。拧出螺栓（如图 4-535 中 1），将张

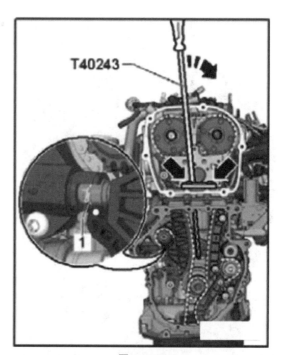

图 4-532

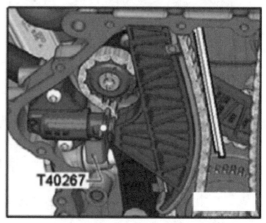

图 4-533

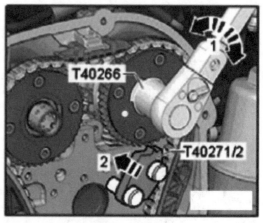

图 4-534

紧轨（如图 4-535 中 2）向下推。将排气凸轮轴沿顺时针箭头方向（如图 4-535 中 A）继续旋转，直到凸

轮轴固定装置 T40271/1 能够推入链轮啮合齿（如图 4-535 中 C）中，箭头方向（如图 4-535 中 B）。

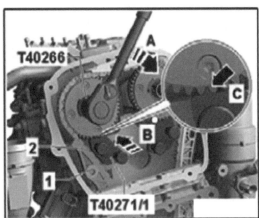

图 4-535

（11）拆卸滑轨（如图 4-536 中 1），为此用螺丝刀打开卡子箭头，然后将滑轨向前推开。

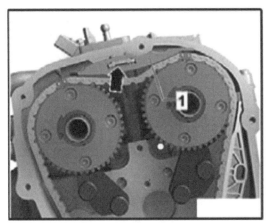

图 4-536

（12）拧出螺栓（如图 4-537 中箭头），拆下链条张紧器（如图 4-537 中 1）。

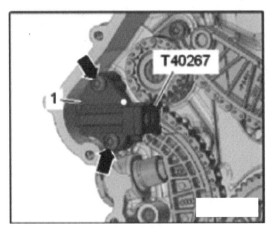

图 4-537

（13）拧出螺栓（如图 4-538 中 1），拆下滑轨（如

图 4-538 中 2）。

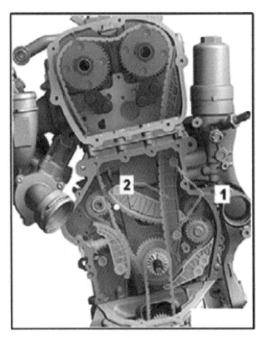

图 4-538

（14）将凸轮轴正时链从凸轮轴齿轮上取下并挂到凸轮轴的销轴上（如图 4-539 中箭头）。

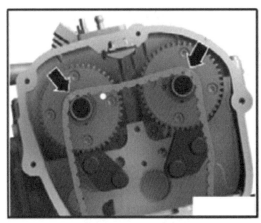

图 4-539

（15）拆卸平衡轴正时链的链条张紧器（如图 4-540 中 1）。

（16）拧出螺栓（如图 4-541 中 1）。拆卸张紧轨（如图 4-541 中 2）、滑轨（如图 4-541 中 3、4）。

（17）松开张紧螺栓（如图 4-542 中 A），拧出张紧销（如图 4-542 中 B）。取出三级链轮，同时卸下机油泵驱动装置的正时链。取下凸轮轴正时链和平衡轴驱动链。

3. 安装

（1）检查曲轴的上止点，曲轴的平端箭头必须水

251

图 4-540

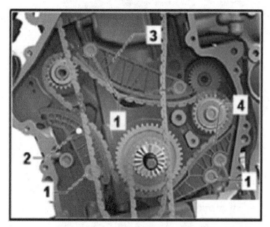

图 4-541

图 4-542

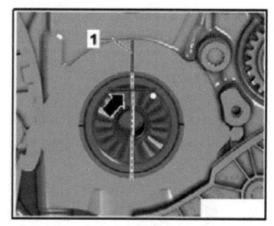

图 4-543

图 4-544

图 4-545

平。用防水销钉将标记标注到气缸体（如图4-543中1）上。

（2）用防水记号笔在三级链轮的齿（如图4-544中1）上做标记（如图4-544中2）。

（3）将中间齿轮和平衡轴转至标记箭头螺栓（如图4-545中1），不得松开。

（4）链条的彩色链节必须定位在链轮的标记上。无须理会可能存在的附加彩色链节的位置。

放上平衡轴驱动链，将彩色链节箭头定位到链轮的标记上，如图4-546所示。

（5）安装滑轨（如图4-547中1）并拧紧螺栓箭头。

（6）将带彩色链节的凸轮轴正时链（如图4-548中箭头）挂到凸轮轴销轴上。

（7）将机油泵驱动装置的正时链放到三级链轮上。沿箭头方向将三级链轮向发动机侧翻转并在曲轴上固定。标记箭头必须相对，如图4-549所示。

图 4-546

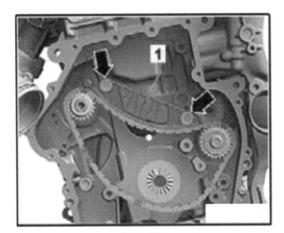

图 4-547

图 4-548

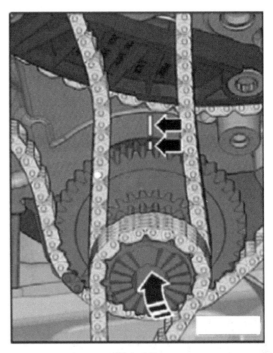

图 4-549

图 4-550

（8）将张紧销 T10531/2 拧入曲轴并用手拧紧。装上旋转工具 T10531/3。将带肩螺母 T10531/4 手动拧紧。用开口度 32 的开口扳手略微来回移动旋转工具，同时再拧紧带肩螺母，直到链轮牢固地装到曲轴啮合齿上。现在才能拧紧张紧螺栓（如图 4-550 中 A）。

（9）将平衡轴驱动链的彩色链节箭头定位在三级链轮的标记上。安装张紧轨（如图 4-551 中 1）和滑轨（如图 4-551 中 2）。拧紧螺栓（如图 4-551 中 3）。

（10）安装链条张紧器（如图 4-552 中 1）。

（11）再次检查调整情况，彩色链节箭头必须对准链轮上的标记，如图 4-553 所示。

（12）将凸轮轴正时链放到进气凸轮轴上，排气凸轮轴放到曲轴上。将彩色链节箭头定位到链轮的标记上，如图 4-554 所示。

（13）安装滑轨（如图 4-555 中 2）并拧紧螺栓（如图 4-555 中 1）。

图 4-551

图 4-552

图 4-553

图 4-554

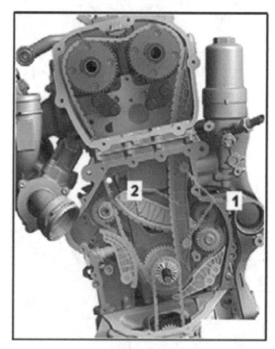

图 4-555

（14）安装上部滑轨（如图 4-556 中 1）。

（15）接下来的工作步骤需要有另一位机械师协助。将排气凸轮轴用适配器 T40266 沿箭头方向（如图 4-557 中 A）略微转动，并将凸轮轴固定装置 T40271/1 从链轮的啮合齿中（如图 4-557 中箭头方向 B）推出。将凸轮轴沿箭头方向（如图 4-557 中 C）松开，直到正时链紧贴到滑轨（如图 4-557 中 1）上。将凸轮轴固定在这个位置，拧上张紧轨（如图 4-557 中 2）并

拧紧螺栓（如图 4-557 中 3）。

（16）安装链条张紧器（如图 4-558 中 1）并拧紧螺栓箭头。

（17）用适配器 T40266 沿箭头方向（如图 4-559 中 1）转动进气凸轮轴，沿箭头方向（如图 4-559 中 2）从链轮的啮合齿中推出凸轮轴固定装置 T40271/2 并松开凸轮轴。拆卸凸轮轴固定装置 T40271/2。

（18）检查调整情况，彩色链节箭头必须对准链

图 4-556

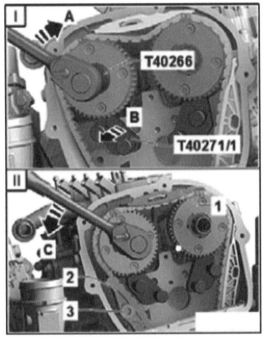

图 4-557

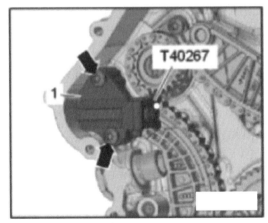

图 4-558

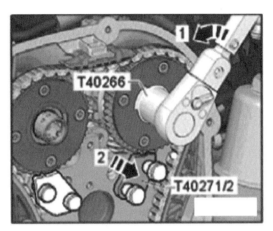

图 4-559

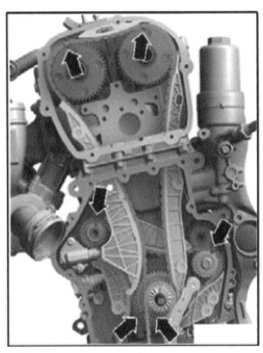

图 4-560

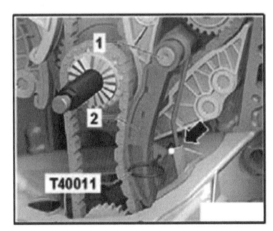

图 4-561

轮的标记，如图 4-560 所示。

　　（19）安装链条张紧器（如图 4-561 中 2）并拧紧螺栓（如图 4-561 中 1），去除定位销 T40011，钢丝夹必须在开口中箭头紧贴油底壳上部件。

　　（20）拧入并拧紧螺栓（如图 4-562 中箭头）。

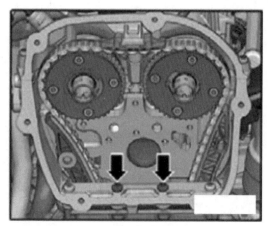

图 4-562

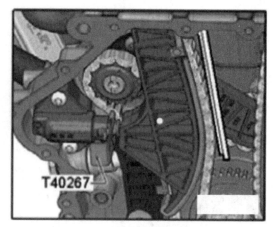

图 4-565

（21）用发动机机油浸润孔（如图 4-563 中箭头）。检查夹紧套（如图 4-563 中 1）是否已插入。

图 4-563

（22）小心地套上轴承支架，此时不得歪斜。套上轴承支架，将螺栓（如图 4-564 中箭头）手动拧入至贴紧。

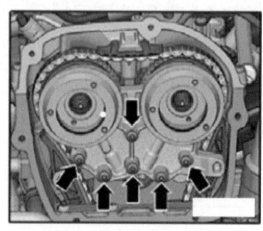

图 4-564

（23）拆除插入定位工具 T40267，如图 4-565 所示。拧紧用于轴承支架的螺栓。安装控制阀。为了

确保气门在启动时正常入位，将发动机小心地旋转至少 2 圈。

（24）提示：因为传动比的原因，有色的链节在发动机转动之后不再对齐。后续安装以倒序进行，安装过程中请注意以下事项：

①取下将旋转工具并安装正时链的下部盖板。

②安装正时链的上部盖板。

（25）在链条传动装置上操作后必须进行匹配。

（三）平衡轴驱动链装配一览（如图 4-566 所示）

1. 轴承螺栓安装位置

（1）更换 O 形环（如图 4-567 中 1）并上油。

（2）轴承螺栓的配合销（如图 4-567 中箭头）必须卡入气缸体孔中。

（3）用机油润滑轴承销。

2. 中间齿轮拧紧力矩和拧紧顺序

提示：错误的齿隙有损坏发动机的危险。一定要更换中间齿轮，否则齿隙间隙便会出错。拆卸后更换那些拧紧时需要继续旋转一个角度的螺栓。

分步拧紧螺栓：

①拧紧力矩 10N·m。

②旋转中间齿轮。中间齿轮不允许有间隙存在，否则松开并再次拧紧。

③拧紧力矩 25N·m。

④继续拧紧 90°。

（四）检测配气相位

1. 所需要的专用工具和维修设备

（1）火花塞扳手 3122B，如图 4-568 所示。

（2）千分表组件，4 部分 VAS 6341，如图 4-569 所示。

（3）千分表适配器 T10170 A，如图 4-570 所示。

（4）棘轮环形扳手 SW21 T40263，如图 4-571 所示。

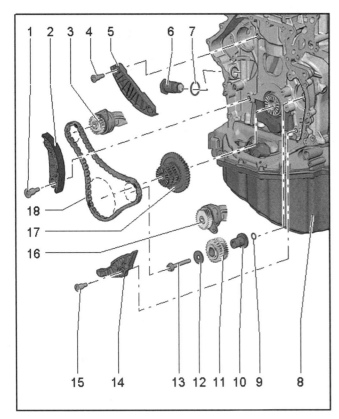

1.导向销，拧紧力矩20N·m 2.张紧轨 3.平衡轴排气侧。用发动机机油涂抹支座。仅成对更换 4.导向销，拧紧力矩20N·m 5.滑轨。用于正时链 6.链条张紧器。拆卸后更换，拧紧力矩85N·m 7.密封环。不单独提供，包含在供货范围 8.气缸体 9.O形环。用发动机机油涂抹 10.轴承。用发动机机油涂抹 11.中间齿轮 12.止推垫片 13.螺栓。拆卸后更换。如果螺栓松开过，则必须更换中间齿轮 14.滑轨。用于平衡轴正时链 15.导向销，拧紧力矩20N·m 16.平衡轴，进气侧。用发动机机油涂抹支座。仅成对更换 17.三级链轮 18.平衡轴驱动链。在链条传动装置上操作后必须进行匹配

图 4-566

图 4-567

图 4-568

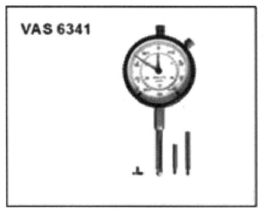

图 4-569

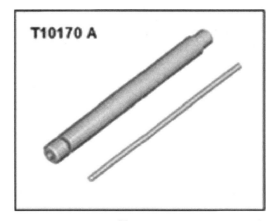

图 4-570

图 4-571

（5）适配接头 T40314，如图 4-572 所示。

2. 工作步骤

（1）拆卸正时链上部盖板。拆卸前部隔音垫。如已安装，拧出螺栓（如图 4-573 中箭头），为此松开

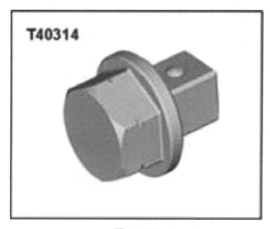

图 4-572

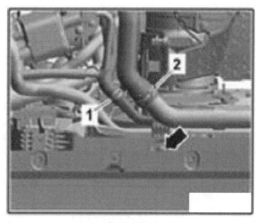

图 4-573

前围支架上的保险杠罩锁止件。将冷却液管推至一侧。

（2）用棘轮环形扳手 SW21 T40263、适配接头 T40314 和套筒扳手 SW 24 在减震器上沿发动机运转方向转动曲轴，直到标记（如图 4-574 中箭头）几乎位于上部。

图 4-574

（3）用火花塞扳手 3122B 拆下气缸 1 的火花塞，如图 4-575 所示。

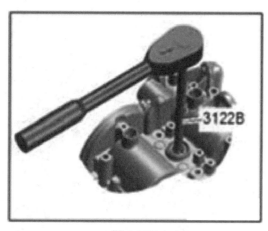

图 4-575

（4）将千分表适配器 T10170/A 拧入火花塞螺纹内，直至极限位置。将千分表组件、4 部分 VAS 6341 中的千分表和加长件 T10170A/1 插入到极限位置，用锁紧螺母固定住。缓慢地沿发动机运转方向旋转曲轴，直至指针达到极限。在指针达到极限部位（指针回返点）时，活塞位于"上止点"。提示：如果曲轴转到"上止点"上，则必须将曲轴沿发动机运转方向再次转动 2 圈。请勿逆发动机运转方向转动发动机。在安放到减振器上时，比下面显示的顶紧装置 T10355 更好的是使用由棘轮环形扳手 SW21 T40263、适配接头 T40314 和套筒扳手 SW24 构成的组合。

（5）气缸盖罩上带标记。凸轮轴链轮的标记（如图 4-576 中 1）必须对准气缸盖上的标记（如图 4-576 中 2、3）。

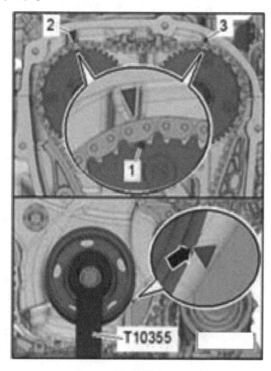

图 4-576

（6）气缸盖罩上不带标记。减震器上的缺口和正时链下方盖板上的标记必须相互对着（如图4-577中箭头）。凸轮轴链轮的标记（如图4-577中1）必须指向上。

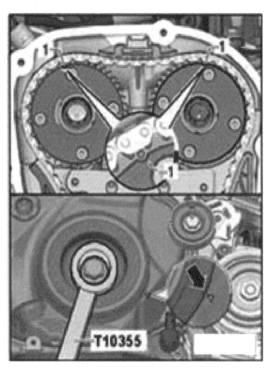

图 4-577

（7）测量从棱边（如图4-578中1）到排气凸轮轴链轮上的标记（如图4-578中2）的距离。标准值：74~77mm。

图 4-578

（8）如果已达到标准值，那么测量排气凸轮轴链轮上的标记（如图4-579中3）和进气凸轮轴链轮上的标记（如图4-579中4）之间的距离。标准值：124~127mm。提示：一个齿的偏差意味着和标准值偏差约6mm。如果确认有偏差，那么必须重新铺放正时链。

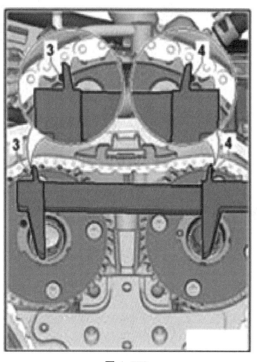

图 4-579

十、车型

奥迪 A5 Coupe 40TFSI（2.0T DMSA），2021—2022年。

奥迪 A5 Sportback 40TFSI（2.0T DMSA），2021—2022年。

奥迪 A5 Cabriolet 40TFSI（2.0T DMSA），2021—2022年。

奥迪 A4 40TFSI（2.0T DMSA），2021—2022年。

（一）凸轮轴正时链装配一览（如图4-580所示）

1. 轴承支架拧紧力矩和拧紧顺序

按图4-581所示顺序分步拧紧螺栓1~6：

①把螺栓1~6用手拧入至紧贴。

②拧紧力矩9N·m。

2. 三级链轮安装位置

两面（如图4-582中箭头）必须相对。

3. 检查控制阀

活塞（如图4-583中1）必须可以克服弹簧力压入约3mm。在此过程中它不允许被卡住。

（二）拆卸和安装凸轮轴正时链

1. 所需要的专用工具和维修设备

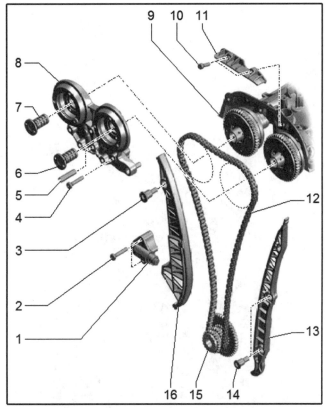

图 4-582

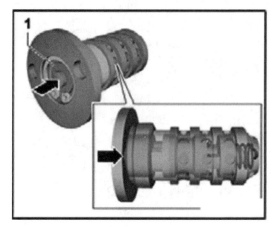

图 4-583

1.链条张紧器。处于弹簧张紧状态。拆卸前用定位工具T40267固定住　2.螺栓，拧紧力矩9N·m　3.导向销，拧紧力矩20N·m　4.螺栓。拆卸后更换　5.夹紧套。根据结构情况，不是在每个轴承桥上都安装　6.控制阀。左旋螺纹。拧紧力矩35N·m　7.控制阀。左旋螺纹，拧紧力矩35N·m　8.轴承支架　9.气缸盖罩　10.螺栓。拧紧力矩9N·m　11.滑轨　12.凸轮轴正时链。为了能够重新安装，要用颜色标出转动方向口。在链条传动装置上操作后必须进行匹配　13.滑轨　14.导向销，拧紧力矩20N·m　15.三级链轮　16.张紧轨

图 4-580

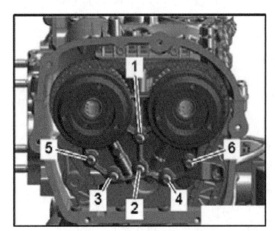

图 4-581

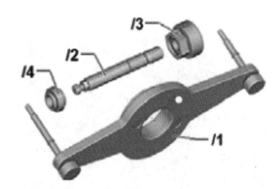

图 4-584

（1）装配工具 T10531，如图 4-584 所示。

（2）装配工具 T10531/5/6，如图 4-585 所示。

（3）杠杆 T40243，如图 4-586 所示。

（4）棘轮环形扳手 SW21 T40263，如图 4-587

图 4-585

260

图 4-586

图 4-587

所示。

（5）固定装置 T40271/3/4，如图 4-588 所示。

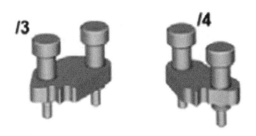

图 4-588

（6）适配器 T40314，如图 4-589 所示。

图 4-589

（7）装配工具 T40427，如图 4-590 所示。

图 4-590

（8）专用工具 T40435。

2. 拆卸

（1）拆卸轴承支架。提示：控制机构跳动过大时有损坏发动机的危险。

（2）仅朝发动机运转方向转动发动机。减震器，型号 1：用棘轮环形扳手 SW21 T40263、适配器 T40314 和套筒扳手 SW 24 转动减震器上的曲轴，直至减振器位于"上止点"处，如图 4-591 所示。减震器，型号 2：用弯头环形扳手 SW 24 转动减振器上的曲轴，直至减震器位于"上止点"处。

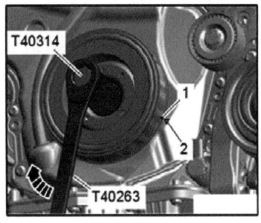

图 4-591

（3）凸轮轴链轮（如图 4-592 中 2）的标记（如图 4-592 中 3 和 4）必须都朝上。减震器（如图 4-592 中 1）上的缺口（如图 4-592 中箭头）和正时链下部盖板上的箭头标记（如图 4-592 中 5）必须彼此对准。提示：视制造状态而定，箭头标记（如图 4-592 中 5）可能不存在。标记（如图 4-592 中 3）朝上时就足够了。拆卸正时链下部盖板。再次检查"上止点"位置。

（4）将张紧弹簧的钢丝夹（如图 4-593 中 3）从油底壳上部件（如图 4-593 中箭头）上脱出。拧出导

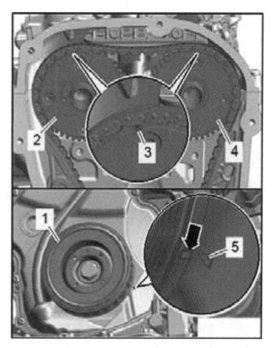

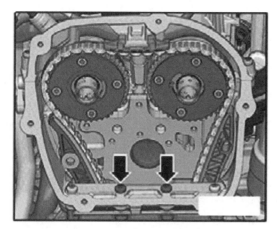

图 4-594

图 4-592

向销（如图 4-593 中 2），取下链条张紧器。将机油泵
驱动链（如图 4-593 中 1）从三级链轮上取下并悬挂
在张紧销 T10531/6 上。

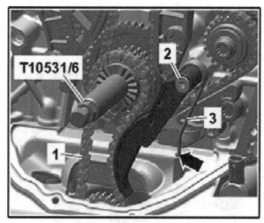

图 4-593

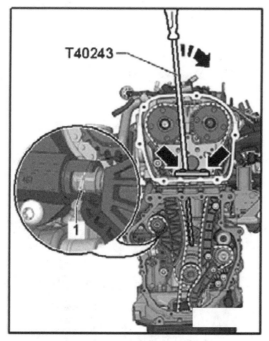

图 4-595

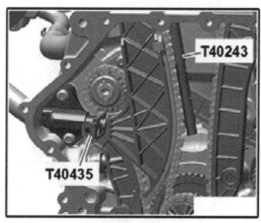

图 4-596

（5）拧出螺栓（如图 4-594 中箭头）。

（6）将操纵杆 T40243 拧到气缸盖上（如图 4-595
中下部箭头）。将链条张紧器的卡环（如图 4-595 中
1）压到一起并固定。将操纵杆 T40243 向箭头方向缓
慢地按压并固定住。这样可以把链条张紧器往回推。
提示：链条张紧器以油减震，因此必须缓慢地均匀用
力往回推。

（7）将链条张紧器用专用工具 T40435 锁定。拆
卸杠杆 T40243，如图 4-596 所示。

（8）将固定装置 T40271/3 拧到气缸盖上。将凸
轮轴固定装置推入链轮的花键内（如图 4-597 中箭头

B）。必要时为此用装配工具 T40427 略微来回转动进
气凸轮轴（如图 4-597 中箭头 A）。

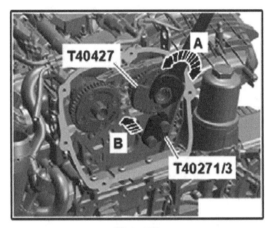

图 4-597

（9）将固定装置 T40271/4 拧到气缸盖上。接下来的工作步骤需要有另一位机械师协助。用装配工具 T40427 固定住排气凸轮轴。拧出导向销（如图 4-598 中 1），向下取出张紧轨（如图 4-598 中 2）。将排气凸轮轴顺时针继续转动（如图 4-598 中箭头 A），直至固定装置 T40271/4 能够推入链轮花键内（如图 4-598 中箭头 B）。

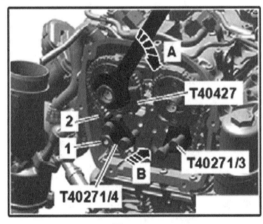

图 4-598

（10）拧出螺栓（如图 4-599 中箭头），取下滑轨（如图 4-599 中 1）。

图 4-599

（11）拧出导向销（如图 4-600 中 1），取下滑轨（如图 4-600 中 2）。将凸轮轴正时链从凸轮轴齿轮上取下，然后向下取出。提示：气门和活塞头相撞有毁坏发动机的危险。凸轮轴正时链拆下后不要再转动曲轴。

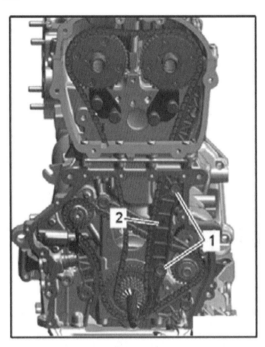

图 4-600

3. 安装。

（1）前提条件

曲轴位于"上止点"；三级链轮上的 V 形开口在虚拟的垂直线（如图 4-601 中箭头）上居中位于凸轮

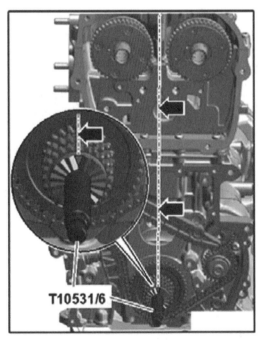

图 4-601

轴链轮间。三级链轮已用张紧销 T10531/6 锁定。

（2）凸轮轴链轮已用固定装置 T40271/3 和 T40271/4 锁定在"上止点"。排气凸轮轴齿轮上的标记（如图 4-602 中箭头 B）必须与气缸盖罩上的标记（如图 4-602 中箭头 A）顺时针错开半个齿。标记（如图 4-602 中箭头 C）必须相对。

图 4-602

（3）将凸轮轴正时链通过彩色链节（如图 4-603 中箭头）挂在凸轮轴轴颈上。

图 4-603

（4）将凸轮轴正时链放到进气凸轮轴、排气凸轮轴和三级链轮上。彩色链节必须对准链轮上的标记（如图 4-604 中箭头）。

（5）装入滑轨（如图 4-605 中 2），拧紧导向销（如图 4-605 中 1）。

图 4-604

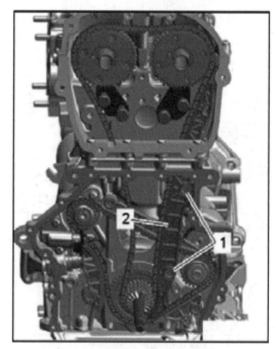

图 4-605

（6）装上滑轨（如图 4-606 中 1），并拧紧螺栓（如图 4-606 中箭头）。

（7）接下来的工作步骤需要有另一位机械师协助。用装配工具 T40427 沿箭头方向（如图 4-607 中 B）减小排气凸轮轴的预紧力，然后将固定装置 T40271/4 从链轮花键中拉出（如图 4-607 中箭头 C）。沿箭头方向（如图 4-607 中 A）拧出排气凸轮轴，直至正时链紧贴滑轨（如图 4-607 中 3）。将凸轮轴固定在这个位置，装入张紧轨（如图 4-607 中 2）并拧紧导向销（如

图 4-606

图 4-607 中 1 所示）。拆卸固定装置 T40271/4。

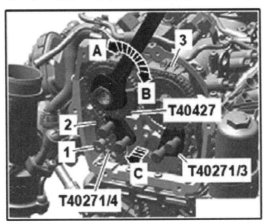

图 4-607

（8）用装配工具 T40427 沿箭头方向（如图 4-608 中 A）减小进气凸轮轴的预紧力，将固定装置 T40271/3（如图 4-608 中 A）链轮花键中拉出（如图 4-608 中箭头 B）并将凸轮轴置于静止位置。拆卸固定装置 T40271/3。

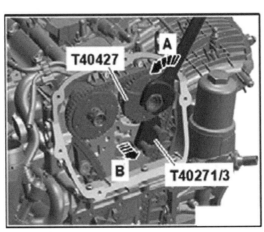

图 4-608

（9）拧入并拧紧螺栓（如图 4-609 中箭头）。

图 4-609

（10）用发动机机油浸润孔（如图 4-610 中箭头）。检查夹紧套（如图 4-610 中 1）是否已插入。如果要再次使用轴承支架，必须将夹紧套推回。夹紧套必须与轴承支架壳体齐平。

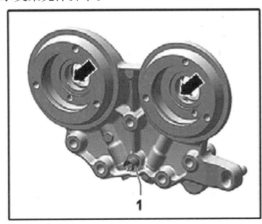

图 4-610

（11）小心地套上轴承支架，此时不得歪斜。插上轴承支架，用手拧入螺栓 1~6 至贴紧。取下专用工具 T40435。拧紧轴承支架的螺栓，此时夹紧套与螺栓（如图 4-611 中 2）被拉入气缸盖。

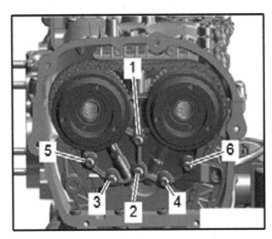

图 4-611

（12）检查调整情况：彩色链节必须对准链轮上的标记（如图4-612中箭头）。安装控制阀。

图4-612

（13）装上机油泵驱动链。装入链条张紧器，拧紧导向销（如图4-613中2）。将张紧弹簧的钢丝夹（如图4-613中3）挂入油底壳上部件的开口内（如图4-613中箭头）。

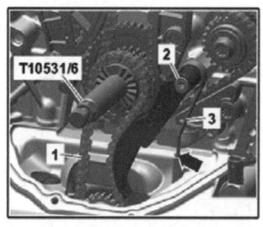

图4-613

（14）提示：控制机构跳动过大时有损坏发动机的危险。仅朝发动机运转方向转动发动机。安装带肩螺母T10531/4和旋转工具T10531/3，如图4-614所示。

（15）提示：由于在气门机构上进行操作，因此气门和活塞头有损坏的危险。为了确保气门在启动时正常入位，将曲轴小心地旋转至少2圈。将发动机沿

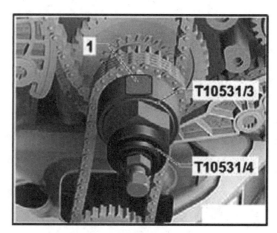

图4-614

发动机转动方向旋转两次。提示：因为传动比的原因，有色的链节在发动机转动之后不再对齐。拧下带肩螺母并取下旋转工具。

（16）后续安装以倒序进行，安装过程中请注意以下事项：

①更换正时链下部盖板。

②更换正时链上部盖板。

（17）拆卸、安装或更换链条传动部件后必须进行匹配。

十一、车型

奥迪Q7 45TFSI quattro（2.0T DMFB），2020年。

奥迪Q8 45TFSI（2.0T DMFB），2021—2022年。

（一）凸轮轴正时链装配一览（如图4-615所示）

1. 检查控制阀（如图4-616所示）

2. 轴承支架安装指南

如果要安装带张紧套（如图4-617中4）的新轴承支架（如图4-617中3），则安装轴承支架前必须检查气缸盖（如图4-617中1）中的孔（如图4-617中箭头）。如果孔（如图4-617中箭头）未规定用于张紧套（如图4-617中4），则必须将张紧套从轴承支架中取出。然后对于该孔也使用一个更短的螺栓（如图4-617中2）。

3. 轴承支架拧紧力矩和拧紧顺序

按图4-618所示顺序分步拧紧螺栓：

（1）对于钢螺栓。

①把螺栓1~6用手拧入至紧贴。

②拧紧力矩9N·m。

（2）对于铝螺栓

拆卸后更换那些拧紧时需要继续旋转一个角度的螺栓。

①把螺栓用手拧入至紧贴。

②拧紧力矩4N·m。

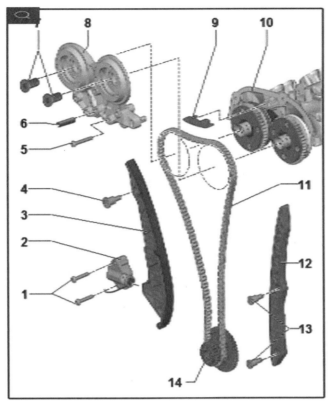

1.螺栓。拆卸后更换。用于铝螺栓，拧紧力矩4N·m + 90°。用于钢螺栓，拧紧力矩9N·m 2.链条张紧器。处于弹簧张紧状态。拆卸前用插入定位工具T40267固定住 3.正时销长紧轨 4.导向销。拧紧力矩20N·m 5.螺栓。拆卸后更换铝螺栓 6.夹紧套。根据结构情况，不是在每个轴承桥上都安装 7.控制阀。左旋螺纹。视制造状态而定，有不同的型号。使用装配工具T10352A中的某个工具拆卸。拧紧力矩35N·m 8.轴承支架 9.凸轮轴正时链的滑轨 10.凸轮轴外壳 11.凸轮轴正时链。拆卸前，用颜色标记转动方向。在链条传动装置上操作后必须进行匹配 12.凸轮轴正时链的滑轨 13.导向销，拧紧力矩20N·m 14.三级链轮

图 4-615

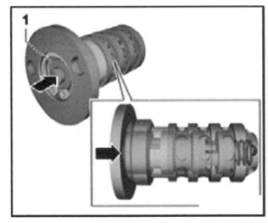

图 4-616

③继续旋转 180°。

4.三级链轮安装位置

两面（如图 4-619 中箭头）必须相对。

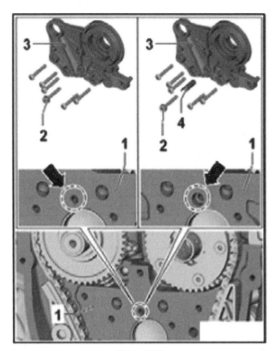

图 4-617

图 4-618

图 4-619

（二）拆卸和安装凸轮轴正时链

1.所需要的专用工具和维修设备

（1）装配工具 T10352A、装配工具 T10352/3 和

装配工具 T10352/4，如图 4-620 所示。

T10352

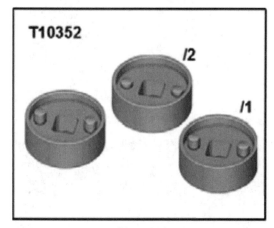

图 4-620

（2）定位销 T40011，如图 4-621 所示。

T40011

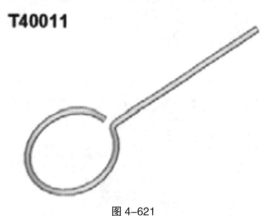

图 4-621

（3）杠杆 T40243，如图 4-622 所示。

T40243

图 4-622

（4）棘轮环形扳手 SW21 T40263，如图 4-623 所示。

（5）适配接头 T40266，如图 4-624 所示。

（6）插入定位工具 T40267，如图 4-625 所示。

（7）凸轮轴固定装置 T40271，如图 4-626 所示。

（8）适配接头 T40314，如图 4-627 所示。

2.拆卸

T40263

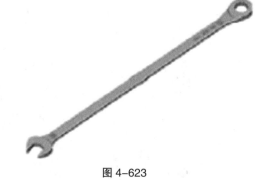

图 4-623

T40266

图 4-624

T40267

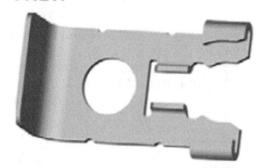

图 4-625

T40271

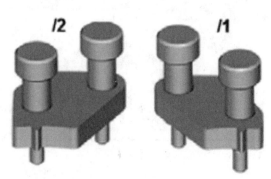

图 4-626

（1）拆卸正时链上部盖板。提示：控制阀有左旋螺纹。

T40314

图 4-627

（2）用装配工具（如图 4-628 中 1）沿箭头方向拆卸左侧和右侧控制阀。视控制阀的制造状态而定，使用某个列出的工具：

①装配工具 T10352。

②装配工具 T10352/1。

③装配工具 T10352/2。

④装配工具 T10352/3。

⑤装配工具 T10352/4。

图 4-628

（3）拧出螺栓（如图 4-629 中箭头）。小心地拔出轴承支架，此时不得歪斜。取下轴承支架。

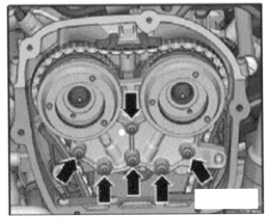

图 4-629

（4）将减震器转到"上止点"位置。提示：控制机构跳动过大时有损坏发动的危险。仅朝发动机运转方向转动发动机。提示：视制造状态而定，标记（如图 4-630 中 2）可能没有。标记（如图 4-630 中 1）朝上时就足够了。减震器上的缺口和正时链下方盖板上的标记必须相互对着（如图 4-630 中箭头）。凸轮轴链轮的标记（如图 4-630 中 1）必须指向上。

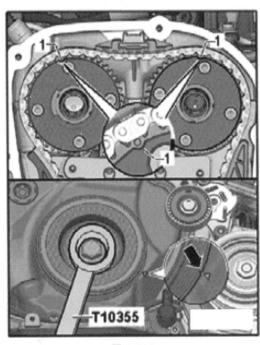

图 4-630

提示：在安放到减振器上时，比顶紧装置 T10355 更好的是使用由棘轮环形扳手 SW21 T40263、适配接头 T40314 和套筒扳手 SW 24 构成的组合。拆卸正时链下部盖板。再次检查"上止点"位置。

（5）沿箭头方向按压机油泵的链条张紧器张紧卡箍并用定位销 T40011 卡住。拧出螺栓（如图 4-631 中 1），取下链条张紧器（如图 4-631 中 2）。

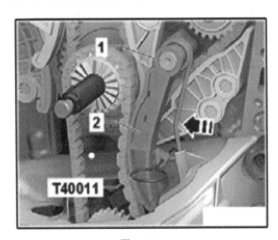

图 4-631

269

（6）拧出螺栓（如图4-632中箭头）。

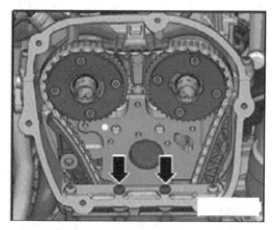

图4-632

（7）拧入操纵杆T40243（如图4-633中箭头）。将链条张紧器的卡环（如图4-633中1）压到一起并固定。将操纵杆T40243向箭头方向缓慢地按压并固定住。

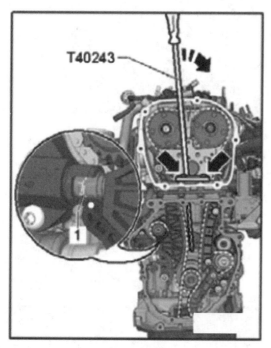

图4-633

（8）用插入定位工具T40267固定链条张紧器，如图4-634所示。拆卸杠杆T40243。

（9）将凸轮轴固定装置T40271/2拧到气缸盖上并沿箭头方向（如图4-635中2）推入链轮的啮合齿中，必要时用适配器T40266沿箭头方向（如图4-635中1）转动进气凸轮轴。

（10）将凸轮轴固定装置T40271/1安装到气缸盖上。接下来的工作步骤需要有另一位机械师协助。将

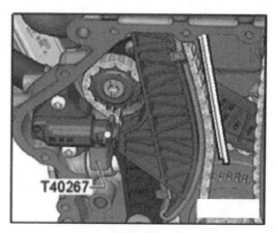

图4-634

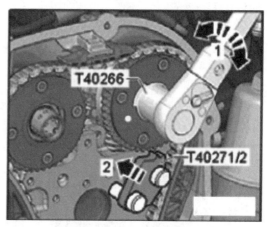

图4-635

排气凸轮轴用适配接头T40266沿箭头方向（如图4-636中A）固定住。拧出螺栓（如图4-636中1），将张紧轨（如图4-636中2）向下推。将排气凸轮轴沿顺时针箭头方向（如图4-636中A）继续旋转，直到凸轮轴固定装置T40271/1能够推入链轮啮合齿（如图4-636中C）中，箭头方向（如图4-636中B）。

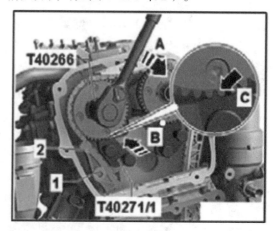

图4-636

（11）拆卸滑轨（如图4-637中1），为此用螺丝刀打开卡子（如图4-637中箭头），然后将滑轨向

图 4-637

前推开。

（12）拧出螺栓（如图4-638中箭头），拆下链条张紧器（如图4-638中1）。

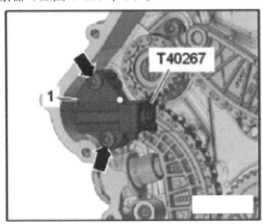

图 4-638

（13）拧出螺栓（如图4-639中1），拆下滑轨（如图4-639中2）。

（14）将凸轮轴正时链从凸轮轴齿轮上取下并挂到凸轮轴的销轴上（如图4-640中箭头）。

（15）拆卸平衡轴正时链的链条张紧器（如图4-641中1）。

（16）拧出螺栓（如图4-642中1）。拆卸张紧轨（如图4-642中2）、滑轨（如图4-642中3和4）。

（17）松开张紧螺栓（如图4-643中A），拧出张紧销（如图4-643中B）。取出三级链轮，同时卸下机油泵驱动装置的正时链。取下凸轮轴正时链和平衡轴驱动链。

3. 安装

（1）检查曲轴的上止点，曲轴的平端（如图4-644中箭头）必须水平。用防水销钉将标记标注到气缸体（如图4-644中1）上。

（2）用防水记号笔在三级链轮的齿（如图4-645

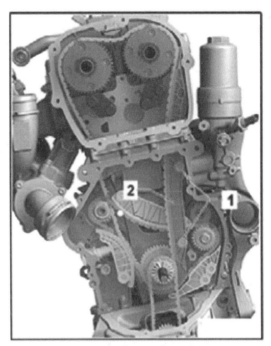

图 4-639

图 4-640

图 4-641

中1）上做标记（如图4-645中2）。

（3）将中间齿轮和平衡轴转至标记箭头螺栓（如图4-646中1），不得松开。

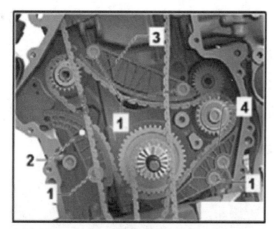

图 4-642

图 4-643

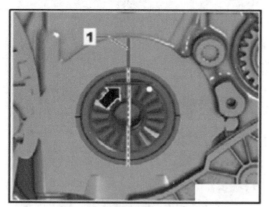

图 4-644

图 4-645

图 4-646

（4）链条的彩色链节必须定位在链轮的标记上。无须理会可能存在的附加彩色链节的位置。放上平衡轴驱动链，将彩色链节（如图 4-647 中箭头）定位到链轮的标记上。

图 4-647

（5）安装滑轨（如图 4-648 中 1）并拧紧螺栓（如图 4-648 中箭头）。

图 4-648

（6）将带彩色链节的凸轮轴正时链（如图 4-649 中箭头）挂到凸轮轴销轴上。

图 4-649

（7）将机油泵驱动装置的正时链放到三级链轮上。沿箭头方向将三级链轮向发动机侧翻转并在曲轴上固定。标记（如图 4-650 中箭头）必须相对。

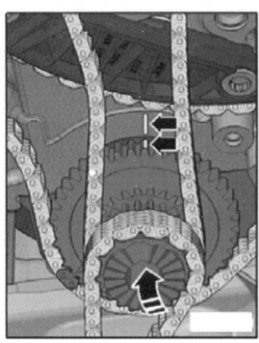

图 4-650

（8）将张紧销 T10531/2 拧入曲轴并用手拧紧。装上旋转工具 T10531/3。将带肩螺母 T10531/4 手动拧紧。用开口度 32 的开口扳手略微来回移动旋转工具，同时再拧紧带肩螺母，直到链轮牢固地装到曲轴啮合齿上。现在才能拧紧张紧螺栓（如图 4-651 中 A）。

（9）将平衡轴驱动链的彩色链节（如图 4-652 中箭头）定位在三级链轮的标记上。安装张紧轨（如图 4-652 中 1）和滑轨（如图 4-652 中 2）。拧紧螺栓（如图 4-652 中 3）。

（10）安装链条张紧器（如图 4-653 中 1）。

（11）再次检查调整情况，彩色链节（如图 4-654

图 4-651

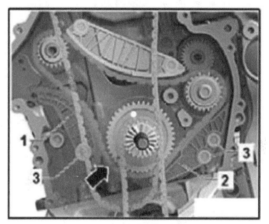

图 4-652

图 4-653

中箭头）必须对准链轮上的标记。

（12）将凸轮轴正时链放到进气凸轮轴上，排气凸轮轴放到曲轴上。将彩色链节（如图 4-655 中箭头）

图 4-654

图 4-655

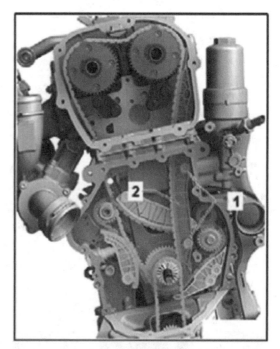

图 4-656

图 4-657

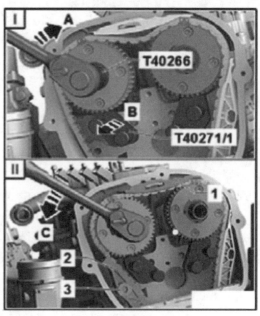

图 4-658

定位到链轮的标记上。

（13）安装滑轨（如图 4-656 中 2）并拧紧螺栓（如图 4-656 中 1）。

（14）安装上部滑轨（如图 4-657 中 1）。

（15）接下来的工作步骤需要有另一位机械师协助。将排气凸轮轴用适配器 T40266 沿箭头方向（如图 4-658 中 A）略微转动，并将凸轮轴固定装置 T40271/1 从链轮的啮合齿中推出（如图 4-658 中箭头方向 B）。将凸轮轴沿箭头方向（如图 4-658 中 C）松开，直到正时链紧贴到滑轨（如图 4-658 中 1）上。将凸轮轴固定在这个位置，拧上张紧轨（如图 4-658 中 2）并拧紧螺栓（如图 4-658 中 3）。

（16）安装链条张紧器（如图 4-659 中 1）并拧紧螺栓（如图 4-659 中箭头）。

（17）用适配器 T40266 沿箭头方向（如图 4-660

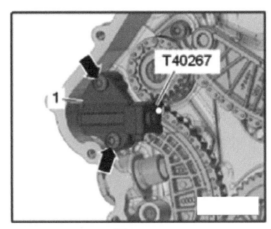

图 4-659

中1）转动进气凸轮轴，沿箭头方向（如图 4-660 中 2）从链轮的啮合齿中推出凸轮轴固定装置 T40271/2 并松开凸轮轴。拆卸凸轮轴固定装置 T40271/2。

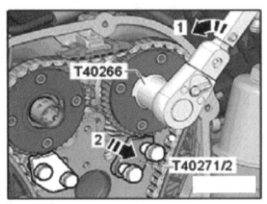

图 4-660

（18）检查调整情况，彩色链节（如图 4-661 中箭头）必须对准链轮的标记。

图 4-661

（19）安装链条张紧器（如图 4-662 中 2）并拧紧螺栓（如图 4-662 中 1），去除定位销 T40011，钢丝夹必须在开口中（如图 4-662 中箭头）紧贴油底壳上部件。

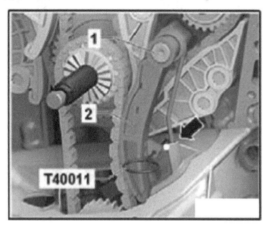

图 4-662

（20）拧入并拧紧螺栓（如图 4-663 中箭头）。

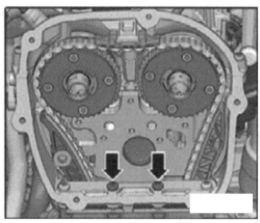

图 4-663

（21）用发动机机油浸润孔（如图 4-664 中箭头）。检查夹紧套（如图 4-664 中 1）是否已插入。

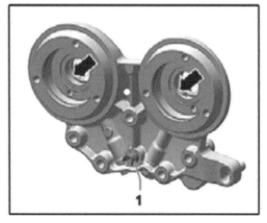

图 4-664

（22）小心地套上轴承支架，此时不得歪斜。套上轴承支架，将螺栓（如图4-665中箭头）手动拧入至贴紧。

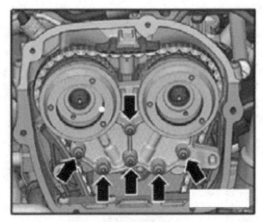

图 4-665

（23）拆除插入定位工具 T40267，如图 4-666 所示。拧紧用于轴承支架的螺栓。安装控制阀。为了确保气门在启动时正常入位，将发动机小心地旋转至少 2 圈。

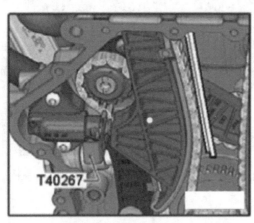

图 4-666

提示：因为传动比的原因，有色的链节在发动机转动之后不再对齐。后续安装以倒序进行，安装过程中请注意以下事项：

①取下将旋转工具并安装正时链的下部盖板。

②安装正时链的上部盖板。

（24）在链条传动装置上操作后必须进行匹配。

（三）检测配气相位

1. 所需要的专用工具和维修设备

（1）火花塞扳手 3122B，如图 4-667 所示。

（2）千分表组件，4 部分 VAS 6341，如图 4-668 所示。

（3）千分表适配器 T10170 A，如图 4-669 所示。

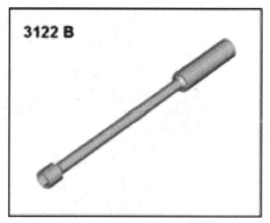

图 4-667

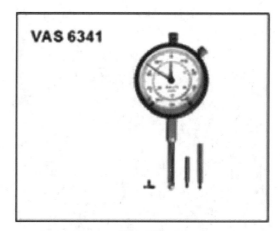

图 4-668

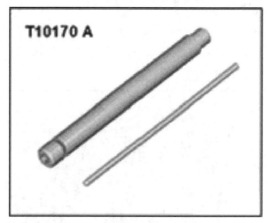

图 4-669

（4）棘轮环形扳手 SW21 T40263，如图 4-670 所示。

（5）适配接头 T40314，如图 6-671 所示。

2. 工作步骤

（1）拆卸正时链上部盖板。拆卸前部隔音垫。如已安装，拧出螺栓（如图 4-672 中箭头），为此松开前围支架上的保险杠罩锁止件将冷却液管推至一侧。

（2）用棘轮环形扳手 SW21 T40263、适配接头

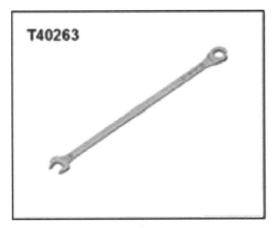

图 4-670

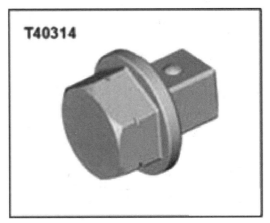

图 4-671

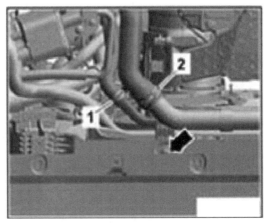

图 4-672

图 4-673

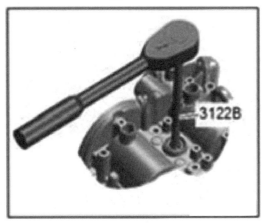

图 4-674

锁紧螺母（如图 4-675 中箭头）固定住。缓慢地沿发动机运转方向旋转曲轴，直至指针达到极限。在指针达到极限部位（指针回返点）时，活塞位于"上止点"。

提示：如果曲轴转到"上止点"上，则必须将曲轴沿

T40314 和套筒扳手 SW 24 在减震器沿上发动机运转方向转动曲轴，直到标记（如图 4-673 中箭头）几乎位于上部。

（3）用火花塞扳手 3122B 拆下气缸的火花塞，如图 4-674 所示。

（4）将千分表适配器 T10170/A 拧入火花塞螺纹内，直至极限位置。将千分表组件、4 部分 VAS 6341 中的千分表和加长件 T10170A/1 插入到极限位置，用

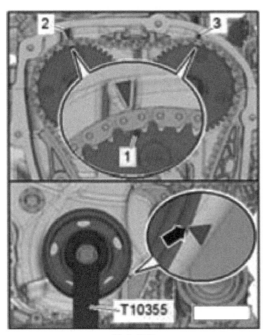

图 4-675

发动机运转方向再次转动 2 圈。请勿逆发动机运转方向转动发动机。在安放到减震器上时，比下面显示的顶紧装置 T10355 更好的是使用由棘轮环形扳手 SW21 T40263、适配接头 T40314 和套筒扳手 SW 24 构成的组合。

（5）气缸盖罩上带标记。凸轮轴链轮的标记（如图 4-675 中 1）必须对准气缸盖上的标记（如图 4-675 中 2、3）。

（6）气缸盖罩上不带标记。减震器上的缺口和正时链下方盖板上的标记必须相互对着（如图 4-676 中箭头）。凸轮轴链轮的标记（如图 4-676 中 1）必须指向上。

图 4-676

（7）测量从棱边（如图 4-677 中 1）到排气凸轮轴链轮上的标记（如图 4-677 中 2）的距离。标准值：

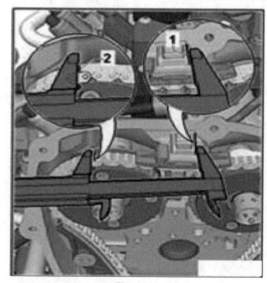

图 4-677

74~77mm。

（8）如果已达到标准值，那么测量排气凸轮轴链轮上的标记（如图 4-678 中 3）和进气凸轮轴链轮上的标记（如图 4-678 中 4）之间的距离。标准值：124~127mm。

提示：一个齿的偏差意味着和标准值偏差约 6mm。如果确认有偏差，那么必须重新铺放正时链。

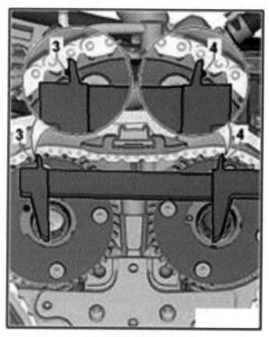

图 4-678

十二、车型

奥迪 Q7 55TFSI Quattro S Line（3.0T DCBD），2020—2022 年。

奥迪 Q8 55TFSI（3.0T DCBD），2019—2022 年。

（一）气缸列 1（右侧）凸轮轴正时链装配一览（如图 4-679 所示）

（二）气缸列 2（左侧）凸轮轴正时链装配一览（如图 4-680 所示）

（三）将凸轮轴正时链从凸轮轴上拆下，气缸列 2（左侧）

对于以下工作流程，凸轮轴正时链保留在发动机上。

1. 所需要的专用工具和维修设备

（1）扭矩扳手 VAS 6583，如图 4-681 所示。

（2）定位销 T03006，如图 4-682 所示。

（3）固定螺栓 T40069（发动机已拆下时），如图 4-683 所示。

（4）棘轮环形扳手 SW21 T40263，如图 4-684 所示。

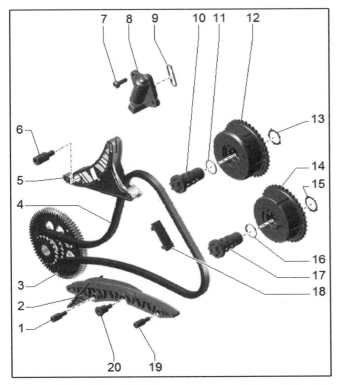

1.导向销。拆卸后更换。拧紧力矩5N·m +45°　2.滑轨 3.齿轮。带凸轮轴正时链的链轮 4.凸轮轴正时链 5.张紧轨 6.轴承螺栓。拧紧力矩23N·m 7.螺栓。拧紧力矩9N·m 8.链条张紧器 9.密封件。拆卸后更换 10.控制阀。用于凸轮轴调节器 11.O形环。拆卸后更换 12.凸轮轴调节器。用于排气凸轮轴。拆卸后更换摩擦垫圈（金刚石垫圈）13.摩擦垫圈（金刚石垫圈）。用于凸轮轴调节器和凸轮轴轴端之间的连接安全性。拆卸后更换。小心地将新的摩擦垫圈（金刚石垫圈）置于安装位置，不要折弯 14.凸轮轴调节器。用于进气凸轮轴。拆卸后更换摩擦垫圈（金刚石垫圈）15.摩擦垫圈（金刚石垫圈）。用于凸轮轴调节器和凸轮轴轴端之间的连接安全性。拆卸后更换。小心地将新的摩擦垫圈（金刚石垫圈）置于安装位置，不要折弯 16.O形环。拆卸后更换 17.控制阀。用于凸轮轴调节器 18.滑块。拆卸后更换 19.导向销。拆卸后更换。拧紧力矩5N·m +45°　20.导向销。拆卸后更换。拧紧力矩5N·m +45°

图 4-679

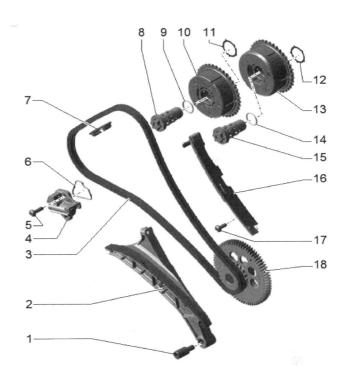

1.轴承螺栓。拧紧力矩23N·m 2.张紧轨 3.凸轮轴正时链。为了能够重新安装，要用颜色标出转动方向 4.链条张紧器 5.螺栓。拧紧力矩9N·m 6.密封件。拆卸后更换 7.滑块。拆卸后更换 8.控制阀。拆卸后更换 9.O形环。拆卸后更换 10.凸轮轴调节器。拆卸后更换摩擦垫圈（金刚石垫圈）11.摩擦垫圈（金刚石垫圈）。用于凸轮轴调节器和凸轮轴轴端之间的连接安全性。拆卸后更换。小心地将新的摩擦垫圈（金刚石垫圈）置于安装位置，不要折弯 12.摩擦垫圈（金刚石垫圈）。用于凸轮轴调节器和凸轮轴轴端之间的连接安全性。拆卸后更换。小心地将新的摩擦垫圈（金刚石垫圈）置于安装位置，不要折弯 13.凸轮轴调节器。拆卸后更换摩擦垫圈（金刚石垫圈）14.O形环。拆卸后更换 15.控制阀 16.滑轨 17.螺栓。拧紧力矩9N·m 18.齿轮。带凸轮轴正时链的链轮

图 4-680

图 4-681

（5）凸轮轴固定装置T40264/3，如图4-685所示。

（6）适配器T40314，如图4-686所示。

（7）凸轮轴固定装置T40331、套筒头E24 T90000、固定装置T90001、固定装置T90002、套筒头 VAS 261 001 和 Hazet 6423C。

2. 准备凸轮轴固定装置 T40331

凸轮轴固定装置T40331/1上的标记字样"B"朝前，如图4-687所示。凸轮轴固定装置T40331/5和T40331/6以及螺栓垫圈T40331/9必须通过固定销（如图4-687中箭头）定位。用手拧紧螺栓。

3. 拆卸

如要在发动机安装状态下将凸轮轴正时链从凸轮轴上拆下时，需要做准备工作。提示：错调配气相位

有毁坏发动机的危险。切勿在链条传动机构未完全安装时转动曲轴和凸轮轴。

（1）拆卸和安装正时链上部盖板。

（2）拆卸上部空气导流管。

279

T03006

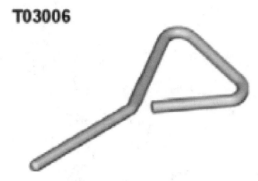

图 4-682

T40069

图 4-683

T40263

图 4-684

T40264

图 4-685

T40314

图 4-686

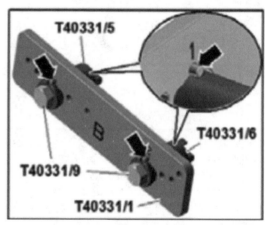

图 4-687

（3）拆卸真空泵。提示：控制机构跳动过大时有损坏发动机的危险。仅朝发动机运转方向转动发动机。

（4）用棘轮环形扳手开口度 21 T40263 和适配器 T40314 转动曲轴箭头直至减震器位于"上止点"，如图 4-688 所示（以 3.0L 发动机为例展示）。

图 4-688

（5）凸轮轴调节器上的标记（如图 4-689 中 1、2）必须对准凸轮轴外壳上所涉及的铸造凸耳（如图 4-689 中箭头）。必要时继续转动曲轴一圈。

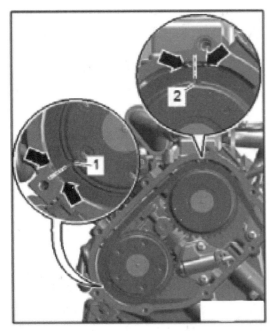

图 4-689

（6）拧出螺栓（如图 4-690 中箭头），取下密封塞（如图 4-690 中 2）。将机油尺导管（如图 4-690 中 1）略微压向一侧。

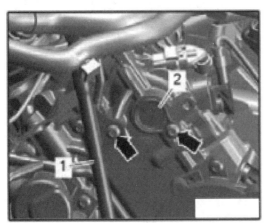

图 4-690

（7）以 9N·m 的力矩拧紧凸轮轴外壳上的适配器 T40331/2，如图 4-691 所示。

图 4-691

（8）凸轮轴固定装置 T40331/1 必须很容易插入。不允许通过冲击工具插入凸轮轴固定装置。将准备的凸轮轴固定装置 T40331/1 插入凸轮轴，直至限位位置。必要时，略微转动曲轴。如图 4-692 所示，凸轮轴固定装置 T40331/5 卡入排气凸轮轴上非对称布置的上部凹槽（如图 4-692 中 1）中。如图 4-692 所示，凸轮轴固定装置 T40331/6 卡入进气凸轮轴上的平端（如图 4-692 中 2）。以 9N·m 的力矩拧紧螺栓（如图 4-692 中箭头）。

图 4-692

（9）提示：顶紧装置 T90001 只能在一个位置插入，为此缺口（如图 4-693 中 1）和凸轮轴调节器上的标记（如图 4-693 中 2）必须对齐。

图 4-693

（10）提示：错误操作有损坏凸轮轴的危险。为顶住所涉及的凸轮轴调节器，用套筒头 VAS 261 001 安放顶紧装置 T90001，然后将控制阀（如图 4-694 中 1）

281

通过套筒头 E24 T90000 松开。为便于装回，用颜色标记凸轮轴调节器和凸轮轴的对应关系。

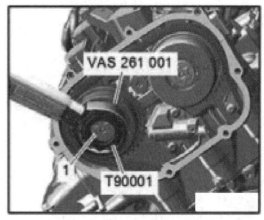

图 4-694

（11）扭转减震器上的缺口（如图 4-695 中 1）大致与皮带轮侧密封法兰上的铸造凸耳（如图 4-695 中 2）齐平。发动机未因准备工作而拆卸时的工作流程：用手将凸轮轴固定装置 T40264/3 通过减震器中的孔拧入皮带盘侧密封法兰中至紧贴。如果需要，略微来回转动曲轴使固定螺栓完全居中。

图 4-695

（12）发动机因准备工作而拆卸时的工作流程：如果螺旋塞还处于拧入状态，则将其拧出。以 20N·m 的力矩把固定螺栓 T40069 拧入孔内，如图 4-696 所示。必要时，略微来回转动曲轴。

（13）继续：将滑轨（如图 4-697 中 2）压回箭头，然后将链条张紧器（如图 4-697 中 1）的柱塞用定位销 T03006 卡住。提示：柱塞采用机油阻尼，只能均匀用力缓慢压回。

（14）拧出控制阀（如图 4-698 中 1、2），取下两个凸轮轴调节器。

4. 安装

（1）用凸轮轴固定装置 T40264/3 或固定螺栓

图 4-696

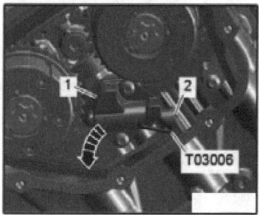

图 4-697

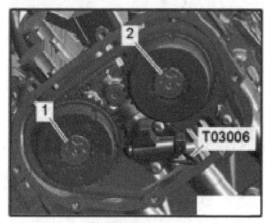

图 4-698

T40069-W 曲轴卡在"上止点"位置。以 9N·m 的力矩将凸轮轴固定装置 T40331/1 在凸轮轴外壳上拧紧。

提示：不安装摩擦垫圈有毁坏发动机的危险。检查柱凸轮轴调节器和凸轮轴轴端之间是否装有摩擦垫圈（金刚石垫圈）。凸轮轴调节器上的标记（如图 4-699 中 1、2）必须对准凸轮轴外壳上所涉及的铸造凸耳（如图 4-699 中箭头）。

（2）将凸轮轴调节器和已铺上的凸轮轴正时链置于之前描述的安装位置，此时注意拆卸时所做的标记。

图 4-699

给控制阀（如图 4-700 中 1、2）的螺纹和螺栓头接触面上油，然后松松地拧入。两个凸轮轴调节器必须还能在凸轮轴上转动。拆除定位销 T03006。

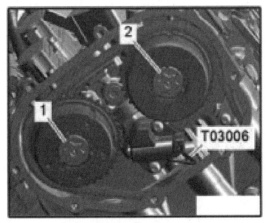

图 4-700

（3）接下来的工作步骤需要有另一位机械师协助。由第 2 名技师将扭力扳手 VAS 6583 和 Hazet 6423C 插套式转接头和工具头 VAS 261 001 以及固定支架 T90001 在排气凸轮轴的凸轮轴调节器上用 26N·m 朝逆时针方向（如图 4-701 中箭头）预紧并且保持住。不使用 Hazet 6423C 插套式转接头时的预紧力矩 30N·m。将控制阀用套筒头 E24 T90000 按如下方式拧紧，同时凸轮轴调节器继续保持预紧：排气凸轮轴上的控制阀，拧紧力矩 30N·m。进气凸轮轴上的控制阀，拧紧力矩 30N·m。

5. 配气相位检查

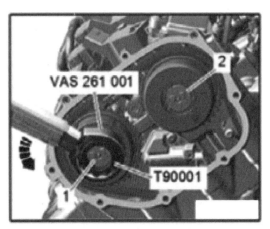

图 4-701

（1）拆除凸轮轴固定装置 T40331/1。

（2）拆除凸轮轴固定装置 T40264/3 或固定螺栓 T40069。提示：错调配气相位有毁坏发动机的危险。切勿在链条传动机构未完全安装时转动曲轴和凸轮轴。

（3）用棘轮环形扳手开口度 21 T40263 和适配器 T40314 转动曲轴 2 圈（如图 4-702 中箭头），直到减震器再次位于"上止点"。

图 4-702

（4）凸轮轴调节器上的标记（如图 4-703 中 1、2）必须对准凸轮轴外壳上所涉及的铸造凸耳（如图 4-703 中箭头）。

（5）扭转减震器上的缺口（如图 4-704 中 1）大致与皮带轮侧密封法兰上的铸造凸耳（如图 4-704 中 2）齐平。

（6）发动机未因准备工作而拆卸时的工作流程：用手将凸轮轴固定装置 T40264/3 通过减震器中的孔拧入皮带盘侧密封法兰中至紧贴。如果需要，略微来回转动曲轴使固定螺栓完全居中。

（7）发动机因准备工作而拆卸时的工作流程：以 20N·m 的力矩把固定螺栓 T40069 拧入孔内，如图 4-705

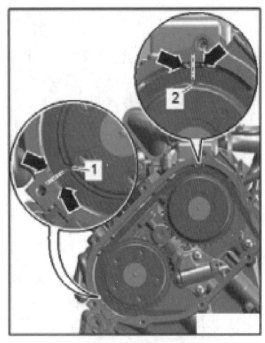

图 4-703

图 4-704

图 4-705

Hazet 6423C 插套式转接头和工具头 VAS 261 001 以及固定支架 T90001 在排气凸轮轴的凸轮轴调节器上用 26N·m 朝逆时针方向（如图 4-706 中箭头）预紧并且保持住。不使用 Hazet 6423C 插套式转接头时的预紧力矩 30N·m。

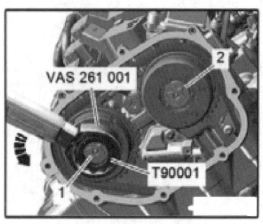

图 4-706

（9）凸轮轴固定装置 T40331/1 必须很容易插入。不允许通过冲击工具插入凸轮轴固定装置。将准备的凸轮轴固定装置 T40331/1 插入凸轮轴，直至限位位置。如图 4-707 所示，凸轮轴固定装置 T40331/5 卡入排气凸轮轴上非对称布置的上部凹槽（如图 4-707 中 1）中。如图 4-707 所示，凸轮轴固定装置 T40331/6 卡入进气凸轮轴上的平端（如图 4-707 中 2）。如果凸轮轴固定装置 T40331/1 无法插入：拆除凸轮轴固定装置

所示。必要时，略微来回转动曲轴。

（8）继续：接下来的工作步骤需要有另一位机械师协助。由第 2 名技师将扭力扳手 VAS 6583 和

图 4-707

284

T40264/3 或固定螺栓 T40069。如之前所述，将准备的凸轮轴固定装置 T40331/1 插入凸轮轴，直至限位位置。为此略微转动曲轴。

（10）将控制阀（如图 4-708 中 1、2）用套筒头 E24 T90000 松开半圈。

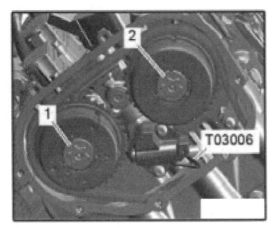

图 4-708

（11）扭转减震器上的缺口（如图 4-709 中 1）大致与皮带轮侧密封法兰上的铸造凸耳（如图 4-709 中 2）齐平。

图 4-709

（12）发动机未因准备工作而拆卸时的工作流程：用手将凸轮轴固定装置 T40264/3 通过减震器中的孔拧入皮带盘侧密封法兰中至紧贴。如果需要，略微来回转动曲轴使固定螺栓完全居中。

（13）发动机因准备工作而拆卸时的工作流程：以 20N·m 的力矩把固定螺栓 T40069 拧入孔内，如图 4-710 所示。必要时，略微来回转动曲轴。

（14）继续：重新调整。

（15）如果凸轮轴固定装置 T40331/1 可以插入：拆除凸轮轴固定装置 T40264/3 或固定螺栓 T40069。

图 4-710

（16）拆除凸轮轴固定装置 T40331/1。将顶紧装置 T90001 和顶紧装置 T90002 置于进气凸轮轴调节器上。将顶紧装置顶在排气凸轮轴控制阀（如图 4-711 中 2）上。必要时，略微转动曲轴。将控制阀（如图 4-711 中 1）用套筒头 E24 T90000 继续旋转 35°。

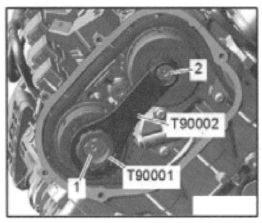

图 4-711

（17）将顶紧装置 T90001 和顶紧装置 T90002 置于排气凸轮轴调节器上。将顶紧装置顶在进气凸轮轴控制阀（如图 4-712 中 1）上。必要时，略微转动曲轴。将控制阀（如图 4-712 中 2）用套筒头 E24 T90000 继

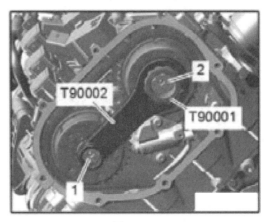

图 4-712

续旋转 35°。

（18）安装真空泵。

（19）安装上部空气导流管。

（20）拆卸和安装正时链上部盖板。

（21）其他工作。

如果对正时链驱动做了改动或者更换了部件，则要执行在引导功能"0001 – 发动机机械机构功能"中的相关匹配。

（四）将凸轮轴正时链从凸轮轴上拆下，气缸列1（右侧）

对于以下工作流程，凸轮轴正时链保留在发动机上。

1. 所需要的专用工具和维修设备

（1）扭矩扳手 VAS 6583，如图 4–713 所示。

图 4–713

（2）定位销 T03006，如图 4–714 所示。

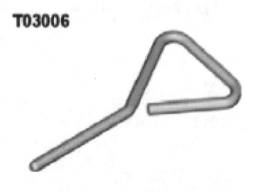

图 4–714

（3）固定螺栓 T40069（发动机已拆下时），如图 4–715 所示。

（4）棘轮环形扳手 SW21 T40263，如图 4–716 所示。

（5）凸轮轴固定装置 T40264/3，如图 4–717 所示。

（6）适配器 T40314，如图 4–718 所示。

（7）凸轮轴固定装置 T40331、套筒头 E24

图 4–715

图 4–716

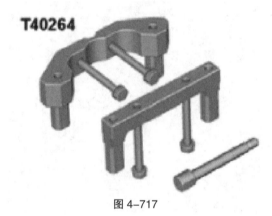

图 4–717

图 4–718

286

T90000、固定装置 T90001、固定装置 T90002、套筒头 VAS 261 001 和 Hazet 6423C（市售）。

2. 准备凸轮轴固定装置 T40331

（1）凸轮轴固定装置 T40331/1 上的标记字样"B"朝前，如图 4-719 所示。

（2）凸轮轴固定装置 T40331/5 和 T40331/6 以及螺栓垫圈 T40331/9 必须通过固定销（如图 4-719 中箭头）定位。

（3）用手拧紧螺栓。

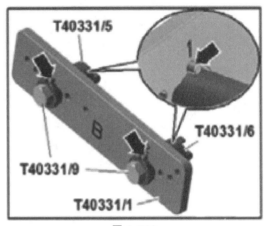

图 4-719

3. 拆卸

如要在发动机安装状态下将凸轮轴正时链从凸轮轴上拆下时，需要做准备工作。提示：

错调配气相位有毁坏发动机的危险。勿在链条传动机构未完全安装时转动曲轴和凸轮轴。

（1）安装正时链上部盖板。

（2）拆卸上部空气导流管。提示：控制机构跳动过大时有损坏发动机的危险。

（3）仅朝发动机运转方向转动发动机。用棘轮环形扳手开口度 21 T40263 和适配器 T40314 转动曲轴（如图 4-720 中箭头）直至减震器位于"上止点"（以 3.0L

图 4-720

发动机为例展示）。

（4）凸轮轴调节器上的标记（如图 4-721 中 1 或 2）必须对准凸轮轴外壳上所涉及的铸造凸耳（如图 4-721 中箭头）。必要时继续转动曲轴一圈。

图 4-721

（5）拧出螺栓（如图 4-722 中箭头），取下密封塞（如图 4-722 中 1、2）。

图 4-722

（6）以 9N·m 的力矩拧紧凸轮轴外壳上的适配器 T40331/2，如图 4-723 所示。

（7）凸轮轴固定装置 T40331/1 必须很容易插入。不允许通过冲击工具插入凸轮轴固定装置。将准备的凸轮轴固定装置 T40331/1 插入凸轮轴，直至限位位置。必要时，略微转动曲轴。如图 4-724 所示，凸轮轴固定装置 T40331/5 卡入进气凸轮轴上的平端（如图 4-724 中 1）。如图 4-724 所示，凸轮轴固定装置 T40331/6

图 4-723

卡入排气凸轮轴上非对称布置上部凹槽（如图 4-724 中 2）中。以 9N·m 拧紧螺栓（如图 4-724 中箭头）。

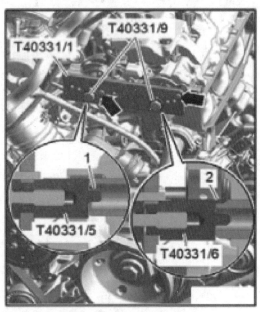

图 4-724

（8）提示：顶紧装置 T90001 只能在一个位置插入，为此缺口（如图 4-725 中 1）和凸轮轴调节器上的标

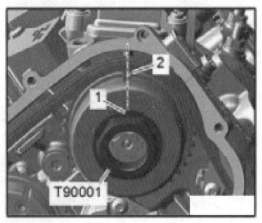

图 4-725

记（如图 4-725 中 2）必须对齐。

（9）提示：错误操作有损坏凸轮轴的危险。绝对不要使用凸轮轴固定装置作为固定装置。为顶住所涉及的凸轮轴调节器，安放套筒头 VAS 261 001 和顶紧装置 T90001，然后将控制阀（如图 4-726 中 1）通过套筒头 E24 T90000 松开。为便于装回，用颜色标记凸轮轴调节器和凸轮轴的对应关系。

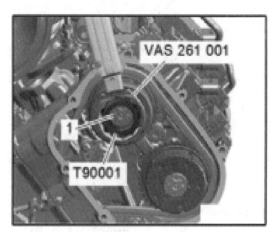

图 4-726

（10）扭转减震器上的缺口（如图 4-727 中 1）大致与皮带轮侧密封法兰上的铸造凸耳（如图 4-727 中 2）齐平。发动机未因准备工作而拆卸时的工作流程：用手将凸轮轴固定装置 T40264/3 通过减震器中的孔拧入皮带盘侧密封法兰中至紧贴。如果需要，略微来回转动曲轴使固定螺栓完全居中。

图 4-727

（11）发动机因准备工作而拆卸时的工作流程：如果螺旋塞还处于拧入状态，则将其拧出。以 20N·m 的力矩把固定螺栓 T40069 拧入孔内，如图 4-728 所示。必要时，略微来回转动曲轴。

（12）继续：将链条张紧器（如图 4-729 中 2）的

288

图 4-728

柱塞用螺丝刀（如图 4-729 中 1）压回至限位位置（如图 4-729 中箭头），然后用定位销 T03006 卡住链条张紧器。提示：柱塞采用机油阻尼，只能均匀用力缓慢压回。

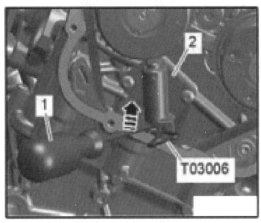

图 4-729

（13）拧出控制阀（如图 4-730 中 1、2），取下两个凸轮轴调节器。

图 4-730

4. 安装

（1）用凸轮轴固定装置 T40264/3 或固定螺栓

T40069 将曲轴卡在"上止点"位置。以 9N·m 的力矩将凸轮轴固定装置 T40331/1 在凸轮轴外壳上拧紧。提示：不安装摩擦垫圈有毁坏发动机的危险。检查在凸轮轴调节器和凸轮轴轴端之间是否装有摩擦垫圈（金刚石垫圈）。凸轮轴调节器上的标记（如图 4-731 中 1、2）必须对准凸轮轴外壳上所涉及的铸造凸耳（如图 4-731 中箭头）。

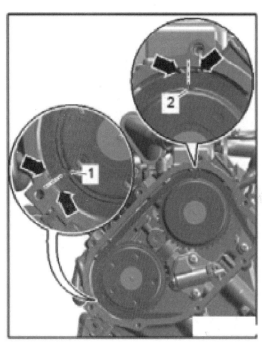

图 4-731

（2）将凸轮轴调节器和已铺上的凸轮轴正时链置于之前描述的安装位置，此时注意拆卸时所做的标记。给控制阀（如图 4-732 中 1、2）的螺纹和螺栓头接触面上油，然后松松地拧入。两个凸轮轴调节器必须还能在凸轮轴上转动。拆除定位销 T03006。

图 4-732

（3）接下来的工作步骤需要有另一位机械师协助。

由第2名技师将扭力扳手 VAS 6583 和 Hazet 6423C 插套式转接头和工具头 VAS 261 001 以及固定支架 T90001 在排气凸轮轴的凸轮轴调节器上用 26N·m 朝逆时针方向（如图 4-733 中箭头）预紧并且保持住。不使用 Hazet 6423C 插套式转接头时的预紧力矩 30N·m。将控制阀用套筒头 E24 T90000 按如下方式拧紧，同时凸轮轴调节器继续保持预紧：进气凸轮轴上的控制阀，拧紧力矩 30N·m。排气凸轮轴上的控制阀，拧紧力矩 30N·m。

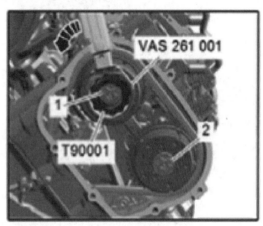

图 4-733

5. 配气相位检查

（1）拆除凸轮轴固定装置 T40331/1。

（2）拆除凸轮轴固定装置 T40264/3 或固定螺栓 T40069。提示：错调配气相位有毁坏发动机的危险。切勿在链条传动机构未完全安装时转动曲轴和凸轮轴。

（3）用棘轮环形扳手开口度 21 T40263 和适配器 T40314 转动曲轴 2 圈（如图 4-734 中箭头），直到减震器再次位于"上止点"。

图 4-734

（4）凸轮轴调节器上的标记（如图 4-735 中 1、2）

必须对准凸轮轴外壳上所涉及的铸造凸耳（如图 4-735 中箭头）。

图 4-735

（5）扭转减震器上的缺口（如图 4-736 中 1）大致与皮带轮侧密封法兰上的铸造凸耳（如图 4-736 中 2）齐平。发动机未因准备工作而拆卸时的工作流程：用手将凸轮轴固定装置 T40264/3 通过减震器中的孔拧入皮带盘侧密封法兰中至紧贴。如果需要，略微来回转动曲轴使固定螺栓完全居中。

图 4-736

（6）发动机因准备工作而拆卸时的工作流程：以 20N·m 的力矩把固定螺栓 T40069 拧入孔内，如图 4-737 所示。必要时，略微来回转动曲轴。

（7）继续：接下来的工作步骤需要有另一位机械师协助。由第2名技师将扭力扳手 VAS 6583 和

图 4-737

Hazet 6423C 插套式转接头和工具头 VAS 261 001 以及固定支架 T90001 在排气凸轮轴的凸轮轴调节器上用 26N·m 朝逆时针方向（如图 4-738 中箭头）预紧并且保持住。不使用 Hazet 6423C 插套式转接头时的预紧力矩 30N·m。

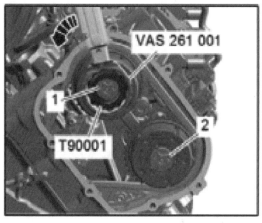

图 4-738

（8）凸轮轴固定装置 T40331/1 必须很容易插入。不允许通过冲击工具插入凸轮轴固定装置。将准备的凸轮轴固定装置 T40331/1 插入凸轮轴，直至限位位置。如图 4-739 所示，凸轮轴固定装置 T40331/4 卡入进气凸轮轴上的平端（如图 4-739 中 1）中。如图 4-739 所示，凸轮轴固定装置 T40331/5 卡入排气凸轮轴上非对称布置的上部凹槽（如图 4-739 中 2）中。

（9）如果凸轮轴固定装置 T40331/1 无法插入：拆除凸轮轴固定装置 T40264/3 或固定螺栓 T40069。如之前所述，将准备的凸轮轴固定装置 T40331/1 插入凸轮轴，直至限位位置。为此略微转动曲轴。将控制阀（如图 4-740 中 1、2）用套筒头 E24 T90000 松开半圈。

（10）扭转减震器上的缺口（如图 4-741 中 1）大致与皮带轮侧密封法兰上的铸造凸耳（如图 4-741

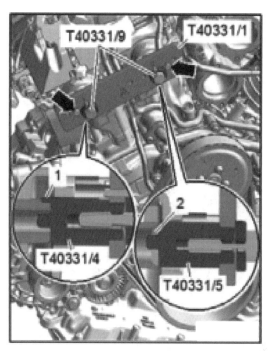

图 4-739

图 4-740

图 4-741

中 2）齐平。发动机未因准备工作而拆卸时的工作流程：用手将凸轮轴固定装置 T40264/3 通过减震器中的孔拧入皮带盘侧密封法兰中至紧贴。如果需要，略微来回

291

转动曲轴使固定螺栓完全居中。

（11）发动机因准备工作而拆卸时的工作流程：以 20N·m 的力矩把固定螺栓 T40069 拧入孔内，如图 4-742 所示。必要时，略微来回转动曲轴。

图 4-742

（12）继续：重新调整。

如果凸轮轴固定装置 T40331/1 可以插入：拆除凸轮轴固定装置 T40264/3 或固定螺栓 T40069。拆除凸轮轴固定装置 T40331/1。将顶紧装置 T90001 和顶紧装置 T90002 置于进气凸轮轴调节器上。将顶紧装置顶在排气凸轮轴控制阀（如图 4-743 中 2）上。必要时，略微转动曲轴（仅沿顺时针）。将控制阀（如图 4-743 中 1）用套筒头 E24 T90000 继续旋转 35°。

图 4-743

（12）将顶紧装置 T90001 和顶紧装置 T90002 置于排气凸轮轴调节器上。将顶紧装置顶在进气凸轮轴控制阀（如图 4-744 中 1）上。必要时，沿顺时针略微转动曲轴（仅沿顺时针）。将控制阀（如图 4-744 中 2）用套筒头 E24 T90000 继续旋转 35°。取下顶紧装置 T90001 和顶紧装置 T90002。

（13）安装上部空气导流管。

（14）拆卸和安装正时链上部盖板。

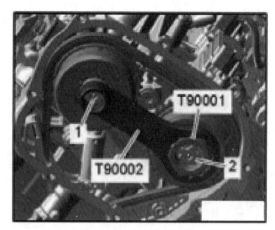

图 4-744

（15）其他工作。

如果对正时链驱动做了改动或者更换了部件，则要执行在引导功能"0001 - 发动机机械机构功能"中的相关匹配。

十三、车型

奥迪 RS3 Sportback（2.5T DAZA），2020 年。

奥迪 TTS 2.5T（2.5T DAZA），2020 年。

（一）凸轮轴正时链装配一览（如图 4-745 所示）

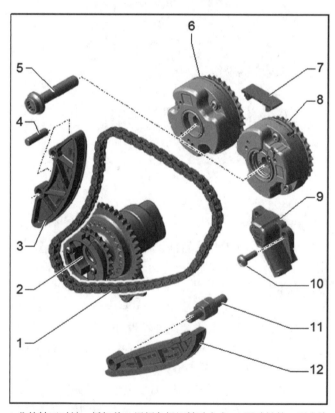

1.凸轮轴正时链。拆卸前，用颜色标记转动方向 2.驱动链轮。不允许分解 3.滑轨 4.导向销 5.螺栓。拆卸后更换。拧紧力矩60N·m +90° 6.进气侧凸轮轴调节装置。标记"IN"。拆卸和安装 7.滑块。拆卸后更换 8.排气侧凸轮轴调节装置。标记"EX" 9.链条张紧器 10.螺栓，拧紧力矩9N·m 11.轴承螺栓。拧紧力矩40N·m 12.张紧轨

图 4-745

（二）从凸轮轴上拆下凸轮轴正时链

1.所需要的专用工具和维修设备

（1）扳手头 SW 24 V.A.G 1332/11，如图 4-746 所示。

图 4-746

（2）扭矩扳手 VAS 6583，如图 4-747 所示。

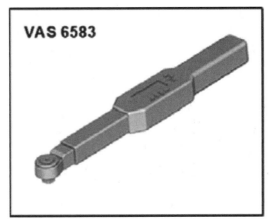

图 4-747

（3）扳手 T03003A，如图 4-748 所示。

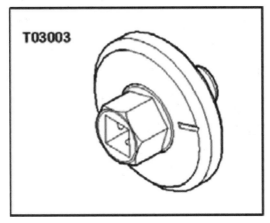

图 4-748

（4）定位销 T40011，如图 4-749 所示。

（5）固定螺栓 T40069，如图 4-750 所示。

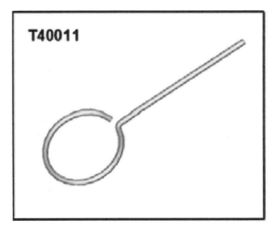

图 4-749

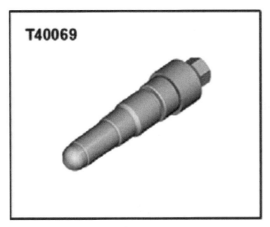

图 4-750

（6）凸轮轴固定装置 T40264/2A，如图 4-751 所示。

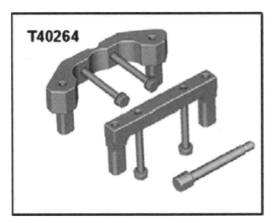

图 4-751

（7）扳手 T40297。

2.准备凸轮轴固定装置 T40264/2（如图 4-752 所示）

（1）将凸轮轴用凸轮轴固定装置 T40264/2A 固定在"上止点"位置。

（2）如果只有一个凸轮轴固定装置 T40264/2,则必须将棱边（如图 4-752 中箭头）从凸轮轴固定装置 T40264/2 的下部处分开。

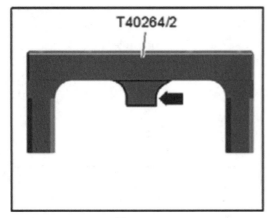

图 4-752

3. 准备好扳手 T03003

如果只有扳手 T03003 可用，必须在标记处（如图 4-753 中箭头所示）切断销子（4-753 中 1）以便它能装到减震器上。

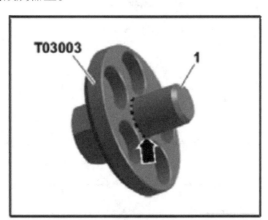

图 4-753

4. 工作步骤

（1）拆卸隔音垫。

（2）拆卸正时链上部盖板。

（3）拆卸凸轮轴调节阀。

（4）拆卸曲轴箱排气模块。

（5）用扳手 T03003A 沿发动机转动方向箭头转动曲轴到"上止点"。扳手 T03003A 中的缺口（如图 4-754 中 1）与油底壳密封面垂直。减震器上的标记（如图 4-754 中 2）和密封法兰上的标记（如图 4-754 中 3）相对。

（6）从凸轮轴外壳上向逆时针方向松开螺塞（如图 4-755 中箭头），然后取下。

（7）凸轮轴上的螺纹孔（如图 4-756 中箭头）必须可见。提示：如果无法看见螺纹孔，则将曲轴继续

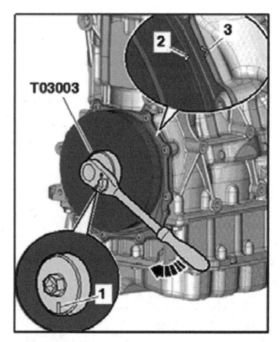

图 4-754

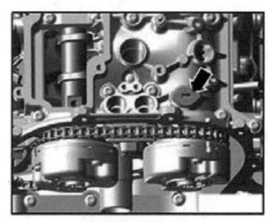

图 4-755

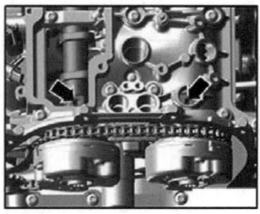

图 4-756

旋转一圈。

（8）将凸轮轴固定装置 T40264/2A 安装在气缸盖上，然后用 12N·m 的力矩拧紧（如图 4-757 中箭头），为此必要时略微来回转动曲轴。

图 4-757

（9）将用于"上止点"标记的螺旋塞（如图 4-758 中箭头）从气缸体中拧出。

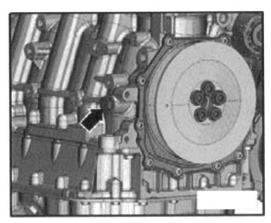

图 4-758

（10）以 15N·m 的力矩将固定螺栓 T40069 拧入固定凹槽，如图 4-759 所示。如果需要，略微来回转动曲轴使螺栓完全居中。

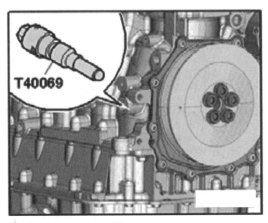

图 4-759

（11）用螺丝刀向内按压凸轮轴正时链的链条张紧器的柱塞至限位位置，用定位销 T40011 卡住链条张紧器，如图 4-760 所示。提示：操作有损坏凸轮轴

的危险。绝对不要使用凸轮轴固定装置作为固定装置。

图 4-760

（12）为顶住，将扳手 T40297 安放在相关凸轮轴调节器上，然后松开螺栓（如图 4-761 中 1）。用颜色标记凸轮轴调节器的安装位置，以便重新安装。提示：由于小件或污物进入可能导致发动机被摧毁。用干净的抹布封盖发动机的敞开部位。

图 4-761

（13）拧出螺栓（如图 4-762 中 1、2），取下两个凸轮轴调节器。

图 4-762

5. 安装

（1）控制机构驱动链已安装。曲轴已用固定螺钉 T40069 锁定，如图 4-763 所示。

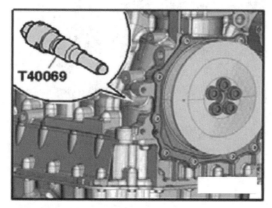

图 4-763

（2）凸轮轴固定装置 T40264/2A 已安装，已用 12N·m 拧紧（如图 4-764 中箭头）。拆卸后更换那些拧紧时需要继续旋转一个角度的螺栓。提示：转动凸轮轴有损坏气门和活塞头的危险。在某个活塞位于"上止点"时，绝对不能转动凸轮轴。

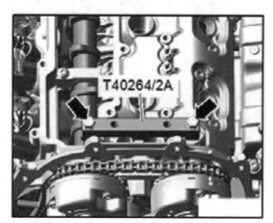

图 4-764

（3）将凸轮轴正时链装到驱动轮（如图 4-765 中箭头）上。

图 4-765

（4）提示：错误操作可能导致发动机损坏。务必按说明安装凸轮轴调节器。按照拆卸时所做标记重新安装凸轮轴调节器。凸轮轴调节器内的凹槽（如图 4-766 中 1 或 4）必须正对着所涉及的调节窗口（如图 4-766 中 2 或 3）。

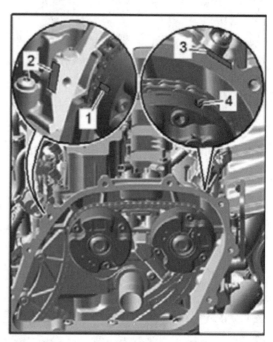

图 4-766

（5）按照标记安装凸轮轴调节器及装上的凸轮轴正时链。松松地拧入螺栓（如图 4-767 中 1、2）。两个凸轮轴调节器必须在凸轮轴上还能旋转并且不得翻转。拆除定位销 T03006。

图 4-767

（6）将扳手 T40297 装到排气凸轮轴调节器上。将扭矩扳手 VAS 6583 通过开口度 24 的扳手头 V.A.G 1332/11 安放在扳手 T40297 上，如图 4-768 所示。接下来的工作步骤需要有另一位机械师协助。更换凸轮轴调节器的螺栓。请另一位机械师用 25N·m 的力矩

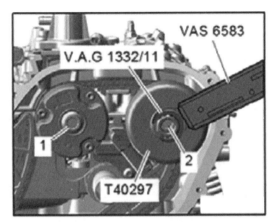

图 4-768

顺时针预紧凸轮轴调节器并保持预紧力。

（7）在凸轮轴调节器仍旧保持预紧期间，按如图4-769所示方式拧紧螺栓。

①进气凸轮轴上，拧紧力矩 60N·m。

②排气凸轮轴上，拧紧力矩 60N·m。

图 4-769

（8）拧紧凸轮轴调节器螺栓。

①进气凸轮轴上，继续拧紧角度 90°。

②排气凸轮轴上，继续拧紧角度 90°。

（9）取下扳手 T40297 和凸轮轴固定装置 T40264/2A。

（10）取下固定螺栓 T40069。

6. 配气相位检查

（1）将曲轴用扳手T03003A向发动机转动方向（如图 4-770 中箭头）转动两圈，直至曲轴重新位于"上止点"位置。扳手 T03003A 中的缺口（如图 4-770 中 1）与油底壳密封面垂直。减震器上的标记（如图 4-770 中 2）和密封法兰上的标记（如图 4-770 中 3）相对。提示：如果无意间转过了"上止点"位置，则继续转动曲轴两圈并重新转到"上止点"位置。

（2）凸轮轴里的螺纹孔（如图 4-771 中箭头）必

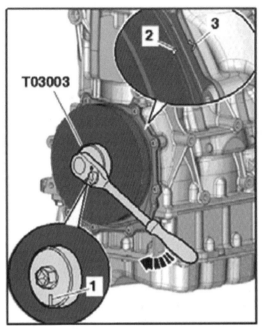

图 4-770

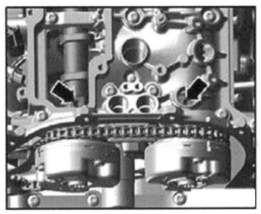

图 4-771

须指向上面。提示：如果无法看见螺纹孔，则将曲轴继续旋转一圈。

（3）安装凸轮轴固定装置 T40264/2A，并用12N·m 的力矩拧紧螺栓（如图 4-772 中箭头）。

图 4-772

（4）以 15N·m 的力矩将固定螺栓 T40069 拧入固定凹槽，如图 4-773 所示。固定螺栓 T40069 必须卡入曲轴上的固定凹槽中，否则要重复调整。拆除凸轮轴固定装置 T40264/2A 和固定螺栓 T40069。

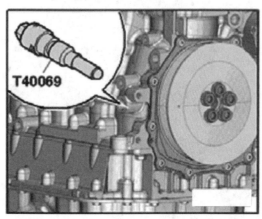

图 4-773

（5）后续安装以倒序进行，此时要注意以下事项：由于在气门机构上进行操作，因此气门和活塞头有损坏的危险。在安装凸轮轴后，至少等 30min 才启动发动机，因为液压补偿元件必须落位。为了确保气门在启动时正常入位，将曲轴小心地旋转至少 2 圈。

（6）安装曲轴箱排气模块。

（7）安装凸轮轴调节阀。

（8）安装正时链上部盖板。

（9）拆卸或更换链条传动部件后，必须重新匹配链条延伸学习值。

（三）拆卸和安装控制机构驱动链

1. 所需要的专用工具和维修设备

（1）定位销 T03006，如图 4-774 所示。

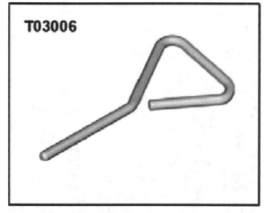

图 4-774

2. 拆卸

（1）发动机已拆卸且固定在发动机和变速箱支架上。

（2）拆卸凸轮轴正时链。

（3）用螺丝刀压回滑轨（如图 4-775 中箭头），用定位销 T03006 卡住驱动链的链条张紧器柱塞。提示：对于用过的驱动链，转动方向相反时有损坏的危险。

图 4-775

（4）拆卸前用颜色标记的箭头标出转动方向和配置。

（5）重新安装时注意转动方向。

（6）拧出螺栓（如图 4-776 中 3），取下链条张紧器。取下滑轨（如图 4-776 中 1、4）。取下正时驱动系统的驱动链（如图 4-776 中 2）。

图 4-776

3. 安装

（1）拆卸后更换那些拧紧时需要继续旋转一个角度的螺栓。按照拆卸时所做的标记将正时驱动系统的驱动链（如图 4-777 中 2）置于安装位置。将滑轨（如

图 4-777 中 1、4）置于安装位置。安装链条张紧器，拧紧螺栓（如图 4-777 中 3）。

图 4-777

（2）用螺丝刀压回驱动链链条张紧器的滑轨（如图 4-778 中箭头），取下定位销 T03006。

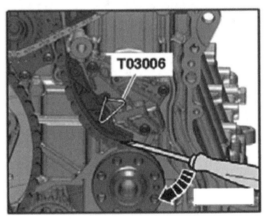

图 4-778

（3）后续安装以倒序进行，此时要注意以下事项：安装凸轮轴正时链。

十四、车型

奥迪 S3 Limousine（2.0T DNUE），2020—2021 年。

奥迪 S3 Limousine（2.0T DNUE），2020—2021 年。

（一）凸轮轴正时链装配一览（带两个凸轮轴调节器的发动机）（如图 4-779 所示）

1. 检查控制阀

活塞（如图 4-780 中 1）必须可以克服弹簧力压入约 3mm。在此过程中它不允许被卡住。

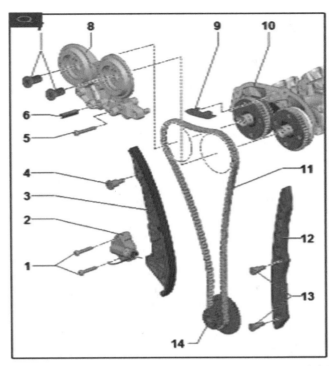

1.螺栓。拆卸后更换。用于铝螺栓，拧紧力矩4N·m + 90°。用于钢螺栓，拧紧力矩9N·m 2.链条张紧器。处于弹簧张紧状态拆卸前用插入定位工具T40267固定住 3.正时链张紧轨 4.导向销。拧紧力矩20N·m 5.螺栓。拆卸后更换铝螺栓 6.夹紧套。根据结构情况，不是在每个轴承桥上都安装 7.控制阀。左旋螺纹35N·m 8.轴承支架 9.凸轮轴正时链的滑轨 10.凸轮轴外壳 11.凸轮轴正时链。拆卸前，用颜色标记转动方向 12.凸轮轴正时链的滑轨 13.导向销。拧紧力矩20N·m 14.三级链轮

图 4-779

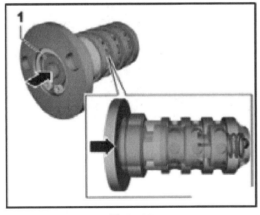

图 4-780

2. 轴承支架安装指南

如果要安装带张紧套（如图 4-781 中 4）的新轴承支架（如图 4-781 中 3），则安装轴承支架前必须检查气缸盖（如图 4-781 中 1）中的孔箭头。如果孔箭头未规定用于张紧套（如图 4-781 中 4），则必须将张紧套从轴承支架中取出。然后对于该孔也使用一个更短的螺栓（如图 4-781 中 2）。

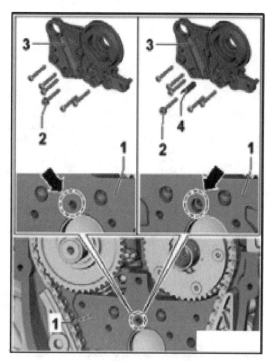

图 4-781

3.轴承支架拧紧力矩和拧紧顺序

按图 4-782 所示顺序分步拧紧螺栓：

图 4-782

（1）对于钢螺栓：

①把螺栓 1~6 用手拧入至紧贴。

②拧紧力矩 9N·m。

（2）对于铝螺栓：

拆卸后更换那些拧紧时需要继续旋转一个角度的螺栓。

①把螺栓 1~6 用手拧入至紧贴。

②拧紧力矩 9N·m。

③继续旋转 180°。

4.三级链轮安装位置

两面（如图 4-783 中箭头）必须相对。

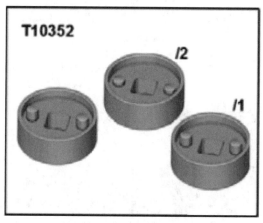

图 4-783

（二）拆卸和安装凸轮轴正时链（带两个凸轮轴调节器的发动机）

1.所需要的专用工具和维修设备

（1）装配工具 T10352A、装配工具 T10352/3、装配工具 T10352/4，如图 4-784 所示。

图 4-784

（2）定位销 T40011，如图 4-785 所示。

T40011

图 4-785

（3）操纵杆 T40243，如图 4-786 所示。

（4）棘轮环形扳手 SW21 T40263，如图 4-787 所示。

T40243

图 4-786

T40263

图 4-787

（5）适配器 T40266，如图 4-788 所示。

T40266

图 4-788

（6）插入定位工具 T40267，如图 4-789 所示。

T40267

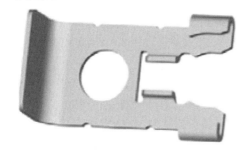

图 4-789

（7）固定装置 T40271，如图 4-790 所示。

T40271

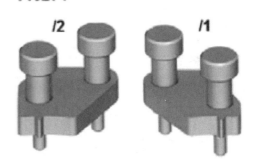

图 4-790

（8）适配器 T40314，如图 4-791 所示。

T40314

图 4-791

2.拆卸

（1）视车型而定可能需要进行准备工作。

（2）拆卸隔音垫。

（3）拆卸和安装正时链上部盖板，带两个凸轮轴调节器的发动机。注意旋转方向：控制阀有左旋螺纹，螺纹有损坏的危险。

（4）沿箭头方向拆卸左侧和右侧控制阀，如图 4-792 所示。根据控制阀的制造状态，使用列出的某个工具：

①装配工具 T10352。

②装配工具 T10352/1A。

③装配工具 T10352/2。

④装配工具 T10352/3。

⑤装配工具 T10352/4。

（5）为此使用棘轮环形扳手 SW21 T40263、适配器 T40314 和套筒扳手 SW 24 在减震器上顶住曲轴，如图 4-793 所示。

（6）拧出螺栓（如图 4-794 中箭头）。小心地拔出轴承支架，此时不得歪斜。取下轴承支架。

（7）将减震器转到"上止点"位置。控制机构跳

图 4-792

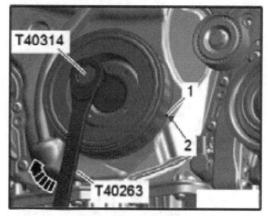

图 4-793

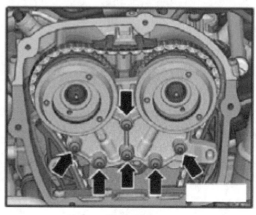

图 4-794

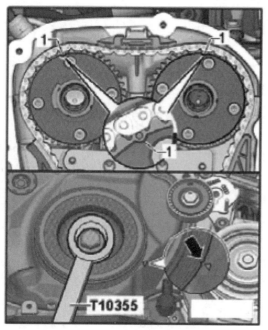

图 4-795

（8）沿箭头方向按压机油泵链条张紧器的张紧架，然后用定位销 T40011 卡住。拧出螺栓（如图 4-796 中 1），取下链条张紧器（如图 4-796 中 2）。拧出螺栓（如图 4-796 中箭头）。

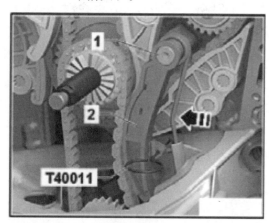

图 4-796

（9）将操纵杆 T40243 拧到气缸盖上（如图 4-797 中下部箭头）。将链条张紧器的卡环（如图 4-797 中 1）压到一起并固定。将操纵杆 T40243 向箭头方向缓慢地按压并固定住。这样可以把链条张紧器往回推。提示：链条张紧器以油减震，因此必须缓慢地均匀用力往回推。

（10）用插入定位工具 T40267 锁定链条张紧器，如图 4-798 所示。拆卸杠杆 T40243。

（11）将固定装置 T40271/2 安装到气缸盖上并沿箭头方向（如图 4-799 中 2）推入链轮的啮合齿中，必要时用适配接头 T40266 沿箭头方向（如图 4-799

动大时有损坏发动机的危险。仅朝发动机运转方向转动发动机。提示：视制造状态而定，标记（如图 4-795 中 2）可能没有。标记（如图 4-795 中 1）指向上方就够了。减震器上的缺口和正时链下方盖板上的标记必须相互对着（如图 4-795 中箭头）。凸轮轴标记（如图 4-795 中 1）必须指向上。提示：在安放到减震器上时，比顶紧装置 T10355 更好的是使用由棘轮环形扳手 SW21 T40263、适配接头 T40314 和套筒扳手 SW 24 构成的组合。再次检查"上止点"位置。

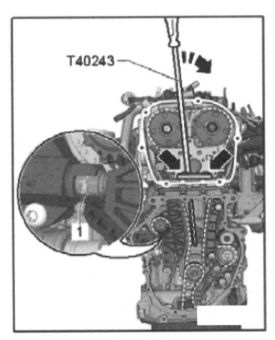

图 4-797

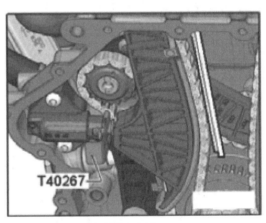

图 4-798

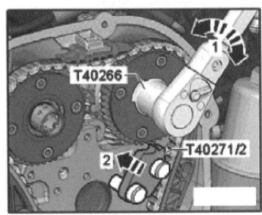

图 4-799

中 1）转动进气凸轮轴。

（12）将固定装置 T40271/1 拧到气缸盖上。接下来的工作步骤需要有另一位机械师协助。

将排气凸轮轴用适配接头 T40266 沿箭头方向（如

图 4-780 中 A）固定住。拧出螺栓（如图 4-800 中 1），将张紧轨（如图 4-800 中 2）向下推。将排气凸轮轴沿顺时针箭头方向（如图 4-800 中 A）继续旋转，直至固定装置 T40271/1 能够推入链轮的啮合齿（如图 4-800 中 C）中，箭头方向（如图 4-800 中 B）。

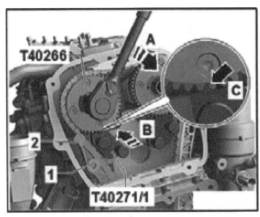

图 4-800

（13）拆卸滑轨（如图 4-801 中 1），为此用螺丝刀打开卡子（如图 4-801 中箭头），然后将滑轨向前推开。

图 4-801

（14）拧出螺栓（如图 4-802 中箭头），拆下链

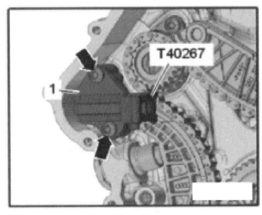

图 4-802

条张紧器（如图 4-802 中 1）。

（15）拧出螺栓（如图 4-803 中 1），拆下滑轨（如图 4-803 中 2）。

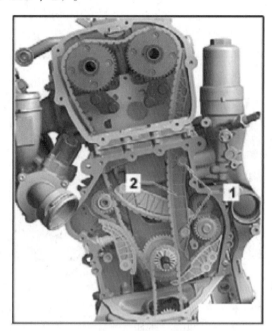

图 4-803

（16）将凸轮轴正时链从凸轮轴齿轮上取下并挂到凸轮轴的销轴上（如图 4-804 中箭头）。

图 4-804

（17）拆卸平衡轴正时链的链条张紧器（如图 4-805 中 1）。

（18）拧出螺栓（如图 4-806 中 1）。拆卸张紧轨（如图 4-807 中 2）以及滑轨（如图 4-808 中 3 和 4）。

（19）松开张紧螺栓（如图 4-807 中 A），拧出张紧销（如图 4-807 中 B）。取出三级链轮，同时卸下机油泵驱动装置的正时链。取下凸轮轴正时链和平衡轴驱动链。提示：气门和活塞头有损坏的危险。绝对不能在凸轮轴正时链拆下的情况下转动曲轴。

图 4-805

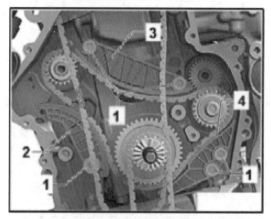

图 4-806

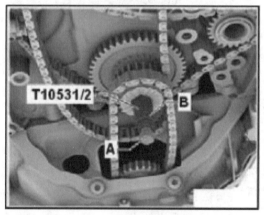

图 4-807

3. 安装

（1）检查曲轴的上止点，曲轴的平端（如图 4-808 中箭头）必须水平。用防水销钉将标记标注到气缸体（如图 4-808 中 1）上。

（2）用防水记号笔在三级链轮的齿（如图 4-809 中 1）上做标记（如图 4-809 中 2）。

（3）将中间齿轮和平衡轴转至标记（如图 4-810 中箭头螺栓 1），不得松开。

（4）链条的彩色链节必须定位在链轮的标记上。

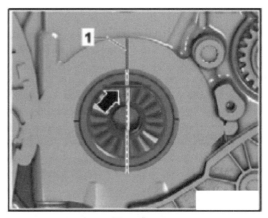

图 4-808

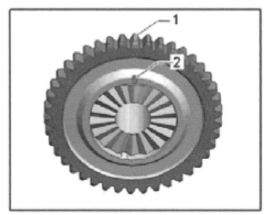

图 4-809

图 4-810

图 4-811

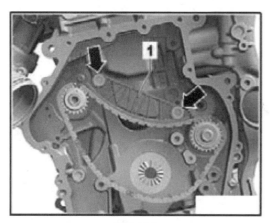

图 4-812

图 4-813

无须理会可能存在的附加彩色链节的位置。放上平衡轴驱动链，将彩色链节（如图 4-811 中箭头）定位到链轮的标记上。

（5）安装滑轨（如图 4-812 中 1）并拧紧螺栓（如图 4-812 中箭头）。

（6）将带彩色链节的凸轮轴正时链（如图 4-813 中箭头）挂到凸轮轴销轴上。

（7）将机油泵驱动装置的正时链放到三级链轮上。沿箭头方向将三级链轮向发动机侧翻转并在曲轴上固定。标记（如图 4-814 中箭头）必须相对。

（8）将张紧销 T10531/2 拧入曲轴并用手拧紧。装上旋转工具 T10531/3。将带肩螺母 T10531/4 手动拧紧。用开口度 32 的开口扳手略微来回移动旋转工具，同时再拧紧带肩螺母，直到链轮牢固地装到曲轴啮合齿上。现在才能拧紧张紧螺栓（如图 4-815 中 A）。

（9）将平衡轴驱动链的彩色链节（如图 4-816 中箭头）定位在三级链轮的标记上。安装张紧轨（如图 4-816 中 1）和滑轨（如图 4-816 中 2）。拧紧螺栓（如

305

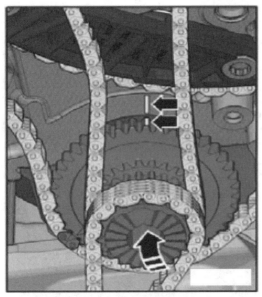

图 4-814

图 4-816 中 3）。

T10531/2

T10531/3

T10531/4

A

图 4-815

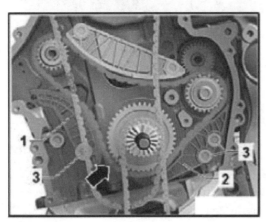

图 4-816

（10）安装链条张紧器（如图 4-817 中 1）。

图 4-817

（11）再次检查调整情况，彩色链节（如图 4-818 中箭头）必须对准链轮上的标记。

图 4-818

（12）将凸轮轴正时链放到进气凸轮轴上，排气凸轮轴放到曲轴上。将彩色链节（如图 4-819 中箭头）定位到链轮的标记上。

（13）安装滑轨（如图 4-820 中 2）并拧紧螺栓（如图 4-820 中 1）。

（14）安装上部滑轨（如图 4-821 中 1）。

（15）接下来的工作步骤需要有另一位机械师协助。将排气凸轮轴用适配接头 T40266 沿箭头方向（如图 4-822 中 A）略微转动，并将固定装置 T40271/1（如图 4-822 中 A）从链轮的啮合齿中推出（如图 4-822 中箭头方向 B）。

（16）将凸轮轴沿箭头方向（如图 4-823 中 C）松开，直到正时链紧贴到滑轨（如图 4-823 中 1）上。将凸轮轴固定在这个位置，拧上张紧轨（如图 4-823 中 2）并拧紧螺栓（如图 4-823 中 3）。

（17）安装链条张紧器（如图 4-824 中 1）并拧紧螺栓（如图 4-824 中箭头）。

图 4-819

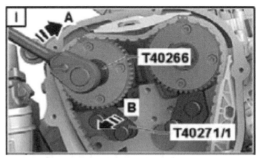

图 4-822

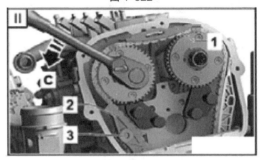

图 4-823

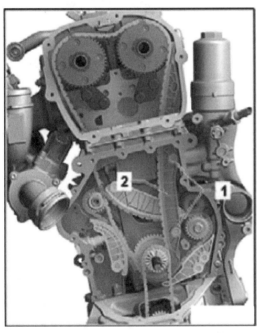

图 4-820

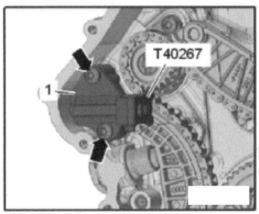

图 4-824

（18）用适配接头 T40266 沿箭头方向（如图 4-825 中 1）转动进气凸轮轴，将固定装置 T40271/2 从链轮的啮合齿中推出箭头方向（如图 4-825 中 2）并松开凸轮轴。拆卸固定装置 T40271/2。

图 4-821

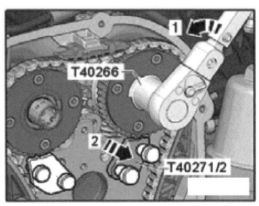

图 4-825

（19）检查调整情况，彩色链节（如图 4-826 中箭头）必须对准链轮的标记。

图 4-826

（20）安装链条张紧器（如图 4-827 中 2）并拧紧螺栓（如图 4-827 中 1）。取下定位销 T40011，机油泵链条张紧器的夹紧卡箍必须进入油底壳上部件上的开口中（如图 4-827 中箭头）至紧贴。

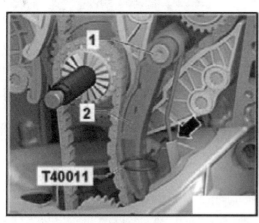

图 4-827

（21）拧入并拧紧螺栓（如图 4-828 中箭头）。

（22）用发动机机油浸润孔（如图 4-829 中箭头）。检查夹紧套（如图 4-829 中 1）是否已插入（不是在每个轴承桥上都安装）。

（23）小心地插上轴承支架，此时不得歪斜，否则有损坏危险。套上轴承支架并用手拧紧螺栓（如图 4-830 中箭头）。

（24）拆除插入定位工具 T40267，如图 4-831 所示。

（25）拧紧用于轴承支架的螺栓。

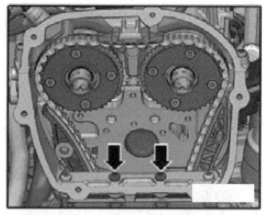

图 4-828

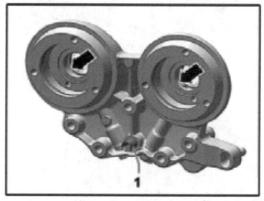

图 4-829

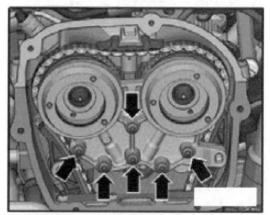

图 4-830

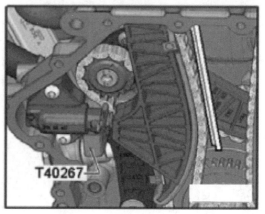

图 4-831

（26）安装控制阀。

（27）为了确保气门在启动时正常入位，将发动机小心地旋转至少2圈。提示：因为传动比的原因，有色的链节在发动机转动之后不再对齐。

（28）后续安装以倒序进行，安装过程中请注意以下事项：

①取下将旋转工具并安装正时链的下部盖板。

②安装正时链的上部盖板。

③视车型而定的其他工作：拆卸或更换链条传动部件后，必须重新匹配链条延伸学习值。

十五、车型

奥迪 RS4 Avant（2.9T DECA），2021—2022 年。

奥 迪 RS4 2.9T Avant（2.9T DECA），2019—2020 年。

奥 迪 RS5 2.9T Sportback（2.9T DECA），2019—2022 年。

奥 迪 RS5 2.9T Coupe（2.9T DECA），2019—2022 年。

（一）凸轮轴正时链装配一览

1. 气缸列1（右侧）凸轮轴正时链（如图4-832所示）

2. 气缸列2（左侧）凸轮轴正时链（如图4-833所示）

（二）将凸轮轴正时链从凸轮轴上拆下，气缸列2（左侧）

对于以下工作流程，凸轮轴正时链保留在发动机上。

1. 所需要的专用工具和维修设备

（1）扭矩扳手 VAS 6583，如图4-834所示。

（2）定位销 T03006，如图4-835所示。

（3）固定螺栓 T40069（发动机已拆下时）（如图4-836所示）。

（4）棘轮环形扳手 SW 21 T40263，如图4-837所示。

（5）凸轮轴固定装置 T40264/3，如图4-838所示。

（6）适配器 T40314，如图4-839所示。

（7）凸 轮 轴 固 定 装 置 T40331、套 筒 头 E24 T90000、固定装置 T90001、固定装置 T90002、套筒头 VAS 261 001 和 Hazet 6423C（市售）。

2. 准备凸轮轴固定装置 T40331

（1）凸轮轴固定装置 T40331/1 上的标记字样"B"朝前，如图4-840所示。

（2）凸轮轴固定装置 T40331/5 和 T40331/6 以及螺栓垫圈 T40331/9 必须通过固定销（如图4-840中箭

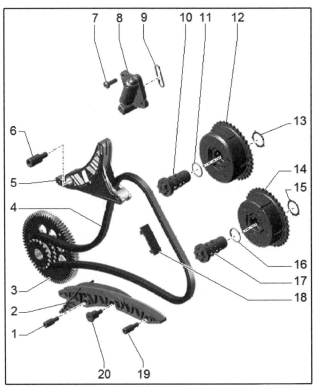

1.导向销。拆卸后更换。拧紧力矩5N·m +45° 2.滑轨 3.齿轮。带凸轮轴正时链的链轮 4.凸轮轴正时链 5.张紧轨 6.轴承螺栓。拧紧力矩23N·m 7.螺栓。拧紧力矩9N·m 8.链条张紧器 9.密封件。拆卸后更换 10.控制阀。用于凸轮轴调节器 11.O形环。拆卸后更换 12.凸轮轴调节器。用于排气凸轮轴。拆卸后更换摩擦垫圈（金刚石垫圈）13.摩擦垫圈（金刚石垫圈）。用于凸轮轴调节器和凸轮轴轴端之间的连接安全性。拆卸后更换。小心地将新的摩擦垫圈（金刚石垫圈）置于安装位置，不要折弯 14.凸轮轴调节器。用于进气凸轮轴。拆卸后更换摩擦垫圈（金刚石垫圈）15.摩擦垫圈（金刚石垫圈）。用于凸轮轴调节器和凸轮轴轴端之间的连接安全性。拆卸后更换。小心地将新的摩擦垫圈（金刚石垫圈）置于安装位置，不要折弯 16.O形环。拆卸后更换 17.控制阀。用于凸轮轴调节器 18.滑块。拆卸后更换 19.导向销。拆卸后更换。拧紧力矩5N·m+45° 20.导向销。拆卸后更换。拧紧力矩5N·m +45°

图 4-832

头）定位。用手拧紧螺栓。

3. 拆卸

如要在发动机安装状态下将凸轮轴正时链从凸轮轴上拆下时，需要做准备工作。

提示：错调配气相位有毁坏发动机的危险。切勿在链条传动机构未完全安装时转动曲轴和凸轮轴。

（1）拆卸气缸列2正时链上部盖板。

（2）拆卸上部空气导流管。

（3）拆卸真空泵。

（4）提示：控制机构跳动过大时有损坏发动机的危险。仅朝发动机运转方向转动发动机。

（5）用棘轮环形扳手开口度21 T40263 和适配器 T40314 转动曲轴（如图4-841中箭头），直至减震器

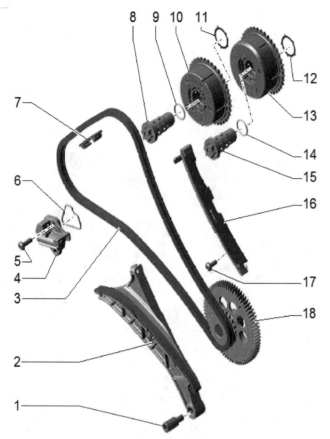

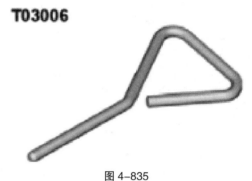

T03006

图 4-835

T40069

图 4-836

1.轴承螺栓。拧紧力矩23N·m 2.张紧轨 3.凸轮轴正时链。为了能够重新安装，要用颜色标出转动方向 4.链条张紧器 5.螺栓。拧紧力矩9N·m 6.密封件。拆卸后更换 7.滑块。拆卸后更换 8.控制阀。用于凸轮轴调节器 9.O形环。拆卸后更换 10.凸轮轴调节器。用于进气凸轮轴。拆卸后更换摩擦垫圈（金刚石垫圈） 11.摩擦垫圈（金刚石垫圈）。用于凸轮轴调节器和凸轮轴轴端之间的连接安全性。拆卸后更换。小心地将新的摩擦垫圈（金刚石垫圈）置于安装位置，不要折弯 12.摩擦垫圈（金刚石垫圈）。用于凸轮轴调节器和凸轮轴轴端之间的连接安全性。拆卸后更换。小心地将新的摩擦垫圈（金刚石垫圈）置于安装位置，不要折弯 13.凸轮轴调节器。用于排气凸轮轴。拆卸后更换摩擦垫圈（金刚石垫圈） 14.O形环。拆卸后更换 15.控制阀。用于凸轮轴调节器 16.滑轨 17.螺栓。拧紧力矩9N·m 18.齿轮。带凸轮轴正时链的链轮

图 4-833

T40263

图 4-837

VAS 6583

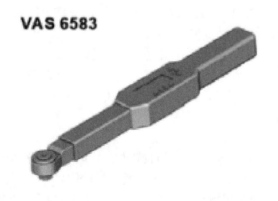

图 4-834

T40264

图 4-838

310

T40314

图 4-839

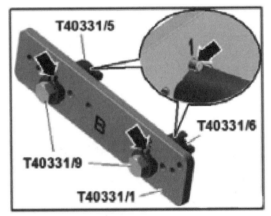

图 4-840

图 4-841

图 4-842

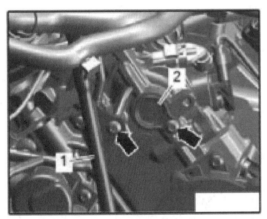

图 4-843

图 4-844

位于"上止点"。（以 3.0L 发动机为例展示）

（6）凸轮轴调节器上的标记（如图 4-842 中 1 或 2）必须对准凸轮轴外壳上所涉及的铸造凸耳（如图 4-842 中箭头）。必要时继续 转动曲轴一圈。

（7）拧出螺栓（如图 4-843 中箭头），取下密封塞（如图 4-843 中 2）。将机油尺导管（如图 4-843 中 1）略微压向一侧。

（7）以 9N·m 的力矩拧紧凸轮轴外壳上的适配器 T40331/2，如图 4-844 所示。

（8）凸轮轴固定装置 T40331/1 必须很容易插入。

不允许通过冲击工具插入凸轮轴固定装置。将准备的凸轮轴固定装置 T40331/1 插入凸轮轴，直至限位位置。必要时，略微转动曲轴。如图 4-845 所示，凸轮轴固定装置 T40331/5 卡入排气凸轮轴上非对称布置的上部

图 4-845

凹槽（如图 4-845 中 1）中。如图 4-845 所示，凸轮轴固定装置 T40331/6 卡入进气凸轮轴上的平端（如图 4-845 中 2）中。以 9N·m 拧紧螺栓（如图 4-845 中箭头）。

（9）提示：顶紧装置 T90001 只能在一个位置插入，为此缺口（如图 4-846 中 1）和凸轮轴调节器上的标记（如图 4-846 中 2）必须对齐。

图 4-846

（10）提示：错误操作有损坏凸轮轴的危险。绝对不要使用凸轮轴固定装置作为固定装置。为顶住所涉及的凸轮轴调节器，安放套筒头 VAS 261 001，安放顶紧装置 T90001，然后将控制阀（如图 4-847 中 1）通过套筒头 E24 T90000 松开。为便于装回，用颜色标记凸轮轴调节器和凸轮轴的对应关系。

（11）扭转减震器上的缺口（如图 4-848 中 1）大致与皮带轮侧密封法兰上的铸造凸耳（如图 4-848

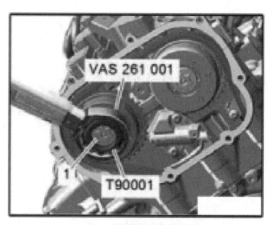

图 4-847

中 2）齐平。发动机未因准备工作而拆卸时的工作流程：用手将凸轮轴固定装置 T40264/3 通过减震器中的孔拧入皮带盘侧密封法兰中至紧贴。如果需要，略微来回转动曲轴使固定螺栓完全居中。

图 4-848

（12）发动机因准备工作而拆卸时的工作流程：如果螺旋塞还处于拧入状态，则将其拧出。以 20N·m 的力矩把固定螺栓 T40069 拧入孔内，如图 4-849 所示。必要时，略微来回转动曲轴。

图 4-849

（13）继续：将滑轨（如图 4-850 中 2）压回箭头，

然后将链条张紧器（如图4-850中1）的柱塞用定位销T03006卡住。提示：柱塞采用机油阻尼，只能均匀用力缓慢压回。

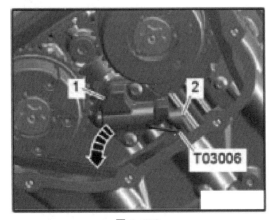

图 4-850

（14）拧出控制阀（如图4-851中1、2），取下两个凸轮轴调节器。

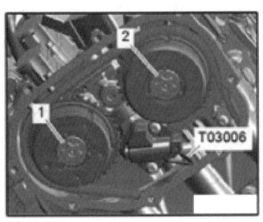

图 4-851

4. 安装

（1）用凸轮轴固定装置T40264/3或固定螺栓T40069将曲轴卡在"上止点"位置。以9N·m的力矩将凸轮轴固定装置T40331/1在凸轮轴外壳上拧紧。拆卸后更换摩擦垫圈（金刚石垫圈）。

（2）提示：不安装摩擦垫圈有毁坏发动机的危险。检查在凸轮轴调节器和凸轮轴轴端之间是否装有摩擦垫圈（金刚石垫圈）。凸轮轴调节器上的标记（如图4-852中1、2）必须对准凸轮轴外壳上所涉及的铸造凸耳（如图4-852中箭头）。

（3）将凸轮轴调节器和已铺上的凸轮轴正时链置于之前描述的安装位置，此时注意拆卸时所做的标记。给控制阀（如图4-853中1、2）的螺纹和螺栓头接触面上油，然后松松地拧入。两个凸轮轴调节器必须还能在凸轮轴上转动。拆除定位销T03006。

图 4-852

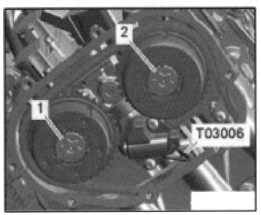

图 4-853

（4）接下来的工作步骤需要有另一位机械师协助。由第2名技师将扭力扳手VAS 6583和Hazet 6423C插套式转接头和工具头VAS 261 001以及固定支架T90001在排气凸轮轴的凸轮轴调节器上用26N·m朝逆时针方向（如图4-854中箭头）预紧并且保持

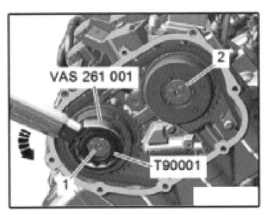

图 4-854

住。不使用 Hazet 6423C 插套式转接头时的预紧力矩 30N·m。将控制阀用套筒头 E24 T90000 按如下方式拧紧，同时凸轮轴调节器继续保持预紧：进气凸轮轴上的控制阀，拧紧力矩 30N·m。排气凸轮轴上的控制阀，拧紧力矩 30N·m。

5. 配气相位检查

（1）拆除凸轮轴固定装置 T40331/1。

（2）拆除凸轮轴固定装置 T40264/3 或固定螺栓 T40069。

（3）提示：错调配气相位有毁坏发动机的危险。切勿在链条传动机构未完全安装时转动曲轴和凸轮轴。

（4）用棘轮环形扳手开口度 21 T40263 和适配器 T40314 转动曲轴 2 圈（如图 4-855 中箭头），直到减震器再次位于"上止点"。

图 4-856

图 4-855

（5）凸轮轴调节器上的标记（如图 4-856 中 1、2）必须对准凸轮轴外壳上所涉及的铸造凸耳（如图 4-856 中箭头）。

（6）扭转减震器上的缺口（如图 4-857 中 1）大致与皮带轮侧密封法兰上的铸造凸耳（如图 4-857 中 2）齐平。发动机未因准备工作而拆卸时的工作流程：用手将凸轮轴固定装置 T40264/3 通过减震器中的孔拧入皮带盘侧密封法兰中至紧贴。如果需要，略微来回转动曲轴使固定螺栓完全居中。

（7）发动机因准备工作而拆卸时的工作流程：以 20N·m 的力矩把固定螺栓 T40069 拧入孔内。必要时，略微来回转动曲轴。

（8）继续：接下来的工作步骤需要有另一位机械师协助。由第 2 名技师将扭力扳手 VAS 6583 和 Hazet 6423C 插套式转接头和工具头 VAS 261 001 以及固定支架 T90001 在排气凸轮轴的凸轮轴调节器上用 26N·m 朝逆时针方向（如图 4-858 中箭头）预紧并

图 4-857

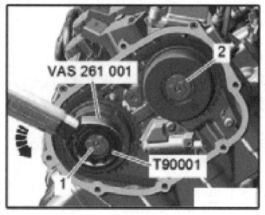

图 4-858

且保持住。不使用 Hazet 6423C 插套式转接头时的预紧力矩 30N·m。

（9）凸轮轴固定装置 T40331/1 必须很容易插入。不允许通过冲击工具插入凸轮轴固定装置。将准备的

凸轮轴固定装置 T40331/1 插入凸轮轴，直至限位位置。如图 4-859 所示，凸轮轴固定装置 T40331/5 卡入排气凸轮轴上非对称布置的上部凹槽（如图 4-859 中 1）中。如图 4-859 所示，凸轮轴固定装置 T40331/6 卡入进气凸轮轴上的平端（如图 4-859 中 2）。如果凸轮轴固定装置 T40331/1 无法插入：拆除凸轮轴固定装置 T40264/3 或固定螺栓 T40069。如之前所述，将准备的凸轮轴固定装置 T40331/1 插入凸轮轴，直至限位位置。为此略微转动曲轴。

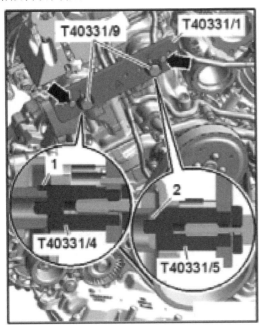

图 4-859

（10）将控制阀（如图 4-860 中 1、2）用套筒头 E24 T90000 松开半圈。

图 4-860

（11）扭转减震器上的缺口（如图 4-861 中 1）大致与皮带轮侧密封法兰上的铸造凸耳（如图 4-861 中 2）齐平。发动机未因准备工作而拆卸时的工作流程：用手将凸轮轴固定装置 T40264/3 通过减震器中的孔拧

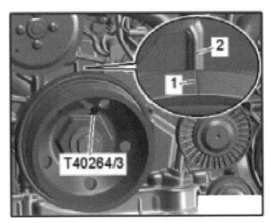

图 4-861

入皮带盘侧密封法兰中至紧贴。如果需要，略微来回转动曲轴使固定螺栓完全居中。

（12）发动机因准备工作而拆卸时的工作流程：以 20N·m 的力矩把固定螺栓 T40069 拧入孔内，如图 4-862 所示。必要时，略微来回转动曲轴。

图 4-862

（13）继续：重新调整。如果凸轮轴固定装置 T40331/1 可以插入：拆除凸轮轴固定装置 T40264/3 或固定螺栓 T40069，如图 4-863 所示。

图 4-863

（14）拆除凸轮轴固定装置 T40331/1。将顶紧装置 T90001 和顶紧装置 T90002 置于进气凸轮轴调节器上。将顶紧装置顶在排气凸轮轴控制阀（如图 4-864 中 2）上。必要时，略微转动曲轴。将控制阀（如图 4-864 中 1）用套筒头 E24 T90000 继续旋转 35°。

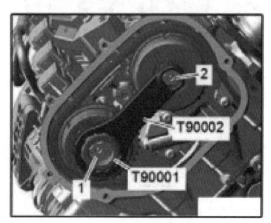

图 4-864

（15）将顶紧装置 T90001 和顶紧装置 T90002 置于排气凸轮轴调节器上。将顶紧装置顶在进气凸轮轴控制阀（如图 4-865 中 1）上。必要时，略微转动曲轴。将控制阀（如图 4-865 中 2）用套筒头 E24 T90000 继续旋转 35°。

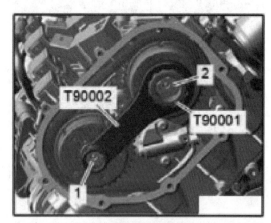

图 4-865

（16）安装真空泵。

（17）安装上部空气导流管。

（18）安装气缸列 2 正时链上部盖板。

（19）其他工作：如果对正时链驱动做了改动或者更换了部件，则要执行在引导功能"0001- 发动机机械机构功能"中的相关匹配。

（三）将凸轮轴正时链从凸轮轴上拆下，气缸列 1（右侧）

对于以下工作流程，凸轮轴正时链保留在发动机上。

1. 所需要的专用工具和维修设备

（1）扭矩扳手 VAS 6583，如图 4-866 所示。

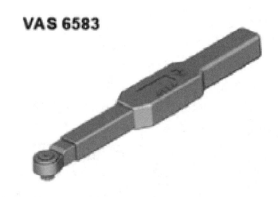

图 4-866

（2）定位销 T03006，如图 4-867 所示。

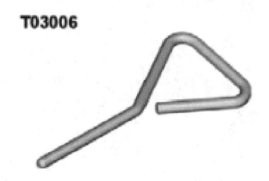

图 4-867

（3）固定螺栓 T40069（发动机已拆下时），如图 4-868 所示。

图 4-868

（4）棘轮环形扳手 SW21 T40263，如图 4-869 所示。

（5）凸轮轴固定装置 T40264/3，如图 4-870 所示。

T40263

图 4-869

T40264

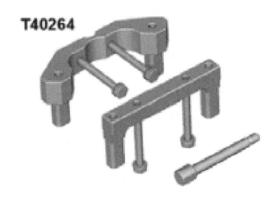

图 4-870

（6）适配器 T40314，如图 4-871 所示。

T40314

图 4-871

（7）凸轮轴固定装置 T40331、套筒头 E24 T90000、固定装置 T90001、固定装置 T90002、套筒头 VAS 261 001、Hazet 6423C（市售）。

2. 准备凸轮轴固定装置 T40331

（1）凸轮轴固定装置 T40331/1 上的标记字样"B"朝前，如图 4-872 所示。

（2）凸轮轴固定装置 T40331/5 和 T40331/6 以及螺栓垫圈 T40331/9 必须通过固定销（如图 4-872 中箭

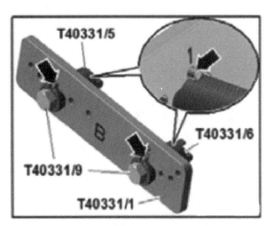

图 4-872

头）定位。

（3）用手拧紧螺栓。

3. 拆卸

如要在发动机安装状态下将凸轮轴正时链从凸轮轴上拆下时，需要做准备工作。提示：错调配气相位有毁坏发动机的危险。切勿在链条传动机构未完全安装时转动曲轴和凸轮轴。

（1）拆卸气缸列 1 正时链上部盖板。

（2）拆卸上部空气导流管。

（3）提示：控制机构跳动过大时有损坏发动机的危险。仅朝发动机运转方向转动发动机。

（4）用棘轮环形扳手开口度 21 T40263 和适配器 T40314 转动曲轴（如图 4-873 中箭头）直至减震器位于"上止点"（以 3.0L 发动机为例展示）。

图 4-873

（5）凸轮轴调节器上的标记（如图 4-874 中 1 或 2）必须对准凸轮轴外壳上所涉及的铸造凸耳（如图 4-874 中箭头）。必要时继续转动曲轴一圈。

（6）拧出螺栓（如图 4-875 中箭头），取下密封塞（如图 4-875 中 1、2）。

（7）以 9N·m 的力矩拧紧凸轮轴外壳上的适配

图 4-874

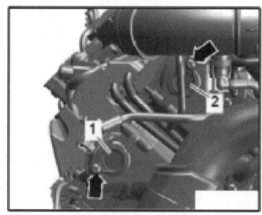

图 4-875

器 T40331/2，如图 4-876 所示。

图 4-876

（8）凸轮轴固定装置 T40331/1 必须很容易插入。不允许通过冲击工具插入凸轮轴固定装置。将准备的

凸轮轴固定装置 T40331/1 插入凸轮轴，直至限位位置。必要时，略微转动曲轴。如图 4-877 所示，凸轮轴固定装置 T40331/4 卡入进气凸轮轴上的平端（如图 4-877 中 1）。如图 4-877 所示，凸轮轴固定装置 T40331/5 卡入排气凸轮轴上非对称布置上部凹槽（如图 4-877 中 2）中。

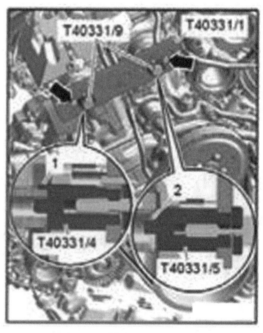

图 4-877

（9）以 9N·m 拧紧螺栓（如图 4-878 中箭头）。

图 4-878

（10）提示：顶紧装置 T90001 只能在一个位置插

入，为此缺口（如图4-879中1）和凸轮轴调节器上的标记（如图4-879中2）必须对齐。

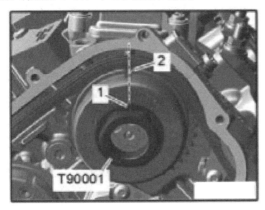

图4-879

（11）提示：错误操作有损坏凸轮轴的危险。绝对不要使用凸轮轴固定装置作为固定装置。为顶住所涉及的凸轮轴调节器，安放套筒头 VAS 261 001 和顶紧装置 T90001，然后将控制阀（如图4-880中1）通过套筒头 E24 T90000 松开。为便于装回，用颜色标记凸轮轴调节器和凸轮轴的对应关系。

图4-880

（12）扭转减震器上的缺口（如图4-881中1）

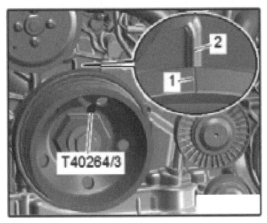

图4-881

大致与皮带轮侧密封法兰上的铸造凸耳（如图4-881中2）齐平。发动机未因准备工作而拆卸时的工作流程：用手将凸轮轴固定装置 T40264/3 通过减震器中的孔拧入皮带盘侧密封法兰中至紧贴。如果需要，略微来回转动曲轴使固定螺栓完全居中。

（13）发动机因准备工作而拆卸时的工作流程：如果螺旋塞还处于拧入状态，则将其拧出。以20N·m的力矩把固定螺栓 T40069 拧入孔内，如图4-882所示。必要时，略微来回转动曲轴。

图4-882

（14）继续：将链条张紧器（如图4-883中2）的柱塞用螺丝刀（如图4-883中1）压回至限位位置（如图4-883中箭头），然后用定位销 T03006 卡住链条张紧器。提示：柱塞采用机油阻尼，只能均匀用力缓慢压回。

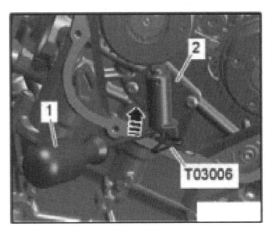

图4-883

（15）拧出控制阀（如图4-884中1、2），取下两个凸轮轴调节器。

4. 安装

（1）用凸轮轴固定装置 T40264/3 或固定螺栓 T40069 将曲轴卡在"上止点"位置。以9N·m的力矩将凸轮轴固定装置 T40331/1 在凸轮轴外壳上拧紧。

图 4-884

图 4-886

拆卸后更换摩擦垫圈（金刚石垫圈）。提示：不安装摩擦垫圈有毁坏发动机的危险。检查在凸轮轴调节器和凸轮轴轴端之间是否装有摩擦垫圈（金刚石垫圈）。凸轮轴调节器上的标记（如图 4-885 中 1、2）必须对准凸轮轴外壳上所涉及的铸造凸耳（如图 4-885 中箭头）。

图 4-885

（2）将凸轮轴调节器和已铺上的凸轮轴正时链置于之前描述的安装位置，此时注意拆卸时所做的标记。给控制阀（如图 4-886 中 1、2）的螺纹和螺栓头接触面上油，然后松松地拧入。两个凸轮轴调节器必须还能在凸轮轴上转动。拆除定位销 T03006。

（3）接下来的工作步骤需要有另一位机械师协助。由第 2 名技师将扭力扳手 VAS 6583 和 Hazet 6423C 插套式转接头和工具头 VAS 261 001 以及固定支架

T90001 在排气凸轮轴的凸轮轴调节器上用 26N·m 朝逆时针方向（如图 4-887 中箭头）预紧并且保持住。不使用 Hazet 6423C 插套式转接头时的预紧力矩 30N·m。将控制阀用套筒头 E24 T90000 按如下方式拧紧，同时凸轮轴调节器继续保持预紧：进气凸轮轴上的控制阀，拧紧力矩 30N·m。排气凸轮轴上的控制阀，拧紧力矩 30N·m。

5. 配气相位检查

（1）拆除凸轮轴固定装置 T40331/1。

（2）拆除凸轮轴固定装置 T40264/3 或固定螺栓 T40069，如图 4-887 所示。提示：错调配气相位有毁坏发动机的危险。切勿在链条传动机构未完全安装时转动曲轴和凸轮轴。

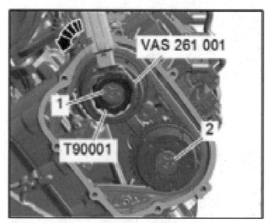

图 4-887

（3）用棘轮环形扳手开口度 21 T40263 和适配器 T40314 转动曲轴 2 圈（如图 4-888 中箭头），直到减震器再次位于"上止点"。

（4）凸轮轴调节器上的标记（如图 4-889 中 1、2）必须对准凸轮轴外壳上所涉及的铸造凸耳（如图 4-889 中箭头）。

图 4-888

图 4-889

（5）扭转减震器上的缺口（如图 4-890 中 1）大致与皮带轮侧密封法兰上的铸造凸耳（如图 4-890 中 2）齐平。发动机未因准备工作而拆卸时的工作流程：

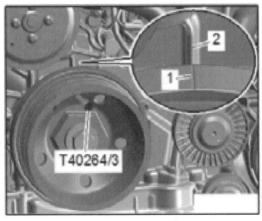

图 4-890

用手将凸轮轴固定装置 T40264/3 通过减震器中的孔拧入皮带盘侧密封法兰中至紧贴。如果需要，略微来回转动曲轴使固定螺栓完全居中。

（6）发动机因准备工作而拆卸时的工作流程：以 20N·m 的力矩把固定螺栓 T40069 拧入孔内，如图 4-891 所示。必要时，略微来回转动曲轴。

图 4-891

（7）继续：接下来的工作步骤需要有另一位机械师协助。由第 2 名技师将扭力扳手 VAS 6583 和 Hazet 6423C 插套式转接头和工具头 VAS 261 001 以及固定支架 T90001 在排气凸轮轴的凸轮轴调节器上用 26N·m 朝逆时针方向（如图 4-892 中箭头）预紧并且保持住。不使用 Hazet 6423C 插套式转接头时的预紧力矩 30N·m。

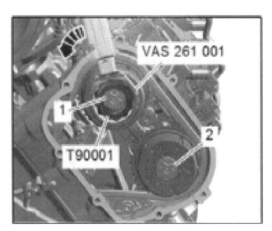

图 4-892

（8）凸轮轴固定装置 T40331/1 必须很容易插入。不允许通过冲击工具插入凸轮轴固定装置。将准备的凸轮轴固定装置 T40331/1 插入凸轮轴，直至限位位置。如图 4-893 所示，凸轮轴固定装置 T40331/4 卡入进气凸轮轴上的平端（如图 4-893 中 1）。如图 4-893 所示，凸轮轴固定装置 T40331/5 卡入排气凸轮轴上非对称布置的上部凹槽（如图 4-893 中 2）中。

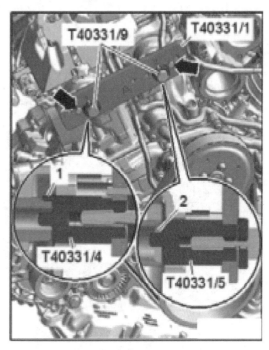

图 4-893

（9）如果凸轮轴固定装置 T40331/1 无法插入：拆除凸轮轴固定装置 T40264/3 或固定螺栓 T40069。如之前所述，将准备的凸轮轴固定装置 T40331/1 插入凸轮轴，直至限位位置。为此略微转动曲轴。将控制阀（如图 4-894 中 1、2）用套筒头 E24 T90000 松开半圈。

图 4-894

（10）扭转减震器上的缺口（如图 4-895 中 1）大致与皮带轮侧密封法兰上的铸造凸耳（如图 4-895 中 2）齐平。发动机未因准备工作而拆卸时的工作流程：用手将凸轮轴固定装置 T40264/3 通过减震器中的孔拧入皮带盘侧密封法兰中至紧贴。如果需要，略微来回转动曲轴使固定螺栓完全居中。

图 4-895

（11）发动机因准备工作而拆卸时的工作流程：以 20N·m 的力矩把固定螺栓 T40069 拧入孔内，如图 4-896 所示。必要时，略微来回转动曲轴。

图 4-896

（12）继续：重新调整。

（13）如果凸轮轴固定装置 T40331/1 可以插入：拆除凸轮轴固定装置 T40264/3 或固定螺栓 T40069。拆除凸轮轴固定装置 T40331/1。将顶紧装置 T90001 和顶紧装置 T90002 置于进气凸轮轴调节器上。将顶紧装置顶在排气凸轮轴控制阀（如图

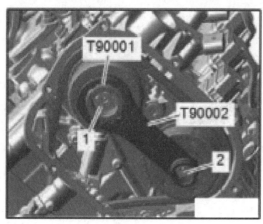

图 4-897

4-897中2）上。必要时，略微转动曲轴（仅沿顺时针）。将控制阀（如图4-897中1）用套筒头E24 T90000继续旋转35°。

（14）将顶紧装置T90001和顶紧装置T90002置于排气凸轮轴调节器上。将顶紧装置顶在进气凸轮轴控制阀（如图4-898中1）上。必要时，沿顺时针略微转动曲轴（仅沿顺时针）。将控制阀（如图4-898中2）用套筒头E24 T90000继续旋转35°。取下顶紧装置T90001和顶紧装置T90002。

图4-898

（15）安装上部空气导流管。

（16）安装气缸列1正时链上部盖板。

（17）如果对正时链驱动做了改动或者更换了部件，则要执行在引导功能"0001－发动机机械机构功能"中的相关匹配。

十六、车型

奥迪S6 2.9T（2.9T DKMB），2020—2022年。

奥迪S7 2.9TFSI（2.9T DKMB），2020—2022年。

（一）凸轮轴正时链装配一览

1. 气缸列1（右侧）凸轮轴正时链（如图4-899所示）

2. 气缸列2（左侧）凸轮轴正时链（如图4-900所示）

（二）将凸轮轴正时链从凸轮轴上拆下，气缸列2（左侧）

对于以下工作流程，凸轮轴正时链保留在发动机上。

1. 所需要的专用工具和维修设备

（1）扭矩扳手VAS 6583，如图4-901所示。

（2）定位销T03006，如图4-902所示。

（3）固定螺栓T40069（发动机已拆下时），如图4-903所示。

（4）棘轮环形扳手SW21 T40263，如图4-904所

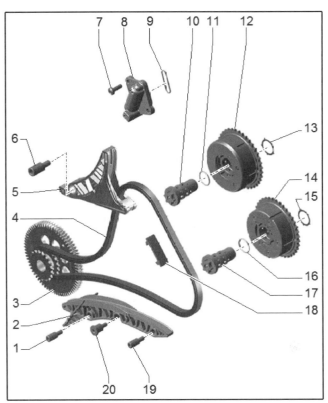

1.导向销。拆卸后更换。拧紧力矩5N·m +45°　2.滑轨 3.齿轮 4.凸轮轴正时链。不要从张紧轨上脱开 5.张紧轨。不要从凸轮轴正时链上脱开 6.轴承螺栓。拧紧力矩23N·m 7.螺栓。拧紧力矩9N·m 8.链条张紧器。拆卸和安装链条张紧器 9.密封件。拆卸后更换 10.控制阀。用于凸轮轴调节器 11.O形环。拆卸后更换 12.凸轮轴调节器。用于排气凸轮轴。拆卸后更换摩擦垫圈（金刚石垫圈） 13.摩擦垫圈（金刚石垫圈）。用于凸轮轴调节器和凸轮轴轴端之间的连接安全性。拆卸后更换。小心地将新的摩擦垫圈（金刚石垫圈）置于安装位置，不要折弯 14.凸轮轴调节器。用于进气凸轮轴。拆卸后更换摩擦垫圈（金刚石垫圈） 15.摩擦垫圈（金刚石垫圈）。用于凸轮轴调节器和凸轮轴轴端之间的连接安全性。拆卸后更换。小心地将新的摩擦垫圈（金刚石垫圈）置于安装位置，不要折弯 16.O形环。拆卸后更换 17.控制阀。用于凸轮轴调节器 18.滑块。拆卸后更换 19.导向销。拆卸后更换。5N·m +45° 20.导向销。拆卸后更换。拧紧力矩5N·m +45°

图4-899

示。

（5）凸轮轴固定装置T40264/3，如图4-905所示。

（6）适配器T40314，如图4-906所示。

（7）凸轮轴固定装置T40331、套筒头E24 T90000、固定装置T90001、固定装置T90002、套筒头VAS 261 001和Hazet 6423C（市售）。

2. 准备凸轮轴固定装置T40331

（1）凸轮轴固定装置T40331/1上的标记字样"B"朝前，如图4-907所示。

（2）凸轮轴固定装置T40331/5和T40331/6以及螺栓垫圈T40331/9必须通过固定销（如图4-907中箭头）定位。

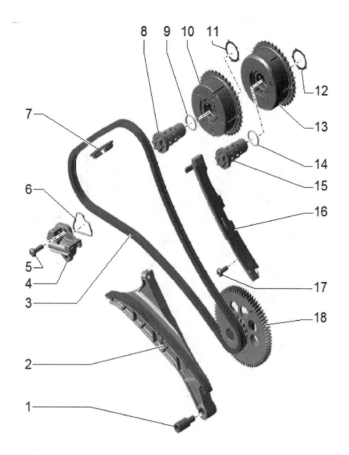

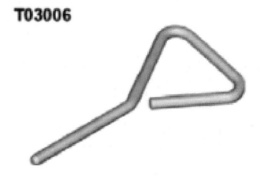

T03006

图 4-902

T40069

图 4-903

1.轴承螺栓。拧紧力矩23N·m 2.张紧轨 3.凸轮轴正时链。为了能够重新安装，要用颜色标出转动方向 4.链条张紧器 5.螺栓。拧紧力矩9N·m 6.密封件。拆卸后更换 7.滑块。拆卸后更换 8.控制阀。用于凸轮轴调节器 9.O形环。拆卸后更换 10.凸轮轴调节器。用于进气凸轮轴。拆卸后更换摩擦垫圈（金刚石垫圈） 11.摩擦垫圈（金刚石垫圈）。用于凸轮轴调节器和凸轮轴轴端之间的连接安全性。拆卸后更换。小心地将新的摩擦垫圈（金刚石垫圈）置于安装位置，不要折弯 12.摩擦垫圈（金刚石垫圈）。用于凸轮轴调节器和凸轮轴轴端之间的连接安全性。拆卸后更换。小心地将新的摩擦垫圈（金刚石垫圈）置于安装位置，不要折弯 13.凸轮轴调节器。用于排气凸轮轴。拆卸后更换摩擦垫圈（金刚石垫圈） 14.O形环。拆卸后更换 15.控制阀。用于凸轮轴调节器 16.滑轨 17.螺栓。拧紧力矩9N·m 18.齿轮。带凸轮轴正时链的链轮

图 4-900

T40263

图 4-904

VAS 6583

图 4-901

T40264

图 4-905

T40314

图 4-906

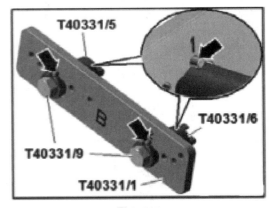

图 4-907

（3）用手拧紧螺栓。

3. 拆卸

如要在发动机安装状态下将凸轮轴正时链从凸轮轴上拆下时，需要做准备工作。提示：错调配气相位有毁坏发动机的危险。切勿在链条传动机构未完全安装时转动曲轴和凸轮轴。

（1）拆卸气缸列 2 正时链上部盖板。

（2）拆卸上部空气导流管。

（3）拆卸真空泵

（4）提示：控制机构跳动过大时有损坏发动机的危险。仅朝发动机运转方向转动发动机。用棘轮环形扳手开口度 21 T40263 和适配器 T40314 转动曲轴（如图 4-908 中箭头），直至减震器位于"上止点"。（以3.0L 发动机为例展示）

图 4-908

（5）凸轮轴调节器上的标记（如图 4-909 中 1或 2）必须对准凸轮轴外壳上所涉及的铸造凸耳（如图 4-909 中箭头）。必要时继续转动曲轴一圈。

图 4-909

（6）拧出螺栓（如图 4-910 中箭头），取下密封塞（如图 4-910 中 2）。将机油尺导管（如图 4-910 中 1）略微压向一侧。

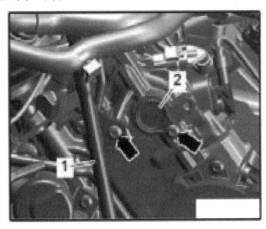

图 4-910

（7）以 9N·m 的力矩拧紧凸轮轴外壳上的适配器 T40331/2，如图 4-911 所示。

（8）凸轮轴固定装置 T40331/1 必须很容易插入。不允许通过冲击工具插入凸轮轴固定装置。将准备的凸轮轴固定装置 T40331/1 插入凸轮轴，直至限位位置。必要时，略微转动曲轴。如图 4-912 所示，凸轮轴固定装置 T40331/5 卡入排气凸轮轴上非对称布置的上部凹槽（如图 4-912 中 1）中。如图 4-912 所示，凸轮

325

图 4-911

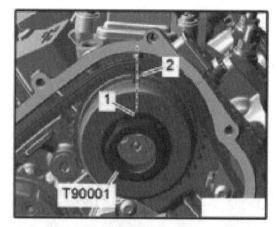

图 4-913

轴固定装置 T40331/6 卡入进气凸轮轴上的平端（如图 4-912 中 2）。以 9N·m 拧紧螺栓（如图 4-912 中箭头）。

图 4-912

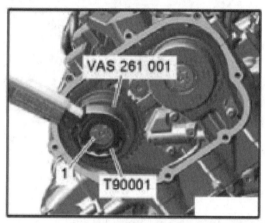

图 4-914

图 4-915

（9）提示：顶紧装置 T90001 只能在一个位置插入，为此缺口（如图 4-913 中 1）和凸轮轴调节器上的标记（如图 4-913 中 2）必须对齐。

（10）提示：错误操作有损坏凸轮轴的危险。绝对不要使用凸轮轴固定装置作为固定装置。为顶住所涉及的凸轮轴调节器，安放套筒头 VAS 261 001，安放顶紧装置 T90001，然后将控制阀（如图 4-914 中 1）通过套筒头 E24 T90000 松开。为便于装回，用颜色标记凸轮轴调节器和凸轮轴的对应关系。

（11）扭转减震器上的缺口（如图 4-915 中 1）大致与皮带轮侧密封法兰上的铸造凸耳（如图 4-915

中 2）齐平。

（12）发动机未因准备工作而拆卸时的工作流程：用手将凸轮轴固定装置 T40264/3 通过减震器中的孔拧入皮带盘侧密封法兰中至紧贴。如果需要，略微来回转动曲轴使固定螺栓完全居中。

（13）发动机因准备工作而拆卸时的工作流程：如果螺旋塞还处于拧入状态，则将其拧出。以 20N·m 的力矩把固定螺栓 T40069 拧入孔内，如图 4-916 所示。必要时，略微来回转动曲轴。

图 4-916

（14）继续：将滑轨（如图 4-917 中 2）压回箭头，然后将链条张紧器（如图 4-917 中 1）的柱塞用定位销 T03006 卡住。提示：柱塞采用机油阻尼，只能均匀用力缓慢压回。

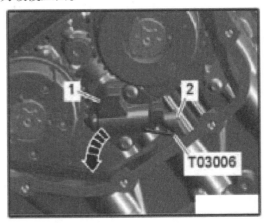

图 4-917

（15）拧出控制阀（如图 4-918 中 1、2），取下两个凸轮轴调节器。

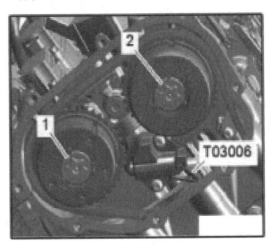

图 4-918

4. 安装

（1）用凸轮轴固定装置 T40264/3 或固定螺栓 T40069 将曲轴卡在"上止点"位置。以 9N·m 的力矩将凸轮轴固定装置 T40331/1 在凸轮轴外壳上拧紧。拆卸后更换摩擦垫圈（金刚石垫圈）。提示：不安装摩擦垫圈有毁坏发动机的危险。检查在凸轮轴调节器和凸轮轴轴端之间是否装有摩擦垫圈（金刚石垫圈）。

（2）凸轮轴调节器上的标记（如图 4-919 中 1、2）必须对准凸轮轴外壳上所涉及的铸造凸耳（如图 4-919 中箭头）。

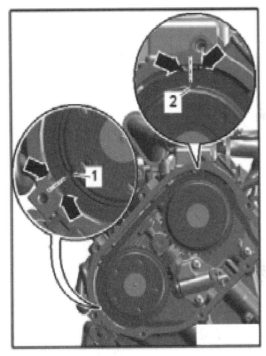

图 4-919

（3）将凸轮轴调节器和已铺上的凸轮轴正时链置于之前描述的安装位置，此时注意拆卸时所做的标记。给控制阀（如图 4-918 中 1、2）的螺纹和螺栓头接触面上油，然后松松地拧入。两个凸轮轴调节器必须还能在凸轮轴上转动。拆除定位销 T03006。

（4）接下来的工作步骤需要有另一位机械师协助。由第 2 名技师将扭力扳手 VAS 6583 和 Hazet 6423C 插套式转接头和工具头 VAS 261 001 以及固定支架 T90001 在排气凸轮轴的凸轮轴调节器上用 26N·m 朝逆时针方向（如图 4-920 中箭头）预紧并且保持住。不使用 Hazet 6423C 插套式转接头时的预紧力矩 30N·m。将控制阀用套筒头 E24 T90000 按如下方式拧紧，同时凸轮轴调节器继续保持预紧：进气凸轮轴上的控制阀，拧紧力矩 30N·m。排气凸轮轴上的控制阀，拧紧力矩 30N·m。

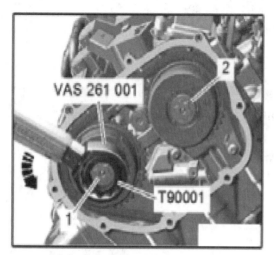

图 4-920

5. 配气相位检查

（1）拆除凸轮轴固定装置 T40331/1。

（2）拆除凸轮轴固定装置 T40264/3 或固定螺栓 T40069。

（3）提示：错调配气相位有毁坏发动机的危险。切勿在链条传动机构未完全安装时转动曲轴和凸轮轴。

（4）用棘轮环形扳手开口度 21 T40263 和适配器 T40314 转动曲轴 2 圈（如图 4-921 中箭头），直到减震器再次位于"上止点"。

图 4-921

（5）凸轮轴调节器上的标记（如图 4-922 中 1、2）必须对准凸轮轴外壳上所涉及的铸造凸耳（如图 4-923 中箭头）。

（6）扭转减震器上的缺口（如图 4-924 中 1）大致与皮带轮侧密封法兰上的铸造凸耳（如图 4-924 中

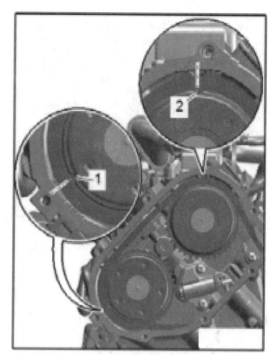

图 4-922

图 4-923

2）齐平。发动机未因准备工作而拆卸时的工作流程：用手将凸轮轴固定装置 T40264/3 通过减震器中的孔拧入皮带盘侧密封法兰中至紧贴。如果需要，略微来回转动曲轴使固定螺栓完全居中。

（7）发动机因准备工作而拆卸时的工作流程：以 20N·m 的力矩把固定螺栓 T40069 拧入孔内，如图 4-925 所示。必要时，略微来回转动曲轴。

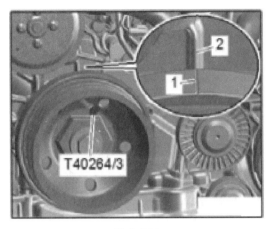

图 4-924

图 4-925

（8）继续：接下来的工作步骤需要有另一位机械师协助。由第 2 名技师将扭力扳手 VAS 6583、Hazet 6423C 插套式转接头和工具头 VAS 261 001 以及固定支架 T90001 在排气凸轮轴的凸轮轴调节器上用 26N·m 朝逆时针方向（如图 4-926 中箭头）预紧并且保持住。不使用 Hazet 6423C 插套式转接头时的预紧力矩 30N·m。

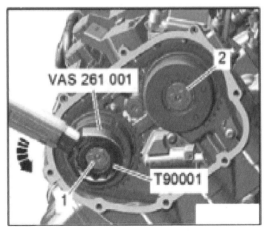

图 4-926

（9）凸轮轴固定装置 T40331/1 必须很容易插入。不允许通过冲击工具插入凸轮轴固定装置。将准备的凸轮轴固定装置 T40331/1 插入凸轮轴，直至限位位置。如图 4-927 所示，凸轮轴固定装置 T40331/4 卡入排气凸轮轴上非对称布置的上部凹槽（如图 4-927 中 1）中。如图 4-927 所示，凸轮轴固定装置 T40331/5 卡入进气凸轮轴上的平端（如图 4-927 中 2）。如果凸轮轴固定装置 T40331/1 无法插入：拆除凸轮轴固定装置 T40264/3 或固定螺栓 T40069。如之前所述，将准备的凸轮轴固定装置 T40331/1 插入凸轮轴，直至限位位置。为此略微转动曲轴。

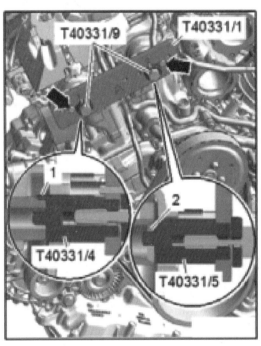

图 4-927

（10）将控制阀（如图 4-928 中 1、2）用套筒头 E24 90000 松开半圈。

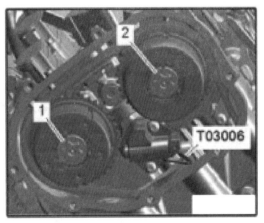

图 4-928

（11）扭转减震器上的缺口（如图4-929中1）大致与皮带轮侧密封法兰上的铸造凸耳（如图4-929中2）齐平。发动机未因准备工作而拆卸时的工作流程：用手将凸轮轴固定装置T40264/3通过减震器中的孔拧入皮带盘侧密封法兰中至紧贴。如果需要，略微来回转动曲轴使固定螺栓完全居中。

图4-929

（12）发动机因准备工作而拆卸时的工作流程：以20N·m的力矩把固定螺栓T40069拧入孔内，如图4-930所示。必要时，略微来回转动曲轴。

图4-930

（13）继续：重新调整。

（14）如果凸轮轴固定装置T40331/1可以插入：拆除凸轮轴固定装置T40264/3或固定螺栓T40069。拆除凸轮轴固定装置T40331/1。将顶紧装置T90001和顶紧装置T90002置于进气凸轮轴调节器上。将顶紧装置顶在排气凸轮轴控制阀（如图4-931中2）上。必要时，略微转动曲轴。将控制阀（如图4-931中1）用套筒头E24 T90000继续旋转35°。

（13）将顶紧装置T90001和顶紧装置T90002置于排气凸轮轴调节器上。将顶紧装置顶在进气凸轮轴

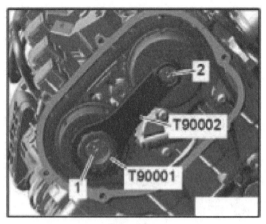

图4-931

控制阀（如图4-932中1）上。必要时，略微转动曲轴。将控制阀（如图4-932中2）用套筒头E24 T90000-继续旋转35°。

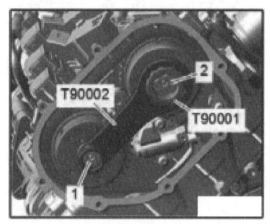

图4-932

（15）安装真空泵。

（16）安装上部空气导流管。

（17）安装气缸列2正时链上部盖板。

（18）其他工作。

如果对正时链驱动做了改动或者更换了部件，则要执行在引导功能"0001 – 发动机机械机构功能"中的相关匹配。

（三）将凸轮轴正时链从凸轮轴上拆下，气缸列2（左侧）

对于以下工作流程，凸轮轴正时链保留在发动机上。

1. 所需要的专用工具和维修设备

（1）扭矩扳手VAS 6583，如图4-933所示。

（2）定位销T03006，如图4-934所示。

（3）固定螺栓T40069（发动机已拆下时），如图4-935所示。

（4）棘轮环形扳手SW21 T40263，如图4-936所

VAS 6583

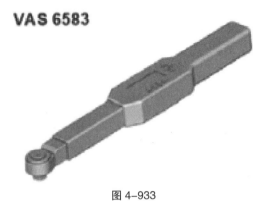

图 4-933

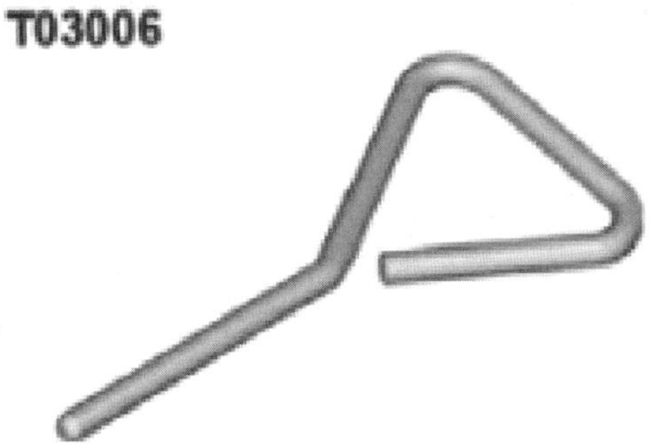

T03006

图 4-934

T40069

图 4-935

T40263

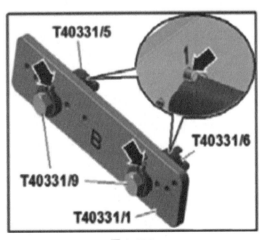

图 4-936

示。

（5）凸轮轴固定装置 T40264/3，如图 4-937 所示。

（6）适配器 T40314，如图 4-938 所示。

T40264

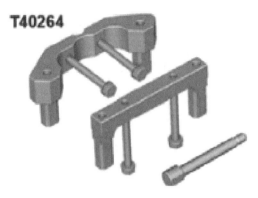

图 4-937

T40314

图 4-938

（7）凸 轮 轴 固 定 装 置 T40331、套 筒 头 E24 T90000、固定装置 T90001、固定装置 T90002 、套筒头 VAS 261 001、Hazet 6423C（市售）。

2. 准备凸轮轴固定装置 T40331

（1）凸轮轴固定装置 T40331/1 上的标记字样"B"朝前，如图 4-939 所示。

（2）凸轮轴固定装置 T40331/5 和 T40331/6 以及螺栓垫圈 T40331/9 必须通过固定销（如图 4-939 中箭头）定位。

（3）用手拧紧螺栓。

图 4-939

3. 拆卸

如要在发动机安装状态下将凸轮轴正时链从凸轮轴上拆下时，需要做准备工作。提示：错调配气相位有毁坏发动机的危险。切勿在链条传动机构未完全安装时转动曲轴和凸轮轴。

（1）拆卸气缸列2正时链上部盖板。

（2）拆卸上部空气导流管。

（3）拆卸真空泵。

（4）提示：控制机构跳动过大时有损坏发动机的危险。

（5）仅朝发动机运转方向转动发动机。

（6）用棘轮环形扳手开口度21 T40263和适配器T40314转动曲轴（如图4-940中箭头），直至减震器位于"上止点"。（以3.0L发动机为例展示）

图 4-940

（7）凸轮轴调节器上的标记（如图4-941中1或2）

图 4-941

必须对准凸轮轴外壳上所涉及的铸造凸耳（如图4-941中箭头）。必要时继续转动曲轴一圈。

（8）拧出螺栓（如图4-942中箭头），取下密封塞（如图4-942中2）。将机油尺导管（如图4-942中1）略微压向一侧。

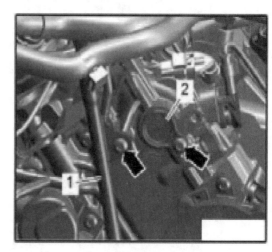

图 4-942

（9）以9N·m的力矩拧紧凸轮轴外壳上的适配器T40331/2，如图4-943所示。

图 4-943

（10）凸轮轴固定装置T40331/1必须很容易插入。不允许通过冲击工具插入凸轮轴固定装置。将准备的凸轮轴固定装置T40331/1插入凸轮轴，直至限位位置。必要时，略微转动曲轴。如图4-944所示，凸轮轴固定装置T40331/5卡入排气凸轮轴上非对称布置的上部凹槽（如图4-944中1）中。如图4-944所示，凸轮轴固定装置T40331/6卡入进气凸轮轴上的平端（如图4-944中2）中。以9N·m拧紧螺栓（如图4-944中箭头）。

（11）提示：顶紧装置T90001只能在一个位置插入，为此缺口（如图4-945中1）和凸轮轴调节器上

图 4-944

的标记（如图 4-945 中 2）必须对齐。

图 4-945

（12）提示：错误操作有损坏凸轮轴的危险。绝对不要使用凸轮轴固定装置作为固定装置。为顶住所涉及的凸轮轴调节器，安放套筒头 VAS 261 001 安放顶紧装置 T90001，然后将控制阀（如图 4-946 中 1）通过套筒头 E24 T90000 松开。为便于装回，用颜色标记凸轮轴调节器和凸轮轴的对应关系。

（13）扭转减震器上的缺口（如图 4-947 中 1）大致与皮带轮侧密封法兰上的铸造凸耳（如图 4-947 中 2）齐平。发动机未因准备工作而拆卸时的工作流程：用手将凸轮轴固定装置 T40264/3 通过减震器中的孔拧入皮带盘侧密封法兰中至紧贴。如果需要，略微来回转动曲轴使固定螺栓完全居中。

（14）发动机因准备工作而拆卸时的工作流程：

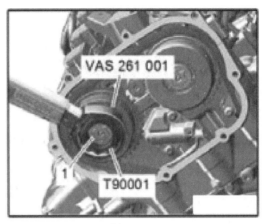

图 4-946

图 4-947

如果螺旋塞还处于拧入状态，则将其拧出。以 20N·m 的力矩把固定螺栓 T40069 拧入孔内，如图 4-948 所示。必要时，略微来回转动曲轴。

图 4-948

（15）继续：将滑轨（如图 4-949 中 2）压回箭头，然后将链条张紧器（如图 4-949 中 1）的柱塞用定位销 T03006 卡住。提示：柱塞采用机油阻尼，只能均匀用力缓慢压回。

（16）拧出控制阀（如图 4-950 中 1、2），取下

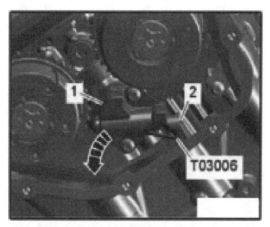

图 4-949

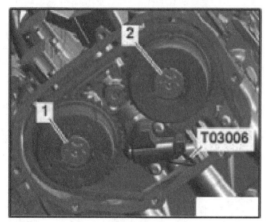

图 4-950

图 4-951

图 4-952

两个凸轮轴调节器。

4. 安装

（1）用凸轮轴固定装置 T40264/3 或固定螺栓 T40069 将曲轴卡在"上止点"位置。以 9N·m 的力矩将凸轮轴固定装置 T40331/1 在凸轮轴外壳上拧紧。拆卸后更换摩擦垫圈（金刚石垫圈）。提示：不安装摩擦垫圈有毁坏发动机的危险。检查在凸轮轴调节器和凸轮轴轴端之间是否装有摩擦垫圈（金刚石垫圈）。凸轮轴调节器上的标记（如图 4-951 中 1、2）必须对准凸轮轴外壳上所涉及的铸造凸耳（如图 4-952 中箭头）。

（2）将凸轮轴调节器和已铺上的凸轮轴正时链置于之前描述的安装位置，此时注意拆卸时所做的标记。给控制阀（如图 4-953 中 1、2）的螺纹和螺栓头接触面上油，然后松松地拧入。两个凸轮轴调节器必须还能在凸轮轴上转动。拆除定位销 T03006。

（3）接下来的工作步骤需要有另一位机械师协助。由第 2 名技师将扭力扳手 VAS 6583、Hazet 6423C 插套式转接头和工具头 VAS 261 001 以及固定支架 T90001 在排气凸轮轴的凸轮轴调节器上用 26N·m

朝逆时针方向（如图 4-954 中箭头）预紧并且保持住。不使用 Hazet 6423C 插套式转接头时的预紧力矩 30N·m。将控制阀用套筒头 E24 T90000 按如下方式拧紧，同时凸轮轴调节器继续保持预紧：进气凸轮轴上的控制阀，拧紧力矩 30N·m。排气凸轮轴上的控制阀，拧紧力矩 30N·m。

5. 配气相位检查

（1）拆除凸轮轴固定装置 T40331/1。

（2）拆除凸轮轴固定装置 T40264/3 或固定螺栓

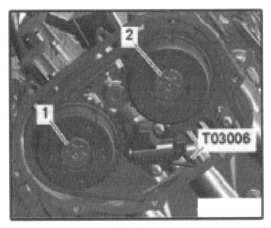

图 4-953

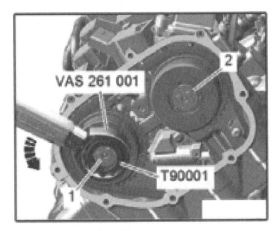

图 4-954

T40069。

（3）提示：错调配气相位有毁坏发动机的危险。切勿在链条传动机构未完全安装时转动曲轴和凸轮轴。

（4）用棘轮环形扳手开口度 21 T40263 和适配器 T40314 转动曲轴 2 圈（如图 4-955 中箭头），直到减震器再次位于"上止点"。

图 4-955

（5）凸轮轴调节器上的标记（如图 4-956 中 1、2）

必须对准凸轮轴外壳上所涉及的铸造凸耳（如图 4-956 中箭头）。

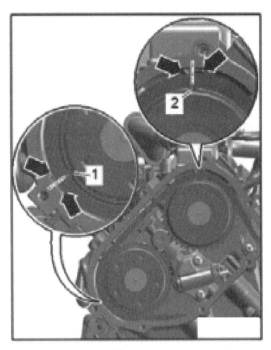

图 4-956

（6）扭转减震器上的缺口（如图 4-957 中 1）大致与皮带轮侧密封法兰上的铸造凸耳（如图 4-957 中 2）齐平。发动机未因准备工作而拆卸时的工作流程：用手将凸轮轴固定装置 T40264/3 通过减震器中的孔拧入皮带盘侧密封法兰中至紧贴。如果需要，略微来回转动曲轴使固定螺栓完全居中。

图 4-957

（7）发动机因准备工作而拆卸时的工作流程：以 20N·m 的力矩把固定螺栓 T40069 拧入孔内，如图 4-958 所示。必要时，略微来回转动曲轴。

（8）继续：接下来的工作步骤需要有另一位机械师协助。由第 2 名技师将扭力扳手 VAS 6583、Hazet 6423C 插套式转接头和工具头 VAS 261 001 以及

图 4-958

固定支架 T90001 在排气凸轮轴的凸轮轴调节器上用 26N·m 朝逆时针方向（如图 4-959 中箭头）预紧并且保持住。不使用 Hazet 6423C 插套式转接头时的预紧力矩 30N·m。

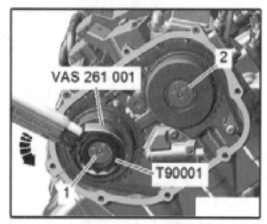

图 4-959

（9）凸轮轴固定装置 T40331/1 必须很容易插入。不允许通过冲击工具插入凸轮轴固定装置。将准备的凸轮轴固定装置 T40331/1 插入凸轮轴，直至限位位置。如图 4-960 所示，凸轮轴固定装置 T40331/4 卡入排气凸轮轴上非对称布置的上部凹槽（如图 4-960 中 1）中。如图 4-960 所示，凸轮轴固定装置 T40331/5 卡入进气凸轮轴上的平端（如图 4-960 中 2）。如果凸轮轴固定装置 T40331/1 无法插入：拆除凸轮轴固定装置 T40264/3 或固定螺栓 T40069。如之前所述，将准备的凸轮轴固定装置 T40331/1 插入凸轮轴，直至限位位置。为此略微转动曲轴。

（10）将控制阀（如图 4-961 中 1、2）用套筒头 E24 T90000 松开半圈。

（11）扭转减震器上的缺口（如图 4-962 中 1）大致与皮带轮侧密封法兰上的铸造凸耳（如图 4-962 中 2）齐平。发动机未因准备工作而拆卸时的工作流程：

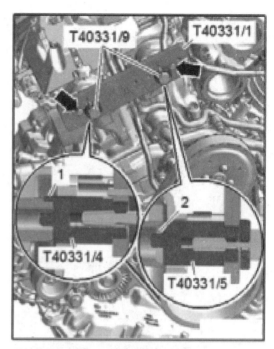

图 4-960

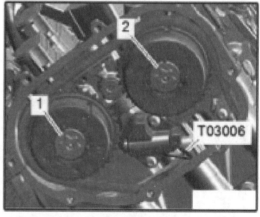

图 4-961

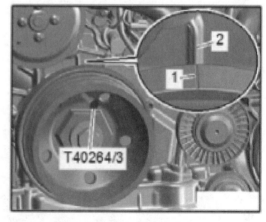

图 4-962

用手将凸轮轴固定装置 T40264/3 通过减震器中的孔拧入皮带盘侧密封法兰中至紧贴。如果需要，略微来回转动曲轴使固定螺栓完全居中。

（12）发动机因准备工作而拆卸时的工作流程：以 20 N·m 的力矩把固定螺栓 T40069 拧入孔内，如图 4-963 所示。必要时，略微来回转动曲轴。

图 4-963

（13）继续：重新调整。

（14）如果凸轮轴固定装置 T40331/1 可以插入：拆除凸轮轴固定装置 T40264/3 或固定螺栓 T40069。拆除凸轮轴固定装置 T40331/1。将顶紧装置 T90001 和顶紧装置 T90002 置于进气凸轮轴调节器上。将顶紧装置顶在排气凸轮轴控制阀（如图 4-964 中 2）上。必要时，略微转动曲轴。将控制阀（如图 4-964 中 1）用套筒头 E24 T90000 继续旋转 35°。

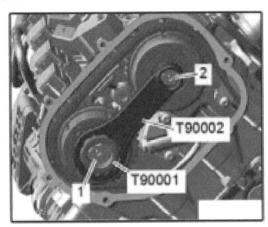

图 4-964

（15）将顶紧装置 T90001 和顶紧装置 T90002 置于排气凸轮轴调节器上。将顶紧装置顶在进气凸轮轴控制阀（如图 4-965 中 1）上。必要时，略微转动曲轴。将控制阀（如图 4-965 中 2）用套筒头 E24 T90000 继续旋转 35°。

（16）安装真空泵。

（17）安装上部空气导流管。

（18）安装气缸列 2 正时链上部盖板。

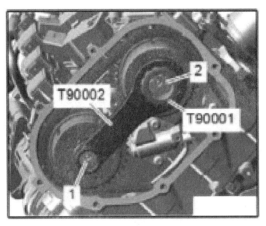

图 4-965

（19）其他工作。

如果对正时链驱动做了改动或者更换了部件，则要执行在引导功能"0001 - 发动机机械机构功能"中的相关匹配。

十七、车型

奥迪 RS6 4.0T Avant（4.0T DJPB），2021—2022 年。

奥迪 RS6 4.0T Sportback（4.0T DJPB），2021—2022 年。

（一）凸轮轴正时链装配一览

1. 气缸列 1（右侧）凸轮轴正时链（如图 4-966 所示）

2. 气缸列 2（左侧）凸轮轴正时链（如图 4-967 所示）

（二）将凸轮轴正时链从凸轮轴上拆下，气缸列 1（右侧）

对于以下工作流程，凸轮轴正时链保留在发动机上。

1. 所需要的专用工具和维修设备

（1）扭矩扳手 VAS 6583，如图 4-968 所示。

（2）定位销 T03006，如图 4-969 所示。

（3）固定螺栓 T40069（发动机已拆下时），如图 4-970 所示。

（4）棘轮环形扳手 SW21 T40263，如图 4-971 所示。

（5）定位销 T10492，如图 4-972 所示。

（6）适配器 T40314，如图 4-973 所示。

（7）凸轮轴固定装置 T40331、套筒头 E24 T90000、固定装置 T90001、固定装置 T90002、套筒头 VAS 261 001 和 Hazet 6423C（市售）。

2. 准备凸轮轴固定装置 T40331

（1）凸轮轴固定装置 T40331/1 上的标记字样"A"

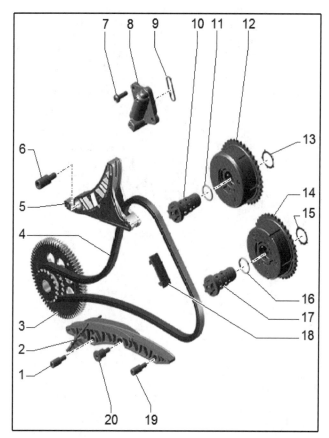

1.导向销。拆卸后更换。拧紧力矩5N·m +45° 2.滑轨 3.齿轮。带凸轮轴正时链的链轮 4.凸轮轴正时链 5.张紧轨。不要从凸轮轴正时链上脱开 6.轴承螺栓。拧紧力矩23N·m 7.螺栓。拧紧力矩9N·m 8.链条张紧器 9.密封件。拆卸后更换 10.控制阀。用于凸轮轴调节器 11.O形环。拆卸后更换 12.凸轮轴调节器。用于排气凸轮轴。拆卸后更换摩擦垫圈（金刚石垫圈） 13.摩擦垫圈（金刚石垫圈）。用于凸轮轴调节器和凸轮轴轴端之间的连接安全性，拆卸后更换。小心地将新的摩擦垫圈（金刚石垫圈）置于安装位置，不要折弯 14.凸轮轴调节器。用于进气凸轮轴。拆卸后更换摩擦垫圈（金刚石垫圈） 15.摩擦垫圈（金刚石垫圈）。用于凸轮轴调节器和凸轮轴轴端之间的连接安全性。拆卸后更换。小心地将新的摩擦垫圈（金刚石垫圈）置于安装位置，不要折弯 16.O形环。拆卸后更换 17.控制阀。用于凸轮轴调节器 18.滑块。拆卸后更换 19.导向销。拆卸后更换。拧紧力矩5N·m +45° 20.导向销。拆卸后更换。拧紧力矩5N·m +45°

图 4-966

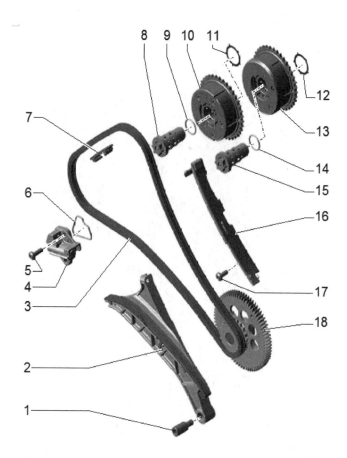

1.轴承螺栓。拧紧力矩23N·m 2.张紧轨 3.凸轮轴正时链。为了能够重新安装，要用颜色标出转动方向 4.链条张紧器 5.螺栓。拧紧力矩9N·m 6.密封件。拆卸后更换 7.滑块。拆卸后更换 8.控制阀。用于凸轮轴调节器 9.O形环。拆卸后更换 10.凸轮轴调节器。用于进气凸轮轴。拆卸后更换摩擦垫圈（金刚石垫圈） 11.摩擦垫圈（金刚石垫圈）。用于凸轮轴调节器和凸轮轴轴端之间的连接安全性。拆卸后更换。小心地将新的摩擦垫圈（金刚石垫圈）置于安装位置，不要折弯 12.摩擦垫圈（金刚石垫圈）。用于凸轮轴调节器和凸轮轴轴端之间的连接安全性。拆卸后更换。小心地将新的摩擦垫圈（金刚石垫圈）置于安装位置，不要折弯 13.凸轮轴调节器。用于排气凸轮轴。拆卸后更换摩擦垫圈（金刚石垫圈） 14.O形环。拆卸后更换 15.控制阀。用于凸轮轴调节器 16.滑轨 17.螺栓。拧紧力矩9N·m 18.齿轮。带凸轮轴正时链的链轮

图 4-967

朝前，如图 4-974 所示。

（2）凸轮轴固定装置 T40331/6 和 T40331/7 以及螺栓垫圈 T40331/9 必须通过固定销（如图 4-974 中箭头）定位。

（3）用手拧紧螺栓。

3.拆卸

（1）提示：错调配气相位有毁坏发动机的危险。切勿在链条传动机构未完全安装时转动曲轴和凸轮轴。

（2）拆卸气缸列 1 正时链上部盖板。

VAS 6583

图 4-968

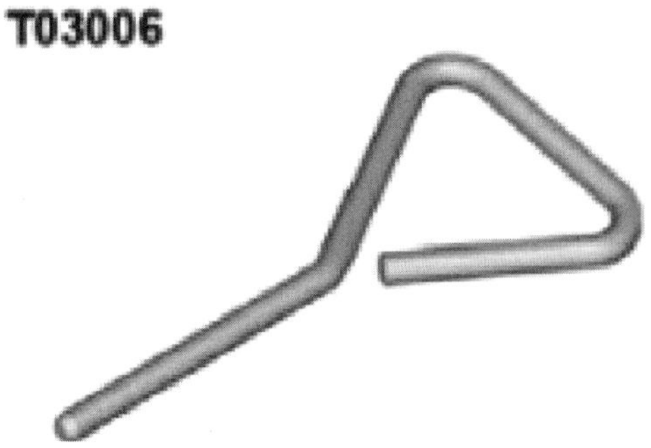

T03006

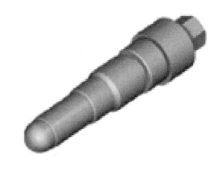

图 4–969

T40069

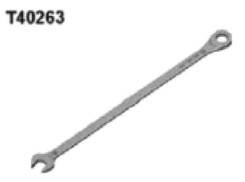

图 4–970

T40263

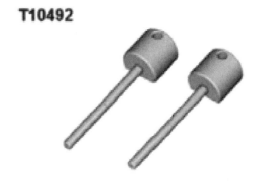

图 4–971

T10492

图 4–972

T40314

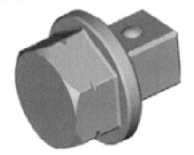

图 4–973

2
T40331/7
T40331/6
A
T40331/9
T40331/1

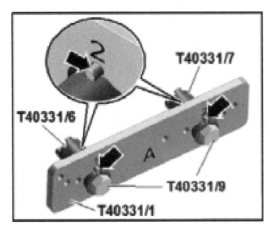

图 4–974

（3）拆卸右下空气导流管。

（4）奥迪 RS6/RS7：解开卡子（如图 4–975 中 1、3），将接合器（如图 4–975 中 2）从前围支架（如图 4–975 中 4）上拔下并将其向前推。

3
4
2
1

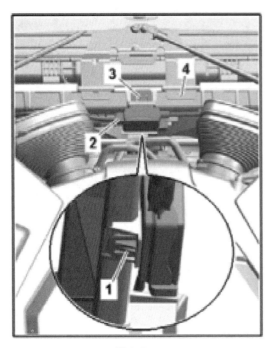

图 4–975

（5）适用所有车型：提示：控制机构跳动过大时有损坏发动机的危险。仅朝发动机运转方向转动发动机。用棘轮环形扳手 SW 21 T40263 和适配器 T40314 转动曲轴（如图 4-976 中箭头），直至减震器位于"上止点"。

图 4-976

（6）奥迪 A8/S8：如果接着要拆卸凸轮轴壳体，那么旋出螺栓（如图 4-977 中箭头），露出支架（如图 4-977 中 1）并将其连同机械式冷却液泵开关阀 N649（如图 4-977 中 2）推到一旁。

图 4-977

（7）适用所有车型：凸轮轴调节器上的标记必须对准凸轮轴外壳上所涉及的铸造凸耳。必要时继续转动曲轴一圈。

（8）将排气凸轮轴密封塞（如图 4-978 中 2）用螺丝刀（如图 4-978 中 1）在中部刺穿箭头并小心地撬出，此时注意不要损坏密封面。在进气凸轮轴密封塞上重复该工作步骤。

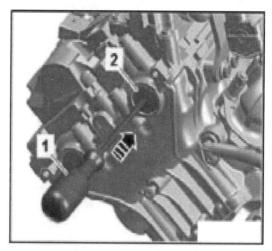

图 4-978

（9）以 9N·m 的力矩拧紧凸轮轴外壳上的适配器 T40331/2，如图 4-979 所示。

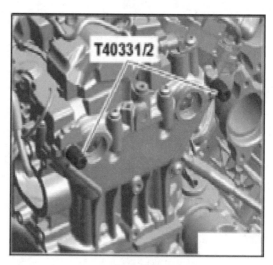

图 4-979

（10）凸轮轴固定装置 T40331/1 必须很容易插入。不允许通过冲击工具插入凸轮轴固定装置。将准备的凸轮轴固定装置 T40331/1 插入凸轮轴，直至限位位置。必要时，略微转动曲轴。如图 4-980 所示，凸轮轴固定装置 T40331/6 卡入进气凸轮轴上的平端（如图 4-980 中 1）。如图 4-980 所示，凸轮轴固定装置 T40331/7 卡入排气凸轮轴上的平端（如图 4-980 中 2）。以 9N·m 拧紧螺栓（如图 4-980 中箭头）。

（11）提示：反向固定支架 T90001 只能在一个位置处装入。提示：错误操作有损坏凸轮轴的危险。绝对不要使用凸轮轴固定装置作为固定装置。为顶住所涉及的凸轮轴调节器，安放套筒头 VAS 261 001 和顶紧装置 T90001，然后将控制阀（如图 4-981 中 1）通

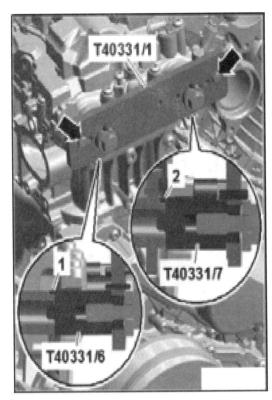

图 4-980

过套筒头 E24 T90000 松开。为便于装回，用颜色标
记凸轮轴调节器和凸轮轴的对应关系。

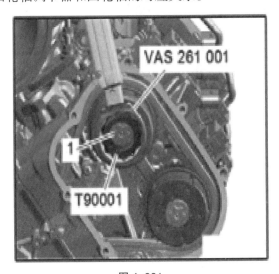

图 4-981

（12）发动机未拆卸时的工作流程：将定位销
T10492 通过减震器凹槽（如图 4-982 中 1）处插入皮
带盘侧密封法兰的孔（如图 4-982 中箭头）内，直到
限位位置。必要时，略微来回转动曲轴。

（13）发动机因准备工作而拆卸时的工作流程：
拧出螺旋塞。以 20N·m 的力矩把固定螺栓 T40069
拧入孔内，如图 4-983 所示。必要时，略微来回转动
曲轴。

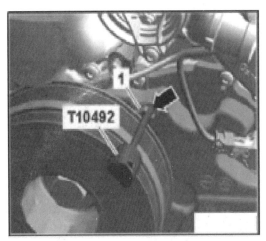

图 4-982

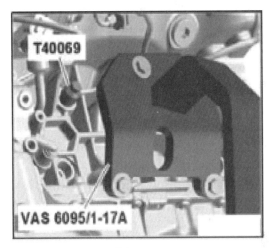

图 4-983

（14）继续：将链条张紧器（如图 4-984 中 2）
的柱塞用螺丝刀（如图 4-984 中 1）压回至限位位置
（如图 4-984 中箭头），然后用定位销 T03006 卡住
链条张紧器。提示：柱塞采用机油阻尼，只能均匀用
力缓慢压回。

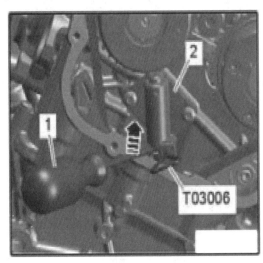

图 4-984

（15）拧出控制阀（4-985 中 1、2），取下两个凸轮轴调节器。

图 4-985

4. 安装

（1）用定位销 T10492 或固定螺栓 T40069 将曲轴卡在"上止点"位置。以 9N·m 的力矩将凸轮轴固定装置 T40331/1 在凸轮轴外壳上拧紧。拆卸后更换摩擦垫圈（金刚石垫圈）。提示：不安装摩擦垫圈有毁坏发动机的危险。检查在凸轮轴调节器和凸轮轴轴端之间是否装有摩擦垫圈（金刚石垫圈）。凸轮轴调节器上的标记（如图 4-986 中 1、2）必须对准凸轮轴外壳上所涉及的铸造凸耳（如图 4-986 中箭头）。

图 4-986

（2）将凸轮轴调节器和已铺上的凸轮轴正时链置于之前描述的安装位置，此时注意拆卸时所做的标记。给控制阀（如图 4-987 中 1、2）的螺纹和螺栓头接触面上油并将其拧入至极限位置，但不要拧紧。两个凸轮轴调节器必须还能在凸轮轴上转动。拆除定位销 T03006。

图 4-987

（3）接下来的工作步骤需要另一位机械师协助。由第 2 名技师将扭力扳手 VAS 6583 和 Hazet 6423C 插套式转接头和工具头 VAS 261 001 以及固定支架 T90001 在排气凸轮轴的凸轮轴调节器上用 26N·m 朝逆时针方向 - 箭头 - 预紧并且保持住。不使用 Hazet 6423C 插套式转接头时的预紧力矩 30N·m。将控制阀用套筒头 E24 T90000 按如下方式拧紧，同时凸轮轴调节器继续保持预紧：进气凸轮轴上的控制阀，拧紧力矩 30N·m。排气凸轮轴上的控制阀，拧紧力矩 30N·m。

5. 配气相位检查

（1）拆除凸轮轴固定装置 T40331/1。

（2）拆除定位销 T40192 或固定螺栓 T40069。

（3）提示：错调配气相位有毁坏发动机的危险。

（4）切勿在链条传动机构未完全安装时转动曲轴和凸轮轴。

（5）用棘轮环形扳手 SW21 T40263 和适配器 T40314 转动曲轴 2 圈（如图 4-988 中箭头），直到减震器再次位于"上止点"。

（6）凸轮轴调节器上的标记（如图 4-989 中 1、2）必须对准凸轮轴外壳上所涉及的铸造凸耳（如图 4-989 中箭头）。

（7）发动机未拆卸时的工作流程：将定位销 T10492 通过减震器凹槽（如图 4-990 中 1）处插入皮带盘侧密封法兰的孔（如图 4-990 中箭头）内，直到

图 4-988

图 4-989

限位位置。必要时，略微来回转动曲轴。

（8）发动机因准备工作而拆卸时的工作流程：以 20N·m 的力矩把固定螺栓 T40069 拧入孔内，如图 4-991

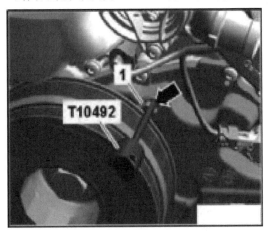

图 4-990

所示。必要时，略微来回转动曲轴。

图 4-991

（9）继续：接下来的工作步骤需要有另一位机械师协助。由第 2 名技师将扭力扳手 VAS 6583 和 Hazet 6423C 插套式转接头和工具头 VAS 261 001 以及固定支架 T90001 在排气凸轮轴的凸轮轴调节器上用 26N·m 朝逆时针方向（如图 4-992 中箭头）预紧并且保持住。不使用 Hazet 6423C 插套式转接头时的预紧力矩 30N·m。

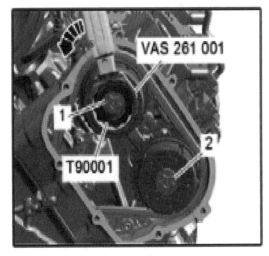

图 4-992

（10）凸轮轴固定装置 T40331/1 必须很容易插入。不允许通过冲击工具插入凸轮轴固定装置。将准备的凸轮轴固定装置 T40331/1 插入凸轮轴，直至限位位置。必要时，略微来回转动曲轴。如图 4-993 所示，凸轮轴固定装置 T40331/6 卡入进气凸轮轴上的平端（如图 4-993 中 1）。如图 4-993 所示，凸轮轴固定装置 T40331/7 卡入排气凸轮轴上的平端（如图 4-993 中 2）。

图 4-993

（11）如果凸轮轴固定装置 T40331/1 无法插入：拆除定位销 T10492 或固定螺栓 T40069。如之前所述，将准备的凸轮轴固定装置 T40331/1 插入凸轮轴，直至限位位置。必要时，略微转动曲轴。将控制阀（如图 4-994 中 1、2）用套筒头 E24 T90000 松开半圈。

图 4-994

（12）发动机未拆卸时的工作流程：将定位销 T10492 通过减震器凹槽（如图 4-995 中 1）处插入皮带盘侧密封法兰的孔（如图 4-995 中箭头）内，直到限位位置。必要时，略微来回转动曲轴。

（13）发动机因准备工作而拆卸时的工作流程：以 20N・m 的力矩把固定螺栓 T40069 拧入孔内，如图 4-996 所示。必要时，略微来回转动曲轴。

（14）继续：重新调整。

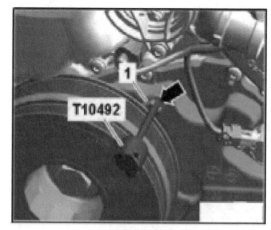

图 4-995

图 4-996

（15）继续：如果凸轮轴固定装置 T40331/1 可以插入：拆除定位销 T10492 或固定螺栓 T40069。拆除凸轮轴固定装置 T40331/1。将顶紧装置 T90001 和顶紧装置 T90002 置于排气凸轮轴调节器上。将顶紧装置顶在进气凸轮轴控制阀（如图 4-997 中 2）上。必要时，沿顺时针略微转动曲轴（仅沿顺时针）。将控制阀（如图 4-997 中 1）用套筒头 E24 T90000 继续旋转 35°。

图 4-997

（16）将顶紧装置 T90001 和顶紧装置 T90002 置于进气凸轮轴调节器上。将顶紧装置顶在排气凸轮轴控制阀（如图 4-998 中 1）上。必要时，沿顺时针略微转动曲轴（仅沿顺时针）。

将控制阀（如图 4-998 中 2）用套筒头 E24 T90000 继续旋转 35°。取下顶紧装置 T90001 和顶紧装置 T90002。

图 4-998

（17）安装右下空气导流管。

（18）安装气缸列 1 正时链上部盖板。

（三）将凸轮轴正时链从凸轮轴上拆下，气缸列 2（左侧）

对于以下工作流程，凸轮轴正时链保留在发动机上。

1. 所需要的专用工具和维修设备

（1）扭矩扳手 VAS 6583，如图 4-999 所示。

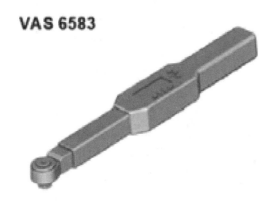

图 4-999

（2）定位销 T03006，如图 4-1000 所示。

（3）固定螺栓 T40069（发动机已拆下时），如图 4-1001 所示。

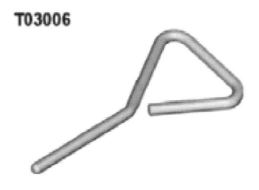

图 4-1000

图 4-1001

（4）棘轮环形扳手 SW21 T40263，如图 4-1002 所示。

图 4-1002

（5）定位销 T10492，如图 4-1003 所示。

（6）适配器 T40314，如图 4-1004 所示。

（7）凸轮轴固定装置 T40331、套筒头 E24 T90000、固定装置 T90001、固定装置 T90002、套筒头 VAS 261 001、Hazet 6423C（市售）。

2. 准备凸轮轴固定装置 T40331

345

T10492

图 4-1003

T40314

图 4-1004

（1）凸轮轴固定装置 T40331/1 上的标记字样"B"朝前，如图 4-1005 所示。

（2）凸轮轴固定装置 T40331/6 和 T40331/7 以及螺栓垫圈 T40331/9 必须通过固定销（如图 4-1005 中箭头）定位。

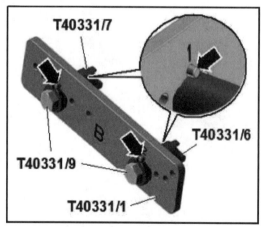

图 4-1005

（3）用手拧紧螺栓。

3. 拆卸

如要在发动机安装状态下将凸轮轴正时链从凸轮

轴上拆下时，需要做准备工作。提示：错调配气相位有毁坏发动机的危险。切勿在链条传动机构未完全安装时转动曲轴和凸轮轴。

（1）拆卸气缸列 2 正时链上部盖板。

（2）拆卸真空泵。

（3）提示：控制机构跳动过大时有损坏发动机的危险。

（4）仅朝发动机运转方向转动发动机。

（5）用棘轮环形扳手 SW 21 T40263 和适配器 T40314 转动曲轴（如图 4-1006 中箭头）直至减震器位于"上止点"。

图 4-1006

（6）凸轮轴调节器上的标记（如图 4-1007 中 1或 2）必须对准凸轮轴外壳上所涉及的铸造凸耳（如图 4-1007 中箭头）。必要时继续转动曲轴一圈。

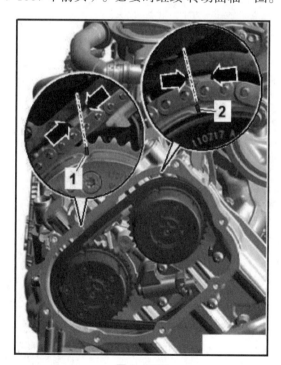

图 4-1007

（7）将排气凸轮轴密封塞（如图4-1008中2）用螺丝刀（如图4-1008中1）在中部刺穿（如图4-1008中箭头）并小心地撬出，此时注意不要损坏密封面。（展示的是气缸列1上的情况）

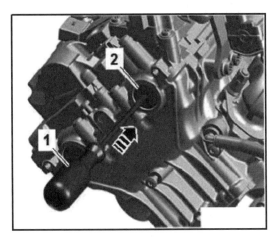

图4-1008

（8）以9N·m的力矩拧紧凸轮轴外壳上的适配器T40331/1，如图4-1009所示。

图4-1009

（9）凸轮轴固定装置T40331/1必须很容易插入。不允许通过冲击工具插入凸轮轴固定装置。将准备的凸轮轴固定装置T40331/1插入凸轮轴，直至限位位置。必要时，略微转动曲轴。如图4-1010所示，凸轮轴固定装置T40331/6卡入进气凸轮轴上的平端（如图4-1010中2）。

如图4-1010所示，凸轮轴固定装置T40331/7卡入排气凸轮轴上的平端（如图4-1010中1）。

以9N·m拧紧螺栓（如图4-1010中箭头）。

（10）提示：反向固定支架T90001只能在一个位置处装入，如图4-1011所示。提示：错误操作有损坏凸轮轴的危险。绝对不要使用凸轮轴固定装置作为

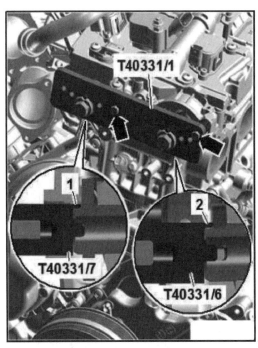

图4-1010

固定装置。为顶住所涉及的凸轮轴调节器，安放套筒头VAS 261 001，安放顶紧装置T90001，然后将控制阀（如图4-1011中1）通过套筒头E24 T90000松开。为便于装回，用颜色标记凸轮轴调节器和凸轮轴的对应关系。

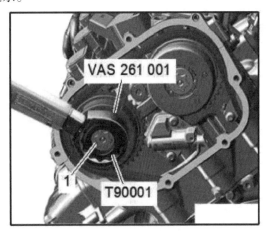

图4-1011

（11）发动机未拆卸时的工作流程：将定位销T10492在减震器凹槽（如图4-1012中1）处插入皮带盘侧密封法兰的孔（如图4-1012中箭头）内，直到限位位置。必要时，略微来回转动曲轴。

（12）发动机因准备工作而拆卸时的工作流程：拧出螺旋塞。以20N·m的力矩把固定螺栓T40069拧入孔内，如图4-1013所示。必要时，略微来回转动曲轴。

（13）继续：将滑轨（如图4-1014中2）压回

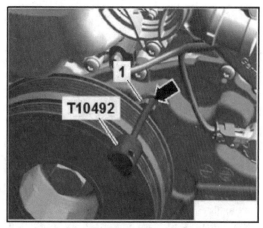

图 4-1012

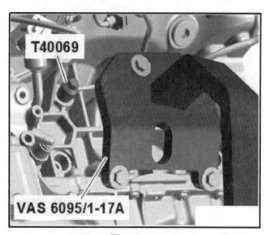

图 4-1013

箭头，然后将链条张紧器（如图 4-1014 中 1）的柱塞用定位销 T03006 卡住。提示：柱塞采用机油阻尼，只能均匀用力缓慢压回。

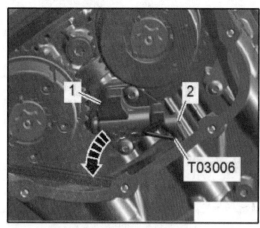

图 4-1014

（14）拧出控制阀（如图 4-1015 中 1、2），取下两个凸轮轴调节器。

4. 安装

（1）用定位销 T10492 或固定螺栓 T40069 将曲

图 4-1015

轴卡在"上止点"位置。以 9N·m 的力矩将凸轮轴固定装置 T40331/1 在凸轮轴外壳上拧紧。拆卸后更换摩擦垫圈（金刚石垫圈）。提示：不安装摩擦垫圈有毁坏发动机的危险。检查在凸轮轴调节器和凸轮轴轴端之间是否装有摩擦垫圈（金刚石垫圈）。凸轮轴调节器上的标记（如图 4-1016 中 1、2）必须对准凸轮轴外壳上所涉及的铸造凸耳（如图 4-1016 中箭头）。

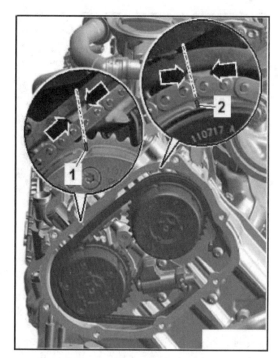

图 4-1016

（2）将凸轮轴调节器和已铺上的凸轮轴正时链置于之前描述的安装位置，此时注意拆卸时所做的标记。给控制阀（如图 4-1017 中 1、2）的螺纹和螺栓头接触面上上油并将其拧入至极限位置，但不要拧紧。两个凸轮轴调节器必须还能在凸轮轴上转动。拆除定位销 T03006。

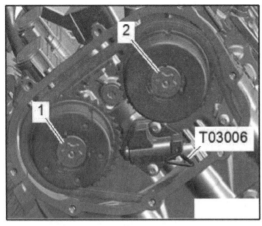

图 4-1017

（3）接下来的工作步骤需要有另一位机械师协助。由第 2 名技师将扭力扳手 VAS 6583 和 Hazet 6423C 插套式转接头和工具头 VAS 261 001 以及固定支架 T90001 在排气凸轮轴的凸轮轴调节器上用 26N·m 朝逆时针方向（如图 4-1018 中箭头）预紧并且保持住。不使用 Hazet 6423C 插套式转接头时的预紧力矩 30N·m。将控制阀用套筒头 E24 T90000 按如下方式拧紧，同时凸轮轴调节器继续保持预紧：排气凸轮轴上的控制阀，拧紧力矩 30N·m。进气凸轮轴上的控制阀，拧紧力矩 30N·m。

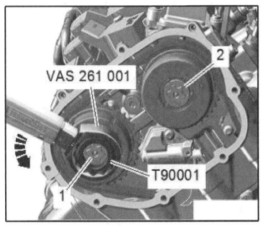

图 4-1018

5. 配气相位检查

（1）拆除凸轮轴固定装置 T40331/1。拆除定位销 T10492 或固定螺栓 T40069，如图 4-1018 所示。

（2）提示：错调配气相位有毁坏发动机的危险。切勿在链条传动机构未完全安装时转动曲轴和凸轮轴。

（3）用棘轮环形扳手 SW21 T40263 和适配器 T40314 转动曲轴 2 圈（如图 4-1019 中箭头），直到减震器再次位于"上止点"。

图 4-1019

（4）凸轮轴调节器上的标记（如图 4-1020 中 1、2）必须对准凸轮轴外壳上所涉及的铸造凸耳（如图 4-1020 中箭头）。

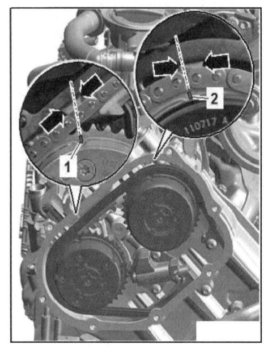

图 4-1020

（5）发动机未拆卸时的工作流程：将定位销 T10492 在减震器凹槽（如图 4-1021 中 1）处插入皮带盘侧密封法兰的孔（如图 4-1021 中箭头）内，直到限位位置。必要时，略微来回转动曲轴。

（6）发动机因准备工作而拆卸时的工作流程：以 20N·m 的力矩把固定螺栓 T40069 拧入孔内，如图 4-1022 所示。必要时，略微来回转动曲轴。

（7）继续：接下来的工作步骤需要有另一位机械师协助。由第 2 名技师将扭力扳手 VAS 6583、Hazet 6423C 插套式转接头和工具头 VAS 261 001 以及

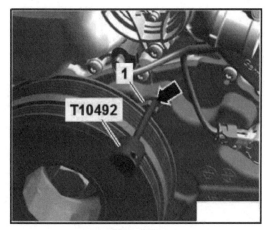

图 4-1021

图 4-1022

固定支架 T90001 在进气凸轮轴的凸轮轴调节器上用 26N·m 朝逆时针方向（如图 4-1023 中箭头）预紧并且保持住。不使用 Hazet 6423C 插套式转接头时的预紧力矩 30N·m。

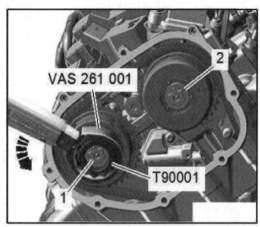

图 4-1023

（8）凸轮轴固定装置 T40331/1 必须很容易插入。不允许通过冲击工具插入凸轮轴固定装置。将准备的凸轮轴固定装置 T40331/1 插入凸轮轴，直至限位位

置。如图 4-1024 所示，凸轮轴固定装置 T40331/6 卡入进气凸轮轴上的平端（如图 4-1024 中 2）。如图 4-1024 所示，凸轮轴固定装置 T40331/7 卡入排气凸轮轴上的平端（如图 4-1024 中 1）。如果凸轮轴固定装置 T40331/1 无法插入：拆除定位销 T10492 或固定螺栓 T40069。如之前所述，将准备的凸轮轴固定装置 T40331/1 插入凸轮轴，直至限位位置。为此略微转动曲轴。

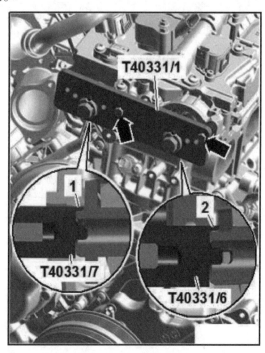

图 4-1024

（9）将控制阀（如图 4-1025 中 1、2）用套筒头 E24 T90000 松开半圈。

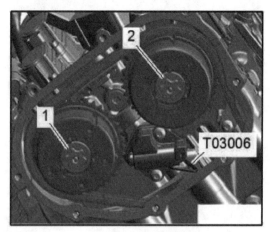

图 4-1025

（10）发动机未拆卸时的工作流程：将定位销 T10492 在减震器凹槽（如图 4-1026 中 1）处插入皮带盘侧密封法兰的孔（如图 4-1026 中箭头）内，直到

限位位置。必要时，略微来回转动曲轴。

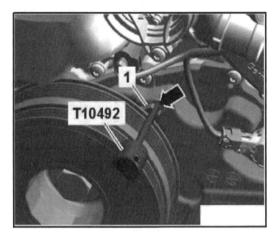

图 4-1026

（11）发动机因准备工作而拆卸时的工作流程：以 20 N·m 的力矩把固定螺栓 T40069 拧入孔内，如图 4-1027 所示。必要时，略微来回转动曲轴。

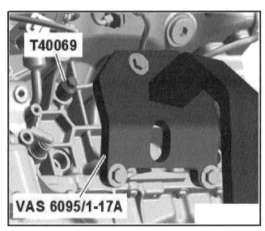

图 4-1027

（12）继续：重新调整。

（13）如果凸轮轴固定装置 T40331/1 可以插入：拆除定位销 T10492 或固定螺栓 T40069。拆除凸轮轴固定装置 T40331/1。将顶紧装置 T90001 和顶紧装置 T90002 置于进气凸轮轴调节器上。将顶紧装置顶在排气凸轮轴控制阀（如图 4-1028 中 2）上。必要时，略微转动曲轴。将控制阀（如图 4-1028 中 1）用套筒头 E24 T90000 继续旋转 35°。

（14）将顶紧装置 T90001 和顶紧装置 T90002 置于排气凸轮轴调节器上。将顶紧装置顶在进气凸轮轴控制阀（如图 4-1029 中 1）上。必要时，略微转动曲轴。将控制阀（如图 4-1029 中 2）用套筒头 E24 T90000 继续旋转 35°。

（15）安装真空泵。

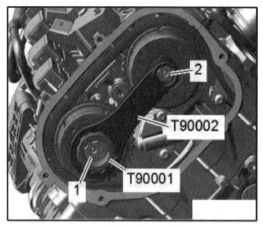

图 4-1028

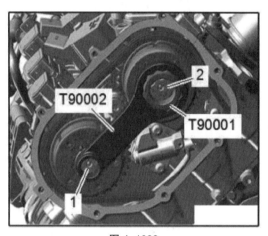

图 4-1029

（16）安装气缸列 2 正时链上部盖板。

十八、车型

奥迪 RS Q8 4.0T（4.0T DHUB），2021—2022 年。

（一）凸轮轴正时链装配一览（如图 4-1030 所示）

1. 气缸列 1（右侧）凸轮轴正时链（如图 4-1030 所示）

2. 气缸列 2（左侧）凸轮轴正时链（如图 4-1031 所示）

（二）将凸轮轴正时链从凸轮轴上拆下，气缸列 2（左侧）

对于以下工作流程，凸轮轴正时链保留在发动机上。

1. 所需要的专用工具和维修设备

（1）扭矩扳手 VAS 6583，如图 4-1032 所示。

（2）定位销 T03006，如图 4-1033 所示。

（3）固定螺栓 T40069（发动机已拆下时），如图 4-1034 所示。

（4）棘轮环形扳手 SW21 T40263，如图 4-1035 所示。

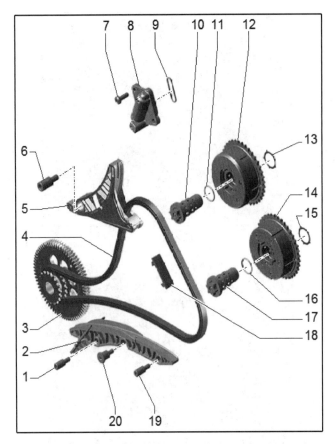

1.导向销。拆卸后更换。拧紧力矩5N·m +45° 2.滑轨 3.齿轮。带凸轮轴正时链的链轮 4.凸轮轴正时链。从凸轮轴上取下。不要从张紧轨上脱开 5.张紧轨。不要从凸轮轴正时链上脱开 6.轴承螺栓。拧紧力矩23N·m 7.螺栓。拧紧力矩9N·m 8.链条张紧器 9.密封件。拆卸后更换 10.控制阀 11.O形环。拆卸后更换 12.凸轮轴调节器。用于排气凸轮轴。拆卸后更换摩擦垫圈（金刚石垫圈） 13.摩擦垫圈（金刚石垫圈）。用于凸轮轴调节器和凸轮轴轴端之间的连接安全性。拆卸后更换。小心地将新的摩擦垫圈（金刚石垫圈）置于安装位置，不要折弯 14.凸轮轴调节器。用于进气凸轮轴。拆卸后更换摩擦垫圈（金刚石垫圈） 15.摩擦垫圈（金刚石垫圈）。用于凸轮轴调节器和凸轮轴轴端之间的连接安全性。拆卸后更换。小心地将新的摩擦垫圈（金刚石垫圈）置于安装位置，不要折弯 16.O形环。拆卸后更换 17.控制阀 18.滑块。拆卸后更换 19.导向销。拆卸后更换。拧紧力矩5N·m +45° 20.导向销。拆卸后更换。拧紧力矩5N·m +45°

图 4-1030

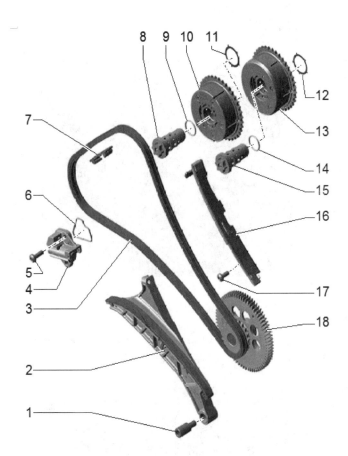

1.轴承螺栓。拧紧力矩23N·m 2.张紧轨 3.凸轮轴正时链。为了能够重新安装，要用颜色标出转动方向 4.链条张紧器 5.螺栓。拧紧力矩9N·m 6.密封件。拆卸后更换 7.滑块。拆卸后更换 8.控制阀 9.O形环。拆卸后更换 10.凸轮轴调节器。用于进气凸轮轴。拆卸后更换摩擦垫圈（金刚石垫圈） 11.摩擦垫圈（金刚石垫圈）。用于凸轮轴调节器和凸轮轴轴端之间的连接安全性。拆卸后更换。小心地将新的摩擦垫圈（金刚石垫圈）置于安装位置，不要折弯 12.摩擦垫圈（金刚石垫圈）。用于凸轮轴调节器和凸轮轴轴端之间的连接安全性。拆卸后更换。小心地将新的摩擦垫圈（金刚石垫圈）置于安装位置，不要折弯 13.凸轮轴调节器。用于排气凸轮轴。拆卸后更换摩擦垫圈（金刚石垫圈） 14.O形环。拆卸后更换 15.控制阀。用于凸轮轴调节器 16.滑轨 17.螺栓。拧紧力矩9N·m 18.齿轮。带凸轮轴正时链的链轮

图 4-1031

（5）定位销 T10492，如图 4-1036 所示。

（6）适配器 T40314，如图 4-1037 所示。

（7）凸轮轴固定装置 T40331、套筒头 E24 T90000、固定装置 T90001、固定装置 T90002、套筒头 VAS 261 001 和 Hazet 6423C（市售）。

2. 准备凸轮轴固定装置 T40331

（1）凸轮轴固定装置 T40331/1 上的标记字样 "B" 朝前，如图 4-1038 所示。

（2）凸轮轴固定装置 T40331/6 和 T40331/7 以及螺栓垫圈 T40331/9 必须通过固定销（如图 4-1038 中

VAS 6583

图 4-1032

T03006

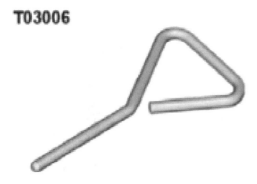

图 4-1033

T40069

图 4-1034

T40263

图 4-1035

T10492

图 4-1036

T40314

图 4-1037

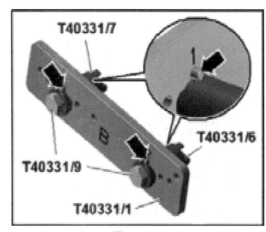

图 4-1038

箭头）定位。

（3）用手拧紧螺栓。

3. 拆卸

如要在发动机安装状态下将凸轮轴正时链从凸轮轴上拆下时，需要做准备工作。提示：错调配气相位有毁坏发动机的危险。切勿在链条传动机构未完全安装时转动曲轴和凸轮轴。

（1）拆卸气缸列 2 正时链上部盖板。

（2）拆卸真空泵。

（3）提示：控制机构跳动过大时有损坏发动机的危险。仅朝发动机运转方向转动发动机。

（4）用棘轮环形扳手 SW21 T40263 和适配器 T40314 转动曲轴（如图 4-1039 中箭头），直至减震器位于"上止点"。

（5）凸轮轴调节器上的标记（如图 4-1040 中 1、2）必须对准凸轮轴外壳上所涉及的铸造凸耳（如图 4-1040 中箭头）。必要时继续转动曲轴一圈。

（6）将排气凸轮轴密封塞（如图 4-1041 中 2）用螺丝刀（如图 4-1041 中 1）在中部刺穿（如图 4-1041 中箭头）并小心地撬出，此时注意不要损坏密封面（展

图 4-1039

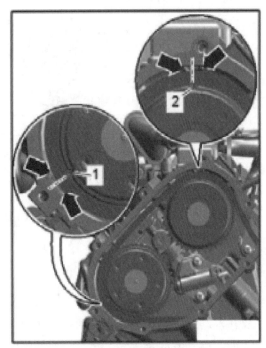

图 4-1040

图 4-1041

示的是气缸列 1 上的情况）。

（7）以 9N·m 的力矩拧紧凸轮轴外壳上的适配

器 T40331/1，如图 4-1042 所示。

图 4-1042

（8）凸轮轴固定装置 T40331/1 必须很容易插入。不允许通过冲击工具插入凸轮轴固定装置。将准备的凸轮轴固定装置 T40331/1 插入凸轮轴，直至限位位置。必要时，略微转动曲轴。如图 4-1043 所示，凸轮轴固定装置 T40331/6 卡入进气凸轮轴上的平端（如图 4-1043 中 2）。

如图 4-1043 所示，凸轮轴固定装置 T40331/7 卡入排气凸轮轴上的平端（如图 4-1043 中 1）。以 9N·m 拧紧螺栓（如图 4-1043 中箭头）。

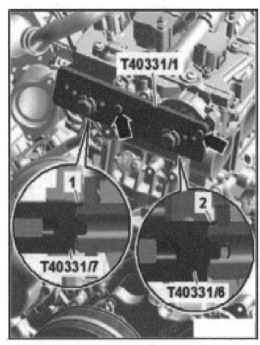

图 4-1043

（9）提示：反向固定支架 T90001 只能在一个位置处装入。提示：错误操作有损坏凸轮轴的危险。绝对不要使用凸轮轴固定装置作为固定装置。为顶住所涉及的凸轮轴调节器，安放套筒头 VAS 261 001 安放顶紧装置 T90001，然后将控制阀（如图 4-1044 中 1）通过套筒头 E24 T90000 松开。为便于装回，用颜色标记凸轮轴调节器和凸轮轴的对应关系。

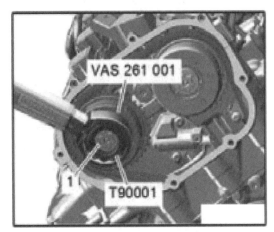

图 4-1044

（10）发动机未拆卸时的工作流程：将定位销 T10492 在减震器凹槽（如图 4-1045 中 1）处插入皮带盘侧密封法兰的孔（如图 4-1045 中箭头）内，直到限位位置。必要时，略微来回转动曲轴。

图 4-1045

（11）发动机因准备工作而拆卸时的工作流程：拧出螺旋塞。以 20N·m 的力矩把固定螺栓 T40069 拧入孔内，如图 4-1046 所示。必要时，略微来回转动曲轴。

（12）继续：将滑轨（如图 4-1047 中 2）压回箭头，然后将链条张紧器（如图 4-1047 中 1）的柱塞用定位销 T03006 卡住。提示：柱塞采用机油阻尼，只能均匀用力缓慢压回。

（13）拧出控制阀（如图 4-1048 中 1、2），取下两个凸轮轴调节器。

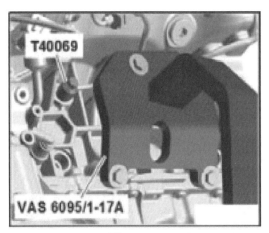

图 4-1046

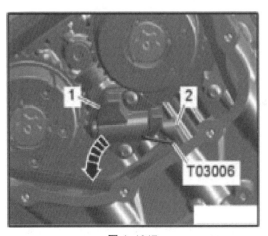

图 4-1047

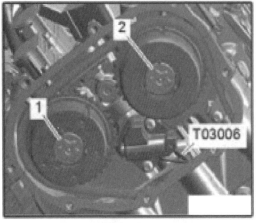

图 4-1048

4. 安装

（1）用定位销 T10492 或固定螺栓 T40069 将曲轴卡在"上止点"位置。

（2）以 9N·m 的力矩将凸轮轴固定装置 T40331/1 在凸轮轴外壳上拧紧。拆卸后更换摩擦垫圈（金刚石垫圈）。

（3）提示：不安装摩擦垫圈有毁坏发动机的危险。检查在凸轮轴调节器和凸轮轴轴端之间是否装有摩擦垫圈（金刚石垫圈）。

（4）凸轮轴调节器上的标记（如图 4-1049 中 1、2）必须对准凸轮轴外壳上所涉及的铸造凸耳（如图 4-1049 中箭头）。

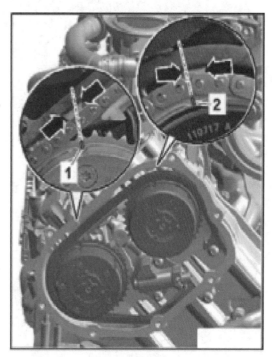

图 4-1049

（5）将凸轮轴调节器和已铺上的凸轮轴正时链置于之前描述的安装位置，此时注意拆卸时所做的标记。给控制阀（如图 4-1050 中 1、2）的螺纹和螺栓头接触面上油并将其拧入至极限位置，但不要拧紧。两个凸轮轴调节器必须还能在凸轮轴上转动。拆除定位销 T03006。

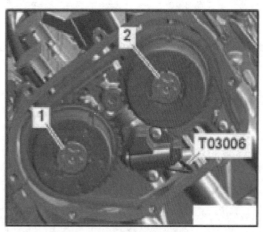

图 4-1050

（6）接下来的工作步骤需要有另一位机械师协助。由第 2 名技师将扭力扳手 VAS 6583 和 Hazet

6423C 插套式转接头和工具头 VAS 261 001 以及固定支架 T90001 在排气凸轮轴的凸轮轴调节器上用 26N·m 朝逆时针方向（如图 4-1051 中箭头）预紧并且保持住。不使用 Hazet 6423C 插套式转接头时的预紧力矩 30N·m。将控制阀用套筒头 E24 T90000 按如下方式拧紧，同时凸轮轴调节器继续保持预紧：排气凸轮轴上的控制阀，拧紧力矩 30N·m。进气凸轮轴上的控制阀，拧紧力矩 30N·m。

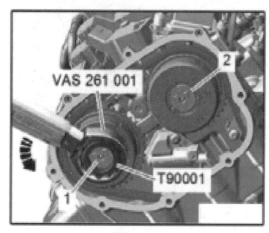

图 4-1051

5. 配气相位检查

（1）拆除凸轮轴固定装置 T40331/1。

（2）拆除定位销 T10492 或固定螺栓 T40069。

（3）提示：错调配气相位有毁坏发动机的危险。切勿在链条传动机构未完全安装时转动曲轴和凸轮轴。

（4）用棘轮环形扳手 SW 21 T40263 和适配器 T40314 转动曲轴 2 圈（如图 4-1052 中箭头），直到减震器再次位于"上止点"。

图 4-1052

（5）凸轮轴调节器上的标记（如图 4-1053 中 1、

2）必须对准凸轮轴外壳上所涉及的铸造凸耳（如图4-1053中箭头）。

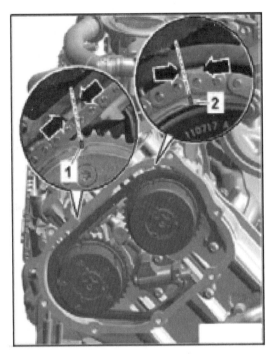

图 4-1053

（6）发动机未拆卸时的工作流程：将定位销T10492在减震器凹槽（如图4-1054中1）处插入皮带盘侧密封法兰的孔（如图4-1054中箭头）内，直到限位位置。必要时，略微来回转动曲轴。

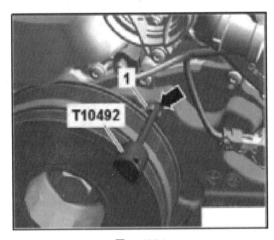

图 4-1054

（7）发动机因准备工作而拆卸时的工作流程：以20N·m的力矩把固定螺栓T40069拧入孔内，如图4-1055所示。必要时，略微来回转动曲轴。

（8）继续：接下来的工作步骤需要有另一位机械师协助。由第2名技师将扭力扳手VAS 6583、Hazet 6423C插套式转接头和工具头VAS 261 001以及

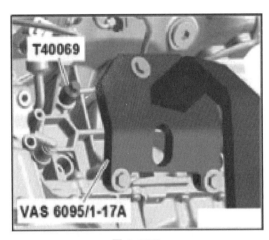

图 4-1055

固定支架T90001在排气凸轮轴的凸轮轴调节器上用26N·m朝逆时针方向（如图4-1056中箭头）预紧并且保持住。不使用Hazet 6423C插套式转接头时的预紧力矩30N·m。

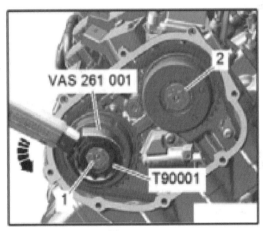

图 4-1056

（9）凸轮轴固定装置T40331/1必须很容易插入。不允许通过冲击工具插入凸轮轴固定装置。将准备的凸轮轴固定装置T40331/1插入凸轮轴，直至限位位置。如图4-1057所示，凸轮轴固定装置T40331/6卡入进气凸轮轴上的平端（如图4-1057中2）。如图4-1057所示，凸轮轴固定装置T40331/7卡入排气凸轮轴上的平端（如图4-1057中1）。如果凸轮轴固定装置T40331/1无法插入：拆除定位销T10492或固定螺栓T40069。如之前所述，将准备的凸轮轴固定装置T40331/1插入凸轮轴，直至限位位置。为此略微转动曲轴。

（10）将控制阀（如图4-1058中1、2）用套筒头E24 T90000松开半圈。

（11）发动机未拆卸时的工作流程：将定位销T10492在减震器凹槽（如图4-1059中1）处插入皮

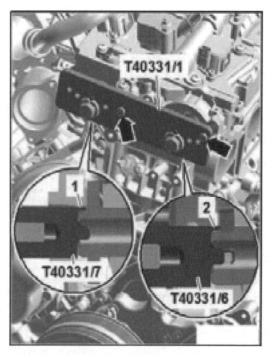

图 4-1057

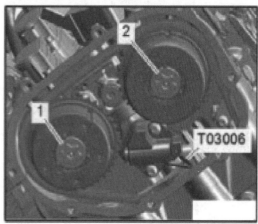

图 4-1058

带盘侧密封法兰的孔（如图 4-1059 中箭头）内，直到限位位置。必要时，略微来回转动曲轴。

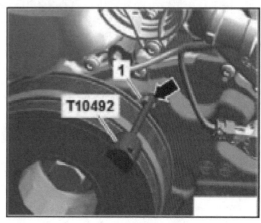

图 4-1059

（12）发动机因准备工作而拆卸时的工作流程：以 20N·m 的力矩把固定螺栓 T40069 拧入孔内，如图 4-1060 所示。必要时，略微来回转动曲轴。

图 4-1060

（13）继续：重新调整。

（14）如果凸轮轴固定装置 T40331/1 可以插入：拆除定位销 T10492 或固定螺栓 T40069。拆除凸轮轴固定装置 T40331/1。

（15）将顶紧装置顶在排气凸轮轴控制阀（如图 4-1061 中 2）上。必要时，略微转动曲轴。将控制阀（如图 4-1061 中 1）用套筒头 E24 T90000 继续旋转 35°。

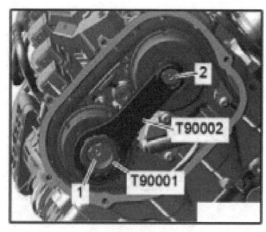

图 4-1061

（16）将顶紧装置 T90001 和顶紧装置 T90002 置于排气凸轮轴调节器上。将顶紧装置顶在进气凸轮轴控制阀（如图 4-1062 中 1）上。必要时，略微转动曲轴。将控制阀（如图 4-1062 中 2）用套筒头 E24 T90000 继续旋转 35°。

（17）安装真空泵。

（18）安装气缸列 2 正时链上部盖板。

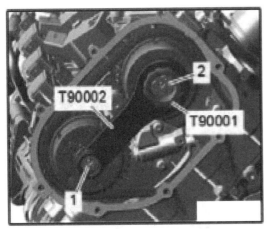

图 4-1062

（三）将凸轮轴正时链从凸轮轴上拆下，气缸列 1（右侧）

对于以下工作流程，凸轮轴正时链保留在发动机上。

1. 所需要的专用工具和维修设备

（1）扭矩扳手 VAS 6583，如图 4-1063 所示。

图 4-1063

（2）定位销 T03006，如图 4-1064 所示。

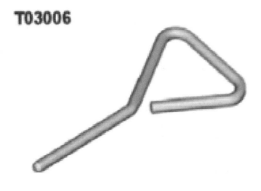

图 4-1064

（3）固定螺栓 T40069（发动机已拆下时），如

图 4-1065 所示。

图 4-1065

（4）棘轮环形扳手 SW21 T40263，如图 4-1066 所示。

图 4-1066

（5）定位销 T10492，如图 4-1067 所示。

图 4-1067

（6）适配器 T40314，如图 4-1068 所示。

（7）凸轮轴固定装置 T40331、套筒头 E24 T90000、固定装置 T90001、固定装置 T90002、套筒头 VAS 261 001 和 Hazet 6423C。

2. 准备凸轮轴固定装置 T40331

（1）凸轮轴固定装置 T40331/1 上的标记字样"A"

T40314

图 4-1068

朝前，如图 4-1069 所示。

（2）凸轮轴固定装置 T40331/6 和 T40331/7 以及螺栓垫圈 T40331/9 必须通过固定销（如图 4-1069 中箭头）定位。

（3）用手拧紧螺栓。

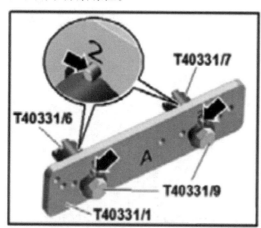

图 4-1069

3. 拆卸

提示：错调配气相位有毁坏发动机的危险。切勿在链条传动机构未完全安装时转动曲轴和凸轮轴。

（1）拆卸气缸列 1 正时链上部盖板。

（2）拆卸右下空气导流管。

（3）奥迪 RS6/RS7：解开卡子（如图 4-1070 中 1、3），将接合器（如图 4-1070 中 2）从前围支架（如图 4-1070 中 4）上拔下并将其向前推。

（4）适用所有车型：提示：控制机构跳动过大时有损坏发动机的危险。仅朝发动机运转方向转动发动机。

（5）用棘轮环形扳手 SW21 T40263 和适配器 T40314 转动曲轴（如图 4-1071 中箭头），直至减震器位于"上止点"。

（6）奥迪 A8/S8：如果接着要拆卸凸轮轴壳体，

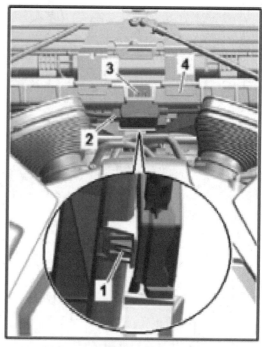

图 4-1070

图 4-1071

那么旋出螺栓（如图 4-1072 中箭头），露出支架（如图 4-1072 中 1）并将其连同机械式冷却液泵开关阀

图 4-1072

N649（如图 4-1072 中 2）推到一旁。

（7）适用所有车型：凸轮轴调节器上的标记（如图 4-1073 中 1 或 2）必须对准凸轮轴外壳上所涉及的铸造凸耳（如图 4-1073 中箭头）。必要时继续转动曲轴一圈。

图 4-1073

（8）将排气凸轮轴密封塞（如图 4-1074 中 2）用螺丝刀（如图 4-1074 中 1）在中部刺穿（如图 4-1074 中箭头）并小心地撬出，此时注意不要损坏密封面。在进气凸轮轴密封塞上重复该工作步骤。

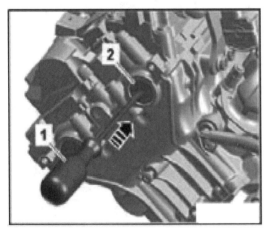

图 4-1074

（9）以 9N·m 的力矩拧紧凸轮轴外壳上的适配器 T40331/2，如图 4-1075 所示。

（10）凸轮轴固定装置 T40331/1 必须很容易插入。

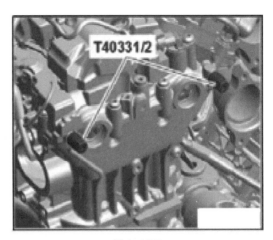

图 4-1075

不允许通过冲击工具插入凸轮轴固定装置。将准备的凸轮轴固定装置 T40331/1 插入凸轮轴，直至限位位置。必要时，略微转动曲轴。如图 4-1076 所示，凸轮轴固定装置 T40331/6 卡入进气凸轮轴上的平端（如图 4-1076 中 1）。如图 4-1076 所示，凸轮轴固定装置 T40331/7 卡入排气凸轮轴上的平端（如图 4-1076 中 2）。以 9N·m 拧紧螺栓（如图 4-1076 中箭头）。

图 4-1076

（11）提示：反向固定支架 T90001 只能在一个位置处装入。提示：错误操作有损坏凸轮轴的危险。绝对不要使用凸轮轴固定装置作为固定装置。为顶住所涉及的凸轮轴调节器，安放套筒头 VAS 261 001 和顶紧装置 T90001，然后将控制阀（如图 4-1077 中 1）通过套筒头 E24 T90000 松开。为便于装回，用颜色标记凸轮轴调节器和凸轮轴的对应关系。

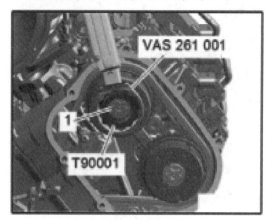

图 4-1077

（12）发动机未拆卸时的工作流程：将定位销 T10492 通过减震器凹槽（如图 4-1078 中 1）处插入皮带盘侧密封法兰的孔（如图 4-1078 中箭头）内，直到限位位置。必要时，略微来回转动曲轴。

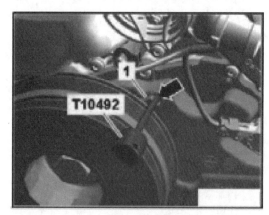

图 4-1078

（13）发动机因准备工作而拆卸时的工作流程：拧出螺旋塞。以 20N·m 的力矩把固定螺栓 T40069 拧入孔内，如图 4-1079 所示。必要时，略微来回转动曲轴。

图 4-1079

（14）继续：将链条张紧器（如图 4-1080 中 2）的柱塞用螺丝刀（如图 4-1080 中 1）压回至限位位置箭头，然后用定位销 T03006 卡住链条张紧器。提示：柱塞采用机油阻尼，只能均匀用力缓慢压回。

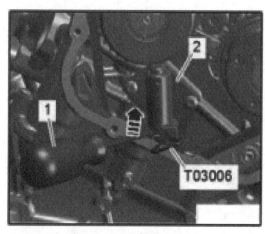

图 4-1080

（15）拧出控制阀（如图 4-1081 中 1、2），取下两个凸轮轴调节器。

图 4-1081

4. 安装

（1）用定位销 T10492 或固定螺栓 T40069 将曲轴卡在"上止点"位置。以 9N·m 的力矩将凸轮轴固定装置 T40331/1 在凸轮轴外壳上拧紧。拆卸后更换摩擦垫圈（金刚石垫圈）。提示：不安装摩擦垫圈有毁坏发动机的危险。检查在凸轮轴调节器和凸轮轴轴端之间是否装有摩擦垫圈（金刚石垫圈）。凸轮轴调节器上的标记（如图 4-1082 中 1、2）必须对准凸轮轴外壳上所涉及的铸造凸耳（如图 4-1082 中箭头）。

（2）将凸轮轴调节器和已铺上的凸轮轴正时链置于之前描述的安装位置，此时注意拆卸时所做的标记。给控制阀（如图 4-1083 中 1、2）的螺纹和螺栓头接

图 4-1082

触面上油并将其拧入至极限位置，但不要拧紧。两个凸轮轴调节器必须还能在凸轮轴上转动。拆除定位销T03006。

图 4-1083

（3）接下来的工作步骤需要有另一位机械师协助。由第 2 名技师将扭力扳手 VAS 6583、Hazet 6423C 插套式转接头和工具头 VAS 261 001 以及固定支架 T90001 在排气凸轮轴的凸轮轴调节器上用 26N·m 朝逆时针方向（如图 4-1084 中箭头）预紧并且保持住。不使用 Hazet 6423C 插套式转接头时的预紧力矩 30N·m。将控制阀用套筒头 E24 T90000 按如下方式拧紧，同时凸轮轴调节器继续保持预紧：进气凸轮轴上的控制阀，拧紧力矩 30N·m。排气凸轮轴上的控制阀，拧紧力矩 30N·m。

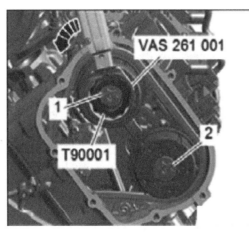

图 4-1084

5. 配气相位检查

（1）拆除凸轮轴固定装置 T40331/1。

（2）拆除定位销 T40192 或固定螺栓 T40069。

（3）提示：错调配气相位有毁坏发动机的危险。切勿在链条传动机构未完全安装时转动曲轴和凸轮轴。

（4）用棘轮环形扳手 SW 21 T40263 和适配器 T40314 转动曲轴 2 圈（如图 4-1085 中箭头），直到减震器再次位于"上止点"。

图 4-1085

（5）凸轮轴调节器上的标记（如图 4-1086 中 1、2）必须对准凸轮轴外壳上所涉及的铸造凸耳（如图 4-1086 中箭头）。

（6）发动机未拆卸时的工作流程：将定位销 T10492 通过减震器凹槽（如图 4-1087 中 1）处插入皮带盘侧密封法兰的孔（如图 4-1087 中箭头）内，直到限位位置。必要时，略微来回转动曲轴。

（7）发动机因准备工作而拆卸时的工作流程：以 20N·m 的力矩把固定螺栓 T40069 拧入孔内，如图 4-1088 所示。必要时，略微来回转动曲轴。

图 4-1086

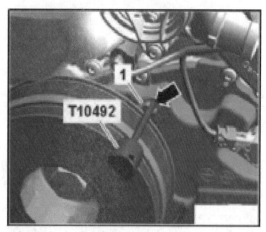

图 4-1087

图 4-1088

（8）继续：接下来的工作步骤需要有另一位机械师协助。由第 2 名技师将扭力扳手 VAS 6583、

Hazet 6423C 插套式转接头和工具头 VAS 261 001 以及固定支架 T90001 在排气凸轮轴的凸轮轴调节器上用 26N·m 朝逆时针方向（如图 4-1089 中箭头）预紧并且保持住。不使用 Hazet 6423C 插套式转接头时的预紧力矩 30N·m。

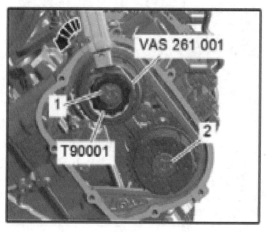

图 4-1089

（9）凸轮轴固定装置 T40331/1 必须很容易插入。不允许通过冲击工具插入凸轮轴固定装置。将准备的凸轮轴固定装置 T40331/1 插入凸轮轴，直至限位位置。必要时，略微来回转动曲轴。如图 4-1090 所示，凸轮轴固定装置 T40331/6 卡入进气凸轮轴上的平端（如图 4-1090 中 1）。如图 4-1090 所示，凸轮轴固定装置 T40331/7 卡入排气凸轮轴上的平端（如图 4-1090 中 2）。

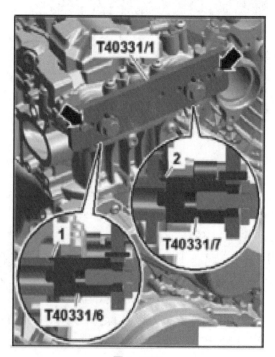

图 4-1090

（10）如果凸轮轴固定装置 T40331/1 无法插入：拆除定位销 T10492 或固定螺栓 T40069。如之前所述，将准备的凸轮轴固定装置 T40331/1 插入凸轮轴，直至限位位置。必要时，略微转动曲轴。将控制阀（如图 4-1091 中 1、2）用套筒头 E24 T90000 松开半圈。

图 4-1091

（11）发动机未拆卸时的工作流程：将定位销 T10492 通过减震器凹槽（如图 4-1092 中 1）处插入皮带盘侧密封法兰的孔（如图 4-1092 中箭头）内，直到限位位置。必要时，略微来回转动曲轴。

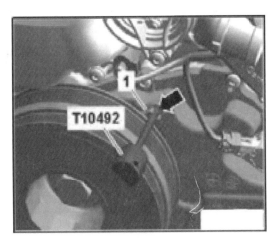

图 4-1092

（12）发动机因准备工作而拆卸时的工作流程：用 20N·m 的力矩把固定螺栓 T40069 拧入孔内，如图 4-1093 所示。必要时，略微来回转动曲轴。

（13）继续：重新调整。

（14）继续：如果凸轮轴固定装置 T40331/1 可以插入：拆除定位销 T10492 或固定螺栓 T40069。拆除凸轮轴固定装置 T40331/1。将顶紧装置 T90001 和顶紧装置 T90002 置于排气凸轮轴调节器上。将顶紧装置顶在进气凸轮轴控制阀（如图 4-1094 中 2）上。必

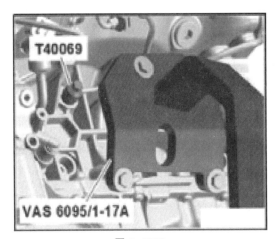

图 4-1093

要时，沿顺时针略微转动曲轴（仅沿顺时针）。将控制阀（如图 4-1094 中 1）用套筒头 E24 T90000 继续旋转 35°。

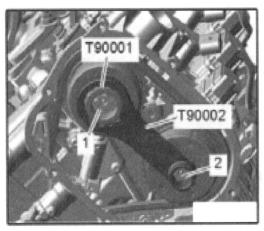

图 4-1094

（15）将顶紧装置 T90001 和顶紧装置 T90002 置于进气凸轮轴调节器上。将顶紧装置顶在排气凸轮轴控制阀（如图 4-1095 中 1）上。必要时，沿顺时针略微转动曲轴（仅沿顺时针）。将控制阀（如图 4-1095

图 4-1095

365

中 2）用套筒头 E24 T90000 继续旋转 35°。取下顶紧装置 T90001 和顶紧装置 T90002。

（16）安装右下空气导流管。

（17）安装气缸列 1 正时链上部盖板。

十九、车型

奥迪 R8 Spyder 5.2（5.2L DKAC），2020 年。

（一）凸轮轴正时链装配一览

1. 左侧凸轮轴正时链（如图 4-1096 所示）

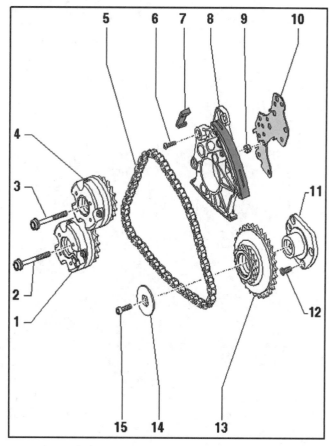

图 4-1096

1.排气凸轮轴调节器。标记"排气" 2.螺栓。拆卸后更换。预紧力矩，拧紧力矩60N·m。最终拧紧力矩80N·m + 90° 3.螺栓。拆卸后更换。预紧力矩为60N·m。最终拧紧力矩80N·m + 90° 4.进气凸轮轴调节器。标记"进气" 5.左侧凸轮轴正时链。拆卸前，用颜色标记转动方向 6.螺栓。拆卸后更换。拧紧力矩5N·m +90° 7.滑块 8.左侧凸轮轴正时链的链条张紧器 9.油滤网。装入张紧器。安装位置:外圈上的止动凸缘必须卡入链条张紧器上的凹槽中 10.密封件。拆卸后更换。卡到链条张紧器上 11.驱动链轮支撑座 12.螺栓。拆卸后更换。拧紧力矩5N·m +90° 13.左侧凸轮轴正时链的驱动链轮 14.驱动链轮止推垫片 15.螺栓。拧紧力矩22N·m

2. 右侧凸轮轴正时链（如图 4-1097 所示）

（二）拆卸和安装凸轮轴正时链

1. 所需要的专用工具和维修设备

（1）定位销 T40071，如图 4-1098 所示。

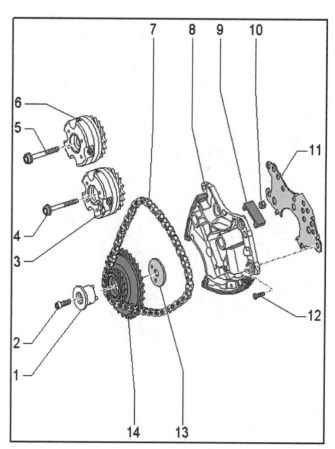

1.驱动链轮轴承螺栓。用于右侧凸轮轴正时链。结构不对称 2.螺栓。拧紧力矩42N·m 3.排气凸轮轴调节器。标记"排气" 4.凸轮轴螺栓。拆卸后更换。预紧力矩60N·m。最终拧紧力矩80N·m + 90° 5.凸轮轴螺栓。拆卸后更换。预紧力矩60N·m。最终拧紧力矩80N·m + 90° 6.进气凸轮轴调节器。标记"进气" 7.右侧凸轮轴正时链。拆卸前，用颜色标记转动方向 8.右侧凸轮轴正时链的链条张紧器 9.滑块 10.油滤网。装入张紧器。安装位置:外圈上的止动凸缘必须卡入链条张紧器上的凹槽中 11.密封件。拆卸后更换。卡到链条张紧器上 12.螺栓。拆卸后更换。拧紧力矩5N·m +90° 13.驱动链轮止推垫片 14.右侧凸轮轴正时链的驱动链轮 15.右侧凸轮轴正时链驱动链轮轴承螺栓的安装位置

图 4-1097

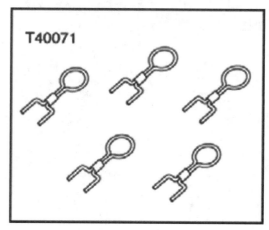

图 4-1098

2.拆卸

（1）发动机已拆卸，变速箱已从发动机上脱开。

（2）发动机已固定在剪式升降台 VAS6131 B 上或发动机和变速器支架上。拆下正时链下部盖板。从凸轮轴上取下凸轮轴正时链。

（3）提示：已使用过的凸轮轴正时链如果颠倒了转动方向会导致损坏。拆卸前用颜色标记的箭头标出转动方向和配置。重新安装时注意转动方向。

（4）左侧凸轮轴正时链：旋出螺栓（如图 4-1099 中 1 和 2），取下左侧链条张紧器和左侧凸轮轴正时链。

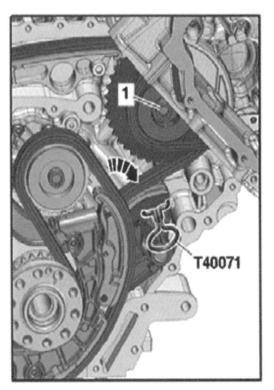

图 4-1100

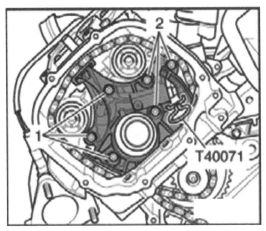

图 4-1099

（5）右侧凸轮轴正时链：沿箭头方向按压凸轮轴正时链链条张紧器的滑轨并用定位销 T40071 卡住链条张紧器。将凸轮轴正时链驱动链轮的螺栓（如图 4-1100 中 1）松开约 1/2 圈，不要拧出螺栓。

（6）拧出螺栓（如图 4-1101 中 1、2），取下右侧链条张紧器和右侧凸轮轴正时链。

3.安装

（1）提示：如果取下了链条张紧器的张紧元件，那么请注意安装位置：壳体底部的孔指向链条张紧器。活塞指向张紧轨。

拆卸后更换那些拧紧时需要继续旋转一个角度的螺栓。

拆卸后更换链条张紧器的密封件。

（2）提示：气门和活塞头有损坏的危险。

确保转动凸轮轴不会有活塞停在"上止点"。

（3）将左侧和右侧凸轮轴正时链的链条张紧器滑轨向内按压箭头至极限位置，并用定位销 T40071 锁定链条张紧器，如图 4-1102 所示。

（4）必要时清洁两个链条张紧器内的滤油网（如图 4-1103 中 2）。提示：在装入滤油网时注意链条张

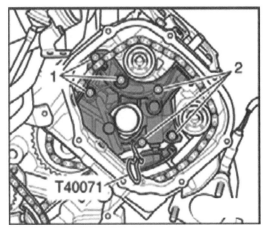

图 4-1101

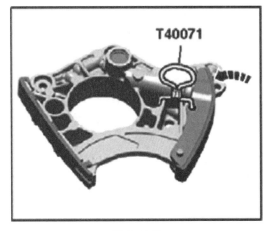

图 4-1102

紧器上的凹槽。将后部密封件（如图 4-1103 中 3）放到链条张紧器（如图 4-1103 中 1）上并夹紧。

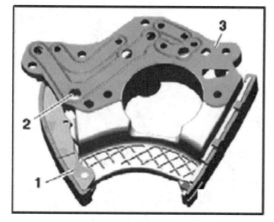

图 4-1103

（5）左侧凸轮轴正时链：将左侧凸轮轴正时链放到拆卸时记下的标记上。拧紧螺栓（如图 4-1104 中 1、2）。

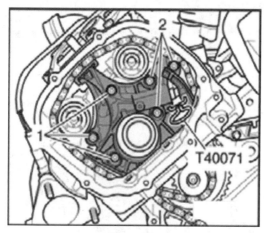

图 4-1104

（6）右侧凸轮轴正时链：安装右侧气缸盖上的链条张紧器，并按照拆卸时所做标记安放凸轮轴正时链。拧紧螺栓（如图 4-1105 中 1 和 2）。

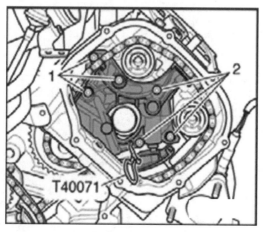

图 4-1105

（7）拧紧右侧凸轮轴正时链驱动链轮的螺栓（如图 4-1106 中 1）。两侧的后续操作：拆除定位销 T40071。

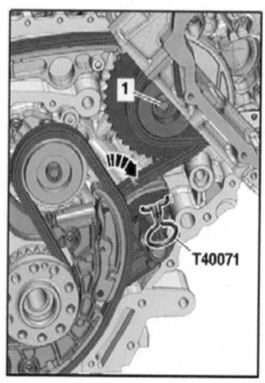

图 4-1106

（8）后续安装以倒序进行，安装过程中请注意以下事项：

①将凸轮轴正时链放到凸轮轴上。

②安装正时链下部盖板。

第五章　上汽大众车系

一、车型

上汽大众朗逸两箱 200TSI（1.2T DLSA），2019—2021 年。

（一）装配概览

装配概览（适用于 DLS 发动机的车型），如图 5-1 所示。

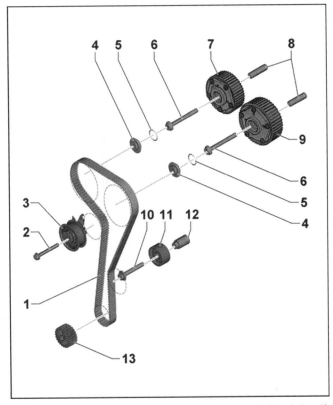

1.正时齿形皮带。拆卸皮带时，用粉笔或记号笔标出其运行方向。检查是否磨损。检查磨损情况　2.螺栓。拧紧力矩25N·m。使用扭力扳手（5~60N·m）Hazet6290-1CT或V.A.G 1331和13mm特殊环形扳手CT10500或T10500拧紧时，拧紧力矩15N·m　3.张紧轮　4.螺塞。拧紧力矩20N·m　5.O形圈：更换　6.螺栓。更换。拧紧力矩50N·m+继续旋转135°　7.排气凸轮轴齿形皮带轮（带凸轮轴调节装置）　8.导向套　9.进气凸轮轴齿形皮带轮（带凸轮轴调节装置）　10.螺栓。拧紧力矩40N·m　11.大导向轮　12.间距套　13.正时齿形皮带轮。正时齿形皮带轮和曲轴皮带轮之间表面上不允许有油脂。只有一个安装位置

图 5-1

（二）气缸体"上止点"锁定螺栓（如图 5-2 中箭头）

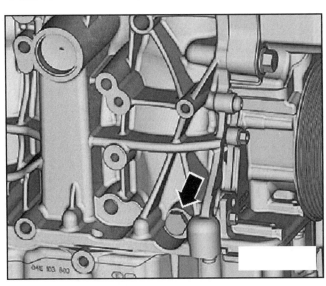

图 5-2

提示：O 形圈损坏时，进行更换。锁定螺栓拧紧力矩 30N·m。

（三）拆卸和安装正时齿形皮带

1. 所需要的专用工具和维修设备

（1）定位扳手 T10172 或 CT10172 以及适配器 T10172 72 或 CT10172/2，如图 5-3 所示。

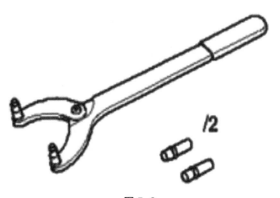

图 5-3

（2）扳手 3415 或 S 3415，如图 5-4 所示。

3415

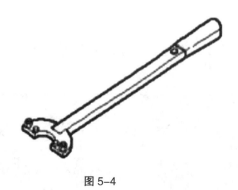

图 5-4

（3）定位销 T10340 或 CT10340，如图 5-5 所示。

T10340

图 5-5

（4）固定工具 CT80009，如图 5-6 所示。

CT80009

图 5-6

（5）凸轮轴固定工具 T10494，如图 5-7 所示。

T10494

图 5-7

（6）30mm 特殊扳手 T10499 或 CT10499，如图 5-8 所示。

T10499

图 5-8

（7）扭力扳手 Hazet 6290-1 CT 或 V.A.G 1331，如图 5-9 所示。

Hazet 6290-1 CT

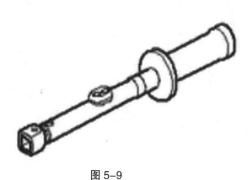

图 5-9

（8）扭力扳手 Hazet 6292-1 CT 或 V.A.G 1332，如图 5-10 所示。

Hazet 6292-1 CT

图 5-10

（9）棘轮头 Hazet 6403-1，如图 5-11 所示。

Hazet 6403-1

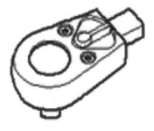

图 5-11

（10）棘轮头 Hazet 6404-1，如图 5-12 所示。

Hazet 6404-1

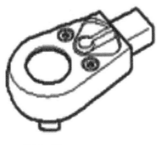

图 5-12

（11）角度盘 Hazet 6690，如图 5-13 所示。

Hazet 6690

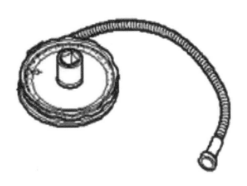

图 5-13

（12）13mm 特殊环形扳手 T10500 或 CT10500，如图 5-14 所示。

T10500

图 5-14

（13）固定工具 CT80012，如图 5-15 所示。

CT80012

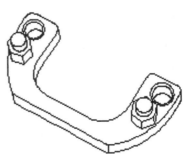

图 5-15

（14）内 12 角套筒扳手 Hazet 900Z-21，如图 5-16 所示。

Hazet 900Z-21

图 5-16

2. 拆卸

（1）拆卸空气滤清器壳体。

（2）松开弹簧卡箍（如图 5-17 中 1、2）取下空气导管。

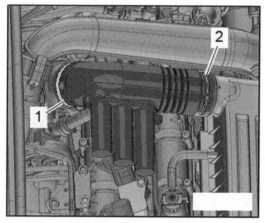

图 5-17

（3）脱开软管固定卡子（如图 5-18 中箭头 A 和箭头 B），适用于 DLS 发动机的车型。

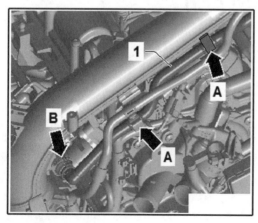

图 5-18

（4）拔下增压压力传感器 G31/ 进气温度传感器 2G299 插头。将释放工具 CT 10527 和 CT 10527/1 插入固定夹凸耳内侧（如图 5-19 中箭头）以松开固定夹，取下进气导管（如图 5-19 中 1）。

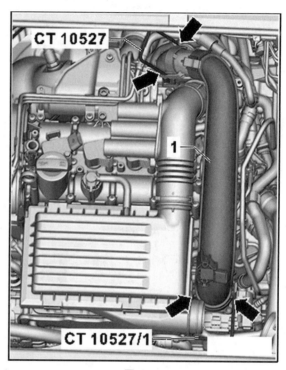

图 5-19

（5）按压开锁按钮，拔下活性炭罐电磁阀连接管（如图 5-20 中 1）。旋出螺栓（如图 5-20 中箭头）取下曲轴箱通风管。

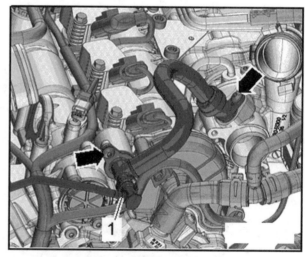

图 5-20

（6）拔下连接插头（如图 5-21 中 1），旋出进气导管的固定螺栓（如图 5-21 中箭头）取下进气导管，适用于 DLS 发动机的车型。旋出螺栓（如图 5-21 中箭头）取下曲轴箱通风管。

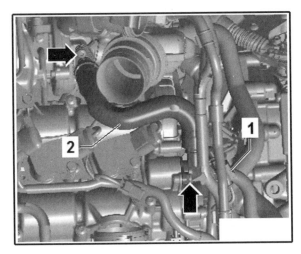

图 5-21

（7）旋出螺栓（如图 5-22 中箭头），脱开车厢蒸发器后的冷却液管。

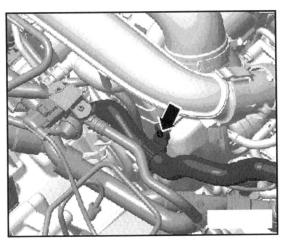

图 5-22

（8）旋出螺栓（如图 5-23 中 2），取下管接头（如图 5-23 中 1）。

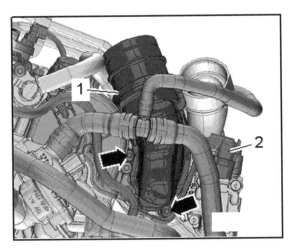

图 5-22

（9）脱开线束固定卡子（如图 5-24 中箭头）。

旋出螺栓（如图 5-24 中 1、3），取下冷却液泵正时齿形皮带盖罩（如图 5-24 中 2）。

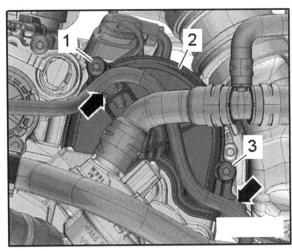

图 5-24

（10）旋出螺栓（如图 5-25 中箭头），拆下凸轮轴密封盖（如图 5-25 中 1）。

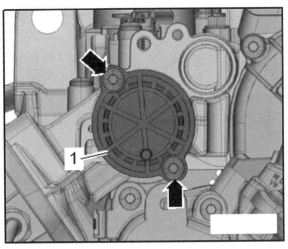

图 5-25

（11）将 1 缸活塞及凸轮轴调整至"上止点"位置：适用于 CYA/DJN 发动机的车型。拆卸火花塞。将千分表适配器 T10170 或 T10170A 拧入火花塞中。将延长件 T10170/1 或 T10170A/1 尽可能地插入千分表 V/35.1，并使用自锁螺母（如图 5-26 中箭头）将其固定到位。缓慢地以发动机工作时曲轴运转方向旋转曲轴，直至千分表 V/35.1 指针达到最大偏转位置。一旦指针达到最大偏转位置（若继续转动曲轴，千分表将以相反的方向回转），活塞则处于"1 缸上止点"。

（12）将 1 缸活塞及凸轮轴调整至"上止点"位置：适用于 DLS 发动机的车型。拆卸火花塞。将千分表适配器 T10170B 拧入火花塞中。将延长件 T10170B/1 尽

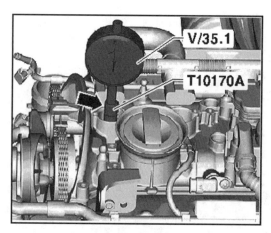

图 5-26

可能地插入千分表 V/35.1，并使用自锁螺母（如图 5-27 中箭头）将其固定到位。缓慢地以发动机工作时曲轴运转方向旋转曲轴，直至千分表 V/35.1 指针达到最大偏转位置。一旦指针达到最大偏转位置（若继续转动曲轴，千分表将以相反的方向回转），活塞则处于"1 缸上止点"。

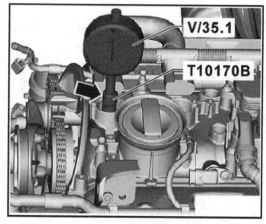

图 5-27

（13）提示：使用扳手 3415 或 S 3415 和固定工具 CT80009 转动曲轴（状态 1，如图 5-28 所示）。

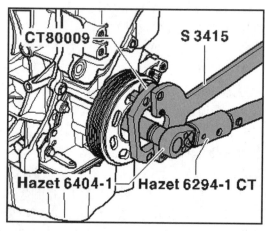

图 5-28

（14）使用扳手 3415 或 S 3415 和固定工具 CT80012 转动曲轴（状态 2，如图 5-29 所示）。

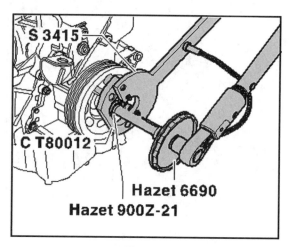

图 5-29

（15）此时需要检查飞轮侧凸轮轴的状态是否满足下述要求。如图 5-30 中 A 排气侧、E 进气侧。变速器侧的两个凸轮轴上，每个凸轮轴上各有两个不对称的槽（如图 5-30 中箭头）。在排气凸轮轴上，可以通过冷却液泵齿形皮带轮上的孔看到凸轮轴上两个不对称的槽（如图 5-30 中箭头）。在进气凸轮轴上，凹槽（如图 5-30 中箭头）位于凸轮轴中部上方。

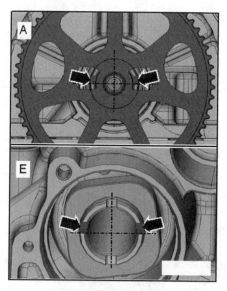

图 5-30

（16）凸轮轴位置不在描述位置时，继续转动曲轴，直至到达"上止点"位置要求。旋出气缸体上止点孔锁定螺栓。将定位销 T10340 或 CT10340 旋入至极限位置，并以 30N·m 的力矩拧紧，将曲轴沿发动机工作时的运转方向转至极限位置，此时定位销与曲轴臂充分接触。提示：此时定位销 T10340 或 CT10340 应该可以完全旋入至缸体。

（17）将凸轮轴固定工具 T10494 安装至凸轮轴上。
提示：凸轮轴固定工具 T10494 必须能很容易放入安装位置。不能使用其他工具敲击凸轮轴固定工具，以使其能安装到位。如果凸轮轴固定工具 T10494 不能很容易地放入安装位置，如图 5-31 所示。

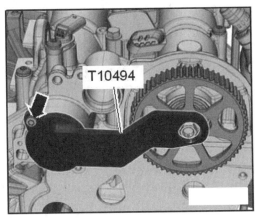

图 5-31

（18）用手沿如图 5-32 中箭头方向按压正时齿形皮带。

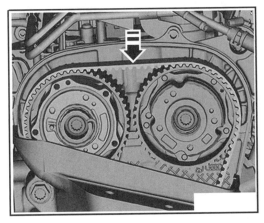

图 5-32

（19）同时将凸轮轴固定工具 T10494 插入凸轮轴内，直至止动位置。用手拧紧螺栓（如图 5-33 中箭头）。

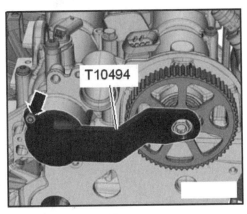

图 5-33

拆卸曲轴皮带轮。

（20）旋出螺栓（如图 5-34 中箭头），取下正时齿形皮带下部盖罩。

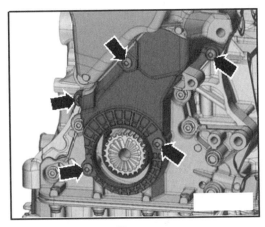

图 5-34

（21）松开固定卡子（如图 5-35 中 3），脱开燃油供油管和活性炭罐电磁阀连接管。旋出螺栓（如图 5-35 中 2）。松开固定卡子（如图 5-35 中箭头），取下正时齿形皮带上部盖板（如图 5-35 中 1）。

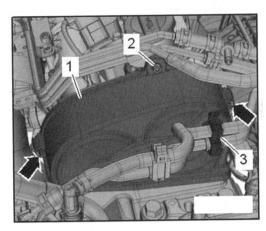

图 5-35

（22）当心：凸轮轴损坏危险！禁止将凸轮轴固定工具 T10494 作为固定支架使用。旋出螺栓（如图 5-36

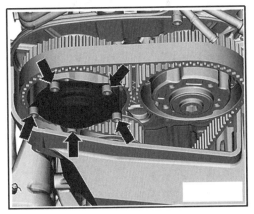

图 5-36

375

中箭头），取下排气凸轮轴密封盖，适用于 CYA、DJN 发动机的车型。提示：以下操作过程中可能会有少量的机油流出，因此在拆卸前准备一块布用于接收拆卸过程中的机油，以防止机油滴到正时皮带上。

（23）使用定位扳手 CT10172 或 T10172，固定支架 CT80032 和扭力扳手（40～200N·m）Hazet6292-1CT 或 V.A.G1332 旋出进气侧凸轮轴齿形调节器（如图 5-37 中 2）的密封螺塞（如图 5-37 中 1）。

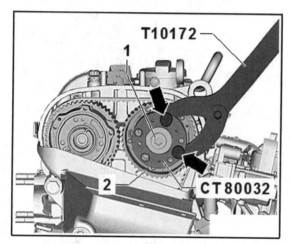

图 5-37

（24）如图 5-38 所示，将固定支架 CT80032 和定位板手 CT10172 或 T10172A 安装到凸轮轴调节器（如图 5-38 中 1）上。轴颈必须正确地安装到孔（如图 5-38 中箭头）中。固定支架 CT80032 平整地安装到凸轮轴调节器（如图 5-38 中 1）上。

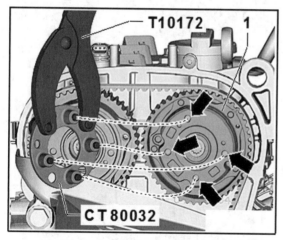

图 5-38

（25）使用定位扳手 CT10172 或 T10172，固定支架 CT80032 和扭力扳手（40～200N·m）Hazet6292-1CT 或 V.A.G1332 旋松进气侧与排气侧凸轮轴调节器（如图 5-39 中 2）的螺栓（如图 5-39 中 1）。

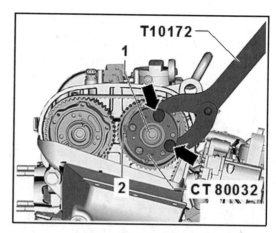

图 5-39

（26）使用 30mm 特殊扳手 T10499 或 CT10499 固定偏心轮上的张紧轮（如图 5-40 中 2），松开螺栓（如图 5-40 中 1）。将正时齿形皮带从凸轮轴上脱开。当心：正时齿形皮带安装方向应与其原有运转方向保持一致，否则有损坏的危险；因此拆卸正时齿形皮带时，用粉笔或者记号笔标出其运转方向，用于重新安装。

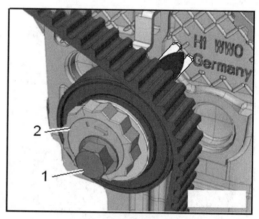

图 5-40

（27）取下正时齿形皮带。沿如图 5-41 中箭头方向取下正时齿形皮带轮（如图 5-41 中 1）。

图 5-41

3. 安装（调整正时）

（1）拧紧力矩。提示：更换采用角度控制方式拧紧的螺栓（如拧紧要求为30N·m+继续旋转90°）。锁定螺栓O形圈损坏时须及时更换。注意：凸轮轴固定工具T10494此时安装在凸轮轴箱体上。禁止将凸轮轴固定工具T10494作为固定支架使用。调整1缸活塞及凸轮轴至"上止点"位置。更换凸轮轴齿形皮带轮螺栓（如图5-42中1、2），并将其拧入，但不要拧得很紧。提示：只要凸轮轴齿形皮带轮能够绕螺栓自由旋转且转动过程中不会在螺栓轴向方向来回运动即可。

图5-42

（2）检查张紧轮的凸耳（如图5-43中箭头）是否啮合在气缸盖的铸造孔上。

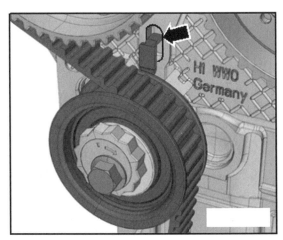

图5-43

（3）将正时齿形皮带轮装到曲轴上。必须保证曲轴皮带轮和正时齿形皮带轮的接触面无油脂。正时齿形皮带轮锐切面（如图5-44中箭头）必须放在曲轴铣削切面上。

图5-44

（4）首先将齿形皮带套在齿形带的下部。安装正时齿形皮带下部盖罩，如图5-45所示。安装曲轴皮带轮。

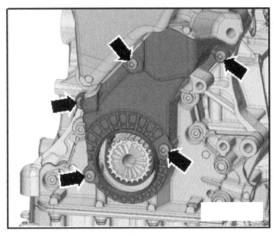

图5-45

（5）安装齿形皮带时注意安装顺序：向上拉齿形皮带，并置于导向轮（如图5-46中1）、张紧轮（如图5-46中2）、排气凸轮轴齿形皮带轮（如图5-46中3）和进气凸轮轴齿形皮带轮（如图5-46中4）上。

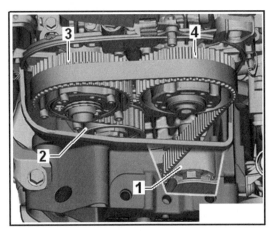

图5-46

（6）沿如图 5-47 中箭头方向转动 30mm 特殊扳手 T10499 或 CT10499（即转动张紧轮偏心轮，如图 5-47 中 2），直到设置指示针（如图 5-47 中 3）位于设置窗右侧 10mm 处。回转偏心轮，直到指示针正好位于设置窗口内。使用 13mm 特殊环形扳手 T10500 或 CT10500 将偏心轮保持在该位置，拧紧螺栓（如图 5-47 中 1）至额定要求。提示：发动机转动或运行后，指示针（如图 5-47 中 3）位置和设置窗口之间的距离可能会出现细小差异，这对齿形皮带张紧并没有影响。

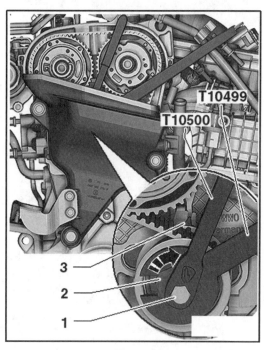

图 5-47

（7）使用带适配器 T10172 71 或 CT10172 71 的定位扳手 T10172 或 CT10172 和扭力扳 Hazet 6292-1 CT 或 V.A.G 1332 以 50N·m 的力矩拧紧螺栓（如图 5-48 中 1）。使用带适配器 T10172 72 或 CT10172 72 的定位扳手 T10172 或 CT10172 和扭力扳手 Hazet 6292-1 CT 或 V.A.G 1332 以 50N·m 的力矩拧紧螺栓（如图 5-48

图 5-48

中 2）。

（8）旋出定位销 T10340 或 CT10340，如图 5-49 所示。

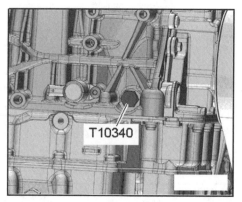

图 5-49

（9）旋出螺栓（如图 5-50 中箭头）取出凸轮轴固定工具 T10494。

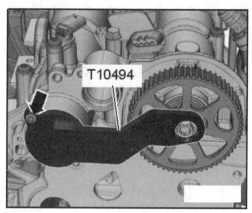

图 5-50

（10）检查正时：将曲轴沿发动机工作时的运行方向转动 2 圈。调整 1 缸活塞及凸轮轴至"上止点"位置。安装凸轮轴固定工具 T10494。提示：凸轮轴固定工具 T10494 应该能够很容易地安装。不能使用其他工具敲击凸轮轴固定工具，以使其能安装到位。

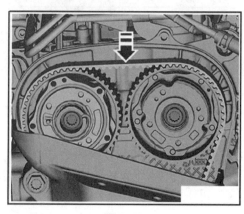

图 5-51

（11）如果凸轮轴固定工具不能很轻松地装入：用手沿如图5-51中箭头方向按压齿形皮带。将凸轮轴固定工具T10494插入凸轮轴至止动位置，用力拧紧螺栓（如图5-52中箭头）。

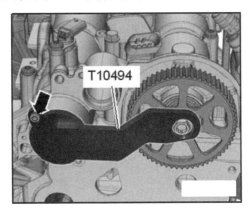

图5-52

（12）如果凸轮轴固定工具T10494无法安装，则正时不正确：重新调整正时。

（13）如果凸轮轴固定工具T10494能够安装，则正时正确。旋出定位销T10340或CT10340，如图5-53所示。

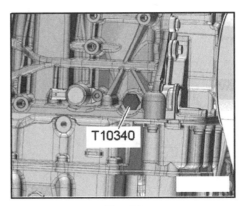

图5-53

旋出螺栓（如图5-54中箭头）取出凸轮轴固定工具T10494。

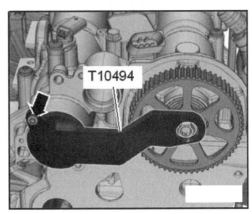

图5-54

（14）使用带适配器T10172 71或CT10172 71的定位扳手T10172或CT10172，使用扭力扳手Hazet 6292-1 CT或V.A.G 1332和角度盘Hazet 6690将螺栓（如图5-55中1）拧紧至额定要求。使用带适配器T10172 72或CT10172 72的定位扳手T10172或CT10172，扭力扳手Hazet 6292-1 CT或V.A.G 1332和角度盘Hazet 6690将螺栓（如图5-55中2）拧紧至额定要求。

图5-55

（15）使用定位扳手CT10172或T10172，固定支架CT80032和扭力扳手（40～200N·m）Hazet 6292-1 CT或V.A.G1332旋出进气侧凸轮轴齿形调节器（如图5-56中2）的密封螺塞（如图5-56中1）。当心：发动机有损坏的危险。维修工作结束后，需检查是否已经取下定位销T10340或CT10340和凸轮轴固定工具T10494。

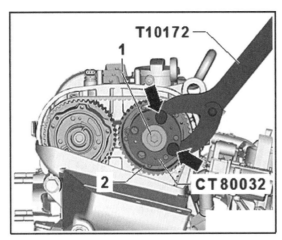

图5-56

（16）进一步的安装以拆卸的相反顺序进行。

（四）检查正时

1. 所需要的专用工具和维修设备

（1）扭力扳手Hazet 6290-1 CT或V.A.G1331，

如图 5-57 所示。

Hazet 6290-1 CT

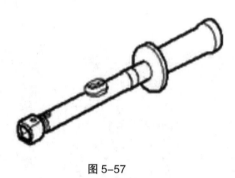

图 5-57

（2）扳手 3415 或 S3415，如图 5-58 所示。

3415

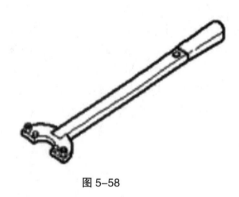

图 5-58

（3）定位销 T10340 或 CT10340，如图 5-59 所示。

T10340

图 5-59

（4）固定工具 CT80009，如图 5-60 所示。

CT80009

图 5-60

（5）凸轮轴固定工具 T10494，如图 5-61 所示。

T10494

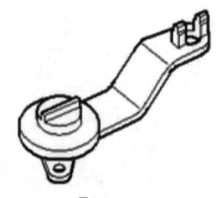

图 5-61

（6）扭力扳手 Hazet 6294-1 CT，如图 5-62 所示。

Hazet 6294-1 CT

图 5-62

（7）固定工具 CT80012，如图 5-63 所示。

CT80012

图 5-63

（8）棘轮头 Hazet 6404-1，如图 5-64 所示。

Hazet 6404-1

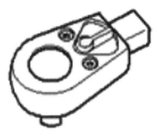

图 5-64

（9）棘轮头 Hazet 6403-1，如图 5-65 所示。

Hazet 6403-1

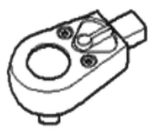

图 5-65

（10)内十二角套筒扳手 Hazet 900Z-21，如图 5-66 所示。

Hazet 900Z-21

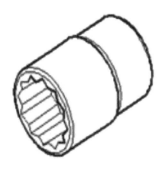

图 5-66

2.拆卸

（1）松开弹簧卡箍（如图 5-67 中 1、2），拆下空气导管。

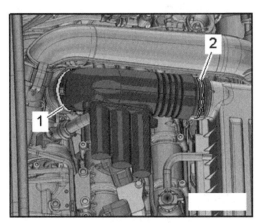

图 5-67

（2)脱开软管固定卡子（如图 5-68 中箭头 A、B），适用于 DLS 发动机的车型。

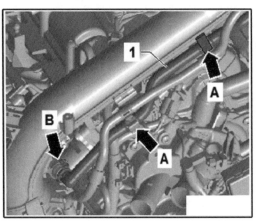

图 5-68

（3）拔下增压压力传感器 G31 / 进气温度传感器 2 G299 插头。将释放工具 CT 10527、CT 10527/1 插入固定夹凸耳内侧（如图 5-69 中箭头），以松开固定夹，取下进气导管（如图 5-69 中 1）。

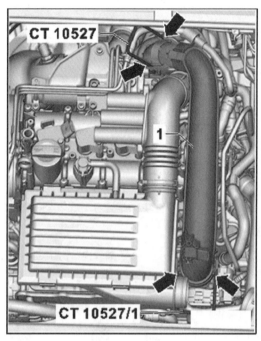

图 5-69

（4）按压开锁按钮，拔下活性炭罐电磁阀连接管（如图 5-70 中 1）。旋出螺栓（如图 5-70 中箭头），取下曲轴箱通风管。

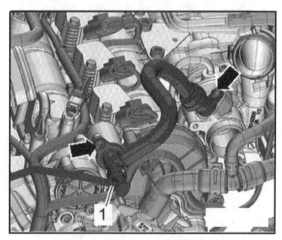

图 5-70

（5）拔下连接插头（如图 5-71 中 1），旋出进气导管的固定螺栓（如图 5-71 中箭头）取下进气导管，适用于 DLS 发动机的车型。旋出螺栓（如图 5-71 中箭头）取下曲轴箱通风管。

（6）旋出螺栓（如图 5-72 中箭头），脱开车厢蒸发器后的冷却液管。

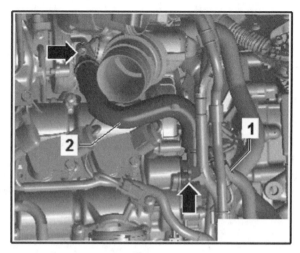

图 5-71

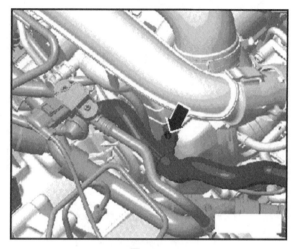

图 5-72

（7）旋出螺栓（如图 5-73 中 2），取下管接头（如图 5-73 中 1）。

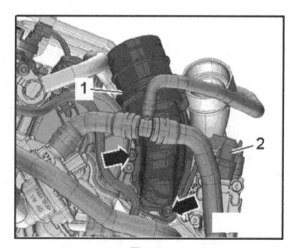

图 5-73

（8）脱开线束固定卡子（如图 5-74 中箭头），旋出螺栓（如图 5-74 中 1、3），取下冷却液泵正时齿形皮带盖罩（如图 5-74 中 2）。

382

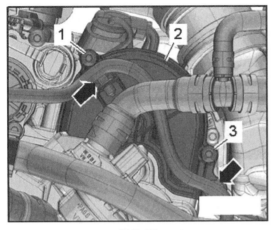

图 5-74

（9）旋出螺栓（如图 5-75 中箭头），拆下进气凸轮轴密封盖（如图 5-75 中 1）。

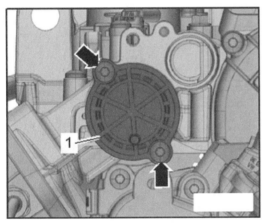

图 5-75

（10）将 1 缸活塞及凸轮轴调整至"上止点"位置，适用于 CYA/DJN 发动机的车型。拆卸火花塞。将千分表适配器 T10170 或 T10170A 拧入火花塞中。将延长件 T10170/1 或 T10170A/1 尽可能地插入千分表 V/35.1，并使用自锁螺母（如图 5-76 中箭头）将其固定到位。缓慢地以发动机工作时曲轴运转方向旋转曲

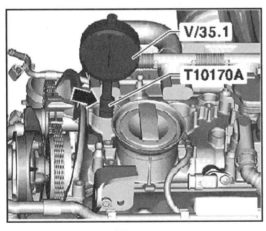

图 5-76

轴，直至千分表 V/35.1 指针达到最大偏转位置。一旦指针达到最大偏转位置（若继续转动曲轴，千分表将以相反的方向回转），活塞则处于"1 缸上止点"。

（11）将 1 缸活塞及凸轮轴调整至"上止点"位置，适用于 DLS 发动机的车型。拆卸火花塞。将千分表适配器 T10170B 拧入火花塞中。将延长件 T10170B/1 尽可能地插入千分表 V/35.1 并使用自锁螺母（如图 5-77 中箭头）将其固定到位。缓慢地以发动机工作时曲轴运转方向旋转曲轴，直至千分表 V/35.1 指针达到最大偏转位置。一旦指针达到最大偏转位置（若继续转动曲轴，千分表将以相反的方向回转），活塞则处于"1 缸上止点"。

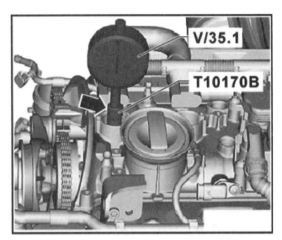

图 5-77

（12）提示：使用扳手 3415 或 S 3415 和固定工具 CT80009 转动曲轴（状态 1，如图 5-78 所示）。

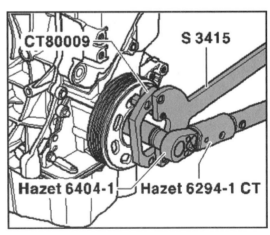

图 5-78

使用扳手 3415 或 S 3415 和固定工具 CT80012 转动曲轴（状态 2，如图 5-79 所示）。

（13）此时需要检查飞轮侧凸轮轴的状态是否满足下述要求，如图 5-80 中 A 排气侧、E 进气侧。变

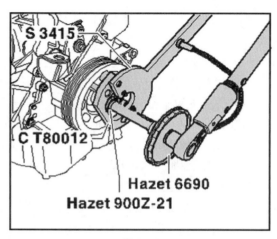

图 5-79

速器侧的两个凸轮轴上，每个凸轮轴上各有两个不对称的槽。在排气凸轮轴上，可以通过冷却液泵齿形皮带轮上的孔看到凸轮轴上两个不对称的槽（如图 5-80 中箭头）。在进气凸轮轴上，凹槽（如图 5-80 中箭头）位于凸轮轴中部上方。

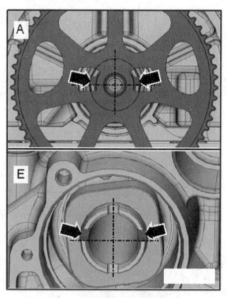

图 5-80

（14）凸轮轴位置不在描述位置时，继续转动曲轴，直至到达"上止点"位置要求。旋出气缸体上止点孔锁定螺栓。将定位销 T10340 或 CT10340 旋入至极限位置，并以 30N·m 的力矩拧紧，将曲轴沿发动机工作时的运转方向转至极限位置，此时定位销与曲轴臂充分接触。提示：此时定位销 T10340 或 CT10340 应该可以完全旋入至缸体。

（15）将凸轮轴固定工具 T10494 安装至凸轮轴上。提示：凸轮轴固定工具 T10494 必须能很容易地放入安装位置。不能使用其他工具敲击凸轮轴固定工具，以使其能安装到位。如果凸轮轴固定工具 T10494 不

能很容易地放入安装位置，如图 5-81 所示。

图 5-81

（16）用手沿如图 5-82 中箭头方向按压正时齿形皮带。

图 5-82

（17）同时将凸轮轴固定工具 T10494 插入凸轮轴内，直至止动位置。用手拧紧螺栓（如图 5-83 中箭头）。如果无法插入凸轮轴固定工具 T10494：调整正时，取下凸轮轴上的正时齿形皮带。如果可以插入凸轮轴固定工具 T10494：正时正常。当心：发动机损坏的危

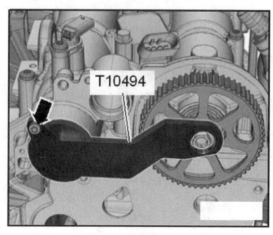

图 5-83

险。结束工作之前检查是否已经取下定位销 T10340 或 CT10340 和凸轮轴固定工具 T10494。

3. 安装

其余的安装以拆卸的相反顺序进行。提示：更换采用角度控制方式拧紧的螺栓（如拧紧要求为 30N·m +继续旋转90° ）。锁定螺栓 O 形圈损坏时须及时更换。

二、车型

上汽大众帕萨特 280TSI（1.4T DJSA），2019—2022 年。

上汽大众朗逸 280TSI(1.4T DJSA)，2019—2021 年。

上汽大众凌渡 280TSI(1.4T DJSA)，2019—2021 年。

上汽大众途铠 280TSI(1.4T DJSA)，2019—2022 年。

上汽大众途安 L 280TSI（1.4T DJSA），2021 年。

（一）齿形皮带装配概览（如图 5-84 所示）

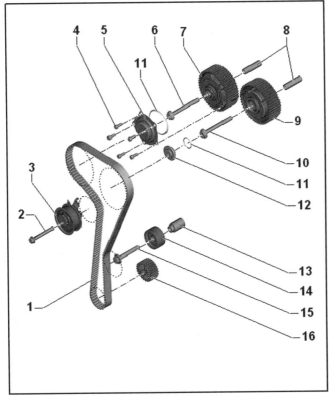

1.正时齿形皮带。拆卸皮带时，用粉笔或记号笔标出其运行方向。检查是否磨损。检查磨损情况 2.螺栓。拧紧力矩25N·m。使用扭力扳手（5～60N·m）Hazet 6290-1 CT或V.A.G 1331和13mm特殊环形扳手CT10500或T10500拧紧时，拧紧力矩15N·m 3.张紧轮 4.螺栓。更换。拧紧力矩7N·m 5.密封盖 6.螺栓。更换。拧紧力矩50N·m +继续旋转135° 7.排气凸轮轴齿形皮带轮。带凸轮轴调节装置 8.导向套 9.进气凸轮轴齿形皮带轮。带凸轮轴调节装置 10.螺栓。更换。拧紧力矩50N·m +继续旋转135° 11.O形圈。更换 12.密封圈。拧紧力矩20N·m 13.间距套 14.导向轮 15.螺栓。拧紧力矩40N·m 16.正时齿形皮带轮。正时齿形皮带轮和曲轴皮带轮之间表面上不允许有油脂。只有一个安装位置

图 5-84

气缸体"上止点"锁定螺栓（如图 5-85 所示）。

提示：①O 形圈损坏时，进行更换。②锁定螺栓拧紧力矩 30N·m。

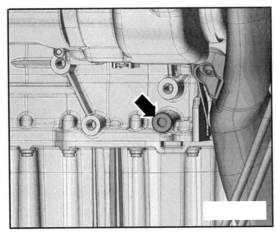

图 5-85

（二）拆卸和安装正时齿形皮带

1. 所需要的专用工具和维修设备

（1）定位扳手 CT10172 或 T10172 以及适配器 CT10172/22 或 T10172/2，如图 5-86 所示。

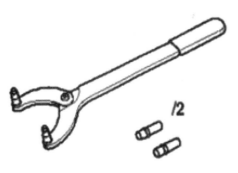

图 5-86

（2）扳手 S3415 或 3415，如图 5-87 所示。

图 5-87

（3）定位销 CT10340 或 T10340，如图 5-88 所示。

T10340

图 5-88

（4）固定工具 CT80009，如图 5-89 所示。

CT80009

图 5-89

（5）凸轮轴固定工具 CT10494 或 T10494，如图 5-90 所示。

T10494

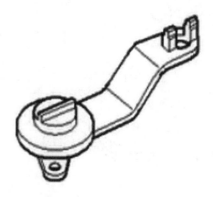

图 5-90

（6）30mm 特殊扳手 CT10499 或 T10499，如图 5-91 所示。

T10499

图 5-91

（7）扭力扳手（5～60N·m）Hazet 6290-1 CT 或 V.A.G 1331，如图 5-92 所示。

Hazet 6290-1 CT

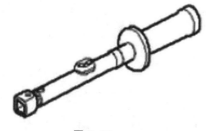

图 5-92

（8）扭力扳手（40～200N·m）Hazet 6292-1 CT 或 V.A.G 1332，如图 5-93 所示。

Hazet 6292-1 CT

图 5-93

（9）棘轮头 Hazet 6403-1，如图 5-94 所示。

Hazet 6403-1

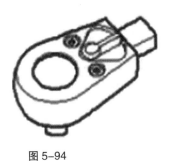

图 5-94

（10）棘轮头 Hazet 6404-1，如图 5-95 所示。

Hazet 6404-1

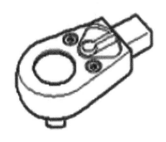

图 5-95

（11）角度盘 Hazet 6690 或 V.A.G1756，如图 5-96 所示。

Hazet 6690

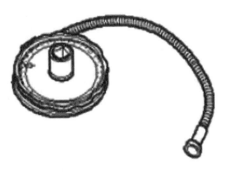

图 5-96

（12）13mm 特殊环形扳手 CT10500 或 T10500，如图 5-97 所示。

T10500

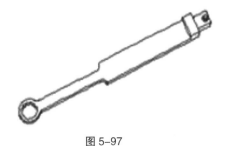

图 5-97

（13）固定工具 CT80012，如图 5-98 所示。

CT80012

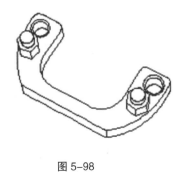

图 5-98

（14）内十二角套筒扳手 Hazet 900Z-21，如图 5-99 所示。

Hazet 900Z-21

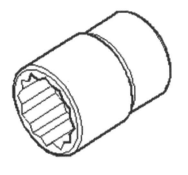

图 5-99

2. 拆卸

（1）拆卸空气滤清器壳体。

（2）拆卸隔音板。

（3）拆卸下部正时齿形皮带护罩。

（4）从凸轮轴上取下齿形皮带。提示：颠倒已使用过的正时齿形皮带的运行方向，可能会造成损坏。在拆卸正时齿形皮带之前，先用粉笔或记号笔标记运转方向，以便重新安装。

（5）使用 30mm 特殊扳手 CT10499 或 T10499 A 固定偏心轮上的张紧轮（如图 5-100 中 2），松开螺栓（如图 5-100 中 1）。提示：因剧烈弯曲导致齿形皮带的损毁危险。齿形皮带是用纤维制成的，在剧烈弯曲时会损坏。切勿以小于 r=25mm 的半径弯折齿形皮带。

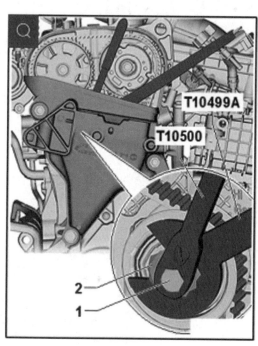

图 5-100

（6）正时齿形皮带的弯曲半径：正时齿形皮带（如图 5-101 中 2）的弯曲半径（如图 5-101 中 r）不得低于 25mm [大约为曲轴齿轮（如图 5-101 中 1）的一半直径]。提示：正时齿形皮带与凸轮轴皮带轮、曲轴正时齿形皮带轮、张紧轮和导向轮等的接触点必须无机油。

（7）取下正时齿形皮带。

（8）沿箭头方向取下正时齿形皮带轮（如图 5-102 中 1）。

3. 安装

提示：更换采用角度控制方式拧紧的螺栓（如拧紧要求为 30N·m + 继续旋转 90°）。

（1）凸轮轴和 1 缸活塞位于"上止点"位置。注意：

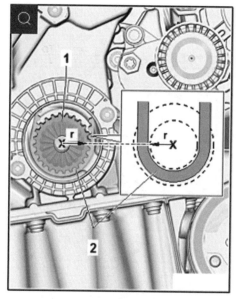

图 5-101

图 5-102

凸轮轴固定工具 CT10494 或 T10494 此时安装在凸轮轴箱体上。禁止将凸轮轴固定工具 CT10494 或 T10494 作为固定支架使用。提示：在安装凸轮轴调节器之前，请注意将导向套插到凸轮轴中。

（2）更换凸轮轴齿形皮带轮螺栓（如图 5-103

图 5-103

中1、2），并将其拧入，但不要拧得很紧。凸轮轴皮带轮必须还能在凸轮轴上转动，但是不允许倾斜。

检查张紧轮的凸耳（如图5-104中箭头）是否啮合在气缸盖的铸造孔上。

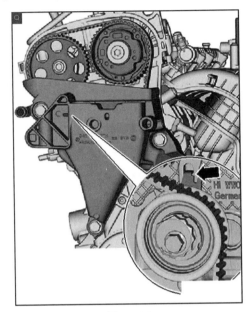

图5-104

（3）将正时齿形皮带轮装到曲轴上。必须保证曲轴皮带轮和正时齿形皮带轮的接触面无油脂。正时齿形皮带轮铣切面（如图5-105中箭头）必须放在曲轴铣削切面上。注意：安装齿形皮带时注意安装顺序：如果安装旧的正时齿形皮带，注意运行方向箭头。

图5-105

（4）将正时齿形皮带（如图5-106中1）安装到大导向轮（如图5-106中2）和小导向轮上。提示：小导向轮没有在图中体现。

（5）向上拉齿形皮带，并置于大导向轮（如图5-107中1）、张紧轮（如图5-107中2）、排气凸轮轴齿形皮带轮（如图5-107中3）和进气凸轮轴齿形皮带轮（如图5-107中4）上。

（6）沿如图5-108中箭头方向转动30mm特殊

图5-106

图5-107

扳手CT10499或T10499（即转动张紧轮偏心轮，如图5-108中2），直到设置指示针（如图5-108中3）位于设置窗右侧10mm处。回转偏心轮，直到指示针正好位于设置窗口内。使用13mm特殊环形扳手CT10500或T10500将偏心轮保持在该位置，拧紧螺栓（如图5-108中1）至额定要求。提示：发动机转动或运行后，指示针（如图5-108中3）位置和设置窗口之间的距离可能会出现细小差异，这对齿形皮带张紧并没有影响。

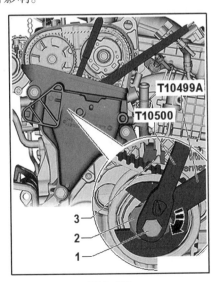

图5-108

（7）按照要求分两步拧紧进气侧和排气侧凸轮轴调节器的螺栓（如图5-109中1、2）至规定力矩。提示：只有发动机配气相位检查正常时，才能用最终拧紧力矩拧紧紧固螺栓，即进一步拧紧规定的角度。

图5-109

（8）安装下部正时齿形皮带护罩（如图5-110中箭头）螺栓。安装曲轴皮带轮。调整正时。

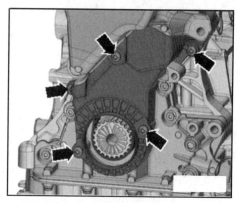

图5-110

（9）其余的安装以拆卸的相反顺序进行。安装过程中要注意下列事项：拧紧力矩。

（三）检查正时

1. 所需要的专用工具和维修设备

（1）扭力扳手（5～60N·m）Hazet 6290-1 CT或V.A.G1331，如图5-111所示。

Hazet 6290-1 CT

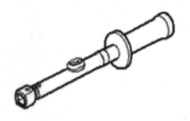

图5-111

（2）扳手3415或S3415，如图5-112所示。

3415

图5-112

（3）定位销T10340或CT10340，如图5-113所示。

T10340

图5-113

（4）固定工具CT80009，如图5-114所示。

CT80009

图5-114

（5）凸轮轴固定工具T10494，如图5-115所示。

（6）扭力扳手（100～400N·m）Hazet 6294-1

T10494

图 5-115

CT，如图 5-116 所示。

Hazet 6294-1 CT

图 5-116

（7）固定工具 CT80012，如图 5-117 所示。

CT80012

图 5-117

（8）棘轮头 Hazet 6404-1，如图 5-118 所示。

（9）棘轮头 Hazet 6403-1，如图 5-119 所示。

（10）内十二角套筒扳手 Hazet 900Z-21，如图 5-120 所示。

2.拆卸

Hazet 6404-1

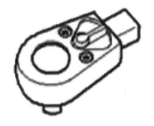

图 5-118

Hazet 6403-1

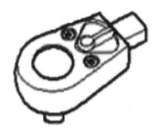

图 5-119

Hazet 900Z-21

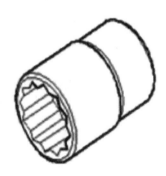

图 5-120

（1）沿如图 5-121 中箭头 A 方向上提发动机罩盖（如图 5-121 中 1），并沿如图 5-121 中箭头 B 方向拆下，适用于 Lamando 2015、Lburan L 2016、Lamando2019。

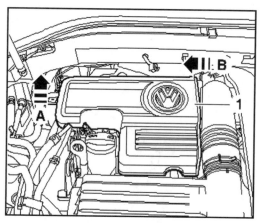

图 5-121

（2）松开弹簧卡箍（如图 5-122 中 1、2），拆下空气导管。

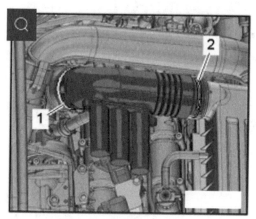

图 5-122

（3）脱开固定在进气导管上的真空管。拔下电气插头连接（如图 5-123 中 1）。

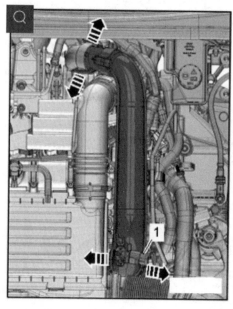

图 5-123

（4）拔下连接插头（如图 5-124 中 1），旋出进气导管的固定螺栓（如图 5-124 中箭头）取下进气导管，适用于 DJR/DJS 发动机的车型。沿箭头（如图 5-124 中箭头）方向松开锁止件，取下进气导管。

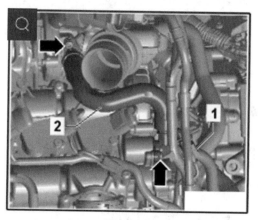

图 5-124

（5）按压开锁按钮，拔下活性炭罐电磁阀连接管（如图 5-125 中 1）。旋出螺栓（如图 5-125 中箭头）取下曲轴箱通风管。

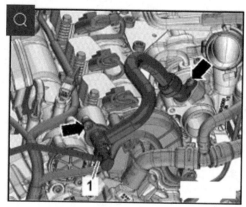

图 5-125

（6）旋出螺栓（如图 5-126 中箭头），脱开车厢蒸发器后的冷却液管，适用于 Lavida、Tiguan2013。拆卸废气涡轮增压器的管接头。

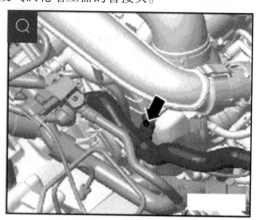

图 5-126

（7）脱开线束固定卡子（如图5-127中箭头）。旋出螺栓（如图5-127中1、3），取下冷却液泵正时齿形皮带盖罩（如图5-127中2）。

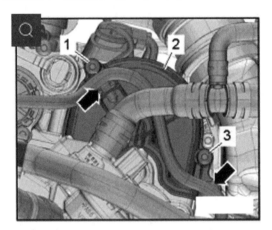

图5-127

（8）旋出螺栓（如图5-128中箭头），拆下进气凸轮轴密封盖（如图5-128中1）。

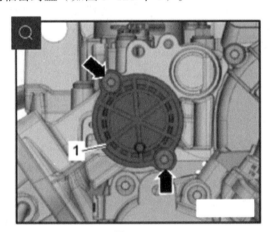

图5-128

（9）将1缸活塞调整至"上止点"位置。拆卸火花塞。将千分表适配器T10170或T10170A拧入火花塞中。将延长件T10170/1或T10170A/1尽可能地插入千分表V/35.1，并使用自锁螺母（如图5-129中箭头）

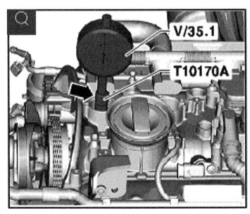

图5-129

将其固定到位。缓慢地以发动机工作时曲轴运转方向旋转曲轴，直至千分表V/35.1指针达到最大偏转位置。一旦指针达到最大偏转位置（若继续转动曲轴，千分表将以相反的方向回转），活塞则处于"1缸上止点"。

（10）使用扳手3415或S3415和固定工具CT80009转动曲轴，状态1，如图5-130所示。

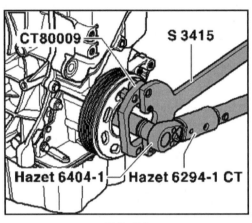

图5-130

（11）使用扳手S3415或3415和固定工具CT80012转动曲轴，状态2，如图5-131所示。

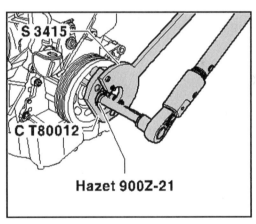

图5-131

（12）此时需要检查飞轮侧凸轮轴的状态是否满足下述要求。将凸轮轴置于"上止点"位置。

如图5-132所示，A为排气侧，E为进气侧。变速器侧的两个凸轮轴上，每个凸轮轴上各有两个不对称的槽（如图5-132中箭头）。在排气凸轮轴上，可以通过冷却液泵齿形皮带轮上的孔看到凸轮轴上两个不对称的槽（如图5-132中箭头）。在进气凸轮轴上，凹槽（如图5-132中箭头）位于凸轮轴中部上方。凸轮轴位置不在描述位置时，继续转动曲轴，直至到达"上止点"位置要求。旋出气缸体上止点孔锁定螺栓。将凸轮轴固定工具CT10494或T10494旋入至极限位置，并以30N·m的力矩拧紧，将曲轴沿发动机工作时的运转方向转至极限位置，此时定位销与曲轴臂充分接触。提示：此时定位销 CT10340 或 T10340 应该可以完全旋入至缸体。

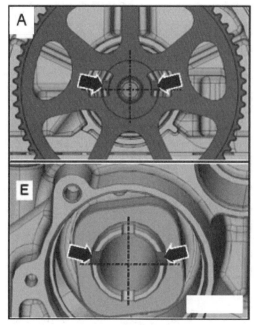

图 5-132

（13）将凸轮轴固定工具 CT10494 或 T10494 安装至凸轮轴上。提示：凸轮轴固定工具 CT10494 或 T10494 必须能很容易地放入安装位置。不能使用其他工具敲击凸轮轴固定工具，以使其能安装到位。如果凸轮轴固定工具 CT10494 或 T10494 不能很容易地放入安装位置，如图 5-133 所示。

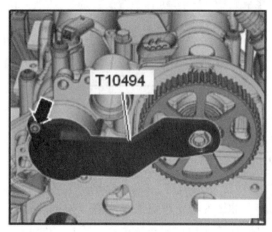

图 5-133

（14）用手沿如图 5-134 中箭头方向按压正时齿形皮带。

（15）同时将凸轮轴固定工具 CT10494 或 T10494 插入凸轮轴内，直至止动位置。用手拧紧螺栓（如图 5-135 中箭头）。

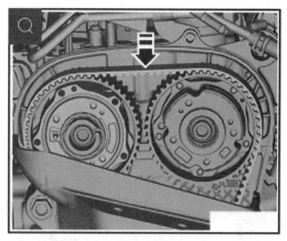

图 5-134

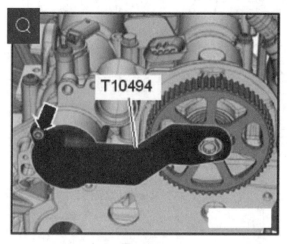

图 5-135

（16）如果无法插入凸轮轴固定工具 CT10494 或 T10494：取下凸轮轴上的正时齿形皮带。调整正时。

（17）如果可以插入凸轮轴固定工具 CT10494 或 T10494：正时正常。当心：发动机有损坏的危险。结束工作之前检查是否已经取下定位销 CT10304 或 T10340 和凸轮轴固定工具 CT10494 或 T10494。

（18）其余的安装以拆卸的相反顺序进行。

提示：

① 更换采用角度控制方式拧紧的螺栓，如拧紧要求为 30N·m + 继续旋转 90°。

②锁定螺栓和 O 形圈损坏时须及时更换。

三、车型

上汽大众凌度 230TSI（1.4T DJRA），2019—2021 年。

（一）齿形皮带装配概览（如图 5-136 所示）

1.气缸体"上止点"锁定螺栓（如图 5-137 中箭头）

提示：

（1）O 形圈损坏时，进行更换。

（2）锁定螺栓拧紧力矩 30N·m。

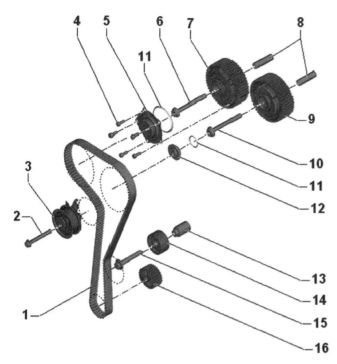

T10172

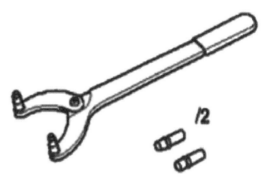

图 5-138

（2）扳手 3415 或 S 3415，如图 5-139 所示。

3415

图 5-139

1.正时齿形皮带。拆卸皮带时，用粉笔或记号笔标出其运行方向。检查是否磨损。检查磨损情况 2.螺栓。拧紧力矩25N·m。使用扭力扳手（5~60N·m）Hazet 6290-1CT或V.A.G 1331和13mm特殊环形扳手CT10500或T10500拧紧时，拧紧力矩5N·m 3.张紧轮 4.螺栓。必须更换。拧紧力矩7N·m 5.密封盖 6.螺栓。必须更换拧紧力矩：50N·m+继续旋转135° 7.排气凸轮轴齿形皮带轮。带凸轮轴调节装置 8.导向套 9.进气凸轮轴齿形皮带轮。带凸轮轴调节装置 10.螺栓。更换。拧紧力矩50N·m+继续旋转135° 11.O形圈。必须更换 12.密封螺栓。拧紧力矩20N·m 13.间距套 14.导向轮 15.螺栓。拧紧力矩40N·m 16.正时齿形皮带轮。正时齿形皮带轮和曲轴皮带轮之间表面上不允许有油脂。只有一个安装位置

图 5-136

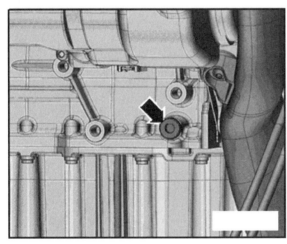

图 5-137

（二）拆卸和安装正时齿形皮带

1. 所需要的专用工具和维修设备

（1）定位扳手 T10172 或 CT10172 以及适配器 T10172/2 或 CT10172/2，如图 5-138 所示。

（3）定位销 T10340 或 CT10340，如图 5-140 所示。

T10340

图 5-140

（4）固定工具 CT80009，如图 5-141 所示。

（5）凸轮轴固定工具 T10494 或 CT10494，如图

CT80009

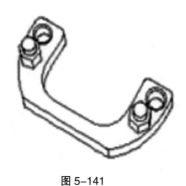

图 5-141

5-142 所示。

T10494

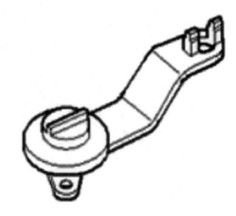

图 5-142

（6）30mm 特殊扳手 T10499 或 CT10499，如图 5-143 所示。

T10499

图 5-143

（7）扭力扳手（5 ~ 60N·m）Hazet 6290-1 CT

或 V.A.G 1331，如图 5-144 所示。

Hazet 6290-1 CT

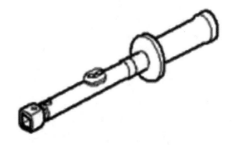

图 5-144

（8）扭力扳手（40 ~ 200N·m）Hazet 6292-1 CT 或 V.A.G 1332，如图 5-145 所示。

Hazet 6292-1 CT

图 5-145

（9）棘轮头 Hazet 6403-1，如图 5-146 所示。

Hazet 6403-1

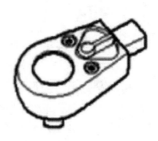

图 5-146

（10）棘轮头 Hazet 6404-1，如图 5-147 所示。

Hazet 6404-1

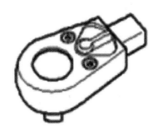

图 5-147

（11）角度盘 Hazet 6690 或 V.A.G1756，如图 5-148 所示。

Hazet 6690

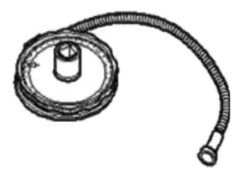

图 5-148

（12）13mm 特殊环形扳手 T10500 或 CT10500，如图 5-149 所示。

T10500

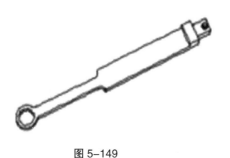

图 5-149

（13）固定工具 CT80012，如图 5-150 所示。

CT80012

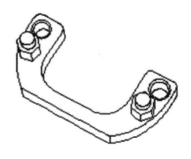

图 5-150

（14）内十二角套筒扳手 Hazet 900Z-21，如图 5-151 所示。

Hazet 900Z-21

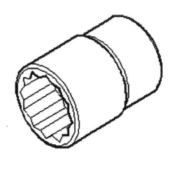

图 5-151

2. 拆卸

（1）拆卸空气滤清器壳体。

（2）拆卸隔音板。

（3）拆卸下部正时齿形皮带护罩。

（4）从凸轮轴上取下正时齿形皮带。提示：颠倒已使用过的正时齿形皮带的运行方向，可能会造成损坏。在拆卸正时齿形皮带之前，先用粉笔或记号笔标记运转方向，以便重新安装。

（5）使用 30mm 特殊扳手 CT10499 或 T10499 A 固定偏心轮上的张紧轮（如图 5-152 中 2），松开螺栓（如图 5-152 中 1）。提示：因剧烈弯曲导致齿形皮带有损毁危险。齿形皮带是用纤维制成的，在剧烈弯曲时会损坏。切勿以小于 r=25mm 的半径弯折齿形皮带。

（6）正时齿形皮带的弯曲半径。正时齿形皮带（如图 5-153 中 2）的弯曲半径（如图 5-153 中 r）不得低

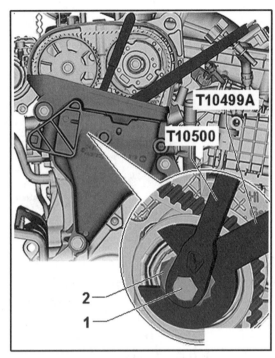

图 5-152

图 5-154

3. 安装

提示：更换采用角度控制方式拧紧的螺栓（如拧紧要求为 30N·m+ 继续旋转 90°）。

（1）凸轮轴和 1 缸活塞位于"上止点"位置。注意：凸轮轴固定工具 CT10494 或 T10494 此时安装在凸轮轴箱体上。禁止将凸轮轴固定工具 CT10494 或 T10494 作为固定支架使用。提示：在安装凸轮轴调节器之前，请注意将导向套插到凸轮轴中。

（2）更换凸轮轴齿形皮带轮螺栓（如图 5-155 中 1、2），并将其拧入，但不要拧得很紧。凸轮轴皮带轮必须还能在凸轮轴上转动，但是不允许倾斜。

于 25mm，大约为曲轴齿轮（如图 5-153 中 1）的一半直径。提示：正时齿形皮带与凸轮轴皮带轮、曲轴正时齿形皮带轮、张紧轮和导向轮等的接触点必须无机油。

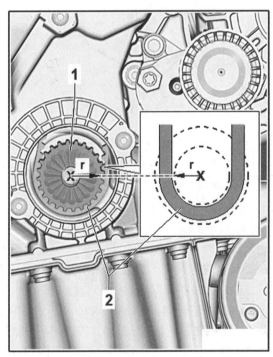

图 5-153

（7）取下正时齿形皮带。

（8）沿箭头（如图 5-154 中箭头）方向取下正时齿形皮带轮（如图 5-154 中 1）。

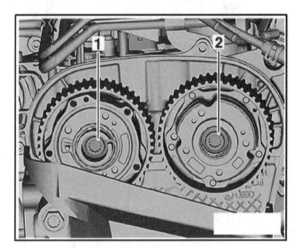

图 5-155

检查张紧轮的凸耳（如图 5-156 中箭头）是否啮合在气缸盖的铸造孔上。

（3）将正时齿形皮带轮装到曲轴上。必须保证曲轴皮带轮和正时齿形皮带轮的接触面无油脂。正时齿形皮带轮铣切面（如图 5-157 中箭头）必须放在曲轴铣削切面上。

（4）安装齿形皮带时注意安装顺序：如果安装旧的正时齿形皮带，注意运行方向箭头。将正时齿形皮

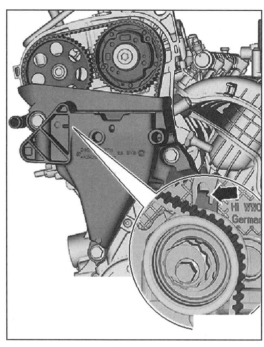

图 5-156

图 5-157

带（如图 5-158 中 1）安装到大导向轮（如图 5-158 中 2）和小导向轮上。提示：小导向轮没有在图中体现。

图 5-158

（5）向上拉齿形皮带，并置于大导向轮（如图 5-159 中 1）、张紧轮（如图 5-159 中 2）、排气凸轮轴齿形皮带轮（如图 5-159 中 3）和进气凸轮轴齿形皮带轮（如图 5-159 中 4）上。

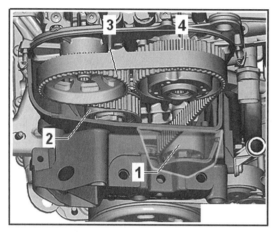

图 5-159

（6）沿如图 5-160 中箭头方向转动 30mm 特殊扳手 CT10499 或 T10499（即转动张紧轮偏心轮，如图 5-160 中 2），直到设置指示针（如图 5-160 中 3）位于设置窗右侧 10 mm 处。回转偏心轮，直到指示针正好位于设置窗口内。使用 13mm 特殊环形扳手 CT10500 或 T10500 将偏心轮保持在该位置，拧紧螺栓（如图 5-160 中 1）至额定要求。提示：发动机转动或运行后，指示针（如图 5-160 中 3）位置和设置窗口之间的距离可能会出现细小差异，这对齿形皮带张紧并没有影响。

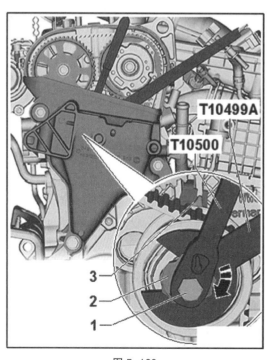

图 5-160

（7）按照要求分两步拧紧进气侧和排气侧凸轮轴调节器的螺栓（如图5-161中1、2）至规定力矩。提示：只有发动机配气相位检查正常时，才能用最终拧紧力矩拧紧紧固螺栓，即进一步拧紧规定的角度。

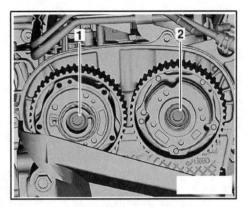

图 5-161

（8）安装下部正时齿形皮带护罩（如图5-162中箭头）螺栓。

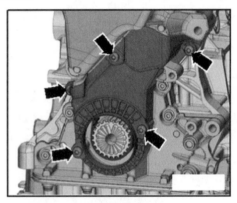

图 5-162

（9）安装曲轴皮带轮。

（10）调整正时。

（11）其余的安装以拆卸的相反顺序进行。

（三）检查正时

1.所需要的专用工具和维修设备

（1）扭力扳手 Hazet 6290-1 CT 或 V.A.G1331，如图5-163所示。

Hazet 6290-1 CT

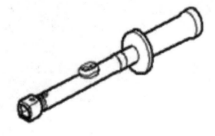

图 5-163

（2）扳手 3415 或 S3415，如图5-164所示。

3415

图 5-164

（3）定位销 T10340 或 CT10340，如图5-165所示。

T10340

图 5-165

（4）固定工具 CT80009，如图5-166所示。

CT80009

图 5-166

（5）凸轮轴固定工具 T10494，如图5-167所示。

（6）扭力扳手（100~400N·m）Hazet 6294-1

T10494

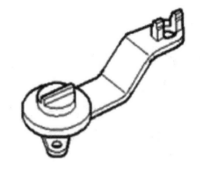

图 5-167

CT，如图 5-168 所示。

Hazet 6294-1 CT

图 5-168

（7）固定工具 CT80012，如图 5-169 所示。

CT80012

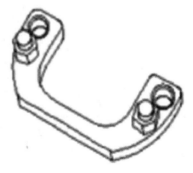

图 5-169

（8）棘轮头 Hazet 6404-1，如图 5-170 所示。
（9）棘轮头 Hazet 6403-1，如图 5-171 所示。

Hazet 6404-1

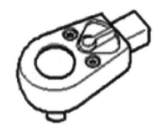

图 5-170

Hazet 6403-1

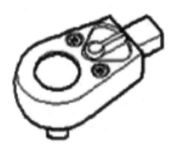

图 5-171

（10）内十二角套筒扳手 Hazet 900Z-21，如图 5-172 所示。

Hazet 900Z-21

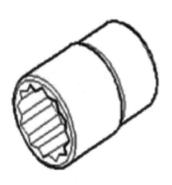

图 5-172

2.拆卸

（1）沿如图5-173中箭头A方向上提发动机罩盖（如图5-173中1），并沿如图5-173中箭头B方向拆下，适用于Lamando 2015、Touran L 2016、Lamando2019。

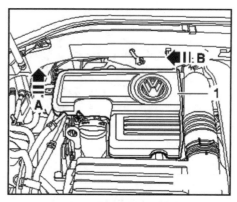

图5-173

（2）松开弹簧卡箍（如图5-174中1、2），拆下空气导管。

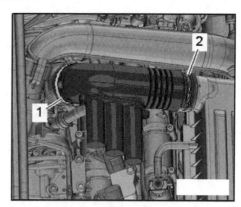

图5-174

（3）脱开固定在进气导管上的真空管。拔下电气插头连接（如图5-175中1）。

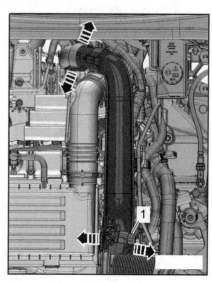

图5-175

（4）拔下连接插头（如图5-176中1），旋出进气导管的固定螺栓（如图5-176中箭头）取下进气导管，适用于DJR/DJS发动机的车型。沿如图5-176中箭头方向松开锁止件，取下进气导管。

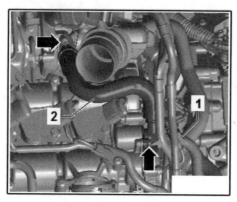

图5-176

（5）按压开锁按钮，拔下活性炭罐电磁阀连接管（如图5-177中1）。旋出螺栓（如图5-177中箭头），取下曲轴箱通风管。

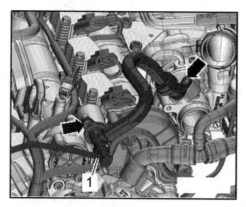

图5-177

（6）旋出螺栓（如图5-178中箭头），脱开车厢蒸发器后的冷却液管，适用于Lavida、Tiguan2013。拆卸废气涡轮增压器的管接头。

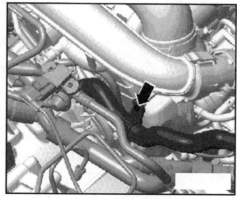

图5-178

（7）脱开线束固定卡子（如图5-179中箭头）。

旋出螺栓（如图5-179中1、3），取下冷却液泵正时齿形皮带盖罩（如图5-179中2）。

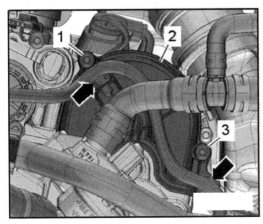

图5-179

（8）旋出螺栓（如图5-180中箭头），拆下进气凸轮轴密封盖（如图5-180中1）。

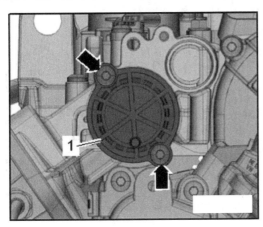

图5-180

（9）将1缸活塞调整至"上止点"位置。拆卸火花塞。将千分表适配器T10170或T10170A拧入火花塞中。将延长件T10170/1或T10170A/1尽可能地插入千分表V/35.1，并使用自锁螺母（如图5-181中箭头）

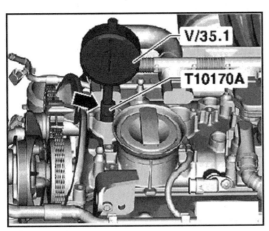

图5-181

将其固定到位。缓慢地以发动机工作时曲轴运转方向旋转曲轴，直至千分表V/35.1指针达到最大偏转位置。一旦指针达到最大偏转位置（若继续转动曲轴，千分表将以相反的方向回转），活塞则处于"1缸上止点"。

（10）使用扳手3415或S3415和固定工具CT80009转动曲轴，状态1，如图5-182所示。

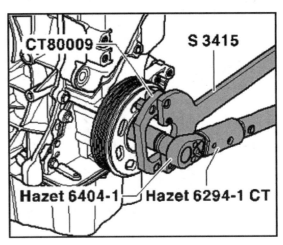

图5-182

（11）使用扳手S3415或3415和固定工具CT80012转动曲轴，状态2，如图5-183所示。

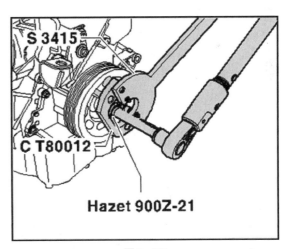

图5-183

（12）此时需要检查飞轮侧凸轮轴的状态是否满足下述要求。将凸轮轴置于"上止点"位置。如图5-184所示，A为排气侧，E为进气侧。变速器侧的两个凸轮轴上，每个凸轮轴上各有两个不对称的槽（如图5-184中箭头）。在排气凸轮轴上，可以通过冷却液泵齿形皮带轮上的孔看到凸轮轴上两个不对称的槽（如图5-184中箭头）。在进气凸轮轴上，凹槽（如图5-184中箭头）位于凸轮轴中部上方。

（13）凸轮轴位置不在描述位置时，继续转动曲轴，直至到达"上止点"位置要求。旋出气缸体上止

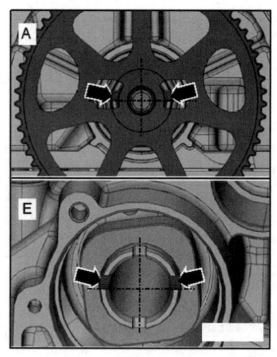

图 5-184

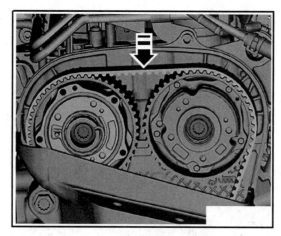

图 5-186

点孔锁定螺栓。将凸轮轴固定工具 CT10494 或 T10494 旋入至极限位置，并以 30N·m 的力矩拧紧，将曲轴沿发动机工作时的运转方向转至极限位置，此时定位销与曲轴臂充分接触。提示：此时定位销 CT10340 或 T10340 应该可以完全旋入至缸体。

（14）将凸轮轴固定工具 CT10494 或 T10494 安装至凸轮轴上。提示：凸轮轴固定工具 CT10494 或 T10494 必须能很容易放入安装位置。不能使用其他工具敲击凸轮轴固定工具，以使其能安装到位。如果凸轮轴固定工具 CT10494 或 T10494 不能很容易地放入安装位置，如图 5-185 所示。

（16）同时将凸轮轴固定工具 CT10494 或 T10494 插入凸轮轴内，直至止动位置。用手拧紧螺栓（如图 5-187 中箭头）。

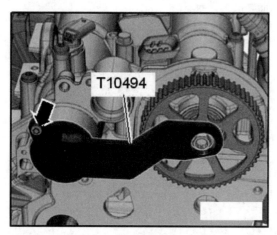

图 5-187

（17）如果无法插入凸轮轴固定工具 CT10494 或 T10494：取下凸轮轴上的正时齿形皮带。调整正时。

（18）如果可以插入凸轮轴固定工具 CT10494 或 T10494：正时正常。当心：发动机有损坏的危险。结束工作之前检查是否已经取下定位销 CT10340 或 T10340 和凸轮轴固定工具 CT10494 或 T10494。

（19）其余的安装以拆卸的相反顺序进行。

提示：

① 更换采用角度控制方式拧紧的螺栓（如拧紧要求为 30N·m+ 继续旋转 90°）。

②锁定螺栓和 O 形圈损坏时须及时更换。

四、车型

上汽大众途铠 1.5 L（1.5L DMBA），2019—2022 年。

上汽大众 POLO Plus 1.5 L（1.5L DMBA），2019—2021 年。

上汽大众朗逸 1.5 L（1.5L DMBA），2021—2022 年。

图 5-185

（15）用手沿箭头（如图 5-186 中箭头）方向按压正时齿形皮带。

（一）拆卸和安装正时齿形皮带

1. 所需要的专用工具和维修设备

（1）定位扳手 CT10172 或 T10172 以及适配器 CT10172/22 或 T10172/2，如图 5-188 所示。

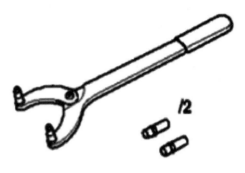

T10172

图 5-188

（2）扳手 S3415 或 3415，如图 5-189 所示。

3415

图 5-189

（3）定位销 CT10340 或 T10340，如图 5-190 所示。

T10340

图 5-190

（4）固定工具 CT80009，如图 5-191 所示。

CT80009

图 5-191

（5）凸轮轴固定工具 CT10477 或 T10477，如图 5-192 所示。

CT10477

图 5-192

（6）30mm 特殊扳手 CT10499 或 T10499，如图 5-193 所示。

T10499

图 5-193

（7）扭力扳手（5～60N·m）Hazet 6290-1 CT 或 V.A.G 1331，如图 5-194 所示。

Hazet 6290-1 CT

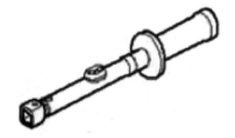

图 5-194

（8）扭力扳手（40 ~ 200N·m）Hazet 6292-1 CT 或 V.A.G 1332，如图 5-195 所示。

Hazet 6292-1 CT

图 5-195

（9）棘轮头 Hazet 6403-1，如图 5-196 所示。

Hazet 6403-1

图 5-196

（10）棘轮头 Hazet 6404-1，如图 5-197 所示。

Hazet 6404-1

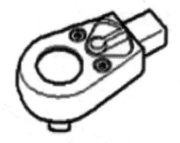

图 5-197

（11）角度盘 Hazet 6690，如图 5-198 所示。

Hazet 6690

图 5-198

（12）13mm 特殊环形扳手 CT10500 或 T10500，如图 5-199 所示。

T10500

图 5-199

（13）内十二角套筒扳手 Hazet 900Z-21，如图 5-200 所示。

Hazet 900Z-21

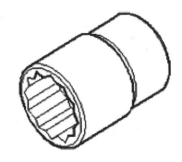

图 5-200

2.拆卸

（1）拆卸空气滤清器壳体。

（2）拆卸隔音板。

（3）拆卸下部正时齿形皮带护罩。

（4）从凸轮轴上取下正时齿形皮带。提示：颠倒已使用过的正时齿形皮带的运行方向，可能会造成损坏。在拆卸正时齿形皮带之前，先用粉笔或记号笔标记运转方向，以便重新安装。

（5）使用 30mm 特殊扳手 CT10499 或 T10499 A 固定偏心轮上的张紧轮（如图 5-201 中 2），松开螺栓（如图 5-201 中 1）。提示：因剧烈弯曲导致齿形皮带有损毁的危险。齿形皮带是用纤维制成的，在剧烈弯曲时会损坏。切勿以小于 r=25mm 的半径弯折齿形皮带。

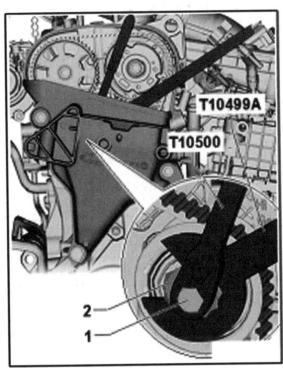

图 5-201

（6）正时齿形皮带的弯曲半径：正时齿形皮带（如图 5-202 中 2）的弯曲半径（如图 5-202 中 r）不得低于 25mm ，大约为曲轴齿轮（如图 5-202 中 1）的一半直径。提示：正时齿形皮带与凸轮轴皮带轮、曲轴正时齿形皮带轮、张紧轮和导向轮等的接触点必须无机油。

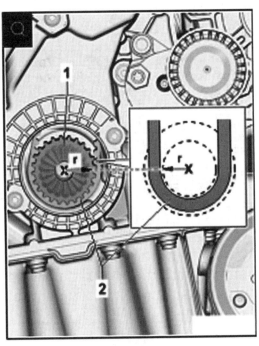

图 5-202

（7）取下正时齿形皮带。

（8）沿如图 5-203 中箭头方向取下正时齿形皮带轮（如图 5-203 中 1）。

图 5-203

3.安装

提示：更换采用角度控制方式拧紧的螺栓（如拧紧要求为 30N·m+ 继续旋转 90°）。

（1）凸轮轴和 1 缸活塞位于"上止点"位置。注意：凸轮轴固定工具 CT10477 此时安装在凸轮轴箱体上。禁止将凸轮轴固定工具CT10477作为固定支架使用。提示：在安装凸轮轴调节器之前，请注意将导向套插到凸轮轴中。

（2）更换凸轮轴齿形皮带轮螺栓（如图5-204中1、2），并将其拧入，但不要拧得很紧。

图 5-204

凸轮轴皮带轮必须还能在凸轮轴上转动，但是不允许倾斜。检查张紧轮的凸耳（如图5-205中箭头）是否啮合在气缸盖的铸造孔上。

图 5-205

（3）将齿形皮带轮装到曲轴上：必须保证曲轴皮带轮和正时齿形皮带轮的接触面无油脂。正时齿形皮带轮铣切面（如图5-206中箭头）必须放在曲轴铣削切面上。

（4）安装齿形皮带时注意安装顺序：如果安装旧

图 5-206

的正时齿形皮带，注意运行方向箭头。将正时齿形皮带（如图5-207中1）安装到大导向轮（如图5-207中2）和小导向轮上。提示：小导向轮没在图中体现。

图 5-207

（5）向上拉齿形皮带，并置于大导向轮（如图5-208中1）、张紧轮（如图5-208中2）、排气凸轮轴齿形皮带轮（如图5-208中3）和进气凸轮轴齿形皮带轮（如图5-208中4）上。

图 5-208

（6）沿如图 5-209 中箭头方向转动 30mm 特殊扳手 CT10499 或 T10499，即转动张紧轮偏心轮（如图 5-209 中 2），直到设置指示针（如图 5-209 中 3）位于设置窗右侧 10mm 处。回转偏心轮，直到指示针正好位于设置窗口内。使用 13mm 特殊环形扳手 CT10500 或 T10500 将偏心轮保持在该位置，拧紧螺栓（如图 5-209 中 1）至额定要求。提示：发动机转动或运行后，指示针（如图 5-209 中 3）位置和设置窗口之间的距离可能会出现细小差异，这对齿形皮带张紧并没有影响。

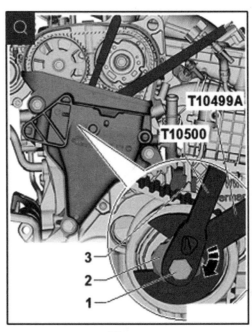

图 5-209

（7）按照要求分两步拧紧进气侧和排气侧凸轮轴调节器的螺栓（如图 5-210 中 1、2）至规定力矩。提示：只有发动机正时检查正常时，才能用最终拧紧力矩拧紧紧固螺栓，即进一步拧紧规定的角度。

图 5-210

（8）安装下部正时齿形皮带护罩（如图 5-211 中

箭头）螺栓。

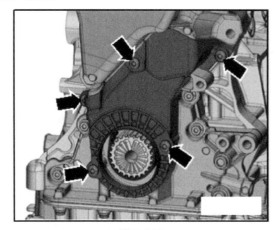

图 5-211

（9）安装曲轴皮带轮。

（10）调整正时。

（11）其余的安装以拆卸的相反顺序进行，安装过程中要注意加注冷却液。

（二）检查正时

1. 所需要的专用工具和维修设备

（1）扭力扳手（5～60N·m）Hazet 6290-1 CT 或 V.A.G 1331，如图 5-212 所示。

Hazet 6290-1 CT

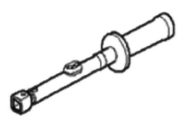

图 5-212

（2）扳手 S3415 或 3415，如图 5-213 所示。

S3415

图 5-213

（3）定位销 CT10340 或 T10340，如图 5-214 所示。

T10340

图 5-214

（4）固定工具 CT80009，如图 5-215 所示。

CT80009

图 5-215

（5）凸轮轴固定工具 CT10477 或 T10477，如图 5-216 所示。

CT10477

图 5-216

（6）扭力扳手 Hazet6294-1 CT，如图 5-217 所示。

（7）内十二角套筒扳手 Hazet 900Z-21，如图 5-218 所示。

（8）棘轮头 Hazet 6404-1，如图 5-219 所示。

Hazet 6294-1 CT

图 5-217

Hazet 900Z-21

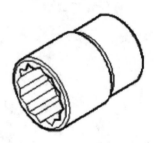

图 5-218

Hazet 6404-1

图 5-219

（9）棘轮头 Hazet 6403-1，如图 5-220 所示。

Hazet 6403-1

图 5-220

2. 拆卸

（1）拆卸空气滤清器壳体。

（2）脱开线束固定卡子（如图 5-221 中箭头）。旋出螺栓（如图 5-221 中 1、3），取下冷却液泵正时齿形皮带盖罩（如图 5-221 中 2）。

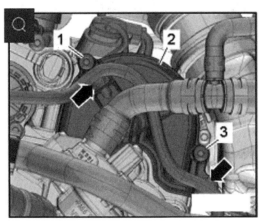

图 5-221

（3）旋出螺栓（如图 5-222 中箭头），拆下进气凸轮轴密封盖（如图 5-222 中 1），适用于 DLW/DLX 发动机的车型。

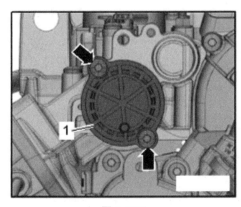

图 5-222

（4）旋出螺栓（如图 5-223 中箭头），拆下进气凸轮轴密封盖（如图 5-223 中 1），适用于 DMB/DLF/

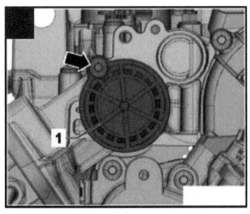

图 5-223

DNC 发动机的车型。排放冷却液。

（5）松开弹簧卡箍，拔下软管（如图 5-224 中 1、2）。旋出螺栓（如图 5-224 中 A~D），将节温器盖罩（如图 5-224 中 3）放置一旁。

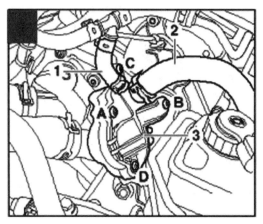

图 5-224

（6）将 1 缸活塞调整至"上止点"位置，适用于 DLW/DLX 发动机的车型。拆卸火花塞。将千分表适配器 T10170 或 T10170A 拧入火花塞中。将延长件 T10170/1 或 T10170A/1 尽可能地插入千分表 V/35.1，并使用自锁螺母（如图 5-225 中箭头）将其固定到位。缓慢地以发动机工作时曲轴运转方向旋转曲轴，直至千分表 V/35.1 指针达到最大偏转位置。一旦指针达到最大偏转位置（若继续转动曲轴，千分表将以相反的方向回转），活塞则处于"1 缸上止点"。

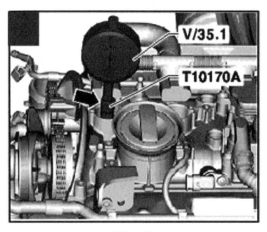

图 5-225

（7）将 1 缸活塞调整至"上止点"位置，适用于 DMB/DLF/DNC 发动机的车型。拆卸火花塞。将千分表适配器 T10170B 拧入火花塞中。将延长件 T10170B/1 尽可能地插入千分表 V/35.1，并使用自锁螺母（如图 5-226 中箭头）将其固定到位。缓慢地以发动机工作时曲轴运转方向旋转曲轴，直至千分表 V/35.1 指针达到最大偏转位置。一旦指针达到最大偏转位置（若继续转动曲轴，千分表将以相反的方向回转），活塞则处于"1缸上止点"。提示：使用扳手3415或S 3415和固定工具CT80009转动曲轴，如图5-227所示。

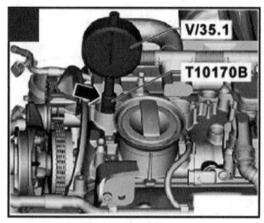

图 5-226

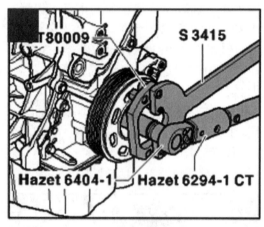

图 5-227

（8）此时需要检查飞轮侧凸轮轴的状态是否满足下述要求。将凸轮轴置于"上止点"位置。如图5-228所示，A为排气侧，E为进气侧。变速箱侧的两个凸轮轴上，每个凸轮轴上各有两个不对称的槽（如图5-228中箭头）。在排气凸轮轴上，可以通过冷却液泵齿形皮带轮上的孔看到凸轮轴上两个不对称的槽（如图5-228中箭头）在进气凸轮轴上，凹槽（如图5-228中箭头）位于凸轮轴中部上方。凸轮轴位置不在描述位置时，继续转动曲轴，直至到达"上止点"位置要求。旋出气缸体上止点孔锁定螺栓。将定位销CT10340或T10340旋入至极限位置，并以30N·m的力矩拧紧，将曲轴沿发动机工作时的运转方向转至极限位置，此时定位销与曲轴臂充分接触。提示：此时定位销CT10340或T10340应该可以完全旋入至缸体。

（9）将凸轮轴固定工具CT10477或T10477安装至凸轮轴上。提示：凸轮轴固定工具CT10477或

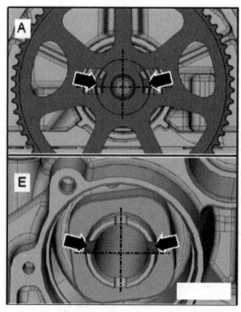

图 5-228

T10477必须能很容易放入安装位置。不能使用其他工具敲击凸轮轴固定工具，以使其能安装到位。如果凸轮轴固定工具CT10477或T10477不能很容易地放入安装位置，如图5-229所示。

图 5-229

（10）用手沿如图5-230中箭头方向按压正时齿形皮带。

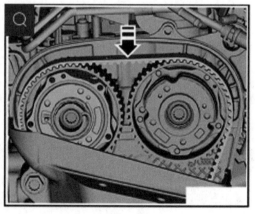

图 5-230

（11）同时将凸轮轴固定工具 CT10477 或 T10477 插入凸轮轴内，直至止动位置。用手拧紧螺栓（如图 5-231 中箭头）。

图 5-231

如果无法插入凸轮轴固定工具 CT10477 或 T10477：取下凸轮轴上的正时齿形皮带；调整正时。如果可以插入凸轮轴固定工具 CT10477 或 T10477：正时正常。当心：发动机有损坏的危险。结束工作之前检查是否已经取下定位销 CT10340 或 T10340 和凸轮轴固定工具 CT10477 或 T10477。

（12）其余的安装以拆卸的相反顺序进行。

提示：

①更换采用角度控制方式拧紧的螺栓，如拧紧要求为 30N·m+ 继续旋转 90°。

②锁定螺栓和 O 形圈损坏时须及时更换。

（13）加注冷却液。

（14）安装空气滤清器壳体。

五、车型

上汽大众帕萨特 330TSI（2.0T DPLA），2020—2022 年。

上汽大众途岳 330TSI（2.0T DPLA），2021 年。

上汽大众途观 L 330TSI（2.0T DPLA），2020—2022 年。

上汽大众途观 X 330TSI（2.0T DPLA），2021—2022 年。

上汽大众途昂 330TSI（2.0T DPLA），2020—2021 年。

上汽大众途昂 330TSI X（2.0T DPLA），2020—2021 年。

上汽大众威然 330TSI（2.0T DPLA），2020 年。

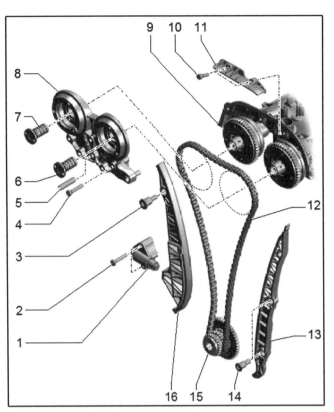

1.链条张紧器：处于弹簧压力下。在拆卸之前用锁止工具 CT80014 或锁止工具 CT40267 定位 2.螺栓。必须更换。拧紧力矩 4N·m +继续旋转90° 3.导向螺栓。拧紧力矩 20N·m 4.螺栓。必须更换 5.张紧套。与紧固螺栓一同拉入气缸中 6.控制阀。左旋螺纹。拧紧力矩 35N·m，用正时调节装配工具 CT80028 进行拆卸 7.控制阀。左旋螺纹。拧紧力矩 35N·m。用正时调节装配工具 CT80028 进行拆卸 8.轴承座 9.气缸盖罩 10.螺栓。拧紧力矩 9N·m 11.凸轮轴正时链上部导轨 12.凸轮轴正时链。拆卸前用彩色笔标记转动方向 13.凸轮轴正时链导轨 14.导向螺栓。拧紧力矩 20N·m 15.曲轴链轮 16.凸轮轴正时链导轨

图 5-232

（一）凸轮轴正时链装配概览（如图 5-232 所示）

曲轴链轮安装位置

两个齿轮上的标记（如图 5-233 中箭头）必须对准。

图 5-233

（二）拆卸和安装凸轮轴正时链

1.所需要的专用工具和维修设备

（1）拉杆 T40243 或 CT 40243，如图 5-234 所示。

T40243

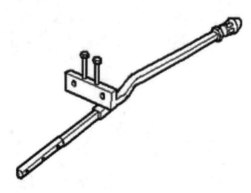

图 5-234

（2）止动工具 T10355 或 CT10355，如图 5-235 所示。

T 10355

图 5-235

（3）装配工具 T10352/2 或 CT 10352/2，如图 5-236 所示。

CT 10352/2

图 5-236

（4）凸轮轴锁止工具 T40271 或 CT40271，如图

5-237 所示。

T40271

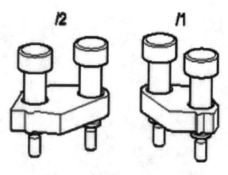

图 5-237

（5）凸轮轴位置调整工具 CT40266 B 或 T40266 B，如图 5-238 所示。

CT 40266 B

图 5-238

（6）装配工具 T10531 或 CT10531，如图 5-239 所示。

T10531

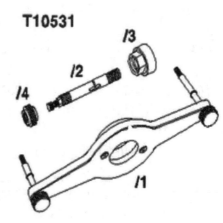

图 5-239

（7）扭力扳手（5～60N·m）Hazet 6290-1 CT 或 V.A.G 1331，如图 5-240 所示。

414

Hazet 6290-1 CT

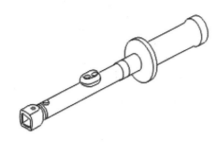

图 5-240

（8）转换接头 Hazet 958-2，如图 5-241 所示。

Hazet 958-2

图 5-241

（9）棘轮头 Hazet 6403-1，如图 5-242 所示。

Hazet 6403-1

图 5-242

（10）锁止工具 T40267 或 CT40267，如图 5-243 所示。

（11）棘轮头 Hazet 6402-1，如图 5-244 所示。

（12）角度盘 Hazet 6690，如图 5-245 所示。

T40267

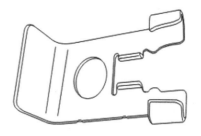

图 5-243

Hazet 6402-1

图 5-244

Hazet 6690

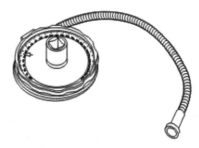

图 5-245

（13）锁止工具 CT80014，如图 5-246 所示。

CT80014

图 5-246

2. 拆卸

（1）排空发动机机油。

（2）拆卸发动机支撑件。

（3）拆卸正时链上部盖板。

（4）使用止动工具 T10355 或 CT10355 将皮带盘旋转到"1 缸上止点"位置。凸轮轴链轮上的标记（如图 5-247 中 1）必须与气缸盖上的标记（如图 5-247 中 2、3）对齐。皮带盘上的切口必须对准正时链下部盖板上的箭头标记（如图 5-247 中箭头），约为 4 点钟方向。

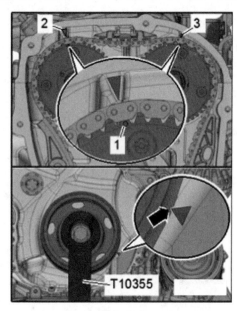

图 5-247

（5）使用正时调节装配工具 CT80028 沿如图 5-248 中箭头方向拆下进/排气凸轮轴控制阀。提示：控制阀是左旋螺纹。

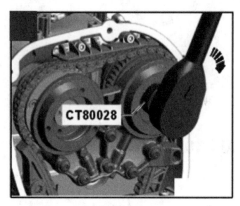

图 5-248

（6）旋出螺栓（如图 5-249 中 1~6），取下轴承座。拆卸皮带盘。拆卸正时链下部盖板。

（7）旋出螺栓（如图 5-250 中箭头）。

（8）安装拉杆 T40243 或 CT40243，拧紧螺栓（如图 5-251 中箭头）。按压链条张紧器卡簧（如图 5-251

图 5-249

图 5-250

中 1）并保持，使其直径增大。缓慢沿如图 5-251 中箭头方向推动拉杆 T40243 或 CT 40243，并保持该位置。

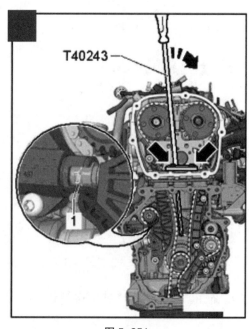

图 5-251

（9）状态 1，使用锁止工具 T40267 或 CT40267

416

锁定链条张紧器，如图 5-252 所示。

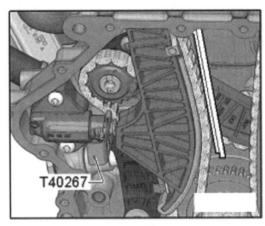

图 5-252

（10）状态 2，使用锁止工具 CT80014 锁定链条张紧器，如图 5-253 所示。拆下拉杆 T40243 或 CT40243。

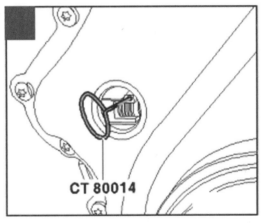

图 5-253

（11）将凸轮轴锁止工具 T40271 72 或 CT 40271 72 用螺栓固定至气缸盖，并沿如图 5-254 中箭头 2 方向按压，使其上齿能够与进气凸轮轴链轮齿啮合。如有必要，可使用凸轮轴位置调整工具 CT40266 B 或

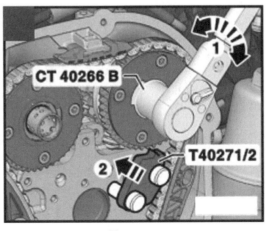

图 5-254

T40266 B 沿如图 5-254 中箭头 1 方向稍微旋转进气凸轮轴。

（12）沿如图 5-255 中箭头 A 方向把持住排气凸轮轴，旋出导向螺栓（如图 5-255 中 1），拆下凸轮轴正时链导轨（如图 5-255 中 2）。将凸轮轴锁止工具 T40271 71 或 CT 40271 71 用螺栓固定至气缸盖，并沿如图 5-255 中箭头 B 方向按压凸轮轴锁止工具 T40271 71 或 CT 40271 /1，使其上齿能够与排气凸轮轴链轮齿啮合（如图 5-255 中箭头 C）。如有必要，可使用凸轮轴位置调整工具 CT40266 B 或 T40266 B 稍微沿如图 5-255 中箭头 A 方向旋转排气凸轮轴。提示：此时，链轮之间的凸轮轴正时链处于松弛状态。

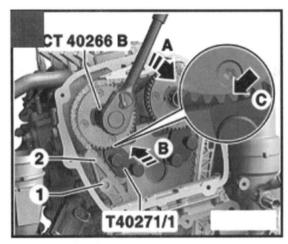

图 5-255

（13）旋出螺栓（如图 5-256 中箭头），取下上部导轨（如图 5-256 中 1）。

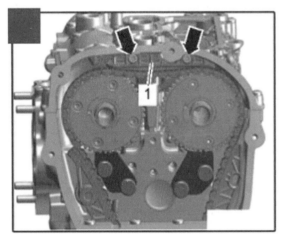

图 5-256

（14）旋出导向螺栓（如图 5-257 中 1），拆下凸轮轴正时链导轨（如图 5-257 中 2）。

（15）按压机油泵链条张紧导轨上的张紧弹簧（如

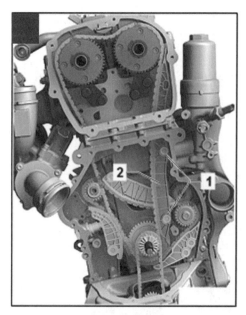

图 5-257

图 5-258 中箭头）。旋出导向螺栓（如图 5-258 中 1），拆下机油泵链条张紧导轨（如图 5-258 中 2）。取下机油泵链条。拆下凸轮轴正时链。

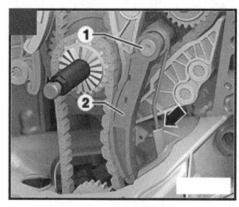

图 5-258

3. 安装

（1）检查曲轴是否位于"1 缸上止点"位置。检查有色链节是否与链轮上的标记对齐（如图 5-259 中

图 5-259

箭头）。

（2）安装凸轮轴正时链时，其有色链节必须分别与凸轮轴链轮、曲轴齿轮标记对准（如图 5-260 中箭头）。将正时链安装在进气凸轮轴上。将正时链安装在排气凸轮轴上。将正时链安装在曲轴上，并保持在该位置。

图 5-260

（3）安装凸轮轴正时链导轨（如图 5-261 中 2），并拧紧导向螺栓（如图 5-261 中 1）。

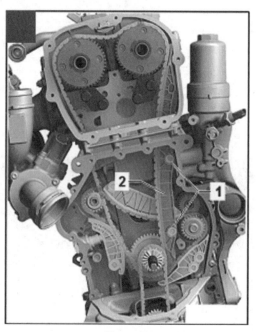

图 5-261

（4）安装上部导轨（如图 5-262 中 1），并拧紧螺栓（如图 5-262 中箭头）。

图 5-262

（5）使用凸轮轴位置调整工具 CT40266 B 或 T40266 B 缓慢地沿如图 5-263 中箭头 A 方向稍微转动排气凸轮轴，直至凸轮轴锁止工具 T40271 71 或 CT 40271 71 可以沿如图 5-263 中箭头 B 方向移出。安装凸轮轴正时链导轨（如图 5-263 中 2），拧紧导向螺栓（如图 5-263 中 3）。当心：安装凸轮辆正时链导轨前，必须检查有色链节是否仍与曲轴齿标记对准。拆下排气凸轮轴锁止工具 T40271 /1 或 CT 40271/1。

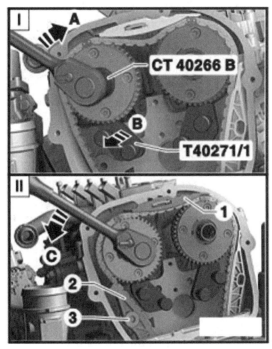

图 5-263

（6）安装机油泵传动链条及其张紧导轨（如图 5-264 中 2），拧紧导向螺栓（如图 5-264 中 1）。将张紧弹簧嵌入上部油底壳的凹槽中（如图 5-264 中箭头）。

（7）沿箭头（如图 5-265 中箭头 2）方向移出凸

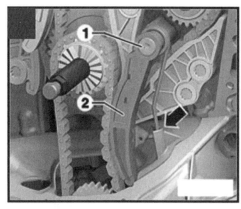

图 5-264

轮轴锁止工具 T40271 72 或 CT 40271/2。如有必要，可使用凸轮轴位置调整工具 CT40266 B 或 T40266 B 沿如图 5-265 中箭头 1 方向稍微旋转进气凸轮轴。拆下凸轮轴锁止工具 T40271 72 或 CT 40271/2。

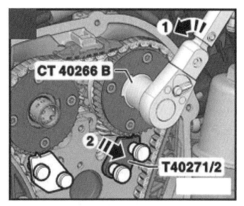

图 5-265

（8）检查有色链节是否与凸轮轴链轮标记、平衡轴链轮标记、曲轴齿轮标记对齐（如图 5-266 中箭头）。

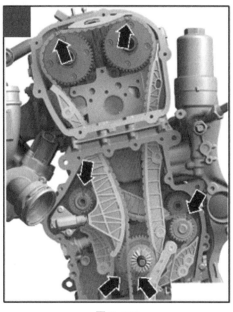

图 5-266

（9）安装拉杆 T40243 或 CT40243，并沿如图 5-267 中箭头方向按压。

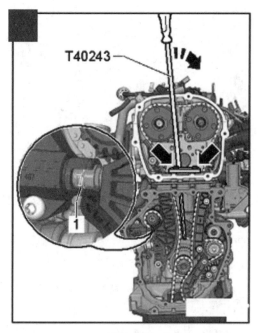

图 5-267

（10）状态 1，拆下锁止工具 T40267 或 CT40267，如图 5-268 所示。

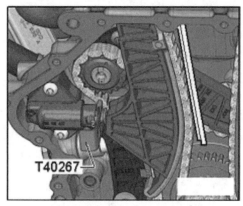

图 5-268

（11）状态 2，拆下锁止工具 CT80014，如图 5-269 所示。

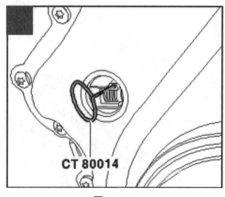

图 5-269

（12）拆下拉杆 T40243 或 CT40243，拧入并拧紧螺栓（如图 5-270 中箭头）。

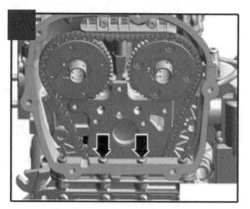

图 5-270

（13）小心地安装轴承座。确保轴承座安装之后没有处于倾斜状态！用手拧紧螺栓（如图 5-271 中箭头）。

图 5-271

（14）以额定要求拧紧轴承座的螺栓（如图 5-272 中箭头）。安装控制阀。安装正时链下部盖板。安装皮带盘。

图 5-272

（15）进一步的安装以拆卸的相反顺序进行，同时注意下列事项：

提示：

由于传动比原因，发动机转动后，有色链节不易与凸轮轴链轮标记对准。因此，必须使用千分表检查气门正时。

①将发动机曲轴沿工作时的运转方向旋转2圈并检查气门正时。

②安装正时链上部盖板。

③安装发动机支撑件。

④加注发动机机油。

⑤维修作业结束后，请对发动机控制单元按如下要求进行自适应学习：控制单元列表；右击发动机电控系统；引导型功能；维修链条传动机构后的调校；执行。

（三）平衡轴正时链装配概览（如图5-273所示）

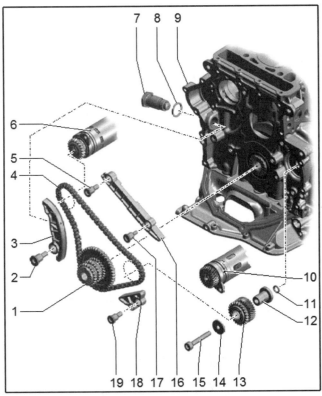

1.曲轴链轮 2.导向螺栓。拧紧力矩20N·m 3.导轨。用于平衡轴正时链 4.平衡轴正时链 5.导向螺栓。拧紧力矩20N·m 6.排气凸轮轴侧的平衡轴。用机油润滑轴承。一旦拆卸须更换 7.链条张紧器。拧紧力矩85N·m 8.O形圈。必须更换。涂抹密封剂D154103A1 9.气缸体 10.进气凸轮轴侧的平衡轴。用机油润滑轴承。一旦拆卸须更换 11.O形圈。用发动机机油润滑 12.轴承销。用发动机机油润滑 13.中间轴齿轮。一旦螺栓被拧松，须更换中间轴齿轮 14.垫片 15.螺栓。一旦螺栓被拧松，须更换中间轴齿轮。必须更换 16.导轨。用于平衡轴正时链 17.导向螺栓：拧紧力矩12N·m 18.导轨。用于平衡轴正时链 19.导向螺栓。拧紧力矩20N·m

图 5-273

1. 轴承销安装位置

（1）更换O形圈（如图5-274中1）并用发动机机油润滑。

（2）轴承销的定位销（如图5-274中箭头）必须插入气缸体的孔中。

（3）安装前用机油润滑轴承销。

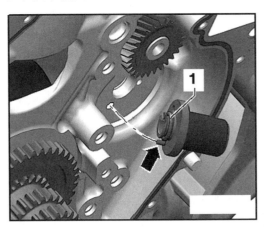

图 5-274

2. 中间轴齿轮安装位置和拧紧顺序

注意：中间轴齿轮必须更换，否则啮合齿间的间隙将无法达到要求，而有损坏发动机的危险，新的中间轴齿轮外部有涂层，当工作一段时间后将会磨损，啮合齿侧的间隙将会自动达到要求。进气凸轮轴侧的平衡轴上的标记必须位于新中间轴齿轮上的标记（如图5-275中箭头）之间。按照下列步骤拧紧新的固定螺栓（如图5-275中1）：

（1）用扭力扳手预紧至10N·m。

（2）旋转中间轴齿轮。中间轴齿轮不允许有间隙，否则须再次松开并重新拧紧。

（3）用扭力扳手拧紧至25N·m。

（4）继续将螺栓旋转90°。

图 5-275

（四）拆卸和安装平衡轴正时链

1. 所需要的专用工具和维修设备

（1）扭力扳手（5～60N·m）Hazet 6290-1 CT 或 V.A.G 1331，如图 5-276 所示。

Hazet 6290-1 CT

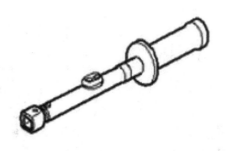

图 5-276

（2）扭力扳手 Hazet 6292-1 CT 或 V.A.G 1332，如图 5-277 所示。

Hazet 6292-1 CT

图 5-277

（3）棘轮头 Hazet 6403-1，如图 5-278 所示。

Hazet 6403-1

图 5-278

（4）棘轮头 Hazet 6404-1，如图 5-279 所示。

Hazet 6404-1

图 5-279

（5）装配工具 CT10531 或 T10531，如图 5-280 所示。

T10531

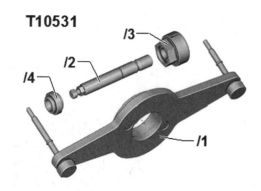

图 5-280

2. 拆卸

（1）拆卸凸轮轴正时链。前提条件：曲轴位于"1 缸上止点"上：曲轴链轮上的 V 形缺口位于凸轮轴链轮之间的中心位置，垂直虚线（如图 5-281 中箭头）中心。使用夹紧销 CT10531/2 或 T10531/2 锁定曲轴链轮。

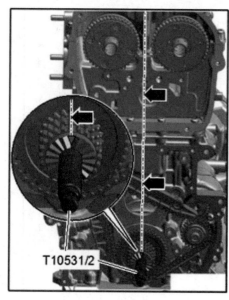

图 5-281

（2）旋出螺栓（如图 5-282 中 4），取下链条张紧器。旋出链条张紧器（如图 5-282 中 3）。

旋出导向螺栓（如图 5-282 中 1、5），拆下导轨（如图 5-282 中 2、6）。取下平衡轴正时链。

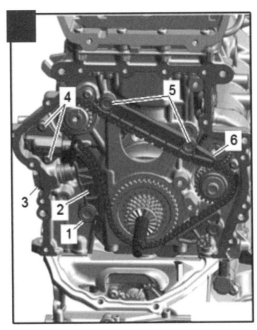

图 5-282

3. 安装

（1）安装以拆卸的相反顺序进行。

前提条件：

① 曲轴位于"1 缸上止点"上：曲轴链轮上的 V 形缺口位于凸轮轴链轮之间的中心位置，垂直虚线（如图 5-283 中箭头）中心。

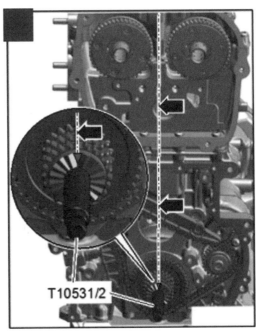

图 5-283

② 使用夹紧销 CT10531/2 或 T10531/2 锁定曲轴链轮。

（2）安装平衡轴正时链，使平衡轴正时链上的有色链节分别对准进 / 排气凸轮轴侧的平衡轴链轮上的标记（如图 5-284 中箭头）。

图 5-284

（3）安装导轨（如图 5-285 中 1），旋入导向螺栓（如图 5-285 中箭头）。

图 5-285

（4）曲轴链轮上的标记必须与平衡轴正时链上的有色链节（如图 5-286 中箭头）对齐。

安装导轨（如图 5-286 中 2），旋入导向螺栓（如图 5-286 中 1）。

（5）拧紧链条张紧器（如图 5-287 中箭头）。

（6）再次检查：平衡轴正时链上的有色链节必须与进 / 排气凸轮轴侧的平衡轴链轮上的标记和曲轴链轮上的标记对齐（如图 5-288 中箭头）。

423

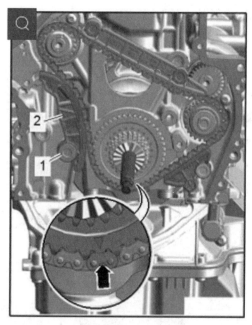

图 5-286

图 5-287

图 5-288

（7）安装凸轮轴正时链。

（五）检查正时

1. 所需要的专用工具和维修设备

（1）千分表 V/35.1，如图 5-289 所示。

图 5-289

（2）千分表适配器 T10170 或 T10170A，如图 5-290 所示。

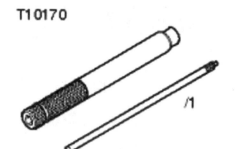

图 5-290

2. 检查正时步骤

（1）拆卸正时链上部盖板。

（2）拆卸发动机舱底部隔音板。

（3）用止动工具 T10355 或 CT10355 缓慢地转动皮带盘直至凸轮轴链轮上的标记（如图 5-291 中 1、2）

图 5-291

接近指向上方。拆卸第 1 缸火花塞。

（4）尽可能地将千分表适配器 T10170 或 T10170A 拧入火花塞中，如图 5-292 所示。将延长件 T10170/1 或 T10170A/1 尽可能地插入千分表 V/35.1，并使用自锁螺母（如图 5-292 中箭头）将其固定到位。缓慢地以发动机工作时曲轴运转方向旋转曲轴，直至千分表 V/35.1 指针达到最大偏转位置。一旦指针达到最大偏转位置（若继续转动曲轴，千分表将以相反的方向回转），活塞则处于"1 缸上止点"。

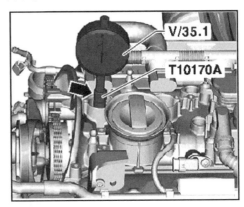

图 5-292

提示：用止动工具 T10355 或 CT10355 缓慢地转动皮带盘。如果曲轴已被旋转至超过"1 缸上止点"，应以发动机工作时的曲轴运转方向转动曲轴 2 圈，禁止以其工作运转的相反方向回转曲轴！

（5）此时曲轴皮带盘以及凸轮轴链轮应当满足如下要求：

皮带盘上的切口必须对准正时链下部盖板上的箭头标记（如图 5-293 中箭头），约为 4 点钟方向。

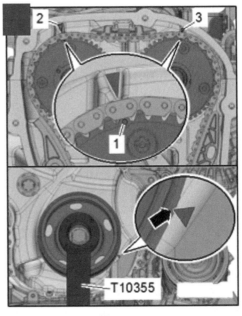

图 5-293

（6）凸轮轴链轮上的标记（如图 5-293 中 1）必须与气缸盖上的标记（如图 5-293 中 2、3）对齐。

六、车型

上汽大众途观 L 380TSI（2.0T DKXA），2020—2022 年。

上汽大众帕萨特 380TSI（2.0T DKXA），2019—2022 年。

上汽大众途观 X 380TSI（2.0T DKXA），2021—2022 年。

上汽大众途昂 380TSI（2.0T DKXA），2020—2021 年。

上汽大众途昂 380TSI X（2.0T DKXA），2020—2021 年。

上汽大众威然 380TSI（2.0T DKXA），2020 年。

（一）凸轮轴正时链装配概览（如图 5-294 所示）

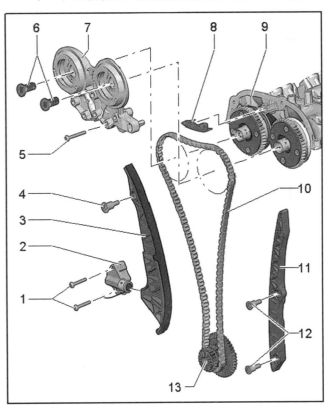

1.螺栓。必须更换。拧紧力矩 4N·m+继续旋转 90° 2.链条张紧器。处于弹簧压力下。在拆卸之前用锁止工具 CT80014 定位 3.凸轮轴正时链导轨 4.导向螺栓。拧紧力矩 20N·m 5.螺栓。必须更换。拧紧力矩 9N·m 6.控制阀。左旋螺纹。拧紧力矩 35N·m。用装配工具 CT10352/2 或 T10352/2 或装配工具 CT80035 进行拆卸 7.轴承座 8.凸轮轴正时链上部导轨 9.气缸盖罩 10.凸轮轴正时链。拆卸前用彩色笔标记转动方向 11.凸轮轴正时链导轨 12.导向螺栓。拧紧力矩 20N·m 13.曲轴链轮：安装位置。

图 5-294

曲轴链轮安装位置

两个齿轮上的标记（如图 5-295 中箭头）必须对准。

425

图 5-295

（二）拆卸和安装凸轮轴正时链

1. 所需要的专用工具和维修设备

（1）拉杆 CT40243 或 T40243，如图 5-296 所示。

T40243

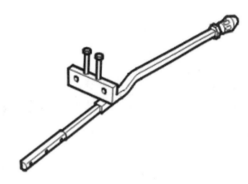

图 5-296

（2）止动工具 CT10355 或 T10355，如图 5-297 所示。

T 10355

图 5-297

（3）装配工具 CT10352/2 或 T10352/2，如图 5-298 所示。

（4）凸轮轴锁止工具 CT40271 或 T40271，如图 5-299 所示。

CT 10352/2

图 5-298

T40271

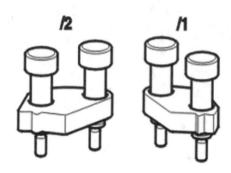

图 5-299

（5）凸轮轴位置调整工具 CT40266 或 T40266，如图 5-300 所示。

CT 40266

图 5-300

（6）装配工具 CT10531 或 T10531，如图 5-301 所示。

（7）扭力扳手（5 ~ 60N·m）Hazet 6290-1CT 或 V.A.G 1331，如图 5-302 所示。

（8）转换接头 Hazet 958-2，如图 5-303 所示。

（9）棘轮头 Hazet 6403-1，如图 5-304 所示。

426

T10531

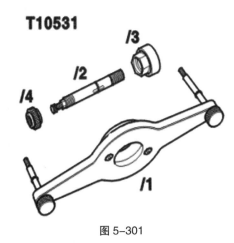

图 5-301

Hazet 6290-1 CT

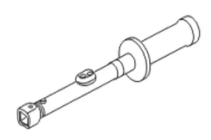

图 5-302

Hazet 958-2

图 5-303

Hazet 6403-1

图 5-304

（10）锁止工具 CT40267 或 T40267，如图 5-305 所示。

T40267

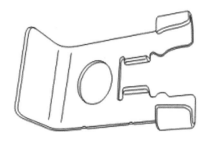

图 5-305

（11）棘轮头 Hazet 6402-1，如图 5-306 所示。

Hazet 6402-1

图 5-306

（12）角度盘 Hazet 6690 或 V.A.G1756，如图 5-307 所示。

Hazet 6690

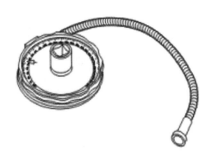

图 5-307

（13）锁止工具 CT80014，如图 5-308 所示。

（14）装配工具 CT80035 拆面，如图 5-309 所示。

2. 拆卸

CT80014

图 5-308

CT80035

图 5-309

（1）排空发动机机油。

（2）拆卸发动机支撑件。

（3）拆卸正时链上部盖板。

（4）使用止动工具 CT10355 或 T10355 将皮带盘旋转到"1 缸上止点"位置。

①凸轮轴链轮上的标记（如图 5-310 中 1）必须与气缸盖上的标记（如图 5-310 中 2、3）对齐。

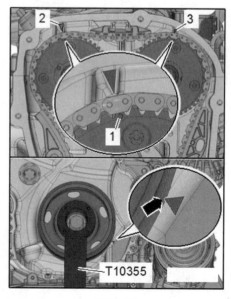

图 5-310

②皮带盘上的切口必须对准正时链下部盖板上的箭头标记（如图 5-310 中箭头），约为 4 点钟方向，状态 1。

（5）使用装配工具 CT10352/2 或 T10352/2 如图 5-311 中箭头方向拆下进 / 排气凸轮轴控制阀，状态 2。

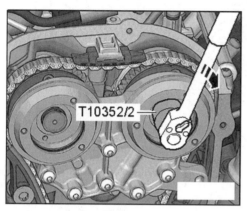

图 5-311

（6）使用装配工具 CT80035 沿如图 5-312 中箭头方向拆下进 / 排气凸轮轴控制阀。提示：控制阀是左旋螺纹。

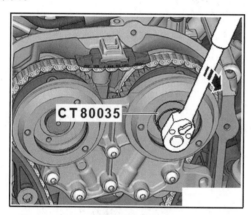

图 5-312

（7）旋出螺栓（如图 5-313 中箭头），取下轴承座。

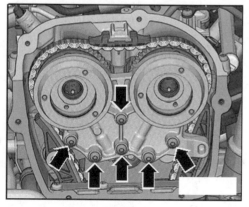

图 5-313

（8）拆卸皮带盘。拆卸正时链下部盖板。旋出螺栓（如图 5-314 中箭头）。

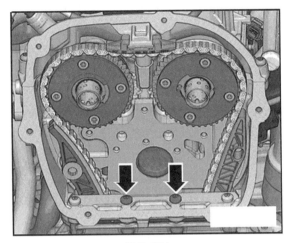

图 5-314

（9）安装拉杆 CT40243 或 T40243，拧紧螺栓（如图 5-315 中箭头）。按压链条张紧器卡簧（如图 5-315 中 1）并保持，使其直径增大。缓慢沿如图 5-315 中箭头方向推动拉杆 CT40243 或 T40243，并保持该位置。

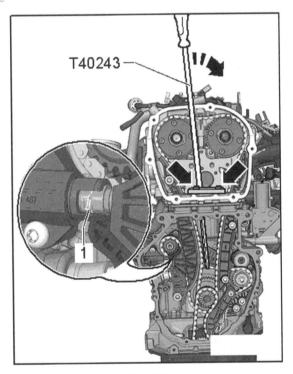

图 5-315

（10）状态 1：使用锁止工具 CT40267 或 T40267 锁定链条张紧器，如图 5-316 所示。

（11）状态 2：使用锁止工具 CT80014 锁定链条张紧器，如图 5-317 所示。拆下拉杆 CT40243 或 T40243。

（12）将凸轮轴锁止工具 CT40271/2 或 T40271/2

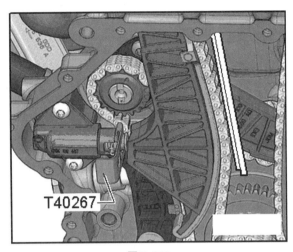

图 5-316

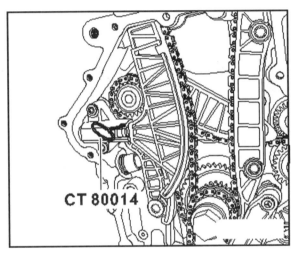

图 5-317

用螺栓固定至气缸盖，并沿如图 5-318 中箭头 2 方向按压，使其上齿能够与进气凸轮轴链轮齿啮合。如有必要，可使用凸轮轴位置调整工具 CT40266 或 T40266 沿如图 5-318 中箭头 1 方向稍微旋转进气凸轮轴。

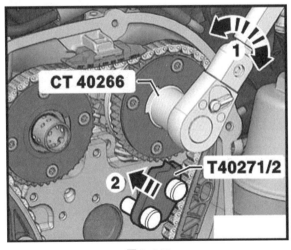

图 5-318

（13）沿如图 5-319 中箭头 A 方向把持住排气凸轮轴，旋出导向螺栓（如图 5-319 中 1），拆下凸轮轴正时链导轨（如图 5-319 中 2）。将凸轮轴锁止工具 CT40271/1 或 T40271/1 用螺栓固定至气缸盖，并沿如图 5-319 中箭头 B 方向按压凸轮轴锁止工具 CT40271/1 或 T40271/1，使其上齿能够与排气凸轮轴链轮齿啮合（如图 5-319 中箭头 C）。如有必要，可使用凸轮轴位置调整工具 CT40266 或 T40266 稍微沿如图 5-319 中箭头 A 方向旋转排气凸轮轴。提示：此时，链轮之间的凸轮轴正时链处于松弛状态。

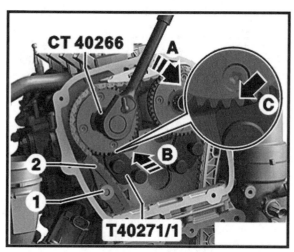

图 5-319

（14）取下上部导轨（如图 5-320 中箭头）。

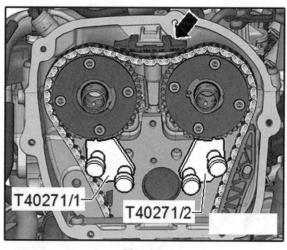

图 5-320

（15）旋出导向螺栓（如图 5-321 中 1），拆下凸轮轴正时链导轨（如图 5-321 中 2）。

（16）按压机油泵链条张紧导轨上的张紧弹簧（如图 5-322 中箭头）。旋出导向螺栓（如图 5-322 中 1），拆下机油泵链条张紧导轨（如图 5-322 中 2）。

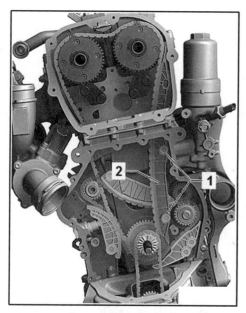

图 5-321

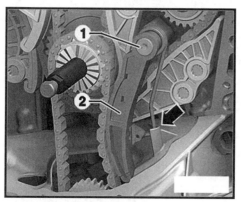

图 5-322

（17）将凸轮轴正时链从凸轮轴链轮上拆下，然后将其放到凸轮轴轴颈上（如图 5-323 中箭头）。

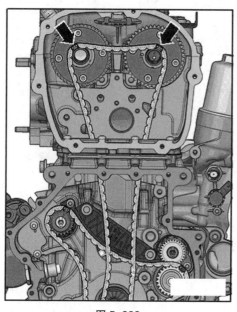

图 5-323

（18）拆下平衡轴正时链的链条张紧器（如图 5-324 中 1）。

图 5-324

（19）旋出导向螺栓（如图 5-325 中 3），拆下导轨（如图 5-325 中 1、2）。

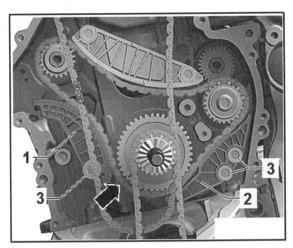

图 5-325

（20）松开张紧螺栓（如图 5-326 中 A），旋出夹紧销 CT10531/2 或 T10531/2（如图 5-326 中 B）。

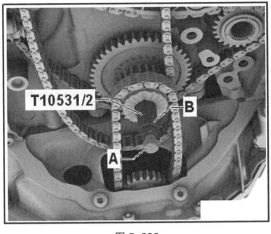

图 5-326

取下机油泵链条，拆下曲轴链轮。拆下凸轮轴正时链。

3. 安装

（1）检查曲轴是否位于"1 缸上止点"位置。提示：曲轴平面部分（如图 5-327 中箭头）必须水平。用彩色笔在气缸体上做出标记（如图 5-327 中 1）。

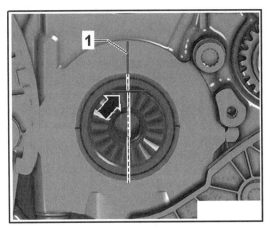

图 5-327

（2）使用彩色笔在凸轮轴链轮标记（如图 5-328 中 2）对应的齿上做出标记（如图 5-328 中 1）。

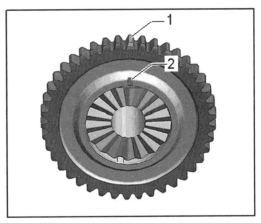

图 5-328

（3）旋转中间链轮和进气凸轮轴的平衡轴，使进气凸轮轴的平衡轴上的标记位于中间链轮上的标记之

图 5-329

431

间（如图 5-329 中箭头），不要松开螺栓（如图 5-329 中 1）。提示：平衡轴正时链上的有色链节必须对准进 / 排气凸轮轴侧的平衡轴链轮上的标记。无须考虑其他有色链节的位置。

（4）安装平衡轴正时链，使平衡轴正时链上的有色链节分别对准进 / 排气凸轮轴侧的平衡轴链轮上的标记（如图 5-330 中箭头）。

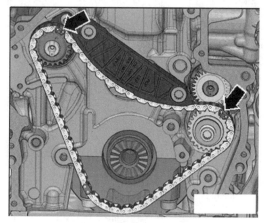

图 5-330

（5）将凸轮轴正时链放置到凸轮轴轴颈上，注意凸轮轴正时链上的有色链节（如图 5-331 中箭头）应大致朝上。

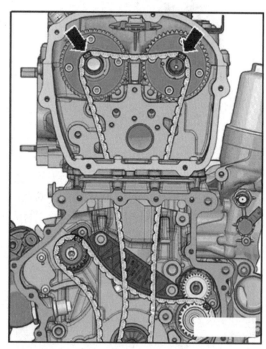

图 5-331

（6）将机油泵链条安装到曲轴链轮上。沿箭头（如图 5-332 中箭头）方向安装曲轴链轮，并注意曲轴链轮上的标记必须与气缸体上的标记对齐（如图 5-332 中箭头）。

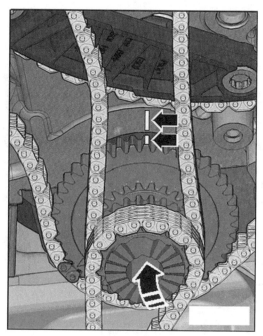

图 5-332

（7）将夹紧销 CT10531/2 或 T10531/2 拧入曲轴。拧紧张紧螺栓（如图 5-333 中 A）。将旋转工具 CT10531/3 或 T10531/3 安装到夹紧销上，并用法兰螺母 CT10531/4 或 T10531/4 将其固定。提示：旋转工具 CT10531/3 或 T10531/3 上的齿必须与曲轴链轮上的齿啮合。

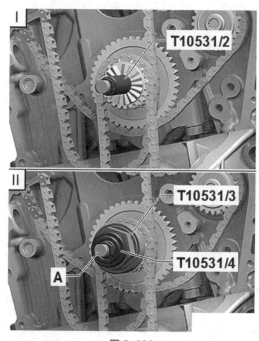

图 5-333

（8）安装平衡轴正时链，平衡轴正时链上的有色链节（如图 5-334 中箭头）必须与曲轴链轮上的标记对准。安装平衡轴正时链导轨（如图 5-334 中 1、2），旋入导向螺栓（如图 5-334 中 3）。

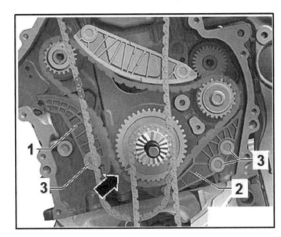

图 5-334

（9）安装平衡轴正时链的链条张紧器（如图 5-335 中 1）。

图 5-335

（10）检查有色链节是否与链轮上的标记对齐（如图 5-336 中箭头）。

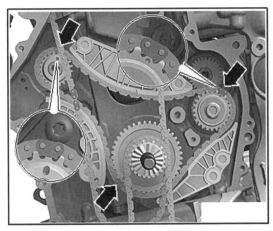

图 5-336

（11）安装凸轮轴正时链时，其有色链节必须分别与凸轮轴链轮、曲轴齿轮标记对准（如图 5-337 中箭头）。将正时链安装在进气凸轮轴上。将正时链安装在排气凸轮轴上。将正时链安装在曲轴上，并保持

在该位置。

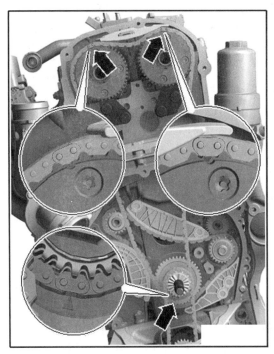

图 5-337

（12）安装凸轮轴正时链导轨（如图 5-338 中 2），并拧紧导向螺栓（如图 5-338 中 1）。

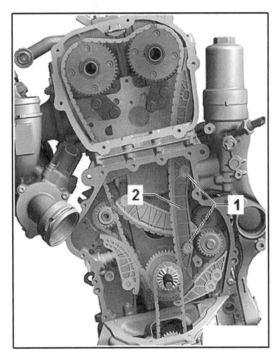

图 5-338

（13）安装上部导轨（如图 5-339 中箭头）。

（14）使用凸轮轴位置调整工具 CT40266 或 T40266 缓慢地沿如图 5-340 中箭头 A 方向稍微转动排气凸轮轴，直至凸轮轴锁止工具 CT40271/1 或 T40271/1 可以沿如图 5-340 中箭头 B 方向移出。安装

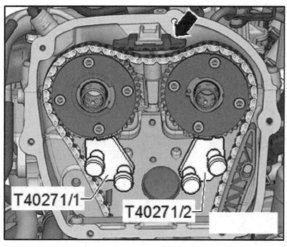

图 5-339

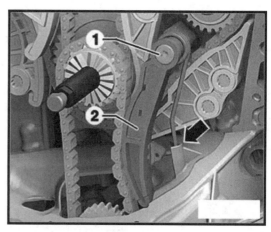

图 5-341

工具 CT40271/2 或 T40271/2。

凸轮轴正时链导轨（如图 5-340 中 2），拧紧导向螺栓（如图 5-340 中 3）。当心：安装凸轮轴正时链导轨前，必须检查有色链节是否仍与曲轴齿轮标记对准。

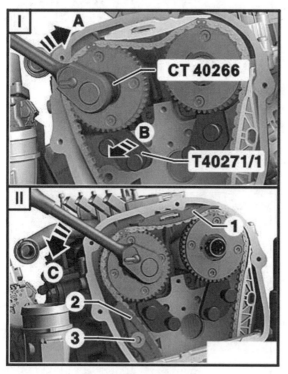

图 5-340

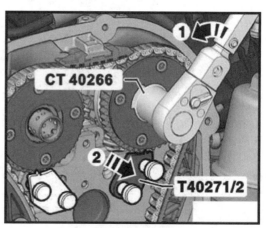

图 5-342

（17）检查有色链节是否与凸轮轴链轮标记、平衡轴链轮标记、曲轴齿轮标记对齐（如图 5-343 中箭头）。

（15）拆下排气凸轮轴锁止工具 CT40271/1 或 T40271/1。安装机油泵传动链条及其张紧导轨（如图 5-341 中 2），拧紧导向螺栓（如图 5-341 中 1）。将张紧弹簧嵌入上部油底壳的凹槽中（如图 5-341 中箭头）。

（16）沿如图 5-342 中箭头 2 方向移出凸轮轴锁止工具 CT40271/2 或 T40271/2。如有必要，可使用凸轮轴位置调整工具 CT40266 或 T40266 沿如图 5-342 中箭头 1 方向稍微旋转进气凸轮轴。拆下凸轮轴锁止

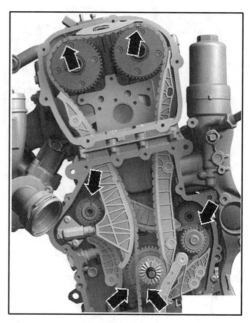

图 5-343

（18）安装拉杆 CT40243 或 T40243，并沿如图 5-344 中箭头方向按压。

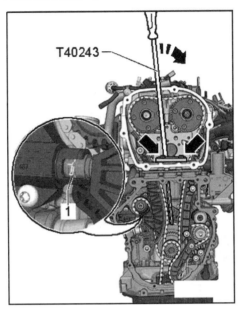

图 5-344

（19）状态 1：拆下锁止工具 CT40267 或 T40267，如图 5-345 所示。

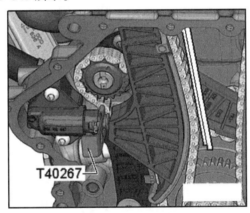

图 5-345

（20）状态 2：拆下锁止工具 CT80014，如图 5-346 所示。

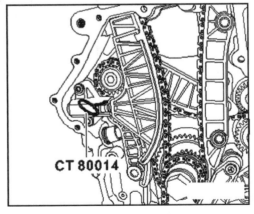

图 5-346

（21）拆下拉杆 CT40243 或 T40243，拧入并拧紧螺栓（如图 5-347 中箭头）。

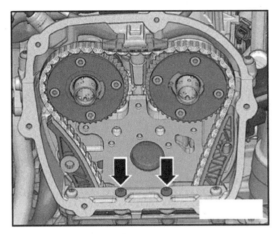

图 5-347

（22）小心地安装轴承座。确保轴承座安装之后没有处于倾斜状态！用手拧紧螺栓（如图 5-348 中箭头）。

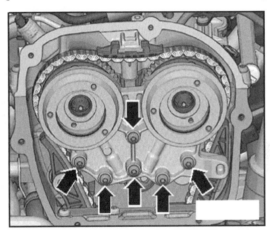

图 5-348

（23）以额定要求拧紧轴承座的螺栓（如图 5-349 中箭头）。

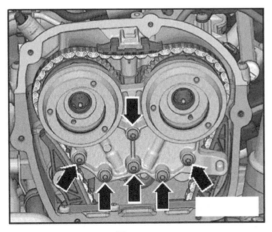

图 5-349

（24）安装控制阀。安装正时链下部盖板。安装皮带盘。

（25）进一步的安装以拆卸的相反顺序进行，同时注意下列事项：

提示：由于传动比原因，发动机转动后，有色链节不易与凸轮轴链轮标记对准。因此，必须使用千分表检查气门正时。

① 将发动机曲轴沿工作时的运转方向旋转 2 圈并检查气门正时。

②安装正时链上部盖板。

③安装发动机支撑件。

④加注发动机机油。

⑤维修作业结束后，请对发动机控制单元按如下要求进行自适应学习：控制单元列表；选择发动机电控系统；引导型功能；维修链条传动机构后的调校；执行。

（三）平衡轴正时链装配概览（如图5-350所示）

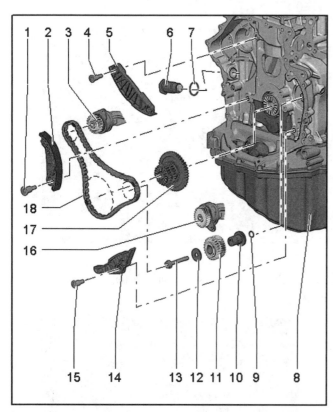

1.导向螺栓。拧紧力矩20N·m 2.导轨。用于平衡轴正时链 3.排气凸轮轴侧的平衡轴。用机油润滑轴承。一旦拆卸须更换 4.导向螺栓。拧紧力矩20N·m 5.导轨。用于平衡轴正时链 6.链条张紧器。拧紧力矩85N·m 7.O形圈。用发动机机油浸润 8.气缸体 9.O形圈。用发动机机油润滑 10.轴承销。用发动机机油润滑 11.中间轴齿轮。一旦螺栓被拧松，须更换中间轴齿轮 12.垫片 13.螺栓。一旦螺栓被拧松，须更换中间轴齿轮。必须更换 14.导轨。用于平衡轴正时链 15.导向螺栓。拧紧力矩20N·m 16.进气凸轮轴侧的平衡轴。用机油润滑轴承。一旦拆卸须更换 17.曲轴链轮 18.平衡轴正时链

图 5-350

1.轴承销安装位置

（1）更换 O 形圈（如图 5-351 中 1）并用发动机机油润滑。

（2）轴承销的定位销（如图 5-351 中箭头）必须插入气缸体的孔中。

图 5-351

（3）安装前用机油润滑轴承销。

2.中间轴齿轮安装位置和拧紧顺序

注意：中间轴齿轮必须更换，否则啮合齿间的间隙将无法达到要求，而有损坏发动机的危险。新的中间轴齿轮外部有涂层，当工作一段时间之后涂层将会磨损，啮合齿侧的间隙将会自动达到要求。进气凸轮轴侧的平衡轴上的标记必须位于新中间轴齿轮上的标记（如图 5-352 中箭头）之间。按照下列步骤拧紧新的固定螺栓（如图 5-352 中 1）：

图 5-352

（1）用扭力扳手预紧至 10N·m。

（2）旋转中间轴齿轮。中间轴齿轮不允许有间隙，否则须再次松开并重新拧紧。

（3）用扭力扳手拧紧至 25N·m。

（4）继续将螺栓旋转 90°。

（四）拆卸和安装平衡轴正时链

1.所需要的专用工具和维修设备

（1）扭力扳手（5 ～ 60N·m）Hazet 6290-1CT
或 V.A.G 1331，如图 5-353 所示。

Hazet 6290-1 CT

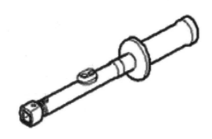

图 5-353

（2）扭力扳手（40 ～ 200N·m）Hazet 6292-1CT
或 V.A.G 1332，如图 5-354 所示。

Hazet 6292-1 CT

图 5-354

（3）棘轮头 Hazet 6403-1，如图 5-355 所示。

Hazet 6403-1

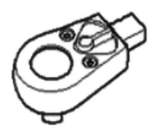

图 5-355

（4）棘轮头 Hazet 6404-1，如图 5-356 所示。

Hazet 6404-1

图 5-356

2.拆卸

（1）拆卸凸轮轴正时链。

（2）旋出螺栓（如图 5-357 中箭头）取下链条张
紧器。

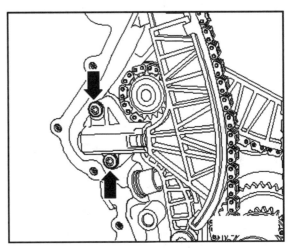

图 5-357

（3）旋出导向螺栓（如图 5-358 中 3），拆下导轨。

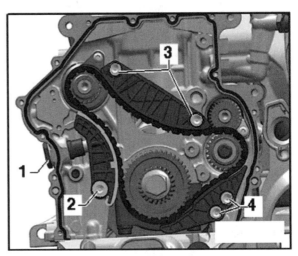

图 5-358

（4）取下平衡轴正时链。

3.安装

（1）旋转中间链轮/进气凸轮轴侧的平衡轴，使进气凸轮轴侧的平衡轴上的标记位于中间链轮上的标记之间（如图5-359中箭头），不要松开螺栓（如图5-359中1）。

图 5-359

（2）安装平衡轴正时链，使平衡轴正时链上的有色链节分别对准进/排气凸轮轴侧的平衡轴链轮上的标记（如图5-360中箭头）。

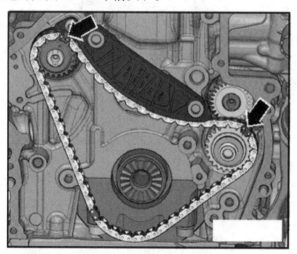

图 5-360

（3）安装平衡轴正时链导轨，旋入导向螺栓（如图5-361中3）。

（4）安装凸轮轴正时链。

（五）检查正时

1.所需要的专用工具和维修设备

（1）百分表0~10mm V/35.1，如图5-362所示。

（2）测量表适配器CT10170或T10170或T10170A，如图5-363所示。

2.检查正时步骤

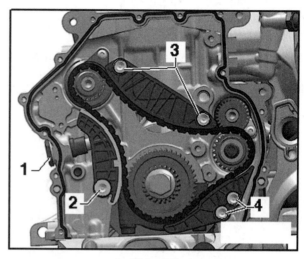

图 5-361

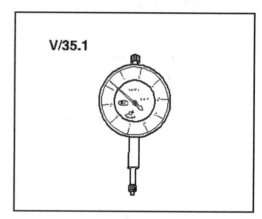

图 5-362

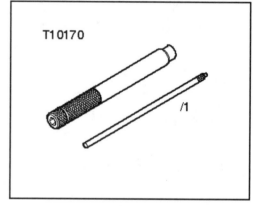

图 5-363

（1）拆卸正时链上部盖板。

（2）拆卸发动机舱底部隔音板。

（3）用止动工具CT10355或T10355缓慢地转动皮带盘直至凸轮轴链轮上的标记（如图5-364中箭头）接近指向上方。拆卸第1缸火花塞。

（4）尽可能地将测量表适配器CT10170或T10170或T10170A拧入火花塞中。

（5）将延长件CT10170/1或T10170/1或T10170A/1

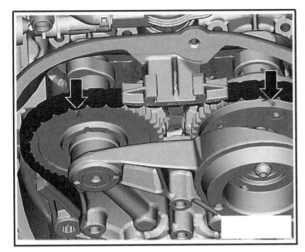

图 5-364

尽可能地插入百分表 0 ～ 10mm V/35.1，并使用自锁螺母（如图 5-365 中箭头）将其固定到位。

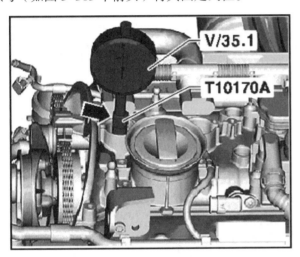

图 5-365

（6）缓慢地以发动机工作时曲轴运转方向旋转曲轴，直至百分表 0 ～ 10mmV/35.1 指针达到最大偏转位置。一旦指针达到最大偏转位置（若继续转动曲轴，千分表将以相反的方向回转），活塞则处于"1 缸上止点"。提示：

① 用止动工具 CT10355 或 T10355 缓慢地转动皮带盘。

② 如果曲轴已被旋转至超过"1 缸上止点"，应以发动机工作时的曲轴运转方向转动曲轴 2 圈，禁止以其工作运转的相反方向回转曲轴。

③ 此时曲轴皮带盘以及凸轮轴链轮应当满足如下要求：

·皮带盘上的切口必须对准正时链下部盖板上的箭头标记（如图 5-366 中箭头），约为 4 点钟方向。

·凸轮轴链轮上的标记（如图 5-366 中 1）必须与气缸盖上的标记（如图 5-366 中 2、3）对齐。

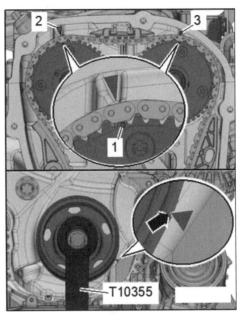

图 5-366

七、车型

上汽大众途昂 530 V6（2.5T DDKA），2019 年。

（一）凸轮轴正时链装配概览（如图 5-367 所示）

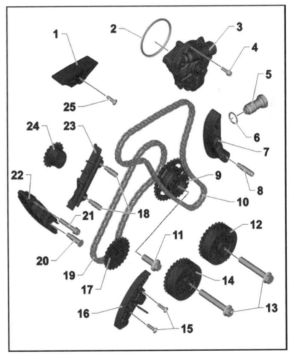

1.导轨，用于凸轮轴正时链　2.密封圈　3.机油泵　4.螺栓　5.链条张紧器　6.密封垫　7.链条张紧器支架　8.螺栓　9.驱动链轮　10.凸轮轴正时链，拆卸前用彩色笔标记转动方向　11.螺栓　12.排气凸轮轴调节器　13.螺栓，在安装时，螺栓头周围的凸轮轴调节器接触区域必须干燥　14.进气凸轮轴调节器　15.螺栓　16.链条张紧器　17.驱动齿，集成在曲轴上，发动机位于"1 缸上止点"时，曲轴上的驱动链轮的磨平齿必须与轴承盖和气缸体的接合缝对齐　18.螺栓　19.曲轴正时链，拆卸前用彩色笔标记转动方向　20.螺栓　21.螺栓　22.导轨　23.导轨　24.高压泵传动轮　25.螺栓

图 5-367

标记正时链：拆卸前用彩色笔标记转动方向，如图5-368所示。

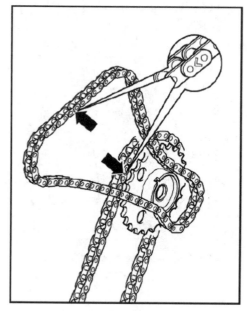

图5-368

（二）拆卸和安装凸轮轴正时链

1. 所需要的专用工具和维修设备

（1）扭力扳手（5～60N·m）Hazet 6290-1 CT 或 V.A.G 1331、棘轮头 Hazet 6403-1、棘轮头 Hazet 6402、锁止工具 CT10363 或 T10363、定位扳手 CT10172 或 T10172、TORX工具 Hazet 1557/32 或 V.A.G 1766、凸轮轴锁止工具 CT80029，如图5-369和图5-370所示。

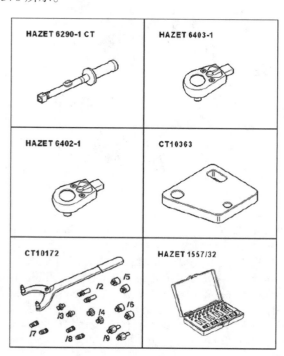

图5-369

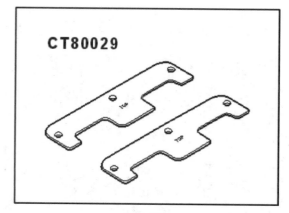

图5-370

2. 拆卸

（1）拆卸变速箱。

（2）拆卸双质量飞轮。

（3）拆卸正时链上部盖板。

（4）拆卸油底壳。

（5）拆卸正时链下部盖板。

（6）使用定位扳手 CT10172 或 T10172 和连接工具 CT10172/1 或 T10172/1 沿发动机的运转方向（如图5-371中箭头B所示）旋转皮带盘。

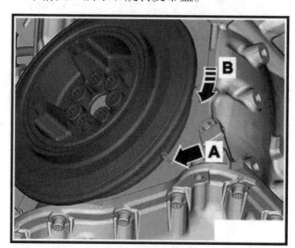

图5-371

（7）使曲轴上的驱动链轮的磨平齿（如图5-372中箭头A所示）与轴承盖和气缸体的接合缝对齐。使机油泵驱动链轮上的标记（如图5-372中箭头B所示）与机油泵上的标记对齐。提示：每旋转曲轴4圈才能到达此位置。

（8）如图5-373所示，凸轮轴1缸上的凸轮（如图5-373中A所示）必须朝上相对。拆卸凸轮轴调节器。

（9）旋出螺栓（如图5-374中1和2所示），取下正时链导轨（如图5-374中A所示）。取下凸轮轴正时链。

2. 安装

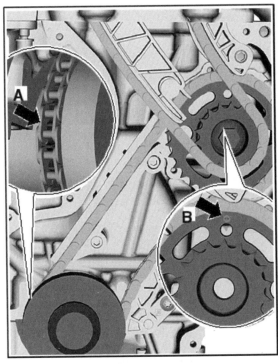

图 5-372

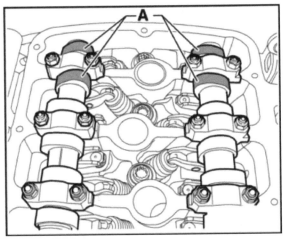

图 5-373

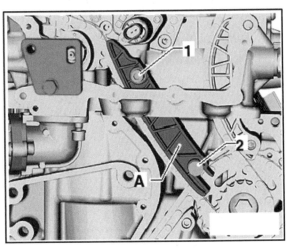

图 5-374

（1）提示：更换密封圈。更换以角度控制方式（例如：30N·m+继续旋转90°）拧紧的螺栓。更换涂有放松剂的螺栓。安装以拆卸的相反顺序进行，同时注意下列事项：前提条件：曲轴位于"1缸上止点"的位置（如图5-375中箭头A所示）。

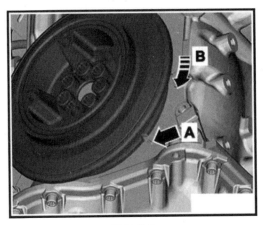

图 5-375

（2）高压泵传动链轮用锁止工具 CT10363 或 T10363 固定，如图 5-376 所示。

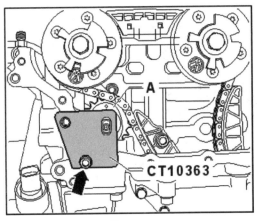

图 5-376

（3）凸轮轴已用凸轮轴锁止工具 CT80029 固定。从上方装入正时链，如图 5-377 所示。

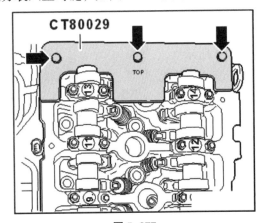

图 5-377

（4）安装导轨（如图5-378中A所示），并且只拧紧螺栓（如图5-378中2所示）。提示：铜色的正时链链节是用来协助安装的，必须将3个相邻的铜色链节按以下要求安装在机油泵链轮上。

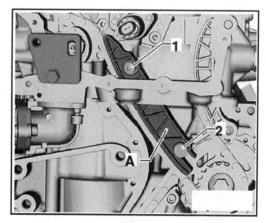

图 5-378

（5）将正时链安装到机油泵链轮上。机油泵链轮上的标记必须与中间的铜色链节（如图5-379中A所示）对齐。

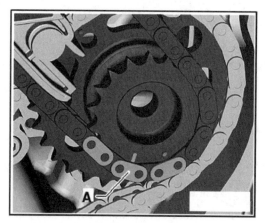

图 5-379

（6）将正时链安装到高压泵传动链轮上。高压泵传动链轮上的标记必须与铜色链节对齐，如图5-380所示。

（7）拧紧导轨（如图5-381中A所示）的螺栓（如图5-381中1所示）。

（8）如图5-382所示，将进气凸轮轴调节器"24E"装入正时链中，使铜色链节与凸轮轴调节器上的标记对齐。用螺栓将进气凸轮轴调节器固定到进气凸轮轴上，并用手拧紧螺栓。将排气凸轮轴调节器"32A"装入正时链中，使铜色链节与凸轮轴调节器上的标记对齐。用螺栓将排气凸轮轴调节器固定到排气凸轮轴上，并用手拧紧螺栓。检查所有铜色链节相对调节标记的位置是否正确。提示：一旦旋转过曲轴后，铜色

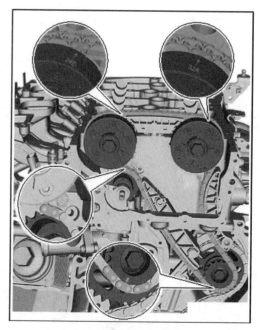

图 5-380

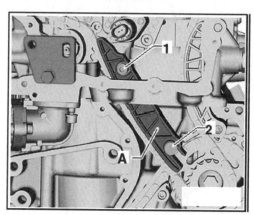

图 5-381

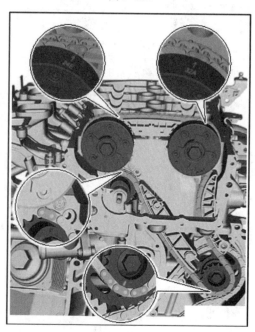

图 5-382

442

链节就不再与各标记对齐。

（9）安装凸轮轴正时链张紧器（如图5-383中箭头所示）。拧紧力矩：50N·m。拆下凸轮轴锁止工具CT80029，并将新的凸轮轴调节器的固定螺栓拧紧至额定要求。拧紧力矩：60N·m+继续旋转90°。

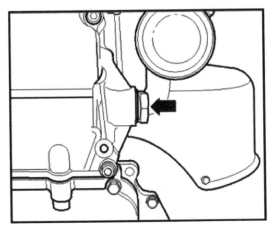

图 5-383

（10）提示：只可用扭力扳手（40～200N·m）Hazet 6292-1CT 或 V.A.G1332 和开口扳手 Hazet 645d-32 或 V.A.G1332/6 在凸轮轴处反向把持住，在松开或拧紧凸轮轴调节器的固定螺栓时，不要安装凸轮轴锁止工具 CT80029，如图5-384所示。

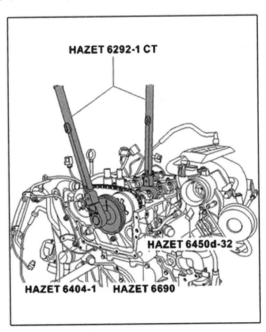

图 5-384

（11）进一步的安装以拆卸的相反顺序进行。

（三）拆卸和安装机油泵链条

提示：只可在已拆下变速箱的情况下进行。

1. 所需要的专用工具和维修设备

扭力扳手（5～60N·m）Hazet 6290-1 CT 或 V.A.G

1331、角度盘 Hazet 6690 或 V.A.G1756、棘轮头 Hazet 6403-1、TORX 工具 Hazet 1557/32 或 V.A.G 1766、扭力扳手（40～200N·m）Hazet 6292-1 CT 或 V.A.G 1332、棘轮头 Hazet 6404-1、棘轮头 Hazet 6402-1、定位扳手 CT10172 或 T10172，如图5-385~图5-387所示。

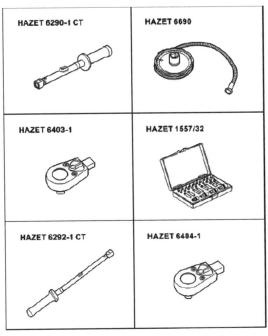

图 5-385

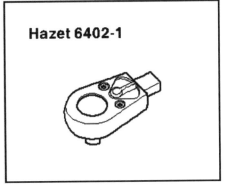

图 5-386

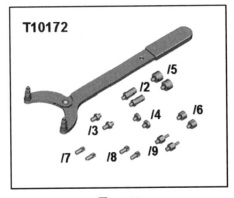

图 5-387

443

2.拆卸

对于所有的安装工作，特别是在空间狭窄的发动机舱中进行维修工作时，请注意下列说明：铺设各种管路（例如燃油、液压系统、活性炭罐、冷却液和制冷剂、制动液、真空管路）和导线时不要改变导线和管路的原始走向。为了避免损坏导线，应确保它们与所有的运动部件和发热部件之间有足够的间隙。

（1）拆卸正时链下部盖板。

（2）旋出凸轮轴正时链张紧器（如图5-388中箭头所示）。

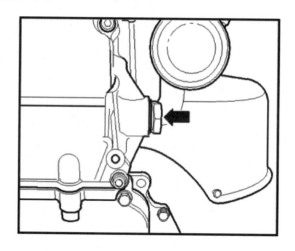

图 5-388

（3）旋出螺栓（如图5-389中箭头所示），拆下链条张紧器支架（如图5-389中1所示）。

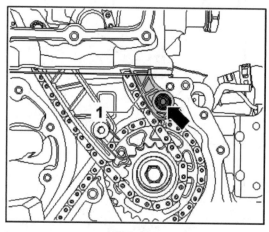

图 5-389

（4）将凸轮轴正时链从驱动链轮上拆下，并将其放置一旁。在曲轴上的驱动链轮的磨平齿（如图5-390中箭头A所示）与机油泵链条相对位置做出标记。在机油泵驱动链轮上的标记（如图5-390中箭头B所示）与机油泵链条的相对位置做出标记，以便安装。

（5）使用定位扳手CT10172或T10172反向把持

图 5-390

住减震盘/皮带轮。将链轮的螺栓（如图5-391中箭头所示）松开约1整圈。

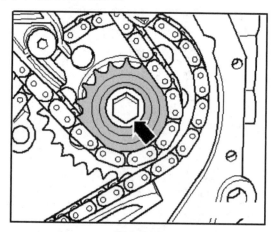

图 5-391

（6）用3mm内六角扳手（如图5-392中A所示）锁定链条张紧导轨。旋出链条张紧导轨的螺栓（如图5-392中箭头所示）。

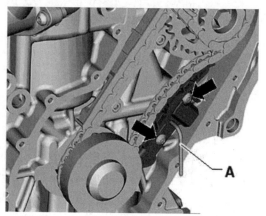

图 5-392

（7）标记链条运转方向。

（8）将机油泵链轮和机油泵链条一起取下。

3.安装

（1）将曲轴置于"1缸上止点"的位置。曲轴上的驱动链轮的磨平齿（如图5-393中箭头所示）必须与轴承盖和气缸体的接合缝对齐。

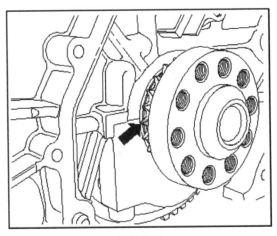

图5-393

（2）现在旋转机油泵轴（如图5-394中1所示），使平面侧（如图5-394中箭头所示）与机油泵上的标记（如图5-394中2所示）对齐。提示：对于已经运转过的曲轴正时链，请注意运转方向的标记。将机油泵链条放入导轨中，并装在曲轴上。

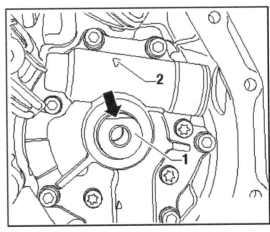

图5-394

（3）将机油泵链条装入机油泵大链轮上，使带标记的孔（如图5-395中箭头B所示）与机油泵上的标记对齐。将机油泵链轮安装到机油泵轴上，并用手拧紧新螺栓。提示：如果不能安装机油泵正时链轮，稍微转动机油泵轴。

（4）安装机油泵链条的张紧导轨，并拧紧螺栓（如图5-396中箭头所示）至额定要求。拆下内六角扳手（如

图5-395

图5-396中A所示）。

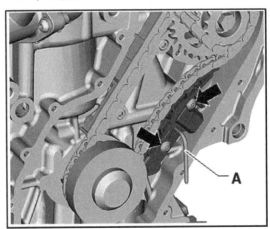

图5-396

（5）检查定位标记。曲轴上的驱动链轮的磨平齿（如图5-397中箭头A所示）应与轴承盖和气缸体的接合缝对齐。机油泵驱动链轮上的标记（如图5-397中箭头B所示）应与机油泵上的标记对齐。

（6）使用定位扳手CT10172或T10172反向固定住皮带盘，并拧紧链轮的新螺栓（如图5-397中箭头所示）至额定要求。

（7）安装凸轮轴正时链。

（8）安装正时链下部盖板。

（四）检查正时

1.所需要的专用工具和维修设备

（1）凸轮轴锁止工具CT80029，如图5-398所示。

（2）定位扳手CT10172或T10172，如图5-399

图 5-397

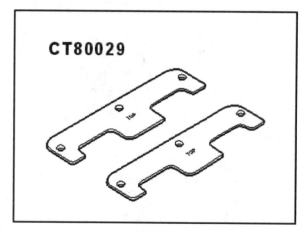

图 5-398

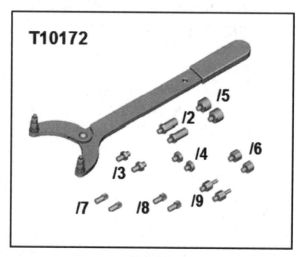

图 5-399

所示。

2. 检查步骤

（1）拆卸发动机舱底部隔音板。

（2）拆卸气缸盖罩。

（3）用定位扳手 CT10172 或 T10172 和连接工具 CT10172/1 或 T10172/1 沿如图 5-400 中箭头 B 所示方向旋转皮带盘，使皮带盘上的切口标记与密封法兰上的"1 缸上止点"标记（如图 5-400 中箭头 A 所示）对齐。

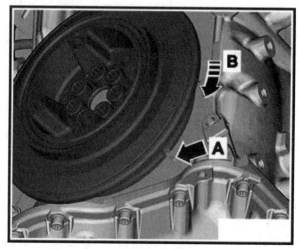

图 5-400

（4）如图 5-401 所示，凸轮轴 1 缸上的凸轮（如图 5-401 中 A 所示）必须朝上相对。

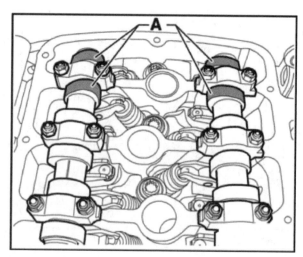

图 5-401

（5）凸轮轴锁止工具 CT80029 上的"TOP"标记向上放置。如图 5-402 所示，将凸轮轴锁止工具 CT80029 插入两个凸轮轴的凹槽中，并用螺栓（如图 5-402 中箭头所示）固定。提示：由于凸轮轴调节器的功能，两个凸轮轴的凹槽可能不是完全水平的。因此，在插入凸轮轴调整工具 CT80029 时，如有必要，使用扭力扳手（40~200N·m）Hazet 6292-1 CT 或 V.A.G 1332 和开口扳手 Hazet 6450d-32 或 V.A.G1332/6 稍微转动凸轮轴。

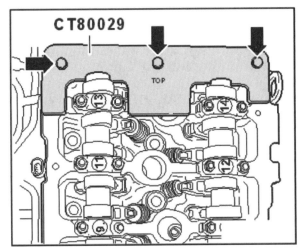

图 5-402

（6）如图 5-403 所示，此时进气凸轮轴调节器上的标记"24E"（如图 5-403 中 1 所示）与凸轮轴盖（大）上印有材料信息的长方形结构边缘（如图 5-403 中 2 所示）几乎对齐，允许略有错位。

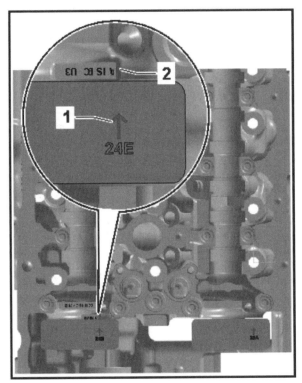

图 5-403

（7）排气凸轮轴调节器上的标记"32A ↑"（如图 5-404 中 1 所示）与凸轮轴盖（大）螺栓孔壁面边缘（如图 5-404 中 2 所示）几乎对齐，允许略有错位。

进气凸轮轴调节器上的标记"24E"正对的齿与排气凸轮轴调节器上的标记"32A"正对的齿之间刚好有 16 个链节。如果不满足以上要求：调整气门正时。

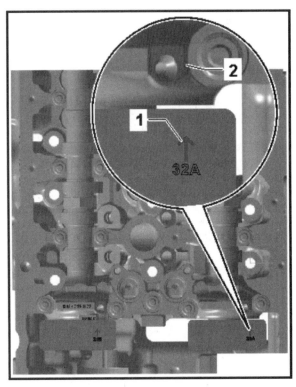

图 5-404

八、车型

上汽大众途昂 530 V6（2.5T DPKA），2020—2021 年。

上汽大众途昂 X 530 V6（2.5T DPKA），2019—2021 年。

（一）凸轮轴正时链装配概览（如图 5-405 所示）

标记正时链

拆卸前用彩色笔标记转动方向，如图 5-406 所示。

（二）拆卸和安装凸轮轴正时链

1. 所需要的专用工具和维修设备

（1）扭力扳手（5 ~ 60N·m） Hazet 6290-1 CT 或 V.A.G 1331，如图 5-407 所示。

（2）棘轮头 Hazet 6403-1，如图 5-408 所示。

（3）棘轮头 Hazet 6402-1，如图 5-409 所示。

（4）锁止工具 CT10363 或 T10363，如图 5-410 所示。

（5）定位扳手 CT10172 或 T10172，如图 5-411 所示。

（6）TORX 工具 Hazet 1557/32 或 V.A.G 1766，如图 5-412 所示。

（7）凸轮轴锁止工具 CT80029，如图 5-413 所示。

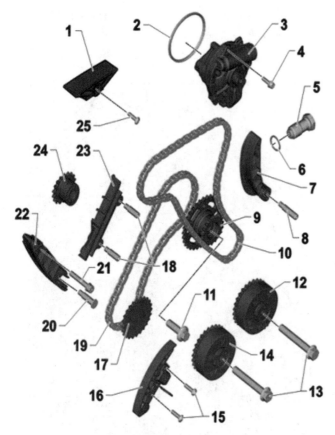

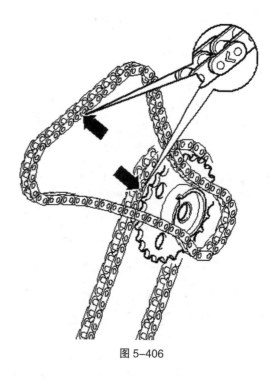

图 5-406

Hazet 6290-1 CT

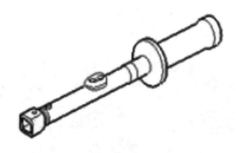

图 5-407

Hazet 6403-1

1.导轨。用于凸轮轴正时链 2.密封圈。必须更换 3.机油泵 4.螺栓。拧紧力矩8N·m。必须更换。涂防松剂D 000 600 A2后装入 5.链条张紧器。拧紧力矩50N·m。用于凸轮轴正时链。只允许链条张紧器已安装的情况下转动发动机 6.密封垫。损坏或密封不严、泄漏时，更换 7.链条张紧器支架。用于凸轮轴正时链 8.螺栓。拧紧力矩10N·m 9.驱动链轮。用于正时链 10.凸轮轴正时链。拆卸前用彩色笔标记转动方向 11.螺栓。拧紧力矩60N·m +继续旋转90°。必须更换 12.排气凸轮轴调节器。标记：32A 13.螺栓。拧紧力矩60N·m +继续旋转90°。必须更换。在安装时，螺栓头周围的凸轮轴调节器接触区域必须干燥。在拆卸和安装时，使用扭力扳手（40~200N·m）Hazet 6292-1 CT或V.A.G 1332和开口扳。Hazet 6450d-32或V.A.G 1332/6的开口扳手反向固定住凸轮轴 14.进气凸轮轴调节器。标记：24 15.螺栓。拧紧力矩8N·m。必须更换 16.链条张紧器。用于曲轮轴正时链。只允许链条张紧器已安装并链条张紧的情况下转动发动机 17.驱动齿。集成在曲轴上。发动机位于"1缸上止点"时，曲轴上的驱动链轮的磨平齿必须与轴承盖和气缸体的接合缝对齐 18.螺栓。拧紧力矩10N·m 19.曲轴正时链。拆卸前用彩色笔标记转动方向 20.螺栓。拧紧力矩10N·m。用于导轨 21.螺栓。拧紧力矩23N·m 22.导轨。用于凸轮轴正时链。与曲轴正时链一起安装 23.导轨。用于机油泵链条。与机油泵链条一起安装 24.高压泵传动轮 25.螺栓。拧紧力矩8N·m。必须更换

图 5-405

图 5-408

448

Hazet 6402-1

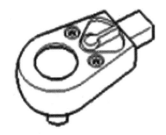

图 5–409

CT10363

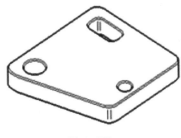

图 5–410

CT10172

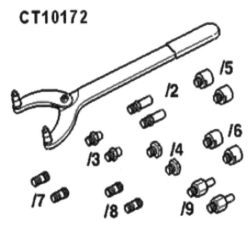

图 5–411

Hazet 1557/32

图 5–412

CT80029

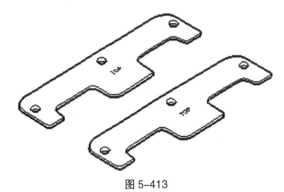

图 5–413

2. 拆卸

（1）拆卸变速器。

（2）拆卸双质量飞轮。

（3）拆卸正时链上部盖板。

（4）拆卸油底壳。

（5）拆卸正时链下部盖板。

（6）使用定位扳手 CT10172 或 T10172 和连接工具 CT10172/1 或 T10172/1 沿发动机的运转方向（如图 5–414 中箭头 B）旋转皮带盘。

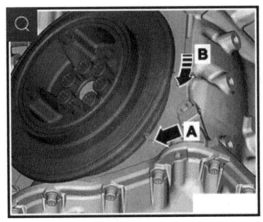

图 5–414

（7）使曲轴上的驱动链轮的磨平齿（如图 5–415 中箭头 A）与轴承盖和气缸体的接合缝对齐。使机油泵驱动链轮上的标记（如图 5–415 中箭头 B）与机油泵上的标记对齐。提示：每旋转曲轴 4 圈才能到达此位置。

（8）凸轮轴 1 缸上的凸轮（如图 5–416 中 A）必须朝上相对。拆卸凸轮轴调节器。

（9）旋出螺栓（如图 5–417 中 1、2），取下正时链导轨（如图 5–417 中 A）。

（10）取下凸轮轴正时链。

3. 安装

提示：更换密封圈。更换以角度控制方式（例如：

图 5-415

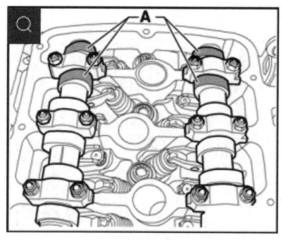

图 5-416

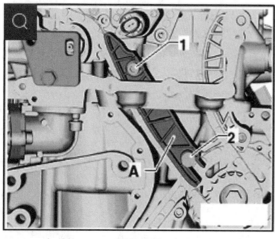

图 5-417

30N·m＋继续旋转 90°）拧紧的螺栓。更换涂有防松剂的螺栓。

（1）安装以拆卸的相反顺序进行，同时注意下列事项：

①曲轴位于"1 缸上止点"的位置（如图 5-418 中箭头 A）。

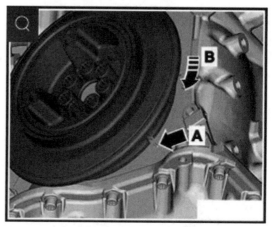

图 5-418

②高压泵传动链轮用锁止工具 CT10363 或 T10363 固定，如图 5-419 所示。

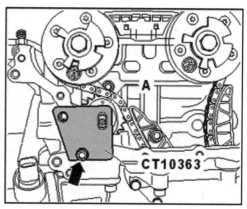

图 5-419

③凸轮轴已用凸轮轴锁止工具 CT80029 固定，如图 5-420 所示。从上方装入正时链。

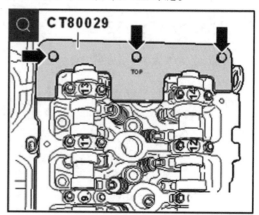

图 5-420

（2）安装导轨（如图 5-421 中 A），并且只拧紧螺栓（如图 5-421 中 2）。提示：铜色的正时链链节是用来协助安装的。必须将 3 个相邻的铜色链节按以下要求安装在机油泵链轮上。

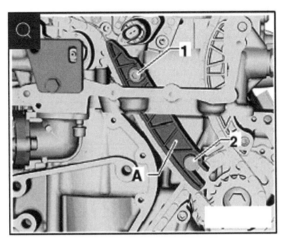

图 5-421

（3）将正时链安装到机油泵链轮上。机油泵链轮上的标记必须与中间的铜色链节（如图 5-422 中 A）对齐。

图 5-422

（4）将正时链安装到高压泵传动链轮上。高压泵传动链轮上的标记必须与铜色链节对齐，如图 5-423 所示。

（5）拧紧导轨（如图 5-424 中 A）的螺栓（如图 5-424 中 1）。

（6）如图 5-425 所示，将进气凸轮轴调节器"24E"装入正时链中，使铜色链节与凸轮轴调节器上的标记对齐。用螺栓将进气凸轮轴调节器固定到进气凸轮轴上，并用手拧紧螺栓。将排气凸轮轴调节器"32A"装入正时链中，使铜色链节与凸轮轴调节器上的标记对齐。用螺栓将排气凸轮轴调节器固定到排气凸轮轴上，并用手拧紧螺栓。检查所有铜色链节相对调节标

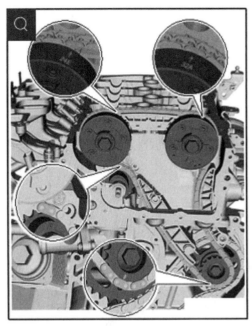

图 5-423

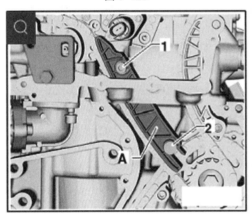

图 5-424

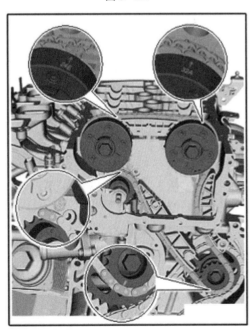

图 5-425

记的位置是否正确。提示：一旦旋转过曲轴后，铜色链节就不再与各标记对齐。

（7）安装凸轮轴正时链张紧器（如图5-426中箭头）。拧紧力矩50N·m。拆下凸轮轴锁止工具CT80029，并将新的凸轮轴调节器的固定螺栓拧紧至额定要求。拧紧力矩60N·m+继续旋转90°。

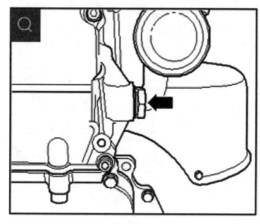

图5-426

提示：如图5-427所示，只可用扭力扳手（40～200N·m）Hazet 6292-1CT 或 V.A.G 1332 和开口扳手 Hazet 6450d-32 或 V.A.G1332/6 在凸轮轴处反向把持住。在松开或拧紧凸轮轴调节器的固定螺栓时，不要安装凸轮轴锁止工具CT80029。

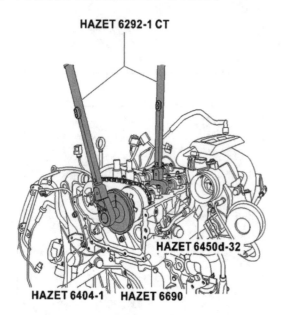

图5-427

（8）进一步的安装以拆卸的相反顺序进行。

（三）检查正时

1. 所需要的专用工具和维修设备

（1）凸轮轴锁止工具CT80029，如图5-428所示。

（2）定位扳手CT10172或T10172，如图5-429

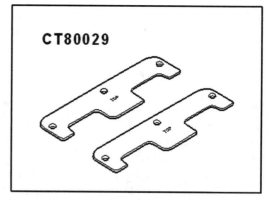

图5-428

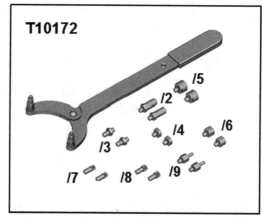

图5-429

所示。

2. 检查正时步骤

（1）拆卸发动机舱底部隔音板。

（2）拆卸气缸盖罩。

（3）用定位扳手CT10172或T10172和连接工具CT10172/1或T10172/1沿如图5-430中箭头B方向旋转皮带盘，使皮带盘上的切口标记与密封法兰上的"1缸上止点"标记（如图5-430中箭头A）对齐。

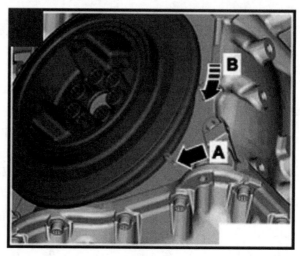

图5-430

452

（4）凸轮轴1缸上的凸轮（如图5-431中A）必须朝上相对。

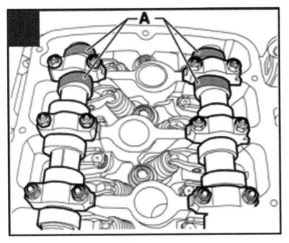

图 5-431

（5）凸轮轴锁止工具 CT80029 上的"TOP"标记向上放置。将凸轮轴锁止工具 CT80029 插入两个凸轮轴的凹槽中，并用螺栓（如图5-432中箭头）固定。

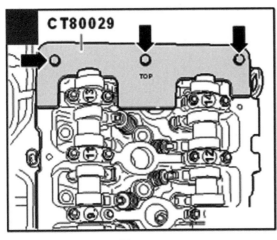

图 5-432

提示：由于凸轮轴调节器的功能，两个凸轮轴的凹槽可能不是完全水平的。因此，在插入凸轮轴调整工具 CT80029 时，如有必要，使用扭力扳手（40 ~ 200N·m）Hazet 6292-1CT 或 V.A.G 1332 和开口扳手 Hazet 6450d-32 或 V.A.G 1332/6 稍微转动凸轮轴。

（6）此时进气凸轮轴调节器上的标记"24E"（如图5-433中1）与凸轮轴盖（大）上印有材料信息的长方形结构边缘（如图5-433中2）几乎对齐，允许略有错位。

（7）排气凸轮轴调节器上的标记"32A"（如图5-434中1）与凸轮轴盖（大）螺栓孔壁面边缘（如图5-434中2）几乎对齐，允许略有错位。进气凸轮轴调

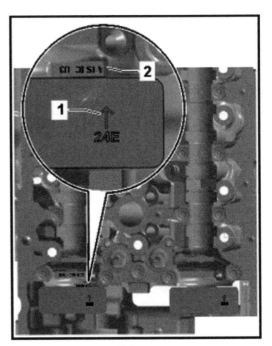

图 5-433

节器上的标记"24E"正对的齿与排气凸轮轴调节器上的标记"32A"正对的齿之间刚好有 16 个链节。

（8）如果不满足以上要求：调整气门正时。

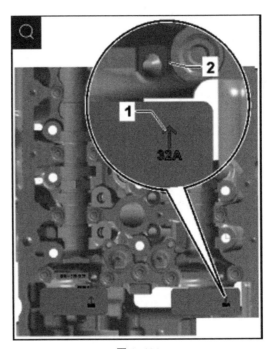

图 5-434

（四）拆卸和安装机油泵链条

提示：只可在已拆下变速箱的情况下进行。

1.所需要的专用工具和维修设备

（1）扭力扳手（5 ~ 60N·m）Hazet 6290-1 CT 或 V.A.G 1331，如图5-435所示。

（2）角度盘 Hazet 6690 或 V.A.G 1756，如图5-436

453

Hazet 6290-1 CT

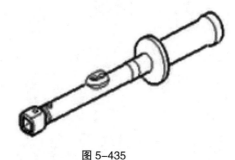

图 5-435

Hazet 6690

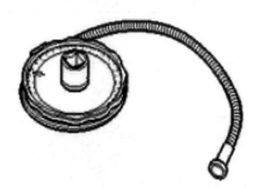

图 5-436

所示。

（3）棘轮头 Hazet 6403-1，如图 5-437 所示。

Hazet 6403-1

图 5-437

（4）TORX 工具 Hazet 1557/32 或 V.A.G 1766，如

图 5-438 所示。

Hazet 1557/32

图 5-438

（5）扭力扳手（40 ～ 200N·m） Hazet 6292-1
CT 或 V.A.G 1332，如图 5-439 所示。

Hazet 6292-1 CT

图 5-439

（6）棘轮头 Hazet 6404-1，如图 5-440 所示。

Hazet 6404-1

图 5-440

（7）棘轮头 Hazet 6402-1，如图 5-441 所示。

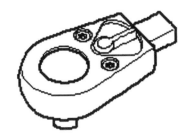

图 5-441

（8）定位扳手 CT10172 或 T10172，如图 5-442 所示。

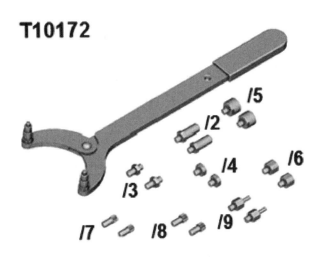

图 5-442

2. 拆卸

当心：对于所有的安装工作，特别是在空间狭窄的发动机舱中进行维修工作时，请注意下列说明：铺设各种管路（例如燃油、液压系统、活性炭罐、冷却液和制冷剂、制动液、真空管路）和导线时不要改变导线和管路的原始走向。为了避免损坏导线，应确保它们与所有的运动部件和发热部件之间有足够的间隙。

（1）拆卸正时链下部盖板。

（2）旋出凸轮轴正时链张紧器（如图 5-443 中箭头）。

（3）旋出螺栓（如图 5-444 中箭头），拆下链条张紧器支架（如图 5-444 中 1）。将凸轮轴正时链从驱动链轮上拆下，并将其放置一旁。

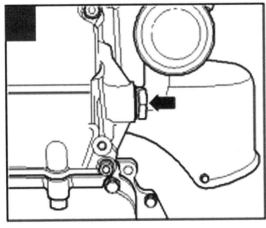

图 5-443

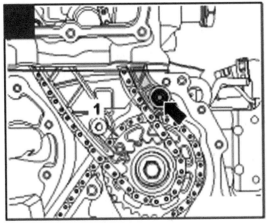

图 5-444

（4）在曲轴上的驱动链轮的磨平齿（如图 5-445 中箭头 A）与机油泵链条相对位置做出标记。在机油泵驱动链轮上的标记（如图 5-445 中箭头 B）与机油泵链条的相对位置做出标记，以便安装。

图 5-445

（5）使用定位扳手 CT10172 或 T10172 反向把持住减震盘/皮带轮。将链轮的螺栓（如图 5-446 中箭头）松开约 1 整圈。

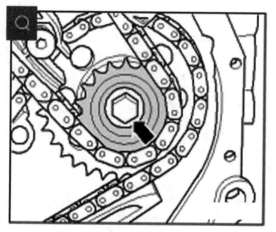

图 5-446

（6）用 3mm 内六角扳手（如图 5-447 中 A）锁定链条张紧导轨。旋出链条张紧导轨的螺栓（如图 5-447 中箭头）。

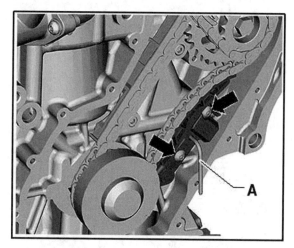

图 5-447

（7）标记链条运转方向。

（8）将机油泵链轮和机油泵链条一起取下。

3. 安装

（1）将曲轴置于"1 缸上止点"的位置。曲轴上的驱动链轮的磨平齿（如图 5-448 中箭头）必须与轴承盖和气缸体的接合缝对齐。

（2）现在旋转机油泵轴（如图 5-449 中 1），使平面侧 - 箭头 - 与机油泵上的标记（如图 5-449 中 2）对齐。提示：对于已经运转过的曲轴正时链，请注意运转方向的标记。将机油泵链条放入导轨中，并装在曲轴上。

（3）将机油泵链条装入机油泵大链轮上，使带标

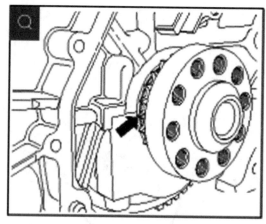

图 5-448

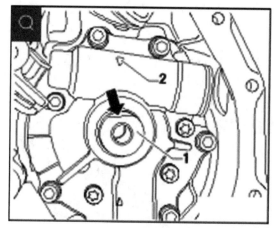

图 5-449

记的孔（如图 5-450 中箭头 B）与机油泵上的标记对齐。将机油泵链轮安装到机油泵轴上，并用手拧紧新螺栓。

提示：如果不能安装机油泵正时链轮，稍微转动机油

图 5-450

泵轴。

（4）安装机油泵链条的张紧导轨，并拧紧螺栓（如图5-451中箭头）至额定要求。拆下内六角扳手（如图5-451中A）。

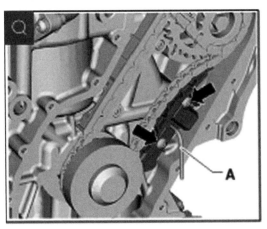

图5-451

（5）检查定位标记。曲轴上的驱动链轮的磨平齿（如图5-452中箭头A）应与轴承盖和气缸体的接合缝对齐。机油泵驱动链轮上的标记（如图5-452中箭头B）应与机油泵上的标记对齐。

图5-452

（6）使用定位扳手CT10172或T10172反向固定住皮带盘，并拧紧链轮的新螺栓（如图5-453中箭头）至额定要求。

（7）安装凸轮轴正时链。

（8）安装正时链下部盖板。

九、车型

上汽大众帕萨特新能源430 PHEV混动（1.4T

DJZA），2019—2020年。

上汽大众途观L新能源430 PHEV混动（1.4T DJZA），2019年。

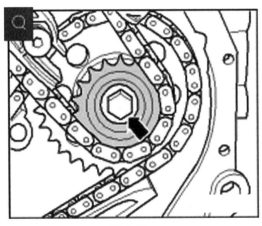

图5-453

（一）正时齿形皮带装配概览（如图5-454所示）

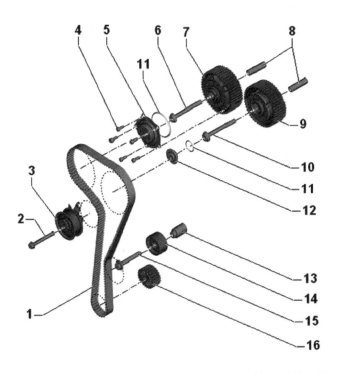

1.正时齿形皮带。拆卸皮带时，用粉笔或记号笔标出其运行方向。检查磨损情况　2.螺栓。拧紧力矩25N·m。使用扭力扳手（5~60N·m）Hazet 6290-1CT或V.A.G 1331和13mm特殊环形扳手CT10500或CT10500拧紧时，拧紧力矩15N·m　3.张紧轮。拆卸和安装时拆卸发动机支撑　4.螺栓。拆卸后更换。拧紧力矩7N·m　5.密封盖　6.螺栓。拆卸后更换　7.排气凸轮轴正时齿形皮带轮。带凸轮轴调节装置。拆卸和安装凸轮轴调节装置　8.导向套　9.进气凸轮轴正时齿形皮带轮。带凸轮轴调节装置。拆卸和安装凸轮轴调节装置　10.螺栓。拆卸后更换　11.O形圈。拆卸后更换　12.螺塞。拧紧力矩20N·m。拆卸后更换　13.间距套　14.导向轮　15.螺栓。拧紧力矩45N·m　16.正时齿形皮带轮。正时齿形皮带轮和曲轴皮带轮之间表面上不允许有油脂。只有一个安装位置。

图5-454

气缸体"上止点"锁定螺栓

螺栓（如图5-455中箭头），拧紧力矩30N·m。

提示：垫片损坏时，进行更换。

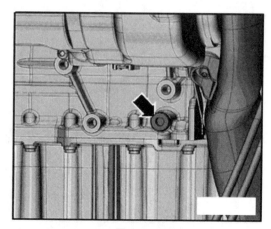

图5-455

（二）拆卸和安装正时齿形皮带

1.所需要的专用工具和维修设备

（1）定位扳手CT10172或T10172A，如图5-456所示。

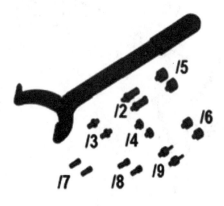

图5-456

（2）定位销CT10340或T10340，如图5-457所示。

图5-457

（3）内十二角套筒Hazet 900Z-21，如图5-458所示。

图5-458

（4）30mm特殊扳手CT10499或T10499，如图5-459所示。

图5-459

（5）固定工具CT80009，如图5-460所示。

图5-460

（6）13mm特殊环形扳手CT10500或T10500，如图5-461所示。

CT10500

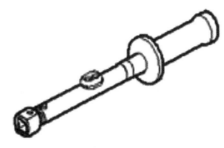

图 5-461

（7）扭力扳手（5 ～ 60N·m）Hazet 6290-1CT，如图 5-462 所示。

Hazet 6290-1 CT

图 5-462

（8）扭力扳手（40 ～ 200N·m）Hazet 6292-1CT，如图 5-463 所示。

Hazet 6292-1 CT

图 5-463

（9）棘轮头 Hazet 6403-1，如图 5-464 所示。

Hazet 6403-1

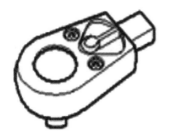

图 5-464

（10）棘轮头 Hazet 6404-1，如图 5-465 所示。

Hazet 6404-1

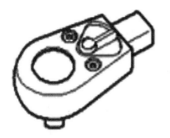

图 5-465

（11）角度盘 Hazet 6690，如图 5-466 所示。

Hazet 6690

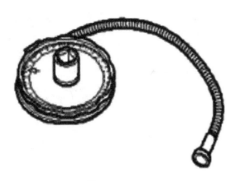

图 5-466

（12）凸轮轴固定工具 CT10494 或 T10494，如图 5-467 所示。

T10494

图 5-467

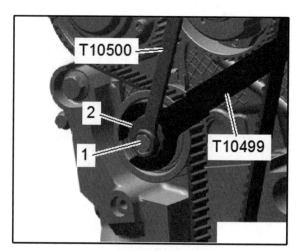

图 5-469

2.拆卸

（1）将发动机置于气缸 1 的上止点。

（2）从凸轮轴上取下正时齿形皮带。

（3）拆卸发动机支座。

（4）拆卸曲轴皮带轮。

（5）旋出螺栓（如图 5-468 中箭头），取下下部齿形皮带盖罩（如图 5-468 中 1）。提示：颠倒已使用过的正时齿形皮带的运行方向，可能会造成损坏。在拆卸正时齿形皮带之前，先用粉笔或记号笔标记运转方向，以便重新安装。

（7）将螺栓（如图 5-470 中 1）用 13mm 特殊环形扳手 CT10500 或 T10500 松开。提示：因剧烈弯曲导致齿形皮带的损毁危险。齿形皮带是用纤维制成的，在剧烈弯曲时会损坏。切勿以小于 r= 25mm 的半径弯折齿形皮带。正时齿形皮带的弯曲半径。正时齿形皮带（如图 5-470 中 2）的弯曲半径不得低于 25 mm，大约为曲轴齿轮（如图 5-470 中 1）的一半直径。提示：正时齿形皮带与凸轮轴皮带轮、曲轴正时齿形皮带轮、张紧轮和导向轮等的接触点必须无机油。

图 5-468

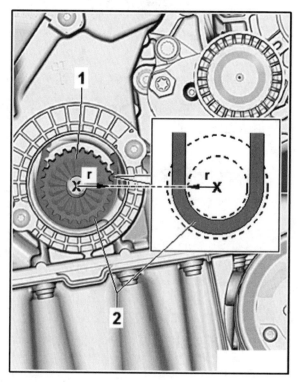

图 5-470

（6）使用 30mm 特殊扳手 CT10499 或 T10499 固定偏心轮上的张紧轮（如图 5-469 中 2）。

（8）取下正时齿形皮带。

（9）沿箭头方向取下正时齿形皮带轮（如图

5-471 中 1）。

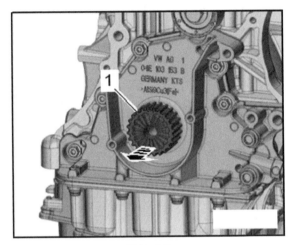

图 5-471

3. 安装

提示：更换采用角度控制方式行紧的螺栓，如行紧要求为 30N·m + 继续旋转 90°。

（1）凸轮轴和 1 缸活塞位于上止点位置。注意：凸轮轴固定工具 CT10494 或 T10494 此时安装在凸轮轴箱体上。禁止将凸轮轴固定工具 CT10494 或 T10494 作为固定支架使用。提示：在安装凸轮轴调节器之前，请注意将导向套插到凸轮轴中。

（2）更换凸轮轴齿形皮带轮螺栓（如图 5-472 中 1、2），并将其拧入，但不要拧得很紧。凸轮轴皮带轮必须还能在凸轮轴上转动，但是不允许倾斜。

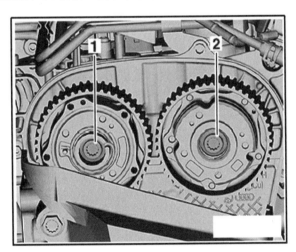

图 5-472

检查张紧轮的凸耳（如图 5-473 中箭头）是否啮合在气缸盖的铸造孔上。

（3）将正时齿形皮带轮装到曲轴上。必须保证曲轴皮带轮和正时齿形皮带轮的接触面无油脂。正时齿形皮带轮铣削切面（如图 5-474 中箭头）必须放在曲轴铣削切面上。

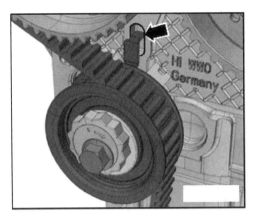

图 5-473

图 5-474

（4）安装齿形皮带时注意安装顺序：如果安装旧的正时齿形皮带，注意运行方向箭头。

（5）按照所述顺序安装正时齿形皮带。如图 5-475 中 1，正时齿形皮带。如图 5-475 中 2，导向轮。如图 5-475 中 3，张紧轮。如图 5-475 中 4，排气凸轮轴正

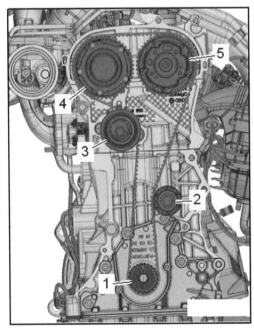

图 5-475

461

时齿形皮带轮。如图 5-475 中 5，进气凸轮轴正时齿形皮带轮。

（6）沿如图 5-476 中箭头方向转动 30mm 特殊扳手 CT10499 或 T10499，即转动张紧轮偏心轮（如图 5-476 中 2），直到设置指示针（如图 5-476 中 3）位于设置窗右侧 10mm 处。回转偏心轮，直到指示针正好位于设置窗口内。使用 13mm 特殊环形扳手 CT10500 或 T10500 将偏心轮保持在该位置，拧紧螺栓（如图 5-476 中 1）至额定要求。提示：发动机转动或运行后，指示针（如图 5-476 中 3）位置和设置窗口之间的距离可能会出现细小差异，这对齿形皮带张紧并没有影响。

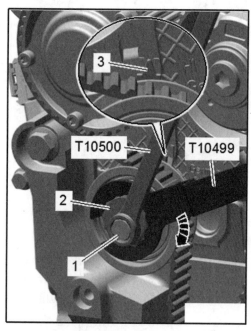

图 5-476

（7）用预拧紧的方法拧紧排气侧的凸轮轴调节器的固定螺栓。用预拧紧的方法拧紧进气侧的凸轮轴调节器的固定螺栓。旋出定位销 CT10340 或 T10340，如图 5-477 所示。

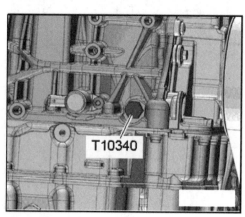

图 5-477

（8）旋出螺栓（如图 5-478 中箭头），取下凸轮轴固定工具 CT10494 或 T10494。

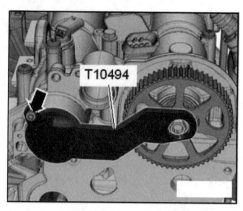

图 5-478

（9）检查配气相位：将曲轴沿发动机转动方向转 2 圈（如图 5-479 中箭头）。

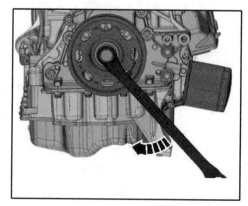

图 5-479

（10）检测正时。

（11）只有发动机配气相位检查正常时，才能用最终拧紧力矩拧紧进气侧凸轮轴调节器螺栓。

（12）只有发动机配气相位检查正常时，才能用最终拧紧力矩拧紧排气侧凸轮轴调节器螺栓。

（13）安装下部齿形皮带盖罩。

（14）安装曲轴皮带轮。

（15）其余的安装以拆卸的相反顺序进行：拧紧力矩。

（三）检查正时

1. 所需的专用工具和维修设备

（1）扭力扳手（5 ~ 60N·m）Hazet 6290-1CT 或 V.A.G 1331，如图 5-480 所示。

（2）角度盘 Hazet 6690，如图 5-481 所示。

（3）棘轮头 Hazet 6403-1，如图 5-482 所示。

（4）TORX 工具 Hazet 1557/32，如图 5-483 所示。

（5）棘轮头 Hazet 6402-1，如图 5-484 所示。

（6）定位销 CT10340 或 T10340，如图 5-485 所示。

Hazet 6290-1 CT

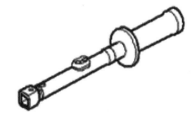

图 5-480

Hazet 6690

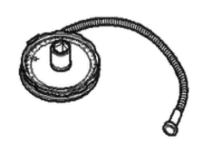

图 5-481

Hazet 6403-1

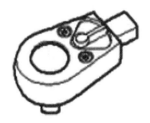

图 5-482

Hazet 1557 /32

图 5-483

Hazet 6402-1

图 5-484

T10340

图 5-485

（7）凸轮轴固定工具 CT10494 或 T10494，如图 5-486 所示。

T10494

图 5-486

2. 工作步骤

（1）拆卸隔音板。

（2）拆卸谐振腔。

（3）拆卸空气导管。

（4）按下解锁键，接着拆卸连接至活性炭罐的软管。

（5）拆卸空气导管。

（6）用抹布放在冷却液泵下面，以便收集溢出的机油。

（7）拔下连接插头（如图 5-487 中 1），旋出进气导管的固定螺栓（如图 5-487 中箭头）取下进气导管（如图 5-487 中 2）。

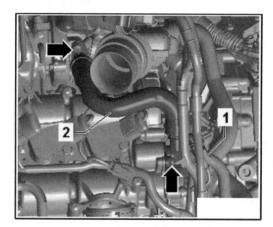

图 5-487

（8）旋出螺栓（如图 5-488 中箭头），拆下进气凸轮轴密封盖（如图 5-488 中 1）。拆卸废气涡轮增压器管接头。

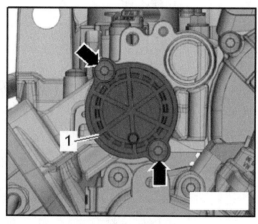

图 5-488

（9）脱开线束固定卡子（如图 5-489 中箭头）。旋出螺栓（如图 5-489 中 1、3），取下冷却液泵正时齿形皮带盖罩（如图 5-489 中 2）。

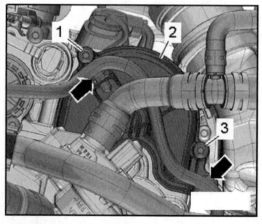

图 5-489

（10）将 1 缸活塞调整至"上止点"位置，如图 5-490 所示。拆卸火花塞。将千分表适配器 T10170 或 T10170A 拧入火花塞中。将延长件 T10170/1 或 T10170A/1 尽可能地插入千分表 V/35.1 并使用自锁螺母（如图 5-490 中箭头）将其固定到位。缓慢地以发动机工作时曲轴运转方向旋转曲轴，直至千分表 V/35.1 指针达到最大偏转位置。一旦指针达到最大偏转位置（若继续转动曲轴，千分表将以相反的方向回转），活塞则处于"1 缸上止点"位置。

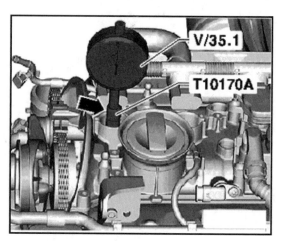

图 5-490

（11）将凸轮轴置于"上止点"位置。如图 5-491 所示，A 为排气侧，E 为进气侧。变速器侧的两个凸轮轴上，每个凸轮轴上各有两个不对称的槽（如图 5-491 中箭头）。在排气凸轮轴上，可以通过冷却液泵齿形皮带轮上的孔看到凸轮轴上两个不对称的槽

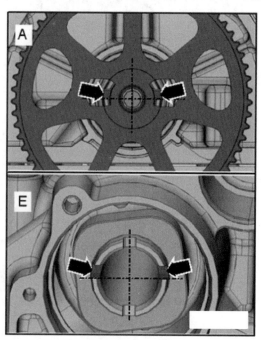

图 5-491

464

（如图 5-491 中箭头）。在进气凸轮轴上，凹槽（如图 5-491 中箭头）位于凸轮轴中部上方。凸轮轴位置不在描述位置时，继续转动曲轴，直至到达上止点位置要求。旋出气缸体"上止点"孔锁定螺栓。

（12）如图 5-492 所示，将定位销 CT10340 或 T10340 旋入至极限位置，并以 30N·m 的力矩拧紧，将曲轴沿发动机工作时的运转方向转至极限位置，此时定位销与曲轴臂充分接触。提示：此时定位销 CT10340 或 T10340 应该可以完全旋入至缸体。

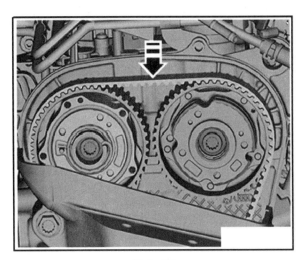

图 5-494

插入凸轮轴内，直至止动位置。用手拧紧螺栓（如图 5-495 中箭头）。

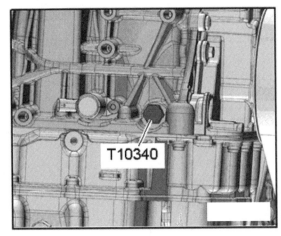

图 5-492

（13）将凸轮轴固定工具 CT10494 或 T10494 安装至凸轮轴上。提示：凸轮轴固定工具 CT10494 或 T10494 必须能很容易地放入安装位置。不能使用其他工具敲击凸轮轴固定工具，以使其能安装到位。如果凸轮轴固定工具 CT10494 或 T10494 不能很容易地放入安装位置，如图 5-493 所示。

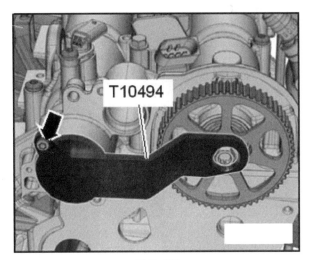

图 5-495

（16）如果无法插入凸轮轴固定工具 CT10494 或 T10494：取下凸轮轴上的正时齿形皮带。调整正时。

（17）如果可以插入凸轮轴固定工具 CT10494 或 T10494：正时正常。当心：发动机有损坏的危险。结束工作之前检查是否已经取下定位销 CT10340 或 T10340 和凸轮轴固定工具 CT10494 或 T10494。

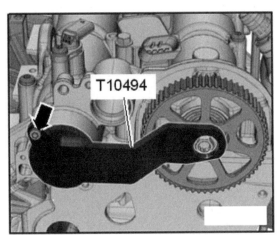

图 5-493

（14）用手沿如图 5-494 中箭头方向按压正时齿形皮带。

（15）同时将凸轮轴固定工具 CT10494 或 T10494

十、车型

上汽大众桑塔纳 1.5L（1.5L DLFA），2019—2021 年。

上汽大众桑塔纳浩纳 1.5L（1.5L DLFA），2019—2021 年。

（一）拆卸和安装正时齿形皮带

1. 所需要的专用工具和维修设备

（1）定位扳手 T10172 或 CT10172 以及适配器 T10172/2 或 CT10172/2，如图 5-496 所示。

T10172

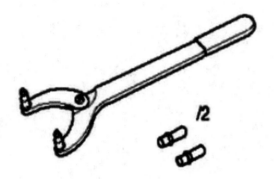

图 5-496

（2）扳手 3415 或 S3415，如图 5-497 所示。

3415

图 5-497

（3）定位销 T10340 或 CT10340，如图 5-498 所示。

T10340

图 5-498

（4）固定工具 CT80009，如图 5-499 所示。

（5）凸轮轴固定工具 CT10477 或 T10477，如图

CT80009

图 5-499

5-500 所示。

CT10477

图 5-500

（6）30mm 特殊扳手 T10499 或 CT10499，如图 5-501 所示。

T10499

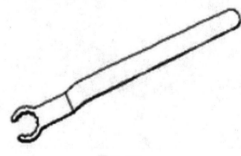

图 5-501

（7）扭力扳手（5～60N·m）Hazet 6290-1 CT 或 V.A.G 1331，如图 5-502 所示。

（8）扭力扳手（40～200N·m）Hazet 6292-1

Hazet 6290-1 CT

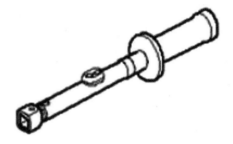

图 5-502

CT 或 V.A.G 1332，如图 5-503 所示。

Hazet 6292-1 CT

图 5-503

（9）棘轮头 Hazet 6403-1，如图 5-504 所示。

Hazet 6403-1

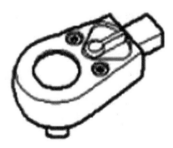

图 5-504

（10）棘轮头 Hazet 6404-1，如图 5-505 所示。
（11）角度盘 Hazet 6690，如图 5-506 所示。

Hazet 6404-1

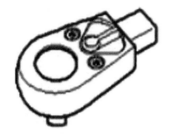

图 5-505

Hazet 6690

图 5-506

（12）13mm 特殊环形扳手 T10500 或 CT10500，如图 5-507 所示。

T10500

图 5-507

（13）内十二角套筒扳手 Hazet 900Z-21，如图 5-508 所示。

2.拆卸
（1）拆卸空气滤清器壳体。
（2）拆卸隔音板。

Hazet 900Z-21

图 5-508

（3）拆卸下部正时齿形皮带护罩。

（4）从凸轮轴上取下正时齿形皮带。提示：颠倒已使用过的正时齿形皮带的运行方向，可能会造成损坏。在拆卸正时齿形皮带之前，先用粉笔或记号笔标记运转方向，以便重新安装。

（5）使用 30mm 特殊扳手 CT10499 或 T10499 A 固定偏心轮上的张紧轮（如图 5-509 中 2），松开螺栓（如图 5-509 中 1）。提示：因剧烈弯曲导致齿形皮带有损毁的危险。齿形皮带是用纤维制成的，在剧烈弯曲时会损坏。切勿以小于 r=25mm 的半径弯折齿形皮带。

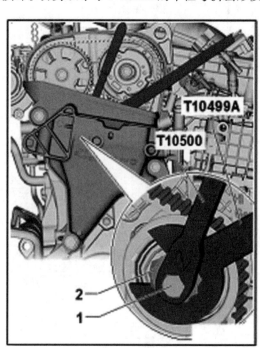

图 5-509

（6）正时齿形皮带的弯曲半径：正时齿形皮带（如图 5-510 中 2）的弯曲半径（如图 5-510 中 r）不得低于 25mm，大约为曲轴齿轮（如图 5-510 中 1）的一半直径。提示：正时齿形皮带与凸轮轴皮带轮、曲轴

正时齿形皮带轮、张紧轮和导向轮等的接触点必须无机油。

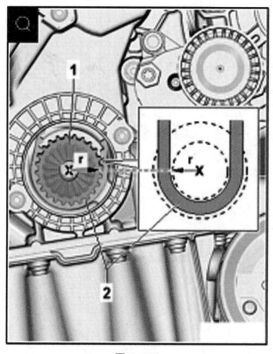

图 5-510

（7）取下正时齿形皮带。

（8）沿如图 5-511 中箭头方向取下正时齿形皮带轮（如图 5-511 中 1）。

图 5-511

3. 安装

提示：更换采用角度控制方式拧紧的螺栓，如拧紧要求为 30N·m+ 继续旋转 90°。

（1）凸轮轴和 1 缸活塞位于"上止点"位置。注意：凸轮轴固定工具 CT10477 此时安装在凸轮轴箱体上。禁止将凸轮轴固定工具 CT10477 作为固定支架使用。提示：在安装凸轮轴调节器之前，请注意将导向套插到凸轮轴中。

（2）更换凸轮轴齿形皮带轮螺栓（如图5-512中1、2），并将其拧入，但不要拧得很紧。凸轮轴皮带轮必须还能在凸轮轴上转动，但是不允许倾斜。

图 5-512

检查张紧轮的凸耳（如图5-513中箭头）是否啮合在气缸盖的铸造孔上。

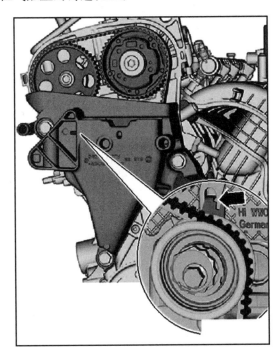

图 5-513

（3）将正时齿形皮带轮装到曲轴上。必须保证曲轴皮带轮和正时齿形皮带轮的接触面无油脂。正时齿形皮带轮铣切面（如图5-514中箭头）必须放在曲轴铣削切面上。

（4）安装齿形皮带时注意安装顺序：如果安装旧的正时齿形皮带，注意运行方向箭头。将正时齿形皮带（如图5-515中1）安装到大导向轮（如图5-515中2）和小导向轮上。提示：小导向轮没有在图中体现。

图 5-514

图 5-515

（5）向上拉齿形皮带，并置于大导向轮（如图5-516中1）、张紧轮（如图5-516中2）、排气凸轮轴齿形皮带轮（如图5-516中3）和进气凸轮轴齿形皮带轮（如图5-516中4）上。

图 5-516

（6）沿如图5-517中箭头方向转动30 mm特殊扳手CT10499或T10499，即转动张紧轮偏心轮（如图5-517中2），直到设置指示针（如图5-517中3）位于设置窗右侧10mm处。回转偏心轮，直到指示针正好位于设置窗口内。使用13mm特殊环形扳手

CT10500 或 T10500 将偏心轮保持在该位置，拧紧螺栓（如图 5-517 中 1）至额定要求。提示：发动机转动或运行后，指示针（如图 5-517 中 3）位置和设置窗口之间的距离可能会出现细小差异，这对齿形皮带张紧并没有影响。

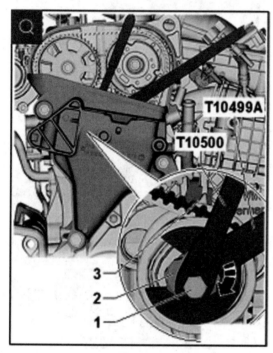

图 5-517

（7）按照要求分两步拧紧进气侧和排气侧凸轮轴调节器的螺栓（如图 5-518 中 1、2）至规定力矩。提示：只有发动机配气相位检查正常时，才能用最终拧紧力矩拧紧紧固螺栓，即进一步拧紧规定的角度。

图 5-518

（8）安装下部正时齿形皮带护罩（如图 5-519 中箭头）螺栓。

（9）安装曲轴皮带轮。

（10）调整正时。

（11）其余的安装以拆卸的相反顺序进行，安装

过程中要注意冷却液的加注。

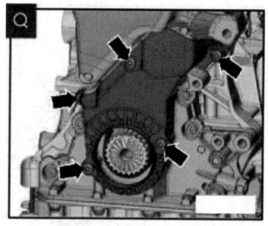

图 5-519

（二）检查正时

1. 所需要的专用工具和维修设备

（1）扭力扳手（5 ~ 60N·m） Hazet 6290-1 CT 或 V.A.G 1331，如图 5-520 所示。

Hazet 6290-1 CT

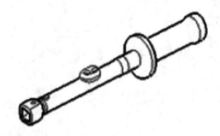

图 5-520

（2）扳手 3415 或 S 3415，如图 5-521 所示。

S3415

图 5-521

（3）定位销 CT10340 或 T10340，如图 5-522 所示。

（4）固定工具 CT80009 或 T80009，如图 5-523

CT10340

图 5-522

CT80009

图 5-523

所示。

（5）凸轮轴固定工具 CT10477 或 T10477，如图 5-524 所示。

CT10477

图 5-524

（6）扭力扳手 Hazet 6294-1 CT，如图 5-525 所示。

（7）内十二角套筒扳手 Hazet 900Z-21，如图 5-526 所示。

（8）棘轮头 Hazet 6404-1，如图 5-527 所示。

（9）棘轮头 Hazet 6403-1，如图 5-528 所示。

Hazet 6294-1 CT

图 5-525

Hazet 900Z-21

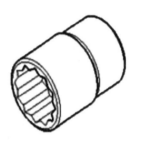

图 5-526

Hazet 6404-1

图 5-527

Hazet 6403-1

图 5-528

2. 拆卸

（1）拆卸空气滤清器壳体。

（2）脱开线束固定卡子（如图 5-529 中箭头）。旋出螺栓（如图 5-529 中 1、3），取下冷却液泵正时齿形皮带盖罩（如图 5-529 中 2）。

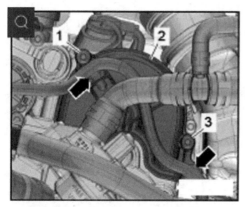

图 5-529

（3）旋出螺栓（如图 5-530 中箭头），拆下进气凸轮轴密封盖（如图 5-530 中 1），适用于 DLW/DLX 发动机的车型。

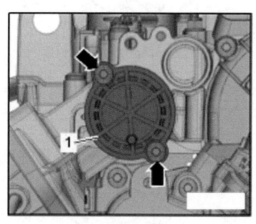

图 5-530

（4）旋出螺栓（如图 5-531 中箭头），拆下进气凸轮轴密封盖（如图 5-531 中 1），适用于 DMB/DLF/

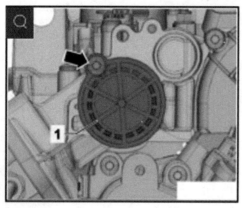

图 5-531

DNC 发动机的车型。排放冷却液。

（5）松开弹簧卡箍，拔下软管（如图 5-532 中 1、2）。旋出螺栓（如图 5-532 中 A~D）将节温器盖罩（如图 5-532 中 3）放置一旁。

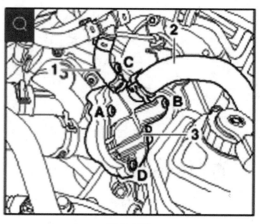

图 5-532

（6）将 1 缸活塞调整至"上止点"位置，适用于 DLW/DLX 发动机的车型。拆卸火花塞。将千分表适配器 T10170 或 T10170A 拧入火花塞中。将延长件 T10170/1 或 T10170A/1 尽可能地插入千分表 V/35.1，并使用自锁螺母（如图 5-533 中箭头）将其固定到位。缓慢地以发动机工作时曲轴运转方向旋转曲轴，直至千分表 V/35.1 指针达到最大偏转位置。一旦指针达到最大偏转位置（若继续转动曲轴，千分表将以相反的方向回转），活塞则处于"1 缸上止点"。

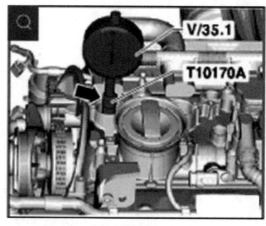

图 5-533

（7）将 1 缸活塞调整至"上止点"位置，适用于 DMB/DLF/DNC 发动机的车型。拆卸火花塞。将千分表适配器 T10170B 拧入火花塞中。将延长件 T10170B/1 尽可能地插入千分表 V/35.1，并使用自锁螺母（如图 5-534 中箭头）将其固定到位。缓慢地以发动机工作时曲轴运转方向旋转曲轴，直至千分表 V/35.1 指针达到最大偏转位置。一旦指针达到最大偏转位置（若继续转动曲轴，千分表将以相反的方向回转），活塞则处于"1缸上止点"。

旋入至缸体。

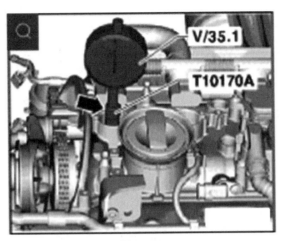

图5-534

提示：使用扳手3415或S 3415和固定工具CT80009转动曲轴，如图5-535所示。

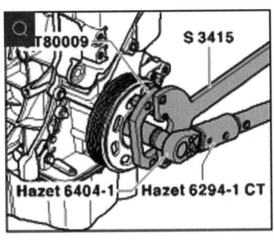

图5-535

（8）此时需要检查飞轮侧凸轮轴的状态是否满足下述要求。将凸轮轴置于"上止点"位置。

如图5-536所示，A为排气侧；E为进气侧。变速器侧的两个凸轮轴上，每个凸轮轴上各有两个不对称的槽（如图5-536中箭头）。在排气凸轮轴上，可以通过冷却液泵齿形皮带轮上的孔看到凸轮轴上两个不对称的槽（如图5-536中箭头）。在进气凸轮轴上，凹槽（如图5-536中箭头）位于凸轮轴中部上方。凸轮轴位置不在描述位置时，继续转动曲轴，直至到达"上止点"位置要求。旋出气缸体上止点孔锁定螺栓。将定位销CT10340或T10340旋入至极限位置，并以30N·m的力矩拧紧，将曲轴沿发动机工作时的运转方向转至极限位置，此时定位销与曲轴臂充分接触。提示：此时定位销CT10340或T10340应该可以完全

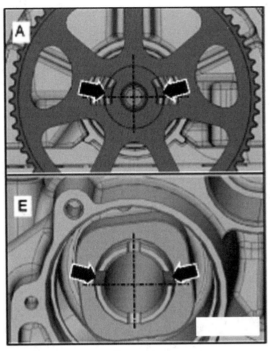

图5-536

（9）将凸轮轴固定工具CT10477或T10477安装至凸轮轴上。提示：凸轮轴固定工具CT10477或T10477必须能很容易地放入安装位置。不能使用其他工具敲击凸轮轴固定工具，以使其能安装到位。如果凸轮轴固定工具CT10477或T10477不能很容易地放入安装位置，如图5-537所示。

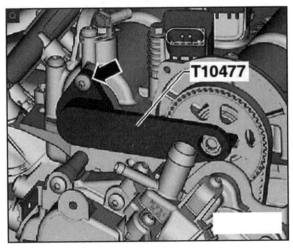

图5-537

（10）用手沿如图5-538中箭头方向按压正时齿形皮带。

（11）同时将凸轮轴固定工具CT10477或T10477插入凸轮轴内，直至止动位置。用手拧紧螺栓（如图5-539中箭头）。如果无法插入凸轮轴固定工具

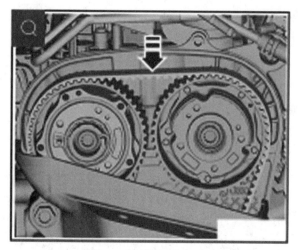

图 5-538

CT10477 或 T10477：取下凸轮轴上的正时齿形皮带。调整正时。

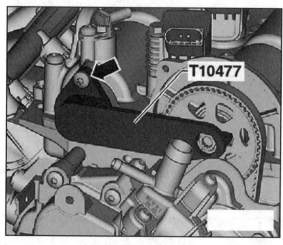

图 5-539

如果可以插入凸轮轴固定工具 CT10477 或 T10477：正时正常。

当心：发动机有损坏的危险。结束工作之前检查是否已经取下定位销 CT10340 或 T10340 和凸轮轴固定工具 CT10477 或 T10477。

（12）其余的安装以拆卸的相反顺序进行。提示：更换采用角度控制方式拧紧的螺栓，如拧紧要求为 30N·m + 继续旋转 90°。锁定螺栓和 O 形圈损坏时须及时更换。

（13）加注冷却液。

（14）安装空气滤清器壳体。

十一、车型

上汽大众帕萨特 330TSI（2.0T DKVB），2019 年。

上汽大众途岳 330TSI（2.0T DKVB），2019—2020 年。

上汽大众途观 L 330TSI（2.0T DKVB），2019 年。

上汽大众途昂 330TSI（2.0T DKVB），2019—2020 年。

上汽大众途昂 X 330TSI（2.0T DKVB），2019 年。

（一）凸轮轴正时链装配概览（如图 5-540 所示）

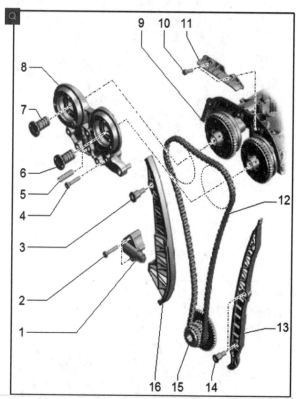

1.链条张紧器。处于弹簧压力下。在拆卸之前用锁止工具CT80014或锁止工具CT40267定位 2.螺栓。拆卸后更换。拧紧力矩4N·m+继续旋转90° 3.导向螺栓。拧紧力矩20N·m 4.螺栓。拆卸后更换 5.张紧套。与紧固螺栓一同拉入气缸中 6.控制阀。左旋螺纹。拧紧力矩35N·m。用正时调节装配工具CT80028进行拆卸 7.控制阀。左旋螺纹。拧紧力矩35N·m。用正时调节装配工具CT80028进行拆卸 8.轴承座 9.气缸盖罩 10.螺栓。拧紧力矩9N·m 11.凸轮轴正时链上部导轨 12.凸轮轴正时链。拆卸前用彩色笔标记转动方向 13.凸轮轴正时链导轨 14.导向螺栓。拧紧力矩20N·m 15.曲轴链轮 16.凸轮轴正时链导轨

图 5-540

1.两个齿轮上的标记（如图 5-541 中箭头）必须对准

图 5-541

2. 轴承座拧紧力矩和拧紧顺序

如果有张紧套，将其与螺栓（如图5-542中1）同拉入气缸盖中。按图5-542所示顺序分布拧紧螺栓。

图5-542

（1）拧紧力矩3N·m（安装张紧套）。

（2）螺栓1~6拧紧力矩9N·m。

（二）拆卸和安装凸轮轴正时链

1. 所需要的专用工具和维修设备

（1）拉杆T40243或CT 40243，如图5-543所示。

T40243

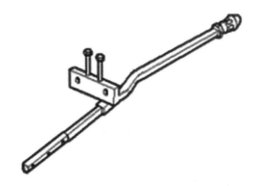

图5-543

（2）止动工具T10355或CT10355，如图5-544所示。

T10355

图5-544

（3）装配工具T10352/2或CT 10352/2，如图5-545所示。

CT 10352/2

图5-545

（4）凸轮轴锁止工具T40271或CT40271，如图5-546所示。

T40271

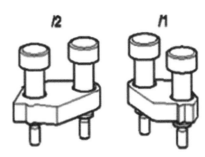

图5-546

（5）凸轮轴位置调整工具CT40266 B或T40266 B，如图5-547所示。

CT 40266 B

图5-547

（6）装配工具T10531或CT10531，如图5-548所示。

（7）扭力扳手（5~60N·m）Hazet 6290-1 CT或V.A.G 1331，如图5-549所示。

（8）转换接头Hazet 958-2，如图5-550所示。

T10531

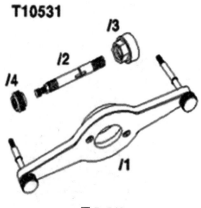

图 5-548

Hazet 6290-1 CT

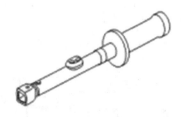

图 5-549

Hazet 958-2

图 5-550

（9）棘轮头 Hazet 6403-1，如图 5-551 所示。

Hazet 6403-1

图 5-551

（10）锁止工具 T40267 或 CT40267，如图 5-552 所示。

T40267

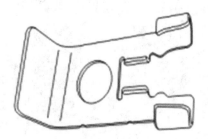

图 5-552

（11）棘轮头 Hazet 6402-1，如图 5-553 所示。

Hazet 6402-1

图 5-553

（12）角度盘 Hazet 6690，如图 5-554 所示。

Hazet 6690

图 5-554

（13）锁止工具 CT80014，如图 5-555 所示。

2.拆卸

（1）排空发动机机油。

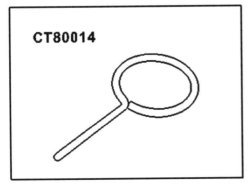

图 5-555

（2）拆卸发动机支撑件。

（3）拆卸正时链上部盖板。

（4）使用止动工具 T10355 或 CT10355 将皮带盘旋转到"1 缸上止点"位置。

（5）凸轮轴链轮上的标记（如图 5-556 中 1）必须与气缸盖上的标记（如图 5-556 中 2）和（如图 5-556 中 3）对齐。皮带盘上的切口必须对准正时链下部盖板上的箭头标记（如图 5-556 中箭头），约为 4 点钟方向。

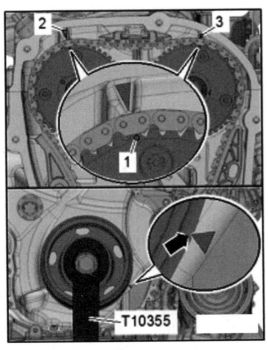

图 5-556

（6）使用正时调节装配工具 CT80028 沿箭头方向拆下进/排气凸轮轴控制阀，如图 5-557 所示。提示：控制阀是左旋螺纹。

（7）旋出螺栓（如图 5-558 中 1~6 所示），取下轴承座。拆卸皮带盘。拆卸正时链下部盖板。

（8）旋出螺栓（如图 5-559 中箭头）。

（9）安装拉杆 T40243 或 CT40243，拧紧螺栓（如

图 5-557

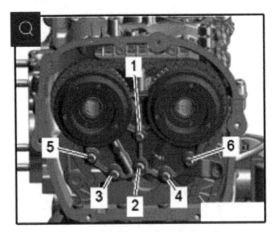

图 5-558

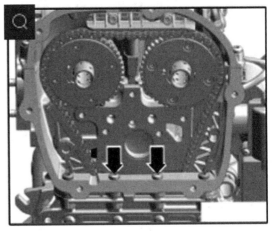

图 5-559

图 5-560 中箭头）。按压链条张紧器卡簧（如图 5-560 中 1）并保持，使其直径增大。缓慢沿箭头方向推动拉杆 T40243 或 CT 40243，并保持该位置。

（10）状态 1，使用锁止工具 T40267 或 CT40267 锁定链条张紧器，如图 5-561 所示。

（11）状态 2，使用锁止工具 CT80014 锁定链条张紧器，如图 5-562 所示。拆下拉杆 T40243 或 CT40243。

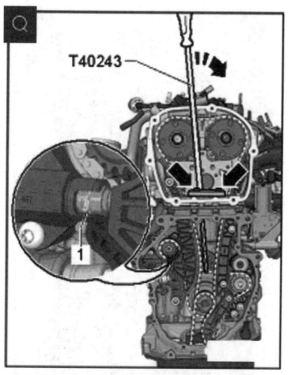

图 5-560

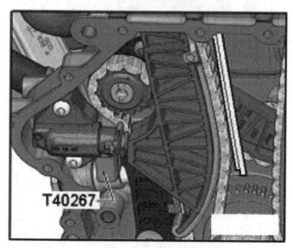

图 5-561

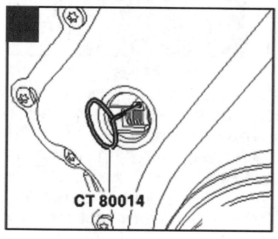

图 5-562

（12）将凸轮轴锁止工具 T40271/72 或 CT 40271 72 用螺栓固定至气缸盖，并沿箭头（如图 5-563 中 2）方向按压，使其上齿能够与进气凸轮轴链轮齿啮合。如有必要，可使用凸轮轴位置调整工具 CT40266 B 或 T40266 B 沿箭头（如图 5-563 中 1）方向稍微旋转进气凸轮轴。

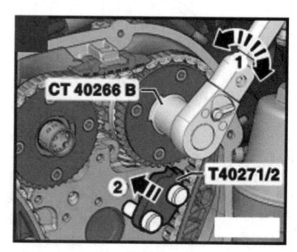

图 5-563

（13）沿箭头（如图 5-564 中 A）方向把持住排气凸轮轴，旋出导向螺栓（如图 5-564 中 1），拆下凸轮轴正时链导轨（如图 5-564 中 2）。将凸轮轴锁止工具 T40271 71 或 CT 40271 71 用螺栓固定至气缸盖，并沿箭头（如图 5-564 中 B）方向按压凸轮轴锁止工具 T40271 71 或 CT 40271 /1，使其上齿能够与排气凸轮轴链轮齿啮合箭头（如图 5-564 中 C）。如有必要，可使用凸轮轴位置调整工具 CT40266 B 或 T40266 B 稍微沿箭头（如图 5-564 中 A）方向旋转排气凸轮轴。

图 5-564

（14）提示：此时，链轮之间的凸轮轴正时链处于松弛状态。旋出螺栓（如图 5-565 中箭头），取下上部导轨（如图 5-565 中 1）。

图 5-565

（15）旋出导向螺栓（如图 5-566 中 1），拆下凸轮轴正时链导轨（如图 5-566 中 2）。

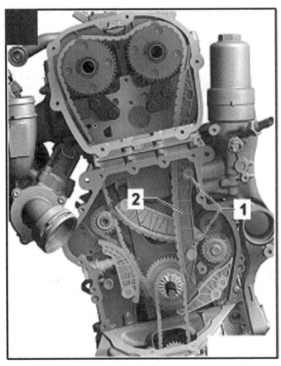

图 5-566

（16）按压机油泵链条张紧导轨上的张紧弹簧（如图 5-567 中箭头）。旋出导向螺栓（如图 5-567 中 1），拆下机油泵链条张紧导轨（如图 5-567 中 2）。取下机油泵链条。拆下凸轮轴正时链。

3. 安装

（1）检查曲轴是否位于"1 缸上止点"位置。检查有色链节是否与链轮上的标记对齐（如图 5-568 中箭头）。

（2）提示：安装凸轮轴正时链时，其有色链节必须分别与凸轮轴链轮、曲轴齿轮标记对准（如图 5-569

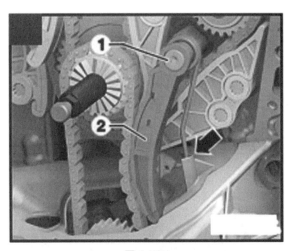

图 5-567

图 5-568

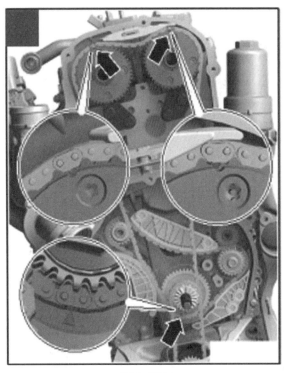

图 5-569

479

中箭头）。将正时链安装在进气凸轮轴上。将正时链安装在排气凸轮轴上。将正时链安装在曲轴上，并保持在该位置。

（3）安装凸轮轴正时链导轨（如图 5-570 中 2），并拧紧导向螺栓（如图 5-570 中 1）。

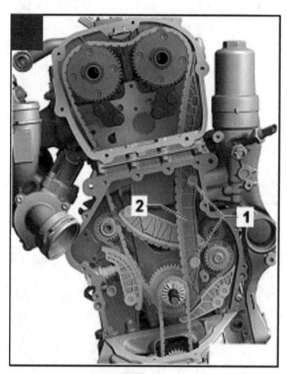

图 5-570

（4）安装上部导轨（如图 5-571 中 1），并拧紧螺栓（如图 5-571 中箭头）。

图 5-571

（5）使用凸轮轴位置调整工具 CT40266 B 或 T40266 B 缓慢地沿箭头（如图 5-572 中 A）方向稍微转动排气凸轮轴，直至凸轮轴锁止工具 T40271 71 或 CT 40271 71 可以沿箭头（如图 5-572 中 B）方向移出。安装凸轮轴正时链导轨（如图 5-572 中 2），拧

紧导向螺栓（如图 5-572 中 3）。当心！安装凸轮轴正时链导轨前，必须检查有色链节是否仍与曲轴齿轮标记对准。拆下排气凸轮轴锁止工具 T40271/1 或 CT 40271/1。

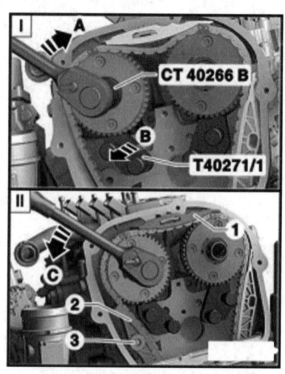

图 5-572

（6）安装机油泵传动链条及其张紧导轨（如图 5-573 中 2），拧紧导向螺栓（如图 5-573 中 1）。将张紧弹簧嵌入上部油底壳的凹槽中（如图 5-573 中箭头）。

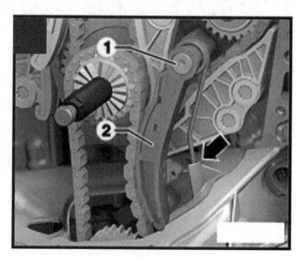

图 5-573

（7）沿箭头（如图 5-574 中 2）方向移出凸轮轴锁止工具 T40271 72 或 CT 40271/2。如有必要，可使用凸轮轴位置调整工具 CT40266 B 或 T40266 B 沿箭头（如图 5-574 中 1）方向稍微旋转进气凸轮轴。拆下

凸轮轴锁止工具 T40271 72 或 CT 40271/2。

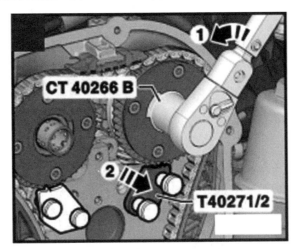

图 5-574

（8）检查有色链节是否与凸轮轴链轮标记、平衡轴链轮标记、曲轴齿轮标记对齐（如图 5-575 中箭头）。

图 5-575

（9）安装拉杆 T40243 或 CT40243，并沿箭头方向按压，如图 5-576 所示。

（10）状态 1，拆下锁止工具 T40267 或 CT40267，如图 5-577 所示。

（11）状态 2，拆下锁止工具 CT80014，如图 5-578所示。

（12）拆下拉杆 T40243 或 CT40243，拧入并拧紧螺栓（如图 5-579 中箭头）。

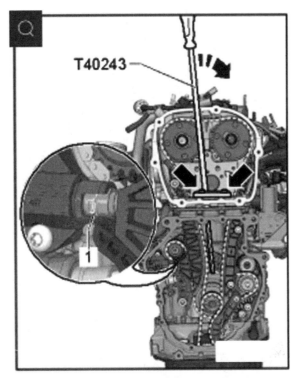

图 5-576

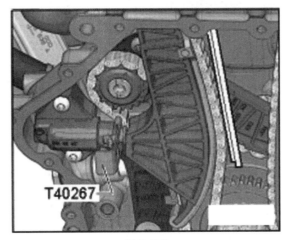

图 5-577

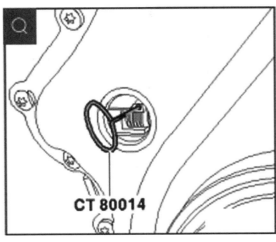

图 5-578

图 5-579

（13）小心地安装轴承座。确保轴承座安装之后没有处于倾斜状态！用手拧紧螺栓（如图 5-580 中箭头）。以额定要求拧紧轴承座的螺栓。

图 5-580

（14）安装控制阀。

（15）安装正时链下部盖板。

（16）安装皮带盘。

（17）进一步的安装以拆卸的相反顺序进行，同时注意下列事项：

提示：由于传动比原因，发动机转动后，有色链节不易与凸轮轴链轮标记对准。因此，必须使用千分表检查气门正时。

① 将发动机曲轴沿工作时的运转方向旋转 2 圈并检查气门正时。

②安装正时链上部盖板。

③安装发动机支撑件。

④加注发动机机油。

⑤维修作业结束后，请对发动机控制单元按如下要求进行自适应学习。

（三）平衡轴正时链装配概览（如图 5-581 所示）

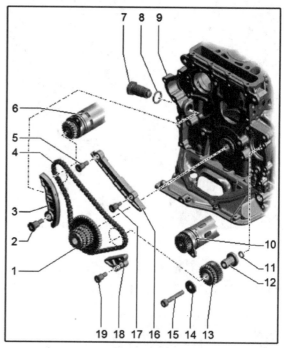

1.曲轴链轮 2.导向螺栓。拧紧力矩20N·m 3.导轨。用于平衡轴正时链 4.平衡轴正时链 5.导向螺栓。拧紧力矩20N·m 6.排气凸轮轴侧的平衡轴。用发动机机油润滑轴承。一旦拆卸须更换 7.链条张紧器。拧紧力矩85N·m 8.O形圈。拆卸后更换。涂抹密封剂D154103A1 9.气缸体 10.进气凸轮轴侧的平衡轴。用发动机机油润滑轴承。一旦拆卸须更换 11.O形圈。用发动机机油润滑 12.轴承销。用发动机机油润滑 13.中间轴齿轮。一旦螺栓被拧松，须更换中间轴齿轮 14.垫片 15.螺栓 16.导轨。用于平衡轴正时链 17.导向螺栓。拧紧力矩12N·m 18.导轨。用于平衡轴正时链 19.导向螺栓。拧紧力矩20N·m

图 5-581

（四）拆卸和安装平衡轴正时链

1. 所需要的专用工具和维修设备

（1）扭力扳手（5～60N·m）Hazet 6290-1CT或 V.A.G 1331，如图 5-582 所示。

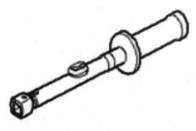

Hazet 6290-1 CT

图 5-582

（2）扭力扳手 Hazet 6292-1 CT 或 V.A.G 1332，如图 5-583 所示。

Hazet 6292-1 CT

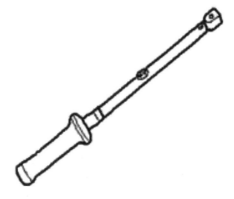

图 5-583

（3）棘轮头 Hazet 6403-1，如图 5-584 所示。

Hazet 6403-1

图 5-584

（4）棘轮头 Hazet 6404-1，如图 5-585 所示。

Hazet 6404-1

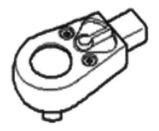

图 5-585

（5）装配工具 CT10531 或 T10531，如图 5-586 所示。

2. 拆卸

（1）拆卸凸轮轴正时链。前提条件：曲轴位于"1

T10531

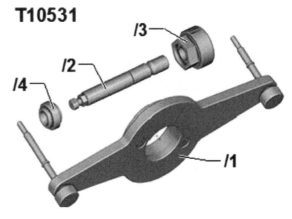

图 5-586

缸上止点"上：曲轴链轮上的 V 形缺口位于凸轮轴链轮之间的中心位置（垂直虚线如图 5-587 中箭头中心）。使用夹紧销 CT10531/2 或 T10531/2 锁定曲轴链轮。

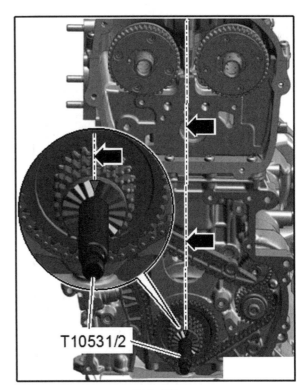

图 5-587

（2）旋出螺栓（如图 5-588 中 4），取下链条张紧器。旋出链条张紧器（如图 5-588 中 3）。旋出导向螺栓（如图 5-588 中 1 和 5），拆下导轨（如图 5-588 中 2 和 6）。取下平衡轴正时链。

3. 安装

（1）安装以拆卸的相反顺序进行，同时注意下列事项：前提条件：曲轴位于"1 缸上止点"上：曲轴链轮上的 V 形缺口位于凸轮轴链轮之间的中心位置（垂直虚线如图 5-589 中箭头中心）。使用夹紧销

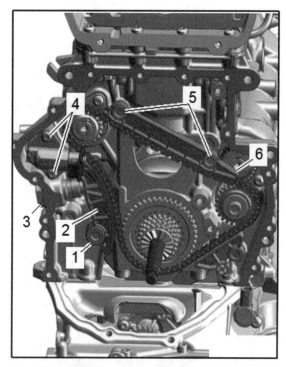

图 5-588

图 5-590

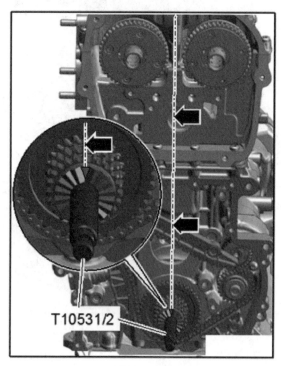

图 5-589

CT10531/2 或 T10531/2 锁定曲轴链轮。

（2）安装平衡轴正时链，使平衡轴正时链上的有色链节分别对准进 / 排气凸轮轴侧的平衡

轴链轮上的标记（如图 5-590 中箭头）。

（3）安装导轨（如图 5-591 中 1），旋入导向螺栓（如图 5-591 中箭头）。

（4）曲轴链轮上的标记必须与平衡轴正时链上的

图 5-591

有色链节（如图 5-592 中箭头）对齐。安装导轨（如图 5-592 中 2），旋入导向螺栓（如图 5-592 中 1）。

（5）拧紧链条张紧器（如图 5-593 中箭头）。

（6）再次检查：平衡轴正时链上的有色链节必须与进 / 排气凸轮轴侧的平衡轴链轮上的标记和曲轴链轮上的标记对齐（如图 5-594 中箭头）。

（7）安装凸轮轴正时链。

（五）检查正时

1. 所需要的专用工具和维修设备

（1）千分表 V/35.1，如图 5-595 所示。

（2）千分表适配器 T10170 或 T10170A，如图 5-596 所示。

2. 拆卸

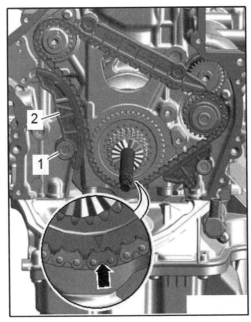

图 5-592

图 5-593

图 5-594

V/35.1

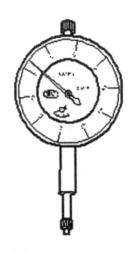

图 5-595

T10170

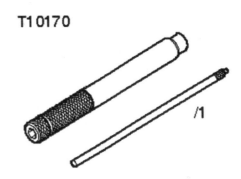

图 5-596

（1）拆卸正时链上部盖板。拆卸发动机舱底部隔音板。

（2）用止动工具 T10355 或 CT10355 缓慢地转动皮带盘直至凸轮轴链轮上的标记（如图 5-597 中 1 和 2）接近指向上方。拆卸第 1 缸火花塞。

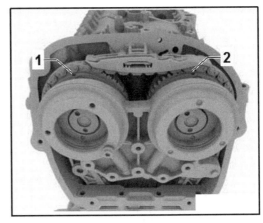

图 5-597

（3）尽可能地将千分表适配器 T10170 或 T10170A 拧入火花塞中。将延长件 T10170/1 或

T10170A/1 尽可能地插入千分表 V/35.1 并使用自锁螺母（如图 5-598 中箭头）将其固定到位。缓慢地以发动机工作时曲轴运转方向旋转曲轴，直至千分表 V/35.1 指针达到最大偏转位置。一旦指针达到最大偏转位置（若继续转动曲轴，千分表将以相反的方向回转），活塞则处于 1 缸上止点。

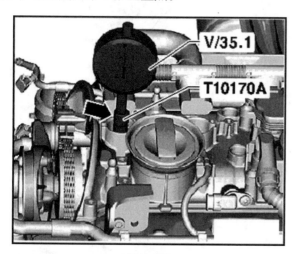

图 5-598

提示：用止动工具 T10355 或 CT10355 缓慢地转动皮带盘。如果曲轴已被旋转至超过"1 缸上止点"，应以发动机工作时的曲轴运转方向转动曲轴 2 圈，禁止以其工作运转的相反方向回转曲轴！

（4）此时曲轴皮带盘以及凸轮轴链轮应当满足如

下要求：皮带盘上的切口必须对准正时链下部盖板上的箭头标记（如图 5-599 中箭头），约为 4 点钟方向。凸轮轴链轮上的标记（如图 5-599 中 1）必须与气缸盖上的标记（如图 5-599 中 2 和 3）对齐。

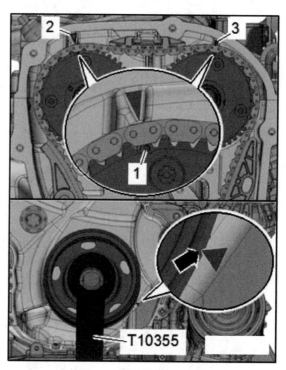

图 5-599

第六章 上汽斯柯达车系

一、车型

上汽斯柯达柯米克 GT TSI230（1.2T DLSA），2020—2021 年。

其正时校对方法与第五章中"一、车型 上汽大众朗逸两箱 200TSI（1.2T DLSA），2019—2021 年"方法相同，请参考其方法。

二、车型

上汽斯柯达明锐 1.5L（1.5L DMBA），2020—2021 年。

其正时校对方法与第五章中"四、车型 上汽大众途铠 1.5 L(1.5L DMBA)，2019—2022 年"方法相同，请参考其方法。

三、车型

上汽斯柯达明锐 Pro TSI280（1.4T DJSA），2020—2021 年。

上汽斯柯达速派 TSI280（1.4T DJSA），2019—2021 年。

上汽斯柯达柯珞克 TSI280（1.4T DJSA），2020—2022 年。

其正时校对方法与第五章中"二、车型 上汽大众帕萨特 280 TSI(1.4T DJSA)，2019—2022 年"方法相同，请参考其方法。

四、车型

上汽斯柯达昕动 1.5L（1.5L DLFA），2020 年。

上汽斯柯达昕锐 1.5L（1.5L DLFA），2020 年。

上汽斯柯达柯米克 1.5L（1.5L DLFA），2020—2021 年。

上汽斯柯达柯米克 GT 1.5L（1.5L DLFA），2020—2021 年。

其正时校对方法与第五章中"十、车型 上汽大众桑塔纳 1.5L(1.5L DLFA)，2019—2021 年"方法相同，请参考其方法。

五、车型

上汽斯柯达速派 TSI330（2.0T DPLA），2019—2021 年。

上汽斯柯达柯迪亚克 TSI330（2.0T DPLA），2020—2021 年。

上汽斯柯达柯迪亚克 GT TSI330（2.0T DPLA），2021 年。

其正时校对方法与第五章中"五、车型 上汽大众帕萨特 330TSI（2.0T DPLA），2020—2022 年"方法相同，请参考其方法。

六、车型

上汽斯柯达柯迪亚克 TSI 380（2.0T DKXA），2019—2021 年。

上汽斯柯达柯迪亚克 GT TSI 380（2.0T DKXA），2019—2021 年。

上汽斯柯达速派 TSI 380（2.0T DKXA），2018—2021 年。

其正时校对方法与第五章中"六、车型 上汽大众途观 L 380TSI(2.0T DKXA)，2020—2022 年"方法相同，请参考其方法。

七、车型

上汽斯柯达柯迪亚克 TSI330（2.0T DKVB），2019 年。

上汽斯柯达柯迪亚克 GT TSI330（2.0T DKVB），2019 年。

其正时校对方法与第五章中"十一、车型 上汽大众帕萨特 330TSI（2.0T DKVB），2019 年"方法相同，请参考其方法。

第七章　一汽大众车系

一、车型

一汽大众宝来 1.5L（1.5L DMBA），2020—2021 年。

一汽大众探影 1.5L(1.5L DMBA),2020—2021年。

（一）正时齿形皮带装配一览（如图 7-1 所示）

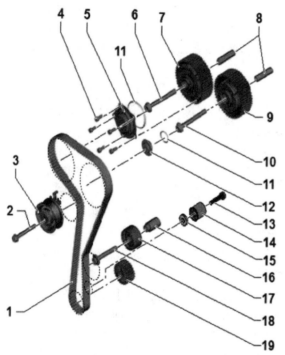

1.正时齿形皮带。在拆卸之前用粉笔或记号笔记下转动方向。检查是否磨损　2.螺栓。拧紧力矩25N·m　3.张紧轮　4.螺栓。拧紧力矩8 N·m+继续旋转45°　5.密封盖　6.螺栓。拧紧力矩50N·m+ 135°　7.排气凸轮轴正时齿形皮带轮。带凸轮轴调节装置　8.导向套　9.进气凸轮轴正时齿形皮带轮。带凸轮轴调节装置　10.螺栓。拧紧力矩50 N·m+继续旋转135°　11.O形环　12.螺旋塞。拧紧力矩20 N·m　13.螺栓。拧紧力矩25 N·m　14.小导向轮　15.垫片。用小导向轮　16.间隔套　17.大导向轮　18.螺栓。拧紧力矩20 N·m+继续旋转25°　19.正时齿形皮带轮。在正时齿形皮带轮和曲轴之间的表面上不允许有机油。只能安装在一个位置上

图 7-1

气缸体"上止点"孔的密封螺栓

提示：损坏时更换 O 形环。用 30N·m 的力矩拧紧螺栓（如图 7-2 中箭头）。

（二）拆卸和安装正时齿形皮带

1.所需要的专用工具和维修设备

（1）扭矩扳手 V.A.G1331，如图 7-3 所示。

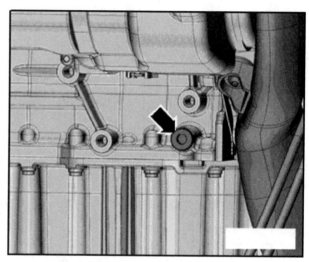

图 7-2

V.A.G1331

图 7-3

（2）固定支架 FT10172M 以及转接头 FT10172/1M 和 FT10172/2M，如图 7-4 所示。

FT10172M

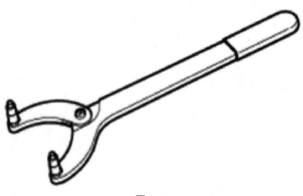

图 7-4

（3）固定螺栓 FT10340M，如图 7-5 所示。

FT10340M

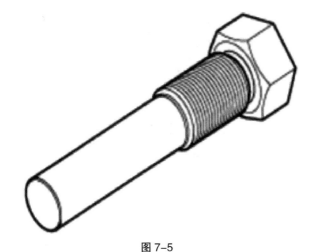

图 7-5

（4）扳手接头 FT10500G，如图 7-6 所示。

FT10500G

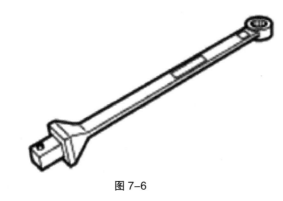

图 7-6

（5）梅花扳手 SW30-T10499，如图 7-7 所示。

T10499

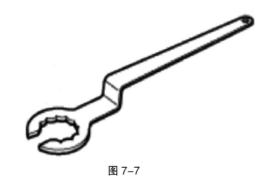

图 7-7

（6）火花塞扳手 F3122 BG，如图 7-8 所示。

（7）千分表 FVG 6079M，如图 7-9 所示。

（8）千分表适配器 FT10170M，如图 7-10 所示。

（9）凸轮轴固定装置 FT10477G1 /FT10477N1，如图 7-11 所示。

F3122BG

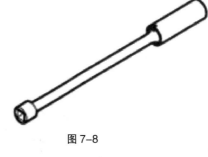

图 7-8

FVG6079M

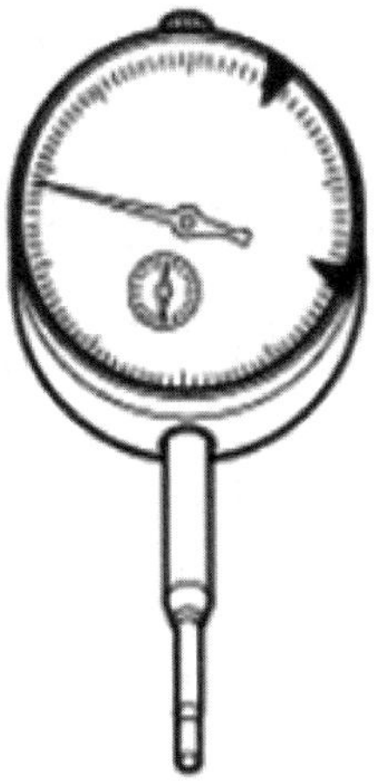

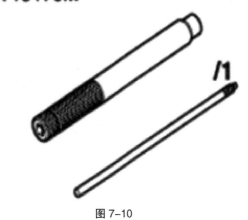

图 7-9

FT10170M

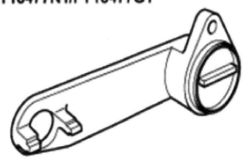

图 7-10

FT10477N1/FT10477G1

图 7-11

2. 拆卸

（1）拆卸隔音垫。拆卸右前轮罩板前部件。排出冷却液。拧出螺栓（如图7-12中A~D），接着将冷却液调节器盖板（如图7-12中1）放置一侧。

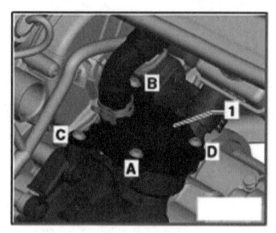

图7-12

（2）脱开线束固定卡（如图7-13中箭头）。拧出螺栓取下冷却液泵齿形皮带护罩（如图7-13中2）。

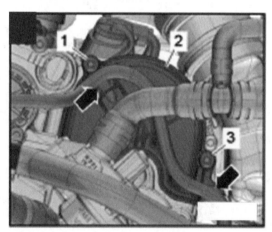

图7-13

（3）拧出螺栓（如图7-14中箭头）并取下密封盖（如图7-14中1）。

（4）拧出螺栓（如图7-15中2），脱开固定卡（如图7-15中3）。松开固定卡（如图7-15中箭头）取下上部正时齿形皮带护罩（如图7-15中1）。

（5）按如下所述，将曲轴转到"上止点"位置处。拆卸第1缸带功率输出级的点火线圈。用火花塞扳手F3122 BG拆下第1缸火花塞。将千分表适配接头FT10170M旋入火花塞螺纹孔中直至极限位置。将带延长件FT10170G1的千分表FVG 6079M插入千分表适配接头中，并拧紧锁止螺母（如图7-16中箭头）。沿发动机运转方向转动曲轴，直到第1缸的"上止点"，

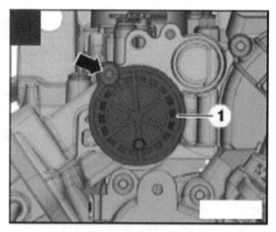

图7-14

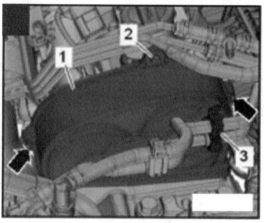

图7-15

并记下千分表指针位置。提示：如果曲轴转动超过上止点0.01mm，则将曲轴沿逆时针方向转动约45°，再沿发动机运转方向转动到第1缸的"上止点"。1气缸"上止点"的允许偏差：±0.01mm。

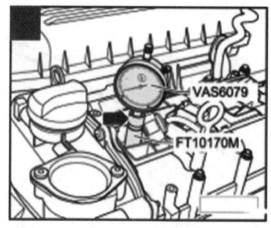

图7-16

（6）拧出气缸体上的"上止点"孔的螺旋塞。将固定螺栓FT10340M拧入气缸体中，直至限位位置，接着用30N·m的力矩拧紧。沿发动机运行方向转动曲轴，

490

直至限位位置。固定螺栓 FT10340M 现在紧贴曲柄侧面，如图 7-17 所示。提示：固定螺栓 FT10340M 只能沿发动机运转方向固定曲轴。

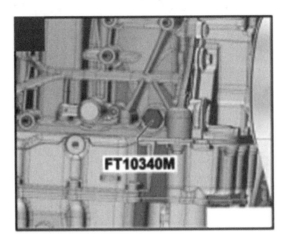

图 7-17

（7）飞轮侧的两个凸轮轴上，每个凸轮轴上各有两个不对称的凹槽（如图 7-18 中箭头）。对于排气凸轮轴，可以通过冷却液泵齿形皮带轮上的孔进入凸轮轴上两个不对称的凹槽（如图 7-18 中箭头）对于进气凸轮轴，凹槽（如图 7-18 中箭头）在凸轮轴十字虚线上方。如图 7-18 所示，A 为排气凸轮轴，E 为进气凸轮轴。提示：凸轮轴上有一对对称分布的凹槽和一对不对称分布的凹槽。在"上止点"位置处，不对称分布的凹槽必须在水平中线上方。

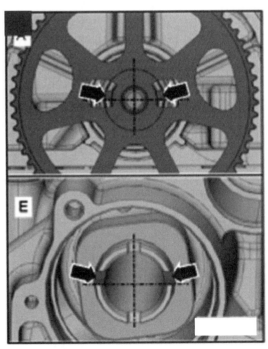

图 7-18

（8）如果凸轮轴的位置与上述不符，则拧出固

定螺栓 FT10340M，接着继续转动曲轴一圈，再次转到"上止点"处。提示：必须可以轻易放入凸轮轴固定装置 FT10477G1/FT10477N1；不允许用敲击工具敲入凸轮轴固定装置。必须可以轻易放入凸轮轴固定装置 FT10477G1/FT10477N1；将凸轮轴固定装置 FT10477G1/FT10477N1 放入凸轮轴内，并插到底，接着用力拧紧螺栓（如图 7-19 中箭头）。拆卸减震器 / 曲轴皮带轮。

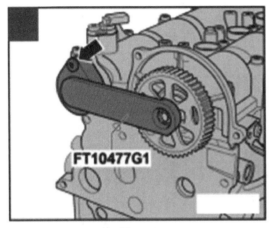

图 7-19

（9）按出螺栓（如图 7-20 中箭头），并取下下部正时齿形皮带护罩。

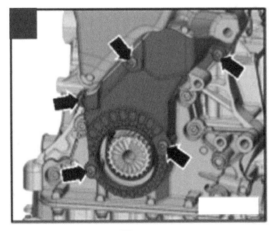

图 7-20

（10）拧出螺栓（如图 7-21 中箭头）并取下排气凸轮轴调节器上的盖板。当心：发动机机油溢出。为了保护齿形皮带，请将凸轮轴调节器下放一块抹布来吸收溢出的发动机机油。

（11）用固定支架 FT10172M-S 固定进气凸轮轴齿形皮带轮，拧出螺旋塞（如图 7-22 中 1）。当心！可能损坏凸轮轴。凸轮轴固定装置 FT10477G1/FT10477N1 不能用作支撑架。

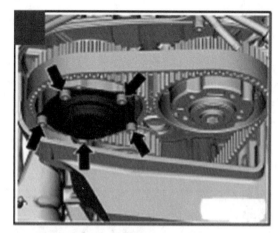

图 7-21

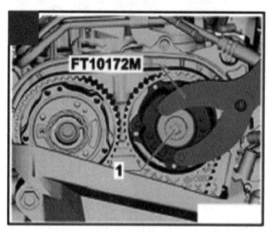

图 7-22

（12）用固定支架 FT10172M 固定凸轮轴齿形皮带轮，拧松螺栓（如图 7-23 中 1、2）（约 1 圈）。

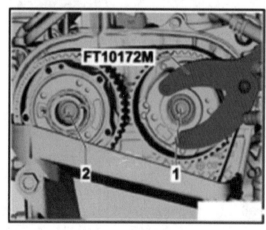

图 7-23

（13）用扳手接头 FT10500G 松开螺栓（如图 7-24中 1）。用梅花扳手 SW30-T10499 松开偏心轮（如图7-24 中 2），使张紧轮松开。当心：颠倒已运行过的正时齿形皮带的运行方向，可能会造成损坏。在拆卸正时齿形皮带前，用粉笔或记号笔标记运转方向，便

于重新安装。拆卸正时齿形皮带。

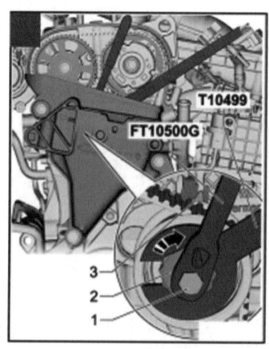

图 7-24

（14）沿如图 7-25 中箭头方向取下正时齿形皮带轮（如图 7-25 中 1）。

图 7-25

3. 安装（调整配气相位）

提示：更换需要继续旋转特定角度的螺栓。损坏时更换螺旋塞的 O 形环。

（1）检查凸轮轴和曲轴的"上止点"位置，如图7-26 所示。第 1 缸活塞必须位于"上止点"，"上止点"允许偏差：±0.01mm。

在凸轮轴箱上安装凸轮轴固定装置 FT10477G1/FT10477N1，如图 7-27 所示。当心：可能损坏凸轮轴。凸轮轴固定装置 FT10477G1/FT10477N1 不得用作支撑架。

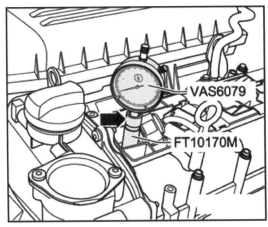

图 7-26

图 7-29

张紧轮的凸缘（如图 7-30 中箭头）必须嵌入到气缸体的铸造凹坑中。

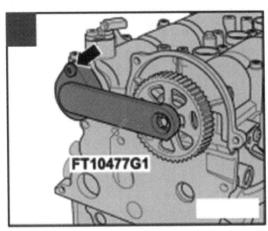

图 7-27

如图 7-28 所示，将固定螺栓 FT10340M 拧入气缸体中，直至限位位置，接着用 30N·m 的力矩拧紧。用固定螺栓 FT10340M 将曲轴卡止在气缸 1 的活塞"上止点"处，使曲轴不能转动。

图 7-30

（3）将曲轴正时齿形皮带轮装到曲轴上。多楔皮带轮和曲轴正时齿形皮带轮之间的表面必须无机油、无油脂。曲轴正时齿形皮带轮上的铣削平面（如图 7-31 中箭头）必须与曲轴轴颈的铣削平面对应。注意安放正时齿形皮带的顺序。

（4）向上拉正时齿形皮带，将其置于导向轮（如图 7-32 中 1）、张紧轮（如图 7-32 中 2）、排气凸轮轴齿形皮带轮（如图 7-32 中 3）和进气凸轮轴齿形皮带（如图 7-32 中 4）上。

（5）用梅花扳手 SW30 T10499 沿箭头（如图 7-33 中箭头）方向转动张紧轮的偏心轮（如图 7-33 中 2），直至设定指针（如图 7-33 中 3）向右侧偏离设定窗口

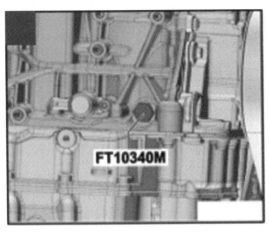

图 7-28

（2）拧入新的凸轮轴齿形皮带轮螺栓（如图 7-29 中 1、2），但不拧紧。凸轮轴上的齿形皮带轮必须能转动，但不得翻落。

图 7-31

图 7-32

约 10mm。沿如图 7-33 中箭头相反的方向转动偏心轮（如图 7-33 中 2），直到设置指针（如图 7-33 中 3）正好位于设置窗口。将偏心轮固定在这个位置，用扳

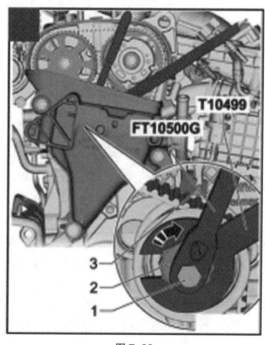

图 7-33

手接头 FT10500G 和扭矩扳手 V.A.G 1331 拧紧螺栓（如图 7-33 中 1）。提示：一旦继续转动发动机或运行发动机，可能会导致设定指针（如图 7-33 中 3）的位置与设定窗口有稍许偏差。这不会影响正时齿形皮带的张紧度。

（6）安装盖板，按力矩拧紧螺栓（如图 7-34 中箭头）。

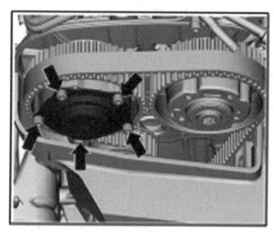

图 7-34

（7）用固定支架 FT10172M-S 固定凸轮轴正时齿形皮带轮，以 50N·m 的力矩拧紧螺栓（如图 7-35 中 1、2）。

图 7-35

（8）拧出固定螺栓 FT10340M，如图 7-36 所示。

（9）拧出螺栓（如图 7-37 中箭头）取下凸轮轴固定装置 FT10477G1/FT10477N1。

（10）安装下部正时齿形皮带护罩（如图 7-38 中箭头）。安装减震器 / 曲轴皮带轮。

（三）检查配气相位

1. 所需要的专用工具和维修设备

（1）火花塞扳手 F3122 BG，如图 7-39 所示。

（2）扭矩扳手（5~50N·m）V.A.G 1331，如图 7-40 所示。

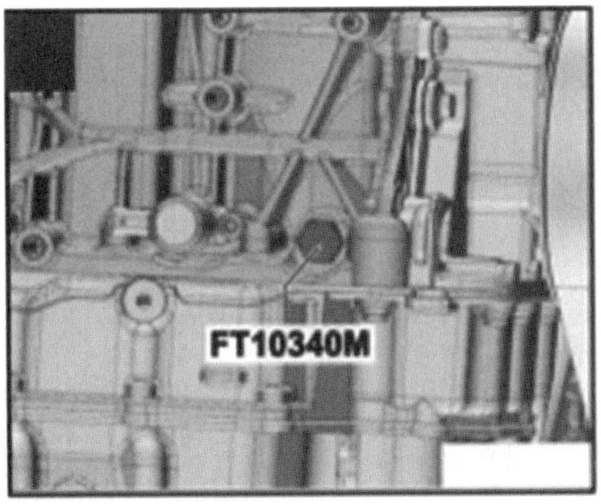

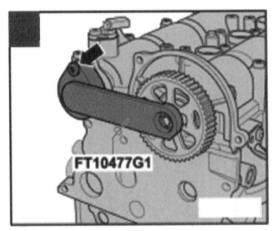

图 7-36

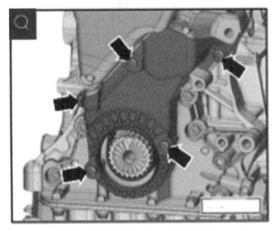

图 7-37

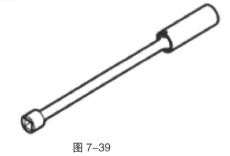

图 7-38

F3122BG

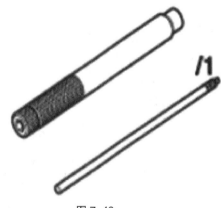

图 7-39

V.A.G1331

图 7-40

（3）千分表 FVG 6079M，如图 7-41 所示。

FVG6079M

图 7-41

（4）千分表适配器 FT10170M，如图 7-42 所示。

FT10170M

图 7-42

（5）凸轮轴固定装置 FT10477G1/FT10477N1，如图 7-43 所示。

2. 检查步骤

（1）拆卸隔音垫。拆卸右前轮罩板前部件。排出

495

FT10477N1/FT10477G1

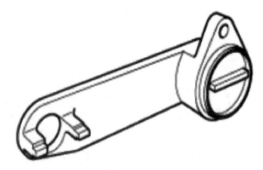

图 7-43

冷却液。拧出螺栓（如图 7-44 中 A~D），接着将冷却液调节器盖板（如图 7-44 中 1）放置一侧。

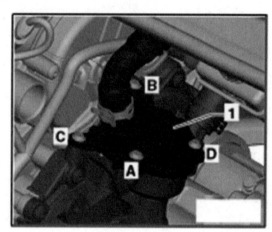

图 7-44

（2）脱开线束固定卡（如图 7-45 中箭头）。拧出螺栓（如图 7-45 中 1、3），取下冷却液泵齿形皮带护罩（如图 7-45 中 2）。

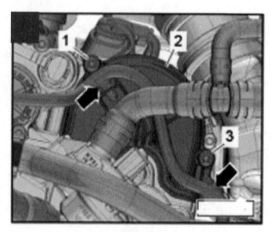

图 7-45

（3）拧出螺栓（如图 7-46 中箭头）并取下密封盖（如图 7-46 中 1）。拆卸第 1 缸带功率输出级的点火线圈。用火花塞扳手 F3122 BG 拆下第 1 缸火花塞。

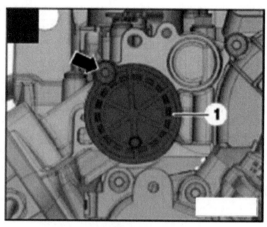

图 7-46

（4）将千分表适配接头 FT10170M 拧入火花塞螺纹孔直至极限位置。将带延长件 FT10170M 的千分表 FVG 6079M 插入千分表适配接头中直至极限位置，并拧紧锁止螺母（如图 7-47 中箭头）。沿发动机运转方向转动曲轴，直至到达 1 缸上止点，并记下千分表指针的位置。

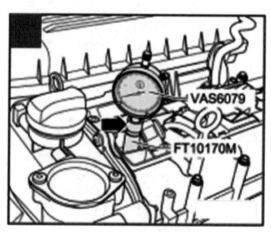

图 7-47

提示：如果曲轴转动超过上止点 0.01mm，则将曲轴逆时针转动约 45°，再接着将曲轴沿发动机运转方向转到 1 缸"上止点"。气缸 1"上止点"允许的偏差为 ±0.01mm。

（5）飞轮侧的两个凸轮轴上，每个凸轮轴上各有两个不对称的凹槽（如图 7-48 中箭头）。对于排气凸轮轴，可以通过冷却液泵齿形皮带轮上的孔进入凸轮轴上的两个不对称凹槽（如图 7-48 中箭头）。对于进气凸轮轴，凹槽（如图 7-48 中箭头）在凸轮轴十字虚线上方。如图 7-48 所示，A 为排气凸轮轴，E 为进气凸轮轴。如果凸轮轴的位置与上述不符，则接着继续转动曲轴一圈，再次转到"上止点"处。提示：必须可以轻易放入凸轮轴固定装置 FT10477G1/

FT10477N1。不允许用敲击工具敲入凸轮轴固定装置。

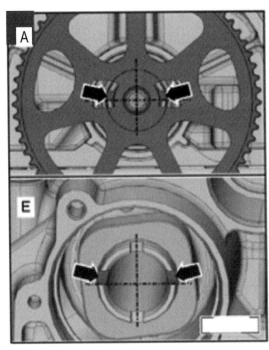

图7-48

（6）将凸轮轴固定装置FT10477G1/FT10477N1插入凸轮轴的不对称凹槽内，直至限位位置。拧紧螺栓（如图7-49中箭头）。如果无法插入凸轮轴固定装置：调整配气相位，取下凸轮轴上的正时齿形皮带。如果可以插入凸轮轴固定装置：配气相位正常。提示：更换需要继续旋转特定角度的螺栓。损坏时更换螺旋塞的O形环。

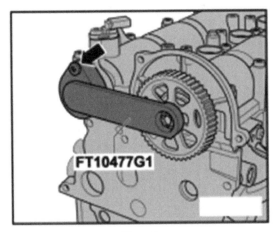

图7-49

二、车型

一汽大众宝来200 TSI（1.2T DLSA），2021年。

一汽大众高尔夫200 TSI（1.2T DLSA），2020—2021年。

一汽大众速腾200 TSI（1.2T DLSA），2019—

2021年。

一汽大众高尔夫嘉旅200 TSI（1.2T DLSA），2019—2021年。

一汽大众探影200 TSI（1.2T DLSA），2020—2021年。

（一）齿形皮带装配一览（如图7-50所示）

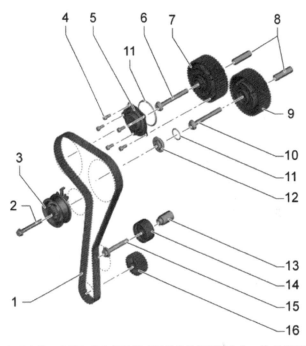

1.齿形皮带。在拆卸前先用粉笔或记号笔标记运转方向。检查是否磨损 2.螺栓。拧紧力矩25N·m 3.张紧轮 4.螺栓。拧紧力矩8N·m+45° 5.密封盖 6.螺栓。拧紧力矩50N·m+135° 7.排气凸轮轴齿形皮带轮 8.导向套 9.进气凸轮轴齿形皮带轮 10.螺栓。拧紧力矩50N·m+135° 11.O形环 12.螺旋塞。拧紧力矩20N·m 13.间隔套 14.导向轮 15.螺栓。拧紧力矩45N·m 16.曲轴齿形皮带轮。齿形皮带轮和曲轴之间的接触面上不得有机油。只能安装在同一位置。

图7-50

拧出气缸体上"上止点"孔的螺旋塞

以30N·m的力矩拧紧螺栓（如图7-51中箭头）。

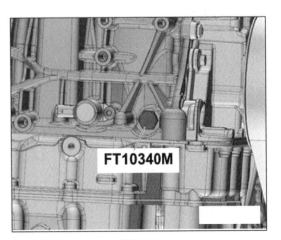

图7-51

497

（二）从凸轮轴上取下齿形皮带

1. 所需要的专用工具和维修设备

（1）扭力扳手 VAS 6583，如图 7-52 所示。

VAS 6583

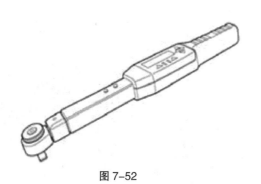

图 7-52

（2）带转接头 FT10172M/1 的固定工具 FT10172M，如图 7-53 所示。

FT10172M

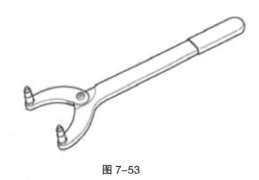

图 7-53

（3）固定销 FT10340M，如图 7-54 所示。

FT10340M

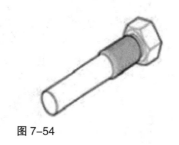

图 7-54

（4）固定工具 F3415NG，如图 7-55 所示。

F3415NG

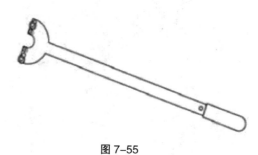

图 7-55

（5）梅花扳手，开口宽度 30 T10499，如图 7-56 所示。

T10499

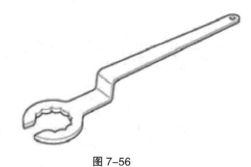

图 7-56

（6）扭力扳手接头 FT10500G，如图 7-57 所示。

FT10500G

图 7-57

（7）安装工具 T10487（FT10487N）。

（8）火花塞扳手 3122 B，如图 7-58 所示。

（9）凸轮轴固定装置 FT10494G（FT10494N），如图 7-59 所示。

（10）千分表适配接头 T10170N，如图 7-60 所示。

498

3122 B

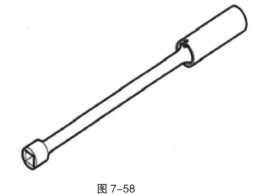

图 7-58

FT10170/1T1

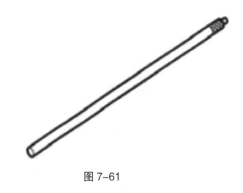

图 7-61

FT10494G

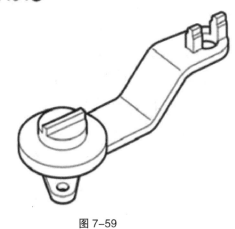

图 7-59

VAS 6341

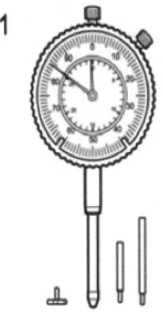

图 7-62

T10170N

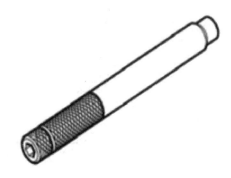

图 7-60

（11）加长件 FT10170/1T1，如图 7-61 所示。

（12）千分表 VAS6341，如图 7-62 所示。

2. 操作步骤

（1）拆卸发动机罩。松开软管卡箍（如图 7-63 中 1、2），拆下空气导管。

（2）脱开空气导管上的空气导流软管。脱开电气连接插头（如图 7-64 中 1）。松开卡子（如图 7-64 中 2）

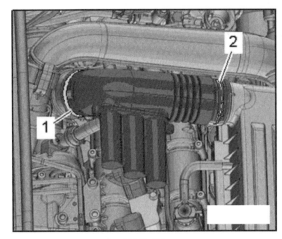

图 7-63

拔下真空管（如图 7-64 中 3）。松开卡子（如图 7-64 中箭头），取下空气导管。

图 7-64

（3）脱开电气插头（如图 7-65 中 1）。拧出螺栓（如图 7-65 中箭头），并取下曲轴箱通风装置。

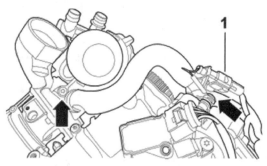

图 7-65

（4）脱开电线束（如图 7-66 中箭头）。拧出螺栓（如图 7-66 中 1、3），取下冷却液泵齿形皮带护罩（如图 7-66 中 2）。

（5）拧出螺栓（如图 7-67 中箭头），取下密封盖（如图 7-67 中 1）。

（6）脱开支架上的软管（如图 7-68 中 3）。拧出螺栓（如图 7-68 中 2）。松开夹子（如图 7-68 中箭头），取下上部齿形皮带护罩（如图 7-68 中 1）。

（7）拧出螺栓（如图 7-69 中箭头）并取下排气凸轮轴调节器上的盖板。当心：发动机机油溢出！为了保护齿形皮带，请在凸轮轴调节器下放一块抹布来吸收溢出的发动机机油。排出冷却液。

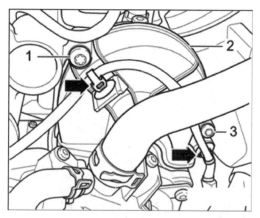

图 7-66

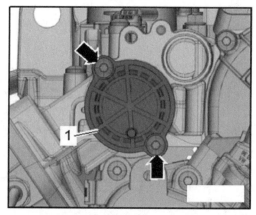

图 7-67

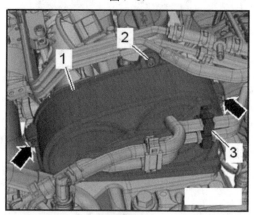

图 7-68

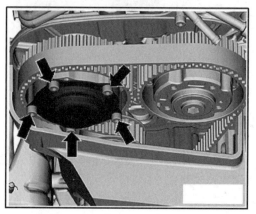

图 7-69

（8）拧出螺栓（如图7-70中A~D）并将冷却液调节器盖板（如图7-70中1）压向一侧。按如下所述，将曲轴转到"上止点"位置处：拆下第一缸带功率输出级的点火线圈。用火花塞扳手3122B拆下第一缸火花塞。

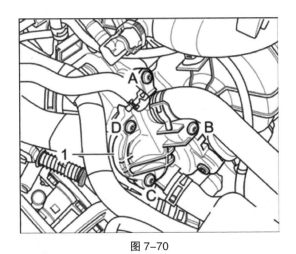

图7-70

（9）将千分表适配接头T10170N旋入火花塞螺纹孔至限位位置，如图7-71所示。将带延长件FT10170/1T1的千分表VAS6341插入千分表适配接头中，并拧紧锁止螺母。沿发动机运转方向转动曲轴，直到第一缸"上止点"，并记下千分表指针位置。

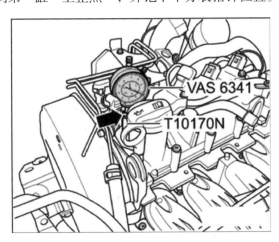

图7-71

提示：如果曲轴转动超过"上止点"0.01mm，则将曲轴逆着发动机运转方向再转动约45°。接着将曲轴朝发动机运转方向转动到气缸1"上止点"位置。气缸1"上止点"允许的偏差：±0.01mm。

（10）拧出气缸体上"上止点"孔的螺旋塞。将固定销FT10340M拧入气缸体中至限位位置，然后以30N·m的力矩拧紧，如图7-72所示。沿发动机运转方向旋转曲轴至限位位置。紧固销此时位于曲柄臂上。

提示：固定销FT10340M只能沿发动机运转方向锁定曲轴。

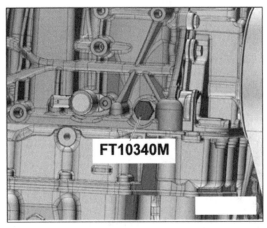

图7-72

（11）对于这两个凸轮轴，变速器侧不对称分布的凹槽（如图7-73中箭头）必须位于上部。对于排气凸轮轴，凹槽（如图7-73中箭头）可以通过冷却液泵驱动轮的凹口够到。对于进气凸轮轴，凹槽（如图7-73中箭头）位于凸轮轴中心上方。如图7-73所示，A为排气凸轮轴，E为进气凸轮轴。如果凸轮轴与上述情况不相符，请拧出固定销FT10340M并继续旋转曲轴一周，使其再次位于"上止点"位置。提示：凸轮轴固定装置FT10494G（FT10494N）必须可以自行嵌入。不得用敲击工具来安装凸轮轴固定装置。

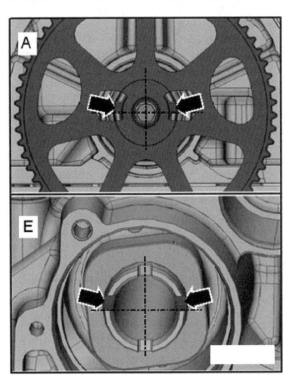

图7-73

（12）如果凸轮轴固定装置FT10494G（FT10494N）不易自行嵌入：用安装工具FT10487G（FT10487N）沿箭头（如图7-74中箭头）方向按压齿形皮带。

图7-74

（13）同时将凸轮轴固定装置FT10494G（FT10494N）推入凸轮轴直至限位位置。用力拧紧螺栓（如图7-75中箭头）。

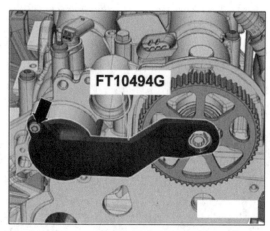

图7-75

（14）使用带转接头FT10172M/1的固定工具FT10172M拧出进气侧凸轮轴齿轮上的螺旋塞（如图7-76中1）。当心：可能损坏凸轮轴。凸轮轴固定装置FT10494G（FT10494N）不得用作固定工具。

（15）使用带转接头FT10172M/1的固定工具FT10172M将螺栓（如图7-77中1、2）松开大约一圈。

（16）用扭力扳手接头FT10500G松开螺栓（如图7-78中1）。用梅花扳手，开口宽度30 T10499张紧偏心轮（如图7-78中2）上的张紧轮，从凸轮轴齿轮上取下齿形皮带。

3.安装（调整正时）

提示：更换需要继续旋转特定角度拧紧的螺栓。

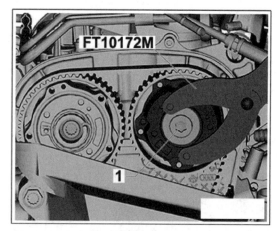

图7-76

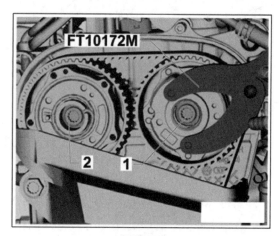

图7-77

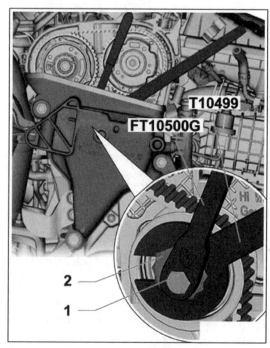

图7-78

更换损坏的螺旋塞O形环。

（1）检查凸轮轴和曲轴的"上止点"位置，如图

7-79 所示。将固定销 FT10340M 拧入气缸体中至限位位置，然后以 30N·m 的力矩拧紧。

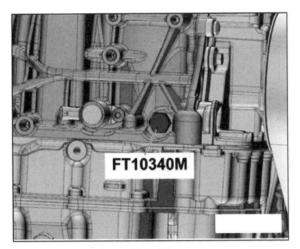

图 7-79

　　如图 7-80 所示，第 1 气缸上止点允许的偏差：±0.01mm。用固定销 FT10340M 将曲轴卡止在气缸 1 的活塞"上止点"处，使曲轴不转动。

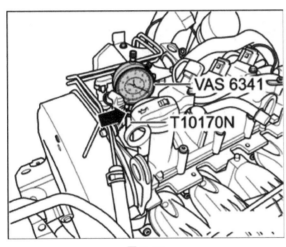

图 7-80

　　在凸轮轴壳体上安装凸轮轴固定装置 FT10494G（FT10494N），如图 7-81 所示。当心：可能损坏凸轮轴。凸轮轴固定装置 FT10494G（FT10494N）不得用作固定工具。

　　（2）更换凸轮轴齿轮的螺栓（如图 7-82 中 1、2），不拧紧。凸轮轴齿轮必须可以在凸轮轴上摆动但不得倾斜。

　　张紧轮的凸耳（如图 7-83 中箭头）必须嵌入气缸盖的铸造凹槽中。

　　（3）安装齿形皮带时请遵守顺序。向上拉齿形皮带，依次置于导向轮（如图 7-84 中 1）、张紧轮（如图 7-84 中 2）以及凸轮轴齿轮（如图 7-84 中 3、4）上。

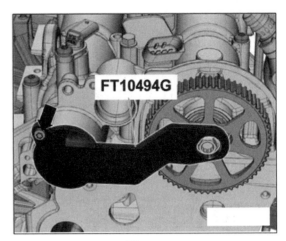

图 7-81

图 7-82

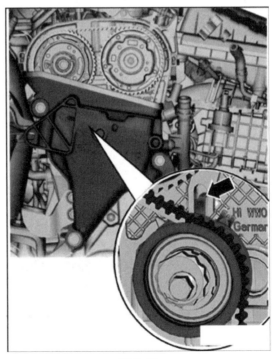

图 7-83

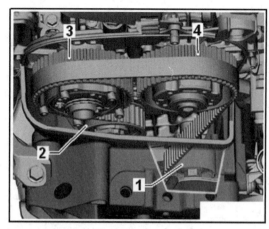

图 7-84

（4）用梅花扳手，开口宽度 30 T10499 沿如图 7-85 中箭头方向旋转偏心轮（如图 7-85 中 2），直至调节指针（如图 7-85 中 3）位于调节窗口右侧大约 10mm 处。往回旋转偏心轮，使得调节指针准确地位于调节窗口中。当心：必须使用扭力扳手 VAS6583 来拧紧！在扭力扳手 VAS 6583 上设置拧紧力矩时，必须输入扭力扳手接头 FT10500G 上规定的嵌入深度！让偏心轮保持在该位置并以 25N·m 的力矩拧紧螺栓（如图 7-85 中 1），为此可以使用扭力扳手接头 FT10500G 以及扭力扳手 VAS 6583。提示：如果发动机继续旋转或运转，可能导致调节指针（如图 7-85 中 3）相对调节窗口的位置出现偏差。这对齿形皮带张紧无任何影响。

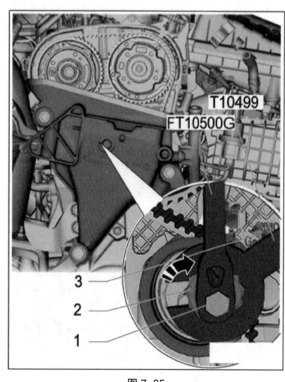

图 7-85

（5）使用带转接头 FT10172M/1 的固定工具 FT10172M 以 50N·m 的力矩预拧紧螺栓（如图 7-86 中 1、2）。

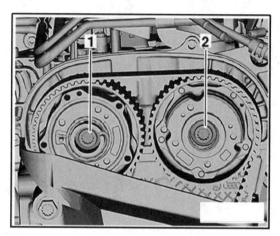

图 7-86

（6）拧出固定销 FT10340M，如图 7-87 所示。

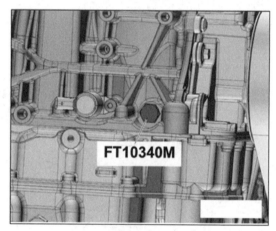

图 7-87

（7）拧出螺栓（如图 7-88 中箭头）并取下凸轮轴固定装置 FT10494G（FT10494N）。

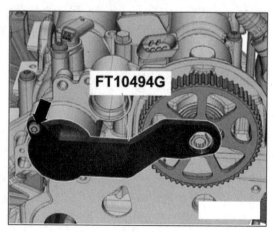

图 7-88

（8）检查正时：沿发动机运转方向将曲轴旋转2圈。第1缸"上止点"允许的偏差：±0.01mm。将固定销FT10340M拧入气缸体中至限位位置，然后以30N·m的力矩拧紧，如图7-89和图7-90所示。沿发动机运转方向继续旋转曲轴至限位位置。固定销此时位于曲柄臂上。提示：固定销FT10340M只能沿发动机运转方向锁定曲轴。

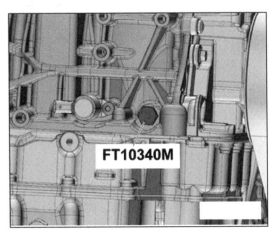

图 7-89

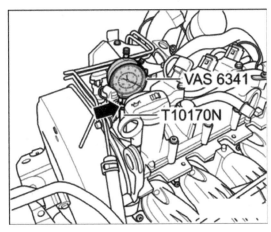

图 7-90

（9）凸轮轴固定装置FT10494G（FT10494N）必须可以自行嵌入。不得用敲击工具来安装凸轮轴固定装置。

（10）如果凸轮轴固定装置FT10494G（FT10494N）不易自行嵌入：用安装工具FT10487M（FT10487N）沿如图7-91中箭头方向按压齿形皮带。同时将凸轮轴固定装置FT10494G（FT10494N）压入凸轮轴直至限位位置并用力拧紧螺栓（如图7-91中箭头）。

（11）如果无法插入凸轮轴固定装置FT10494G（FT10494N），则表明正时不正常：再次调整正时。如果可以插入凸轮轴固定装置FT10494G（FT10494N），则表明正时正常，如图7-92所示。

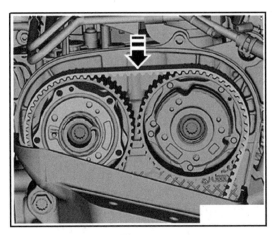

图 7-91

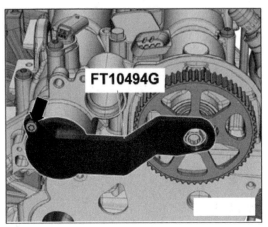

图 7-92

（12）拧出固定销FT10340M，如图7-93所示。

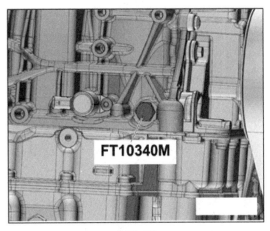

图 7-93

（13）拧出螺栓（如图7-94中箭头）并取下凸轮轴固定装置FT10494G（FT10494N）。

（14）使用带转接头FT10172M/1的固定工具FT10172M拧紧螺栓（如图7-95中1、2）。

（15）使用带转接头FT10172M/1的固定工具FT10172M拧紧螺旋塞（如图7-96中1）。当心：可能损坏发动机。最后检查固定销 FT10340M 和凸轮轴固定装置 FT10494G（FT10494N）是否已拆下。

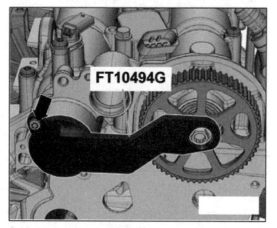
图 7-94

图 7-95

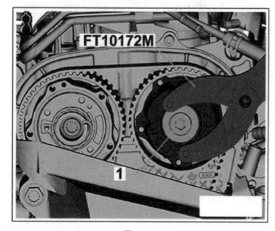
图 7-96

（16）其余的组装以倒序进行。

（三）检查正时

1. 所需要的专用工具和维修设备

（1）固定销 FT10340M，如图 7-97 所示。

（2）火花塞扳手 3122 B，如图 7-98 所示。

FT10340M

图 7-97

3122B

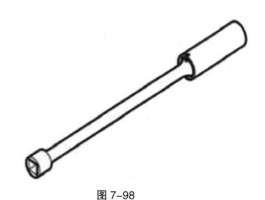
图 7-98

（3）扭矩扳手（5~50N·m）V.A.G 1331，如图 7-99 所示。

V.A.G 1331

图 7-99

（4）凸轮轴固定装置 FT10494G（FT10494N），如图 7-100 所示。

（5）千分表适配接头 T10170N，如图 7-101 所示。

（6）加长件 FT10170/1T1，如图 7-102 所示。

（7）千分表 VAS6341，如图 7-103 所示。

（8）安装工具 FT10487N。

FT10494G

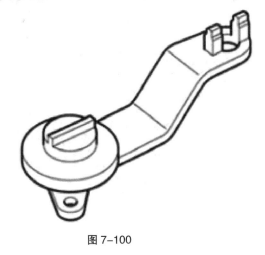

图 7-100

VAS 6341

图 7-103

T10170N

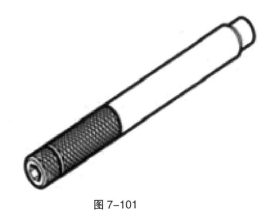

图 7-101

FT10170/1T1

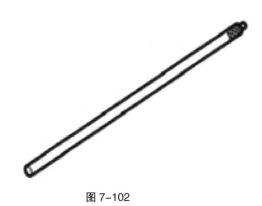

图 7-102

2. 操作步骤

（1）拆卸发动机罩。松开软管卡箍（如图 7-104 中 1、2），拆下空气导管。

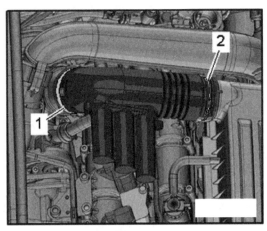

图 7-104

（2）脱开空气导管上的空气导流软管。脱开电气连接插头（如图 7-105 中 1）。松开卡子（如图 7-105 中 2），拔下真空管（如图 7-105 中 3）。松开卡子（如图 7-105 中箭头），取下空气导管。

（3）脱开电气插头（如图 7-106 中 1）。拧出螺栓（如图 7-106 中箭头），并取下曲轴箱通风装置。

（4）脱开电线束（如图 7-107 中箭头）。拧出螺栓（如图 7-107 中 1、3），取下冷却液泵齿形皮带护罩（如图 7-107 中 2）。

（5）拧出螺栓（如图 7-108 中箭头），取下密封盖（如图 7-108 中 1）。排出冷却液。

（6）拧出螺栓（如图 7-109 中 A~D）并将冷却液调节器盖板（如图 7-109 中 1）压向一侧。

图 7-105

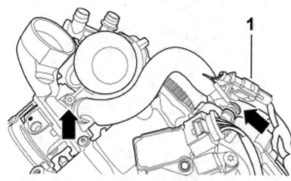

图 7-106

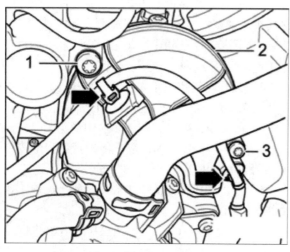

图 7-107

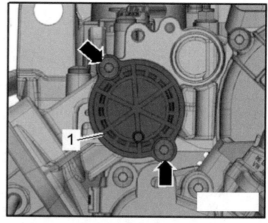

图 7-108

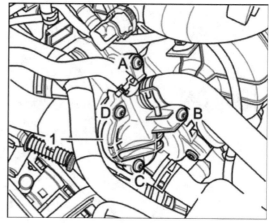

图 7-109

（7）按如下所述，将曲轴转到"上止点"位置处：拆下第一缸带功率输出级的点火线圈。用火花塞扳手 3122B 拆下第一缸火花塞。将千分表适配接头 T10170N 旋入火花塞螺纹孔至限位位置。将带延长件 FT10170/1T1 的千分表 VAS 6341 插入千分表适配接头中，并拧紧锁止螺母（如图 7-110 中箭头）。沿发动机运转方向转动曲轴，直到第一缸"上止点"，并记下千分表指针位置。

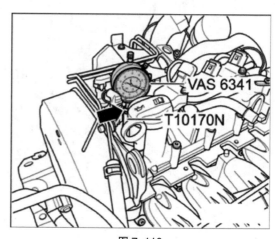

图 7-110

提示：如果曲轴转动超过"上止点"0.01mm，则将曲轴逆着发动机运转方向再转动约45°。接着将曲轴朝发动机运转方向转动到气缸1"上止点"位置。气缸1"上止点"允许的偏差：±0.01mm。

（8）拧出气缸体上"上止点"孔的螺旋塞。将固定销FT10340M拧入气缸体中至限位位置，然后以30N·m的力矩拧紧，如图7-111所示。沿发动机运转方向旋转曲轴至限位位置。紧固销此时位于曲柄臂上。提示：固定销FT10340M只能沿发动机运转方向锁定曲轴。

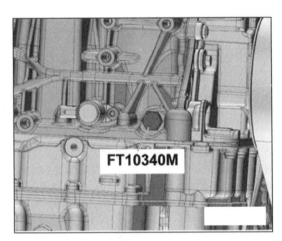

图 7-111

（9）对于这两个凸轮轴，变速箱侧不对称分布的凹槽（如图7-112中箭头）必须位于中心上部。对于排气凸轮轴，凹槽（如图7-112中箭头）可以通过冷

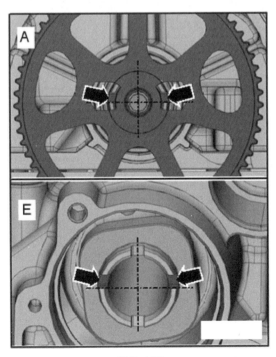

图 7-112

却液泵驱动轮的凹口够到。对于进气凸轮轴，凹槽（如图7-112中箭头）位于凸轮轴中心上方。如图7-112所示，A为排气凸轮轴，E为进气凸轮轴。如果凸轮轴与上述情况不相符，请拧出固定销FT10340M并继续旋转曲轴一周，使其再次位于"上止点"位置。

提示：凸轮轴固定装置FT10494G（FT10494N）必须可以自行嵌入。不得用敲击工具来安装凸轮轴固定装置。

（10）如果凸轮轴固定装置FT10494G（FT10494N）不易自行嵌入：脱开支架上的软管（如图7-113中3）。拧出螺栓（如图7-113中2）。松开固定夹（如图7-113中箭头），取下上部齿形皮带护罩（如图7-113中1）。

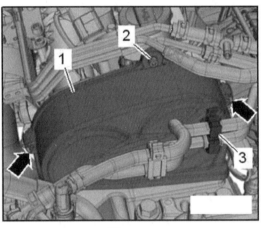

图 7-113

（11）用安装工具FT10494G（FT10487N）沿箭头（如图7-114中箭头）方向按压齿形皮带。

图 7-114

（12）同时将凸轮轴固定装置FT10494G（FT10494N）推入凸轮轴直至限位位置。用力拧紧螺栓（如图7-115中箭头）。

（13）如果凸轮轴固定装置无法插入：调整正

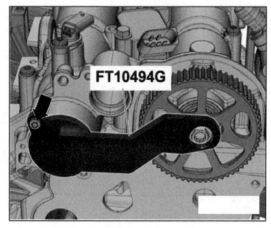

图 7-115

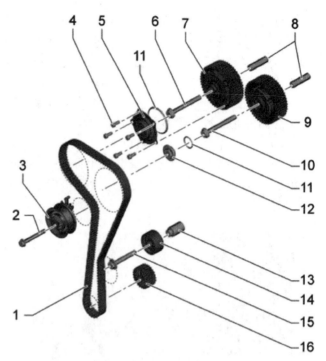

时，从凸轮轴上取下齿形皮带。如果凸轮轴固定装置可以插入：正时正常。当心：可能损坏发动机。最后检查固定销 FT10340M 和凸轮轴固定装置 FT10494G（FT10494N）是否已拆下。

（14）其余的组装以倒序进行。提示：更换通过继续旋转抗紧的螺栓。更换损坏的螺旋塞 O 形环。

三、车型

一汽大众宝来 280 TSI（1.4 DJSA），2020—2021 年。

一汽大众高尔夫 280 TSI（1.4 DJSA），2019—2021 年。

一汽大众速腾 280 TSI（1.4 DJSA），2019—2020 年。

一汽大众高尔夫嘉旅 280 TSI（1.4 DJSA），2019—2020 年。

一汽大众迈腾 280 TSI（1.4 DJSA），2019—2020 年。

一汽大众探歌 280 TSI（1.4 DJSA），2019—2021 年。

一汽大众探岳 280 TSI（1.4 DJSA），2019—2022 年。

（一）齿形皮带装配一览（如图 7-116 所示）

拧出气缸体上"上止点"孔的螺旋塞

以 30N·m 的力矩拧紧螺栓（如图 7-117 中箭头）。

（二）从凸轮轴上取下齿形皮带

1. 所需要的专用工具和维修设备

（1）扭力扳手 V.A.S 6583，如图 7-118 所示。

（2）带转接头 FT10172M/1 的固定工具 FT10172M，如图 7-119 所示。

（3）固定销 FT10340M，如图 7-120 所示。

（4）固定工具 F3415NG，如图 7-121 所示。

（5）梅花扳手，开口宽度 30 T10499，如图 7-122

1.齿形皮带。在拆卸前先用粉笔或记号笔标记运转方向。检查是否磨损 2.螺栓。拧紧力矩25N·m 3.张紧轮 4.螺栓。拧紧力矩8N·m+45° 5.密封盖 6.螺栓。拧紧力矩50N·m+135° 7.排气凸轮轴齿形皮带轮 8.导向套 9.进气凸轮轴齿形皮带轮 10.螺栓。拧紧力矩50N·m+135° 11.O形环 12.螺旋塞。拧紧力矩20N·m 13.间隔套 14.导向轮 15.螺栓。拧紧力矩45N·m 16.曲轴齿形皮带轮。齿形皮带轮和曲轴之间的接触面上不得有机油。只能安装在同一位置

图 7-116

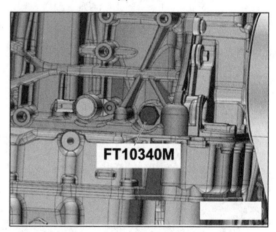

图 7-117

图 7-118

FT10172M

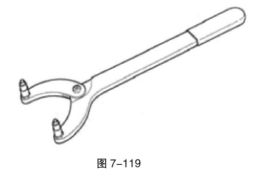

图 7-119

FT10340M

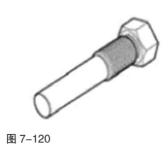

图 7-120

F3415NG

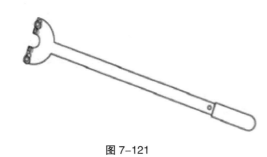

图 7-121

T10499

图 7-122

所示。

（6）扭力扳手接头 FT10500G，如图 7-123 所示。

FT10500G

图 7-123

（7）安装工具 T10487（FT10487N）。

（8）火花塞扳手 3122 B，如图 7-124 所示。

3122 B

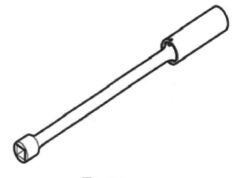

图 7-124

（9）凸轮轴固定装置 FT10494G（FT10494N），如图 7-125 所示。

FT10494G

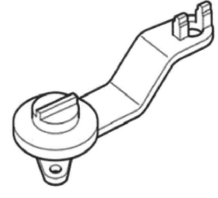

图 7-125

（3）千分表适配接头 T10170N，如图 7-126 所示。

T10170N

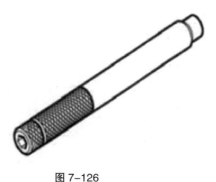

图 7-126

（4）加长件 FT10170/1T1，如图 7-127 所示。

FT10170/1T1

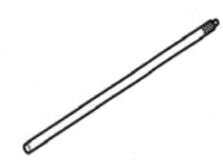

图 7-127

（5）千分表 VAS6341，如图 7-128 所示。

VAS 6341

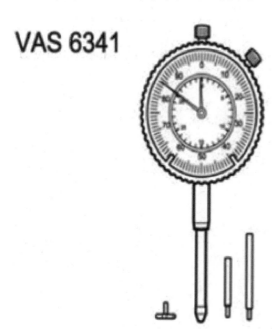

图 7-128

2.操作步骤

（1）拆卸发动机罩。松开软管卡箍（如图 7-129 中 1、2），拆下空气导管。

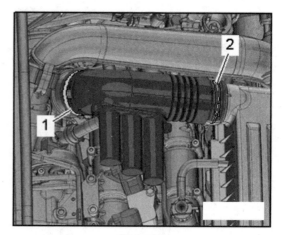

图 7-129

（2）脱开空气导管上的空气导流软管。脱开电气连接插头（如图 7-130 中 1）。松开卡子（如图 7-130 中 2），拔下真空管（如图 7-130 中 3）。松开卡子（如图 7-130 中箭头），取下空气导管。

图 7-130

（3）脱开电气插头（如图 7-131 中 1）。拧出螺栓（如图 7-131 中箭头），并取下曲轴箱通风装置。

（4）脱开电线束（如图 7-132 中箭头）。拧出螺栓（如图 7-132 中 1、3），取下冷却液泵齿形皮带护罩（如图 7-132 中 2）。

（5）拧出螺栓（如图 7-133 中箭头），取下密封盖（如图 7-133 中 1）。

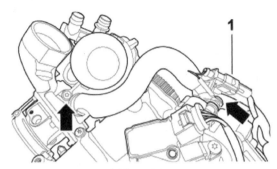

图 7-131

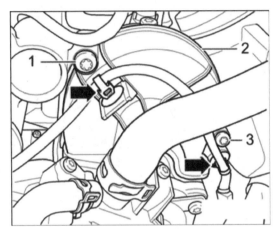

图 7-132

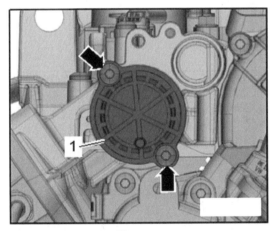

图 7-133

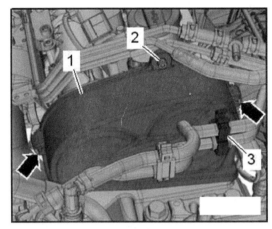

图 7-134

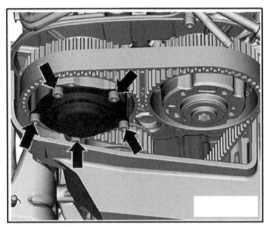

图 7-135

所述，将曲轴转到"上止点"位置处：拆下第一缸带功率输出级的点火线圈。用火花塞扳手 3122B 拆下第一缸火花塞。

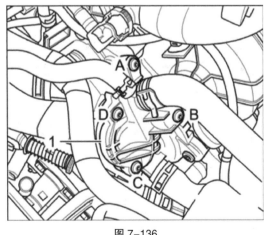

图 7-136

（6）脱开支架上的软管（如图 7-134 中 3）。拧出螺栓（如图 7-134 中 2）。松开夹子（如图 7-134 中箭头），取下上部齿形皮带护罩（如图 7-134 中 1）。

（7）拧出螺栓（如图 7-135 中箭头）并取下排气凸轮轴调节器上的盖板。当心：发动机机油溢出！为了保护齿形皮带，请在凸轮轴调节器下放一块抹布来吸收溢出的发动机机油。排出冷却液。

（8）拧出螺栓（如图 7-136 中 A~D）并将冷却液调节器盖板（如图 7-136 中 1）压向一侧。按如下

（9）将千分表适配接头 T10170N 旋入火花塞螺纹孔至限位位置。将带延长件 FT10170/1T1 的千分表 VAS6341 插入千分表适配接头中，并拧紧锁止螺母。沿发动机运转方向转动曲轴，直到第一缸"上止点"，

并记下千分表指针位置，如图 7-137 所示。提示：如果曲轴转动超过"上止点"0.01mm，则将曲轴逆着发动机运转方向再转动约 45°。接着将曲轴朝发动机运转方向转动到气缸 1"上止点"位置。气缸 1"上止点"允许的偏差：± 0.01mm。

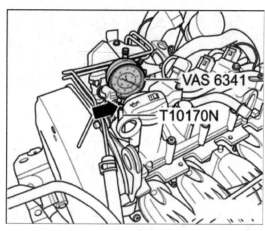

图 7-137

（10）拧出气缸体上"上止点"孔的螺旋塞。将固定销 FT10340M 拧入气缸体中至限位置，然后以 30N·m 的力矩拧紧，如图 7-138 所示。沿发动机运转方向旋转曲轴至限位位置。紧固销此时位于曲柄臂上。提示：固定销 FT10340M 只能沿发动机运转方向锁定曲轴。

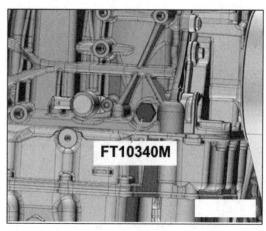

图 7-138

（11）对于这两个凸轮轴，变速器侧不对称分布的凹槽（如图 7-139 中箭头）必须位于上部。对于排气凸轮轴，凹槽（如图 7-139 中箭头）可以通过冷却液泵驱动轮的凹口够到。对于进气凸轮轴，凹槽（如图 7-139 中箭头）位于凸轮轴中心上方。如图 7-139 所示，A 为排气凸轮轴，E 为进气凸轮轴。如果凸轮轴与上述情况不相符，请拧出固定销 FT10340M 并继

续旋转曲轴一周，使其再次位于"上止点"位置。提示：凸轮轴固定装置 FT10494G（FT10494N）必须可以自行嵌入。不得用敲击工具来安装凸轮轴固定装置。

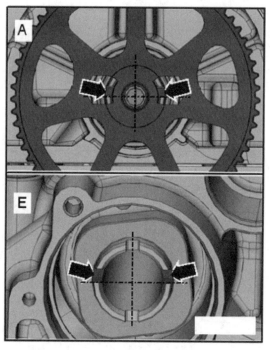

图 7-139

（12）如果凸轮轴固定装置 FT10494G（FT10494N）不易自行嵌入：用安装工具 FT10487G（FT10487N）沿如图 7-140 中箭头方向按压齿形皮带。

图 7-140

（13）同时将凸轮轴固定装置 FT10494G（FT10494N）推入凸轮轴直至限位位置。用力拧紧螺栓（如图 7-141 中箭头）。

（14）使用带转接头 FT10172M/1 的固定工具 FT10172M 拧出进气侧凸轮轴齿轮上的螺旋塞（如图 7-142 中 1）。当心：可能损坏凸轮轴。凸轮轴固定装

置 FT10494G（FT10494N）不得用作固定工具。

轴齿轮上取下齿形皮带。

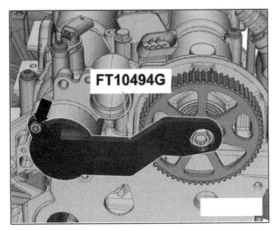

图 7-141

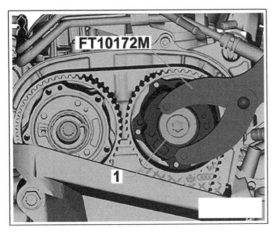

图 7-142

（15）使用带转接头 FT10172M/1 的固定工具 FT10172M 将螺栓（如图 7-143 中 1、2）松开大约一圈。

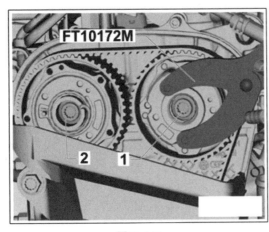

图 7-143

（16）用扭力扳手接头 FT10500G 松开螺栓（如图 7-144 中 1）。用梅花扳手，开口宽度 30 T10499 张紧偏心轮（如图 7-144 中 2）上的张紧轮。从凸轮

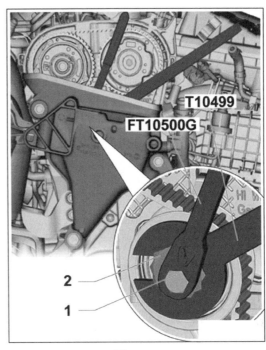

图 7-144

3. 安装（调整正时）

提示：更换需要继续旋转特定角度拧紧的螺栓。更换损坏的螺旋塞 O 形环。

（1）检查凸轮轴和曲轴的"上止点"位置：将固定销 FT10340M 拧入气缸体中至限位位置，然后以 30N·m 的力矩拧紧，如图 7-145 所示。

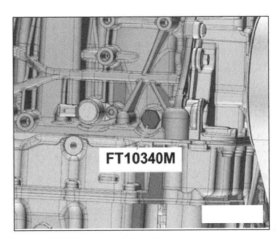

图 7-145

（2）第 1 气缸"上止点"允许的偏差：±0.01mm。用固定销 FT10340M 将曲轴卡止在气缸 1 的活塞"上止点"处，使曲轴不转动，如图 7-146 所示。

（3）在凸轮轴壳体上安装凸轮轴固定装置 FT10494G（FT10494N），如图 7-147 所示。当心：可能损坏凸轮轴。凸轮轴固定装置 FT10494G（FT10494N）

不得用作固定工具。

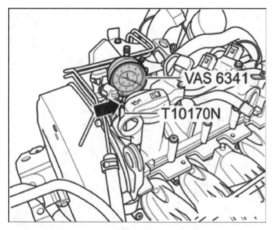

图 7-146

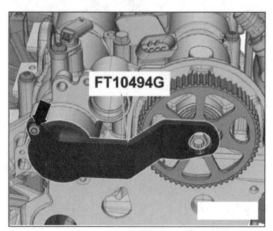

图 7-147

（4）更换凸轮轴齿轮的螺栓（如图 7-148 中 1、2），不得拧紧。凸轮轴齿轮必须可以在凸轮轴上摆动但不得倾斜。

图 7-148

（5）张紧轮的凸耳（如图 7-149 中箭头）必须嵌入气缸盖的铸造凹槽中。

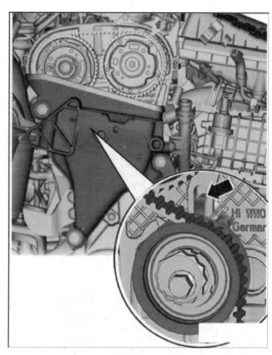

图 7-149

（6）安装齿形皮带时请遵守顺序。向上拉齿形皮带，依次置于导向轮（如图 7-150 中 1）、张紧轮（如图 7-150 中 2）以及凸轮轴齿轮（如图 7-150 中 3、4）上。

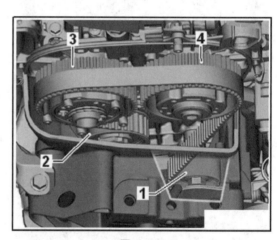

图 7-150

（7）用梅花扳手，开口宽度 30 T10499 沿如图 7-151 中箭头方向旋转偏心轮（如图 7-151 中 2），直至调节指针（如图 7-151 中 3）位于调节窗口右侧大约 10mm 处。往回旋转偏心轮，使得调节指针准确地位于调节窗口中。当心：必须使用扭力扳手 VAS6583 来拧紧！在扭力扳手 VAS 6583 上设置拧紧力矩时，必须输入扭力扳手接头 FT10500G 上规定的嵌入深度！让偏心轮保持在该位置并以 25N·m 的力矩拧紧螺栓（如图 7-151 中 1），为此可以使用扭力扳手接头 FT10500G 以及扭力扳手 VAS 6583。提示：如果发动机继续旋转或运转，可能导致调节指针（如图 7-151中 3）相对调节窗口的位置出现偏差。这对齿形皮带张紧无任何影响。

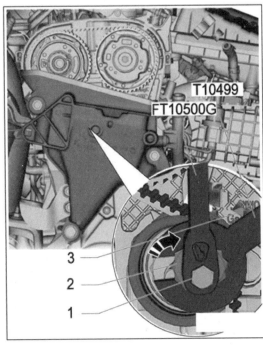

图 7-151

（8）使用带转接头 FT10172M/1 的固定工具 FT10172M 以 50N·m 的力矩预拧紧螺栓（如图 7-152中 1、2）。

图 7-152

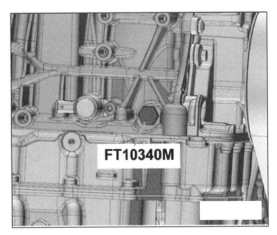

图 7-153

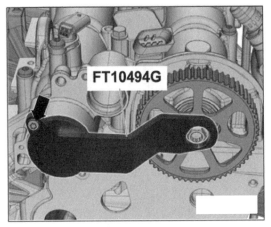

图 7-154

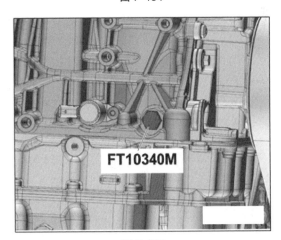

图 7-155

（9）拧出固定销 FT10340M，如图 7-153 所示。

（10）拧出螺栓（如图 7-154 中箭头）并取下凸轮轴固定装置 FT10494G（FT10494N）。

（11）检查正时：沿发动机运转方向将曲轴旋转2 圈。第 1 缸"上止点"允许的偏差：± 0.01mm。将固定销 FT10340M 拧入气缸体中至限位位置，然后以30N·m 的力矩拧紧，如图 7-155 所示。

（12）沿发动机运转方向继续旋转曲轴至限位位置。固定销此时位于曲柄臂上，如图 7-156 所示。提示：固定销 FT10340M 只能沿发动机运转方向锁定曲轴。

（13）凸轮轴固定装置 FT10494G（FT10494N）必须可以自行嵌入。不得用敲击工具来安装凸轮轴固定装置。如果凸轮轴固定装置 FT10494G（FT10494N）不易自行嵌入：用安装工具 FT10487M（FT10487N）沿如图 7-157 中箭头方向按压齿形皮带。

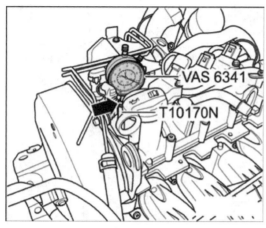

图 7-156

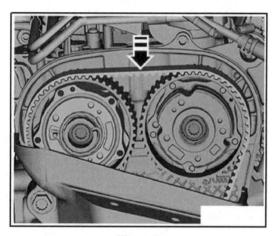

图 7-157

（14）同时将凸轮轴固定装置 FT10494G（FT10494N）压入凸轮轴直至限位位置并用力拧紧螺栓（如图 7-158 中箭头）。如果无法插入凸轮轴固定装置 FT10494G（FT10494N），则表明正时不正常：再次调整正时。如果可以插入凸轮轴固定装置 FT10494G（FT10494N），则表明正时正常。

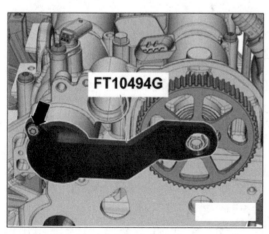

图 7-158

（15）拧出固定销 FT10340M，如图 7-159 所示。

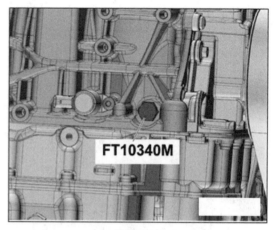

图 7-159

（16）拧出螺栓（如图 7-160 中箭头）并取下凸轮轴固定装置 FT10494G（FT10494N）。

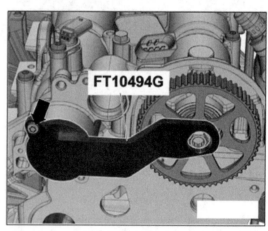

图 7-160

（17）使用带转接头 FT10172M/1 的固定工具 FT10172M 拧紧螺栓（如图 7-161 中 1、2）。

图 7-161

（18）使用带转接头 FT10172M/1 的固定工具 FT10172M 拧紧螺旋塞（如图 7-162 中 1）。当心：可能损坏发动机。最后检查固定销 FT10340M 和凸轮轴固定装置 FT10494G（FT10494N）是否已拆下。

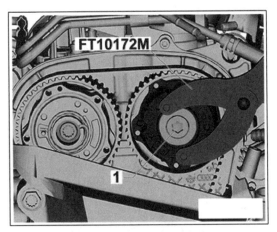

图 7-162

（19）其余的组装以倒序进行。

（三）检查正时

1. 所需要的专用工具和维修设备

（1）固定销 FT10340M，如图 7-163 所示。

FT10340M

图 7-163

（2）火花塞扳手 3122 B，如图 7-164 所示。

3122B

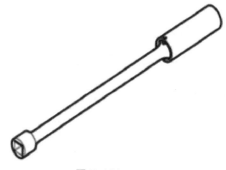

图 7-164

（3）扭矩扳手（5~50N·m）V.A.G 1331，如图 7-165所示。

V.A.G 1331

图 7-165

（4）凸轮轴固定装置 FT10494G（FT10494N），如图 7-166 所示。

FT10494G

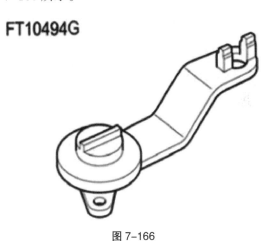

图 7-166

（5）千分表适配接头 T10170N，如图 7-167 所示。

T10170N

图 7-167

（6）加长件 FT10170/1T1，如图 7-168 所示。

（7）千分表 VAS6341，如图 7-169 所示。

（8）安装工具 FT10487N。

2. 操作步骤

（1）拆卸发动机罩。松开软管卡箍（如图 7-170中 1、2），拆下空气导管。

（2）脱开空气导管上的空气导流软管。脱开电气

FT10170/1T1

图 7-168

VAS 6341

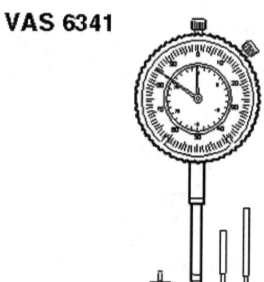

图 7-169

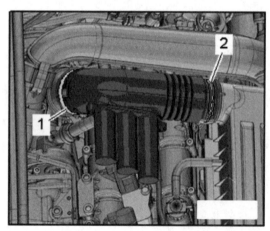

图 7-170

图 7-171

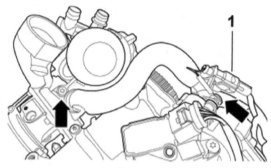

图 7-172

连接插头（如图 7-171 中 1）。松开卡子（如图 7-171 中 2），拔下真空管（如图 7-171 中 3）。松开卡子（如图 7-171 中箭头），取下空气导管。

（3）脱开电气插头（如图 7-172 中 1）。拧出螺栓（如图 7-172 中箭头），并取下曲轴箱通风装置。

（4）脱开电线束（如图 7-173 中箭头）。拧出螺栓（如图 7-173 中 1、3），取下冷却液泵齿形皮带护罩（如图 7-173 中 2）。

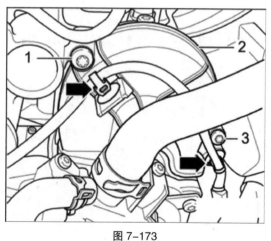

图 7-173

（5）拧出螺栓（如图 7-174 中箭头），取下密封盖（如图7-174中1）。排出冷却液。

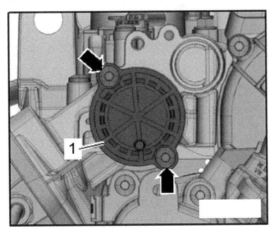

图7-174

（6）拧出螺栓（如图7-175中A～D）并将冷却液调节器盖板（如图7-175中1）压向一侧。

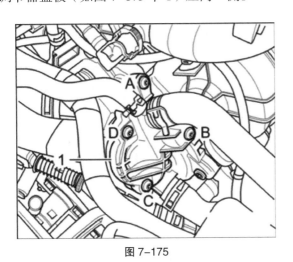

图7-175

（7）按如下所述，将曲轴转到"上止点"位置处：拆下第一缸带功率输出级的点火线圈。用火花塞扳手3122B拆下第一缸火花塞。将千分表适配接头T10170N旋入火花塞螺纹孔至限位位置。将带延长件FT10170/1T1的千分表VAS 6341插入千分表适配接头中，并拧紧锁止螺母（如图7-176中箭头）。沿发动机运转方向转动曲轴，直到第一缸"上止点"，并记下千分表指针位置。提示：如果曲轴转动超过"上止点"0.01mm，则将曲轴逆着发动机运转方向再转动约45°。接着将曲轴朝发动机运转方向转动到气缸1"上止点"位置。气缸1"上止点"允许的偏差：±0.01mm。

（8）拧出气缸体上"上止点"孔的螺旋塞。将固定销FT10340M拧入气缸体中至限位位置，然后以30N·m的力矩拧紧，如图7-177所示。沿发动机运转方向旋转曲轴至限位位置。紧固销此时位于曲柄臂

上。提示：固定销FT10340M只能沿发动机运转方向锁定曲轴。

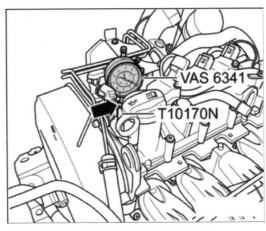

图7-176

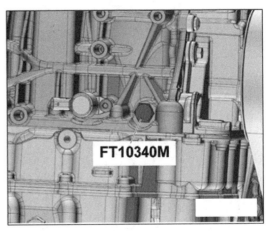

图7-177

（9）对于这两个凸轮轴，变速器侧不对称分布的凹槽（如图7-178中箭头）必须位于中心上部。对于排气凸轮轴，凹槽（如图7-178中箭头）可以通过冷却液泵驱动轮的凹口够到。对于进气凸轮轴，凹槽（如图7-178中箭头）位于凸轮轴中心上方。如图7-178所示，A为排气凸轮轴，E为进气凸轮轴。如果凸轮轴与上述情况不相符，请拧出固定销FT10340M并继续旋转曲轴一周，使其再次位于"上止点"位置。提示：凸轮轴固定装置FT10494G（FT10494N）必须可以自行嵌入。不得用敲击工具来安装凸轮轴固定装置。

（10）如果凸轮轴固定装置FT10494G（FT10494N）不易自行嵌入：脱开支架上的软管（如图7-179中3）。拧出螺栓（如图7-179中2）。松开固定夹（如图7-179中箭头），取下上部齿形皮带护罩（如图7-179中1）。

（11）用安装工具FT10494G（FT10487N）沿箭头（如图7-180中箭头）方向按压齿形皮带。

（12）同时将凸轮轴固定装置FT10494G

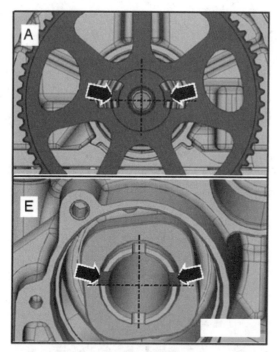

图 7-178

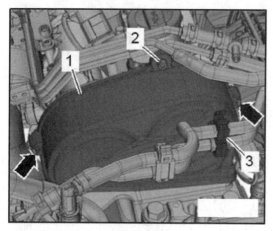

图 7-179

图 7-180

（FT10494N）推入凸轮轴直至限位位置。用力拧紧螺栓（如图 7-181 中箭头）。

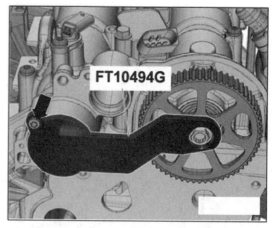

图 7-181

（13）如果凸轮轴固定装置无法插入：调整正时，从凸轮轴上取下齿形皮带。如果凸轮轴固定装置可以插入：正时正常。当心：可能损坏发动机。最后检查固定销 FT10340M 和凸轮轴固定装置 FT10494G（FT10494N）是否已拆下。

（14）其余的组装以倒序进行。

提示：

①更换通过继续旋转抗紧的螺栓。

②更换损坏的螺旋塞 O 形环。

四、车型

一汽大众迈腾 330TSI（2.0T DPLA），2020 年。

一汽大众 CC 330TSI（2.0T DPLA），2020—2021 年。

一汽大众探岳 330TSI（2.0T DPLA），2020—2022 年。

一汽大众探岳 X 330TSI（2.0T DPLA），2020 年。

一汽大众揽境 330TSI（2.0T DPLA），2021 年。

（一）凸轮轴正时链装配一览（如图 7-182 所示）

1. 检查控制阀

活塞（如图 7-183 中 1）必须克服弹簧力下压大约 3mm。不得夹住。

2. 轴承座拧紧力矩和拧紧顺序

如果装有张紧套，将其与螺栓（如图 7-184 中 1）一同拉入气缸盖中。

按如图 7-184 所示顺序分步拧紧螺栓：

①螺栓 1 拧紧力矩 3N·m。

②螺栓 1~6 拧紧力矩 9N·m。

3. 曲轴链轮安装位置

两面（如图 7-185 中箭头）必须相对。

（二）拆卸和安装凸轮轴正时链

1. 所需要的专用工具和维修设备

（1）根据制造状态，装配工具 FT10352/3X/

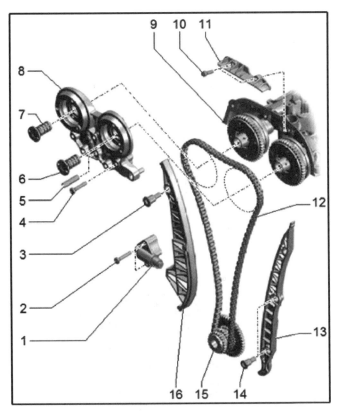

图 7-184

图 7-185

1. 右侧凸轮轴正时链。处于弹簧压力下。拆卸前用定位工具T40267固定 2. 螺栓。拆卸后更换。拧紧力矩4N·m+90° 3. 导向销。拧紧力矩20N·m 4. 螺栓 5. 张紧套。与紧固螺栓一同拉入气缸盖中 6. 控制阀。左旋螺纹。根据结构状态，用安装工具FT10352/3X/FT10352/4T拆卸。拧紧力矩35N·m 7. 控制阀。左旋螺纹。根据结构状态，用安装工具FT10352/3X/FT10352/4T拆卸。拧紧力矩35N·m 8. 轴承座 9. 气缸盖罩 10. 螺栓。拧紧力矩9N·m 11. 滑轨。用于凸轮轴正时链 12. 凸轮轴正时链 13. 凸轮轴正时链滑轨 14. 导向螺栓。拧紧力矩20N·m 15. 曲轴链轮 16. 张紧轨。用于凸轮轴正时链

图 7-182

FT10352/4T，如图 7-186 所示。

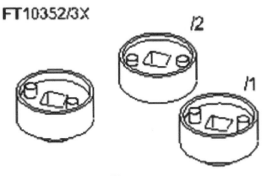

图 7-186

（2）固定支架 T10355/FT10355M，如图 7-187 所示。

（3）定位销 T10011，如图 7-188 所示。

（4）装配杆 FT40243T/T40243，如图 7-189 所示。

（5）定位工具 T40267，如图 7-190 所示。

（6）凸轮轴固定装置 T40271，如图 7-191 所示。

（7）装配工具 FT10567X，如图 7-192 所示。

（8）装配工具 T10531，如图 7-193 所示。

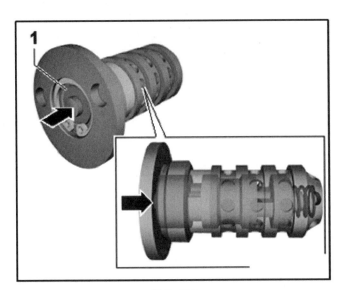

图 7-183

FT10355M

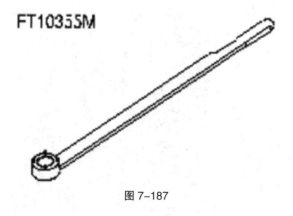

图 7-187

T10011

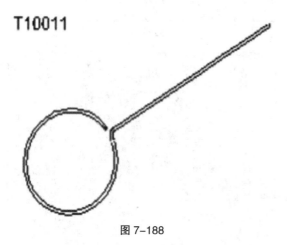

图 7-188

FT40243T

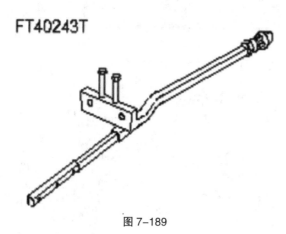

图 7-189

T40267

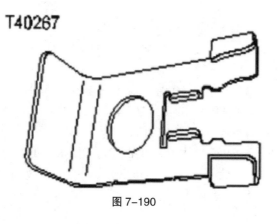

图 7-190

T40271

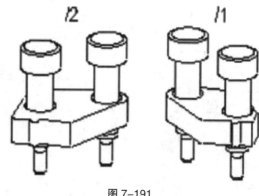

图 7-191

FT10567X

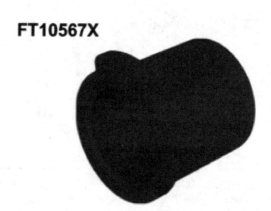

图 7-192

T10531

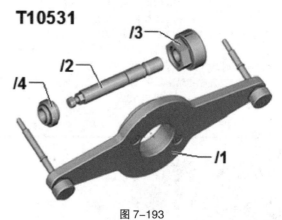

图 7-193

（9）安装工具 T10531 的各部件：
①定位件 T10531/1。
②张紧销 T10531/2。
③旋转工具 T10531/3。
④带肩螺母 T10531/4。
2.拆卸
（1）拆卸隔音垫。拆卸右侧轮罩板或轮罩板前部件。将发动机支撑在安装位置。拆卸发动机支座。拆下发动机支承。拆卸正时链上部盖板。提示：控制阀为左旋螺纹。根据制造状态，可能安装了不同的控制阀。

524

（2）使用适当的装配工具（如图 7-194 中 1），FT10352/3X/FT10352/4T 沿如图 7-194 中箭头方向拆下左右两侧的控制阀。

图 7-194

（3）旋出螺栓（如图 7-195 中 1~6），同时小心地拆下轴承座且不得倾斜。

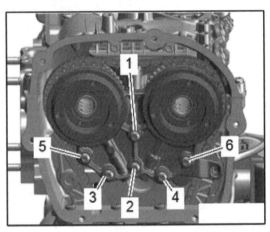

图 7-195

（4）用固定支架 T10355/FT10355M 将减震器转入"上止点"位置。凸轮轴链轮（在切口后面用圆点标记）的标记（如图 7-196 中 3）必须总是指向上方。减震器（如图 7-196 中 1）上的缺口（如图 7-196 中箭头）和正时链下方盖板（如图 7-196 中箭头）上的标记（如图 7-196 中 5）必须相互对着。

（5）拆卸正时链下部盖板。拧出螺栓（如图 7-197 中箭头）。

（6）拧入装配杆 FT40243T/T40243（如图 7-198 中箭头）。将链条张紧器的卡环（如图 7-198 中 1）压到一起并固定。将装配杆 FT40243T/T40243 缓慢地沿如图 7-198 中箭头方向按压并固定。

（7）用定位工具 T40267 固定链条张紧器，如图

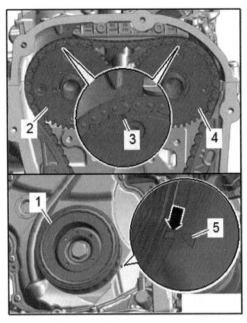

图 7-196

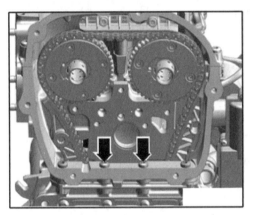

图 7-197

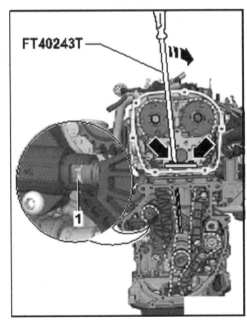

图 7-198

7-199 所示。拆卸装配杆 T40243。

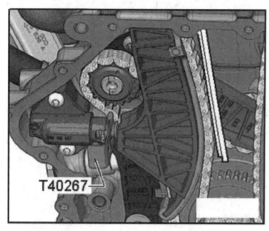

图 7-199

（8）将凸轮轴固定装置 T40271/2（如图7-200中2）拧到气缸盖上。沿如图 7-200 中箭头 B 方向将凸轮轴固定装置推入链轮的啮合齿中。如有必要，将进气凸轮轴用装配工具 FT10567X（如图 7-200 中 1）来回轻微沿如图 7-200 中箭头 A 方向旋转。

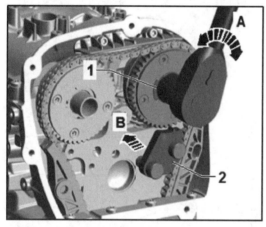

图 7-200

（9）将凸轮轴固定装置 T40271/1 拧到气缸盖上。接下来的工作步骤需要有另一位机修工协助。将排气凸轮轴用装配工具 FT10567X 沿如图 7-201 中箭头 B 方向固定。拧出螺栓（如图 7-201 中 1），将张紧轨（如图 7-201 中 2）向下推。将凸轮轴沿顺时针（如图 7-201 中箭头 A）继续旋转，直到凸轮轴固定装置 T40271/1 能够推入链轮啮合齿（如图 7-201 中 C）。

（10）旋出螺栓（如图 7-202 中箭头）并拆下滑轨（如图 7-202 中 1）。

（11）沿如图 7-203 中箭头方向按压机油泵的链条张紧器张紧卡箍，并用定位销 T40011 卡住。拧出螺栓（如图 7-203 中 1）并拆下链条张紧器（如图 7-203

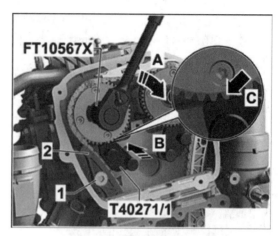

图 7-201

图 7-202

中 2）。将机油泵链条从曲轴链轮上拆下，向前拔出并向下放置在机油泵正时链轮上。

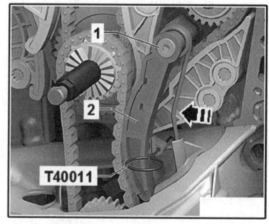

图 7-203

（12）旋出导向销（如图 7-204 中 1）并拆下滑轨（如图 7-204 中 2）。将凸轮轴正时链从凸轮轴齿轮上取下，并向下取出。

2. 安装

（1）前提条件：曲轴处于"上止点"；曲轴链

轮上的 V 形开口指向凸轮轴链轮之间中心的假想垂直线（如图 7-205 中箭头）。曲轴链轮已用夹紧螺栓 T10531/2 卡住。

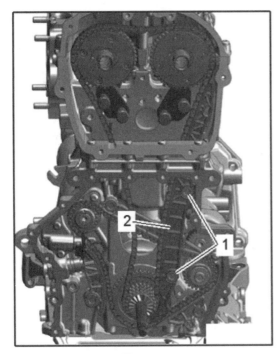

图 7-204

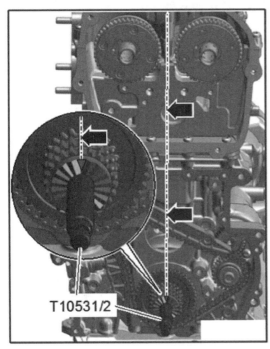

图 7-205

（2）处于"上止点"的凸轮轴链轮用凸轮轴固定装置 T40271/1 和 T40271/2 卡住。标记（如图 7-206 中箭头）必须相对。将排气凸轮轴上的标记略微向右错位。另外，用防水笔进行标记（在切口后面用圆点标记）。正时链部分遮盖住齿轮上的标记点。

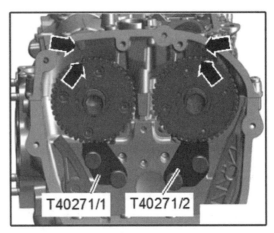

图 7-206

（3）将带彩色链节的凸轮轴正时链（如图 7-207 中箭头）挂到凸轮轴销轴上。

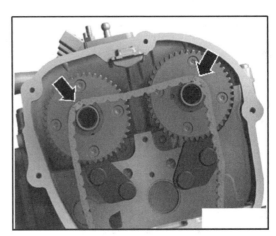

图 7-207

（4）将凸轮轴正时链放到进气凸轮轴、排气凸轮轴和曲轴链轮上。彩色链节和正时链轮上的标记必须相互对着（如图 7-208 中箭头）。

（5）安装滑轨（如图 7-209 中 2）并拧紧导向销（如图 7-209 中 1）。

（6）安装滑轨（如图 7-210 中 1）并拧紧螺栓（如图 7-210 中箭头）。

（7）接下来的工作步骤需要有另一位机修工协助。用装配工具 F10567X（如图 7-211 中 4）沿如图 7-211 中箭头 A 方向降低排气凸轮轴的预应力，将凸轮轴固定装置 T40271/1（如图 7-211 中 5）从链轮的啮合齿中拉出（如图 7-211 中箭头 B）并将凸轮轴置于静止位置。将排气凸轮轴沿如图 7-211 中箭头 C 方向转动，直到正时链紧贴到滑轨（如图 7-211 中 3）上。将凸轮轴固定在这个位置，拧上张紧轨（如图 7-211 中 2）并拧紧螺栓（如图 7-211 中 1）。提示：若凸轮轴没有固定，在安装好张紧轨之前，正时链可

527

能会跳齿！

图 7-208

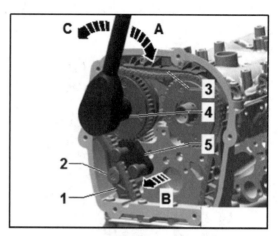

图 7-211

（8）用装配工具 F10567X（如图 7-212 中 1）沿如图 7-212 中箭头 A 方向降低进气凸轮轴的预应力，将凸轮轴固定装置 T40271/2（如图 7-212 中 2）从链轮的啮合齿中拉出（如图 7-212 中箭头 B）并将凸轮轴置于静止位置。拆卸凸轮轴固定装置 T40271/1 和 T40271/2。

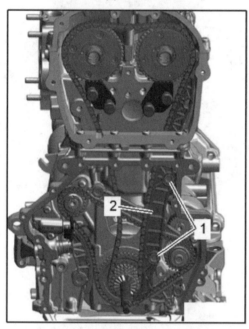

图 7-209

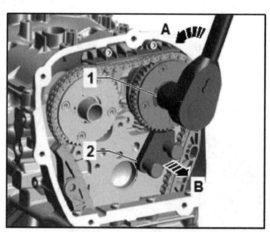

图 7-212

（9）拧入并拧紧螺栓（如图 7-213 中箭头）。

（10）重新使用轴承座之前必须略微回拉张紧套（如图 7-214 中 1）。张紧套必须和轴承座的气缸盖一侧齐平。用发动机机油润滑开孔（如图 7-214 中箭头）。

（11）套上轴承座，此时不得倾斜。用手拧入螺栓（如图 7-215 中 1~6）。用螺栓（如图 7-215 中 1）将张紧套拧入气缸盖中。

（12）取下定位工具 T40267，如图 7-216 所示。

（13）拧紧轴承座上的螺栓，如图 7-217 所示。

（14）装上机油泵链条。安装链条张紧器（如图

图 7-210

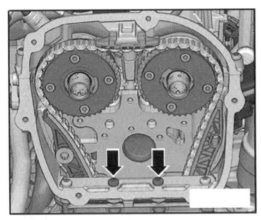

图 7-213

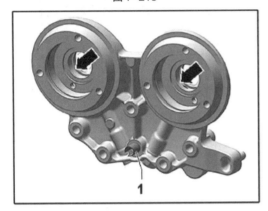

图 7-214

图 7-215

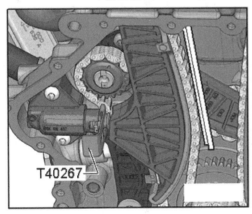

图 7-216

图 7-217

7-218 中 2 ）并拧紧导向销（如图 7-218 中 1 ）。拆下定位销 T40011，钢丝夹必须在开口中（如图 7-218 中箭头）紧贴油底壳上部件。

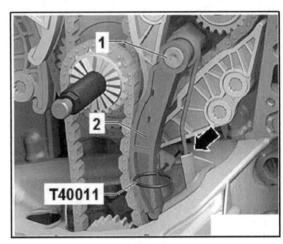

图 7-218

（15）检查设置：彩色链节和正时链轮上的标记必须相互对着（如图 7-219 中箭头）。安装控制阀。

（16）安装旋转工具 T10531/3 和凸肩螺母 T10531/4，如图 7-220 所示。将发动机沿发动机转动方向旋转两次。提示：因为传动比的原因，有色的链节在发动机转动之后不再对齐。

（17）取下旋转工具并安装正时链下部盖板。

（18）安装减震器。

（19）安装正时链上部盖板。

（20）安装多楔带的张紧装置。

（21）安装多楔带。

（22）其他安装以相反顺序进行，安装过程中请注意事项：完成对链条传动装置的作业后，必须匹配发动机控制单元中的匹配值。

图 7-219

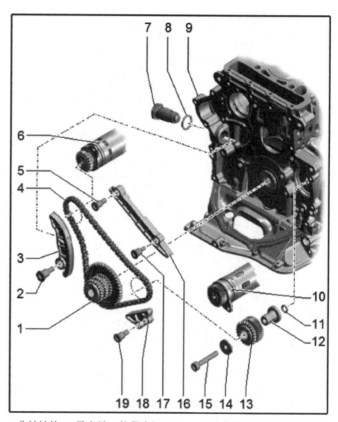

1.曲轴链轮　2.导向销。拧紧力矩20N·m 3.张紧轨。对于平衡轴驱动链　4.平衡轴传动链　5.导向销。拧紧力矩20N·m 6.排气侧平衡轴 7.右侧凸轮轴正时链。拧紧力矩85N·m 8.密封环。拆卸后更换。涂抹密封剂D154 103A1 9.气缸体 10.进气侧平衡轴 11.O形环。抹上发动机机油 12.传动链轮。抹上发动机机油 13.中间轮 14.传动链轮 15.螺栓。拆卸后更换。如果螺栓松开过，则必须更换中间齿轮 16.滑轨。对于平衡轴驱动链　17.导向销。拧紧力矩20N·m 18.滑轨。用于平衡轴正时链 19.导向螺栓。拧紧力矩12N·m

图 7-221

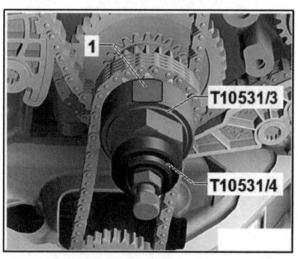

图 7-220

（三）平衡轴传动链安装一览（如图 7-221 所示）

1. 轴承螺栓安装位置

（1）更换并用机油润滑 O 形环（如图 7-222 中 1）。

（2）轴承螺栓的配合销（如图 7-222 中箭头）卡入气缸体孔中。

（3）给轴承销涂敷润滑油。

2. 中间齿轮拧紧顺序

提示：务必更换中间齿轮。否则无法调整齿隙，发动机可能损坏。新的中间齿轮带一层油漆减磨覆层，在短时运行后会被磨平，这样齿隙便会自动调整，如图 7-223 所示。

图 7-222

图 7-223

（四）拆卸和安装平衡轴传动链

1. 拆卸

（1）拆卸凸轮轴正时链。前提条件：曲轴处于"上止点"；曲轴链轮上的 V 形开口指向凸轮轴链轮之间中心的假想垂直线（如图 7-224 中箭头）。曲轴链轮已用夹紧螺栓 T10531/2 卡住。

图 7-224

（2）拧出螺栓（如图 7-225 中 4），取下凸轮轴正时链的链条张紧器。拆卸平衡轴驱动链的链条张紧器（如图 7-225 中 3）。旋出导向销（如图 7-225 中 1、5）并拆下张紧轨（如图 7-225 中 2）和滑轨（如图 7-225 中 6）。取下平衡轴驱动链。

2. 安装

（1）安装以倒序进行，同时要注意以下几点：前

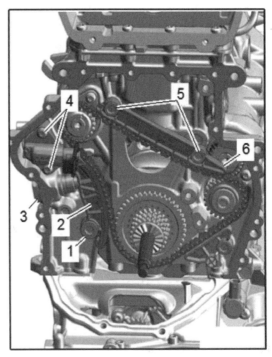

图 7-225

提条件是曲轴处于"上止点"；曲轴链轮上的 V 形开口指向凸轮轴链轮之间中心的假想垂直线（如图 7-226 中箭头）；曲轴链轮已用夹紧螺栓 T10531/2 卡住。

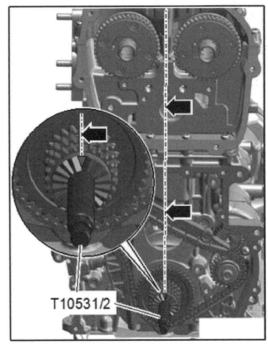

图 7-226

（2）首先在平衡轴上套上平衡轴驱动链。彩色链节和正时链轮上的标记（如图 7-227 中箭头）必须相对。

（3）安装滑轨（如图 7-228 中 1），并拧紧导向销（如图 7-228 中箭头）。

图 7-227

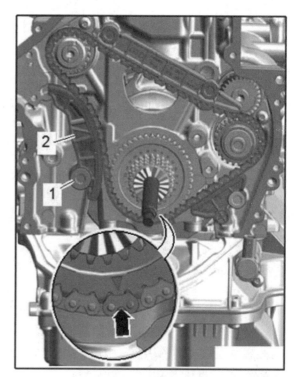

图 7-229

图 7-228

图 7-230

（4）平衡轴驱动链的彩色链节（如图 7-229 中箭头）要和曲轴链轮上的标记位置一致。安装张紧轨（如图 7-229 中 2）并拧紧导向销（如图 7-229 中 1）。

（5）拧紧链条张紧器（如图 7-230 中箭头）。

（6）再次检查设置：彩色链节和正时链轮上的标记（如图 7-231 中箭头）必须相对。

（7）安装凸轮轴正时链。

（五）检查配气相位

1. 所需要的专用工具和维修设备

（1）千分表组件，4 部分 VAS6341，如图 7-232 所示。

（2）千分表转接头 FT10170 AG/T10170A，如图 7-233 所示。

2. 拆卸

（1）拆卸正时链上部盖板。拆卸隔音垫（如图 7-234 中 1）。

（2）拆卸右侧车轮和右侧轮罩板或轮罩板前部件。用开口宽度为 24 的套筒扳手接头沿发动机运转方向转动减震器上的曲轴，直至标记（如图 7-235 中 1、2）几乎位于上方。拆卸气缸 1 的带功率输出级的点火线圈。用火花塞扳手 F3122 BG/3122B 拆卸气缸 1 的火花塞。

（3）将千分表转接头 FT10170 AG/T10170 A 拧入火花塞螺纹内，直至极限位置。将千分表 VAS 6341 用加强件 FT10170A/1G/T10170A/1 插入到极限位置，用锁紧螺母（如图 7-236 中箭头）固定住。缓慢地沿

图 7-231

VAS 6341

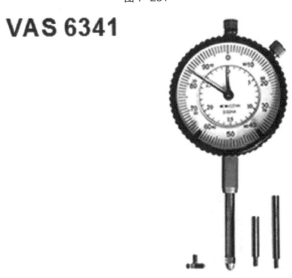

图 7-232

FT10170AG

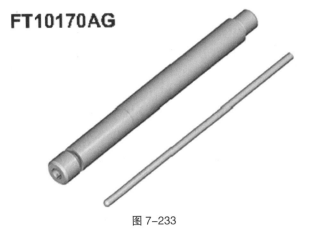

图 7-233

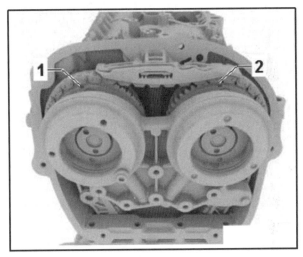

图 7-234

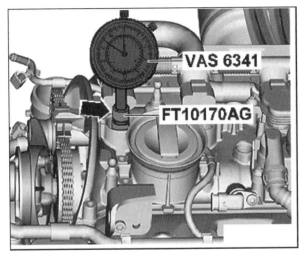

图 7-235

图 7-236

发动机转动方向旋转曲轴直至指针打到极限。在指针
达到极限部位(指针回返点)时,活塞位于"上止点"。
提示:使用棘轮和套筒扳手接头 SW24 转动减震器。
如果曲轴转到"上止点"上,则必须将曲轴再次沿发动机转动方向再次转动 2 圈。请勿逆向转动发动机。

（4）排气凸轮轴上的标记（如图 7-237 中 1）略微向右错位。减震器缺口必须对准正时链下盖板上的标记（如图 7-237 中箭头）。凸轮轴链轮在切口后面用圆点做的标记（如图 7-237 中 1）必须与气缸盖上的标记（如图 7-237 中 2、3）相对。

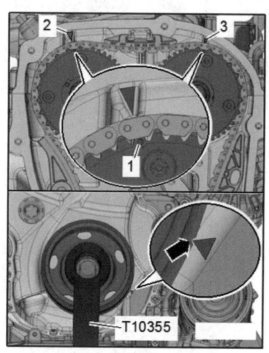

图 7-237

五、车型

一汽大众高尔夫 GTI 380TSI（2.0T DKXA），2021 年。

一汽大众迈腾 380TSI（2.0T DKXA），2019—2020 年。

一汽大众 CC 380TSI（2.0T DKXA），2019—2021 年。

一汽大众探岳 380TSI（2.0T DKXA），2019—2022 年。

一汽大众探岳 X 380TSI（2.0T DKXA），2020 年。

一汽大众揽境 380TSI（2.0T DKXA），2021 年。

（一）凸轮轴正时链装配一览（如图 7-238 所示）

1. 轴承座拧紧力矩和拧紧顺序

如果装有张紧套，将其与螺栓（如图 7-239 中 1）一同拉入气缸盖中。

按图 7-239 所示顺序分步拧紧螺栓：

①螺栓 1~6 拧紧力矩 4N·m。

②螺栓 1~6 拧紧力矩 180°。

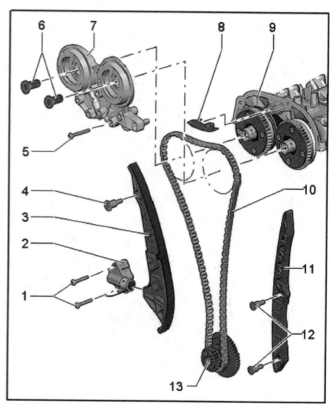

1.螺栓。拆卸后更换。拧紧力矩4N·m+ 90° 2.右侧凸轮轴正时链的张紧器：处于弹簧压力下。拆卸前用定位工具T40267固定 3.正时链张紧导轨 4.导向螺栓。拧紧力矩20N·m 5.螺栓 6.控制阀。左旋螺纹。拧紧力矩35N·m 7.轴承座 8.凸轮轴正时链滑轨 9.凸轮轴壳罩 10.凸轮轴正时链 11.凸轮轴正时链滑轨 12.导向螺栓。拧紧力矩20N·m 13.三级链轮

图 7-238

图 7-239

2. 三级链轮安装位置

两面（如图 7-240 中箭头）必须相对。

（二）拆卸和安装凸轮轴正时链

1. 所需要的专用工具和维修设备

（1）装配工具 FT10352/4X，如图 7-241 所示。

（2）固定支架 FT10355，如图 7-242 所示。

（3）定位销 FT40011，如图 7-243 所示。

图 7-240

FT10352/4X

图 7-241

T10355

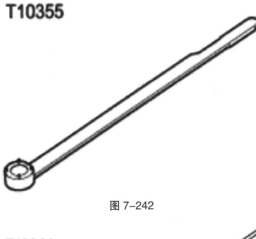

图 7-242

T40011

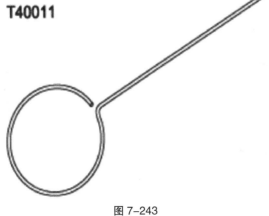

图 7-243

（4）装配杆 FT40243，如图 7-244 所示。

T40243

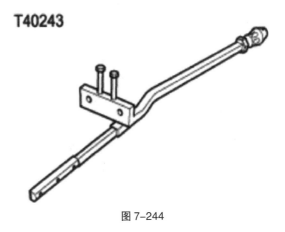

图 7-244

（5）定位工具 T40267，如图 7-245 所示。

T40267

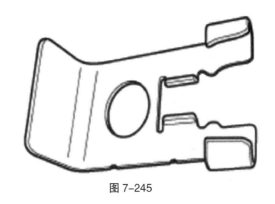

图 7-245

（6）凸轮轴固定装置 FT40271，如图 7-246 所示。

T40271

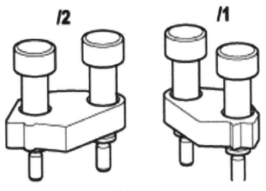

图 7-246

（7）装配工具 FT40266T，如图 7-247 所示。

（8）装配工具 T10531，如图 7-248 所示。

（9）安装工具 T10531 的各部件。

①定位件 T10531/1。

②张紧销 T10531/2

FT40266T

图 7-247

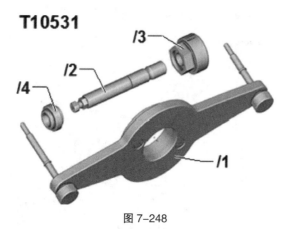

T10531

/3
/2
/4
/1

图 7-248

③旋转工具 T10531/3
④带肩螺母 T10531/4

2. 拆卸

（1）拆卸正时链上部盖板。拆卸隔音垫。拆卸右侧轮罩内板前部件。

（2）用固定支架 T10355 将减震器 / 曲轴皮带轮转入"上止点"位置。凸轮轴链轮的标记（如图7-249 中 1）必须对准标记（如图 7-249 中 2、3）。减震器 / 曲轴皮带轮上的缺口和正时链下方盖板上的标记（如图 7-249 中箭头）必须相互对着。拆卸正时链下部盖板。

（3）用 FT10352/4T 沿如图 7-250 中箭头方向拆下左侧和右侧的控制阀。提示：控制阀是左旋螺纹。

（4）拧下螺栓（如图 7-251 中箭头），取下轴承座。

（5）拧出螺栓（如图 7-252 中箭头）。

（6）拧入装配杆 FT40243T（如图 7-253 中箭头）。将链条张紧器的卡环（如图 7-253 中 1）压到一起并固定。将装配杆 FT40243T 沿如图 7-253 中箭头方向缓慢地按压并固定。

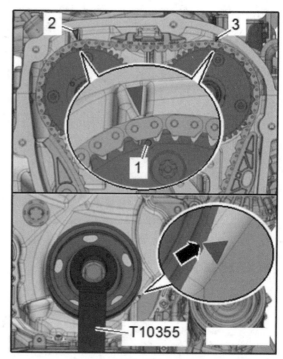

图 7-249

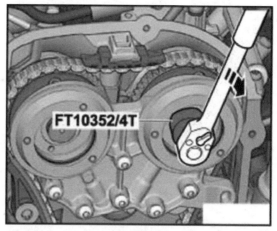

FT10352/4T

图 7-250

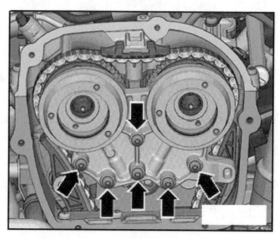

图 7-251

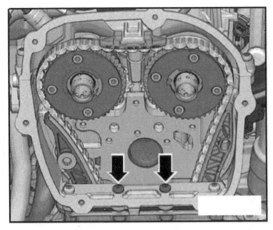

图 7-252

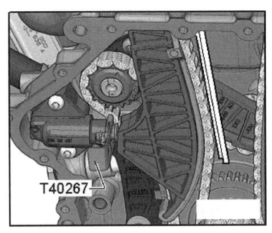

图 7-254

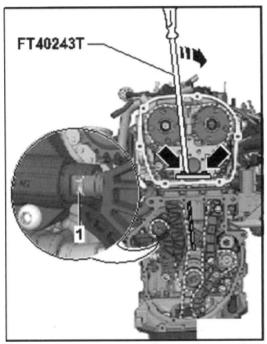

图 7-253

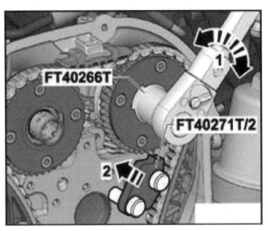

图 7-255

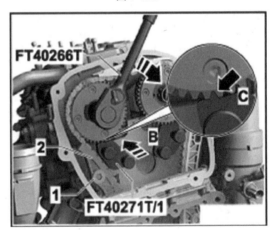

图 7-256

（7）用定位工具 T40267 固定链条张紧器，如图 7-254 所示。拆卸装配杆 FT40243T。

（8）将凸轮轴固定装置 FT40271T/2 拧到气缸盖上并沿如图 7-255 中箭头方向推入链轮的啮合齿（如图 7-255 中 2）中。必要时用装配工具 FT40266T 转动进气凸轮轴（如图 7-255 中 1）。

（9）将凸轮轴固定装置 FT40271T/1 安装到气缸盖上。接下来的工作步骤需要有另一位机修工协助。将排气凸轮轴用装配工具 FT40266T 沿如图 7-256 中箭头方向固定。拧出螺栓（如图 7-256 中 1），将张紧轨（如图 7-256 中 2）向下推。将凸轮轴沿顺时针（如图 7-256 中箭头）继续旋转，直到凸轮轴固定装置 FT40271T/1 能够推入链轮啮合齿（如图 7-256 中 C）。

（10）拆卸滑轨（如图 7-257 中 1），为此用螺丝刀打开卡子（如图 7-257 中箭头），然后将滑轨向前推开。

（11）拧下螺栓（如图 7-258 中箭头），拆下链条张紧器（如图 7-258 中 1）。

（12）沿如图 7-259 中箭头方向按压机油泵的链条张紧器张紧卡箍并用定位销 FT40011T 卡住。拧出螺栓（如图 7-259 中 1）并拆下链条张紧器。

图 7-257

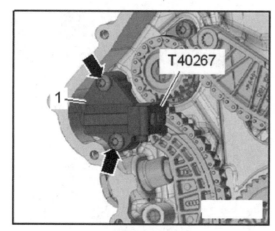

图 7-258

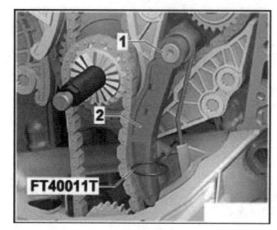

图 7-259

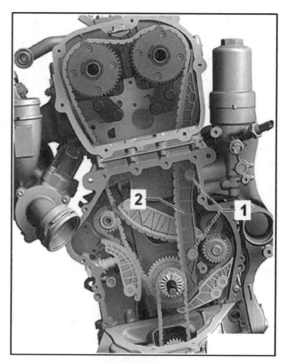

图 7-260

图 7-261

（13）拧出螺栓（如图 7-260 中 1），拆下滑轨（如图 7-260 中 2）。

（14）将凸轮轴正时链从凸轮轴齿轮上取下并挂到凸轮轴的销轴上（如图 7-261 中箭头）。

（15）拆卸平衡轴正时链的链条张紧器（如图 7-262 中 1）。

（16）拧出螺栓（如图 7-263 中 1）。拆卸张紧轨（如图 7-263 中 2）以及滑轨（如图 7-263 中 3、4）。

图 7-262

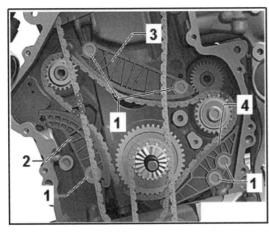

图 7-263

（17）松开张紧销（如图 7-264 中 A），拧出张紧销（如图 7-264 中 B）。取出三级链轮，同时卸下机油泵驱动装置的正时链。取下凸轮轴正时链和平衡轴传动链。

图 7-264

3.安装

（1）检查曲轴的"上止点"，曲轴的平端（如图 7-265 中箭头）必须水平。用防水记号笔在气缸体（如

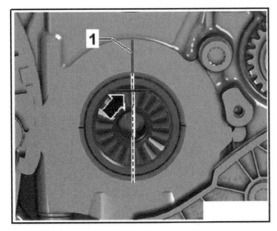

图 7-265

图 7-265 中 1）上做标记。

（2）用防水记号笔在三级链轮的齿（如图 7-266 中 1）上做标记（如图 7-266 中 2）。

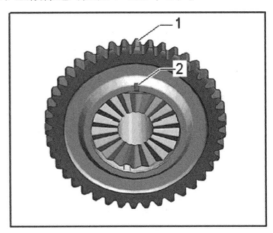

图 7-266

（3）将中间齿轮和平衡轴转至标记（如图 7-267 中箭头），螺栓（如图 7-267 中 1）不得松开。中间齿轮和平衡轴之间的标记很难看到。

图 7-267

（4）放上平衡轴传动链，将彩色链节（如图 7-268 中箭头）定位到链轮的标记上。

图 7-268

（5）安装滑轨（如图 7-269 中 1）并拧紧螺栓（如图 7-269 中箭头）。

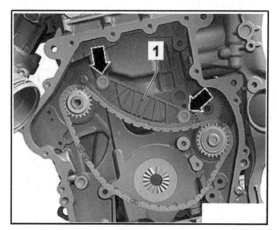

图 7-269

（6）将带彩色链节的凸轮轴正时链（如图 7-270中箭头）挂到凸轮轴销轴上。

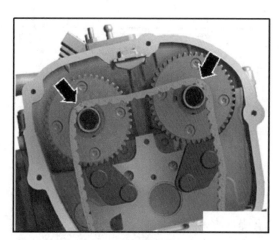

图 7-270

（7）将机油泵驱动装置的正时链放到三级链轮上。沿如图 7-271 中箭头方向将三级链轮向发动机侧翻转并插到曲轴上。标记（如图 7-271 中箭头）必须相对。

（8）将张紧销 T10531/2 拧入曲轴并用手拧紧。装上旋转工具 T10531/3。用手拧上带肩螺母 T10531/4。用开口宽度为 32 的开口扳手略微来回移动旋转工具，同时再拧紧带肩螺母，直到链轮牢固地装到曲轴啮合齿上。现在才拧紧夹紧螺栓（如图 7-272中 A）。

（9）将平衡轴传动链的彩色链节（如图 7-273 中箭头）定位在三级链轮的标记上。安装张紧轨（如图 7-273 中 1）和滑轨（如图 7-273 中 2）。拧紧螺栓（如图 7-273 中 3）。

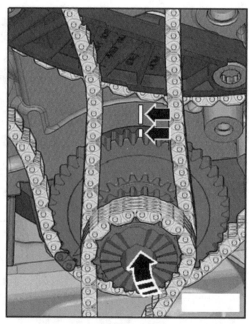

图 7-271

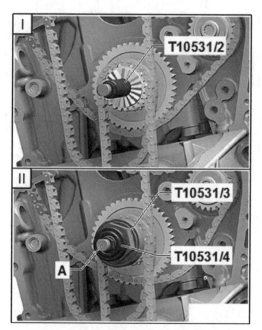

图 7-272

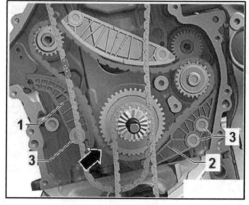

图 7-273

（10）安装链条张紧器（如图 7-274 中 1）。

图 7-274

（11）再次检查调整情况，彩色链节（如图 7-275 中箭头）必须对准链轮的标记。

图 7-275

（12）将凸轮轴正时链放到进气凸轮轴上，排气凸轮轴放到曲轴上。将彩色链节（如图 7-276 中箭头）定位到链轮的标记上。

（13）安装滑轨（如图 7-277 中 2）并拧紧螺栓（如图 7-277 中 1）。

（14）安装上部滑轨（如图 7-278 中 1）。

（15）接下来的工作步骤需要有另一位机修工协助。将排气凸轮轴用装配工具 FT40266T 沿箭头（如图 7-279 中箭头 A）方向略微转动，并将凸轮轴固定装置 FT40271T/1 从链轮的啮合齿中推出（如图 7-279 中 B）。将凸轮轴沿如图 7-279 中 C 方向松开，直到正时链紧贴到滑轨（如图 7-279 中 1）上。将凸轮轴固定在这个位置，拧上张紧轨（如图 7-279 中 2）并拧紧螺栓（如图 7-279 中 3）。

（16）安装链条张紧器（如图 7-280 中 1）并拧

图 7-276

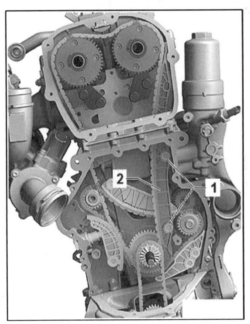

图 7-277

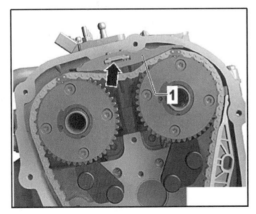

图 7-278

541

紧螺栓（如图 7–280 中箭头）。

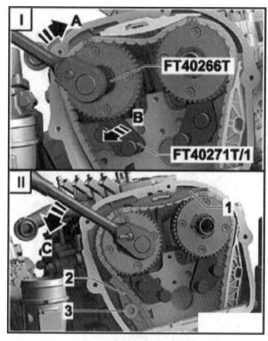

图 7–279

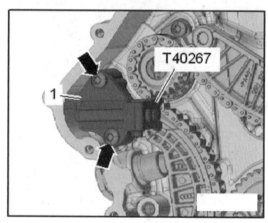

图 7–280

（17）安装链条张紧器（如图 7–281 中 2）。钢丝夹（如图 7–281 中箭头）必须在开口中紧贴油底壳

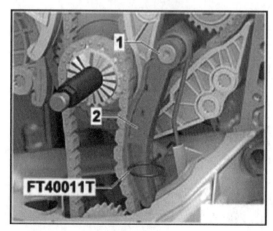

图 7–281

上部件。紧固螺栓（如图 7–281 中 1）并去除固定销 FT40011T。

（18）将进气凸轮轴用装配工具 FT40266T 沿如图 7–282 中箭头 1 方向转动。直到凸轮轴固定装置 FT40271T/2 可以从链轮的啮合齿中推出（如图 7–282 中 2）。松开凸轮轴。拆卸凸轮轴固定装置 FT40271T/1 和 FT40271T/2。

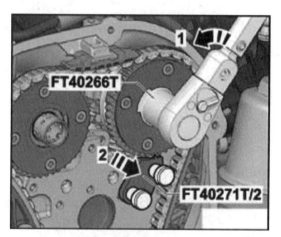

图 7–282

（19）检查调整情况，彩色链节（如图 7–283 中箭头）必须对准链轮的标记。

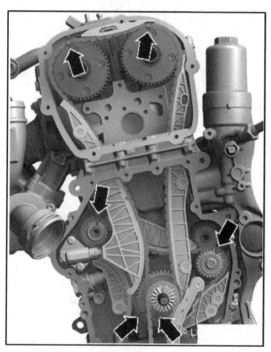

图 7–283

（20）拧入并拧紧螺栓（如图 7–284 中箭头）。

（21）用发动机机油润滑开孔（如图 7–285 中箭头）。提示：不是每个轴承座上都装有张紧套（如图 7–285 中 1）。

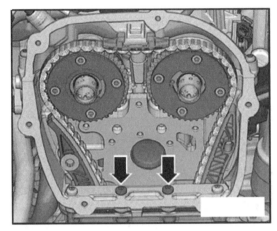

图 7-284

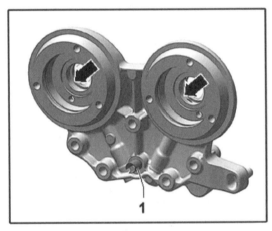

图 7-285

（22）套上轴承支架，此时不得倾斜。用手拧入螺栓（如图 7-286 中 1~6）。如果装有张紧套，将其与螺栓（如图 7-286 中 1）一同拉入气缸盖中。

图 7-286

（23）取下定位工具 T40267，如图 7-287 所示。

（24）拧紧用于轴承座的螺栓（如图 7-288 中箭头）。安装控制阀。将发动机沿发动机转动方向旋转两次。提示：因为传动比的原因，有色的链节在发动

机转动之后不再对齐。

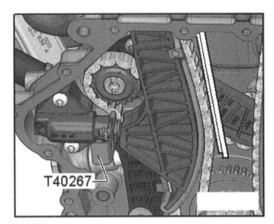

图 7-287

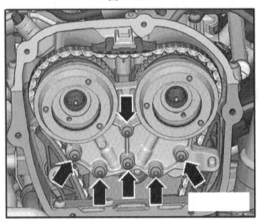

图 7-288

（25）取下旋转工具并安装正时链下部盖板。提示：在安装减震器 / 曲轴皮带轮后才能通过继续旋转一定角度来拧紧螺栓（如图 7-289 中 1、4）。在安装减震器 / 曲轴皮带轮时，必须再次取出螺栓。

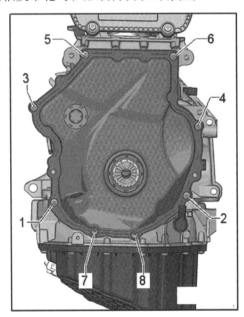

图 7-289

（26）安装减震器／曲轴皮带轮。安装正时链上部盖板。安装多楔皮带的张紧装置。安装多楔皮带。

（27）其他安装以倒序进行，安装过程中请注意以下事项：在链条传动装置上操作后必须匹配发动机控制单元中的匹配值。为此打开点火开关，在车辆诊断测试仪上选择以下菜单项：01- 发动机电子装置。引导型功能。01- 维修链条传动机构后的匹配。

（三）检查配气相位

1. 所需要的专用工具和维修设备

（1）千分表组件，4 部分 VAS6341，如图 7-290 所示。

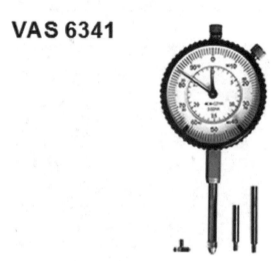

图 7-290

（2）千分表转接头 FT10170 AG，如图 7-291 所示。

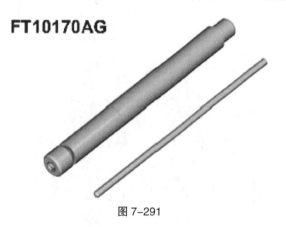

图 7-291

2. 拆卸

（1）拆卸正时链上部盖板。拆卸隔音垫（如图 7-292 中 1）。拆卸右侧车轮和右侧轮罩内板前部件。

（2）用开口宽度为 24 的套筒扳手接头沿发动机运转方向转动减震器／曲轴皮带轮上的曲轴，直至标记（如图 7-293 中 1、2）几乎位于上方。拆卸气缸 1 的带功率输出级的点火线圈。用火花塞扳手 3122 B 拆卸气缸 1 的火花塞。

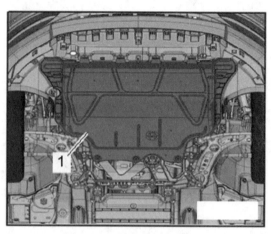

图 7-292

图 7-293

（3）将千分表转接头 FT10170AG 拧入火花塞螺纹内，直至极限位置。将千分表 VAS 6341 用加强件 FT10170AG/1 插入到极限位置，用锁紧螺母（如图 7-294 中箭头）固定住。

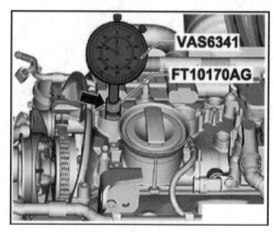

图 7-294

（4）缓慢地沿发动机转动方向旋转曲轴直至指针打到极限。在指针达到极限部位（指针回返点）时，活塞位于"上止点"。提示:使用棘轮和套筒扳手接头 SW24 转动减震器 / 曲轴皮带轮。如果曲轴转到"上止点"上,则必须将曲轴再次沿发动机转动方向转动 2 圈。请勿逆向转动发动机。

六、车型

一汽大众迈腾 330TSI(2.0T DKVB),2019—2020 年。

一汽大众 CC 330TSI(2.0T DKVB),2019 年。

一汽大众探岳 330TSI(2.0T DKVB),2019 年。

(一)凸轮轴正时链装配一览(如图 7-295 所示)

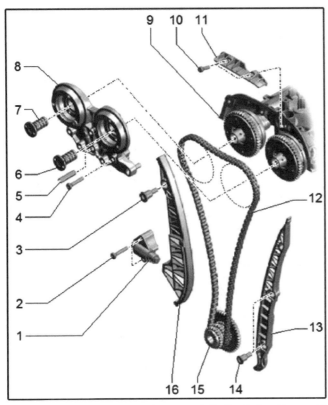

1.右侧凸轮轴正时链。处于弹簧压力下。拆卸前用定位工具T4026固定 2.螺栓。拆卸后更换。拧紧力矩4N·m+90° 3.导向销。拧紧力矩20N·m 4.螺栓 5.张紧套。与紧固螺栓一同拉入气缸盖中 6.控制阀。左旋螺纹。根据结构状态,用安装工具FT10352/3X/FT10352/4T拆卸。拧紧力矩35N·m 7.控制阀。左旋螺纹。根据结构状态,用安装工具FT10352/3X/FT10352/4T拆卸。拧紧力矩35N·m 8.轴承座 9.气缸盖罩 10.螺栓。拧紧力矩9N·m 11.滑轨。用于凸轮轴正时链 12.凸轮轴正时链 13.凸轮轴正时链滑轨 14.导向螺栓。拧紧力矩20N·m 15.曲轴链轮 16.张紧轨。用于凸轮轴正时链

图 7-295

1. 检查控制阀

活塞(如图 7-296 中 1)必须克服弹簧力下压大约 3mm。不得夹住。

2. 轴承座拧紧力矩和拧紧顺序

如果装有张紧套,将其与螺栓(如图 7-297 中 1)一同拉入气缸盖中。

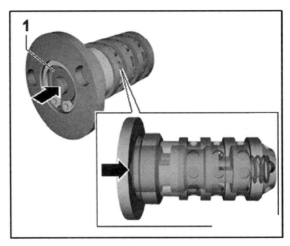

图 7-296

按如图 7-297 所示顺序分步拧紧螺栓:

①螺栓 1 拧紧力矩 3N·m(安装张紧器)。

②螺栓 1~6 拧紧力矩 3N·m。

图 7-297

3. 曲轴链轮安装位置

两面(如图 7-298 箭头)必须相对。

图 7-298

（二）拆卸和安装凸轮轴正时链

1. 所需要的专用工具和维修设备

（1）根据制造状态，装配工具 FT10352/3X/
FT10352/4T，如图 7-299 所示。

FT10352/3X

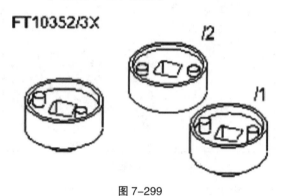

图 7-299

（2）固定支架 T10355/FT10355M，如图 7-300 所
示。

FT10355M

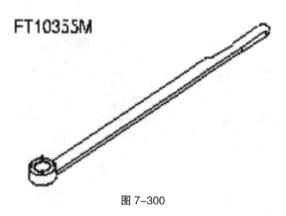

图 7-300

（3）定位销 T40011，如图 7-301 所示。

T10011

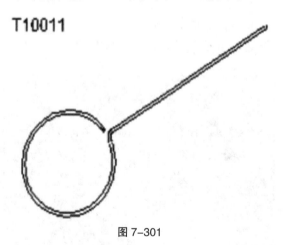

图 7-301

（4）装配杆 FT40243T/T40243，如图 7-302 所示。

（5）定位工具 T40267，如图 7-303 所示。

（6）凸轮轴固定装置 T40271，如图 7-304 所示。

（7）装配工具 FT10567X，如图 7-305 所示。

FT40243T

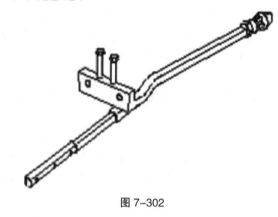

图 7-302

T40267

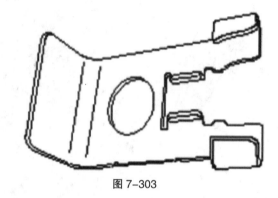

图 7-303

T40271

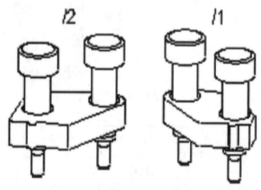

图 7-304

FT10567X

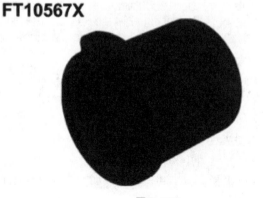

图 7-305

546

（8）装配工具 T10531，如图 7-306 所示。

T10531

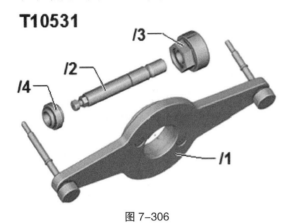

图 7-306

（9）安装工具 T10531 的各部件。

①定位件 T10531/1。

②张紧销 T10531/2。

③旋转工具 T10531/3。

④带肩螺母 T10531/4。

2. 拆卸

（1）拆卸隔音垫。拆卸右侧轮罩板或轮罩板前部件。将发动机支撑在安装位置。拆卸发动机支座。拆下发动机支承。拆卸正时链上部盖板。提示：控制阀为左旋螺纹。根据制造状态，可能安装了不同的控制阀。使用适当的装配工具（如图 7-307 中 1）。用装配工具 FT10352/3X/FT10352/4T 沿如图 7-307 中箭头方向拆下左右两侧的控制阀。

图 7-307

（2）旋出螺栓（如图 7-308 中 1~6），同时小心地拆下轴承座且不得倾斜。

（3）用固定支架 T10355/FT10355M 将减震器转入"上止点"位置。凸轮轴链轮在切口后面用圆点做的标记（如图 7-309 中 3）必须总是指向上方。减震器（如图 7-309 中 1）上的缺口（如图 7-309 中箭头）

和正时链下方盖板（如图 7-309 中箭头）上的标记（如图 7-309 中 5）必须相互对着。拆卸正时链下部盖板。

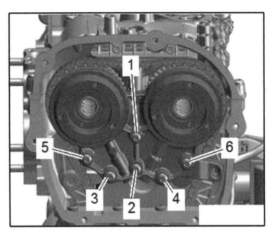

图 7-308

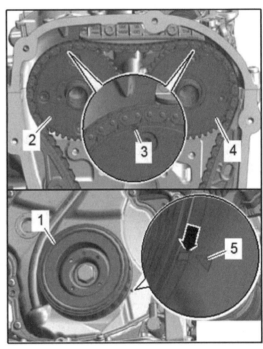

图 7-309

（4）拧出螺栓（如图 7-310 中箭头）。

（5）拧入装配杆 FT40243T/T40243（如图 7-311 中箭头）。将链条张紧器的卡环（如图 7-311 中 1）压到一起并固定。将装配杆 FT40243T/T40243 缓慢地沿如图 7-311 中箭头方向按压并固定。

（6）用定位工具 T40267 固定链条张紧器，如图 7-312 所示。拆卸装配杆 T40243。

（7）将凸轮轴固定装置 T40271/2（如图 7-313 中 2）拧到气缸盖上。沿如图 7-313 中箭头 B 方向将凸轮轴固定装置推入链轮的啮合齿中。如有必要，将进气凸轮轴用装配工具 FT10567X（如图 7-313 中 1）来回轻

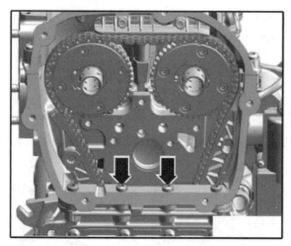

图 7-310

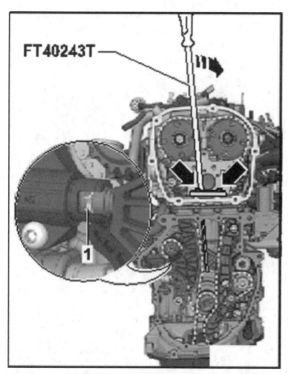

图 7-311

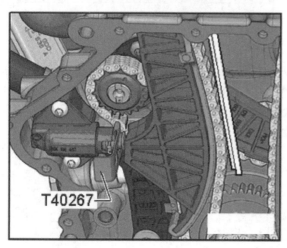

图 7-312

微沿如图 7-313 中箭头 A 方向旋转。

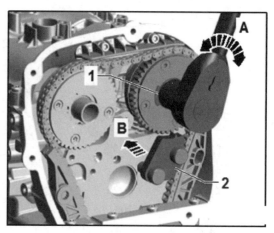

图 7-313

（8）将凸轮轴固定装置 T40271/1（如图 7-314 中 B）拧到气缸盖上。接下来的工作步骤需要有另一位机修工协助。将排气凸轮轴用装配工具 FT10567X 沿如图 7-314 中箭头 A 方向固定。旋出螺栓（如图 7-314 中 1），将张紧轨（如图 7-314 中 2）向下推。将凸轮轴沿顺时针（如图 7-314 中箭头 A）继续旋转，直到凸轮轴固定装置 T40271/1 能够推入链轮啮合齿（如图 7-314 中 C）。

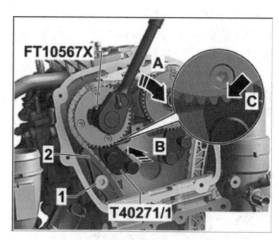

图 7-314

（9）旋出螺栓（如图 7-315 中箭头）并拆下滑轨（如图 7-315 中 1）。

（10）沿如图 7-316 中箭头方向按压机油泵的链条张紧器张紧卡箍并用定位销 T40011 卡住。拧出螺栓（如图 7-316 中 1）并拆下链条张紧器（如图 7-316 中 2）。将机油泵链条从曲轴链轮上拆下，向前拨出并向下放置在机油泵正时链轮上。

（11）旋出导向销（如图 7-317 中 1）并拆下滑轨（如图 7-317 中 2）。将凸轮轴正时链从凸轮轴齿轮上取下，并向下取出。

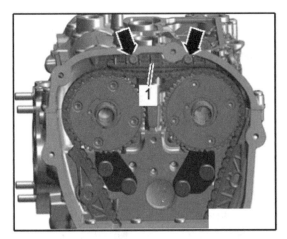

图 7-315

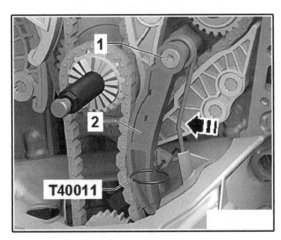

图 7-316

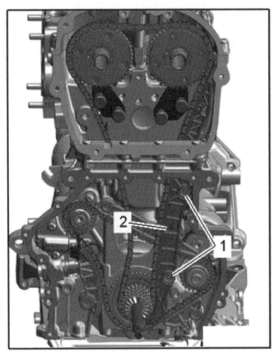

图 7-317

3. 安装

（1）前提条件：曲轴处于"上止点"；曲轴链轮上的 V 形开口指向凸轮轴链轮之间中心的假想垂直线（如图 7-318 中箭头），曲轴链轮已用夹紧螺栓 T10531/2 卡住。

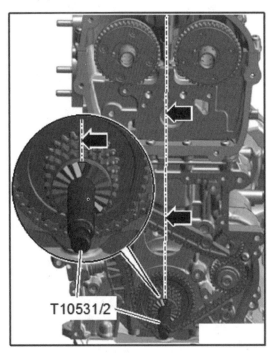

图 7-318

（2）处于"上止点"的凸轮轴链轮用凸轮轴固定装置 T40271/1 和 T40271/2 卡住。标记（如图 7-319 中箭头）必须相对。将排气凸轮轴上的标记略微向右错位。另外，用防水笔进行标记（在切口后面用圆点标记）。正时链部分遮盖住齿轮上的标记点。

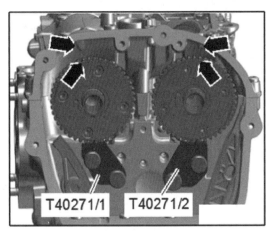

图 7-319

（3）将带彩色链节的凸轮轴正时链（如图 7-320 中箭头）挂到凸轮轴销轴上。

（4）将凸轮轴正时链放到进气凸轮轴、排气凸轮轴和曲轴链轮上。彩色链节和正时链轮上的标记必须相互对着（如图 7-321 中箭头）。

图 7-320

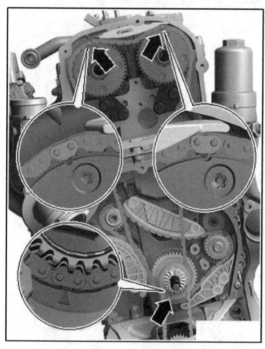

图 7-321

（5）安装滑轨（如图 7-322 中 2），并拧紧导向销（如图 7-322 中 1）。

（6）安装滑轨（如图 7-323 中 1），并拧紧螺栓（如图 7-323 中箭头）。

（7）接下来的工作步骤需要有另一位机修工协助。用装配工具 F10567X（如图 7-324 中 4）沿如图 7-324 中箭头 A 方向降低排气凸轮轴的预应力，将凸轮轴固定装置 T40271/1（如图 7-324 中 5）从链轮的啮合齿中拉出（如图 7-324 中箭头 B）并将凸轮轴置于静止位置。将排气凸轮轴沿如图 7-324 中箭头 C 方向转动，直到正时链紧贴到滑轨（如图 7-324 中 3）上。将凸

轮轴固定在这个位置，拧上张紧轨（如图 7-324 中 2）并拧紧螺栓（如图 7-324 中 1）。

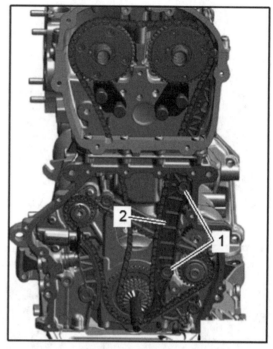

图 7-322

图 7-323

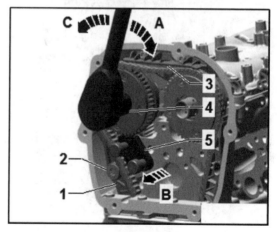

图 7-324

（8）提示：若凸轮轴没有固定，在安装好张紧轨之前，正时链可能会跳齿！用装配工具 F10567X（如图 7-325 中 1）沿如图 7-325 中箭头 A 方向降低进气凸轮轴的预应力，将凸轮轴固定装置 T40271/2（如图 7-325 中 2）从链轮的啮合齿中拉出（如图 7-325 中箭头 B），并将凸轮轴置于静止位置。拆卸凸轮轴固定装置 T40271/1 和 T40271/2。

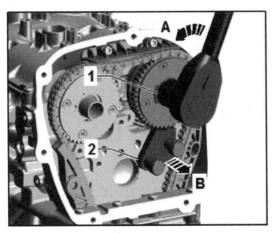

图 7-325

（9）拧入并拧紧螺栓（如图 7-326 中箭头）。

图 7-326

（10）重新使用轴承座之前必须略微回拉张紧套（如图 7-327 中 1）。张紧套必须和轴承座的气缸盖一侧齐平。用发动机机油润滑开孔（如图 7-327 中箭头）。

（11）套上轴承座，此时不得倾斜。用手拧入螺栓（如图 7-328 中 1~6）。用螺栓（如图 7-328 中 1）将张紧套拧入气缸盖中。

（12）取下定位工具 T40267，如图 7-329 所示。

（13）拧紧轴承座上的螺栓，如图 7-330 所示。

（14）装上机油泵链条，安装链条张紧器（如图

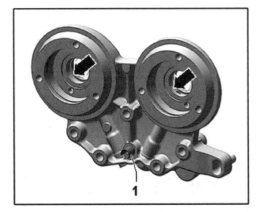

图 7-327

图 7-328

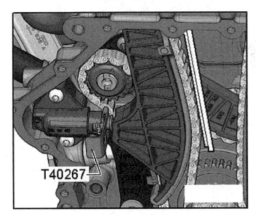

图 7-329

图 7-330

7-331中2）并拧紧导向销（如图 7-331中1）。拆下定位销 T40011，钢丝夹必须在开口中（如图 7-331中箭头）紧贴油底壳上部件。

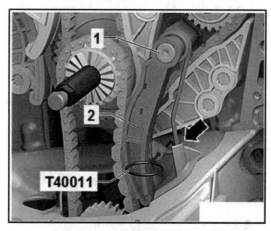

图 7-331

（15）检查设置：彩色链节和正时链轮上的标记必须相互对着（如图 7-332中箭头）。安装控制阀。

图 7-332

（16）安装旋转工具 T10531/3 和凸肩螺母T10531/4，如图 7-333所示。将发动机沿转动方向旋转两次。提示：因为传动比的原因，有色的链节在发动机转动之后不再对齐。

（17）取下旋转工具并安装正时链下部盖板。

（18）安装减震器。

（19）安装正时链上部盖板。

（20）安装多楔带的张紧装置。

（21）安装多楔带。

（22）其他安装以相反顺序进行，安装过程中请注意事项：完成对链条传动装置的作业后，必须匹配发动机控制单元中的匹配值。

图 7-333

（三）平衡轴传动链安装一览（如图 7-334 所示）

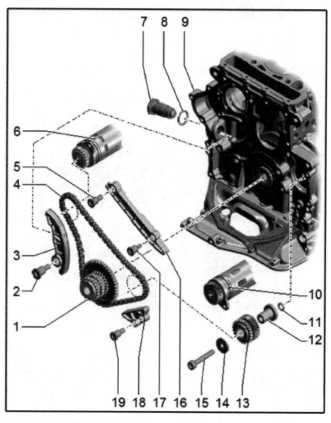

1.曲轴链轮 2.导向销。拧紧力矩20N·m 3.张紧轨。对于平衡轴驱动链 4.平衡轴传动链 5.导向销。拧紧力矩20N·m 6.排气侧平衡轴 7.右侧凸轮轴正时链。拧紧力矩85N·m 8.密封环。拆卸后更换。涂抹密封剂D 154 103A1 9.气缸体 10.进气侧平衡轴 11.O形环。抹上发动机机油 12.传动链轮。抹上发动机机油 13.中间轮 14.传动链轮 15.螺栓 16.滑轨。对于平衡轴驱动链 17.导向销。拧紧力矩20N·m 18.滑轨。用于平衡轴正时链 19.导向螺栓。拧紧力矩12N·m

图 7-334

1. 轴承螺栓安装位置

（1）更换并用机油润滑O形环（如图7-335中1）。

（2）轴承螺栓的配合销（如图7-335中箭头）卡入气缸体孔中。

图 7-335

（3）给轴承销涂敷润滑油。

2. 中间齿轮

提示：务必更换中间齿轮。否则无法调整齿隙，发动机可能损坏。新的中间齿轮带一层油漆减磨覆层，在短时运行后会被磨去，这样齿隙便会自动调整，如图7-336所示。

图 7-336

（四）拆卸和安装平衡轴传动链

1. 拆卸

（1）拆卸凸轮轴正时链。前提条件：曲轴处于"上止点"；曲轴链轮上的V形开口指向凸轮轴链轮之间中心的假想垂直线（如图7-337中箭头）。曲轴链轮已用夹紧螺栓T10531/2卡住。

（2）拧出螺栓（如图7-338中4），取下凸轮轴正时链的链条张紧器。拆卸平衡轴驱动链的链条张紧

器（如图7-338中3）。旋出导向销（如图7-338中1、5）并拆下张紧轨（如图7-338中2）和滑轨（如图7-338中6）。取下平衡轴驱动链。

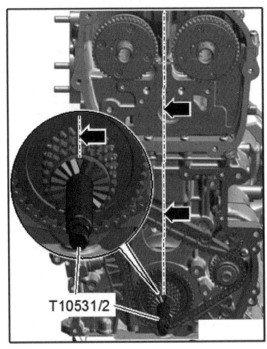

图 7-337

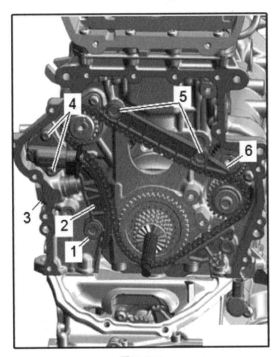

图 7-338

2. 安装

（1）安装以倒序进行，同时要注意以下几点：

前提条件：曲轴处于"上止点"。曲轴链轮上的V形开口指向凸轮轴链轮之间中心的假想垂直线（如

图 7-339 中箭头）。曲轴链轮已用夹紧螺栓 T10531/2 卡住。

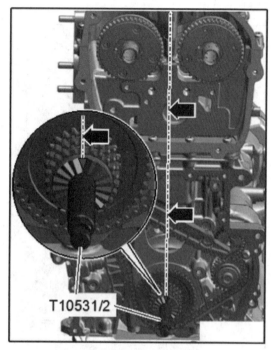

图 7-339

（2）首先在平衡轴上套上平衡轴驱动链。彩色链节和正时链轮上的标记(如图 7-340 中箭头)必须相对。

图 7-340

（3）安装滑轨（如图 7-341 中 1），并拧紧导向销（如图 7-341 中箭头）。

图 7-341

（4）平衡轴驱动链的彩色链节（如图 7-342 中箭头）要和曲轴链轮上的标记位置一致。安装张紧轨（如图 7-342 中 2）并拧紧导向销（如图 7-342 中 1）。

图 7-342

（5）拧紧链条张紧器（如图 7-343 中箭头）。
（6）再次检查设置：彩色链节和正时链轮上的标记（如图 7-344 中箭头）必须相对。安装凸轮轴正时链。

（五）检查配气相位

1. 所需要的专用工具和维修设备
（1）千分表组件，4 部分 VAS 6341，如图 7-345 所示。
（2）千分表转接头 FT10170 AG/T10170A，如图 7-346 所示。

图 7-343

图 7-344

图 7-345

FT10170AG

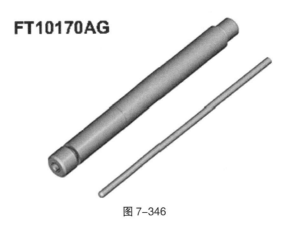

图 7-346

2. 拆卸

（1）拆卸正时链上部盖板。拆卸隔音垫（如图 7-347 中 1）。拆卸右侧车轮和右侧轮罩板或轮罩板前部件。

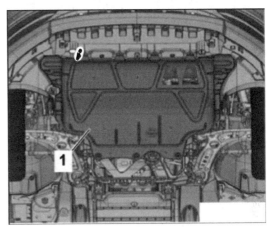

图 7-347

（2）用开口宽度为 24 的套筒扳手接头沿发动机运转方向转动减震器上的曲轴，直至标记（如图 7-348 中 1、2）几乎位于上方。拆卸气缸 1 的带功率输出级的点火线圈。用火花塞扳手 F3122 BG/3122B 拆卸气缸 1 的火花塞。

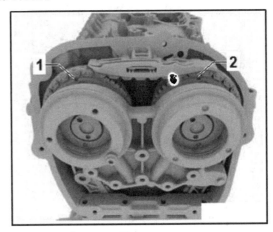

图 7-348

（3）将千分表转接头 FT10170AG/T10170 A 拧入火花塞螺纹内，直至极限位置。将千分表 VAS6341 用加强件 FT10170 A/1G/T10170A/1 插入到极限位置，用锁紧螺母（如图 7-349 中箭头）固定住。缓慢地沿发动机转动方向旋转曲轴直至指针打到极限。在指针达到极限部位（指针回返点）时，活塞位于"上止点"。提示：使用棘轮和套筒扳手接头 SW24 转动减震器。如果曲轴转到"上止点"上，则必须将曲轴沿发动机转动方向再次转动 2 圈。请勿逆向转动发动机。

图 7-349

（4）排气凸轮轴上的标记（如图 7-350 中 1）略微向右错位。减震器缺口必须对准正时链下盖板上的标记（如图 7-350 中箭头）。凸轮轴链轮在切口后面用圆点做的标记（如图 7-350 中 1）必须与气缸盖上的标记（如图 7-350 中 2、3）相对。

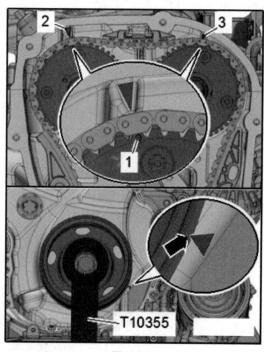

图 7-350

七、车型

一汽大众迈腾 GTE 插电混动（1.4T DUK），2020—2022 年。

一汽大众探岳 GTE 插电混动（1.4T DUK），2020—2022 年。

（一）齿形皮带装配一览（如图 7-351 所示）

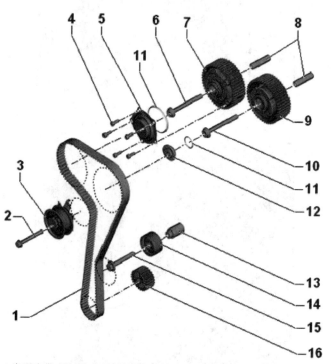

1.齿形皮带：拆卸前先用粉笔或记号笔标记运转方向　2.螺栓：25N·m　3.张紧轮　4.螺栓：8N·m+45°　5.端盖　6.螺栓　7.排气凸轮轴齿形皮带轮　8.导向套　9.进气凸轮轴齿形皮带轮　10.螺栓　11.O形环　12.螺旋塞：20N·m　13.间隔套　14.导向轮　15.螺栓：40N·m　16.曲轴齿轮皮带轮：在正时皮带轮和曲轴之间的接触面上不允许有油。只能在一个位置安装

图 7-351

1. 拧出气缸体上的"上止点"孔的螺栓塞

以 30N·m 的力矩拧紧螺栓（如图 7-352 中箭头）。

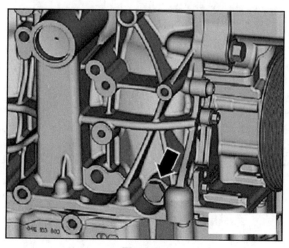

图 7-352

（二）拆卸和安装齿形皮带

1. 所需要的专用工具和维修设备

（1）扭矩扳手 VAS 6583，如图 7-353 所示。

VAS 6583

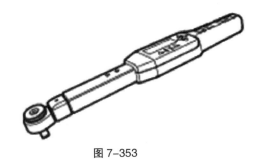

图 7-353

（2）固定支架 FT10172M，如图 7-354 所示。

FT10172M

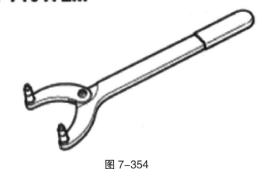

图 7-354

（3）固定螺栓 FT10340M，如图 7-355 所示。

FT10340M

图 7-355

（4）固定支架 F3415G1，如图 7-356 所示。

（5）梅花扳手，开口宽度 30 T10499T，如图 7-357 所示。

（6）定位工具 SW13 FT10500G，如图 7-358 所示。

2. 拆卸

（1）将气缸 1 的活塞设置到"上止点"，以便在齿形皮带传动上工作和调节正时。拆下减振器。从凸轮轴上取下齿形皮带。拆卸发动机支座。拆除下方齿

F3415G1

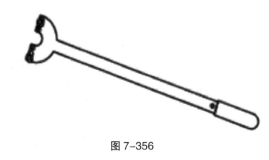

图 7-356

T10499T

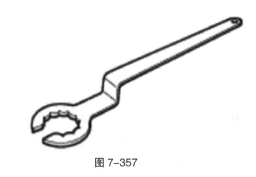

图 7-357

FT10500G

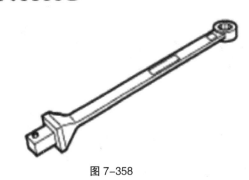

图 7-358

形皮带护罩。

（2）如果将重复使用齿形皮带，则用粉笔或记号笔标记运转方向，便于重新安装。将梅花扳手，开口宽度 30 T10499T 安装在张紧轮的偏心轮（如图 7-359 中 2）上。将螺栓（如图 7-359 中 1）用扳手头 SW 13 FT10500G 松开。用梅花扳手，开口宽度 30 T10499T 松开偏心轮（如图 7-359 中 2）上的张紧轮。取下齿形皮带。

（3）齿形皮带的弯曲半径，如图 7-360 所示。提示：齿形皮带强烈弯曲可能造成损坏。齿形皮带包括一个玻璃纤维绳组织，在强烈弯曲时会损坏。切勿以小于 r= 25mm 的半径弯折齿形皮带。

（4）沿箭头（如图 7-361 中箭头）方向取下曲轴正时皮带轮（如图 7-361 中 1）。

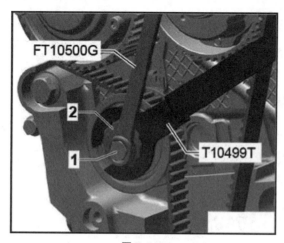

图 7-359

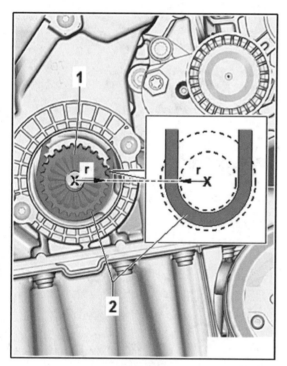

图 7-360

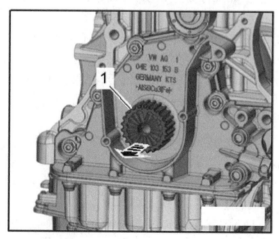

图 7-361

3. 安装

提示：更换需要继续旋转一定角度才能拧紧的螺栓。检查闭锁螺钉 O 形圈和密封盖是否损坏，必要时更换。

（1）检查气缸 1 的活塞是否置于"上止点"。更换凸轮轴正时齿轮螺栓（如图 7-362 中 1、2），松动时拧入。凸轮轴齿轮必须能在凸轮轴上转动，同时不允许倾斜。

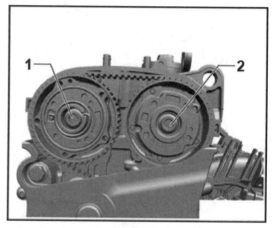

图 7-362

（2）张紧轮的钢板凸耳（如图 7-363 中箭头）必须嵌入气缸盖的铸造凹槽中。

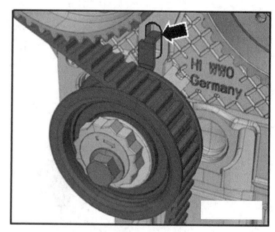

图 7-363

（3）将曲轴正时皮带轮装到曲轴上。扭转减振器与曲轴齿形皮带轮之间的接触面必须无机油和油脂。曲轴正时皮带轮上的铣削面（如图 7-364 中箭头）必须靠在曲轴轴颈上的铣削面上。

（4）注意齿形皮带的弯曲半径，如图 7-365 所示。提示：齿形皮带强烈弯曲可能造成损坏。齿形皮带包括一个玻璃纤维绳组织，在强烈弯曲时会损坏。切勿以小于 r= 25mm 的半径弯折齿形皮带。

（5）按照所述顺序安装齿形皮带，如图 7-366 所示。

图 7-364

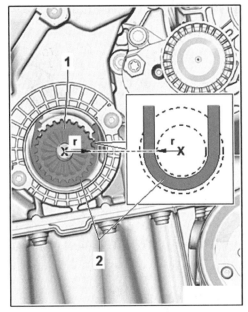

图 7-365

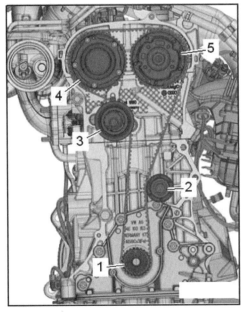

1.曲轴齿轮皮带轮 2.导向轮 3.张紧轮 4.排气侧凸轮轴正时齿轮 5.进气侧凸轮轴正时齿轮

图 7-366

（5）用梅花扳手，开口宽度 30 T10499T 沿如图7-367 中箭头方向转动张紧轮的偏心轮（如图 7-367中 2），直至调节指针（如图 7-367 中 3）位于调节窗右侧约 10mm。转回偏心轮，使调节指针准确位于调节窗内。提示：错误的拧紧力矩有损坏发动机的危险。拧紧时必须使用扭力扳手 VAS 6583! 设置扭力扳手 VAS 6583 上的拧紧力矩时，必须将开口宽度为 13的套筒扳手接头 FT10500G 上给出的净尺寸转到扭力扳手上。将偏心轮固定在这个位置并拧紧螺栓（如图7-367 中 1）。为此应使用插入工具（开口宽度 13）FT10500G 以及扭矩扳手 VAS 6583。提示：如果继续转动了发动机或发动机曾运行，则可能导致调节指针（如图 7-367 中 3）相对调节窗的位置略微偏离。这种情况不影响齿形皮带张紧。

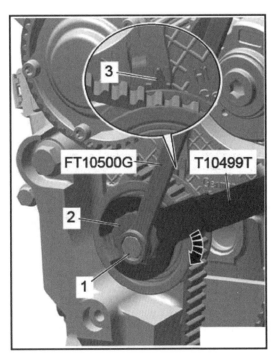

图 7-367

（6）安装齿形皮带护罩下部。安装减振器。用预拧紧的方法拧紧排气侧的凸轮轴调节器。用预拧紧的方法拧紧进气侧的凸轮轴调节器。用最终拧紧的方法拧紧进气凸轮轴的凸轮轴调节器。用最终拧紧的方法拧紧排气凸轮轴的凸轮轴调节器。

（7）其余的组装以倒序进行。

（三）检查正时

1. 所需要的专用工具和维修设备

凸轮轴固定装置 FT10494G1，如图 7-368 所示。

2. 操作步骤

（1）将气缸 1 的活塞置于上止点，以便在齿形皮带传动上工作和调节正时。提示：凸轮轴固定装置FT10494G1必须可以自行嵌入。不得用敲击工具来安装凸轮轴固定装置FT10494G1。如果凸轮轴固定装置FT10494G1不易自行嵌入，拆卸上部齿形皮带护罩。用适当工具沿如图7-369中箭头方向按压齿形皮带。

FT10494G1

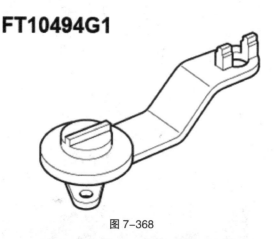

图7-368

图7-369

（2）同时将凸轮轴固定装置FT10494G1推入凸轮轴直至限位位置，如图7-370中箭头。

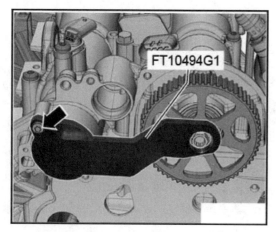

图7-370

（3）如果凸轮轴固定装置FT10494G1无法插入：调整正时。如果凸轮轴固定装置FT10494G1可以插入：正时正常。当心：可能损坏发动机。最后检查固定销FT10340M和凸轮轴固定装置FT10494G1是否已拆下。

（4）其余的安装以倒序进行。提示：更换通过继续旋转拧紧的螺栓。更换损坏的螺旋塞O形环。

（四）调整正时

1. 所需要的专用工具和维修设备

（1）固定螺栓FT10340M，如图7-371所示。

FT10340M

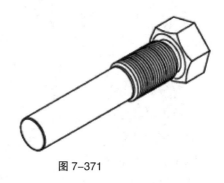

图7-371

（2）凸轮轴固定装置FT10494G1，如图7-372所示。

FT10494G1

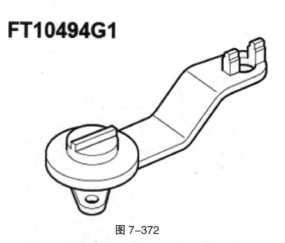

图7-372

（3）通用管路密封塞，如图7-373所示。

2. 工作步骤

齿形皮带已安装。

（1）如果齿形皮带因为其他的维修措施被拆卸，则重新安装：用预拧紧的方法拧紧进气凸轮轴的凸轮轴调节器。用预拧紧的方法拧紧排气凸轮轴的凸轮轴调节器。提示：如果已更换排气凸轮轴的固定螺栓，则可以在后续工作中忽略螺栓的更换。

VAS 6122

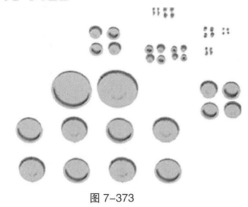

图 7-373

（2）以下适用于所有汽车：
①检测正时。
②松开进气侧的凸轮轴调节器。
③松开排气侧的凸轮轴调节器。提示：配气相位改变有损坏发动机的风险。

（3）将曲轴从上止点位置转出。从凸轮轴上取下齿形皮带。用适当工具转动凸轮轴，使凸轮轴固定装置 FT10494G1 安装在凸轮轴上，如图 7-374 中箭头。在凸轮轴调节器和张紧轮下面放一块抹布，用于收集溢出的发动机机油。

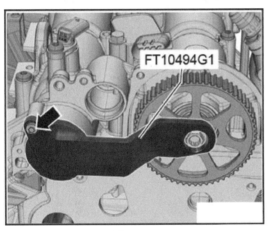

图 7-374

当心：齿形皮带与凸轮轴齿轮、曲轴齿形皮带轮、张紧轮和导向辊等的接触点必须无机油。立即收集或

清除溢出的发动机机油。去除凸轮轴调节器上的发动机机油。

（4）更换螺栓（如图 7-375 中 1、2），接着稍稍拧入。凸轮轴调节器和齿形皮带轮必须能在凸轮轴上转动，同时不允许倾斜。

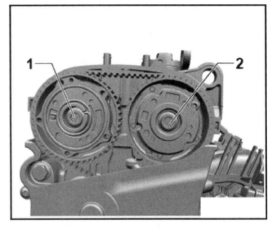

图 7-375

（5）安装齿形皮带。
安装以倒序进行，同时要注意以下几点：
①拧出固定螺栓 FT10340M。
②检查凸轮轴固定装置 FT10494G1 是否已拆下。
③用最终拧紧的方法拧紧进气凸轮轴的凸轮轴调节器。
④用最终拧紧的方法拧紧排气凸轮轴的凸轮轴调节器。

八、车型

一汽大众蔚领 1.5L（1.5L DLFA），2020 年。
其正时校对方法与第五章中"十、车型 上汽大众桑塔纳 1.5L（1.5L DLFA），2019—2021 年"方法相似，请参考其方法。

九、车型

一汽大众揽境 530TSI（2.5T DPKA），2021 年。
其正时校对方法与第五章中"八、车型 上汽大众途昂 530 V6（2.5T DPKA），2020—2021 年"方法相似，请参考其方法。

第八章　沃尔沃车系

一、车型

沃尔沃（亚太）S60 B3（2.0T B420T3），2021—2022年。

沃尔沃（亚太）S60 B4（2.0T B420T6），2021—2022年。

沃尔沃（亚太）S60 B5/B5 AWD（2.0T B420T2），2021—2022年。

沃尔沃（亚太）S60 B6 AWD（2.0T B420T），2021年。

沃尔沃（亚太）S90 B4（2.0T B420T6），2021—2022年。

沃尔沃（亚太）S90 B5/B5 AWD（2.0T B420T2），2021—2022年。

沃尔沃（亚太）S90 B6 AWD（2.0T B420T），2021—2022年。

沃尔沃 V60 B4（2.0T B420T6），2021—2022年。

沃尔沃 V60 B5/B5 AWD（2.0T B420T2），2021—2022年。

沃尔沃 V90 Cross Country B5 AWD（2.0T B420T2），2021—2022年。

沃尔沃 V90 Cross Country B6 AWD（2.0T B420T），2021—2022年。

沃尔沃（亚太）XC60 B4（2.0T B420T6），2021—2022年。

沃尔沃（亚太）XC60 B5/B5 AWD（2.0T B420T2），2020—2022年。

沃尔沃（亚太）XC60 B6 AWD（2.0T B420T），2020—2022年。

沃尔沃 XC90 B5 AWD（2.0T B420T2），2020—2022年。

沃尔沃 XC90 B6 AWD（2.0T B420T），2020—2022年。

1. 专用工具

（1）9997768 锁定工具。工具编号：9997768。工具说明：锁定工具。工具挂板：21，如图8-1所示。

（2）9997791 锥体。工具编号：9997791。工具说明：锥体。工具挂板：21，如图8-2所示。

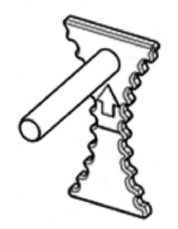

图 8-1

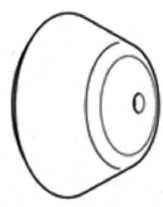

图 8-2

2. 拆卸

（1）拆下减震器。拆开接头。拆开线束夹扣，如图8-3所示。

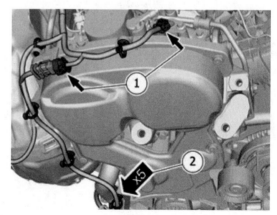

图 8-3

562

（2）拆下螺丝。拆下已标示的部分，如图8-4所示。

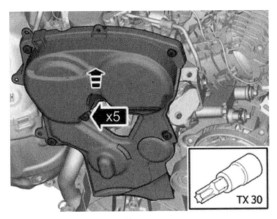

图 8-4

（3）将发动机转动到归零位置，如图8-5所示。

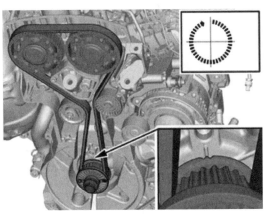

图 8-5

（4）安装工具。使用专门工具，如图8-6所示。

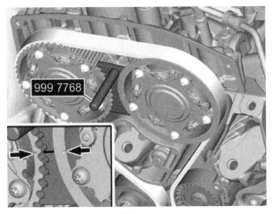

图 8-6

（5）拆下螺帽，如图8-7所示。

（6）拆下已标示的部分，如图8-8所示。

（7）拆下已标示的部分，如图8-9所示。

（8）拆下螺丝。拆下已标示的部分，如图8-10所示。

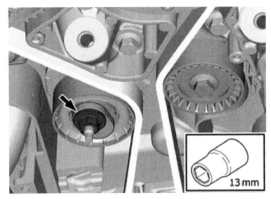

图 8-7

图 8-8

图 8-9

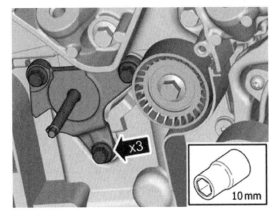

图 8-10

563

（9）拆下螺丝。拆下已标示的部分，如图8-11所示。

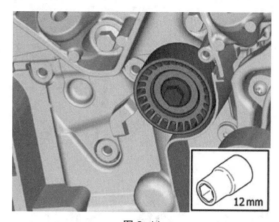

图 8-11

3. 安装

（1）安装已标示的零组件。扭力：M7,17N·m，如图8-12所示。

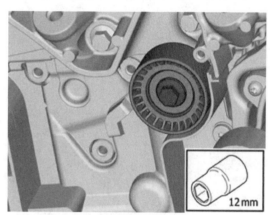

图 8-12

（2）安装已标示的零组件。安装螺丝。扭力：M7,17N·m，如图8-13所示。

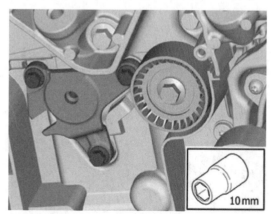

图 8-13

（3）安装螺丝。控制台张紧器螺钉，拧紧力矩

13N·m，如图8-14所示。

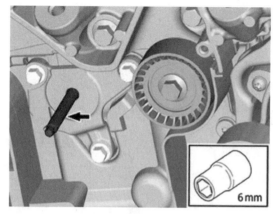

图 8-14

（4）注意！在此阶段只要用手上紧螺帽即可。安装标记的组件，如图8-15所示。

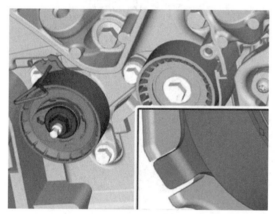

图 8-15

（5）小心！确保零组件已置于正确位置，如图8-16所示。

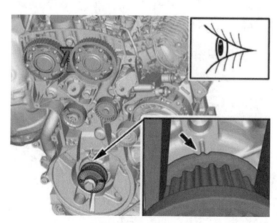

图 8-16

（6）安装专用工具。使用专门工具，如图8-17所示。

（7）注意！在安装时务必遵照正确的顺序。安装已标示的零组件，如图 8-18 所示。

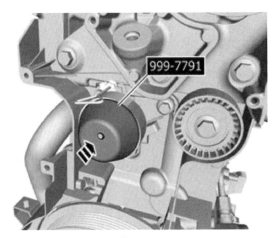

图 8-17

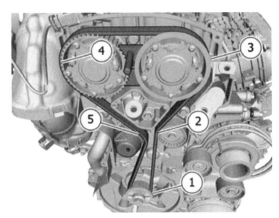

图 8-18

（8）拆除特殊工具，如图 8-19 所示。

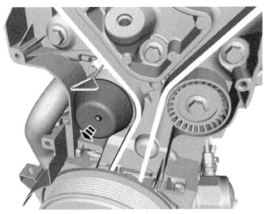

图 8-19

（9）拆除特殊工具，如图 8-20 所示。

（10）拆下已标示的部分，如图 8-21 所示。

4. 调整

（1）如图 8-22 所示。调整组件的位置。上紧螺帽。
张力器，正时皮带，拧紧力矩 30N·m。

（2）注意！发动机已转动，故皮带会假设其正确

位置。转动发动机，如图 8-23 所示。

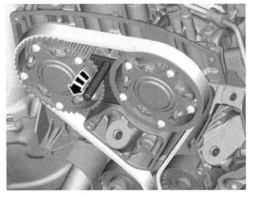

图 8-20

图 8-21

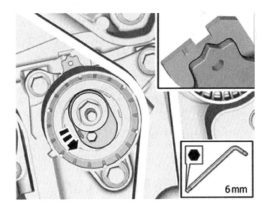

图 8-22

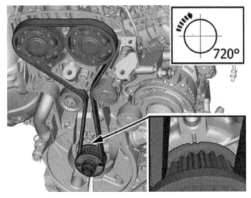

图 8-23

（3）注意！发动机已转动，故皮带会假设其正确位置。转动发动机，如图8-24所示。

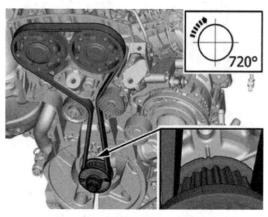

图8-24

5. 检查

小心！倘若实测值大于或小于指定的范围，必须再次执行有关调整部分的所有步骤，如图8-25所示。

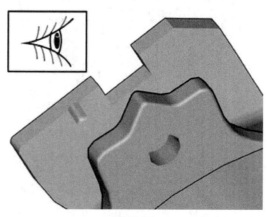

图8-25

6. 继续安装

（1）安装已标示的零组件。安装螺丝。扭紧力矩M6,10N·m，如图8-26所示。

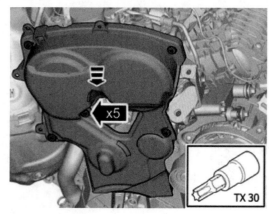

图8-26

（2）装回拆下的零件，如图8-27所示。

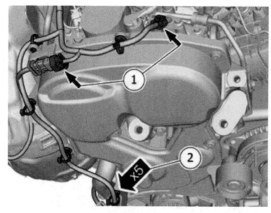

图8-27

二、车型

沃尔沃（亚太）S60 T5/T5 AWD（2.0T B4204T23），2020—2021年。

沃尔沃（亚太）S60 T3（2.0T B4204T50），2020—2021年。

沃尔沃（亚太）S60 T4（2.0T B4204T44），2020—2021年。

沃尔沃（亚太）S60 T6 AWD（2.0T B4204T27），2020—2021年。

沃尔沃（亚太）S60新能源T8 E驱混动（2.0T B4204T34），2021—2022年。

沃尔沃（亚太）S90 T4（2.0T B4204T44），2018—2020年。

沃尔沃（亚太）S90 T5（2.0T B4204T23），2017—2020年。

沃尔沃（亚太）S90新能源T8 E驱混动（2.0T B4204T34），2021—2022年。

沃尔沃V60 T4（2.0T B4204T44），2020—2021年。

沃尔沃V60 T5/T5 AWD（2.0T B4204T23），2020—2021年。

沃尔沃V60 T6 AWD（2.0T B4204T27），2020年。

沃尔沃V90 Cross Country T5 AWD（2.0T B4204T23），2017—2020年。

沃尔沃V90 Cross Country T6 AWD（2.0T B4204T27），2017—2020年。

沃尔沃（亚太）XC40 T4 AWD（2.0T B4204T51），2020—2022年。

沃尔沃（亚太）XC60 T4（2.0T B4204T44），2018—2020年。

沃尔沃（亚太）XC60 T5/T5 AWD（2.0T B4204T23），2018—2021年。

沃尔沃（亚太）XC60 T6 AWD（2.0T B4204T27），2018—2021年。

沃尔沃（亚太）XC60新能源T8插电混动（2.0T B4204T34），2021—2022年。

沃尔沃XC90 T5 AWD（2.0T B4204T23），2016—2021年。

沃尔沃XC90 T6 AWD（2.0T B4204T27），2016—2021年。

沃尔沃XC90新能源T8 E驱混动（2.0T B4204T34），2021—2022年。

1. 专用工具

9997497反向固定器。工具编号：9997497。工具说明：反向固定器工具挂板：21，如图8-28所示。

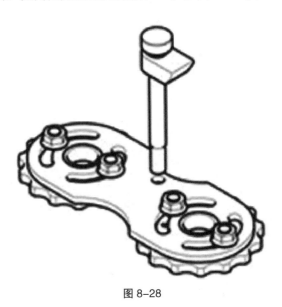

图8-28

2. 拆卸

（1）拆下减震器，拆下螺丝。拆下已标示的部分，如图8-29所示。

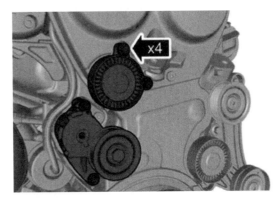

图8-29

（2）拆下螺丝。拆下已标示的部分，如图8-30所示。

图8-30

（3）拆下螺丝。拆下已标示的部分，如图8-31所示。

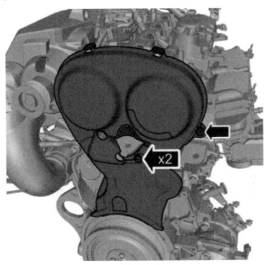

图8-31

（4）小心！请确认部件位置正确，如图8-32所示。

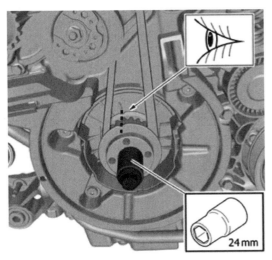

图8-32

（5）使用专门工具，如图 8-33 所示。

图 8-33

（6）使用专门工具，如图 8-34 所示。

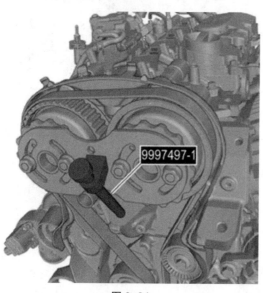

图 8-34

（7）注意！请务必将组件转至停止，如图 8-35 所示。

（8）上紧螺帽，如图 8-36 所示。

（9）松开螺钉，如图 8-37 所示。

（10）拆下已标示的部分，如图 8-38 所示。

（11）拆下螺丝，如图 8-39 所示。

（12）清洁。注意！确保组件干净且无异物。用压缩空气吹干净，如图 8-40 所示。

3. 检查

检查表面的磨损情况，如图 8-41 所示。

4. 安装

（1）小心！请确认部件位置正确，如图 8-42 所示。

图 8-35

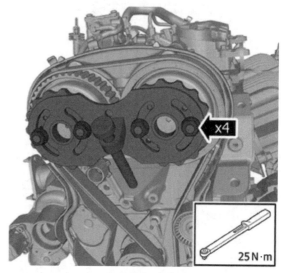

图 8-36

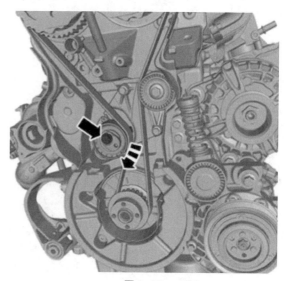

图 8-37

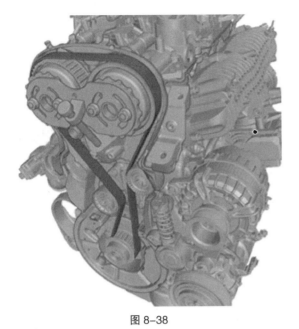

图 8-38

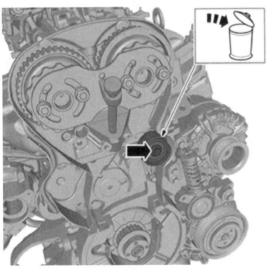

图 8-39

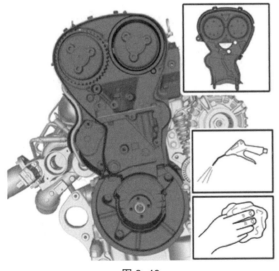

图 8-40

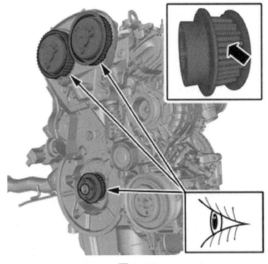

图 8-41

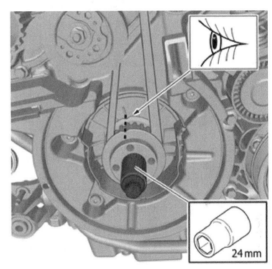

图 8-42

（2）注意！确保使用新的组件。上紧螺丝。扭紧
力矩：M8,24N·m，如图 8-43 所示。

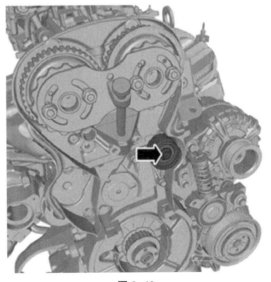

图 8-43

（3）小心！请确认组件位置正确，如图8-44所示。

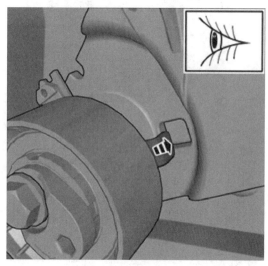

图 8-44

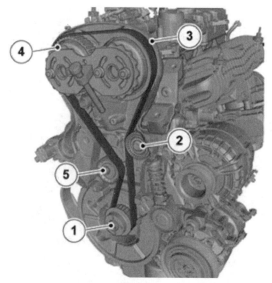

图 8-46

（4）注意！在本阶段，只能用手拧紧螺丝。注意！确保使用新的组件。安装螺丝，如图8-45所示。

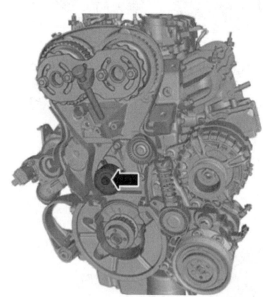

图 8-45

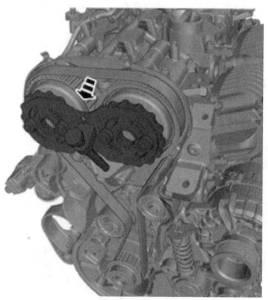

图 8-47

（5）注意！务必按照所示顺序，确保使用新的组件，如图8-46所示。

（6）拆除特殊工具，如图8-47所示。

（7）调节皮带张紧器。注意！确保皮带张紧轮与皮带张紧轮支架对齐。调整为指定值。上紧螺丝。使用六角扳手。扭紧力矩：M8,24N·m，如图8-48所示。

（8）注意！发动机已转动，故皮带会假设其正确位置。转动发动机，如图8-49所示。

（9）小心！倘若实测值大于或小于指定的范围，必须再次执行有关调整部分的所有步骤。注意！确保

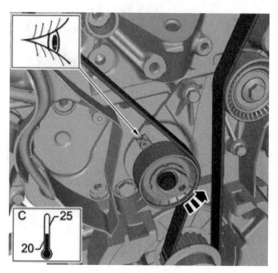

图 8-48

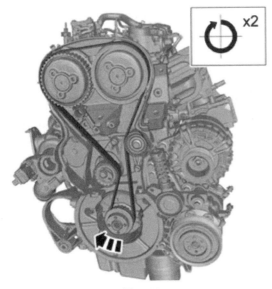

图 8-49

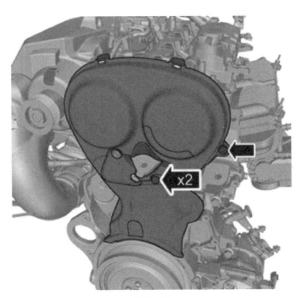

图 8-51

皮带张紧轮与皮带张紧轮支架对齐。调整为指定值，如图 8-50 所示。

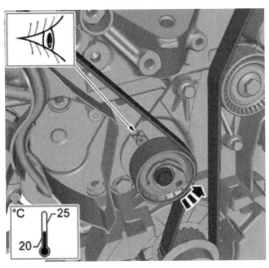

图 8-50

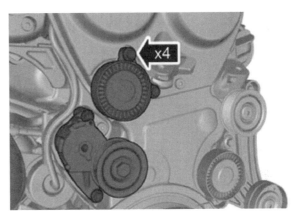

图 8-52

（10）安装减震器。安装已标示的零组件。安装螺丝。扭紧力矩：M6,10N·m，如图 8-51 所示。

（11）安装已标示的零组件。安装螺丝。扭紧力矩：M8,24N·m，如图 8-52 所示。

（12）安装已标示的零组件。安装螺丝。扭紧力矩：M8,24N·m，如图 8-53 所示。

三、车型

沃尔沃亚太 XC40 T3（1.5T B3154T2），2019—2022 年。

1. 专用工具

（1）9997680 撑杆。工具编号：9997680。工具说明：撑杆。工具挂板：21，如图 8-54 所示。

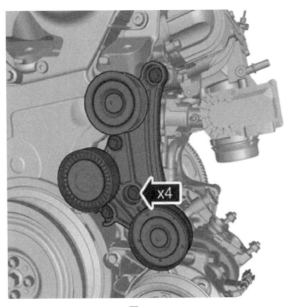

图 8-53

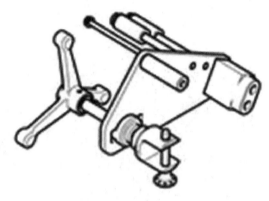

图 8-54

（2）9997676 位置设置。工具编号：9997676。工具说明：位置设置。工具挂板：21，如图 8-55 所示。

图 8-55

（3）9997675 位置设置。工具编号：9997675。工具说明：位置设置。工具挂板：21，如图 8-56 所示。

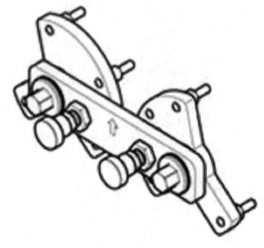

图 8-56

2. 拆卸

（1）配备自动变速器的车辆。注意！小心不要让

工具掉落在发动机 / 变速器之间。拆除特殊工具，如图 8-57 所示。

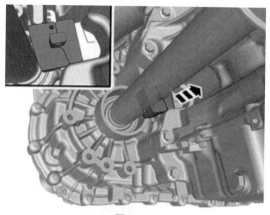

图 8-57

（2）配备手动变速器的汽车：注意！小心不要让工具掉落在发动机 / 变速器之间。拆除特殊工具，如图 8-58 所示。

图 8-58

（3）所有车辆：拆下螺丝。拆下已标示的部分。扭紧力矩：副车架至垫片，分级 1:90N·m，分级 2:120°，如图 8-59 所示。

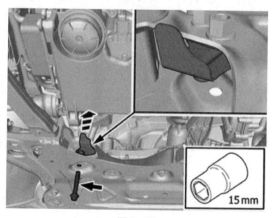

图 8-59

（4）拆下螺丝。扭紧力矩：副车架防撞梁，分级1:30N·m，分级2:90°，如图8-60所示。

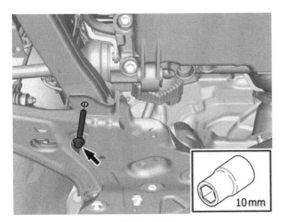

图 8-60

（5）使用专门工具，如图8-61所示。

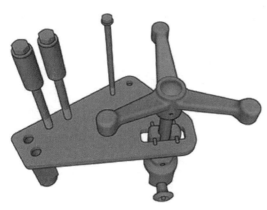

图 8-61

（6）安装工具，如图8-62所示。

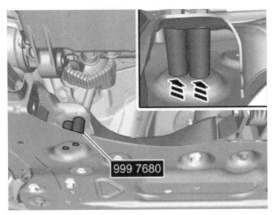

图 8-62

（7）安装工具。安装已标示的零组件。扭紧力矩：M12,80N·m；M8,24N·m，如图8-63所示。

（8）调整为指定值，如图8-64所示。

（9）拆开接头，如图8-65所示。

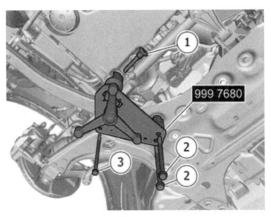

图 8-63

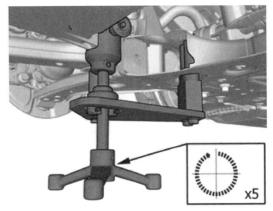

图 8-64

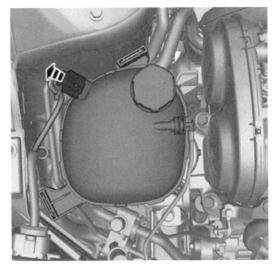

图 8-65

（10）小心拆下此零件。将有标记部分折叠到一侧，如图8-66所示。

（11）拆下螺丝。扭紧力矩：M6,10N·m，如图8-67所示。

（12）拆下螺丝。扭紧力矩：发动机底座托架至气缸头，M12，分级1:90N·m，分级2:120°，如图8-68所示。

图 8-66

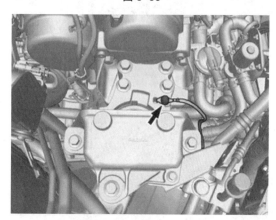

图 8-67

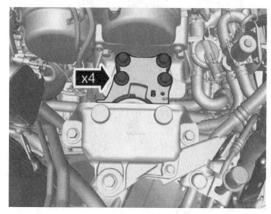

图 8-68

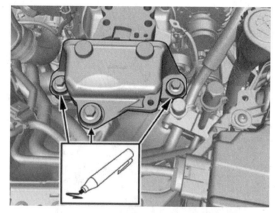

图 8-69

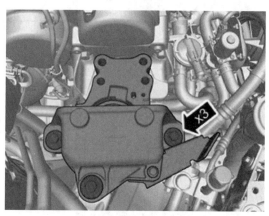

图 8-70

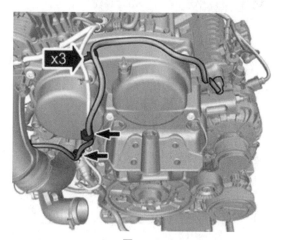

图 8-71

（13）注意！在拆卸前记下组件的位置，如图 8-69 所示。

（14）注意！确保组件根据记录的拆卸位置进行安装。拆下螺丝。拆下已标示的部分。扭紧力矩：右发动机垫至车架，分级 1:90N·m，分级 2:90°，如图 8-70 所示。

（15）松开各个卡夹。将有标记部分折叠到一侧，如图 8-71 所示。

（16）松开各个卡夹，如图 8-72 所示。

（17）拆下螺丝。拆下已标示的部分。扭紧力矩：M6,10N·m，如图 8-73 所示。

（18）拆下螺丝。拆下已标示的部分。扭紧力矩：M12,110N·m，马达支架至气缸盖，扭紧力矩：M10,50N·m，如图 8-74 和图 8-75 所示。

（19）小心拆下此零件。拆下螺丝。拆下已标示的部分。扭紧力矩：M6,10N·m，如图 8-76 所示。

（20）警告！请勿在齿轮、驱动轴或轮毂周围使

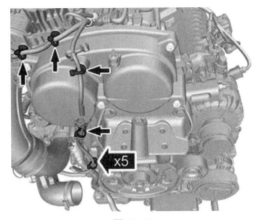

图 8-72

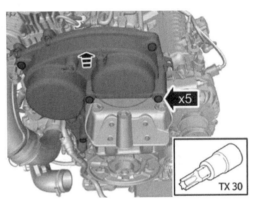

图 8-73

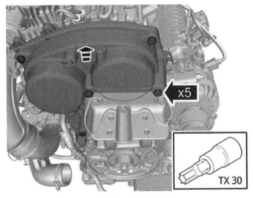

图 8-74

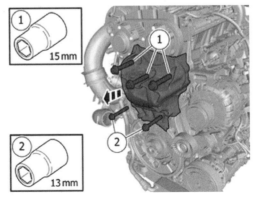

图 8-75

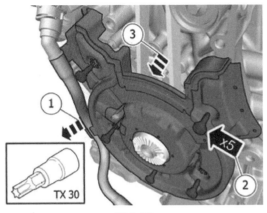

图 8-76

用磁铁或有磁性的工具。一个磁化的齿轮将会丧失其功能并产生错误的信号，导致故障码，如图 8-77所示。

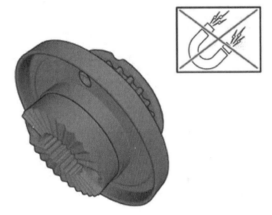

图 8-77

（21）小心！只能顺时针转动曲轴。将发动机转动到归零位置。安装专用工具。使用专门工具，如图8-78 所示。

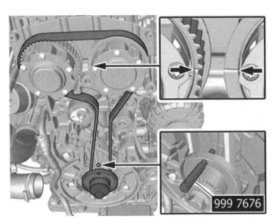

图 8-78

（22）注意！用合适的纸张来吸收溢溅的液体。拆下螺丝。拆卸标记的零件。扭紧力矩：M6,10N・m，如图 8-79 所示。

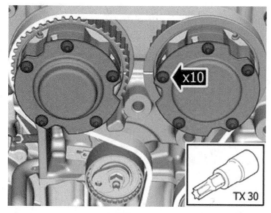

图 8-79

（23）拆卸标记的零件，如图 8-80 所示。

图 8-80

（24）安装专用工具，如图 8-81 所示。

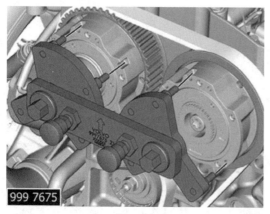

图 8-81

（25）使用专门工具，如图 8-82 所示。

（26）拆下螺帽。拆下已标示的部分，如图 8-83 所示。

（27）拆下已标示的部分，如图 8-84 所示。

（28）拆下螺丝。拆下已标示的部分，如图 8-85 所示。

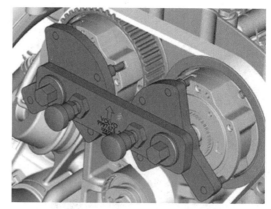

图 8-82

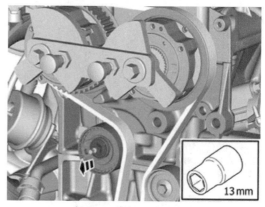

图 8-83

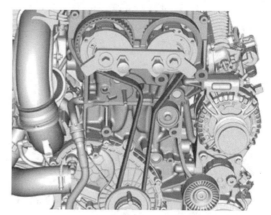

图 8-84

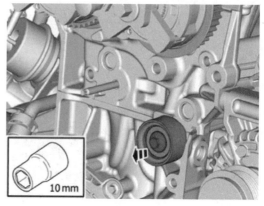

图 8-85

3. 安装

（1）注意！确保使用新的组件。安装已标示的零组件。扭紧力矩：M8,24N·m，如图 8-86 所示。

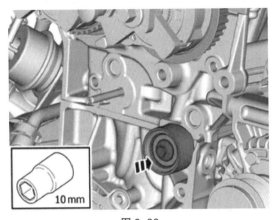

图 8-86

（2）注意！确保使用新的组件。在此阶段只要用手上紧螺帽即可。安装标记的组件，如图 8-87 所示。

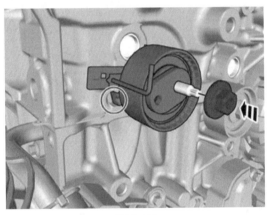

图 8-87

（3）注意！确保使用新的组件。务必按照所示顺序。安装已标示的零组件，如图 8-88 所示。

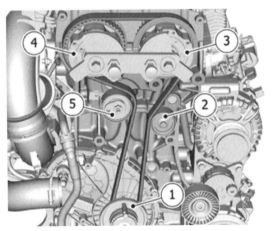

图 8-88

（4）拆下已标示的部分，如图 8-89 所示。

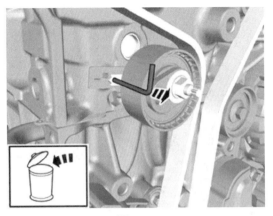

图 8-89

（5）拆下工具，如图 8-90 所示。

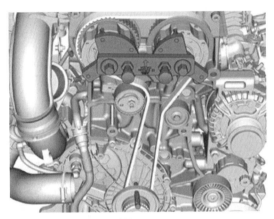

图 8-90

（6）注意！用新的螺丝。安装标记的组件，如图 8-91 所示。

图 8-91

（7）安装标记的组件。安装螺丝。扭紧力矩：M6,10N·m，如图 8-92 所示。

（8）转动发动机，如图 8-93 所示。

（9）调节皮带张紧器：注意！确保皮带张紧轮与

皮带张紧轮支架对齐。调整为指定值。上紧螺帽。扭紧力矩：张力器，正时皮带,30N·m,如图8-94所示。

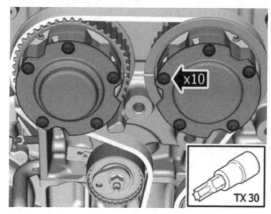

图8-92

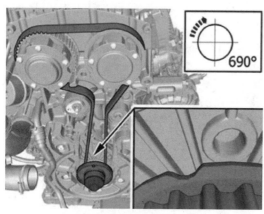

图8-93

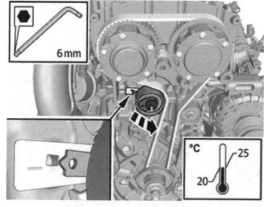

图8-94

（10）注意！发动机已转动，故皮带会假设其正确位置。转动发动机，如图8-95所示。

4. 检查

小心！倘若实测值大于或小于指定的范围，必须再次执行有关调整部分的所有步骤，如图8-96所示。

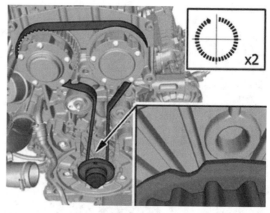

图8-95

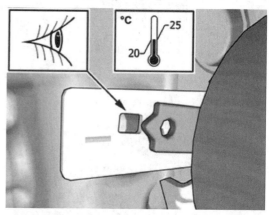

图8-96

四、车型

沃尔沃（亚太）XC40 T5 AWD（2.0T B4204T18），2019—2022年。

沃尔沃（亚太）XC40 T4 AWD（2.0T B4204T51），2020—2022年。

1. 专用工具

9997497 反向固定器。工具编号：9997497。工具说明：反向固定器。工具挂板：21，如图8-97所示。

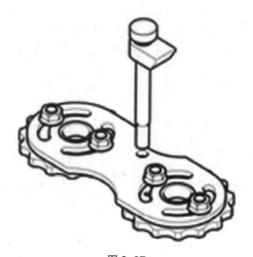

图8-97

2. 拆卸

（1）拆下减震器。拆下螺丝。解开闩扣。拆下已标示的部分，如图 8-98 所示。

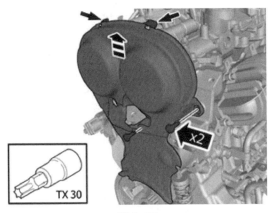

图 8-98

（2）小心！请确认部件位置正确，如图 8-99 所示。

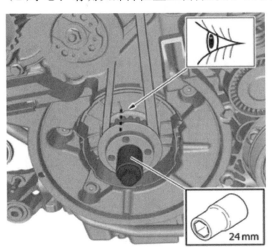

图 8-99

（3）使用专门工具，如图 8-100 所示。

图 8-100

（4）使用专门工具，如图 8-101 所示。

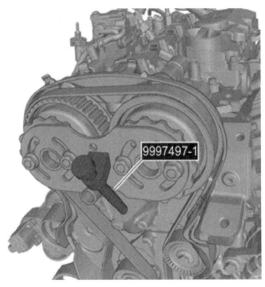

图 8-101

（5）注意！请务必将组件转至停止，如图 8-102 所示。

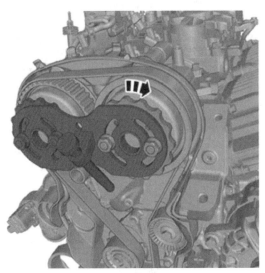

图 8-102

（6）上紧螺帽，如图 8-103 所示。

（7）松开螺钉，如图 8-104 所示。

（8）拆下已标示的部分，如图 8-105 所示。

（9）拆下螺丝，如图 8-106 所示。

3. 安装

（1）小心！请确认部件位置正确，如图 8-107 所示。

（2）注意！确保使用新的组件。上紧螺丝，扭紧力矩：M8,24N·m，如图 8-108 所示。

（3）注意！在本阶段，只能用手拧紧螺丝。确保使用新的组件。安装螺丝，如图 8-109 所示。

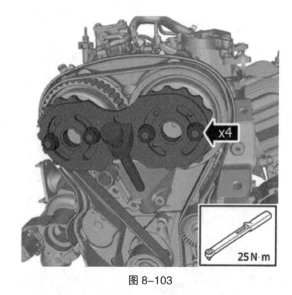

图 8-103

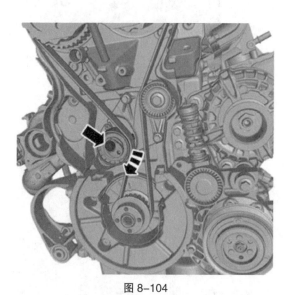

图 8-104

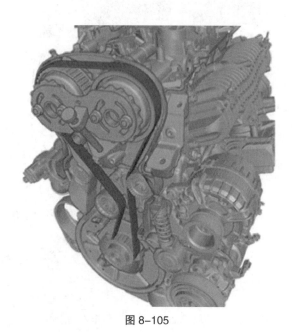

图 8-105

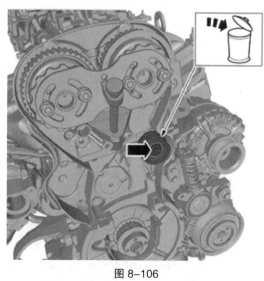

图 8-106

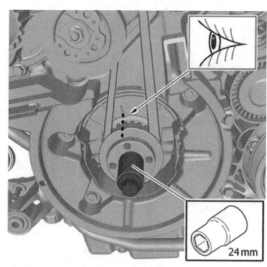

图 8-107

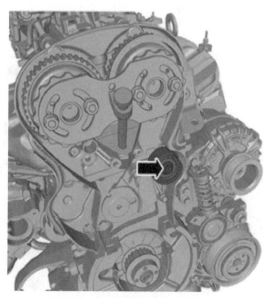

图 8-108

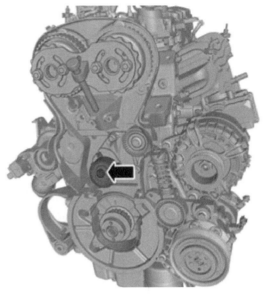

图 8-109

（4）注意！务必按照所示顺序。确保使用新的组件，如图 8-110 所示。

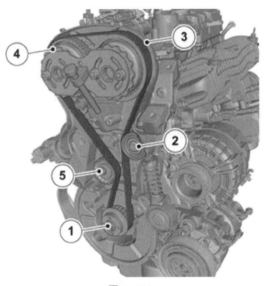

图 8-110

（5）拆除特殊工具，如图 8-111 所示。

（6）调节皮带张紧器。注意！确保皮带张紧轮与皮带张紧轮支架对齐。调整为指定值。上紧螺丝，使用六角扳手，扭紧力矩：M8，24N·m，如图 8-112 所示。

（7）注意！发动机已转动，故皮带会假设其正确位置。转动发动机，如图 8-113 所示。

（8）小心！倘若实测值大于或小于指定的范围，必须再次执行有关调整部分的所有步骤。注意！确保皮带张紧轮与皮带张紧轮支架对齐。调整为指定值，如图 8-114 所示。

（9）安装已标示的零组件，安装螺丝。扭紧力矩：M6，10N·m，如图 8-115 所示。

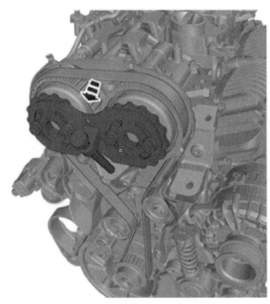

图 8-111

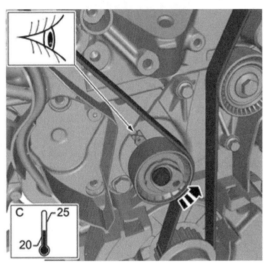

图 8-112

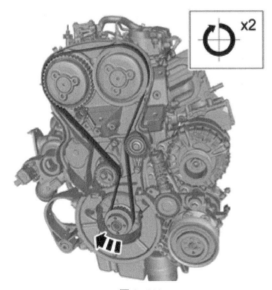

图 8-113

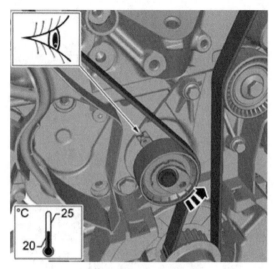

图 8-114

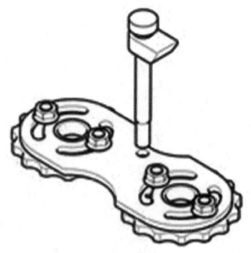

图 8-116

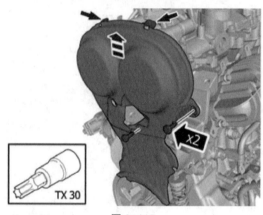

图 8-115

五、车型

沃尔沃（亚太）S60L T5（2.0T B4204T11），
2017—2020 年。

沃尔沃 V60 T5（2.0T B4204T11），2017—
2019 年。

沃尔沃 V40 T5（2.0T B4204T11），2018—
2019 年。

1. 专用工具

999 7497 反向固定器，如图 8-116 所示。工具编号：
999 7497。工具说明：反向固定器。工具挂板：21。

2. 拆卸

（1）注意！ 本规程中的拆卸步骤可能包含安装
详情。

（2）需要拆卸的物件：

①右前轮。

②发动机支撑绝缘体，右。

③减震器。

（3）拆下如图 8-117 所示螺丝。扭力：
M6,10N·m。

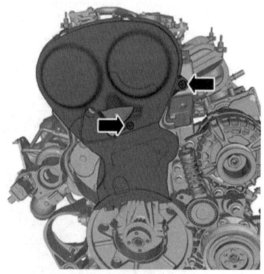

图 8-117

（4）小心！请确认部件位置正确，如图 8-118 所
示。

图 8-118

（5）使用专门工具：999 7497，如图 8-119 所示。

图 8-119

（6）使用专门工具：999 7497，如图 8-120 所示。

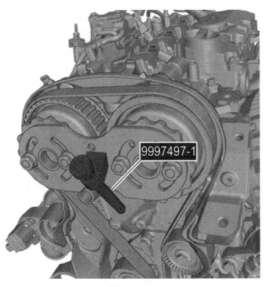

图 8-120

（7）注意！请务必将件组转至停止，如图 8-121 所示。

（8）上紧如图 8-122 所示螺帽。扭力：M10,50N·m。

（9）拆下如图 8-123 所示螺丝。

（10）拆下正时皮带，如图 8-124 所示。

（11）拆下如图 8-125 所示螺丝。

3. 安装

（1）小心！请确认部件位置正确，如图 8-126 所示。小心！确保曲柄没有转动。

（2）注意！确保使用新的组件。上紧如图 8-127 中螺丝。扭力：M8,24N·m。

图 8-121

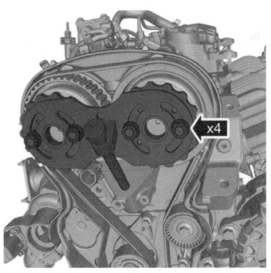

图 8-122

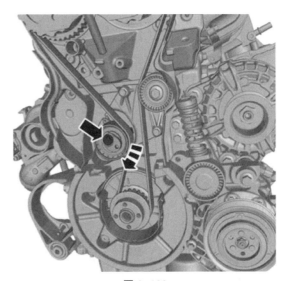

图 8-123

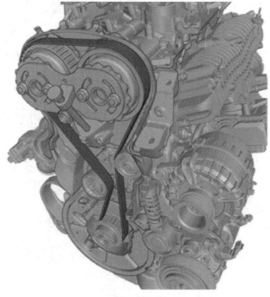

图 8-124

图 8-125

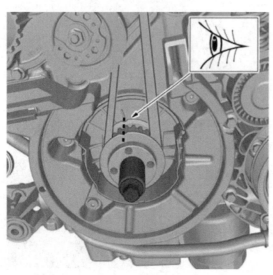

图 8-126

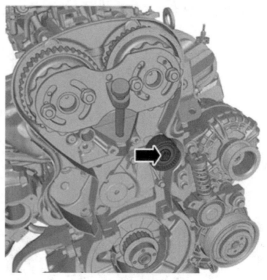

图 8-127

（3）注意！在本阶段，只能用手拧紧螺丝。注意！确保使用新的组件。安装如图 8-128 所示螺丝。

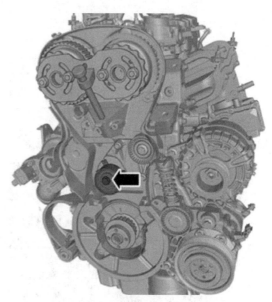

图 8-128

（4）注意！务必按照图 8-129 所示顺序。注意！确保使用新的组件。

（5）小心！确保已将被标示的组件予以拆除，如图 8-130 所示。

（6）调节皮带张紧器。注意！正时皮带张紧器的设定值取决于发动机温度。注意！确保皮带张紧轮与皮带张紧轮支架对齐，如图 8-131 所示。调整为指定值。使用六角扳手上紧螺丝。扭紧力矩：M8,24N·m。

（7）注意！发动机已转动，故皮带会假设其正确位置，如图 8-132 所示。转动发动机。

（8）小心！倘若实测值大于或小于指定的范围，

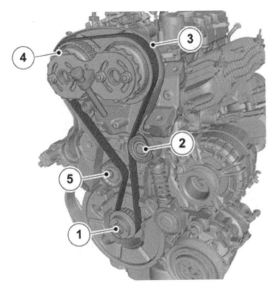

图 8-129

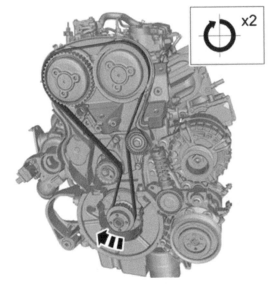

图 8-132

必须再次执行有关调整部分的所有步骤。

注意！确保皮带张紧轮与皮带张紧轮支架对齐，如图 8-133 所示。调整为指定值。

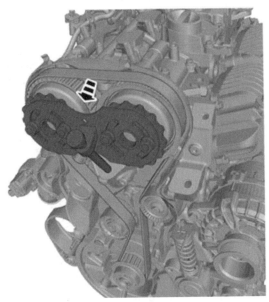

图 8-130

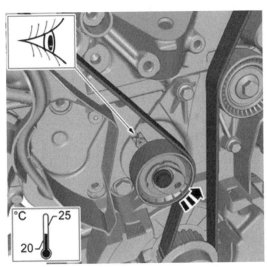

图 8-133

（9）安装其余部件以相反次序安装。

六、车型

沃尔沃（亚太）S60L T3（1.5T B4154T4），2017—2020 年。

沃尔沃 V40 T3（1.5T B4154T4），2018—2019 年。

沃尔沃 V40 T4（2.0T B4204T19），2018—2019 年。

沃尔沃 V60 T4（2.0T B4204T19），2018—2019 年。

沃尔沃（亚太）S60L T4（2.0T B4204T19），2017—2020 年。

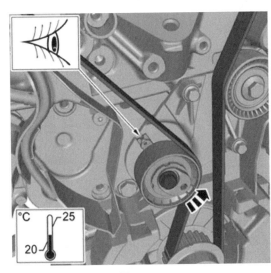

图 8-131

1. 专用工具

999 7497 反向固定器,如图 8-134 所示。工具编号:999 7497。工具说明:反向固定器。工具挂板:21。

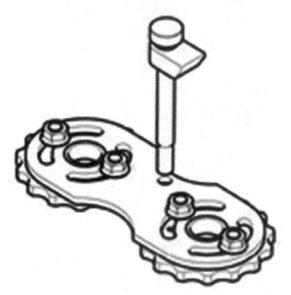

图 8-134

2. 拆卸

(1)注意! 本规程中的拆卸步骤可能包含安装详情。

(2)需要拆卸的物件:

①右前轮。

②发动机支撑绝缘体,右。

③减震器。

(3)拆下如图 8-135 所示螺丝。扭力:M6,10N·m。

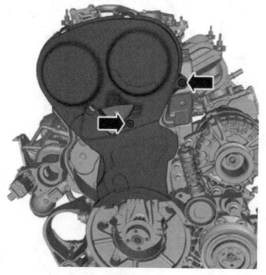

图 8-135

(4)小心! 请确认部件位置正确,如图 8-136 所示。

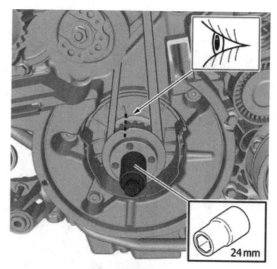

图 8-136

(5)使用专门工具:999 7497,如图 8-137 所示。

图 8-137

(6)使用专门工具:999 7497,如图 8-138 所示。

(7)注意! 请务必将组件转至停止,如图 8-139 所示。

(8)上紧如图 8-140 所示螺帽。扭紧力矩:25N·m。

(9)拆下如图 8-141 所示螺丝。

(10)拆下正时皮带,如图 8-142 所示。

(11)拆下如图 8-143 所示螺丝。

3. 安装

(1)小心! 请确认部件位置正确,如图 8-144 所示。小心! 确保曲柄没有转动。

(2)注意! 确保使用新的组件。上紧如图 8-145 中螺丝。扭力:M8,24N·m。

(3)注意! 在本阶段,只能用手拧紧螺丝。注意! 确保使用新的组件。安装如图 8-146 所示螺丝。

图 8-138

图 8-141

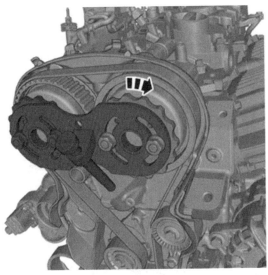

图 8-139

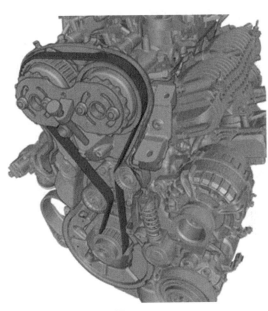

图 8-142

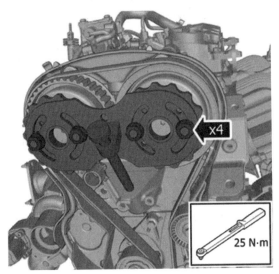

图 8-140

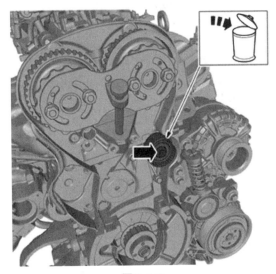

图 8-143

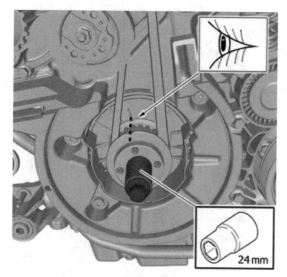

图 8-144

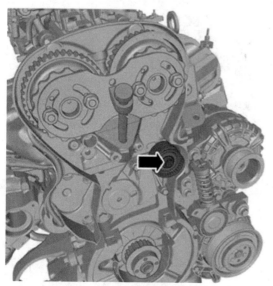

图 8-145

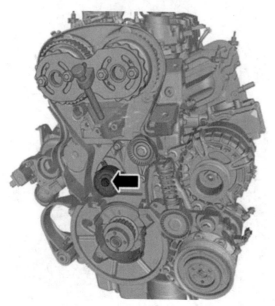

图 8-146

（4）注意！务必按照图 8-147 所示顺序。注意！确保使用新的组件。

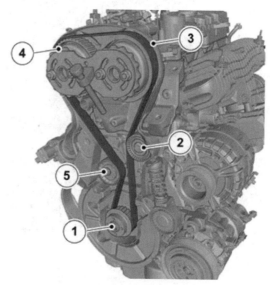

图 8-147

（5）小心！确保已将被标示之零组件予以拆除，如图 8-148 所示。

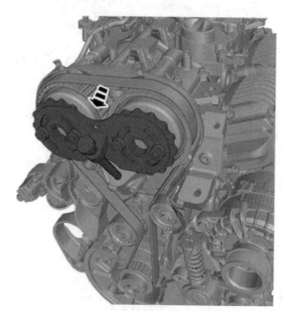

图 8-148

（6）调节皮带张紧器。注意！正时皮带张紧器的设定值取决于发动机温度。注意！确保皮带张紧轮与皮带张紧轮支架对齐，如图 8-149 所示。调整为指定值。使用六角扳手上紧螺丝。扭紧力矩：M8,24N·m。

（7）注意！发动机已转动，故皮带会假设其正确位置，如图 8-150 所示。转动发动机。

（8）小心！倘若实测值大于或小于指定的范围，必须再次执行有关调整部分的所有步骤。注意！确保皮带张紧轮与皮带张紧轮支架对齐，如图 8-151 所示。

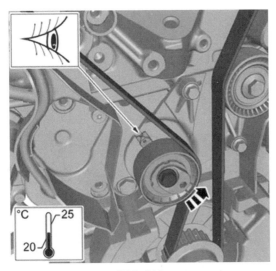

图 8-149

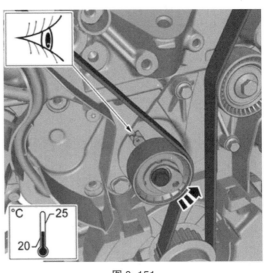

图 8-151

调整为指定值。

（9）安装其余部件以相反次序安装。

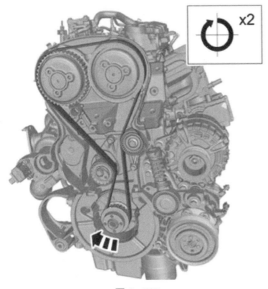

图 8-150

第九章　保时捷车系

一、车型

保时捷卡宴（Cayenne）（3.0T），2018—2022年。

保时捷卡宴（Cayenne S）（2.9T），2018—2022年。

保时捷帕纳美纳（Panamera）（3.0T），2017—2019年。

保时捷帕纳美纳（Panamera S）（2.9T），2019—2022年。

保时捷帕纳美纳4E-Hybrid（2.9T），2017—2022年。

保时捷迈凯（Macan S）3.0T（3.0T），2018—2022年。

保时捷迈凯（Macan GTS）2.9T（2.9T），2018—2022年。

保时捷迈凯（Macan Turbo）2.9T（2.9T），2018—2022年。

（一）专用工具

（1）顶住工具T90001，如图9-1所示。

图9-1

（2）梅花扳手套筒，a/f41VAS260001，如图9-2所示。

（3）凸轮轴卡箍T40331，如图9-3所示。

（4）锁销T40069，如图9-4所示。

（5）套筒E24T90000，如图9-5所示。

（6）扭矩扳手6~50N·mVAG1331A，如图9-6所示。

（7）顶住工具T90002，如图9-7所示。

（二）准备工作

（1）拆下上部链条罩盖。

（2）拆下制动助力器真空泵。

图9-2

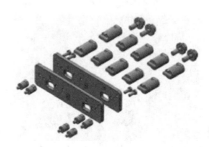

图9-3

T40069

图9-4

图9-5

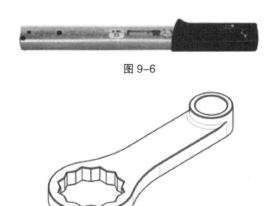

图 9-6

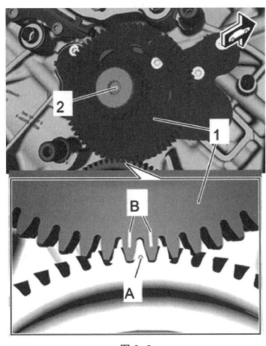

图 9-7

（3）拆下中央进气分配器。

（三）设置正时

1. 设置平衡轴正时

（1）安装平衡轴支撑齿轮（如图 9-8 中 1）。将平衡轴支撑齿轮（如图 9-8 中 1）完全推到平衡轴上，并检查标记。曲轴上的标记（如图 9-8 中 A）（点）必须介于两个标记（如图 9-8 中 B），位于平衡轴支撑齿轮（如图 9-8 中 1）上（短横线）之间。

（2）将专用工具 T40362 锁止工具逆时针转动 180°，并从平衡轴支撑齿轮中拉出（或拆下新支撑齿轮上的辅助装配工具）。

（3）安装新螺钉（如图 9-8 中 2）并拧紧至初拧 40N·m 和扭矩角度 +45°。同时，在之前安装的专用工具 T40049 专用扳手处顶住曲轴。

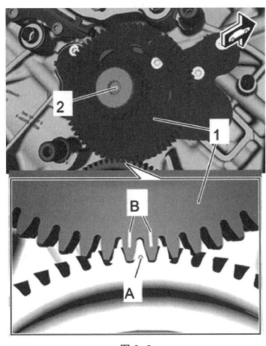

图 9-8

2. 设置凸轮轴的正时

（1）按标准安装好 1 列和 2 列气缸盖。

（2）VAS261001 梅花扳手套头（a/f41）连同 T90001 顶住工具必须安装在凸轮轴执行器上。T90001 顶住工具只能插入一个位置。为此，凸轮轴执行器（如图 9-9 中 1）和链条罩（如图 9-9 中 2）上的标记必须对齐。

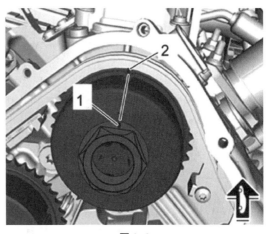

图 9-9

注意事项：切勿使用凸轮轴卡箍 T40331 作为顶住工具来松开凸轮轴控制器。

（3）松开凸轮轴执行器（如图 9-10 中 1）。使用 VAS261001 梅花扳手套头（a/f41）（如图 9-10 中 2）和 T90001 顶住工具（如图 9-10 中 3）顶住凸轮轴执行器（如图 9-10 中 1），然后使用 T90000 套筒 E24 将其松开半圈。

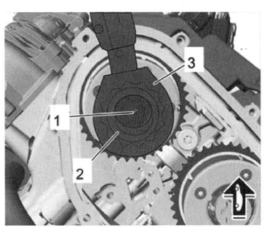

图 9-10

（4）将 T40331 凸轮轴卡箍工具套装中的转接器 T40331/2（如图 9-11 中 1）拧入气缸列 1 上的凸轮轴壳体中，并拧紧至 9N·m。

（5）将 T40331 凸轮轴卡箍工具套装中的转接器

591

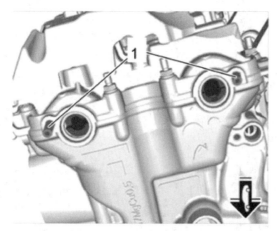

图 9-11

T40331/3（如图 9-12 中 1）拧入气缸列 2 上的凸轮轴壳体中，并拧紧至 9N·m。注意事项：凸轮轴卡箍必须轻松地插入，并且不得使用敲击工具来安装。

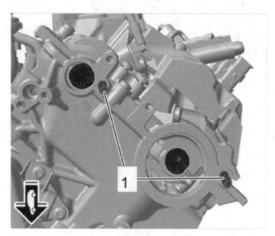

图 9-12

（6）T40331 凸轮轴卡箍必须安装到位：T40331 凸轮轴卡箍必须插入，气缸列 1，如图 9-13 所示。

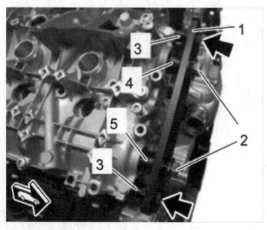

1.T40331/1 字母 "A" 必须正对操作者　2.T40331/9　3.T40331/2
4.T40331/5 排气凸轮轴　5.T40331/4 进气凸轮轴

图 9-13

T40331/9（如图 9-14 中 2）必须用手拧入。将凸轮轴卡箍上的螺钉（如图 9-14 中箭头）拧紧至 9N·m，气缸列 2。

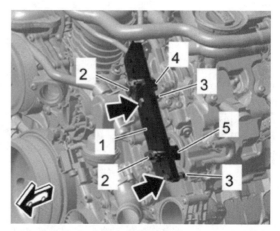

1.T40331/1 字母 "B" 必须正对操作者　2.T40331/9　3.T40331/3
4.T40331/5 排气凸轮轴　5.T40331/8 进气凸轮轴

图 9-14

（7）固定曲轴：拧下螺塞（如图 9-15 中 1）。拆下真空罐支架（如图 9-15 中 3）。必须徒手将 T40069 锁销拧进孔（如图 9-15 中 2）中。必要时稍稍来回转动曲轴以帮助其拧进孔中。T40069 锁销必须拧紧至 20N·m。

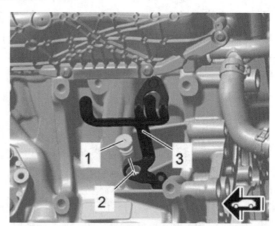

图 9-15

注意事项：凸轮轴执行器上的标记必须与凸轮轴壳体上的参考点对齐。不得拆解凸轮轴执行器！切勿拆解凸轮轴执行器。若要更换摩擦片（如图 9-16 中 1），应使用小号平口螺丝刀（如图 9-16 中 2）小心地将其撬出。

（8）凸轮轴执行器(气缸列 1)上的标记（如图 9-17 中 1、2）必须与凸轮轴壳体上的相应标记（如图 9-17 中箭头）对齐。如果凸轮轴执行器上的标记（如图 9-17 中 1、2）未能与凸轮轴壳体上的相应标记（如图 9-17 中箭头）对齐，则必须拆下凸轮轴执行器，并将其放置在正确的位置。

图 9-16

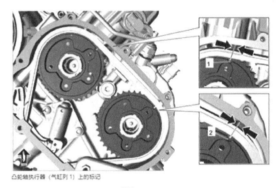

图 9-17

（9）凸轮轴执行器（气缸列2）上的标记（如图9-18中1、2）必须与凸轮轴壳体上的相应标记（如图9-18中线）对齐。如果凸轮轴执行器上的标记（如图9-18中1、2）未能与凸轮轴壳体上的相应标记（如图9-18中线）对齐，则必须拆下凸轮轴执行器，并将其放置

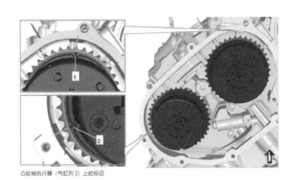

图 9-18

在正确的位置。

（10）拧紧凸轮轴执行器（如图9-19中1、2）。另一名技师必须使用 V.A.G1331A 扭矩扳手 6~50N·m（如图9-19中5）和 VAS261001 梅花扳手套头（a/f41）（如图9-19中4）以及 T90001 顶住工具（如图9-19中3）将凸轮轴执行器预张紧至 30N·m（通过逆时针转动执行器并牢固固定）。按照以下顺序，拧紧凸轮轴执行器（如图9-19中1、2）。（凸轮轴执行器仍处于预张紧状态）拧紧进气凸轮轴执行器（如图9-19中2），初拧力矩30N·m。拧紧排气凸轮轴执行器（如图9-19中1），初拧力矩30N·m。

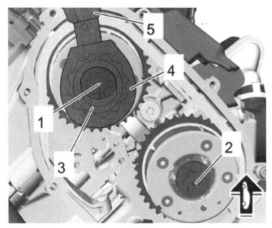

图 9-19

（11）拆下锁紧工具，将发动机转动两圈，然后再次检查正时。使用锁销固定曲轴。另一名技师必须使用 V.A.G1331A 扭矩扳手 6~50N·m 和 VAS261001 梅花扳手套头（a/f41）以及 T90001 顶住工具通过逆时针转动并牢固固定凸轮轴执行器将其预紧至 30N·m。凸轮轴固定销必须容易插入。请勿使用撞销插入凸轮轴固定销。如果无法插入凸轮轴固定销：拆下曲轴上的凸轮轴固定销和锁销。将凸轮轴固定销插入凸轮轴中，直到推不动为止。如有必要，轻轻转动曲轴。使用专用工具将执行器松开半圈。用锁销将曲轴固定到位，并重复执行设置。

（12）拧紧凸轮轴执行器（如图9-20中1、2）。T90001 顶住工具（如图9-20中3）和 T90002 顶住工具（如图9-20中4）必须安装在排气凸轮轴执行器（如图9-20中1）上。T90002 顶住工具（如图9-20中4）必须支撑在进气凸轮轴执行器（如图9-20中2）上。必要时，应稍稍转动曲轴来完成该操作（仅沿发动机旋转方向转动曲轴）。

（13）拧紧排气凸轮轴执行器（如图9-20中1），最终拧紧 +35°。T90001 顶住工具（如图9-20中3

和T90002顶住工具（如图9-20中4）必须安装在进气凸轮轴执行器（如图9-20中2）上。T90002顶住工具（如图9-20中4）必须支撑在排气凸轮轴执行器（如图9-20中1）上。必要时，应稍稍转动曲轴来完成该操作。（仅限顺时针转动）

（14）拧紧进气凸轮轴执行器（如图9-20中1），最终拧紧+35°。T90001顶住工具（如图9-20中3）和T90002顶住工具（如图9-20中4）此时必须拆下。

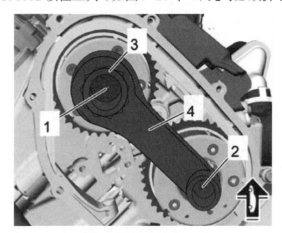

图9-20

（15）拆下所有的锁紧工具。

（16）安装凸轮轴上的止动块。

（17）将螺塞安装在曲轴锁销的孔中，并拧紧至紧固扭矩30N·m。

二、车型

保时捷卡雷拉（Carrera）（3.0T），2020年。

保时捷卡雷拉（Carrera S）（3.0T），2020年。

保时捷卡雷拉（Carrera S Cabriolet）（3.0T），2020年。

保时捷卡雷拉（Targa 4）（3.0T），2021年。

保时捷卡雷拉（Targa 4S）（3.0T），2021年。

保时捷卡雷拉（Targa 4S Heritage Design Edition）（3.0T），2021年。

保时捷卡雷拉（Carrera GTS）（3.0T），2015年。

保时捷卡雷拉（Carrera 4）（3.0T），2020年。

保时捷卡雷拉（Carrera 4S）（3.0T），2020年。

保时捷卡雷拉（Carrera 4S Cabriolet）（3.0T），2020年。

保时捷卡雷拉（Turbo S）（3.8T），2020年。

保时捷卡雷拉（Turbo S Cabriolet）（3.8T），2020年。

保时捷卡雷拉（Turbo）（3.8T），2021年。

保时捷卡雷拉（GT3）（4.0L），2021年。

（一）专用工具

（1）转动装置9773，如图9-21所示。

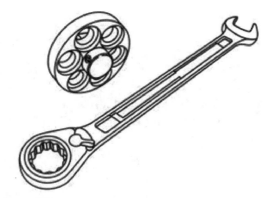

9773

图9-21

（2）定位销9595/1，如图9-22所示。

9595/1

图9-22

（3）开口扳手，a/f39，如图9-23所示。

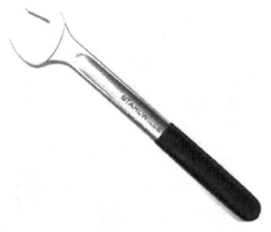

图9-23

（4）凸轮轴套筒扳手9863，如图9-24所示。

（5）扭矩扳手，40~200N·m，VAS1332，如图9-25所示。

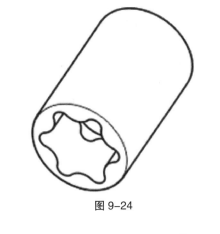

图 9-24

图 9-25

（6）锁紧工具 9772/1，如图 9-26 所示。

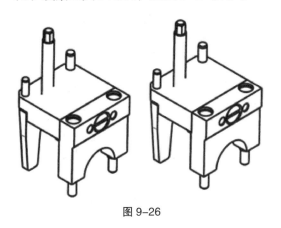

图 9-26

（7）电子扭矩扳手 9768，2~100N·m，如图 9-27 所示。

9768

图 9-27

（二）技术数据（如表 9-1 所示）

（三）准备工作

（1）拆卸气缸盖罩。

（2）拆下火花塞。

（3）拆下高压燃油泵。

（4）使用磁铁拆下高压燃油泵的挺杆。

（四）拆卸安装凸轮轴及设置正时

1. 拆卸

（1）凸轮轴结构如图 9-28 所示。

表 9-1

位置	类型	基本值	公差 1
链条张紧器	紧固扭矩	80N·m	
轴承盖（所有）和轴承鞍座	初拧	5N·m	
轴承盖（所有）和轴承鞍座	扭矩角度	50°	
轴承鞍座（气缸列 4~6）	初拧	5N·m	
轴承鞍座（气缸列 4~6）	扭矩角度	90°	
凸轮轴控制器到凸轮轴	初拧	30N·m	
凸轮轴控制器到凸轮轴	最终紧固扭矩	40°	±5°
锁紧工具 9772/1 上的调节螺钉	紧固扭矩	2N·m	
锁紧工具 9772/1 上的调节螺钉	紧固扭矩	2N·m	

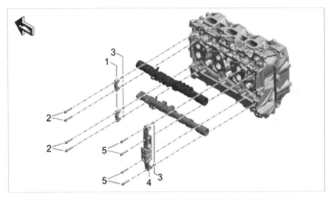

1.凸轮轴轴承盖 2.气缸列1~3上所有轴承盖和轴承座的螺钉（M6×38）遵循紧固顺序 3.定位销套筒 4.轴承座（上部） 5.气缸列4~6上轴承座（带下部零件）的螺钉（M6×70）遵循紧固顺序

图 9-28

（2）凸轮轴的各个零件，如图 9-29 所示。注意事项：只能在活塞 1 或 4 上止点的重叠位置中拆下凸轮轴。只有在此位置才能确保发动机转动时阀门不会碰到活塞且不会受损。

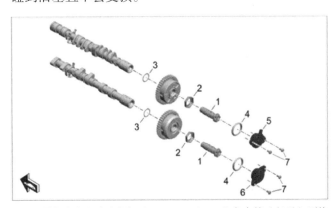

1.凸轮轴控制器的中央螺钉（M12×110） 2.六角套筒（起子）更换 3.摩擦片-更换 4.密封环 5.进气侧凸轮轴控制器的执行器 6.排气侧凸轮轴控制器的执行器 7.铝制螺钉，M6×14

图 9-29

（3）在装配支架处转动发动机，以使要进行操作的气缸组处于顶部。使用 9773 转动装置将减震器处的曲轴顺时针转至气缸 1/4 的 TDC 标记。标记显示字母 A 和代码 OT1。使用 9595/1 定位销（如图 9-30 中 1）在锁紧孔的上方将减震器固定入位。

图 9-30

（4）检查气缸 1 或气缸 4 上的凸轮位置。气缸 1 的重叠位置（俯视图）：凸轮必须朝下，与气缸盖壁成一定角度（如图 9-31 中箭头）。

1.进气凸轮轴 2.排气凸轮轴

图 9-31

（5）气缸 4 的重叠位置（俯视图）：凸轮彼此相对且与火花塞孔成小角度（如图 9-32 中箭头）。

（6）其他标记：检查两根凸轮轴上数据矩阵代码的位置，如图 9-33 所示。代码必须在重叠位置处正对操作人员！

（7）进气凸轮轴上的数据矩阵代码（在重叠位置），排气凸轮轴上的数据矩阵代码（在重叠位置）。凸轮

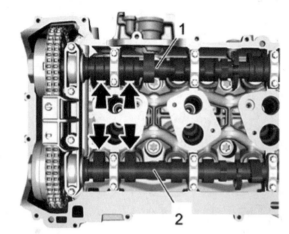

1.进气凸轮轴 2.排气凸轮轴

图 9-32

图 9-33

轴控制器的中央螺钉概图，如图 9-34 所示。

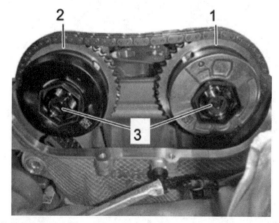

1.凸轮轴控制器，进气 2.凸轮轴控制器，排气 3.中央螺钉（中央阀）

图 9-34

（8）松开中央螺钉。工具：9863/3 开口扳手，a/f39（用于施加反向力矩）。9863 凸轮轴套筒扳手，VAS1332 扭矩扳手，40~200N·m，使用开口扳手顶住六角驱动器（如图 9-35 中箭头）。

注意事项：第一代 991 发动机的传动链张紧装置

图 9-35

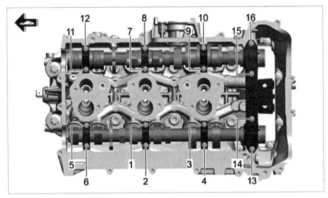

图 9-37

用在 992 发动机上设置正时这样弹簧力更大，调整起来更精准。

（9）拆下链条张紧器。用传动链张紧装置 9A1.105.157.02（第一代 991 发动机）设置凸轮轴正时。气缸列 1~3：链条张紧器位于排气侧。气缸列 4~6：链条张紧器位于气缸盖顶部。更换密封圈。

（10）拆下凸轮轴控制器（如图 9-36 中 1）。拧下凸轮轴控制器上的中央螺钉以及驱动器（如图 9-36 中 1）。提起正时链条，然后逐一拆下各个凸轮轴控制器（如图 9-36 中 1）。更换摩擦片（如图 9-36 中 2）。将凸轮轴控制器（如图 9-36 中 1）放回凸轮轴上以便存放，并徒手拧紧中央螺钉。更换六角驱动器。将正时链条放在气缸盖的链条罩中。

1.凸轮轴控制器（后） 2.摩擦片

图 9-36

（11）拆下凸轮轴。松开并拧下轴承座上的螺钉（如图 9-37 中 13~16）。从外到内松开并拧下轴承盖上的螺钉（如图 9-37 中 1~12）。拆下轴承座和轴承盖。注意事项：请勿在零件清洗器中清洗凸轮轴控制器。只能用干净的无纺布清洁外部。

（12）清洁部件。

2. 安装凸轮轴

（1）部件标记和区别特征，如图 9-38 所示。凸轮轴标记与二面体相邻的表面上。零件号和数据矩阵代码非常重要（有助于安装凸轮轴）。标记：两面体上的数据矩阵代码。

图 9-38

（2）进气凸轮轴上的数据矩阵代码（在重叠位置）；排气凸轮轴上的数据矩阵代码（在重叠位置）。凸轮轴上的零件号：进气侧，如图 9-39 所示。排气侧，

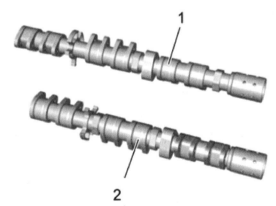

1.气缸列1~3上的进气凸轮轴，标记：9A2.105.504.01 2.气缸列4~6上的进气凸轮轴，标记：9A2.105.514.01

图 9-39

如图 9-40 所示。

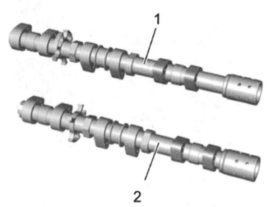

1.气缸列1~3上的排气凸轮轴，标记：9A2.105.524.01 2.气缸列4~6上的排气凸轮轴，标记：9A2.105.534.01

图 9-40

（3）凸轮轴支座

①轴承鞍座：气缸盖上部和下部的匹配号码，位于前部（链条箱侧）。

②轴承盖：气缸盖的匹配号码以及向气缸进气侧和排气侧分配的匹配号码（例如，A1 对应气缸 1 的排气侧）。

③凸轮轴控制器，如图 9-41 所示。进气和排气凸轮轴的凸轮轴控制器是不同的。中央螺钉是相同的。

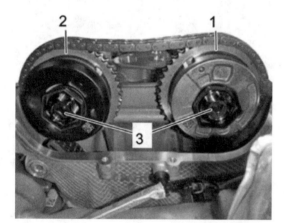

1.进气凸轮轴控制器（铝合金表面） 2.排气凸轮轴控制器（黑色）
3.中央螺钉（中央阀）

图 9-41

3.安装凸轮轴和设置正时气缸 4~6

（1）注意事项：在最终拧紧中央螺钉（扭矩角度）之前，必须先拆下 9772/1 锁紧工具。更换中央螺钉的六角套筒。

（2）固定曲轴。在减震器处，将曲轴沿顺时针方向（发动机的旋转方向）转动至气缸 1/4 的"上止点"位置。该位置由 A 和 OT1 标记。使用一个长的 9595/1 定位销（如图 9-42 中 1）将减震器固定到位。

图 9-42

（3）在装配支架处转动发动机，以使要进行操作的气缸组处于顶部。插入轴承鞍座的下部（如图 9-43 中 1）。检查上部的匹配号码和机油孔的位置。将轴承鞍座的下部（如图 9-43 中 1）放置在定位销套筒处，然后将其插入。

图 9-43

（4）用新机油涂抹凸轮轴的轴承位置。改造发动机时，在轴承位置上涂抹 OptimolOptipit 润滑脂（零件号 000.043.204.17）。检查所有的液压挺杆是否安装正确。

（5）插入凸轮轴（如图 9-44 中 1、2）。将凸轮轴（如图 9-44 中 1、2）插入气缸盖中，以使凸轮（如图 9-44 中箭头）以一定角度朝内指向火花塞孔且凸轮轴（如图 9-44 中 1、2）不张紧。检查两面体上的数据矩阵代码标记是否正对准。

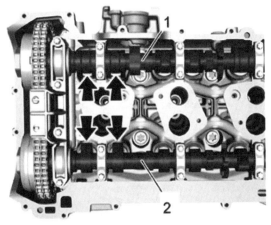

1.进气凸轮轴 2.排气凸轮轴

图9-44

（6）固定凸轮轴（如图9-45中1、2）。9772/1锁紧工具（如图9-45中3）必须安装在凸轮轴的两面体（如图9-45中箭头）上。另外，请确保调节螺钉（如图9-45中5）伸出足够远，不会碰到凸轮轴。徒手安装圆柱头螺栓（如图9-45中4）。在设置正时之前，不要安装中央轴承盖。

1.进气凸轮轴 2.排气凸轮轴 3.锁紧工具9772/1 4.圆柱头螺栓 5.调节螺钉 7.安装轴承座和轴承盖

图9-45

（7）安装轴承鞍座和轴承盖。执行此操作时，请注意标记。安装轴承座螺钉（如图9-46中13~16）。安装并拧紧轴承盖的螺钉（如图9-46中3~6和9~12）。

（8）按升序顺序安装并拧紧螺钉（如图9-47中1、2和7、8除外）。工具：9768电子扭矩扳手，2~100N·m。螺钉，M6×38：初拧5（3.5ftlb）N·m；扭矩角度50°。螺钉，M6×70（轴承座）：初拧5（3.5ftlb）N·m；扭矩角度90°。

（9）检查新摩擦片（如图9-48中2）是否已插入凸轮轴控制器（如图9-48中3）中。安装凸轮轴控制器（如图9-48中1、2）。

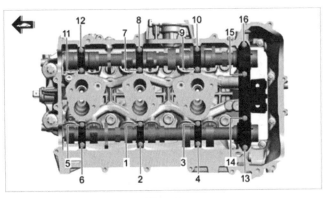

图9-46

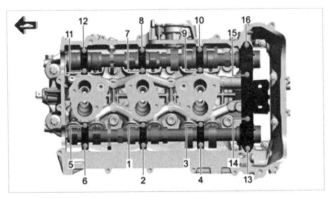

图9-47

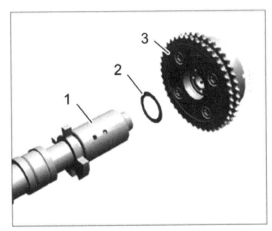

图9-48

（10）在凸轮轴上安装带新摩擦片的凸轮轴控制器（如图9-49中1、2）。安装正时链条。徒手稍稍拧紧带新驱动器的中央螺钉（如图9-49中3）。

（11）使用手电筒检查正时链条（如图9-50中1）是否位于张紧轨和导轨上的导向销之间（如图9-50中箭头）。注意事项：第一代991发动机的传动链张紧装置用于992发动机上设置正时。这样弹簧力更大，调整起来更精确。

（12）拧入带有旧密封件的传动链张紧装置并拧紧。使用传动链张紧装置9A1.105.157.02（第一代991发动机）设置正时。紧固扭矩80N·m。设置正时，

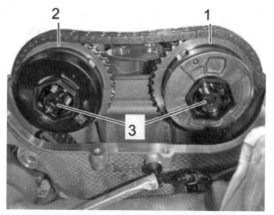

1.凸轮轴控制器，进气 2.凸轮轴控制器，排气 3.中央螺钉（中央阀）

图 9-49

图 9-50

气缸列 4~6：9772/1 锁紧工具必须通过圆柱头螺栓用手拧紧。

（13）在左右两侧缓慢地拧紧锁紧工具的调节螺钉（如图 9-51 中 1）。不要超过规定的紧固规范（工具会发生倾斜），紧固扭矩 2N·m。

图 9-51

（14）预拧紧中央螺钉。工具：9863/3 开口，a/f39（用于施加反向力矩）。9863 凸轮轴套筒扳手。VAS1332 扭矩扳手，40~200N·m。预拧紧中央螺钉，

并使用 9863/3 开口扳手，a/f39 顶住六角驱动器（如图 9-52 中箭头）。初拧 30（22ftlb）N·m。

图 9-52

（15）检查凸轮轴上的轴向轴承间隙（通过轻轻拉动和按压凸轮轴控制器进行检查）。如果没有可明显察觉的间隙大小，则必须重新安装轴。

（16）9772/1 锁紧工具此时必须拆除。松开调节螺钉。拧下轴承盖支架上的圆柱头螺栓，然后拆下各个工具。

（17）安装凸轮轴上的中央轴承盖。安装中央轴承盖。安装螺钉并均匀拧紧。初拧 5N·m；扭矩角度 50°。

（18）将中央螺钉拧紧至最终的紧固扭矩，如图 9-53 所示。工具：9863/3 开口扳手，a/f39（用于施加反向力矩）。9863 凸轮轴套筒扳手。9768 电子扭矩扳手，2~100N·m。拧紧中央螺钉，将电子扭矩扳手上的阈值扭矩设为 30N·m。最终紧固扭矩角度 40°±5°。

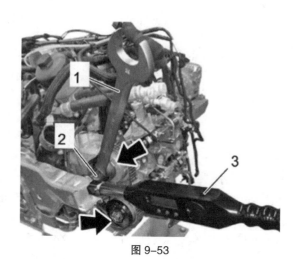

图 9-53

（19）拧下替换用传动链张紧装置，然后拧入并

拧紧带新密封件的原装传动链张紧装置。紧固扭矩80N・m。

4.安装凸轮轴，设置正时气缸组1~3

（1）注意事项：在最终拧紧中央螺钉（扭矩角度）之前，必须先拆下9772/1锁紧工具；更换中央螺钉的六角套筒对气缸列4~6缸设置正时后，务必执行安装操作！

（2）重新固定曲轴。9595/1定位销随后必须拆下。在减震器处，将曲轴沿顺时针方向（发动机的运转方向）转动360°至气缸1/4的上止点位置。该位置由A和OT1标记。使用一个长的9595/1定位销（如图9-54中1）将减震器固定到位。

图9-54

（3）在装配支架处转动发动机，以使要进行操作的气缸组处于顶部。

（4）在轴承位置和凸轮轴上涂抹新机油。改造发动机时，涂抹一层薄薄的OptimolOptipit润滑脂（零件号000.043.204.17）。检查所有的液压挺杆是否安装正确。

（5）插入凸轮轴（如图9-55中1、2）。将凸轮轴（如图9-55中1、2）插入气缸盖中，以使凸轮（如图9-55中箭头）以一定角度朝外指向气缸盖壁且凸轮轴（如图9-55中1、2）不张紧。检查两面体上的数据矩阵代码标记是否正对准。

（6）固定凸轮轴（如图9-56中1、2）。9772/1锁紧工具（如图9-56中3）必须安装在凸轮轴的二面体上。将工具放置在凸轮轴的中央轴承盖支架上，并

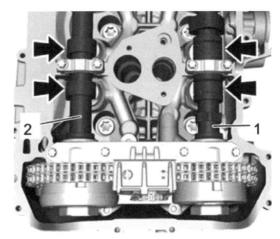

1.进气凸轮轴 2.排气凸轮轴

图9-55

稍稍拧紧圆柱头螺栓（如图9-56中4），确保调节螺钉（如图9-56中5）伸出足够远，不会碰到凸轮轴。气缸列1~3上的锁紧工具9772/1如图9-56所示。

1.进气凸轮轴 2.排气凸轮轴 3.锁紧工具 4.圆柱头螺栓 5.调节螺钉

图9-56

（7）安装轴承座和轴承盖。在设置正时之前，不要安装中央轴承盖。安装轴承鞍座和轴承盖。执行此操作时，请注意标记。安装轴承座螺钉（如图9-57中13~16）。安装并拧紧轴承盖的螺钉（如图9-57中3~6和9~12）。

（8）按升序安装并拧紧螺钉（如图9-58中1、2和7、8除外）。推荐工具：9768电子扭矩扳手，2~100N・m。螺钉，M6×38：初拧5N・m；扭矩角度50°。螺钉，M6×70（轴承座）：初拧5N・m；扭矩

角度 90°。

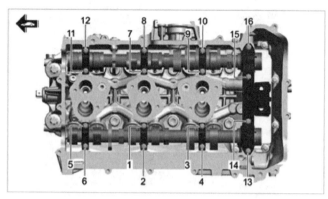

图 9-57

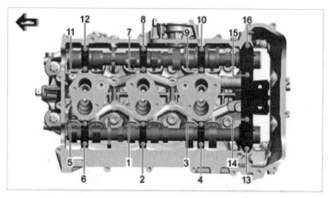

图 9-58

（9）检查新摩擦片（如图 9-59 中 1）是否已插入凸轮轴控制器（如图 9-59 中 2）中。

图 9-59

（10）安装凸轮轴控制器（如图 9-60 中 1、2）。在凸轮轴上安装带新摩擦片的凸轮轴控制器（如图 9-60 中 1、2）。安装正时链条。徒手稍稍拧紧带新驱动装置的中央螺钉（如图 9-60 中 3）。

（11）使用手电筒检查正时链条（如图 9-61 中 1）是否位于张紧轨和导轨上的导向销之间（如图 9-61

中箭头）。

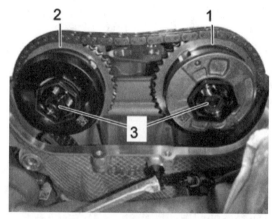

1.凸轮轴控制器，进气 2.凸轮轴控制器，排气 3.中央螺钉（中央阀）

图 9-60

图 9-61

（12）拧入带有旧密封件的传动链张紧装置并拧紧。使用传动链张紧装置 9A1.105.157.02（第一代 991 发动机）设置正时。紧固扭矩 80N·m。对气缸列 1~3 设置正时：对气缸列 1~3 设置正时的方法与气缸列 4~6 相同！

（13）9772/1 锁紧工具必须通过圆柱头螺栓用手拧紧。

（14）在左右两侧缓慢地拧紧锁紧工具的调节螺钉（如图 9-62 中 1）。不要超过规定的紧固规范（工具会发生倾斜）！紧固扭矩 2N·m。

（15）预拧紧中央螺钉。工具：用于顶住，9863/3 开口扳手，a/f39。9863 凸轮轴套筒扳手。VAS1332 扭矩扳手，40~200N·m。预拧紧中央螺钉，并使用 9863/3 开口扳手，a/f39 顶住六角驱动器（如图 9-63 中箭头）。初拧 30N·m。

（16）检查凸轮轴上的轴向轴承间隙（通过轻轻拉动和按压凸轮轴控制器进行检查）。如果没有可明显察觉的间隙大小，则必须重新安装轴。

图 9-62

图 9-63

（17）9772/1 锁紧工具此时必须拆除。松开调节螺钉。拧下轴承盖支架上的圆柱头螺栓，然后拆下各个工具。

（18）安装凸轮轴上的中央轴承盖。安装中央轴承盖。安装螺钉并均匀拧紧。初拧 5N·m；扭矩角度 50°。

（19）中央螺钉拧紧至最终的紧固扭矩，如图 9-64 所示。工具：9863/3 开口扳手，a/f39（用于施加反向

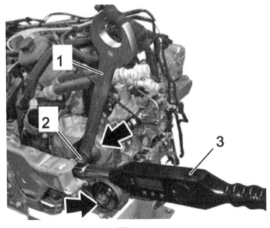

图 9-64

力矩）。9863 凸轮轴套筒扳手。9768 电子扭矩扳手，2~100N·m。拧紧中央螺钉，将电子扭矩扳手上的阈值扭矩设为 30N·m。最终紧固扭矩角度 40°±5°。

（20）拧下替换用传动链张紧装置，然后拧入并拧紧带新密封件的原装传动链张紧装置。紧固扭矩 80N·m。

（21）然后再次检查两侧的凸轮轴位置（务必检查重叠位置）！

（五）后续工作

（1）在高压燃油泵的挺杆（如图 9-65 中 1）上涂抹机油，然后将其插入。

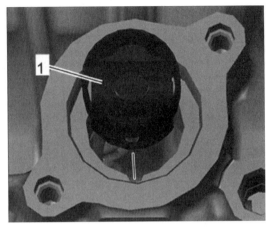

图 9-65

（2）安装高压燃油泵。

（3）安装火花塞。

（4）安装气缸盖罩。

三、车型

博克斯特（718 Boxster）（2.0T），2017—2022 年。

博克斯特（718 Boxster S）（2.5T），2017—2022 年。

博克斯特（718 Boxster GTS）（2.5T），2018—2022 年。

卡曼（718 Cayman）（2.0T），2017—2022 年。

卡曼（718 Cayman T）（2.0T），2019—2022 年。

卡曼（718 Cayman S）（2.5T），2015—2016 年。

卡曼（718 Cayman GTS）（2.5T），2018—2022 年。

（一）专用工具

（1）锁紧工具 9888，如图 9-66 所示。

（2）转动装置 9773，如图 9-67 所示。

（3）定位销 9595/1，如图 9-68 所示。

（4）开口扳手，a/f399863/3，如图 9-69 所示。

（5）凸轮轴套筒扳手 9863，如图 9-70 所示。

（6）扭矩扳手 40~200N·m 的 VAS1663，如图 9-71 所示。

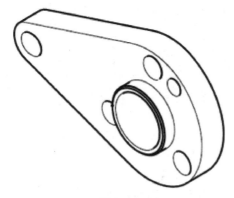

图 9-66

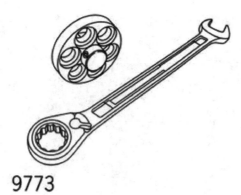

9773

图 9-67

9595/1

图 9-68

图 9-69

图 9-70

图 9-71

（7）锁紧工具 9772/1，如图 9-72 所示。

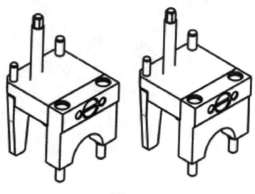

图 9-72

（8）电子扭矩扳手，2~100N·m，如图 9-73 所示。

9768

图 9-73

（9）曲轴的转动工具，如图 9-74 所示。

图 9-74

（二）准备工作

（1）拆下发动机。

（2）拆下气缸盖罩。

（3）拆下高压燃油泵，并拆下燃油泵的挺杆（如图9-75中1）。

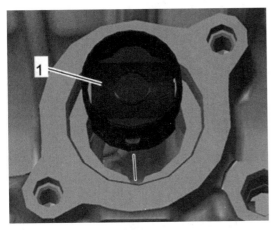

图9-75

（4）拆下曲轴皮带盘。

（三）拆卸和安装凸轮轴（包括设置正时）

1.拆卸

（1）注意事项：凸轮轴可能只能在TDC后260°的位置拆卸。只有在此位置才能确保发动机转动时阀门不会碰到活塞且不会受损。凸轮轴的各个零件，如图9-76所示。

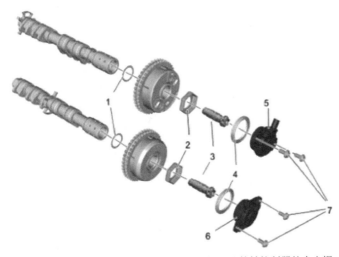

1.摩擦垫圈-始终更换　2.六角套筒-务必更换　3.凸轮轴控制器的中央螺钉（M12×110）　4.密封圈　5.进气侧的凸轮轴控制的执行器　6.排气侧的凸轮轴控制的执行器　7.务必更换铝制螺钉，M6×14

图9-76

（2）将曲轴顺时针转动（沿发动机的旋转方向）至TDC后260°。9888锁紧工具（如图9-77中1）必须通过3个螺钉（如图9-77中2）固定到曲轴上。使用9773转动装置转动曲轴，直到孔对齐为止。用1根

长9595/1定位销（如图9-77中3）固定到位。

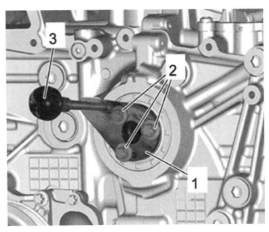

图9-77

（3）在装配支架处转动发动机，以使要安装的气缸列位于顶部。

（4）检查凸轮位置。两个凸轮轴上的数据矩阵编码（如图9-78中1、2）将正对安装者！如有必要，进一步360°顺时针转动曲轴。

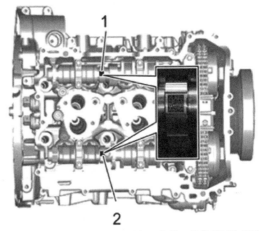

1.进气凸轮轴上的数据矩阵代码　2.排气凸轮轴上的数据矩阵代码

图9-78

（5）凸轮轴执行器的中央螺钉概图，如图9-79所示。

（6）松开中央螺钉，如图9-80所示。需要另一个人的帮助！工具：用于顶住的9863/3开口扳手，a/f39。9863凸轮轴套筒扳手。VAS1332扭矩扳手40~200N·m。使用开口扳手顶住六角套筒。

（7）拆下1~2侧的传动链张紧装置：拧下油底壳区域的传动链张紧装置（如图9-81中1）。

（8）拆下3~4侧的传动链张紧装置：松开机油分离器。拧下螺钉并向上举升机油分离器（如图9-82中1）。使用3/8英寸活头套筒扳手套头拧下传动链张

1.进气凸轮轴执行器 2.排气凸轮轴执行器 3.中央螺钉（中央阀）

图 9-79

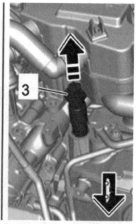

图 9-82

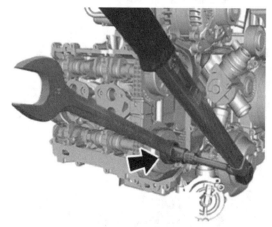

图 9-80

图 9-83

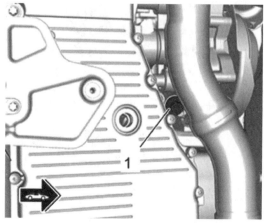

图 9-81

图 9-84

紧装置，a/f15mm（如图 9-82 中 2）。导出传动链张紧装置（如图 9-82 中 3、箭头）。

（9）将传动链张紧装置（如图 9-83 中 1）放到干净的表面上，然后更换 O 形环（防失器装配的密封环，如图 9-83 中 2）和密封环（如图 9-83 中 3）。请依次安装密封圈和 O 形环。

（10）拆下轴承鞍座。旋开并拆下螺钉（如图 9-84 中 1）。导出轴承鞍座（如图 9-84 中 2）。

（11）如图 9-85 所示，拆下凸轮轴执行器，将正时链条安装到气缸盖的链条罩中。拧下执行器上的六角套筒的中央螺钉。提起正时链条，然后逐一拆下各个凸轮轴执行器。更换摩擦片！为了存放，将凸轮轴控制器安装回执行器上。仅稍稍拧紧中央螺钉。更换六角套筒！

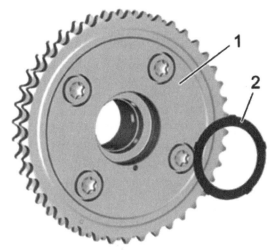

1.凸轮轴执行器（背面） 2.摩擦片
图 9-85

（12）拆下凸轮轴。从外到内松开并拧下轴承盖的螺钉（如图 9-86 中 1~8）。拆下轴承盖和凸轮轴。注意：请勿在零件清洗器中清洗凸轮轴控制器。只能用干净的无绒布清洁外部。

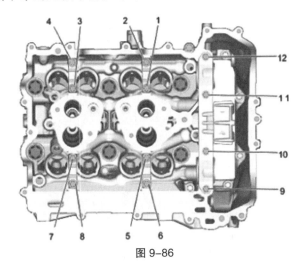

图 9-86

（13）清洁部件。

（14）如果液压挺杆已拆下，将它们放在干净的表面，并在表面相应地标记安装位置。重新安装期间，挺杆上必须涂满 Renolin（来自 Fuchs）或新的发动机机油且必须根据拆卸前的安装位置，再次插入！应在新的液压挺杆上涂抹 Renolin 或新的发动机机油！

2. 安装凸轮轴

（1）信息：部分标记和区别特征，如图 9-87 所示。凸轮轴标记位于两面体上。在拆卸和安装过程中，数据矩阵代表必须针对安装者。标记：二面体上的数据矩阵代码。

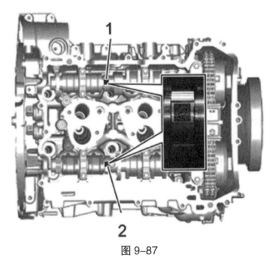

图 9-87

（2）凸轮轴结构如图 9-88 所示。

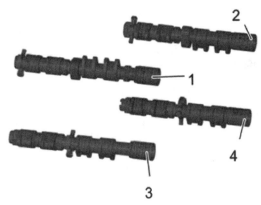

1.进气侧，气缸1~2 2.进气侧，气缸3~4 3.插座，气缸1~2 4.插座，气缸3~4

图 9-88

①凸轮轴支座。

②轴承鞍座：气缸盖上部和下部的匹配号码，位于前部（链条箱侧）。

③轴承盖：气缸盖的匹配号码以及向气缸进气侧和排气侧分配的匹配号码（例如，A1 对应气缸 1 的排气侧）。

④凸轮轴执行器，如图 9-89 所示。进气和排气凸轮轴的执行器是不同的。中央螺钉是相同的。

3. 安装凸轮轴和设置正时

（1）注意：在最终拧紧中央螺钉（扭矩角度）之前，必须先拆下 9772/1 锁紧工具。更换中央螺钉的六角套筒。此处以一个气缸列为例介绍了凸轮轴的安装和调整步骤。要调整另一侧，使发动机按顺时针方向再转动一圈。将曲轴顺时针转动（沿发动机的旋转方向）至 TDC 后 260°。9888 锁紧工具（如图 9-90 中 1）必须通过 3 个螺钉（如图 9-90 中 2）固定到曲轴上。使用 9773 转动装置转动曲轴，直到孔对齐为止。用一根长 9595/1 定位销（如图 9-90 中 3）固定到位。

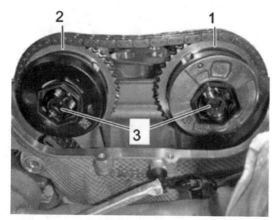

1.进气凸轮轴（铝制表面）的执行器 2.排气凸轮轴（黑色）的执行器
3.中央螺钉（中央阀）

图 9-89

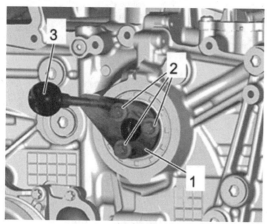

图 9-90

（2）在装配支架处转动发动机，以使要安装的气缸列位于顶部。

（3）仅适用于气缸列 3~4：插入轴承鞍座的下部（如图 9-91 中 1）。检查匹配号码！检查机油孔的位置，然后在定位销套筒上放置并安装该部件。

图 9-91

（4）检查所有的液压挺杆是否安装正确。重新安装期间，挺杆上必须涂满新的发动机机油且必须根据拆卸前的安装位置，再次插入！应在新的液压挺杆上涂抹 Renolin 或新的发动机机油！

（5）用新机油涂抹凸轮轴的轴承表面。改造发动机时，在轴承位置上涂抹 OptimolOptipit 润滑脂（零件号 000.043.204.17）。

（6）在正确位置插入凸轮轴。凸轮轴不受固定地置于轴承位置。二面体（如图 9-92 中 1、2）上的数据矩阵代码标记正对安装者。

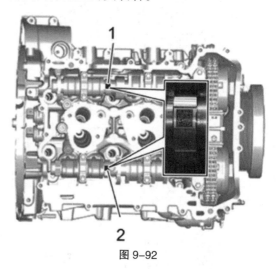

图 9-92

（7）9772/1 锁紧工具必须置于经加工的凸轮轴两面体上（如图 9-93 中箭头）。将锁紧工具（如图 9-93 中 3）定位到气缸 2 或 4 的轴承盖支架上，并略微拧紧圆柱头螺栓（如图 9-93 中 4）。

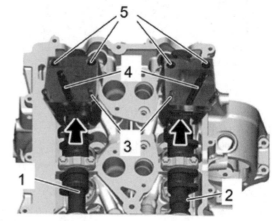

1.排气凸轮轴 2.进气凸轮轴 3.锁紧工具9772/1 4.调节螺钉 5.圆柱头螺栓

图 9-93

（8）检查新摩擦片（如图 9-94 中 1）是否已插入执行器（如图 9-94 中 2）。

（9）在中央螺钉（中央阀）的螺纹、密封面以及螺栓头接触面涂抹新机油！

图9-94

（10）插入带新摩擦片的凸轮轴执行器（如图9-95中1、2）。安装正时链条。手动拧紧带新的六角套筒（如图9-95中3）的中央螺钉。

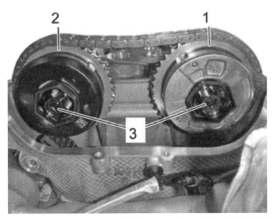

1.进气凸轮轴执行器 2.排气凸轮轴执行器 3.中央螺钉（中央阀）

图9-95

（11）安装轴承座和轴承盖。设置正时后，安装气缸2或4的轴承盖！安装轴承鞍座和轴承盖，安装时请遵循标记！

（12）将4个螺钉（M6×38或M6×70）（如图9-96中9~12）安装在轴承鞍座上。在每个轴承盖上各安装两个螺钉（M6×38）（如图9-96中1、2、5、6）。按照规定的紧固顺序安装并拧紧螺钉（不含项目3、4、7和8）。工具：9768电子扭矩扳手，2~100N·m。螺钉，M6×38：初拧5N·m，最终拧紧：扭矩角度50°。仅适用于气缸盖1~2：螺钉，M6×38（轴承鞍座）：初拧5N·m。最终拧紧：扭矩角度50°。仅适用于气缸盖3~4：螺钉，M6×70（轴承鞍座）：初拧5N·m。最终拧紧：扭矩角度90°。

（13）使用手电筒检查正时链条（如图9-97中1）是否位于张紧轨和导轨上的导向销之间（如图9-97

中箭头）。

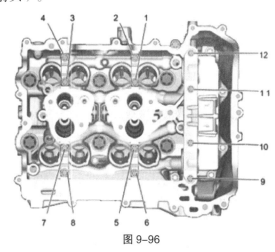

图9-96

图9-97

（14）安装辅助传动链张紧装置。紧固扭矩80N·m。

（15）气缸列1~2：拧入并使用密封环拧紧辅助传动链张紧装置（如图9-98中1）。

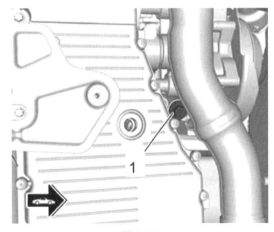

图9-98

（16）气缸列3~4：提起机油分离器（如图9-99中1、箭头）。拧入并使用新的O形环和密封环拧紧

609

辅助传动链张紧装置（如图9-99中2）。

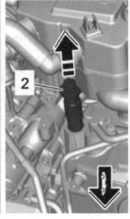

图9-99

（17）9772/1锁紧工具必须通过圆柱头螺栓用手拧紧。

（18）在左右两侧缓慢地拧紧锁紧工具的调节螺钉（如图9-100中1）。不要超过规定的紧固规范（工具会发生倾斜）！紧固扭矩1.5N·m+0.5N·m。

图9-100

（19）预拧紧中央螺钉。使用相同的工具执行松开操作！预拧紧中央螺钉，并用9863/3开口扳手，a/f39顶住六角套筒。初拧30N·m±1N·m。

（20）9772/1锁紧工具此时必须拆除。松开调节螺钉。拧下圆柱头螺栓，并拆下工具。

（21）安装气缸2或4的凸轮轴轴承盖。安装螺钉并均匀拧紧。初拧5N·m，最终拧紧：扭矩角度50°。

（22）将中央螺钉拧紧至最终的紧固扭矩，如图9-101所示。拧紧中央螺钉，将电子扭矩扳手上的阈值扭矩设为30N·m。需要另一个人的帮助！最终拧紧：最终紧固扭矩角度40°±5°。

（23）拆下辅助传动链张紧装置，并在原来的传

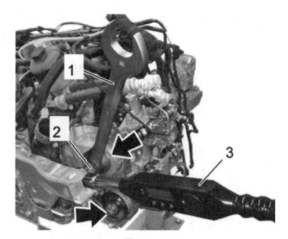

图9-101

动链张紧装置上安装新的O形环和密封件！紧固扭矩80N·m。

（24）9888/1曲轴的转动工具现在必须拆下。

（四）后续工作

（1）使用新的螺钉安装减振器。

（2）仅适用于气缸3~4。用机油涂抹高压燃油泵挺杆并且将它们安装在正确的安装位置。安装高压燃油泵。

（3）安装气缸盖罩。

（4）安装发动机。

四、车型

保时捷Macan（2.0T），2019—2022年。

保时捷Cayenne E-Hybrid（2.0T），2019—2022年。

（一）专用工具

（1）百分表VAS6079，如图9-102所示。

图9-102

（2）百分表转接器T10170A，如图9-103所示。

（3）杆T40243，如图9-104所示。

（4）锁紧工具T40267，如图9-105所示。

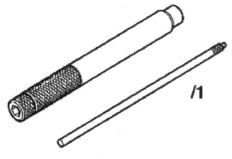

图 9-103

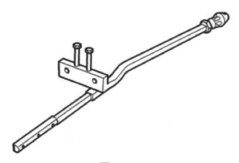

图 9-104

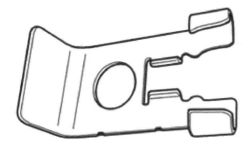

图 9-105

（5）凸轮轴卡箍 T40271，如图 9-106 所示。

图 9-106

（6）转接器 T40266，如图 9-107 所示。

（二）准备工作

（1）拆下前车底护板。

（2）拆下上部链条罩盖。

（3）拆下气缸 1 的火花塞。

（4）拆下凸轮轴执行器。

（5）拆下下部链条罩盖。

（三）设置正时

1. 检查凸轮轴正时

图 9-107

（1）注意事项：安装锁紧工具时不要用力。请确保两侧的间隙相等。插入锁紧工具时，如果转动凸轮轴时遇到阻力，请勿用力强行转动。发动机必须正好位于"上止点"。相对侧气缸必须位于"点火 TDC 处"。

（2）拆下轴承鞍座（如图 9-108 中 1）。拧下螺钉（如图 9-108 中 2）。小心地松开并拆下轴承鞍座（如图 9-108 中 1）。注意：如果曲轴转动后超出了 TDC 位置，发动机必须沿发动机旋转方向另外转动两圈，直至其回到 TDC 位置。

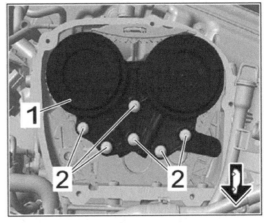

图 9-108

（3）不得按发动机旋转的反方向转动发动机。使用合适的工具转动曲轴，直至凸轮轴正时齿轮上的标记（如图 9-109 中箭头）朝上。

（4）将气缸 1 移到 TDC 位置。一旦达到最大指针偏差，活塞将位于上止点（TDC）。准备 VAS6079 百分表（如图 9-110 中 2）。T10170A 百分表转接器（如图 9-110 中 1）必须完全拧入气缸 1 的火花塞孔中。将 VAS6079 百分表（如图 9-110 中 2）插入 T10170A 百分表转接器（如图 9-110 中 1），并用夹紧螺母牢固卡住。沿发动机转动方向慢慢转动发动机，直到达到 VAS6079 百分表（如图 9-110 中 2）上的最大指针偏差。

图 9-109

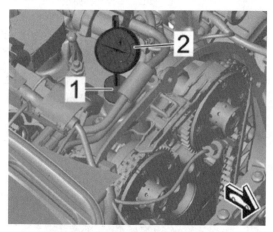

图 9-110

（5）检查 TDC 标记！检查凸轮轴正时齿轮上的
标记（如图 9-111 中 2）仍指向气缸盖罩上的标记（如
图 9-111 中 1）。

图 9-111

（6）检查凸轮轴正时。使用测径规测量边缘（如
图 9-112 中箭头 A）与排气凸轮轴上的标记（如图 9-112
中箭头 B）之间的尺寸（如图 9-112 中 1）。确保测
量与正时链条并行进行，以防止测量不正确。比较测

量值和设定点值。控制值（最小）74mm，控制值（最大）
77mm。如果测量值在设定点值范围内：测量尺寸（如
图 9-112 中 2）。否则：设置凸轮轴的正时。使用测
径规测量排气凸轮轴上的标记（如图 9-112 中箭头 B）
与进气凸轮轴上的标记（如图 9-112 中箭头 C）之间
的尺寸（如图 9-112 中 2）。确保测量与正时链条并
行进行，以防止测量不正确。比较测量值和设定点值。
控制值（最小）124mm，控制值（最大）127mm。如
果测量值在设定点值范围内：正时正常。拆下百分表
和专用工具。如果测量值不在设定点值范围内：设置
凸轮轴的正时。

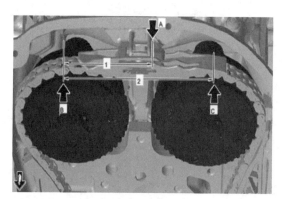

图 9-112

2. 设置凸轮轴正时

（1）注意事项：除非另有规定，否则不得按发动
机运行的反方向转动发动机。

（2）按发动机运行的反方向转动曲轴 90°。

（3）如果尚未拆下，请执行以下操作：拆下轴承
鞍座（如图 9-113 中 1）。拧下螺钉（如图 9-113 中 2）。
小心地松开并拆下轴承鞍座（如图 9-113 中 1）。

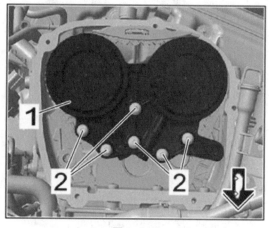

图 9-113

（4）拧下螺钉（如图 9-114 中 1）。

（5）拧紧链条张紧器。插入 T40243 杆（如图 9-115

图 9-114

中1）并用螺钉（如图 9-115 中箭头 A）固定。将链条张紧器的挡圈（如图 9-115 中 2）压合在一起并握紧。缓慢地沿如图 9-115 中箭头 B 的方向按压 T40243 杆（如图 9-115 中 1）并牢牢握住。

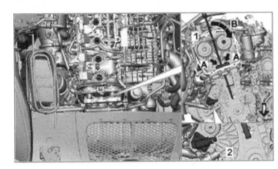

图 9-115

（6）使用 T40267 锁紧工具（如图 9-116 中 2）锁定链条张紧器（如图 9-116 中 1）。

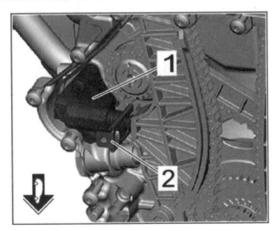

图 9-116

（7）T40243 杆（如图 9-117 中 1）此时必须拆下。拧下螺钉（如图 9-117 中箭头 A）。拆下 T40243 杆（如图 9-117 中 1）。

（8）拧入并拧紧新螺钉（如图 9-118 中 1）。紧固扭矩 4N·m；紧固扭矩 +90°。

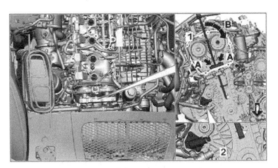

图 9-117

图 9-118

（9）拆下上导轨（如图 9-119 中 1）。松开上导轨上的锁销（如图 9-119 中 1）。向前拉上导轨（如图 9-119 中 1）并将其拆下。

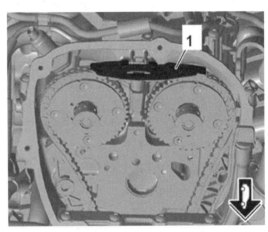

图 9-119

（10）拆下机油泵链条张紧器的弹簧（如图 9-120 中 1）。

（11）拆下机油泵的链条张紧器（如图 9-121 中 1）。拧下导销（如图 9-121 中 2）并拆下机油泵的链条张紧器（如图 9-121 中 1）。

（12）松开导轨和张紧轨。拆下导轨（如图 9-122 中 1）。拧下导销（如图 9-122 中 3）。向下引导导轨（如

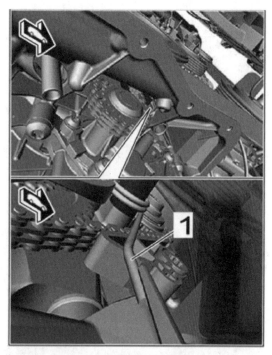

图 9-120

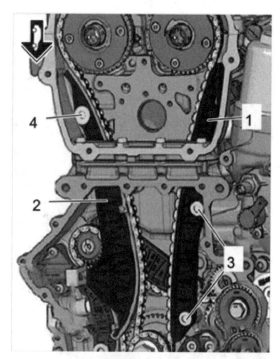

图 9-122

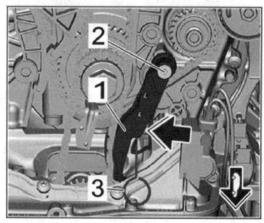

图 9-121

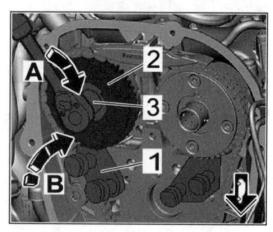

图 9-123

图 9-122 中 1）并将其拉出。松开张紧轨（如图 9-122 中 2）。拧下导销（如图 9-122 中 4）。向下引导张紧轨（如图 9-122 中 2）并使其保持在此位置。

（13）拆下凸轮轴正时链条。

（14）锁定排气凸轮轴。T40271 将凸轮轴卡箍 /1（如图 9-123 中 1）固定到气缸盖上。沿如图 9-123 中箭头 A 的方向转动带有 T40266 转接器（如图 9-123 中 3）的凸轮轴正时齿轮（如图 9-123 中 2），直到凸轮轴正时齿轮上的标记（如图 9-123 中 2）与气缸盖罩上的标记相对应。T40271 凸轮轴卡箍 /1（如图 9-123 中 1）必须沿如图 9-123 中箭头 B 的方向推入凸轮轴正时齿轮的花键（如图 9-123 中 2）中。

（15）锁定进气凸轮轴。T40271 将凸轮轴卡箍 /2（如图 9-124 中 1）固定到气缸盖上。沿如图 9-124

中箭头 B 的方向转动带有 T40266 的转接器（如图 9-124 中 3）的凸轮轴正时齿轮（如图 9-124 中 2），直到凸轮轴正时齿轮上的标记（如图 9-124 中 2）与气缸盖罩上的标记相对应。T40271 凸轮轴卡箍 /2（如图 9-124 中 1）必须沿如图 9-124 中箭头 A 的方向推入凸轮轴正时齿轮的花键（如图 9-124 中 2）中。

（16）将气缸 1 移到 TDC 位置。一旦达到最大指针偏差，活塞将位于上止点（TDC）沿发动机转动方向慢慢转动曲轴，直到达到 VAS6079 百分表（如图 125 中 2）上的最大指针偏差。VAS6079 将百分表（如图 9-125 中 2）重置为零

（17）重新放置正时链条。放置凸轮轴正时链条，使彩色链节朝向曲轴齿轮上的标记。在凸轮轴正时齿轮上安装正时链条，使彩色链节与凸轮轴正时齿轮

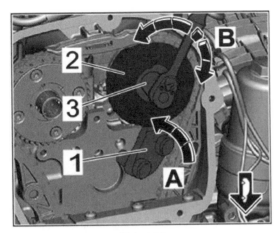

图 9-124

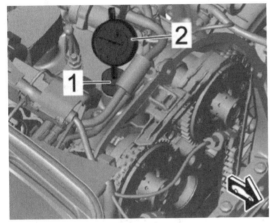

图 9-125

上的标记（如图 9-126 中 1）对齐。如有必要，使用 T40266 转接器稍稍转动凸轮轴。检查标记（如图 9-126 中 1）是否仍与标记（如图 9-126 中 2）对齐。使用 VAS6079 百分表检查第一个气缸是否仍在 TDC 中。仅当正时不正常时：拆下正时链条，并重复以上步骤。

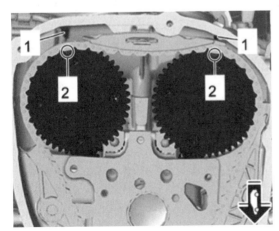

图 9-126

（18）固定导轨和张紧轨。固定张紧轨（如图 9-127 中 2）。放置张紧轨（如图 9-127 中 2）。拧入并拧紧

导销（如图 9-127 中 4）。紧固扭矩 20N·m。安装导轨（如图 9-127 中 1）。放置侧导轨（如图 9-127 中 1）。拧入并拧紧导销（如图 9-127 中 3）。紧固扭矩 20N·m。

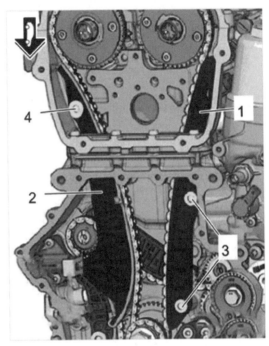

图 9-127

（19）安装上导轨（如图 9-128 中 1）。

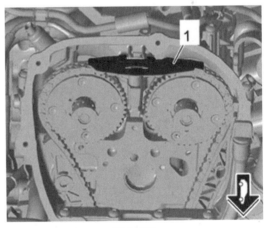

图 9-128

（20）T40267 从链条张紧器（如图 9-129 中 1）上拆下锁紧工具（如图 9-129 中 2）。

（21）安装机油泵的链条张紧器（如图 9-130 中 1）。将机油泵链条张紧器（如图 9-130 中 1）放置到位。拧入并拧紧导销（如图 9-130 中 2）。紧固扭矩 9N·m。

（22）连接机油泵链条张紧器的弹簧（如图 9-131 中 1）。

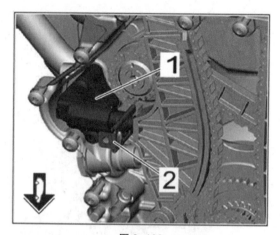

图 9-129

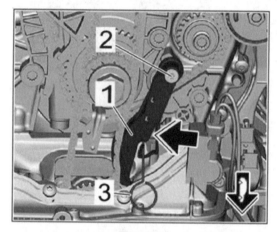

图 9-130

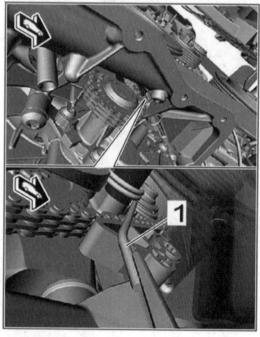

图 9-131

（23）T40271 拆下凸轮轴卡箍 /1 和 T40271 凸轮轴卡箍 /2。使用 T40266 转接器释放进气凸轮轴，然后

将 T40271 凸轮轴卡箍 /1 从花键中拉出。使用 T40266 转接器释放排气凸轮轴，然后将 T40271 凸轮轴卡箍 /2 从花键中拉出。旋开并拆下 T40271 凸轮轴卡箍 /1 和 T40271 凸轮轴卡箍 /2。

（24）通过将发动机转动两圈，再次检查正时。如果正时正常：拆下专用工具。如果正时不正常：再次调整正时。

（25）安装轴承鞍座（如图 9-132 中 1）。更换轴承鞍座螺钉（如图 9-132 中 2）。安装轴承鞍座（如图 9-132 中 1），然后拧入新的轴承鞍座紧固螺钉（如图 9-132 中 2）并用手拧紧。拧紧轴承鞍座螺钉（如图 9-132 中 2）。紧固扭矩 4N·m；扭矩角度 +180°。

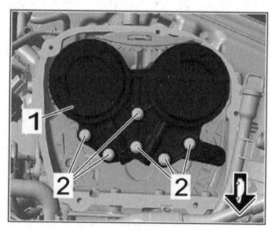

图 9-132

3. 平衡轴正时

安装进气侧平衡轴。注意：滚针轴承架带有颜色标识；必须始终安装同色的滚针轴承。

（1）准备进气侧平衡轴（如图 9-133 中 1）以便进行安装。将管（如图 9-133 中 2）推到进气侧（如图 9-133 中 1）平衡轴上。确保凹槽（如图 9-133 中 4）与管的凹槽（如图 9-133 中 2）接合。将新的滚针轴承架（如图 9-133 中 3）放置到进气侧的平衡轴（如图 9-133 中 1）上，然后压在一起，直至锁止凸耳（如图 9-133 中 5）接合。检查滚子（如图 9-133 中 6）是否正确入位。

（2）安装进气侧的平衡轴（如图 9-134 中 1）。用发动机机油润滑进气侧的平衡轴的支座。将进气侧的平衡轴（如图 9-134 中 1）插入气缸体。插入并拧紧进气侧（如图 9-134 中 4）的平衡轴的新螺钉。紧固扭矩 9N·m。

（3）安装中间轴齿轮的轴承销（如图 9-135 中 1）。塞入新密封环（如图 9-135 中 2）。插入中间轴齿轮的轴承销（如图 9-135 中 1）。确保定位销（如图 9-135

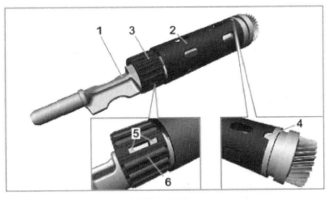

图 9-133

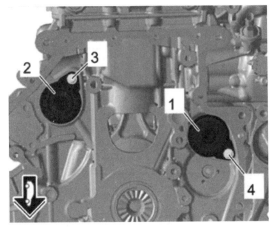

图 9-134

中 3）与气缸体中的孔接合。用机油润湿中间轴齿轮的轴承销（如图 9-135 中 1）。

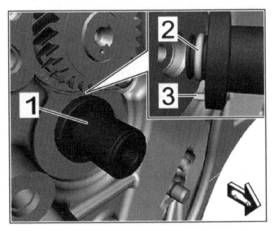

图 9-135

注意：必须更换中间轴齿轮。新的中间轴齿轮具有抗磨涂层，该涂层会很快磨损掉，从而自动设置正确的齿隙。如果不更换中间轴齿轮，发动机就有由于齿隙不正确而损坏的风险。

（4）安装新的中间轴齿轮（如图 9-136 中 1）。使用彩色记号笔将中间轴齿轮（如图 9-136 中 1）上的标记位置（如图 9-136 中 5）传输到齿上，以便更

容易安装中间轴齿轮（如图 9-136 中 1）。安装新的中间轴齿轮（如图 9-136 中 1）。对齐平衡轴（如图 9-136 中 2），使标记（如图 9-136 中 4）位于标记（如图 9-136 中 5）之间。检查标记（如图 9-136 中 4、5）是否正确对齐。拧入并拧紧新的中间轴齿轮（如图 9-136 中 3）。初始扭矩 10N·m。通过转动中间轴齿轮（如图 9-136 中 1）检查其间隙。如果中间轴齿轮（如图 9-136 中 1）存在间隙，请松开中间轴齿轮螺钉（如图 9-136 中 3），然后再次拧紧。初始扭矩 10N·m。如果中间齿轮（如图 9-136 中 1）没有间隙，请拧紧中间齿轮的螺钉（如图 9-136 中 3）。终紧力矩 25N·m；扭矩角度 +90°。

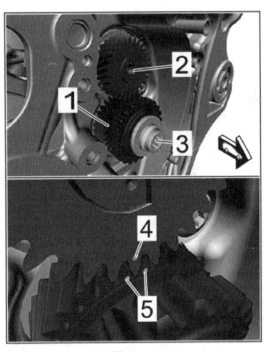

图 9-136

（5）在气缸体上标记 TDC 位置（如图 9-137 中 4）。检查曲轴（如图 9-137 中 1）的 TDC 位置的标记（如图 9-137 中 2、3）是否对齐。使用防水记号笔在气缸体上做标记（如图 9-137 中 4）。

（6）使用防水记号笔将标记（如图 9-138 中 2）复制到链轮（如图 9-138 中 1）的齿（如图 9-138 中 3）上。

（7）安装链轮（如图 9-139 中 1）。将链轮（如图 9-139 中 1）放置到位并注意标记（如图 9-139 中 2、3）。将 T10368 止推件（如图 9-139 中 4）放置到位，然后用螺钉在链轮（如图 9-139 中 5）上固定到位。

（8）安装平衡轴上的正时链条（如图 9-140 中 1）。确保彩色链节（如图 9-140 中 2~4）与链轮上的标记（如图 9-140 中 5~7）对齐。

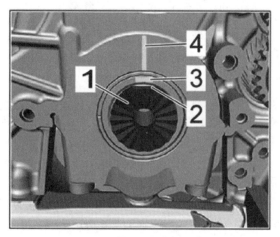

图 9-137

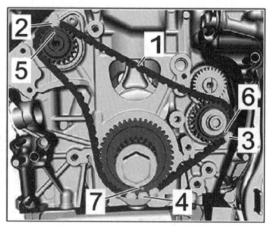

图 9-140

（9）安装张紧轨（如图9-141中1）和导轨（如图9-141中2、3）。安装导轨（如图9-141中3）。将导轨（如图9-141中3）放置到位，然后安装并拧紧导销（如图9-141中8）。紧固扭矩20N·m。安装导轨（如图9-141中2）。将导轨（如图9-141中2）放置到位，然后安装并拧紧导销（如图9-141中6、7）。紧固扭矩20N·m。安装张紧轨（如图9-141中1）。将张紧轨（如图9-141中1）放置到位，然后安装并拧紧导销（如图9-141中5）。紧固扭矩20N·m。使用螺钉固定剂拧入并拧紧链条张紧器（如图9-141中4）。紧固扭矩85N·m。

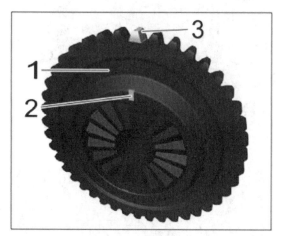

图 9-138

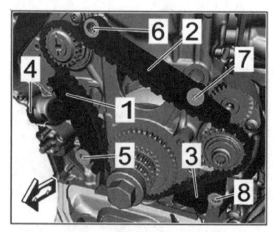

图 9-141

（10）再次检查平衡轴的正时链条设置（如图9-142中1）。确保彩色链节（如图9-142中2~4）与链轮上的标记（如图9-142中5~7）对齐。

4. 安装排气侧的平衡轴

注意：滚针轴承架带有颜色标识；必须始终安装同色的滚针轴承。

（1）对排气侧平衡轴做好安装准备，如图9-143所示。将管推到排气侧平衡轴上。确保凹槽与管的凹

图 9-139

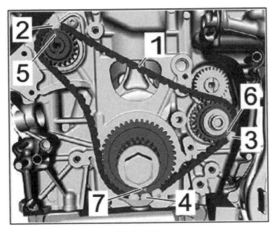

图 9-142

槽接合。将新的滚针轴承架定位到排气侧平衡轴上并压合，直至接合到位。检查滚子是否在轴承架中正确入位。

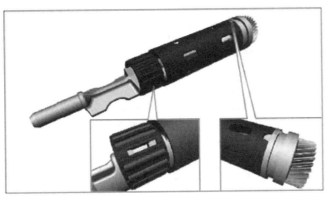

图 9-143

（2）安装排气侧平衡轴（如图 9-144 中 1）。用机油润滑排气侧平衡轴的支座。将排气侧平衡轴（如图 9-144 中 2）插入气缸体。插入并拧紧排气侧平衡轴（如图 9-144 中 3）的新螺钉。紧固扭矩 9N·m。

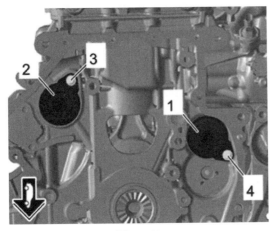

图 9-144

（3）在气缸体上标记 TDC 位置（如图 9-145 中 4）。检查曲轴（如图 9-145 中 1）的 TDC 位置的标记（如图 9-145 中 2、3）是否对齐。使用防水记号笔在气缸体上做标记（如图 9-145 中 4）。

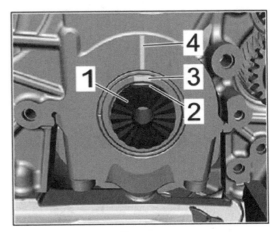

图 9-145

（4）使用防水记号笔将标记（如图 9-146 中 2）复制到链轮（如图 9-146 中 1）的齿（如图 9-146 中 3）上。

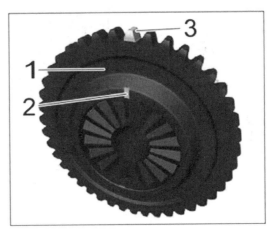

图 9-146

（5）安装链轮（如图 9-147 中 1）。将链轮（如图 9-147 中 1）放置到位并注意标记（如图 9-147 中 2、3）。将 T10368 止推件（如图 9-147 中 4）放置到位，然后用螺钉在链轮（如图 9-147 中 5）上固定到位。

（6）安装平衡轴上的正时链条（如图 9-148 中 1）。确保彩色链节（如图 9-148 中 2~4）与链轮上的标记（如图 9-148 中 5~7）对齐。

（7）安装张紧轨（如图 9-149 中 1）和导轨（如图 9-149 中 2、3）。安装导轨（如图 9-149 中 3）。将导轨（如图 9-149 中 3）放置到位，然后安装并拧紧导销（如图 9-149 中 8）。紧固扭矩 20N·m。安装导轨（如图 9-149 中 2）。将导轨（如图 9-149 中 2）放置到位，然后安装并拧紧导销（如图 9-149 中 6、7）。

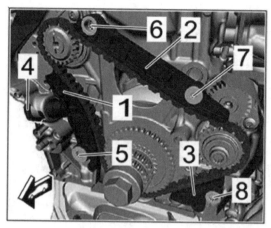

图 9-147

图 9-149

（8）再次检查平衡轴正时链条的设置（如图 9-150
中 1）。确保彩色链节（如图 9-150 中 2~4）与链轮
上的标记（如图 9-150 中 5~7）对齐。

图 9-148

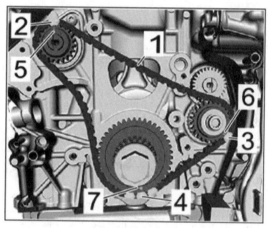

图 9-150

（四）后续工作

（1）仅在设置凸轮轴的正时后：安装新的下部链
条罩盖。

（2）安装凸轮轴执行器。

（3）安装气缸 1 的火花塞。

（4）安装新的上部链条罩盖。

（5）安装前车底护板。

紧固扭矩 20N·m。安装张紧轨（如图 9-149 中 1）。
将张紧轨（如图 9-149 中 1）放置到位，然后安装并
拧紧导销（如图 9-149 中 5）。紧固扭矩 20N·m。使
用螺钉固定剂拧入并拧紧链条张紧器（如图 9-149 中
4）。紧固扭矩 85N·m。

第十章　标致／雪铁龙车系

一、车型

东风标致 408 230THP（1.2T EB2A），2019—2021 年。

东风标致 2008 230THP（1.2T EB2A），2020—2022 年。

东风雪铁龙 C3L 190THP（1.2T EB2A），2020 年。

东风雪铁龙 C3-XR 230THP（1.2T EB2A），2020 年。

东风雪铁龙 C3-XR 190THP（1.2T EB2A），2021 年。

（一）更换正时皮带

1. 必须更换的零件

（1）曲轴密封圈（正时齿轮端），数量 1 个。

（2）密封件（正时盖），数量 1 个。

（3）传动带（冷却液泵驱动），数量 1 个。

（4）螺栓（凸轮轴相位调节器），数量 2 个。

（5）螺栓（曲轴皮带轮），数量 6 个。

（6）螺栓（曲轴皮带轮毂），数量 1 个。

2. 需要用到的专用工具

（1）凸轮轴固定和设定工具，编号 0109-2A，如图 10-1 所示。

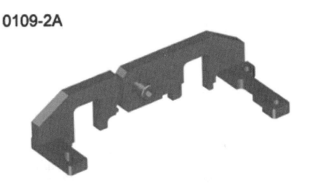

图 10-1

（2）飞轮锁止销，编号 0109-2B，如图 10-2 所示。

3. 拆卸

（1）将车辆放置在举升机上。

（2）断开附件蓄电池。

图 10-2

（3）拆卸：右前挡泥板和气缸盖罩。

4. 检查移相后的皮带轮

通过曲轴螺栓转动发动机 2 圈。

（1）进气凸轮轴相位调节器锁止，如图 10-3 所示。

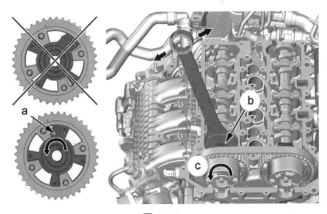

图 10-3

警告：不要使用凸轮轴来转动发动机。备注：当皮带轮与凸轮轴同时旋转时相位调节器处于锁止状态。

（2）通过沿着 2 个方向轻轻移动凸轮轴检查并确认相位调节器锁止并与凸轮轴一致（在如图 10-3 中 b 处）。如果情况并非如此，沿着箭头方向（如图 10-3 中 c 处）逆时针旋转进气凸轮轴至相位调节器的内部止动位置（在如图 10-3 中 a 处）（最大行程 39°）。备注：如果相位调节器不能机械锁止。更换

621

凸轮轴相位调节器（相位调节器正时端图）。

（3）锁止排气凸轮轴相位调节器，如图10-4所示。警告：不要使用凸轮轴来转动发动机。备注：当皮带轮与凸轮轴同时旋转时相位调节器处于锁止状态。通过沿着2个方向轻轻移动凸轮轴检查并确认相位调节器锁止并与凸轮轴一致（在如图10-4中d处）。否则按照箭头所示方向（在如图10-4中f处）顺时针转动排气凸轮轴至相位调节器的内部止动块（在如图10-4中e处）（最大行程32.5°）。备注：如果相位调节器不能机械锁止，更换凸轮轴相位调节器（相位调节器正时端图）。

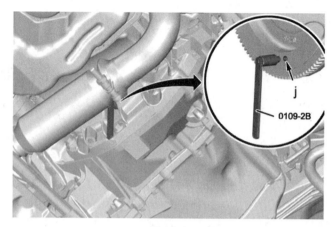

图10-6

（如图10-7中l处），其他3个平边用来接触调整工具。安装工具0109-2A（在如图10-7中k处）。警告：工具0109-2A必须紧紧地靠在气缸盖的密封面上（如图10-7中k处）；不允许举升工具。固定工具0109-2A，使用2个气缸盖罩固定螺栓（如图10-7中2）。拧紧螺栓（如图10-7中1）。

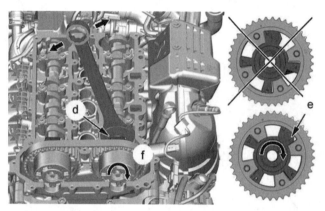

图10-4

（4）顺时针转动曲轴，卡盘的上部平点必须倾斜大约30°（在如图10-5中g和h处）。

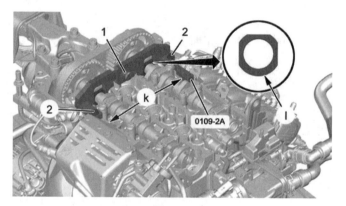

图10-7

（9）升起车辆。

（10）拆卸附件传动皮带、动态张紧轮和冷却液泵驱动皮带。

（11）拆下如图10-8所示图注部件，如图10-8

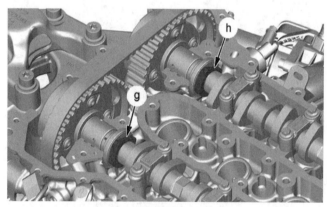

图10-5

（5）升起车辆。

（6）通过曲轴皮带轮螺钉，按顺时针方向转动发动机至定位位置。固定发动机飞轮（在如图10-6中j处），使用工具0109-2B。备注：通过尝试顺时针和逆时针旋转螺栓检查并确认发动机正确固定。

（7）降低车辆。

（8）警告：凸轮轴上定位区域的圆周边必须向下

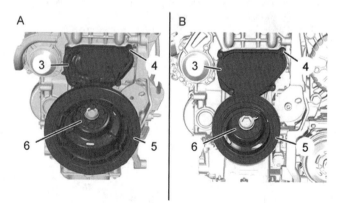

3.正时罩 4.螺栓 5.曲轴皮带轮 6.螺栓

图10-8

中 A 和 B 根据车辆配置。

（12）拆下如图 10-9 所示图注部件。

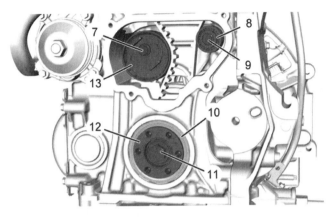

7.螺栓 8.导轮 9.螺栓 10.发动机密封圈 11.螺栓 12.轮毂 13.张紧轮

图 10-9

（13）拆下曲轴小齿轮（如图 10-10 中 17）。

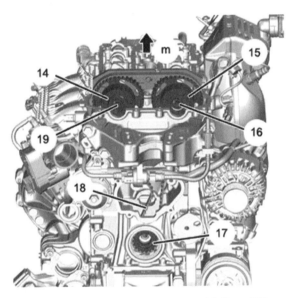

14.进气凸轮轴相位调节器 15.排气凸轮轴相位调节器 16.螺栓 17.曲轴小齿轮 18.正时皮带 19.螺栓

图 10-10

（14）降低车辆。

（15）警告：在再次使用的情况下标记正时皮带的安装方向。拆下正时皮带（如图 10-10 中 18）（以箭头如图 10-10 中 m 方向为准）。

5. 重新安装

（1）安装正时皮带（如图 10-11 中 18）（从车辆上方）。

（2）升起车辆。警告：将毂键槽固定在曲轴平台上（在如图 10-11 中 N 处）。重新安装曲轴小齿轮和毂总成（如图 10-11 中 12、17）。备注：将曲轴小齿

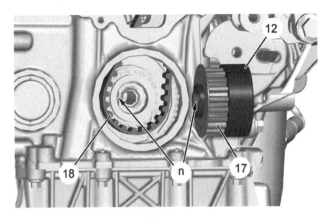

图 10-11

轮凸缘定位在曲轴侧。

（3）警告：更换曲轴皮带轮轮毂螺栓（如图 10-12 中 11）。

（4）重新安装：螺丝（如图 10-12 中 11）（不需拧紧）、导轮（如图 10-12 中 8）、螺栓（如图 10-12 中 9）、张紧轮（如图 10-12 中 13）和螺丝（如图 10-12 中 7）（不需拧紧）。备注：为简化张紧轮的安装，将六角销朝上定位（在如图 10-12 中 p 处）。

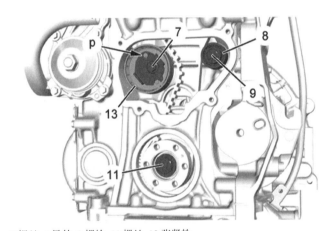

7.螺丝 8.导轮 9.螺栓 11.螺丝 13.张紧轮

图 10-12

（5）降低车辆。

（6）警告：更换凸轮轴相位调节器螺栓。

（7）警告：2 个凸轮相位调节器带有不同的标记。IN 是进气，EX 是排气，如图 10-13 所示。

（8）在进气凸轮轴上定位进气凸轮轴相位调节器（如图 10-14 中 14）（在如图 10-14 中 q 处）。

（9）安装螺钉（如图 10-10 中 19）（新的）。

（10）在排气凸轮轴上定位排气凸轮轴相位调节器（如图 10-15 中 15）（在如图 10-15 中 r 处）。

（11）安装螺钉（如图 10-10 中 16）（新的）。

（12）升起车辆。

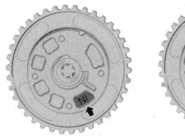

图 10-13

（以箭头如图 10-16 中 s 方向为准）。拧紧螺栓（如图 10-16 中 7）和螺丝（如图 10-16 中 11）（新的）。警告：不要超过标记对齐的位置（在如图 10-16 中 t 处）。皮带有过度张紧的风险。重新安装发动机密封圈（新的）。警告：更换曲轴皮带轮和螺栓。

（14）重新安装正时罩（如图 10-17 中 3），使用新的密封件（如图 10-17 中 20）和螺栓（如图 10-17 中 4）。

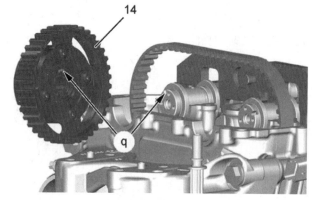

图 10-14

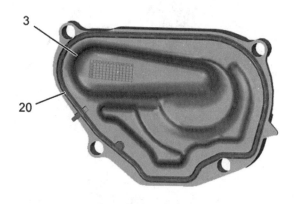

图 10-17

图 10-15

（13）拧紧正时皮带（如图 10-16 中 18）（转动张紧轮六角扳手来对齐标记）（在如图 10-16 中 t 处）

（15）如图 10-18 中 A 和 B，根据车辆配置。警告：定位曲轴皮带轮（如图 10-18A 中 5，在如图 10-18B 中 u 处）。

（16）重新安装：曲轴皮带轮（如图 10-18 中 5）、螺栓（如图 10-18 中 6）（新部件）、冷却液泵驱动皮带（新的）、动态张紧轮和附件传动皮带。

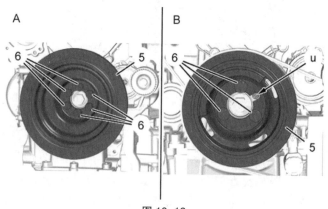

图 10-18

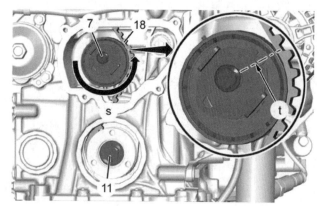

图 10-16

（17）降低车辆。警告：不要松开螺栓。拆卸固定气缸盖罩的 2 个螺栓和工具 0109-2A。

（18）升起车辆。

（19）拆下专用工具 0109-2B。

（20）通过曲轴螺栓转动发动机 2 圈。

（21）使用工具 0109-2B 固定发动机飞轮。备注：

通过沿顺时针方向和逆时针方向旋转曲轴螺栓检查并确认发动机正确固定。

（22）降低车辆。

（23）重新安装工具0109-2A。备注：如果工具0109-2A自身正确定位，则设置正确：转至下一步。备注：由于存在正时偏移，则无法安装工具0109-2A，重复定时设置操作。

（24）拆下工具0109-2A。

（25）升起车辆。

（26）拆下工具0109-2B。

（27）降低车辆。

（28）重新安装气缸盖罩和右前挡泥板。警告：重新连接附件蓄电池之后做该操作。

（29）重新连接附件蓄电池。

（二）检查正时设置

1. 需要用到的专用工具

（1）凸轮轴固定和设定工具，编号0109-2A，如图10-19所示。

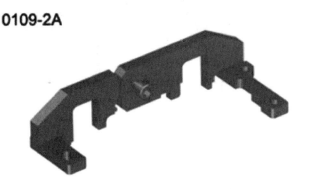

0109-2A

图10-19

（2）飞轮锁止销，编号0109-2B，如图10-20所示。

0109-2B

图10-20

2. 预备操作

（1）将车辆放置在举升机上。警告：断开附件蓄

电池前，必须先执行这些操作。

（2）断开附件蓄电池。

（3）拆卸空气滤清器壳、进气歧管和气缸盖罩。

3. 检查移相后的皮带轮

（1）通过曲轴螺栓转动发动机2圈。

（2）进气凸轮轴相位调节器锁止，如图10-21所示。警告：不要使用凸轮轴来转动发动机。备注：当皮带轮与凸轮轴同时旋转时相位调节器处于锁止状态。通过沿着2个方向轻轻移动凸轮轴检查并确认相位调节器锁止并与凸轮轴一致（在如图10-21中b处）。如果情况并非如此，沿着箭头方向（如图10-21中c处）逆时针旋转进气凸轮轴至相位调节器的内部止动位置（在如图10-21中a处）（最大行程39°）。备注：如果相位调节器不能机械锁止，更换凸轮轴相位调节器（相位调节器正时端图）。

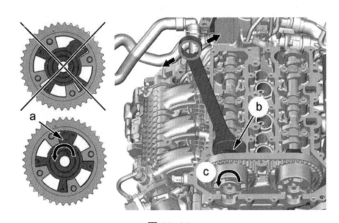

图10-21

（3）锁止排气凸轮轴相位调节器，如图10-22所示。警告：不要使用凸轮轴来转动发动机。备注：当皮带轮与凸轮轴同时旋转时相位调节器处于锁止状态。通过沿着2个方向轻轻移动凸轮轴检查并确认相位调节器锁止并与凸轮轴一致（在如图10-22中d处）。否则按照箭头所示方向（在如图10-22中f处）顺时

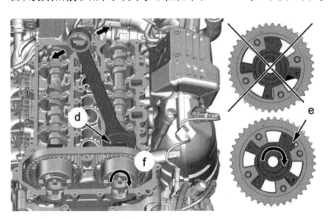

图10-22

针转动排气凸轮轴至相位调节器的内部止动块（在如图 10-22 中 e 处）（最大行程 32.5°）。备注：如果相位调节器不能机械锁止，更换凸轮轴相位调节器（相位调节器正时端图）。

4. 设置曲轴

（1）顺时针转动曲轴，卡盘的上部平点必须倾斜大约 30°（在如图 10-23 中 g、h 处）。

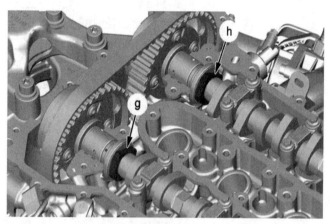

图 10-23

（2）升起车辆。

（3）通过曲轴皮带轮螺钉，按顺时针方向转动发动机至定位位置。固定发动机飞轮（在如图 10-24 中 j 处），使用工具 0109-2B。备注：通过沿顺时针方向和逆时针方向旋转曲轴螺栓检查并确认发动机正确固定。

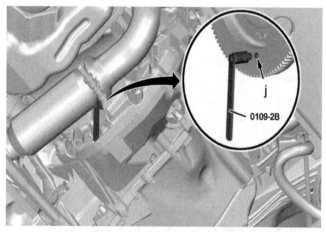

图 10-24

5. 检查

（1）警告：凸轮轴上定位区域的圆周边必须向下（如图 10-25 中 l 处），其他平边用来接触调整工具。安装工具 0109-2A（如图 10-25 中 k 处）。警告：工具 0109-2A 必须紧紧地靠在气缸盖的密封面上（如图 10-25 中 k 处）；不允许举升工具。固定工具 0109-2A。使用 2 个气缸盖螺栓（如图 10-25 中 2）。

（2）拧紧螺栓（如图 10-25 中 1）。备注：如果工具 0109-2A 自身正确定位，则设置正确，转至下一步。备注：由于存在正时偏移，则无法安装工具 0109-2A，重复定时设置操作。

6. 补充操作

（1）松开螺栓（如图 10-25 中 1）。

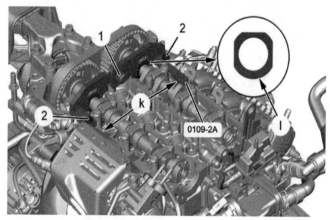

图 10-25

（2）拆卸固定气缸盖罩的 2 个螺栓和工具 0109-2A。

（3）升起车辆。

（4）拆下工具 0109-2B。

（5）降低车辆。

（6）重新安装气缸盖罩、进气歧管和空气滤清器壳。警告：连接附件蓄电池之后做该操作。

（7）重新连接伺服蓄电池。

（三）拧紧力矩及顺序

1. 发动机顶部

（1）气缸盖如图 10-26 所示，扭紧力矩如表 10-1 所示。

（2）拧紧螺栓（如图 10-27 中 1~15）的顺序。

（3）拧紧螺栓（如图 10-28 中 1~26）的顺序。

（4）拧紧螺栓（如图 10-29 中 1~11）的顺序。

2. 发动机下部

警告：按照紧固顺序。

（1）气缸体结构如图 10-30 所示，拧紧力矩如表 10-2 所示。

（2）曲轴和连杆（除了 EB2ADTE 发动机外）结构如图 10-31 所示，拧紧力矩如表 10-3 所示。

（3）曲轴和连杆（EB2ADTE 发动机）结构如图

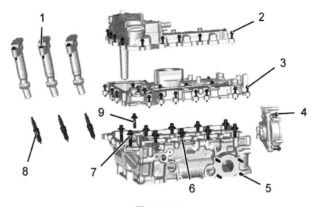

图 10-26

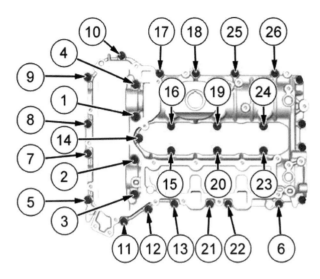

1~26.螺栓（气缸盖罩）

图 10-28

表 10-1

标记	名称	拧紧扭矩
1	螺栓（点火线圈）	8N·m
2	螺栓（集油器）*	10N·m
3	螺栓（气缸盖罩）*	8N·m
4	螺栓（真空泵）	8N·m
5	螺柱（涡轮增压器）	8N·m
6	螺栓（气缸盖）***	预紧至 10N·m
		拧紧至 30N·m
		角度拧紧至 230°
7	螺栓（气缸盖）***	预紧至 10N·m
		拧紧至 10N·m
		角度拧紧至 180°
8	火花塞	22N·m
9	螺栓（气缸盖 / 气缸体）***	预紧至 10N·m
		拧紧至 20N·m

*：按照紧固顺序；**：每次拆下后必须予以更换。

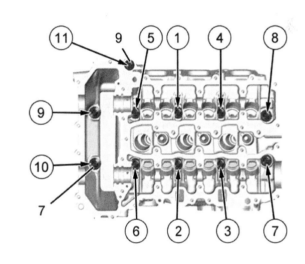

6、7、9.螺栓（气缸盖）

图 10-29

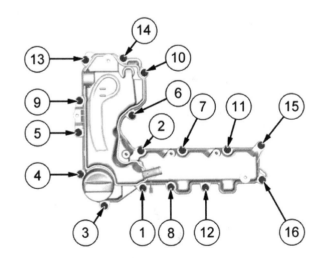

1~16.螺栓（集油器）

图 10-27

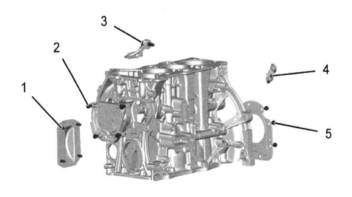

图 10-30

表 10-2

标记	名称	拧紧扭矩
1	螺栓（平衡轴壳体）	8N·m
2	螺栓（正时盖）	8N·m
3	螺栓（爆震探测器）	20N·m
4	螺栓（发动机转速传感器）	8N·m
5	螺栓（挡板）	8N·m

图 10-32

图 10-31

表 10-3

标记	名称	拧紧扭矩
6	螺栓（附件传动皮带轮）***	预紧至 20N·m
		拧紧至 26N·m
		角度拧紧至 45°
7	螺栓（平衡轴）**	拧紧至 20N·m
		角度拧紧至 180°
8	螺栓（大端盖）**	预紧至 5N·m
		拧紧至 15N·m
		角度拧紧至 120°
9	螺栓（飞轮）***	预紧至 8N·m
		拧紧至 30N·m
		角度拧紧至 90°
10	螺栓（曲轴轴承盖）**	拧紧至 20N·m
		角度拧紧至 140°
11	螺栓（正时齿轮）**	拧紧至 5N·m
		角度拧紧至 180°

：按照紧固顺序；*：每次拆下后必须予以更换。

表 10-4

标记	名称	拧紧扭矩
12	螺栓（附件传动皮带轮）***	预紧至 20N·m
		拧紧至 25N·m
		角度拧紧至 45°
13	螺栓（大端盖）**	预紧至 5N·m
		拧紧至 15N·m
		角度拧紧至 120°
14	螺栓（飞轮）***	预紧至 8N·m
		拧紧至 30N·m
		角度拧紧至 90°
15	螺栓（曲轴轴承盖）**	拧紧至 20N·m
		角度拧紧至 140°
16	螺栓（正时齿轮）**	拧紧至 50N·m
		角度拧紧至 180°

：按照紧固顺序；*：每次拆下后必须予以更换。

10-32 所示，拧紧力矩如表 10-4 所示。

（4）拧紧螺栓（如图 10-33 中 1~6）的顺序。

（5）拧紧螺栓（如图 10-34 中 1~6）的顺序。

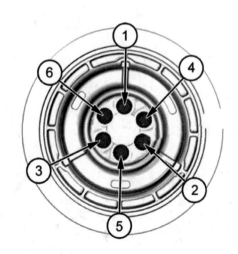

6.螺栓（附件传动皮带轮）

图 10-33

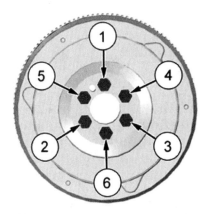

1~6.螺栓（飞轮）

图 10-34

（6）拧紧螺栓（如图 10-35 中 1~6）的顺序。

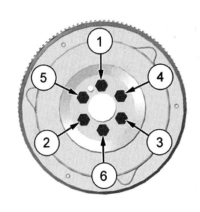

1~6.螺栓（飞轮）

图 10-35

二、车型

东风标致 408 360THP（1.6T EP6），2019—2021 年。

东风标致 508L 360THP（1.6T EP6），2019—2022 年。

东风标致 4008 360THP（1.6T EP6），2019—2021 年。

东风标致 5008 360THP（1.6T EP6），2019—2021 年。

东风雪铁龙凡尔赛 C5 X 1.6T（1.6T EP6），2021—2022 年。

东风雪铁龙 C6 360THP（1.6T EP6），2019—2021 年。

东风雪铁龙天逸 C5 AIRCROSS 360THP（1.6T EP6），2019—2021 年。

东风标致 508L 新能源 1.6T 插电混动（1.6T 5G10），2021 年。

东风标致 4008 新能源 1.6T PHEV（1.6T 5G10），2020—2021 年。

东风雪铁龙天逸 C5 AIRCROSS 新能源 1.6T 插电混动（1.6T 5G10），2020 年。

（一）正时检查设置

1. 必须更换的零件

（1）气缸盖罩盖密封垫，数量 1 个。

（2）正时链张紧器密封件，数量 1 个。

2. 需要用到的常用工具和专用工具

（1）常用工具：计量三角板和扭力螺丝刀。

（2）凸轮轴定位工具 0197-A，排气凸轮轴定位工具 0197-A1Z，进气凸轮轴定位工具 0197-A3，螺栓 a，如图 10-36 所示。

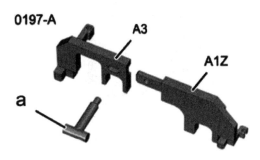

图 10-36

（3）曲轴定位杆 0197-N，如图 10-37 所示。

0197-N

图 10-37

（4）模拟正时链张紧器 0197-M，如图 10-38 所示。

0197-M

图 10-38

（5）螺杆 0197-M4，如图 10-39 所示。

0197-M4

图 10-39

（6）倾斜仪 1376-A，如图 10-40 所示。

1376-A

图 10-40

3.拆卸车辆的相关附件

（1）将车辆放置在两柱举升机上。

（2）断开附件蓄电池。

（3）拆卸右前轮、发动机下护板、前挡泥板、防护罩和气缸盖罩。

4. 检查凸轮轴相位调节器

（1）检查标识：凸轮轴相位调节器，如图 10-41 所示。注意：标记凸轮轴相位调节器的位置。注意：2 个凸轮轴和 2 个凸轮轴相位调节器的标记不同。IN：进气；EX：排气。

图 10-41

（2）检查相位调节器锁止。通过螺栓（如图 10-42 中 1）将发动机旋转 2 圈，以便将凸轮轴相位调节器锁止。

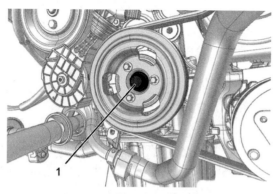

图 10-42

（3）检查进气凸轮轴相位调节器锁止。注意：不要使用凸轮轴来转动发动机。备注：皮带轮与凸轮轴同时旋转时相位调节器处于锁止状态。通过沿着 2 个方向轻轻移动凸轮轴检查并确认相位调节器锁止并与凸轮轴一致（在如图 10-43 中 b 处）。如果情况并非如此，沿着箭头方向（如图 10-43 中 c 处）逆时针旋转进气凸轮轴至相位调节器的内部止动位置（在如图 10-43 中 a 处）（最大行程 35°）。备注：如果相位调节器不能机械锁止；更换凸轮轴相位调节器（相位调节器正时端图）。

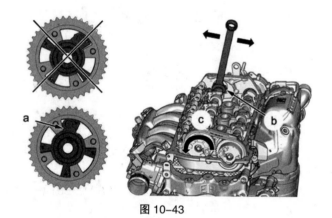

图 10-43

（4）检查排气凸轮轴相位调节器锁止。注意：不要使用凸轮轴来转动发动机。备注：皮带轮与凸轮轴同时旋转时相位调节器处于锁止状态。通过沿着 2 个方向轻轻移动凸轮轴检查并确认相位调节器锁止并与凸轮轴一致（在如图 10-44 中 d 处）。否则按照箭头所示方向（在如图 10-44 中 f 处）顺时针转动排气凸轮轴至相位调节器的内部止动块（在如图 10-44 中 e 处）（最大行程 30°）。备注：如果相位调节器不能机械锁止，更换凸轮轴相位调节器（相位调节器正时端图）。

5.固定曲轴

注意：当发动机固定时，活塞处于行程中部。拆下 2 个火花塞。不应逆时针方向旋转曲轴皮带轮轮毂

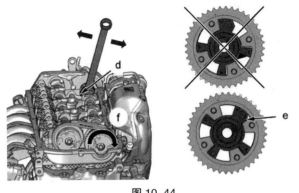

图 10-44

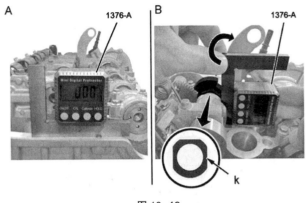

图 10-46

螺钉（有去除正时设置的风险）。使用螺栓（如图 10-45 中 1）把曲轴顺时针转动到发动机飞轮上的锁住位置：凸轮轴分度的圆边必须朝下（在如图 10-45 中 h 处）。注意：在中间行程使用相同长度的测量仪检查活塞位置（焊点型）（在如图 10-45 中 g 处），连杆一定要突出相同的长度。在曲轴主轴承盖铸件位置处（位于如图 10-45 中 j）定位连杆 0197-N。固定发动机飞轮（在如图 10-45 中 j 处），使用插销 0197-N。通过尝试顺时针和逆时针旋转螺栓检查并确认发动机正确固定，使用管扳手。注意：如果定位孔已经错过，不要后退，将发动机顺时针再次旋转 2 周。

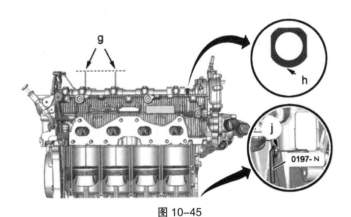

图 10-45

6. 测量进气凸轮轴设置角度

（1）测量（如图 10-46 中 A）：在气缸盖的正时端定位 SAM E100 型三角板。定位三角板上的倾角计 1376-A 并按下"校准"按钮归零。

（2）测量（如图 10-46 中 B）：将倾角计和三角板按顺时针方向倾斜 90° 并且在进气凸轮轴索引区的垂直面上将总成安装齐平（在如图 10-46 中 k 处）。注意：不要改变参考面：不要将倾角计/三角板总成转到相反的方向。读取提供的角度：（89°，91°）。如果测量值不在上述范围内，设置不正确。如果测量值位于上述范围内，设置正确。卸下发动机飞轮安装杆，重新安装。注意：按照说明重新安装气

缸盖罩。

（2）注意：倾角计的显示器不指示高于 90° 的数值。如图 10-47 中 C（脚踝前部）：倾角计数值等于实际角度。如图 10-47 中 D（直角）：倾角计数值等于实际角度。如图 10-47 中 E（延迟角）：倾角计的数值不等于实际角度。

如果超过中点（如图 10-47 中 D）：

①倾角计显示反角度。

②数值的阅读方向颠倒。

③箭头方向颠倒。

实际角度（如图 10-47 中 E）= 180°，读取数值 E 角度。例如：实际角度 E= 180° － 89° = 91°。

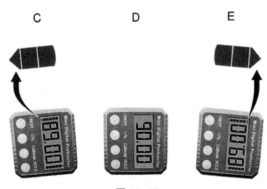

图 10-47

7. 定位凸轮轴并测量链条的加长情况

（1）拧松：凸轮轴皮带轮螺栓，如图 10-48 所示。

（2）定位凸轮轴固定工具 0197-A1Z 和 0197-A3。拧紧螺栓（如图 10-48 中 2），使用工具 0197-A1Z 和 0197-A3。工具必须与气缸盖齐平（在如图 10-49 中 p、n 处）。备注：为了有助于固定工具的安装，轻轻地转动凸轮轴（顺时针和逆时针）（在如图 10-48 中 l、m 处），使用 27mm 两用扳手。安装工具 0197-A1Z 和 0197-A3，使用工具 0197-A 的螺栓（如图 10-48 中 a）。松开凸轮轴皮带轮螺钉（如图 10-48

631

中3、4）。注意：重新拧紧凸轮轴皮带轮螺钉（如图10-48中3、4），再次松开凸轮轴皮带轮螺钉90°，皮带轮应自由旋转，但要齐平。

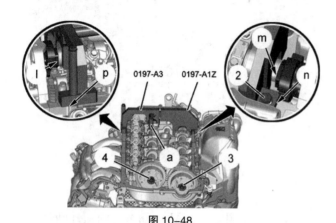

图10-48

（3）注意：不要用27mm六角扳手固定凸轮轴（在如图10-48中l、m处），使用设置区域的平台（在如图10-49中b、d处）。如果无法安装凸轮轴设置工具0197-A1Z和0197-A3。支撑凸轮轴，使用32mm两用扳手（在如图10-49中b、d处）。备注：这些操作需要两名操作工。松开凸轮轴皮带轮螺钉（如图10-49中3、4）。注意：重新拧紧凸轮轴皮带轮螺钉（如图10-49中3、4），再次松开凸轮轴皮带轮螺钉90°，皮带轮应自由旋转，但要齐平。

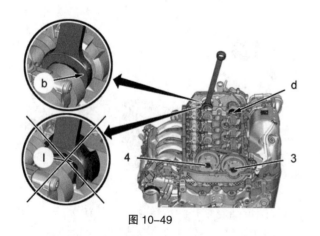

图10-49

（4）拆卸正时链条张紧装置。注意：在没有用销子固定住曲轴和凸轮轴的情况下，不要拆下正时链张紧器（如图10-50中5），正时链有跳齿的危险。注意：拆下正时链张紧器（如图10-50中5）时，保护附件皮带和皮带轮以免沾上油渍。拆下正时链条的张紧轮。检查正时链张紧器的状况，用手推动活塞，如果活塞卡住，更换正时链张紧器。

（5）安装模拟正时链张紧器。将工具0197-M2

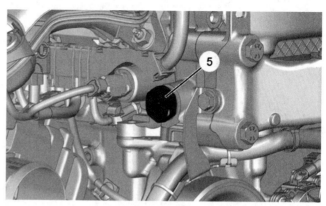

图10-50

从工具0197-M上拆下。将工具0197-M4安装到工具0197-M上。注意：用机油润滑螺栓（如图10-51中s）的螺纹。拧紧气缸盖上的假正时链张紧器0197-M。将模拟正时链张紧器上的螺栓（如图10-51中s）拧紧到规定的力矩直到与张紧轮链条导航（如图10-51中6）接触（在如图10-51中r处）。拧紧扭矩0.6N·m。通过锁止螺母（如图10-51中q）锁止总成。

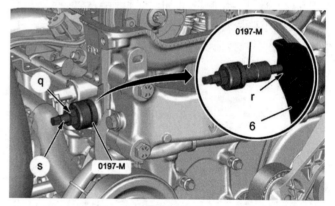

图10-51

8. 检查正时链总成的磨损情况并进行安装

注意：如果固定凸轮轴0197-A1和0197-A3的工具已经取下，当您拆下假正时链张紧器时，正时链可能跳一个齿。拆下模拟正时链张紧器，读取正时链张紧器0197-M体的轴承面和螺栓（如图10-51中s）末端之间的尺寸（如图10-52中F）。如果尺寸小于或等于83.6mm：正时链总成没有磨损；应用维修程序：气门正时。如果尺寸大于83.6mm：通过更换应用流程"拆卸-重新安装正时链"。备注：在两种情况下，重新安装模拟正时链张紧器0197-M。

9. 重新安装气缸盖罩（如果设置正确）

注意：遵守规定的拧紧扭矩值。注意：必须更换气缸盖罩密封件。清洁气门室盖的密封面：使用干净的布。重新安装带新密封件的气缸盖罩的螺栓（用于

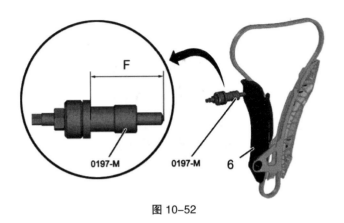

图 10-52

气缸盖罩）。注意：将气缸盖罩的螺栓按照所示顺序拧紧。

10. 重新安排车辆附件

（1）重新安装右前挡泥板、防护板、发动机下护板和右前轮。

（2）使车辆着地。

（3）将工具 0197-M4 从工具 0197-M 上拆下。

（4）将工具 0197-M2 安装到工具 0197-M 上。注意：在断开附件蓄电池之后完成这些待执行操作。

（5）重新连接附件蓄电池。

（二）正时装置拧紧顺序及扭矩

拧紧顺序如图 10-53 所示，拧紧力矩如表 10-5 所示。

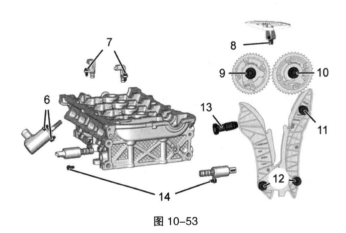

图 10-53

表 10-5

标记	名称	拧紧扭矩
6	螺栓（可变正时制动器）	8N·m
7	气缸相位传感器（进气凸轮轴）	8N·m
	气缸相位传感器（排气凸轮轴）	
8	螺栓（正时链弹回衬垫）	9N·m
9	螺栓（进气齿轮）	拧紧至 20N·m
		角度拧紧至 180°

续表

标记	名称	拧紧扭矩
10	螺栓（排气齿轮）	拧紧至 20N·m
		角度拧紧至 180°
11	螺栓（正时链条固定导向机构）	25N·m
12	螺栓（正时链导向装置）	24N·m
13	正时链条张紧装置	85N·m
14	螺栓（控制电磁阀）（正时齿轮）	9N·m

三、车型

东风标致 508L 400THP（1.8T EP8），2019—2022 年。

东风标致 4008 400THP（1.8T EP8），2019—2022 年。

东风标致 5008 400THP（1.8T EP8），2019—2021 年。

东风雪铁龙 C6 400THP（1.8T EP8），2019—2021 年。

东风雪铁龙天逸 C5 AIRCROSS 400THP（1.8T EP8），2019—2022 年。

（一）检查正时设置

1. 必须更换的零件

（1）气缸盖罩盖密封垫，数量 1 个。

（2）正时链张紧器密封件，数量 1 个。

2. 需要的专用工具和设备

（1）设备计量三角板和扭力螺丝刀。

（2）凸轮轴定位工具 0197-A、排气凸轮轴定位工具 0197-A1Z、进气凸轮轴定位工具 0197-A3 和螺栓 a，如图 10-54 所示。

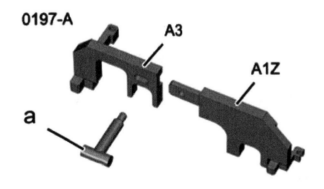

图 10-54

（3）曲轴定位杆（适用于 AT6 III 型自动变速器）0197-BZ，如图 10-55 所示。

（4）曲轴定位杆（适用于 ATN8 型自动变速器）

0197-BZ

图 10-55

0197-N，如图 10-56 所示。

0197-N

图 10-56

（5）模拟正时链张紧器 0197-M，如图 10-57 所示。

0197-M

图 10-57

（6）螺杆 0197-M4，如图 10-58 所示。

0197-M4

图 10-58

（7）倾斜仪 1376-A，如图 10-59 所示。

1376-A

图 10-59

3. 设置检查程序

（1）检查进气凸轮轴相位调节器锁止和锁止排气凸轮轴相位调节器。

（2）设置曲轴。

（3）使用倾角计 1376-A 测量进气凸轮轴设置角度。

（4）设置正确：安装气缸盖罩。

（5）设置错误：检查正时链的延长。

（6）测量链条的加长情况。

（7）加长正确：重复流程"设置正时"。

（8）加长不正确：重复流程"拆卸－重新安装正时"，更换指示的零部件。

（9）重新安装气缸盖罩。

4. 拆卸

（1）将车辆放置在两柱举升机上。

（2）断开附件蓄电池。

（3）拆卸右前轮、发动机下护板、右前挡泥板和气缸盖罩。

5. 检查凸轮轴相位调节器

（1）凸轮轴相位调节器标记如图 10-60 所示。警告：标记凸轮轴相位调节器的位置。警告：2 个凸轮轴和 2 个凸轮轴相位调节器的标记不同。IN：进气；EX 排气。

图 10-60

（2）检查相位调节器锁止。通过螺栓（如图

10-61 中 1）将发动机旋转 2 圈以便将凸轮轴相位调节器锁止。

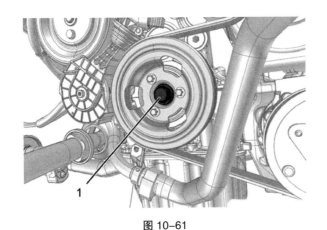

图 10-61

（3）进气凸轮轴相位调节器锁止。警告：不要使用凸轮轴来转动发动机。备注：皮带轮与凸轮轴同时旋转时相位调节器处于锁止状态。通过沿着 2 个方向轻轻移动凸轮轴检查并确认相位调节器锁止并与凸轮轴一致（在如图 10-62 中 b 处）。如果情况并非如此，沿着箭头方向（如图 10-62 中 c 处）逆时针旋转进气凸轮轴至相位调节器的内部止动位置（在如图 10-62 中 a 处）（最大行程 35°）。备注：如果相位调节器不能机械锁止；更换凸轮轴相位调节器（相位调节器正时端图）。

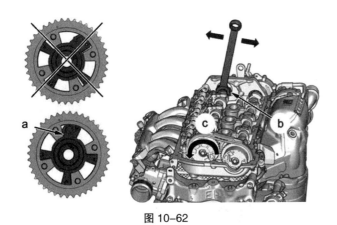

图 10-62

（4）排气凸轮轴相位调节器锁止。警告：不要使用凸轮轴来转动发动机。备注：皮带轮与凸轮轴同时旋转时相位调节器处于锁止状态。通过沿着 2 个方向轻轻移动凸轮轴检查并确认相位调节器锁止并与凸轮轴一致（在如图 10-63 中 d 处）。否则按照箭头所示方向（在如图 10-63 中 f 处）顺时针转动排气凸轮轴至相位调节器的内部止动块（在如图 10-63 中 e 处）（最大行程 30°）。备注：如果相位调节器不能机械锁止，

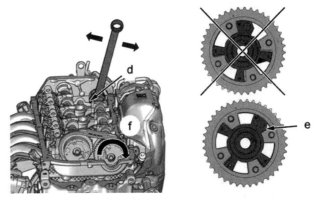

图 10-63

更换凸轮轴相位调节器（相位调节器正时端图）。

6. 定位曲轴

警告：当发动机固定时，活塞处于行程中部。拆下 2 个火花塞。不应逆时针方向旋转曲轴皮带轮轮毂螺钉（有去除正时设置的风险）。使用螺栓把曲轴顺时针转动到发动机飞轮上的锁住位置：凸轮轴分度的圆边必须朝下（在如图 10-64 中 h 处）。警告：在中间行程使用相同长度的测量仪检查活塞位置（"焊点型"）（在如图 10-64 中 g 处）；连杆一定要突出相同的长度。在曲轴主轴承盖铸件位置处（位于如图 10-64 中 j）定位连杆 0197-BZ/0197-N。固定发动机飞轮（在如图 10-64 中 j 处），使用插销 0197-BZ/0197-N。通过尝试顺时针和逆时针旋转螺栓检查并确认发动机正确固定，使用管扳手。警告：如果定位孔已经错过，不要后退，将发动机顺时针再次旋转 2 周。

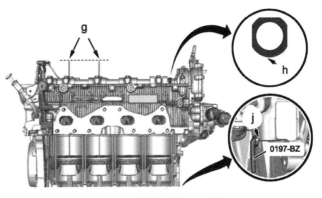

图 10-64

7. 测量进气凸轮轴设置角度

（1）测量（如图 10-65 中 A）：在气缸盖的正时端定位 SAM E100 型三角板。定位三角板上的倾角计 1376-A 并按下 "校准" 按钮归零。测量（如图 10-65 中 B）：将倾角计和三角板按顺时针方向倾斜 90°，

并且在进气凸轮轴索引区的垂直面上将总成安装齐平（在如图10-65中k处）。警告：不要改变参考面。不要将倾角计/三角板总成转到相反的方向。

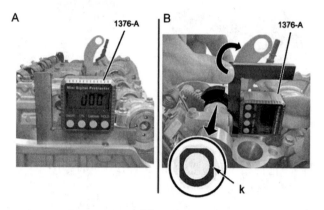

图10-65

读取提供的角度：（89°，91°）。如果测量值不在上述范围内，设置不正确：进入阶段"测量链条的加长情况"。如果测量值位于上述范围内，设置正确。卸下发动机飞轮安装杆，重新安装。警告：按照说明重新安装气缸盖罩。

（2）警告：倾角计的显示器不指示高于90°的数值。如图10-66中C（脚踝前部）：倾角计的数值等于实际角度。如图10-66中D（直角）：倾角计的数值等于实际角度。如图10-66中E（延迟角）：倾角计的数值不等于实际角度。

如果超过中点，如图10-66中D：
①倾角计显示反角度。
②数值的阅读方向颠倒。
③箭头方向颠倒。

实际角度 E = 180° - 读取数值 E 角度。例如：实际角度 E = 180° - 89° = 91°。

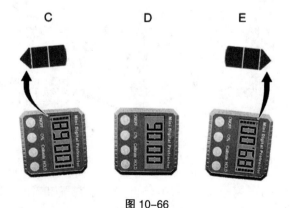

图10-66

8. 测量链条的加长情况
（1）拧松凸轮轴皮带轮螺栓。定位凸轮轴固定工

具0197-A1Z和0197-A3。拧紧螺栓（如图10-67中2），使用工具0197-A1Z和0197-A3。工具必须与气缸盖齐平（在如图10-67中p、n处）。备注：为了有助于固定工具的安装，轻轻地转动凸轮轴（顺时针和逆时针）（在如图10-67中l、m处），使用27mm两用扳手。安装工具0197-A1Z和0197-A3。使用工具0197-A的螺栓如图10-67中a。松开凸轮轴皮带轮螺钉（如图10-67中3、4）。警告：重新拧紧凸轮轴皮带轮螺钉（如图10-67中3、4）。再次松开凸轮轴皮带轮螺钉90°。皮带轮应自由旋转，但要齐平。

（2）警告：不要用27mm六角扳手固定凸轮轴（在如图10-67中l、m处）。使用设置区域的平台（在如图10-67中b、d处）。

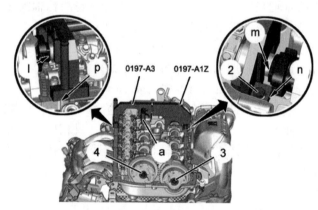

图10-67

（3）支撑凸轮轴，使用32mm两用扳手（在如图10-68中b、d处）。备注：这些操作需要两名操作工。松开凸轮轴皮带轮螺钉（如图10-68中3、4）。警告：重新拧紧凸轮轴皮带轮螺钉（如图10-68中3、4）。再次松开凸轮轴皮带轮螺钉90°。皮带轮应自由旋转，但要齐平。

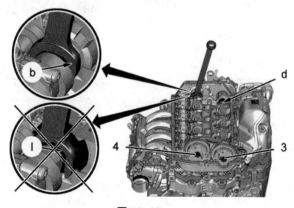

图10-68

（4）拆卸正时链条张紧装置。警告：在没有用销子固定住曲轴和凸轮轴的情况下不要拆下正时链张紧器（如图10-69中5），正时链有跳齿的危险。警告：拆下正时链张紧器（如图10-69中5）时，保护附件皮带和皮带轮以免沾上油渍。拆下正时链条（如图10-69中5）的张紧轮。检查正时链张紧器的状况：用手推动活塞，如果活塞卡住，更换正时链张紧器。

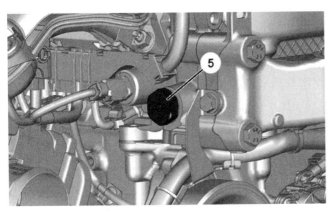

图 10-69

（5）安装模拟正时链张紧器。将工具0197-M2从工具0197-M上拆下。将工具0197-M4安装到工具0197-M上。警告：用机油润滑螺栓（如图10-70中s）的螺纹。拧紧气缸盖上的假正时链张紧器0197-M。将模拟正时链张紧器上的螺栓（如图10-70中s）拧紧到规定的力矩直到与张紧轮链条导航（如图10-70中6）接触（在如图10-70中r处），拧紧扭矩：0.6 N·m。通过锁止螺母（如图10-70中q）锁止总成。

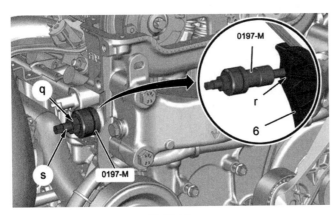

图 10-70

（6）检查正时链总成的磨损情况。警告：如果固定凸轮轴0197-A1和0197-A3的工具已经取下，当您拆下假正时链张紧器时，正时链可能跳一个齿。拆下模拟正时链张紧器，读取正时链张紧器0197-M体的轴承面和螺栓（如图10-70中s）末端之间的尺寸（如图10-71中F）。如果尺寸小于或等于83.6mm：正时链总成没有磨损；如果尺寸大于83.6 mm：通过更换应用流程"拆卸-重新安装正时链"。备注：在两种情况下，重新安装模拟正时链张紧器0197-M。

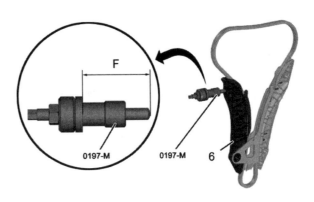

图 10-71

9. 重新安装气缸盖罩（如果设置正确）

（1）警告：必须更换气缸盖罩密封件。清洁气门室盖的密封面，使用干净的布。清洁旧的密封珠。在接合面涂上一层薄薄的均匀的密封胶（宽度=6±1 mm）（在如图10-72中t处）（如有必要）：

①长度G= 35 ± 5 mm。

②长度H=20 ± 3 mm。

③长度J=25 ± 4 mm。

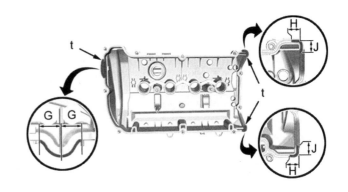

图 10-72

（2）重新安装带新密封件的气缸盖罩的螺栓（用于气缸盖罩）。警告：将气缸盖罩的螺栓按照所示顺序拧紧。

（3）重新安装右前挡泥板、发动机下护板、右前轮和使车辆着地。

（4）将工具0197-M4从工具0197-M上拆下。将工具0197-M2安装到工具0197-M上。

（5）重新连接附件蓄电池。

（二）重新安装或者更换正时链条

应用此工艺和如果发生更换前必须遵守的条件：

（1）应用此工艺检查气门正时。

（2）标注的链条加长（大于83.6mm）。

（3）使用杆0197-BZ/0197-N固定发动机飞轮。

（4）使用工具0197-A1Z和0197-A3固定凸轮轴。

（5）在适当位置上装上工具0197-M。

备注：检查工具0197-M4装配在工具0197-M上，代替工具0197-M2。

如果标注链条加长，则要更换的部件：

（1）进气凸轮轴相位调节器皮带轮。

（2）排气凸轮轴相位调节器皮带轮。

（3）正时链条张紧装置。

（4）正时链条固定导向机构。

（5）正时链条张紧轮导轨。

（6）正时链弹回衬垫。

（7）正时链。

1. 必须更换的零件

（1）螺栓（进气凸轮轴相位调节器），数量1个。

（2）螺栓（排气凸轮轴相位调节器），数量1个。

（3）密封件（正时链条张紧装置），数量1个。

（4）密封条（固定导向装置固定螺栓），数量2个。

（5）密封件（正时链张紧器导向装置固定螺栓），数量1个。

（6）整套密封（气缸盖罩），数量1个。

2. 工具

（1）必要设备计量三角板和扭力螺丝刀。

（2）凸轮轴定位工具0197-A，排气凸轮轴定位工具0197-A1Z，进气凸轮轴定位工具0197-A3，螺栓a，如图10-73所示。

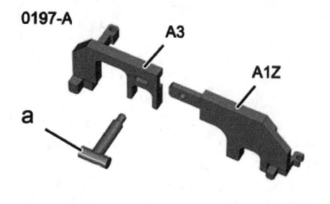

图 10-73

（3）正时链条固定支架0197-E，如图10-74所示。

图 10-74

（4）凸轮轴固定和设定工具0197，进气凸轮轴固定和设置工具0197-A31，进气凸轮轴固定和设置工具0197-A32，进气凸轮轴固定和设置工具0197-A33，导向板0197-A11，如图10-75所示。

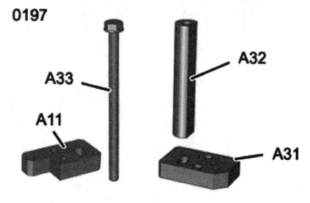

图 10-75

（5）曲轴定位杆（适用于AT6 III型自动变速箱）0197-BZ，如图10-76所示

图 10-76

（6）曲轴定位杆（适用于ATN8型自动变速器）0197-N，如图10-77所示。

（7）模拟正时链张紧器0197-M，如图10-78所示。

（8）螺杆0197-M4，如图10-79所示。

（9）倾斜仪1376-A，如图10-80所示。

0197-N

图 10-77

0197-M

图 10-78

0197-M4

图 10-79

1376-A

图 10-80

3. 拆卸凸轮轴相位调节器

（1）断开附件蓄电池。

（2）拆卸右前轮、发动机下护板、右前挡泥板、气缸盖罩的螺栓和气缸盖罩。

（3）警告：注意凸轮轴皮带轮的位置。警告：两个凸轮轴和两个凸轮轴皮带轮要分别标记。IN：进气，EX：排气，如图 10-81 所示。

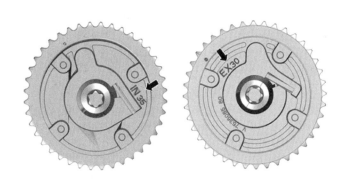

图 10-81

（4）松开工具 0197-M 的螺母（在如图 10-82 中 a 处）和工具的螺栓 0197-M（在如图 10-82 中 b 处）。

（5）拆下正时链防爆垫（如图 10-82 中 2）。安装工具 0197-E 代替减震器（如图 10-82 中 2）。

（6）拆卸螺丝（如图 10-82 中 1）、进气凸轮轴相位调节器（如图 10-82 中 5）、螺丝（如图 10-82 中 3）和排气凸轮轴相位调节器（如图 10-82 中 4）。

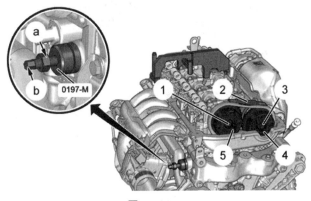

图 10-82

（7）组装如图 10-83 中 A 和 B，根据车辆装备。

（8）将正时链（如图 10-83 中 6）与工具 0197-E 接触。

（9）拆卸附件传动皮带（如图 10-83 中 7）、摩擦轮（如图 10-83 中 11）（组装如图 10-83 中 A）、冷却液泵（如图 10-83 中 10）传动带（组装如图 10-83 中 B）、螺栓（如图 10-83 中 9）和附件驱动皮带轮（如图 10-83 中 8）。

（10）拆卸螺栓（如图 10-84 中 17）和轮毂（如图 10-84 中 16）。

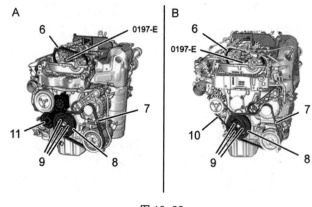

图 10-83

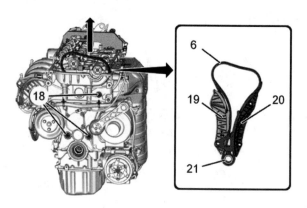

图 10-85

（11）在机油盘下部支撑发动机。

（12）拆卸发动机支撑（按照装配操作进行）和螺栓（如图 10-84 中 13）。

（13）移开电源线束（如图 10-84 中 12）（在如图 10-84 中 c 处）。

（14）拆卸螺栓（如图 10-84 中 14）和中间发动机悬置（如图 10-84 中 15）。

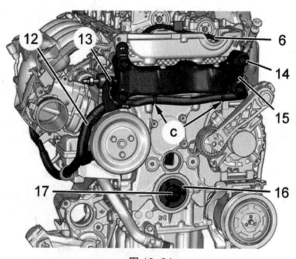

图 10-84

（15）拆卸油尺、螺栓（如图 10-85 中 18）、正时链条总成（如图 10-85 中 6）（按照箭头指示）、张紧器导向装置（如图 10-85 中 19）、固定导向装置（如图 10-85 中 20）和正时齿轮（如图 10-85 中 21）。

4. 重新安装

警告：遵守规定的拧紧扭矩值。

（1）清洁曲轴轴承表面。警告：更换正时链（如图 10-86 中 6）、正时齿轮（如图 10-86 中 21）和正时链导向装置（如图 10-86 中 19、20）。警告：为正时齿轮（如图 10-86 中 21）脱脂（在 2 个表面上）（在如图 10-86 中 d、e 处）。

（2）装配张紧器导向装置（如图 10-86 中 19）、固定导向装置（如图 10-86 中 20）、正时链（如图 10-86 中 6）和正时齿轮（如图 10-86 中 21）。

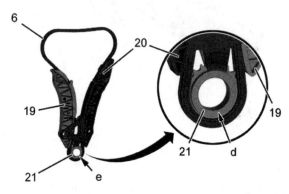

图 10-86

（3）警告：装配前必须清洁并去除曲轴轮毂（如图 10-87 中 16）的所有轴承表面的油脂。清洁轴承面并对其脱脂：

①机油泵小齿轮（在如图 10-87 中 h 处）。

②曲轴（在如图 10-87 中 f 处）。

③曲轴轴套（在如图 10-87 中 g 处）。

图 10-87

警告：检查密封圈（如图 10-87 中 22）的状况和盖铸件上是否存在泄漏。如果唇形密封件切断或损坏，则更换环形密封圈（如图 10-87 中 22）。

（4）从气缸盖上方安装正时链总成。

①张紧器导向装置。

②固定导向装置。

③曲轴小齿轮。

（5）将正时链条定位在支撑工具 0197-E 上。

（6）装配正时齿轮至曲轴和轮毂。

（7）拧紧曲轴正时齿轮。

（8）警告：更换 3 个正时链导向装置（如图 10-88 中 6）螺栓（如图 10-88 中 18）的密封件（如图 10-88 中 23）。

（9）重新安装螺栓（如图 10-88 中 18）、中间发动机悬置（如图 10-84 中 15）、螺栓（如图 10-84 中 14）、电源线束（如图 10-84 中 12）、螺栓（如图 10-84 中 13）和发动机支撑（按照装配操作进行）。

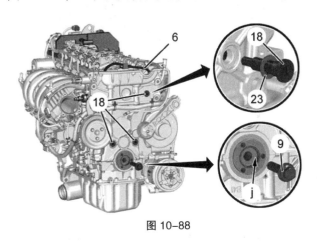

图 10-88

（10）从油底壳下方拆下发动机支架。固定电源线束（如图 10-84 中 12）（在如图 10-84 中 c 处）。警告：更换螺钉（如图 10-84 中 17）。去除曲轴轮毂（如图 10-84 中 16）的轴承表面的油脂。

（10）重新安装螺栓并将其拧紧至规定扭矩。

（11）重新安装附件驱动皮带轮、螺栓、冷却液泵、传动带（组装 B）、摩擦轮（组装 A）和附件传动皮带。

（12）拧紧模拟正时链张紧器。警告：必须更换螺栓（如图 10-89 中 1、3）。

①重新安装排气凸轮轴相位调节器（如图 10-89 中 4）覆盖正时链（如图 10-89 中 6）、新螺栓（如图 10-89 中 3）、进气凸轮轴相位调节器（如图 10-89 中 5）覆盖正时链（如图 10-89 中 6）、新螺栓（如图 10-89 中 1）和正时链条减震器（如图 10-89 中 2）。警告：

拧紧螺栓（如图 10-89 中 1、3），以 90° 角松开凸轮轴皮带轮螺栓。皮带轮应自由旋转，但要齐平。警告：遵守规定的拧紧扭矩值。按扭矩拧紧工具 0197-M 的螺栓（如图 10-89 中 b），直到它与正时链张紧器导向装置（如图 10-89 中 p）接触，拧紧扭矩 0.6N·m。通过锁止螺母锁止总成（在如图 10-89 中 a 处）。拧紧螺栓（如图 10-89 中 1、3）。

②松开工具 0197-M 的螺母（在如图 10-89 中 a 处）和工具的螺栓 0197-M（在如图 10-89 中 b 处）。

③拆下正时链条支架工具 0197-M。警告：保护附件驱动皮带和皮带轮，以免在拆下工具 0197-M 时受到机油飞溅的影响。

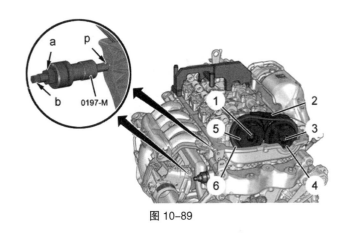

图 10-89

5. 检查正时设置

警告：更换正时链条张紧器及其密封件。

（1）重新安装正时链条（如图 10-90 中 24）张紧装置和正时链张紧器的密封件（如图 10-90 中 25）。警告：不要松开工具 0197-A1Z 和 0197-A3 的固定螺栓（在如图 10-90 中 a 处）。拆下工具 0197-A1Z 和 0917-A3。

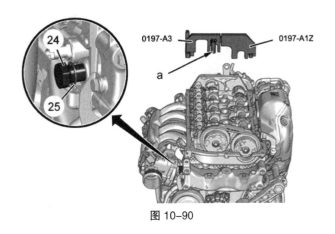

图 10-90

（2）警告：当发动机固定时，活塞处于行程中部。

拧紧曲轴2周到倾点（顺时针方向）：凸轮轴分度的圆边必须朝下（在如图10-91中r处）。警告：在中间行程使用相同长度的测量仪检查活塞位置（焊点型）（在如图10-91中q处），连杆一定要突出相同的长度。将工具0197-BZ/0197-N定位到曲轴主轴承盖壳体的上方（在如图10-91中s处）。固定发动机飞轮（在如图10-91中s处），使用工具0197-BZ/0197-N。顺时针和逆时针转动曲轴螺栓，检查发动机是否固定，使用管扳手。警告：如果定位孔已经错过，不要后退，将发动机顺时针再次旋转2周。

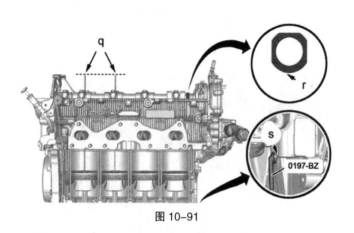

图10-91

（3）警告：不要松开工具0197-A1Z和0197-A3的固定螺栓（如图10-92中a）。重新安装组合式工具0197-A1Z和0197-A3，工具应该放置完好，不要对凸轮轴施力并且应该与气缸盖罩结合面的2个面相接触（在如图10-92中t处）。如果工具不能被重新安装或者重新安装不妥，检查正时调整情况。

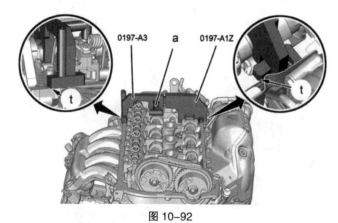

图10-92

6. 检查气门正时

（1）测量（如图10-93中C）：将三角板斜角规定位到1号气缸的进气和排气轴承之间的气缸盖上。将工具1376-A安装到三角板上并按下"Calibrate"（校

准）按钮将数值重置为零。

（2）测量（如图10-93中D）：顺时针倾斜工具1376-A和三角板总成90°并使该总成与进气凸轮轴转位区的垂直面齐平（在如图10-93中u处）。警告：不要改变参考面。不要将工具1376-A和三角板总成沿相反的方向转动。

（3）读取的值应该在范围（89.5°，91.5°）之内。如果测量值在上述范围之内，则设置正确。拆下工具0197-BZ/0197-N。如果测量值不在上述范围以内，则设置不正确：重复定时设置操作。

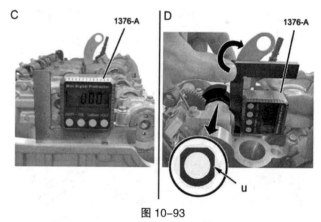

图10-93

（4）警告：倾角计的显示器不指示高于90°的数值。

（5）如图10-94中E（脚踝前部）：倾角计的数值等于实际角度。

（6）如图10-94中F（直角）：倾角计的数值等于实际角度。

（7）如图10-94中G（延迟角）：倾角计的数值不等于实际角度。

（8）如果超过中点F：
①倾角计显示反角度。
②数值的阅读方向颠倒。
③箭头方向颠倒。

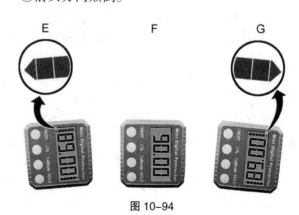

图10-94

（9）实际角度 G= 180° − 读取数值 G 角度。例如：实际角度 G = 180° −89° = 91°。

7.重新安装气缸盖罩

（1）警告：必须更换气缸盖罩密封件。

（2）清洁气门室盖的密封面，使用干净的布。清洁旧的密封珠。

（3）在接合面涂上一层薄薄的均匀的密封胶（宽度 = 6±1mm）（在如图 10-95 中 v 处）（如有必要）：

①长度如图 10-95 中 H = 35 ± 5mm。

②长度如图 10-95 中 J= 20 ± 3mm。

③长度如图 10-95 中 K= 25 ± 4 mm。

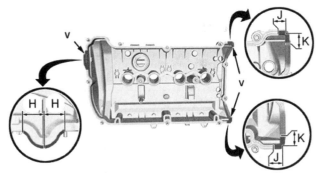

图 10-95

（4）重新安装带新密封件的气缸盖罩和螺栓（用于气缸盖罩）。警告：将气缸盖罩的螺栓按照所示顺序拧紧。

（5）重新安装右前挡泥板、发动机下护板和右前轮。

（6）重新连接附件蓄电池。

（三）拧紧力矩及顺序

1.发动机下部

（1）缸盖结构如图 10-96 所示，拧紧力矩如表 10-6 所示。警告：按照紧固顺序。

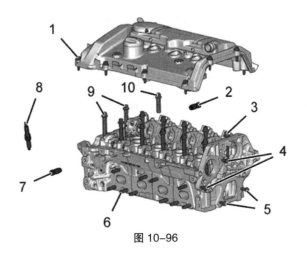

图 10-96

表 10-6

标记	名称	拧紧扭矩
1	气缸盖罩螺栓*	预紧至 2N·m
		拧紧至 10N·m
2	机油单向阀	30N·m
3	螺栓（缸盖／气缸体）*	预紧至 30N·m
		角度拧紧至 90°
		角度拧紧至 90°
4	螺栓（真空泵）	9N·m
5	螺栓（出水口套管）	10N·m
6	螺柱（排气歧管）	15N·m
7	机油单向阀	30N·m
8	火花塞	23N·m
9	螺栓（缸盖／气缸体）*	预紧至 15N·m
		角度拧紧至 90°
		角度拧紧至 90°
10	螺栓（缸盖／气缸体）*	25N·m
		角度拧紧至 30°
*：按照紧固顺序。		

（2）气缸盖罩拧紧顺序如图 10-97 所示。

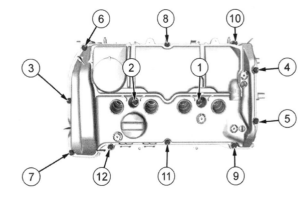

1~12.气缸盖罩螺栓

图 10-97

（3）缸盖拧紧顺序，如图 10-98 所示。

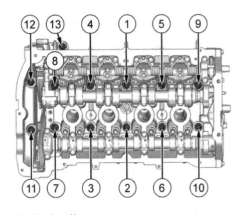

1~13.螺栓（缸盖／气缸体）

图 10-98

643

2.发动机下部

（1）B1BB1Q4D 气缸体结构如图 10-99 所示，拧紧力矩如表 10-7 所示。

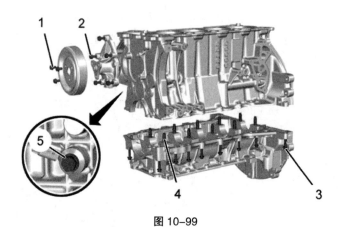

图 10-99

表 10-7

标记	名称	拧紧扭矩
1	螺栓（冷却液泵皮带轮）	8N·m
2	螺栓（冷却液泵/气缸体）	9N·m
3	螺栓（曲轴主轴承盖铸件）*	9N·m
4	螺栓（曲轴主轴承盖）***	预紧至 30N·m
		角度拧紧至 150±5°
5	爆震探测器	2N·m
***：拆卸后必须更新。		
*：按照紧固顺序。		

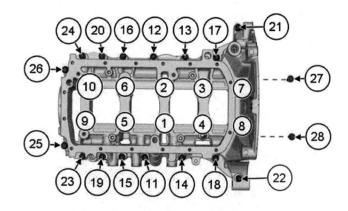

图 10-100

（2）螺钉（如图 10-100 中 4 和 3）的拧紧顺序。

（3）曲轴和连杆结构如图 10-101 所示，如表 10-8 所示。

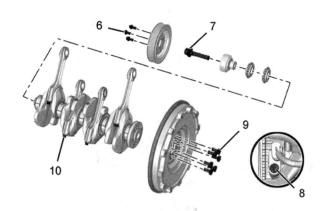

图 10-101

表 10-8

标记	名称	拧紧扭矩
6	螺栓（附件驱动皮带轮）	拧紧至 28N·m
7	螺栓（曲轴正时齿轮）**	预紧至 50N·m
		角度拧紧至 180±10°
8	螺栓（发动机转速传感器）	5N·m
9	螺栓（飞轮）***	预紧至 8N·m
		预紧至 30N·m
		角度拧紧至 90±5°
	螺栓（从动板/自动变速器）***	预紧至 8N·m
		预紧至 30N·m
		角度拧紧至 90±5°
10	螺栓（大端盖）**	预紧至 5N·m
		预紧至 15N·m
		角度拧紧至 130±5°
***：拆卸后必须更新。		
**：按照紧固顺序。		

（4）拧紧螺栓（如图 10-102 所示）的顺序。

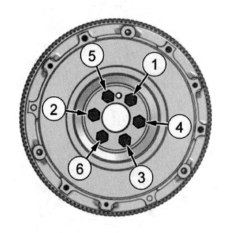

图 10-102

644

3. B1BB1WHD润滑油系统结构如图10-103所示，拧紧力矩如表10-9所示。

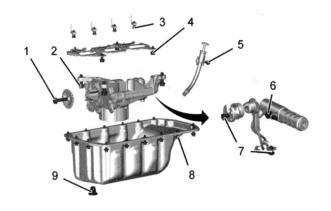

图 10-103

表 10-9

标记	名称	拧紧扭矩
1	螺栓（机油泵小齿轮）**	5N·m
		角度拧紧至90°
2	螺栓（机油泵）*	预紧至10N·m
		拧紧至25N·m
3	螺栓（活塞裙喷嘴）	20N·m
4	螺栓（防起泡板）	10N·m
5	螺栓（油尺导管）	8N·m
6	螺栓（机油泵电磁阀）（根据配置）	8N·m
7	螺栓（机油泵电磁阀电气线束）	4N·m
8	螺栓（底部机油盘）	12N·m
9	排放盖	30N·m
**：拆卸后必须更新。		
*：按照紧固顺序。		

四、车型

东风雪铁龙 C6 350THP，2017—2019 年。

东风雪铁龙 C5 AIRCROSS 350THP，2017—2019 年。

东风标致 408 350THP，2018—2019 年。

东风标致 508 350THP，2017—2019 年。

东风标致 4008 350THP，2017—2019 年。

东风标致 5008 350THP，2017—2019 年。

其正时校对方法与"二、车型　东风标致 408 360THP（1.6T EP6）的 2019—2021 年"方法基本相同，请参阅其校对方法。

五、车型

东风雪铁龙 C6 380THP，2017—2019 年。

东风雪铁龙 C5 AIRCROSS 380THP，2017—2019

年。

东风标致 508 380THP，2017—2019 年。

东风标致 4008 380THP，2017—2019 年。

东风标致 5008 380THP，2017—2019 年。

其正时校对方法与"三、车型　东风标致 508L 400THP（1.8T EP8）的 2019—2022 年"方法基本相同，请参阅其校对方法。

六、车型

东风标致 408（1.6L EC5），2015—2019 年。

东风标致 308（1.6L EC5），2015—2019 年。

东风标致 2008（1.6L EC5），2018—2019 年。

东风雪铁龙 C4L（1.6L EC5），2015—2019 年。

东风雪铁龙 C3XR（1.6L EC5），2015—2019 年。

东风雪铁龙全新爱丽舍（1.6L EC5），2015—2019 年。

（一）检查正时设置

1. 需要用到的工具和设备

（1）设备有 5mm 直径销冲头、移动式千斤顶和橡胶塞块。

（2）发动机飞轮定位杆 0132-QY，如图 10-104 所示。

0132-QY

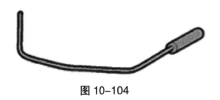

图 10-104

（3）发动机大修工具箱 0132-TUP。

（4）排气凸轮轴定位杆 0132-AJ2，如图 10-105 所示。

0132-AJ2

图 10-105

2. 检查

（1）将车辆放置在两柱举升机上进行检查。警告：

断开附件蓄电池前，必须先执行这些操作。

（2）断开伺服蓄电池。

（3）拆卸附件传动皮带和附件驱动皮带轮。备注：支撑发动机–变速箱总成，使用车间起重机和橡胶块。备注：拆下附件驱动皮带动态张紧轮的销钉。

（4）拆卸右转发动机架组件（如图10-106中1）、右上部中间发动机支撑（如图10-106中3）、下正时罩和上正时罩（如图10-105中2）。通过曲轴螺栓转动发动机并使凸轮轴皮带轮靠近销钉安装点，以正常旋转方向旋转（顺时针）。

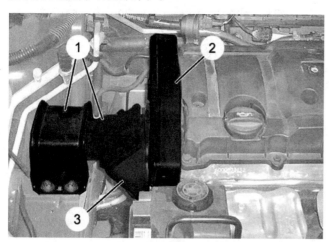

图 10-106

（5）固定发动机飞轮，使用工具0132-QY，如图10-107所示。

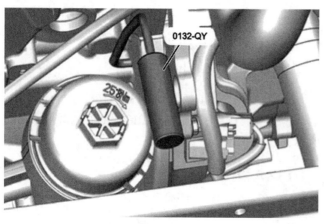

图 10-107

（6）固定进气凸轮轴正时皮带轮，使用5mm直径的销冲头（在如图10-108中a处）。固定排气凸轮轴正时皮带轮，使用专用工具0132-AJ2（在如图10-108中b处）。警告：如果正时不正确，请重复正时皮带安装操作。切勿反方向转动曲轴来运转。

（7）拆卸工具0132-QY、工具0132-AJ2、5mm

图 10-108

直径销冲头。警告：施加正确的拧紧力矩。拧紧发动机和发动机/变速箱支撑扭矩。

（8）重新安装上正时罩、下正时罩、右上部中间发动机支撑、右上侧中间支撑的固定螺栓（根据车辆装备）和右转发动机架组件。

（9）从发动机变速箱总成上拆下支撑千斤顶。

（10）重新安装附件驱动皮带轮和附件传动皮带。警告：重新连接附件蓄电池之后做该操作。

（11）重新连接伺服蓄电池。

（二）重新安装正时皮带

1. 需要更换的部件

正时皮带，数量1个。

2. 工具

（1）设备5mm直径销冲头、移动式千斤顶和橡胶塞块。

（2）发动机飞轮定位杆0132-QY，如图10-109所示。

0132-QY

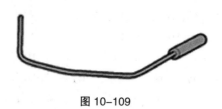

图 10-109

（3）发动机大修工具箱C-0132-TUP。

（4）排气凸轮轴轮毂定位销0132-AJ2，如图10-110所示。

（5）皮带固定销0132-AK，如图10-111所示。

0132-AJ2

图 10-110

0132-AK

图 10-111

3. 拆卸

（1）将车辆放置在两柱举升机上。警告：断开附件蓄电池前，必须先执行这些操作。

（2）断开附件蓄电池。

（3）拆卸右前轮、右前挡泥板、附件传动皮带和附件驱动皮带轮。

（4）支撑动力传动系，使用车间起重机和橡胶块。

（5）备注：拆下附件驱动皮带动态张紧轮的销钉。

（6）拆卸螺栓（如图 10-112 中 6、4）、右上侧发动机支架（如图 10-112 中 5）、螺栓（如图 10-112 中 2）、右上部中间发动机支撑（如图 10-112 中 3）、上正时罩（如图 10-112 中 1）和下正时罩（如图 10-112 中 7）。

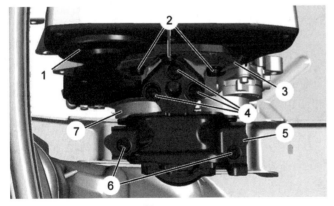

图 10-111

（6）在"上止点"气缸上锁住发动机飞轮，使用工具 0132-QY，如图 10-113 所示。

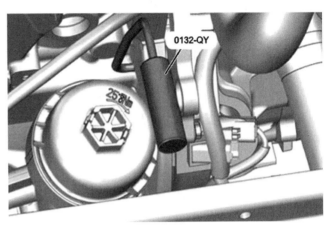

图 10-113

（7）将凸轮轴皮带轮固定入位：

①进气凸轮轴正时皮带轮，使用 5mm 直径的销冲头。

②排气凸轮轴正时皮带轮，使用工具 0132-AJ2。

（8）拧松张紧轮（如图 10-114 中 8）螺栓。

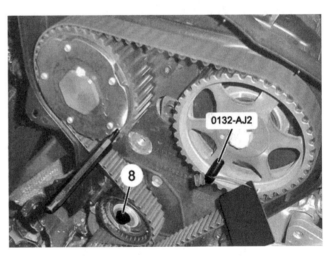

图 10-114

（9）警告：切勿将张紧轮转动一整圈。顺时针旋转张紧辊，使标记（如图 10-115 中 b）到达位置（如图 10-115 中 a）以便最大程度放松正时皮带，用一把内六角扳手（在如图 10-115 中 c 处）。将张紧轮保持在该位置并且拧紧螺栓（如图 10-115 中 8）。拆下正时皮带。警告：确认滚轮可以自由转动（没有间隙及阻力点）。

4. 重新安装

警告：安装时，遵守正时皮带的标记和旋转的方向。

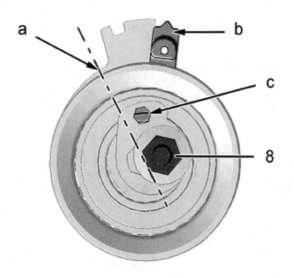

图 10-115

（1）安装顺序。从 1 到 6 顺序拧紧，如图 10-116 所示。

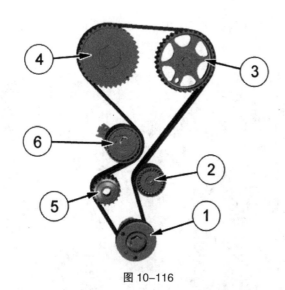

图 10-116

（2）安装正时皮带。备注：拆下凸轮轴定位工具（销冲头工具 0132-AJ2），警告：安装正时皮带，检查安装顺序。

（3）安装正时皮带，使其标记与曲轴凹形皮带轮上的标记对齐（在如图 10-117 中 d 处）。

（4）定位固定皮带的销钉 0132-AK，如图 10-118 所示。通过导轮固定正时皮带。

（5）备注：如有必要，可用扳手转动凸轮轴，以便将皮带装到皮带轮上。

（6）安装正时皮带在排气凸轮轴凹形皮带轮上，与标记对齐（在如图 10-119 中 f 处）、在进气凸轮轴凹形皮带轮上，与标记对齐（在如图 10-119 中 e 处）

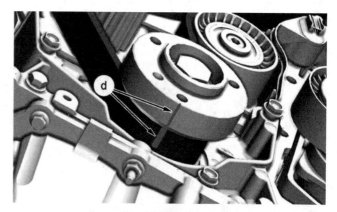

图 10-117

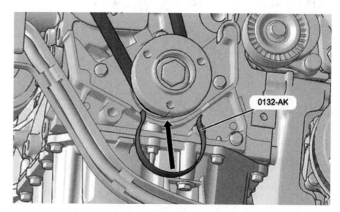

图 10-118

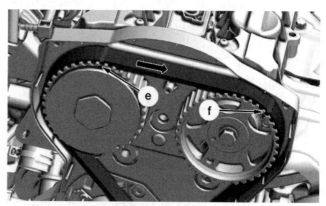

图 10-119

和在冷却液泵凹形皮带轮上（没有标记）。通过张紧轮固定正时皮带。拆下工具 0132-AK。

（7）拧松张紧轮（如图 10-120 中 8）螺栓。顺时针转动张紧轮，直到指针（如图 10-120 中 b）处于位置（如图 10-120 中 g），用一把内六角扳手（在如图 10-120 中 c 处），预拧紧张紧轮螺栓（如图 10-120 中 8）。拆下曲轴固定销 0132-QY。以正常的转动方向转动发动机 4 次以上。警告：切勿反方向转动曲轴来运转。检查并确认气门正时是正确的，通过重新安装杆：

①如果安装工具正确进入，正时设置正确。

648

②如果安装工具没有正确进入，拆下并重新安装正时皮带。

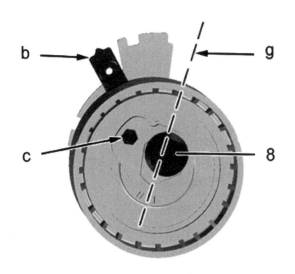

图 10-120

（8）正常张紧度。松开动态张紧轮紧固螺栓（如图 10-121 中 8）。向右旋转张紧轮，使指针（如图10-121 中 b）到位置（如图 10-121 中 h），用一把内六角扳手（在如图 10-121 中 c 处），将螺栓（如图 10-121 中 8）紧固至扭矩。以正常的转动方向转动发动机两次以上。检查并确认气门正时是正确的，通过重新安装杆：

①如果安装工具正确进入，正时设置正确。

②如果安装工具没有正确进入，拆下并重新安装正时皮带。

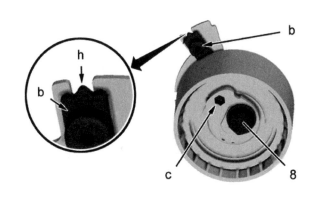

图 10-121

（9）重新安装。警告：遵守规定的拧紧扭矩值。拧紧发动机 / 变速器支撑、发动机、车轮扭矩。

（10）重新安装下正时罩、上正时罩、右上部中间发动机支撑、螺栓、右上侧发动机支架和螺栓。

（11）从发动机总成上拆下支架千斤顶。

（12）重新安装附件驱动皮带轮、附件传动皮带、右前挡泥板、右前轮和使车辆着地。警告：重新连接附件蓄电池之后做该操作。

（13）重新连接附件蓄电池。

（三）拧紧力矩及顺序

1. 气缸体

（1）结构如图 10-122 和图 10-123 所示，拧紧力矩如表 10-10 和表 10-11 所示。

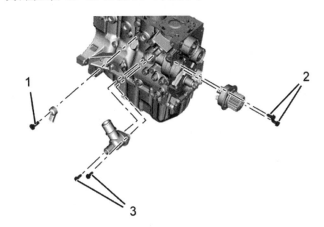

图 10-122

表 10-10

编号	名称	拧紧扭矩
1	螺栓（爆震探测器）	20N·m
2	螺栓（冷却液泵）	20N·m
3	螺栓（进水壳体）	8N·m

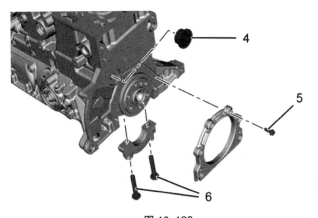

图 10-123

表 10-11

编号	名称	拧紧力矩
4	螺塞	25N·m
5	螺栓（后密封板）*	8N·m
6	螺栓（曲轴主轴承盖）***	预紧至 20N·m 角度拧紧至 63°

*：按照紧固顺序；***：每次拆下后必须予以更换。

（2）拧紧螺栓（如图 10-124 中 1~5）的顺序。

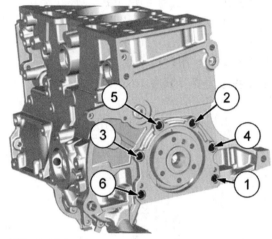

1~5.螺栓（后密封板）

图 10-124

（3）曲轴结构如图 10-125，拧紧力矩如表 10-12 所示。

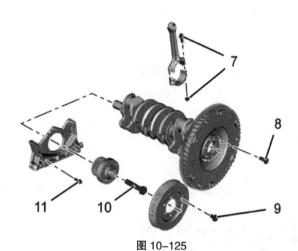

图 10-125

表 10-12

编号	名称	拧紧力矩
7	螺栓螺母总成（大端盖）***	预紧至 15N·m
		角度拧紧至 63°
8	螺栓（飞轮）***	67N·m
9	螺栓（附件传动皮带轮）	25N·m
10	螺栓（曲轴正时齿轮）	预紧至 70N·m
		角度拧紧至 63°
11	螺栓（前部密封板）*	8N·m

*：按照紧固顺序；***：每次拆下后必须予以更换。

七、车型

东风雪铁龙 C4L（1.8L EC8），2015—2019 年。
东风标致 408（1.8L EC8），2015—2019 年。

（一）检查正时定位

1.需要用到的工具

（1）设备 5mm 直径销冲头。

（2）飞轮定位销 01104，如图 10-126 所示。

01104

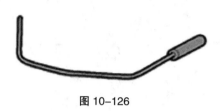

图 10-126

（3）排气凸轮轴定位杆 0132-AJ2，如图 10-127 所示。

0132-AJ2

图 10-127

2.检查

（1）将车辆放置在两柱举升机上。

（2）断开附件蓄电池。

（3）拆卸右前轮、右前挡泥板、附件传动皮带、附件驱动皮带轮和右前挡泥板。备注：支撑动力传动系，使用车间举升器和木块。拆下附件驱动皮带动态张紧轮的销钉。

（4）拆卸发动机右支架总成和正时壳体。

（5）通过曲轴螺栓转动发动机并使凸轮轴皮带轮靠近销钉安装点，以正常旋转方向旋转（顺时针）。

（6）固定发动机飞轮，使用工具 01104，如图 10-128 所示。

（7）固定住凸轮轴皮带轮，使用 5mm 直径的销冲头（在如图 10-129 中 a 处）和使用工具 0132-AJ2（在如图 10-129 中 b 处）。警告：如果正时不正确，请重复正时皮带安装操作。切勿反方向转动曲轴来运转。

（8）拆卸工具 01104、工具 0132-AJ2 和 5mm 直径销冲头。警告：施加正确的拧紧力矩。按拧紧力矩

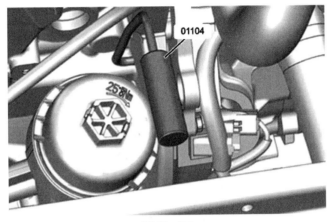

图 10-128

图 10-129

拧紧发动机和发动机 / 变速器支撑。

（9）重新安装正时壳体和发动机右支架总成。

（10）拆下支撑动力单元的千斤顶。

（11）重新安装附件驱动皮带轮、附件传动皮带、右前挡泥板和右前轮。警告：执行蓄电池重新连接后要进行的相关操作。

（12）重新连接附件蓄电池。

（二）更换正时皮带

1. 必须更换的零件

正时皮带，数量 1 个。

2. 工具

（1）设备 5mm 直径销冲头（型号 FACOM 248.5）。

（2）飞轮定位杆 1104，如图 10-130 所示。

（3）排气凸轮轴轮毂定位销 0132-AJ2，如图 10-131 所示。

（4）皮带固定销 0132-AK，如图 10-132 所示。

3. 拆卸

（1）将车辆放置在两柱举升机上。

1104

图 10-130

0132-AJ2

图 10-131

0132-AK

图 10-132

（2）断开附件蓄电池。

（3）拆卸右前轮、右前挡泥板、附件传动皮带和附件驱动皮带轮。

（4）支撑动力传动系，使用车间举升器 和木块。备注：拆下附件驱动皮带动态张紧轮的销钉。

（5）拆卸右上侧发动机支架、右上部中间发动机支撑和正时壳体。

（6）在"上止点"气缸上锁住发动机飞轮，使用工具 1104，如图 10-133 所示。

（7）将凸轮轴皮带轮固定入位：

①进气凸轮轴皮带轮，使用 5mm 直径的销冲头。

②排气凸轮轴皮带轮，使用工具 0132-AJ2。

（8）拧松张紧轮（如图 10-134 中 1）螺栓。

（9）警告：切勿将张紧旋转完整的一圈。顺时针旋转张紧辊，使标记（如图 10-135 中 b）到达位置（如

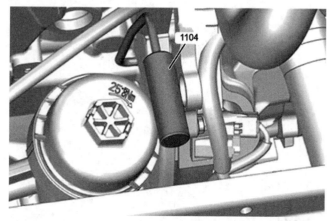

图 10-133

图 10-134

图 10-135 中 a）以便最大程度放松正时皮带，使用内六角扳手（在如图 10-135 中 c 处）。将张紧轮保持在该位置并且拧紧螺栓（如图 10-135 中 1）。

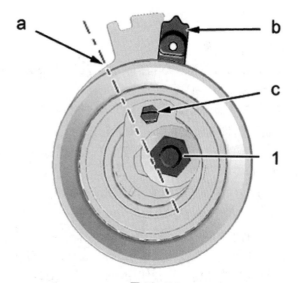

图 10-135

（10）拆下正时皮带。警告：检查轮子是否能自由转动（没有间隙及阻力点）。

4. 重新安装

警告：安装时，遵守正时皮带的标记和旋转的方向。

（1）安装顺序

安装顺序如图 10-136 所示。

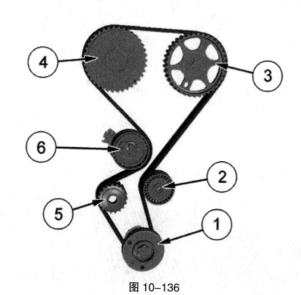

图 10-136

（2）安装正时皮带。警告：安装正时皮带，注意组装顺序。安装正时皮带，使其标记与曲轴凹形皮带轮上的标记对齐（在如图 10-137 中 d 处）。

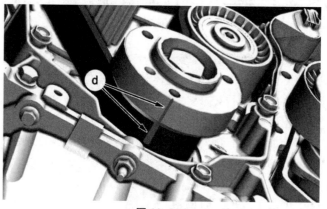

图 10-137

（3）定位固定皮带的销钉 0132-AK。通过导轮固定正时皮带，如图 10-138 所示。

（4）安装正时皮带：

①在排气凸轮轴凹形皮带轮上，与标记对齐（在如图 10-139 中 f 处）。

②在进气凸轮轴凹形皮带轮上，与标记对齐（在如图 10-139 中 e 处）。

③在冷却液泵凹形皮带轮上（没有标记）。

（5）通过张紧轮固定正时皮带。

（6）拆卸工具 0132-AJ2、5mm 直径销冲头、工

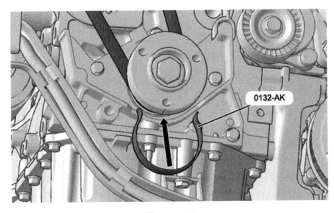

图 10-138

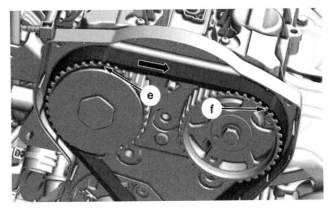

图 10-139

具 0132-AK。

（7）拧松张紧轮（如图 10-140 中 1）螺栓。用六角梅花扳手（如图 10-140 中 c），逆时针转动皮带张紧轮，将指针（如图 10-140 中 b）转到位置（如图 10-140 中 g），使皮带完全张紧。预拧紧张紧轮螺栓（如图 10-140 中 1）。拆下曲轴固定销 1104。以正常的转动方向转动发动机 4 次以上。警告：切勿反方向转动曲轴来运转。再次检查凸轮轴和曲轴的固定钩：

①如果安装工具正确进入，正时设置正确。

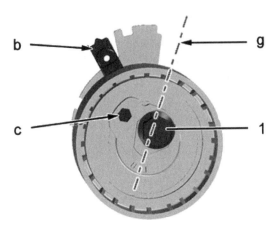

图 10-140

②如果安装工具没有正确进入，拆下并重新安装正时皮带。

（8）正常张紧度。备注：使用工具 1104 固定曲轴，插入销钉以固定进气凸轮轴正时皮带轮，使用 5mm 直径的销冲头，使用工具 0132-AJ2 锁住排气凸轮轴。松开动态张紧轮紧固螺栓（如图 10-141 中 1）。用六角梅花扳手（如图 10-141 中 c），逆时针转动皮带张紧轮，将指针（如图 10-141 中 b）转到位置（如图 10-141 中 g），使皮带完全张紧。使用梅花扳手（如图 10-141 中 c），顺时针转动张紧轮，直到导向装置（如图 10-141 中 b）处于如图 10-141 中 h 位置。

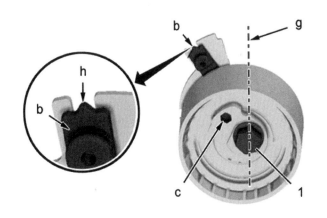

图 10-141

（9）将螺栓（如图 10-141 中 1）紧固至扭矩。

（10）拆卸曲轴定位工具 1104、排气凸轮轴皮带轮上的工具 0132-AJ2 和尖冲头。以正常的转动方向转动发动机 2 次以上。

（11）再次检查凸轮轴和曲轴的固定钩：

①如果安装工具正确进入，正时设置正确。

②如果安装工具没有正确进入，拆下并重新安装正时皮带。

（12）重新安装。警告：遵守规定的拧紧扭矩值。

（13）按扭矩拧紧发动机 / 变速器支撑和发动机。

（14）重新安装正时壳体、右上部中间发动机支撑和右上侧发动机支架。

（15）从发动机总成上拆下支架千斤顶。

（16）重新安装附件驱动皮带轮、附件传动皮带、右前挡泥板和右前轮。警告：执行蓄电池重新连接后要进行的操作。

（17）重新连接附件蓄电池。

（三）拧紧力矩和顺序

1. 正时齿轮结构如图 10-142 所示，拧紧力矩如表 10-13 所示。

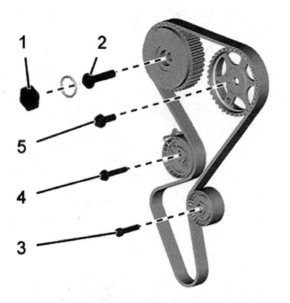

图 10-142

表 10-13

标记	名称	拧紧扭矩
1	螺塞（可变正时制动器）	32N·m
2	螺栓（可变正时制动器）	75N·m
3	螺栓（张紧轮）	20N·m
4	螺栓（张紧轮）	23N·m
5	螺栓（排气凸轮轴皮带轮）	45N·m

第十一章　宾利车系

一、车型

宾利慕尚 EWB 6.8T，2018 年。

（一）正时齿轮更换

1. 一般信息

只有在将完整的发动机和自动变速器从汽车上拆下来以后，才能拆卸正时齿轮。当心！带有集成式凸轮定相器的正时齿轮是不可维修的部件，因此不得拆解。提示：在此程序中，有一些一次性零件，必须予以更换且不能重复使用。开始执行此程序之前，确保准备好用于更换的新零件。

2. 所需要的专用工具和维修设备

（1）凸轮轴锁定工具 WT 10272，如图 11-1 所示。

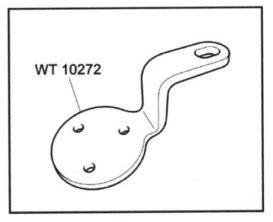

图 11-1

（2）凸轮轴锁定工具 WT 10230，如图 11-2 所示。

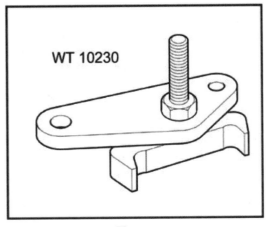

图 11-2

（3）发动机分度工具 WT 10253。

3. 拆卸

（1）从车上拆下发动机和自动变速器总成。

（2）从发动机上分离自动变速器。

（3）从发动机上拆下火花塞，以方便对发动机分度。

（4）使用凸轮轴锁定工具 WT 10230 将飞轮锁定到位，如图 11-3 所示。

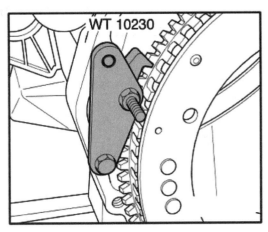

图 11-3

（5）拆下减震器滑轮。

（6）拆下挠性板和启动机环。

（7）拆下 3 个螺丝（如图 11-4 中 1）并小心地从凸轮轴上撬起凸轮轴正时盘（如图 11-4 中 2）。

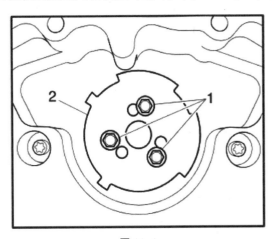

图 11-4

（8）拆下凸轮轴锁定工具 WT10230。

（9）拆下蜗壳水泵外壳。

（10）在发动机前部，将减震器皮带轮和固定螺丝（如图 11-5 中箭头所示）重新装回到凸轮轴上，但不拧紧。提示：图中显示的是装配蜗壳水泵外壳的情况，仅用于说明。

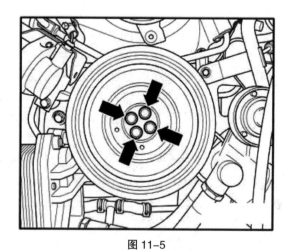

图 11-5

（11）将发动机分度工具 WT 10253-1 固定到减震器皮带轮上，并将 3 个固定螺栓拧紧至 10N·m。为发动机分度工具（如图 11-6 中 1）加上一根短的传动延长杆（如图 11-6 中 2）。

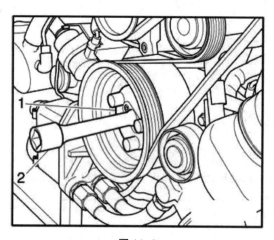

图 11-6

（12）对发动机进行分度操作（顺时针方向），使其处于可以在发动机后部安装凸轮轴锁定工具 WT 10272 的位置。使用三颗凸轮轴正时盘安装螺丝（如图 11-7 中箭头所示）将凸轮轴锁定工具固定到凸轮轴上。用其中一个自动变速器安装螺栓（如图 11-7 中 1）反向固定凸轮轴锁定工具的另一端。

（13）松开但不拆下凸轮轴正时齿轮固定螺栓（如图 11-8 中箭头所示）。提示：图中显示的是装配减

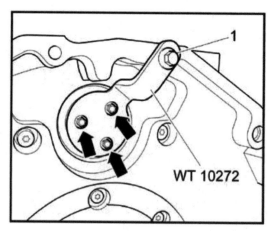

图 11-7

震器皮带轮的情况，仅用于说明。从凸轮轴后部拆下凸轮轴锁定工具 WT 10272。

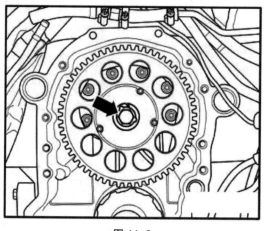

图 11-8

（14）对曲轴进行分度，直到减震器滑轮上的 7DC 标记与曲轴箱上的指针对齐，如图 11-9 所示。

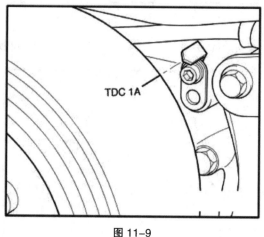

图 11-9

（15）检查确认两个齿轮上的正时标记（如图 11-10 中箭头所示）已对准。提示：如果在凸轮轴正

时齿轮顶部看不到凸轮轴正时标记，该标记一定在齿轮底部，与凸轮轴正时标记对齐。另请注意，小凸轮轴齿轮上的对齐标记会被外侧油泵传动齿轮遮住，不过近距离检查会看到对齐标记。如果在顶部能够看到凸轮轴正时标记，则将发动机进一步分度360°至TDC位置（凸轮轴旋转一整圈），重新检查确认凸轮轴正时标记已不在顶部。这样就可以确认齿轮已对齐。一旦确认齿轮对齐，就可以拆下发动机分度工具WT 10253和减震器皮带轮。

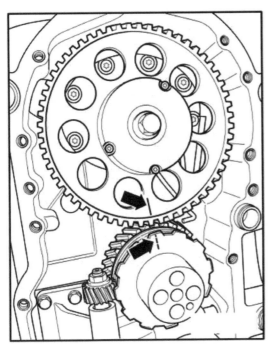

图 11-10

（16）拆下并丢弃固定正时齿轮的螺栓（如图11-11中箭头所示）。

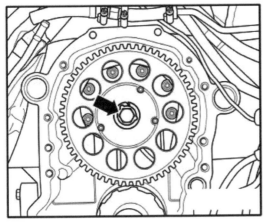

图 11-11

（17）将正时齿轮从凸轮轴中抽出来。确保销钉（如图11-12中1）与正时齿轮（如图11-12中2）

一起从凸轮轴上拆下来。如果销钉仍然在凸轮轴中，则必须将其拆下并丢弃。当心！拆下正时齿轮后，切勿对曲轴进行分度。否则，可能导致阀门机构和活塞损坏。带有集成式凸轮定相器的正时齿轮是不可维修的部件，因此不得拆解。

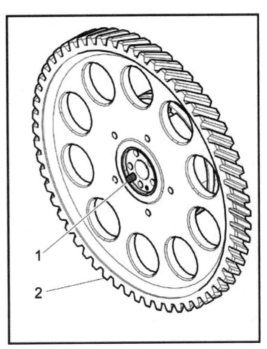

图 11-12

4. 安装

（1）安装新正时齿轮更换件（如图11-13中2）附带装有新销钉（如图11-13中1）。

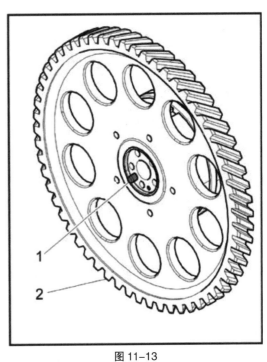

图 11-13

657

（2）安装正时齿轮，并使两个齿轮上的正时标记对齐（如图 11-14 中箭头所示）。提示：请注意，较小曲轴齿轮上的对齐标记被外侧油泵传动齿轮遮住了。

图 11-14

（3）在发动机前部，将减震器皮带轮和固定螺丝（如图 11-15 中箭头所示）重新装回到凸轮轴上，但不拧紧。提示：图中显示的是装配蜗壳水泵外壳的情况，仅用于说明。

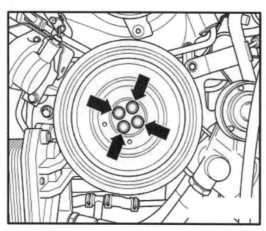

图 11-15

（4）检查确认两个齿轮上的正时标记（如图 11-16 中箭头所示）已对准。

（5）使用新螺栓（如图 11-17 中箭头所示）将正时齿轮固定到位，但不将螺栓拧紧。

（6）将发动机分度工具 WT 10253-1 固定到减震

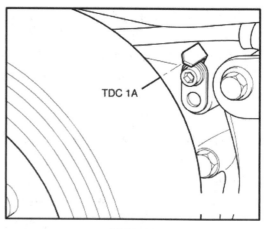

图 11-16

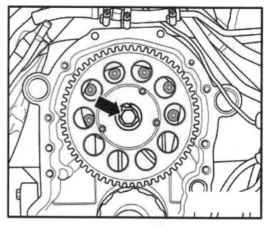

图 11-17

器皮带轮上，并将 3 个固定螺栓拧紧至 10N·m。为发动机分度工具（如图 11-18 中 1）加上一根短的传动延长杆（如图 11-18 中 2）。

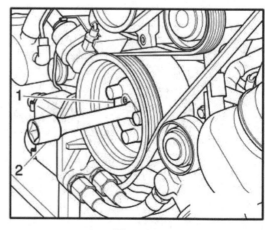

图 11-18

（7）对发动机进行分度操作（顺时针方向），使其处于可以在发动机后部安装凸轮轴锁定工具 WT 10272 的位置。使用 3 颗凸轮轴正时盘安装螺丝（如

图 11-19 中箭头所示）将凸轮轴锁定工具固定到凸轮轴上。用其中一个自动变速器安装螺栓（如图 11-19 中 1）反向固定凸轮轴锁定工具的另一端。

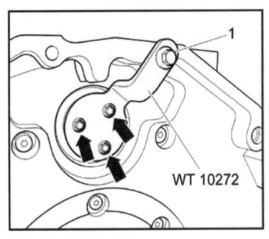

图 11-19

（8）将正时齿轮固定螺栓拧紧至 60N·m，然后再旋转 90°，拆下发动机分度工具 WT 10253 和减震器皮带轮，如图 11-20 所示。

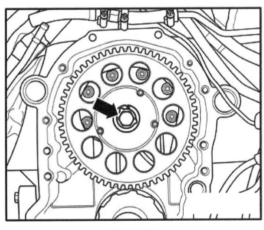

图 11-20

（9）安装蜗壳水泵外壳。

（10）安装减震器皮带轮。

（11）从凸轮轴后部拆下凸轮轴锁定工具 WT 10272。

（12）使用新螺丝（如图 11-21 中 1）安装凸轮轴正时盘（如图 11-21 中 2），将螺丝拧紧至 9N·m。完成后，确保正确执行凸轮轴相位调整。

（13）安装挠性板和启动机环。

（14）安装火花塞。

（15）将自动变速器连接到发动机上。

（16）将发动机和自动变速器安装到汽车上。

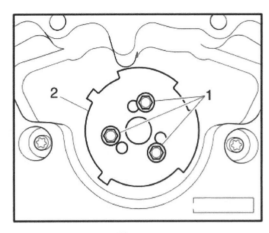

图 11-21

二、车型

宾利添越 PHEV（3.0T DCB），2019—2021 年。

（一）凸轮轴调节器（缸组 2）拆卸与安装

1. 一般信息

在以下程序中，凸轮轴正时链条安装在发动机上。可在无须拆卸发动机的情况下拆卸凸轮调节器，但是如果已从车辆上拆下发动机，以下方法也同样适用。

注意：高压可能导致致命伤害。严重损坏的高压组件或高压接线存在严重或致命伤害的危险。在高压组件附近作业时，应采取一些必要的预防措施。

2. 所需要的专用工具和维修设备

（1）扳手 V.A.G 1331，如图 11-22 所示。

图 11-22

（2）扭矩扳手 VAS 6583，如图 11-23 所示。

VAS 6583

图 11-23

（3）锁销 T03006，如图 11-24 所示。

图 11-24

（4）锁销 T40069（已拆下发动机），如图 11-25 所示。

T40069

图 11-25

（5）凸轮轴夹具 T40264/3，如图 11-26 所示。

T40264

图 11-26

（6）转接器 T40314，如图 11-27 所示。

（7）凸轮轴夹具 T40331、套筒 E24 T90000、反向固定工具 T90001、反向固定工具 T90002 和套筒 VAS 261/001。

（8）车辆测试仪，如图 11-28 所示。

（9）准备凸轮轴夹具 T40331。凸轮轴夹具

T40314

图 11-27

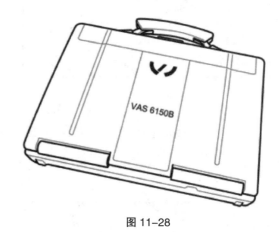

图 11-28

T40331/1 上的字母（如图 11-29 中 B）朝前。必须使用定位销（如图 11-29 中箭头所示）确定凸轮轴夹具 T40331/5 和 T40331/6 以及螺栓 T40331/9 上的垫圈的位置，用手拧紧螺栓。

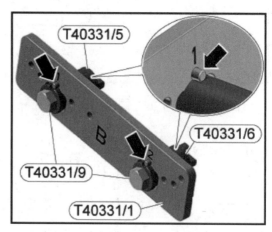

图 11-29

3. 拆卸

（1）当心！气门正时错误对发动机造成无法补救损坏的风险。只有在链条传动机构安装完成后才可以转动曲轴和凸轮轴。

660

（2）拆下空气滤清器外壳。

（3）拆下相关上部正罩。

（4）拆下进气分配器。

（5）拆下真空泵。

（6）当心：气门齿轮传动装置打滑引起发动机损坏的风险，仅可顺时针转动发动机。在发动机前部，使用合适的钗接手柄（如图 11-30 中 1）和 27mm 套筒（如图 11-31 中 2）小心地缓慢转动发动机，直至减震器到达"上止点"位置。提示：图示为 V8 发动机，仅用作说明目的。在对发动机进行分度时，仅按顺时针方向进行分度。在对发动机进行分度时，不要过度用力，因为气缸压缩力会抵销分度力。

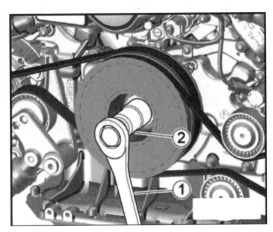

图 11-30

（7）凸轮轴调节器上的标记（如图 11-31 中 1、2）位于凸轮轴壳体上的投影的对面（如图 11-31 中箭头所示）。如有必要，将曲轴转动一圈。

图 11-31

（8）松开螺栓（如图 11-32 中箭头所示）（9N·m）并拔下密封塞（如图 11-32 中 2 所示）。轻轻将机油尺导向管（如图 11-32 中 1）按到一边。

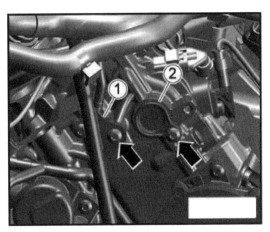

图 11-32

（9）将凸轮轴壳体上的转接头 T40331/2 拧紧至 9N·m，如图 11-33 所示。

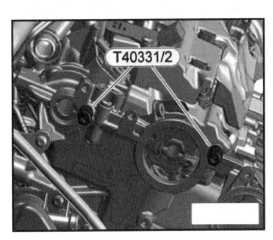

图 11-33

（10）将之前准备的凸轮轴夹具 T40331/1 插入凸轮轴，直至停下为止。如有必要，略微转动曲轴。提示：这样就应该可以轻松地插入凸轮轴夹具 T40331/1。不要使用任何类型的工具敲入凸轮轴夹具。凸轮轴夹具 T40331/5 与排气凸轮轴（如图 11-34 所示）上的不对称分布的槽（顶部）（如图 11-34 中 1）啮合。凸轮轴夹具 T40331/6 与进气凸轮轴（如图 11-34 所示）上的平坦表面（如图 11-34 中 2）啮合。将螺栓拧紧至 9N·m。

（11）反向固定工具 T90001 仅能安装在一个位置口；槽口（如图 11-35 中 1）和凸轮轴上的标记（如图 11-35 中 2）必须对齐。

（12）使用套筒 VAS 261 001 安装反向固定工具

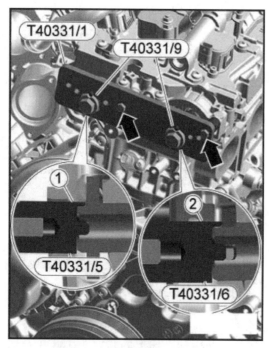

图 11-34

图 11-35

T90001 以反向固定相应的凸轮轴调节器,并使用套筒 E24 T90000 松开正时气门,如图 11-36 所示。当心!

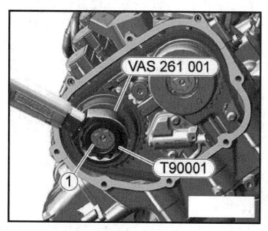

图 11-36

搬运不当造成凸轮轴损坏的风险。不得将凸轮轴夹具用作反向固定工具。使用油漆笔标记凸轮轴调节器相对于凸轮轴的位置以帮助安装。

(13)在准备阶段未拆下发动机时的程序:减震器上的槽口(如图 11-37 中 1)必须对准密封凸缘(滑轮端)上的投影(如图 11-37 中 2)。通过减震器上的孔,用手将凸轮轴夹具 T40264/3 拧入密封凸缘(滑轮端),直至发生接触。必要时,略微前后转动凸轮轴,以使锁销完全置中。

图 11-37

(14)在准备阶段已拆下发动机时的程序:再安装时,拔出塞子。将锁销 T40069 拧入孔内并紧固至 20 N·m,如图 11-38 所示。必要时,略微前后转动凸轮轴。

图 11-38

(15)使用锁销 T03006 将导轨(如图 11-39 中 2,即图中箭头所示)往回压,并锁定链条张紧器(如图 11-39 中 1)的活塞。提示:活塞采用油液减震设计,因此只可使用恒定压力慢慢往回压。

(16)松开正时气门(如图 11-40 中 1、2)并松

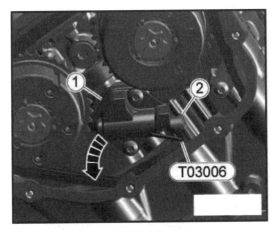

图 11-39

开两个凸轮轴调节器。丢弃摩擦垫圈（金刚石涂层垫圈）和 O 形圈。

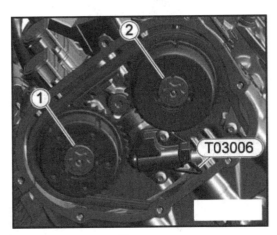

图 11-40

4. 安装

（1）安装过程与拆卸过程相反，请注意以下事项。

提示：使用凸轮轴夹具 T40264/3/ 锁销 T40069 确保曲轴锁定在"上止点"位置。凸轮轴夹具 T40331/1 拧在凸轮轴壳体上（9 N·m）。

安装新的摩擦垫圈（金刚石涂层垫圈）和 O 形圈。当心！如果未安装摩擦垫圈，可能对发动机造成无法补救的损坏。检查凸轮轴调节器和凸轮轴端部之间是否装有摩擦垫圈。凸轮轴调节器上的标记（如图 11-41 中 1、2）位于凸轮轴壳体上的投影的对面（如图 11-41 中箭头所示）。如有必要，将曲轴转动一圈。

（2）装有凸轮轴正时链条时，将凸轮轴调节器置于上述安装位置（注意在拆卸时做出的标记）用机油润滑正时气门（如图 11-42 中 1、2）的螺纹和螺栓头接触表面，然后拧入，但不要拧紧。提示：应使凸轮轴上的两个凸轮轴调节器仍然可以转动。

（3）拆下锁销 T03006。由另一名技师使用扭

图 11-41

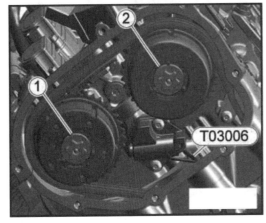

图 11-42

矩扳手 VAG 6583 和套筒 VAS 261 001 及反向工具 T90001 以逆时针方向对进气凸轮轴调节器施加 30 N·m 扭矩（如图 11-43 中箭头所示），然后保持此扭矩。

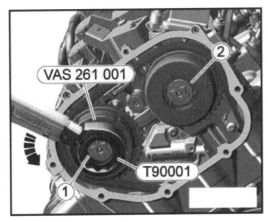

图 11-43

使用套筒 E24 T90000 紧固正时气门，同时保护凸轮轴调节器处于张力下。排气凸轮轴上的正时气门（如图 11-43 中 2）拧紧力矩：30N·m。进气凸轮轴上的正时气门（如图 11-43 中 1）拧紧力矩：30N·m。

5. 检查气门正时

（1）拆下凸轮轴夹具 T40331/1。

（2）拆下凸轮轴夹具 T40264/3/ 锁销 T40069。

（3）当心！如果气门正时错误，可能对发动机造成无法补救的损坏。只有在链条传动机构安装完成后才可以转动曲轴和凸轮轴。

（4）使用合适的铰接手柄和 27mm 套筒小心地缓慢顺时针转动发动机两圈，直至减震器处于"上止点"位置，如图 11-44 所示。提示：在发动机进行分度时，仅按顺时针方向进行分度。在对发动机进行分度时不要过度用力，因为气缸压缩力会抵消分度力。图示为 V8 发动机，仅用做说明目的。

图 11-45

图 11-44

（5）提示：凸轮轴调节器上的标记（如图 11-45 中 1、2）必须位于凸轮轴壳体上的投影的对面（如图 11-45 中箭头所示）。

（6）在准备阶段未拆下发动机时的程序：减震器上的槽口（如图 11-46 中 1）必须对准密封凸缘（滑轮端）上的投影（如图 11-46 中 2 所示）。通过减震器上的孔，用手将凸轮轴夹具 T40264/3 拧入密封凸缘（滑轮端），进至发生接触。必要时，略微前后转动凸轮轴，以使锁销完全置中。

图 11-46

图 11-47

（7）在准备阶段已拆下发动机时的程序：将锁销 T40069 拧入孔内并紧固至 20 N·m，如图 11-47 所示。必要时，略微前后转动凸轮轴。

（8）由另一名技师使用扭矩扳手 VAG 6583 和套筒 VAS 261 001 及反向工具 T90001，以逆时针方向对进气凸轮轴调节器施加 30 N·m 扭矩（如图 11-48 箭头所示），然后保持此扭矩。

（9）将之前准备的凸轮轴夹具 T40331/1 插入凸

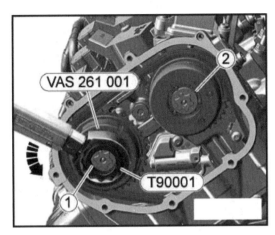

图 11-48

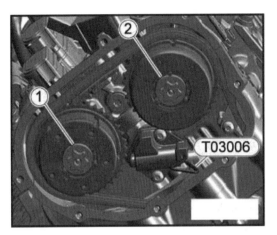

图 11-50

轮轴，直至停下为止。提示：这样就可以轻松地插入凸轮轴夹具 T40331/1。不要使用任何类型的工具敲入凸轮轴夹具。凸轮轴夹具 T40331/5 与排气凸轮轴（如图 14-49 所示）上的不对称分布的槽（顶部）（如图 11-49 中 1）啮合。凸轮轴夹具 T40331/6 与进气凸轮轴（如图 11-49 所示）上的平坦表面（如图 11-49 中 2）啮合。

器上的槽口（如图 11-51 中 1）必须对准密封凸缘（滑轮端）上的投影（如图 11-51 中 2）。通过减震器上的孔，用手将凸轮轴夹具 T40264/3 拧入密封凸缘（滑轮端），直至发生接触。必要时，略微前后转动凸轮轴，以使锁销完全置中。

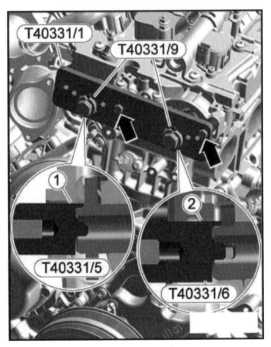

图 11-49

图 11-51

（12）在准备阶段已拆下发动机时的程序：将锁销 T40069 拧入孔内并紧固至 20N·m，如图 11-52 所示。必要时，略微前后转动凸轮轴。重复调节程序，具体如下：

① 由另一名技师使用扭矩扳手 VAG 6583 和套筒 VAS 261001 及反向工具 T90001，以逆时针方向对进气凸轮轴调节器施加 30 N·m 扭矩（如图 11-52 中箭头所示），然后保持此扭矩。

②使用套筒 E24 T90000 紧固正时气门，同时保持凸轮轴调节器处于张力下：排气凸轮轴上的正时气门（如图 11-52 中 2）拧紧力矩：30N·m；进气凸轮轴上的正时气门（如图 11-52 中 1）拧紧力矩：30N·m。

（13）如果可以插入凸轮轴夹具 T40331/1：拆

（10）如果无法插入凸轮轴夹具 T40331/1，应先拆下凸轮轴夹具 T40264/3/ 锁销 T40069。如上文所述，将之前准备的凸轮轴夹具 T40331/1 插入凸轮轴，直至停下为止。如有必要，略微转动曲轴。使用套筒 E24 T90000 将正时气门（如图 11-50 中 1、2）松开半圈。

（11）在准备阶段未拆下发动机时的程序：减震

图 11-52

图 11-54

下凸轮轴夹具 T40264/3/ 锁销 T40069。拆下凸轮轴夹具 T40331/1。对进气凸轮轴调节器应用反向固定工具 T90001 和反向固定工具 T90002。在排气凸轮轴正时气门（如图 11-53 中 2）处支撑反向固定工具。如有必要，略微转动曲轴。使用套筒 E24 T90000 将正时气门（如图 11-53 中 1）再转动 35°。

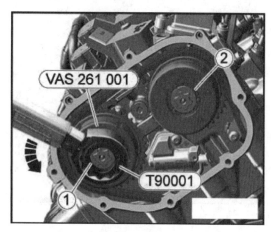

图 11-53

（14）对排气凸轮轴调节器应用反向固定工具 T90001 和反向固定工具 T90002。在进气凸轮轴正时气门（如图 11-54 中 1）处支撑反向固定工具。如有必要，略微转动曲轴。使用套筒 E24 T90000 将正时气门（如图 11-54 中 1）再转动 35°。

（15）安装所有拆下的部件。

（16）如果已对正时链条传动装置进行更改和 / 或已更换部件，连接车辆测试仪并执行相应的匹配：

　　①连接车辆诊断测试仪。

　　②在指导功能中执行相应的匹配：

　　选择 V6 发动机 -PHEV（维修组 10-28）；

　　选择 01 能完成自诊断的系统；

　　打开 01 发动机控制单元 J623；

打开 01 功能；

选择 0001 基本设置（维修组 25）；

选择 3。排放相关个体就绪性；

按照屏幕提示操作。

三、车型

宾利飞驰 6.0T（W12 DDB），2020 年。

宾利欧陆 GT 6.0T（W12 DDB），2018—2021 年。

（一）正时链拆卸和安装

1. 一般信息

正时链位于发动机的变速器端部，因此必须拆下发动机和变速器总成才能进行链条操作。注意！在发动机及其周围开始工作之前，请确保发动机已经足够冷却，如果不这样做，可能会对人员造成伤害。当心！适当地清除所有断开的电气连接器、电气连接件和管路，以防止污垢和液体进入。当心！拆卸前，用合适的油漆笔标记驱动链的运转方向。如果使用过的驱动链安装在相反方向旋转，可能会导致断裂。始终确保驱动链安装在同一方向上运转。正时链的长度不同，在拆卸之前适当地标记每个链条。

2. 所需要的专用工具和维修设备

（1）固定工具 T10172，如图 11-55 所示。

（2）固定工具销 WT10369，如图 11-56 所示。

（3）锁销 T40237，如图 11-57 所示。

（4）锁定销 T03006（数量 3），如图 11-58 所示。

（5）凸轮轴锁紧板 T10068A（数量 2）。

3. 拆卸

（1）注意：在这个过程中，有一些一次性的部件必须被替换，而且不能重复使用。在开始此过程之前，确保有新的替换品。

（2）将汽车车轮前安装上挡块。

（3）从车辆上拆下发动机和自动变速器总成。当心！在对正时链总成进行任何操作之前，发动机正时

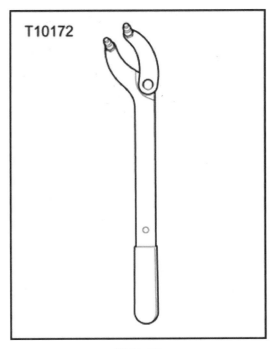

图 11-55

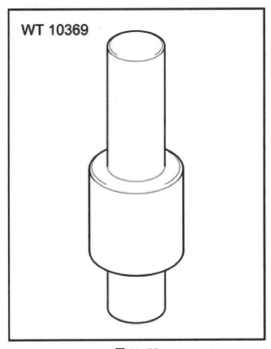

图 11-56

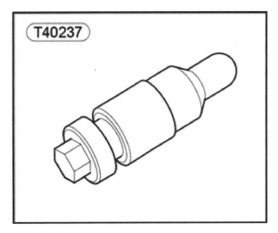

图 11-57

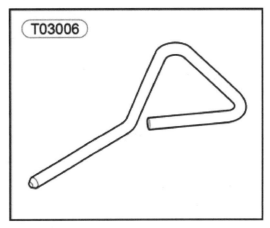

图 11-58

具销 WT10369 来转动发动机曲轴阻尼器带轮（如图 11-59 中 1）到要求的位置。

图 11-59

必须正确。使用合适的油漆笔，标记正时链和凸轮轴调整器，以帮助在正确的位置轻松调整正时链到正确的张力。

（4）拆卸凸轮轴盖。

（5）为了让发动机旋转自如，可以拆下火花塞。

（6）当转动发动机时，仅按顺时针方向转动发动机。

（7）使用带轮固定工具 T10172 和带轮固定工

（8）将曲轴旋转至"TDC"。

（9）实现"TDC"就是当曲轴阻尼器皮带轮标记 OT 与气缸体和上部油底壳之间的连接对齐，如图 11-60 所示。

（10）拆下空白堵头（如图 11-61 中 1），并将

图 11-60

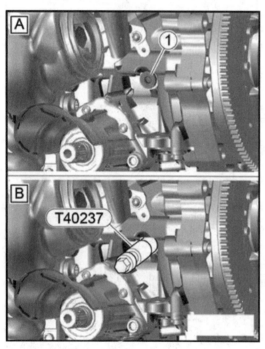

图 11-61

图 11-62

可以将曲轴再旋转 360°，以使工具能够正确地安装进去。

（13）从气缸盖上拆下所有残留密封胶，以确保凸轮轴锁定板 T10068A 紧密配合。

（14）如果凸轮轴偏离对准稍许，用合适的扳手旋转凸轮轴，步骤如下。

（15）在凸轮轴的后部，使用一个"32mm"扳手（如图 11-63 中 1）来使凸轮轴和锁定板对齐。

图 11-63

（16）使用钝性工具如图 11-64 所示箭头方向分离断缸作用的凸轮轴部分。当心！不要使用锋利的工

图 11-64

锁定销 T40237 装入孔径内。扭矩拧紧至 20N·m。提示：应该不能再转动曲轴了。

（11）检查在凸轮轴的前部部分是否可以将凸轮轴锁定板 T10068A（如图 11-62 中 1）插入暴露的锁定槽。

（12）将凸轮轴锁定板 T10068A 安装到两个凸轮轴上。提示：如果凸轮轴锁定工具安装不合适，检查凸轮轴的对准，假如凸轮轴上的插槽偏离了中心位置，具分离凸轮轴，以免损坏凸轮轴部分。

（17）在凸轮轴的后部，使用一个"21mm"扳手（如图11-65中2）来使凸轮轴和锁定板对齐。

图 11-65

4.拆卸凸轮轴正时链

提示：如果要拆下正时链，必须首先拆下缸组2正时链，以便完全拆下缸组1正时链。

（1）拆下上部的正时链盖。

（2）使用棘轮和合适的插孔按如图11-66箭头所示方向松开液压张力器，来释放正时链上的张力。使用锁止销T03006来锁止张紧器。

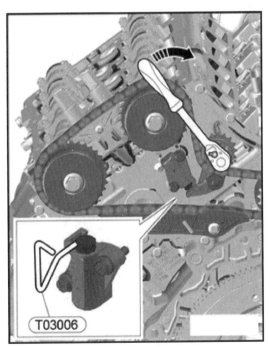

图 11-66

（3）使用一个21mm的开口扳手（如图11-67中2）反向夹住排气凸轮轴。从进气凸轮轴调节器（如图11-67中3）上拆下固定螺栓（如图11-67中1）。从链轮上取下正时链。

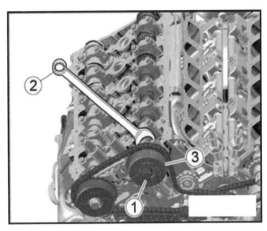

图 11-67

（4）缸组1：使用棘轮和合适的插孔按如图11-68箭头所示方向松开液压张力器，来释放正时链上的张力。使用锁止销T03006来锁止张紧器。

图 11-68

（5）使用一个32mm开口扳手反向夹住排气凸轮轴。从排气凸轮轴调节器（如图11-69中3）上拆下固定螺栓（如图11-69中1）。从链轮上取下正时链。

5.拆卸曲轴正时链

（1）将自动变速器与发动机分离。

（2）拆下下部的正时链盖。

（3）如上所述，拆下凸轮轴正时链。

（4）拆下如图11-70所示中心固定螺栓，然后丢弃。

（5）按下正时链张紧器，安装锁止销T03006，

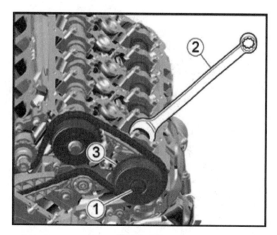

图 11-69

图 11-70

锁定张紧器。拆下固定螺栓（如图 11-71 中 4），并拆卸张紧器。从安装销上滑开导轨（如图 11-71 中 1）。推动轴承销（如图 11-71 中 2），然后脱开曲轴驱动链的中心驱动链轮。

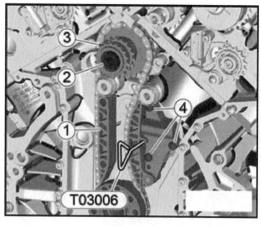

图 11-71

6. 安装曲轴正时链

（1）安装过程与拆卸过程相反，请注意以下事项。提示：如果所有的正时链已被移除，则必须按照下面详细的顺序安装。

（2）将链条安装到曲轴驱动链轮上，并同时将凸轮轴驱动装置（如图 11-72 中 3）安装到中央驱动链轮上。提示：在安装链轮之前，请将轴承销（如图 11-72 中 2）穿过链轮。

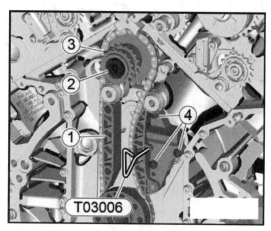

图 11-72

（3）安装导轨。重新更换垫圈，并安装张紧器，拧紧固定螺栓（如图 11-73 中 4），拧紧力矩为 8N·m。将中心驱动链轮的中央固定螺栓按如图 11-73 箭头所示拧紧至 90N·m+135°。从张紧器上松开锁定销 T03006。

图 11-73

（4）缸组 1：将正时链安装在中央驱动链轮上，然后环绕真空泵驱动链轮。将链条环绕在进气凸轮轴调节器（如图 11-74 中 1）上，确保链条松散地挂在链轮之间。

（5）提示：使用在操作过程开始时制作的链子和链轮上的标记，以帮助链轮轻松地重新安装。当心！如果进气调节器和中央驱动链轮之间的链条松弛，则有可能在发动机首次启动时脱落，对发动机造成不可

图 11-74

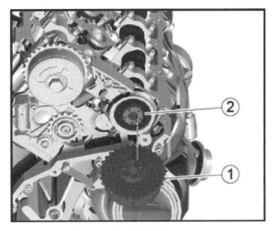

图 11-76

弥补的损坏。

（6）将排气凸轮轴调节器插入正时链条中。将排气凸轮轴调节器（如图 11-75 中 1）安装到凸轮轴上，确保定位销（如图 11-75 中 2）正确地定位到凸轮轴上各自的定位孔中。

图 11-75

图 11-77

（7）提示：使用在操作过程开始时制作的链子和链轮上的标记，以帮助链轮轻松地重新安装。确保链条不会松弛地挂在凸轮轴调整器之间。当心！如果进气调节器和中央驱动链轮之间的链条松弛，则有可能在发动机首次启动时脱落，对发动机造成不可弥补的损坏。

（8）使用一个 32mm 的开口扳手固定排气凸轮轴。拧紧凸轮轴调整器的固定螺栓（如图 11-76 中 1），拧紧力矩为 90N·m+135°。

（9）从张紧器上松开锁定销 T03006，如图 11-77 所示。

（10）缸组 2：将正时链安装在中心驱动链轮上，然后环绕排气凸轮轴调整器（如图 11-78 中 1），确保链条不会松弛地散挂在链轮之间。提示：使用在操

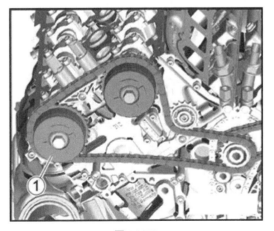

图 11-78

作过程开始时制作的链子和链轮上的标记，以帮助轻松地重新安装链轮。当心！如果排气调节器和中央驱动链轮之间的链条松弛，则有可能在发动机首次启动时链条会脱落，对发动机造成不可弥补的损坏。

（11）将进气凸轮轴调节器（如图 11-79 中 1）安装到凸轮轴上，确保定位销（如图 11-79 中 2）正确地定位到凸轮轴上各自的定位孔中。提示：使用在操作过程开始时制作的链子和链轮上的标记，以帮助轻松地重新安装链轮。确保链条不会松弛地挂在凸轮轴调整器之间。当心！如果进气调节器和排气调节器之间的链条松弛，则有可能在发动机首次启动时链条脱落，对发动机造成不可弥补的损坏。

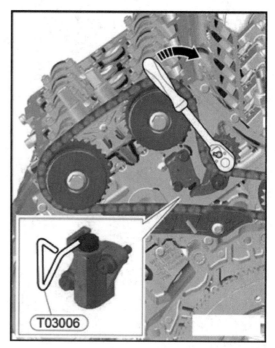

图 11-91

（1）从凸轮轴上拆下凸轮轴锁定板 T10068A（如图 11-82 中 1）。

图 11-79

（12）使用一个 21mm 扳手固定排气凸轮轴（如图 11-80 中 2）。拧紧凸轮轴调整器的固定螺栓（如图 11-80 中 1），拧紧力矩为 90N·m+135°。

图 11-82

（2）从空白孔上取下锁定销 T40237，如图 11-83 所示。

（3）使用带轮保持工具 T10172 和带轮工具销 WT1036 去转动发动机阻尼器带轮（如图 11-84 中 1），转动 2 圈。提示：当转动发动机时，只按顺时针方向转动发动机。

（4）将曲轴旋转至"TDC"。TDC 就是当曲轴阻尼器皮带轮上标记"OT"与气缸体和上部油底壳之间的连接对齐，如图 11-85 所示。

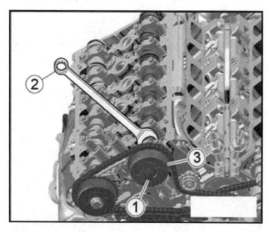

图 11-80

（13）从张紧器上松开锁定销脚 T03006，如图 11-81 所示。

7. 重新检查发动机正时

（5）重新安装锁定销 T40237，如图 11-86 所示。

（6）将凸轮轴锁定板 T10068A（如图 11-87 中 1）

图 11-83

图 11-84

图 11-85

重新插入凸轮轴。如果凸轮轴偏离对准稍许，则可以使用合适的扳手旋转凸轮轴，如前面所述。

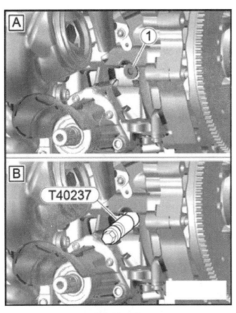

图 11-86

图 11-87

（7）重新安装曲轴空白孔（如图 11-88 中 1）新密封圈，扭矩拧紧至 30N·m。

（8）重新安装所有之前拆卸过的正时链盖。

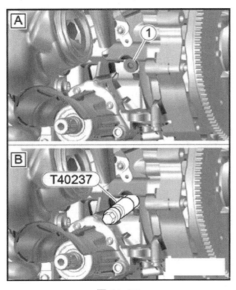

图 11-88

第十二章　玛莎拉蒂车系

一、车型

吉博力（Ghibli）（3.0T M156D），2019—2022年。

吉博力（Ghibli）S Q4（3.0T M156E），2019年。

总裁（Quattroporte）（3.0T M156D），2019—2021年。

总裁（Quattroporte）S Q4（3.0T M156E），2019—2021年。

莱万特（Levante）T Modena（3.0T M156D），2022年。

莱万特（Levante）T F Tributo（3.0T M156D），2021年。

莱万特（Levante）T（3.0T M156D），2019—2021年。

1.需要的工具

（1）凸轮轴锁定工具（如图12-1所示）。

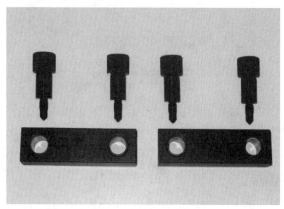

图 12-1

（2）曲轴固定工具（如图12-2所示）。

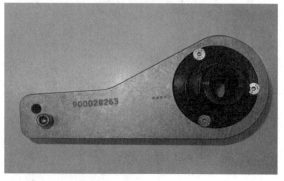

图 12-2

（二）校对正时方法

（1）如果使用了螺纹锁固剂，请清洁螺栓。仅按此步骤消除曲轴与凸轮轴正时位置之间的小偏差。当出现严重的正时偏差时，建议执行特定检查；如有必要，可拆解受到影响的发动机缸盖。

（2）检查发动机正时。如果该检查指出正时错误，请按以下步骤进行正时。

（3）拆除减震器。

（4）拆除正时前盖。

（5）使用专用工具松开3个固定螺钉（如图12-3中1）。

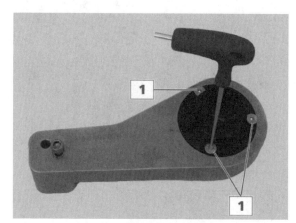

图 12-3

（6）参照曲轴上的钥匙（如图12-4中4）将销

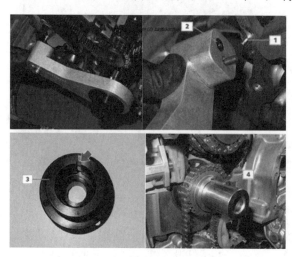

图 12-4

（如图12-4中1）插入衬套（如图12-4中2）和部件底座（如图12-4中3）中，从而将专用工具定位在发动机上。将它完全安装在发动机组上。

　　如图12-4所示，当键（如图12-4中4）向上时，即表示曲轴处在正时位置。

　　（7）使用合适的扳手，沿箭头方向转动曲轴。直到部件（如图12-5中1）孔与部件（如图12-5中2）上的箭头对齐。

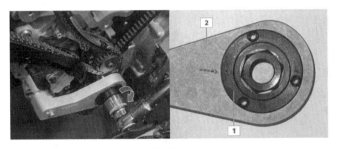

图12-5

　　（8）拧紧3个螺钉（如图12-6中1）和螺钉（如图12-6中2）。

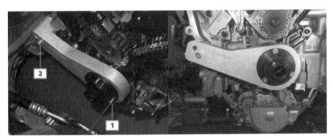

图12-6

　　（9）沿箭头方向按下液压张紧装置（如图12-7中1）的移动履板。

图12-7

　　（10）将合适的销（如图12-8中A）插入到底部液压张紧装置的所示孔中。

图12-8

　　（11）使用合适的螺丝刀（如图12-9中A）在顶部液压张紧装置上抬起销（如图12-9中1）并使用另一把螺丝刀（如图12-9中B）来将销（如图12-9中2）移回。

图12-9

　　（12）如图12-10所示，使用合适的螺丝刀按下张紧装置（如图12-10中1），然后将合适的销（如图12-10中2）插入到顶部液压张紧装置孔中。

图12-10

　　（13）使用扳手插入到所示的平整位置，保持2个凸轮轴稳定，同时部分松开发动机左排的2个正时变速器螺钉，如图 12-11 所示。确保 2 个凸轮轴稳定，直到本程序的下一步。

图 12-11

（14）使用扳手插入到所示的平整位置，稍稍旋转 2 个凸轮轴，以到达参考位置，使其能够在左排上安装凸轮轴锁止工具，然后使用 2 个螺钉（如图 12-12 中 1）将其固定。只需转动一点儿即可；否则，请检查并确保阀未粘住活塞头。将工具上的 2 个螺钉拧紧到凸轮轴上的孔中。

图 12-12

在未旋转曲轴的情况下，请不要将凸轮轴单独旋转几度以上。阀与活塞接触可能会导致阀损坏。正确定位工具，将如图 12-13 所示的凹槽正面朝上面向变

图 12-13

速器侧。

正确安装工具后，工具和两个凸轮轴的轴承表面之间不应存在间隙。

（15）在右排上重复该操作，直到到达凸轮轴锁止工具。

（17）使用合适的扳手，拆下并更换正时变速器螺栓（如图 12-14 中 2）。务必更换正时变换器密封件和正时变速器螺栓（如图 12-14 中 2）。

图 12-14

二、车型

吉博力（Ghibli）GT（2.0T 670053115），2021—2022 年。

莱万特（Levante）GT（2.0T 670053115），2022 年。

1. 所需设备

比较仪支架（900029748），如图 12-15 所示。

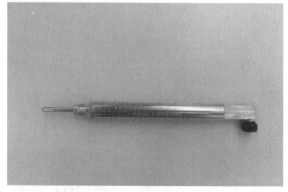

图 12-15

正时检查方法：

（1）如果使用了螺纹锁固剂，请清洁螺栓。

（2）在进行此操作前，请遵循内饰保护的指定程序。

（3）拆除气缸盖罩。

（4）拆卸空调压缩机传动带防护装置。

（5）拧紧第一点火火花塞底座上的比较仪支架（如

图 12-16 中 1）。

图 12-16

（6）在支架上安装比较仪（如图 12-17 中 1）。如图 12-17 所示，用合适的扳手（22mm）拧动自卸螺钉，以顺时针旋转发动机轴并将第 1 气缸转至 TDC。确认凸轮轴皮带轮上的所示参考点与正时前盖的平面成 90° 角。

图 12-17

（7）定位扭转减震器，让参考点与正时前盖参考点重合，如图 12-18 中所示。如果指针从 0（TDC）向后移动，请确保位移不大于百分之十二度。

图 12-18

（8）验证可能发生的指针位移，如图 12-19 所示。

图 12-19

（9）执行其余的装配步骤。

（10）进行一次功能测试。

第十三章　法拉利车系

一、车型

法拉利 California（3.9T 发动机）。

法拉利 488（3.9T 发动机）。

（一）重新安装正时链

（1）检查并确认 3 个轴承（如图 13-1 中 T）安装在正确的位置。

图 13-1

（2）将齿轮（如图 13-2 中 Q 所示）安装到驱动齿轮轴上，同时将齿轮（如图 13-2 中 R 所示）安装到曲轴和链（如图 13-2 中 S 所示）上。

图 13-2

（3）安装发动机机油泵驱动齿轮（如图 13-3 中 O 所示）和链（如图 13-3 中 P 所示）。

（4）将指示的 Seeger 环安装到发动机机油泵驱动齿轮上，如图 13-4 所示。

图 13-3

图 13-4

（5）安装并紧固固定垫块（如图 13-5 中 N 所示），拧紧指示的相应螺钉，螺钉拧紧力矩 10N·m。安装

图 13-5

并紧固固定垫块（如图13-5中M所示），拧紧指示的相应螺钉，螺钉拧紧力矩10N·m。

（6）安装并紧固固定垫块（如图13-6中L所示），拧紧指示的相应螺钉，螺钉拧紧力矩10N·m。安装并紧固可移动垫块（如图13-6中I所示），拧紧指示的相应螺钉，螺钉拧紧力矩10N·m。安装并紧固肩部衬套（如图13-6中H所示），拧紧指示的相应螺钉，螺钉拧紧力矩25N·m。

图13-6

（7）将千分表和适配器安装到气缸1的火花塞孔中。

（8）在做功冲程期间将气缸1移动到上止点。

（9）拆下千分表和适配器，如图13-7所示。

图13-7

（10）右侧气缸列。

①用反作用工具将凸轮轴固定住。

②安装并紧固固定垫块（如图13-8中G所示），拧紧指示的相应螺钉，螺钉拧紧力矩10N·m。

③通过安装相应的金刚石涂层垫圈并用手拧紧指示的相应螺钉，安装并紧固进气门可变气门正时调节器（如图13-8中E所示）和链（如图13-8中F所示），螺钉拧紧力矩10N·m。

④通过安装相应的金刚石涂层垫圈并用手拧紧指示的相应螺钉，安装并紧固排气门可变气门正时调节器（如图13-8中D所示），螺钉拧紧力矩10N·m。

⑤安装并紧固可移动垫块（如图13-8中C所示），拧紧指示的相应螺钉，螺钉拧紧力矩10N·m。

⑥紧固张紧器（如图13-8中B所示），螺钉拧紧力矩40N·m。

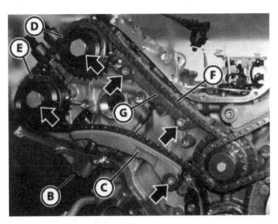

图13-8

（11）右侧气缸列，截至发动机编号166072。

①安装固定垫块（如图13-9中A所示）。

②拧紧指示的螺钉。

图13-9

（12）左侧气缸列。

①用反作用工具将凸轮轴固定住。

②安装并紧固固定垫块（如图13-10中G所示），拧紧指示的相应螺钉，螺钉拧紧力矩10N·m。

③通过安装相应的金刚石涂层垫圈并用手拧紧指示的相应螺钉，安装并紧固进气门可变气门正时调节器（如图13-10中E所示）和链（如图13-10中F所示），螺钉拧紧力矩10N·m。

④通过安装相应的金刚石涂层垫圈并用手拧紧

指示的相应螺钉，安装并紧固排气门可变气门正时调节器（如图13-10中D所示），螺钉拧紧力矩10N·m。

⑤安装并紧固可移动垫块（如图13-10中C所示），拧紧指示的相应螺钉，螺钉拧紧力矩10N·m。

⑥紧固张紧器（如图13-10中B所示），螺钉拧紧力矩40N·m。

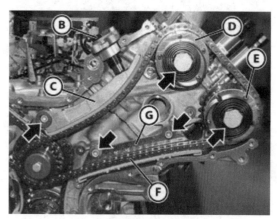

图13-10

（13）左侧气缸列，截至发动机编号166072。

①安装固定垫块（如图13-11中A所示），螺钉拧紧力矩10N·m。

②拧紧指示的螺钉。

图13-11

（14）调节正时。

（15）重新安装前发动机盖罩。

（二）正时调节

（1）拆卸整个发动机。

（2）拆卸前发动机盖罩。

（3）松开可变气门正时调节器的紧固螺钉。

（4）将凸轮轴上指示的参考标记与前盖上指示的参考标记对齐，如图13-12所示。

（5）用手拧紧可变气门正时调节器的紧固螺钉。

图13-12

（6）将千分表（如图13-13中A所示）和适配器安装到气缸1的火花塞孔中。在读取千分表（如图13-13中A所示）读数的同时转动曲轴，以在做功冲程中将气缸1移动到上止点。将千分表（如图13-13中B所示）和支座安装到气缸1的其中一个进气门上，使千分表的指针尽可能垂直于筒形挺柱的上表面。转动曲轴，同时读取测量气门升程的千分表（如图13-13中B所示）的读数，然后在上止点处复位千分表（如图13-13中B所示）。在这种情况下，筒形挺柱可在其座中自由转动。在读取千分表（如图13-13中B所示）读数的同时将曲轴沿顺时针方向转动360°，以在凸轮轴开始打开气门之前达到气门重叠阶段。检查并确认千分表（如图13-13中B）的读数为零。在读取千分表（如图13-13中A所示）读数的同时将曲轴转到气缸1的上止点。检查并确认千分表（如图13-13中A和B所示）的读数均为零。沿顺时针方向转动曲轴，直到千分表（如图13-13中A所示）的读数值达到4.58mm（对应上止点后25°）为止。检查并确认千分表（如图13-13中B）的读数值为0.70mm

图13-13

±0.08mm。用扳手转动进气凸轮轴，以达到指示的正确值。

（7）用反作用工具将进气凸轮轴固定住。向进气门可变气门正时调节器（如图13-14中C所示）与指示的相应紧固螺钉接触的表面上涂抹发动机机油SHELL HELIX ULTRA SAE 5W-40。预拧紧指示的螺钉，螺钉（预紧）拧紧力矩50N·m。拧紧指示的螺钉，螺钉（角度70°）拧紧力矩100~140N·m。

图13-14

（8）在读取千分表（如图13-15中A所示）读数的同时转动曲轴，以在做功冲程中将气缸1移动到上止点。将千分表（如图13-15中B所示）和支座安装到气缸1的其中一个排气门上，使千分表的指针尽可能垂直于筒形挺柱的上表面。在读取千分表（如图13-15中A所示）读数的同时沿逆时针方向转动曲轴，将活塞移动5mm。在读取千分表（如图13-15中A所示）读数的同时沿顺时针方向转动曲轴，以将活塞移动3.24mm至1.68mm（对应上止点前15°）。在排气门升程值处复位千分表（如图13-15中B所示）。在读取千分表（如图13-15中B所示）读数的同时沿顺时针方向转动曲轴，直到排气门完全关闭为止。检查并确认千分表（如图13-15中B所示）的读数值为

图13-15

0.60mm±0.08mm。用扳手转动排气凸轮轴，以达到指示的正确值。

（9）用反作用工具将排气凸轮轴固定住。向排气门可变气门正时调节器（如图13-16中D所示）与指示的相应紧固螺钉接触的表面上涂抹发动机机油SHELL HELIX ULTRA SAE 5W-40。预拧紧指示的螺钉，螺钉（预紧）拧紧力矩50N·m。拧紧指示的螺钉，螺钉（角度70°）拧紧力矩100~140N·m。

图13-16

（10）检查并确认凸轮轴上指示的参考标记与前盖上指示的参考标记对齐，如图13-17所示。

图13-17

（11）对另一侧的气缸列重复执行上述正时调节步骤。

（12）将曲轴转几圈，然后再次测量正时值。

（13）取下千分表。

（14）重新安装前发动机盖罩。

（15）重新安装整个发动机。

二、车型

法拉利458（4.5L发动机）。

（一）重新安装正时链

（1）检查并确认3个轴承（如图13-18中T所示）

安装在正确的位置。

图 13-18

（2）将齿轮（如图 13-19 中 19 所示）安装到驱动齿轮轴上，同时将齿轮（如图 13-19 中 18 所示）安装到曲轴和链（如图 13-19 中 17 所示）上。

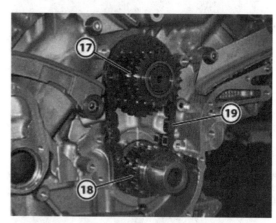

图 13-19

（3）安装并紧固固定垫块（如图 13-20 中 15 所示），拧紧指示的相应螺钉，螺钉拧紧力矩 10N·m。安装并紧固固定垫块（如图 13-20 中 16 所示），拧紧指示的相应螺钉，螺钉拧紧力矩 10N·m。

图 13-20

（4）安装发动机机油泵驱动齿轮（如图 13-21 中 13 所示）和链（如图 13-21 中 14 所示）。拧紧指示的齿轮（如图 13-21 中 13 所示）的紧固螺钉。

图 13-21

（5）安装并紧固固定垫块（如图 13-22 中 11 所示），拧紧指示的相应螺钉，螺钉拧紧力矩 10N·m。安装并紧固可移动垫块（如图 13-22 中 12 所示），拧紧指示的相应螺钉，螺钉拧紧力矩 10N·m。

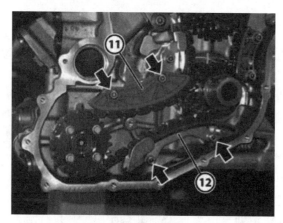

图 13-22

（6）将千分表和适配器（如图 13-23 中 A 所示）安装到气缸 1 的火花塞孔中。在做功冲程期间将气缸

图 13-23

1移动到上止点。拆下千分表和适配器。

（7）右侧气缸列。

①安装并紧固固定垫块（如图13-24中25所示），拧紧指示的相应螺钉，螺钉拧紧力矩10N·m。

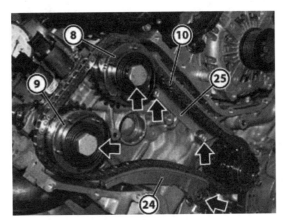

图13-24

图13-25

②用反作用工具将凸轮轴固定住。

③通过安装相应的金刚石涂层垫圈并用手拧紧指示的相应螺钉，安装并紧固进气门可变气门正时调节器（如图13-24中8所示）和链（如图13-24中10所示）。

④通过安装相应的金刚石涂层垫圈并用手拧紧指示的相应螺钉，安装并紧固排气门可变气门正时调节器（如图13-24中9所示）。

⑤安装并紧固可移动垫块（如图13-24中24所示），拧紧指示的相应螺钉，螺钉拧紧力矩10N·m。

（8）右侧气缸列，截至发动机编号175732。

①安装固定垫块（如图13-25中A所示）。

②拧紧指示的螺钉，螺钉拧紧力矩10N·m。

（9）左侧气缸列。

①安装并紧固固定垫块（如图13-26中23所示），拧紧指示的相应螺钉，螺钉拧紧力矩10N·m。

②用反作用工具将凸轮轴固定住。

③通过安装相应的金刚石涂层垫圈并用手拧紧指示的相应螺钉，安装并紧固进气门可变气门正时调节器（如图13-26中4所示）和链（如图13-26中6所示）。

④通过安装相应的金刚石涂层垫圈并用手拧紧指示的相应螺钉，安装并紧固排气门可变气门正时调节器（如图13-26中5所示）。

⑤安装并紧固可移动垫块（如图13-26中3所示），拧紧指示的相应螺钉，螺钉拧紧力矩10N·m。

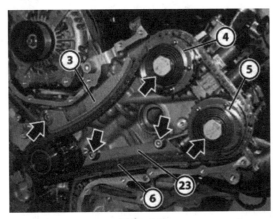

图13-26

（10）左侧气缸列，截至发动机编号175732。

①安装固定垫块（如图13-27中2所示）。

②拧紧指示的螺钉，螺钉拧紧力矩10N·m。

图13-27

（11）安装肩部（如图13-28中1所示）。

（12）拧紧指示的螺钉，螺钉拧紧力矩25N·m。

（13）紧固张紧器（如图13-29中B所示），螺钉拧紧力矩40N·m。

（14）安装凸缘（如图13-30中20所示）和相应的密封垫（如图13-30中21所示），然后用手紧固液压张紧器（如图13-30中22所示）。

（15）拧紧指示的螺钉，螺钉拧紧力矩10N·m。

683

图 13-28

图 13-29

图 13-30

（16）紧固张紧器（如图 13-30 中 22 所示），螺钉拧紧力矩 40N·m。

（17）调节正时。

（18）重新安装前部曲轴箱盖。

（二）正时调节

（1）拆卸发动机。

（2）拆下前部曲轴箱盖。

（3）松开可变气门正时调节器的紧固螺钉。将凸轮轴上指示的参考标记与前盖上指示的参考标记对

齐，如图 13-31 所示。用手拧紧可变气门正时调节器的紧固螺钉。

图 13-31

（4）将千分表（如图 13-32 中 A 所示）和适配器安装到气缸 1 的火花塞孔中。在读取千分表（如图 13-32 中 A 所示）读数的同时转动曲轴，以在做功冲程中将气缸 1 移动到上止点。将千分表（如图 13-32 中 B 所示）和支座安装到气缸 1 的其中一个进气门上，使千分表的指针尽可能垂直于筒形挺柱的上表面。转动曲轴，同时读取测量气门升程的千分表（如图 13-32 中 B 所示）的读数，然后在上止点处复位千分表（如图 13-32 中 B 所示）。在这种情况下，筒形挺柱可在其座中自由转动。在读取千分表（如图 13-32 中 B 所示）读数的同时将曲轴沿顺时针方向转动 360°，以在凸轮轴开始打开气门之前达到气门重叠阶段。检查并确认千分表（如图 13-32 中 B 所示）的读数为零。在读取千分表（如图 13-32 中 A 所示）读数的同时将曲轴转到气缸 1 的上止点。检查并确认千分表（如图 13-32 中 A 和 B 所示）的读数均为零。沿顺时针方向转动曲轴，直到千分表（如图 13-32 中 A 所示）的读数值达到 4.81mm（对应上止点后 25°）为

图 13-32

684

止。检查并确认千分表（如图 13-32 中 B 所示）的读数值为 0.60mm ± 0.08mm。用扳手转动进气凸轮轴，以达到指示的正确值。

（5）用反作用工具将进气凸轮轴固定住。

（6）向进气门可变气门正时调节器（如图 13-33 中 C 所示）与指示的相应紧固螺钉接触的表面上涂抹发动机机油 SHELL HELIX ULTRA SAE 5W-40。预拧紧指示的螺钉，螺钉拧紧力矩 50N·m。拧紧指示的螺钉，螺钉（角度 70°）拧紧力矩 100~140N·m。

图 13-33

（7）在读取千分表（如图 13-34 中 A 所示）读数的同时转动曲轴，以在做功冲程中将气缸 1 移动到上止点。将千分表（如图 13-34 中 B 所示）和支座安装到气缸 1 的其中一个排气门上，使千分表的指针尽可能垂直于筒形挺柱的上表面。在读取千分表（如图 13-34 中 A 所示）读数的同时沿逆时针方向转动曲轴，将活塞移动 5mm。在读取千分表（如图 13-34 中 A 所示）读数的同时沿顺时针方向转动曲轴，以将活塞移动 3.24 mm 至 1.76mm（对应上止点前 15°）。在排气门升程值处复位千分表（如图 13-34 中 B 所示）。在读取千分表（如图 13-34 中 B 所示）读数的同时沿顺

图 13-34

时针方向转动曲轴，直到排气门完全关闭为止。检查并确认千分表（如图 13-34 中 B 所示）的读数值为 0.60 mm ± 0.08 mm。用扳手转动排气凸轮轴，以达到指示的正确值。

（8）用反作用工具将排气凸轮轴固定住。

（9）向排气门可变气门正时调节器（如图 13-35 中 D 所示）与指示的相应紧固螺钉接触的表面上涂抹发动机机油 SHELL HELIX ULTRA SAE 5W-40。预拧紧指示的螺钉，螺钉拧紧力矩 50N·m。拧紧指示的螺钉，螺钉（角度 70°）拧紧力矩 100~140N·m。

图 13-35

（10）检查并确认凸轮轴上指示的参考标记与前盖上指示的参考标记对齐，如图 13-36 所示。

图 13-36

（11）对另一侧的气缸列重复执行上述正时调节步骤。

（12）将曲轴转几圈，然后再次测量正时值。

（13）取下千分表。

（14）重新安装前部曲轴箱盖。

（15）重新安装发动机。

第十四章　雷诺车系

一、车型

东风雷诺科雷傲（2.5L 2TR），2016—2021 年。
进口雷诺科雷傲（2.5L 2TR），2009—2015 年。

（一）强制特定工具

（1）用于软管夹的远程操作钳。
（2）移除带有硅胶密封件的外壳。
（3）飞轮锁定工具。

（二）拆卸

1.拆卸正时齿轮

（1）正时齿轮说明。警告：为避免损坏系统的任何风险，请在进行维修之前应用安全和清洁说明以及操作建议（发动机和气缸体总成）。警告：操作时戴防护手套。

（2）拆卸正时链条所需的设备：防护手套和提取器。

（3）移除。

①移除软管上的夹子、软管和冷却液出口装置，如图 14-1 所示。

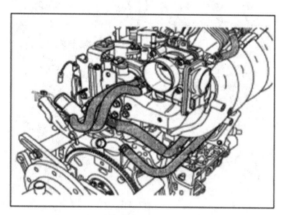

图 14-1

②移除后谐振器支撑螺栓和后谐振器支架，如图14-2 所示。

③移除气缸盖上的升降支架螺栓，升降支架在气缸盖上，如图 14-3 所示。

④移除 [使用工具对油蒸气再呼吸管进行切割（Mot 1448）] 油蒸气再呼吸管、进气歧管和喷油器和喷油器导轨，如图 14-4 所示。

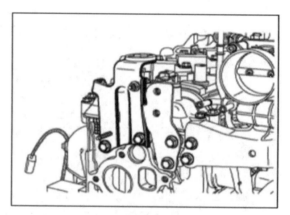

图 14-2

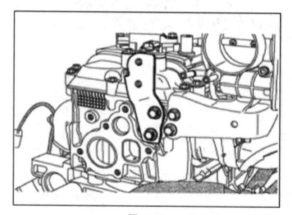

图 14-3

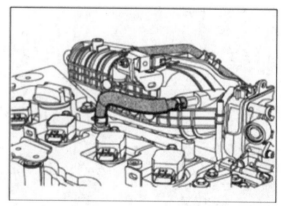

图 14-4

⑤移除前谐振器支撑螺栓和前谐振器支架，如图 14-5 所示。

⑥移除发动机安装在右手侧配饰腰带螺栓，如图 14-6 所示。

图 14-5

图 14-8

⑨移除油尺导管螺栓和油尺导管，如图 14-9 所示。

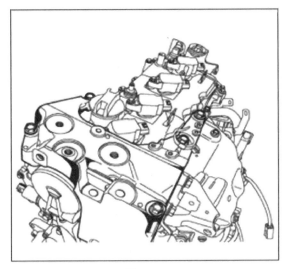

图 14-6

⑦移除固定滚轮螺栓和固定辊，如图 14-7 所示。

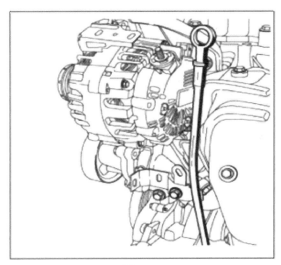

图 14-9

⑩移除在空调压缩机上螺栓和空调压缩机，如图 14-10 所示。

图 14-7

⑧移除自动张紧器、自动张紧轮和张紧轮总成，如图 14-8 所示。

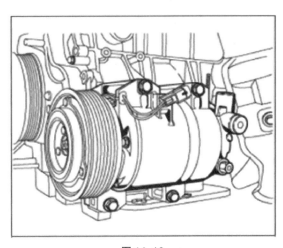

图 14-10

⑪移除油位传感器螺栓和油位传感器（如图14-11所示），取出水槽。

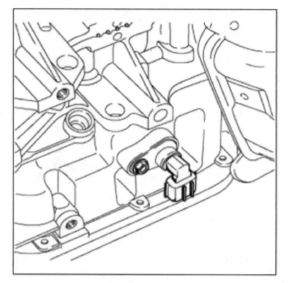

图 14-11

⑫移除滤油器螺栓和滤油器，如图14-12所示。

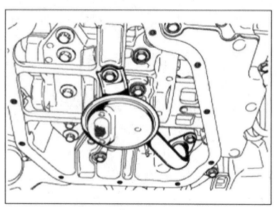

图 14-12

⑬按顺序松开上部油槽螺栓，如图14-13所示。使用工具的上油槽（Mot.1716）移除上油槽螺栓。

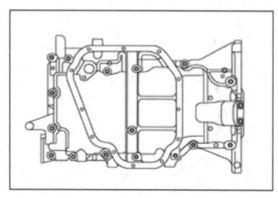

图 14-13

⑭松开凸轮轴相位器电磁阀螺栓。从凸轮轴移相

器电磁阀移除螺栓，取下凸轮轴相位器电磁阀，如图14-14所示。

图 14-14

⑮依次松开凸轮轴移相器盖螺栓。拆下凸轮轴移相器盖的螺栓，如图14-15所示。

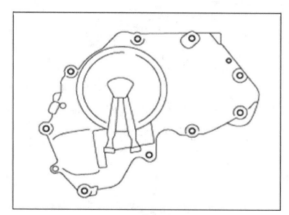

图 14-15

⑯使用工具拆下凸轮轴移相器盖（Mot.1716），如图14-16所示。

⑰取下凸轮轴链轮之间链垫，如图14-17所示。

⑱对齐：黄色正时链条与进气歧管侧的链轮对齐，黄色正时链条与排气歧管侧的链轮对齐。如果彩色链节未与凸轮轴标记对齐，小心顺时针转动曲轴，直到凸轮轴链轮标记与正时链的彩色链节对齐，如图14-18所示。

⑲对齐 TDC 标记，如图14-19所示。

⑳定位工具（Mot. 1431）用于飞轮和驱动板锁定工具，如图14-20所示。

㉑松开曲轴附件皮带轮螺栓。使用内部两臂拆卸

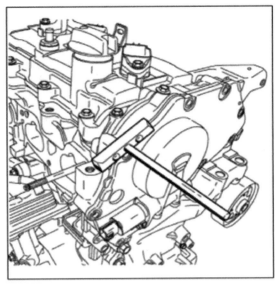

图 14-16

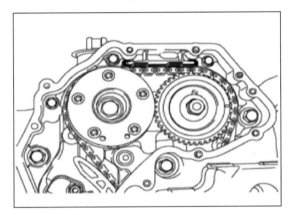

图 14-17

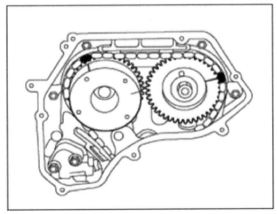

图 14-18

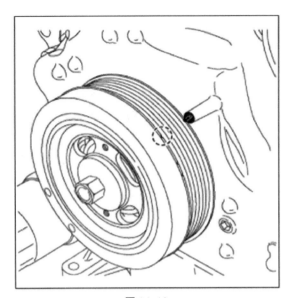

图 14-19

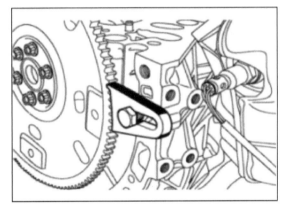

图 14-20

图 14-21

器拆下曲轴附件皮带轮，如图 14-21 所示。

㉒移除工具（Mot.1431），如图 14-22 所示。

㉓按正确顺序拆下正时盖螺栓，如图 14-23 所示。

㉔使用工具（Mot.1716）拆下正时盖。不要损坏密封面。取下正时盖。不要拆下正时盖内的油泵。如有必要，更换正时盖，如图 14-24 所示。

㉕检查：黄色正时链条链节与凸轮轴链轮标记对齐。橙色正时链条链节与曲轴链轮标记对齐。如果彩色链节与凸轮轴标记未对齐，小心顺时针转动曲轴，直到凸轮轴链轮标记与正时链的彩色链节对齐，如图 14-25 所示。

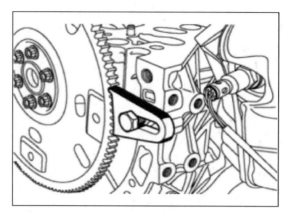

图 14-22

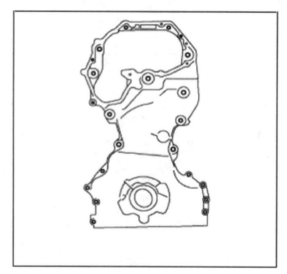

图 14-23

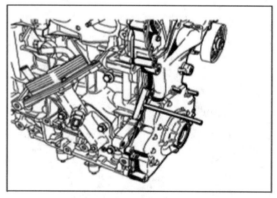

图 14-24

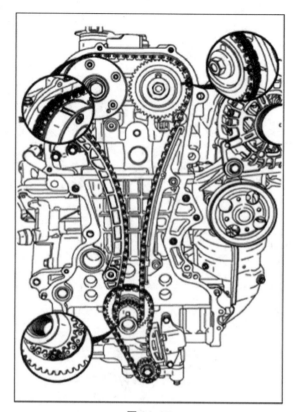

图 14-25

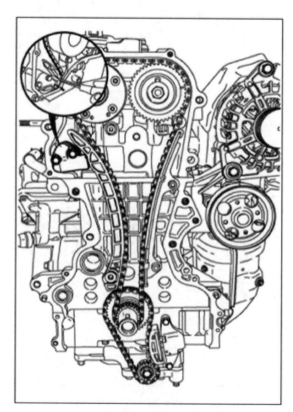

图 14-26

㉖压下正时链条张紧器的柱塞。放一根金属棒在正时链条的张紧器中，松开链条。移除正时链条张紧器螺栓，正时链条张紧器。使用直径约 0.5mm 的硬质金属销作为止动销，如图 14-26 所示。

㉗移除正时链条张力垫螺栓、正时链条张力垫和油泵驱动垫片，如图 14-27 所示。

㉘移除正时链条张力垫螺栓和正时链条张力垫，如图 14-28 所示。

㉙拆正时链条，如图 14-29 所示。

㉚按停止选项卡并推回调整导轨补偿器正时链。放置一根金属棒在张紧器中以松开链条，如图 14-30

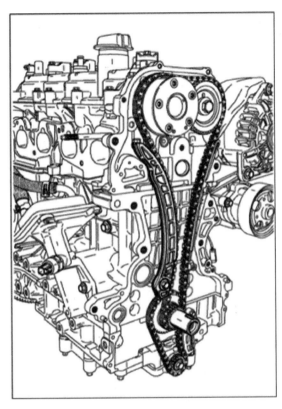

图 14-27

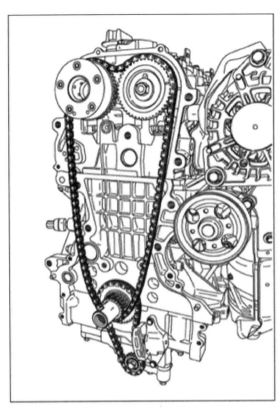

图 14-29

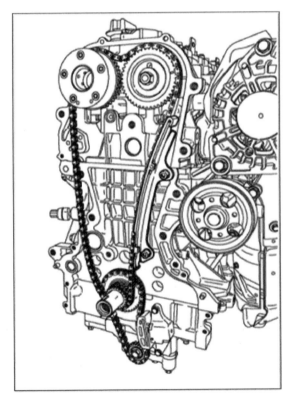

图 14-28

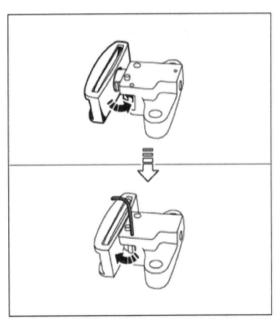

图 14-30

所示。

㉛移除补偿器正时链条张紧器螺栓和张紧器补偿器正时链。使用直径约 1.2mm 的硬质金属销作为止动

销，如图 14-31 所示。

㉜放置合适的工具固定补偿器链轮。移除螺栓补偿器链轮、补偿器链轮、补偿器正时链，如图 14-32 所示。

㉝依次松开补偿器螺栓，如图 14-33 所示。移除补偿器螺栓和补偿器。切勿拆下平衡轴。

图 14-31

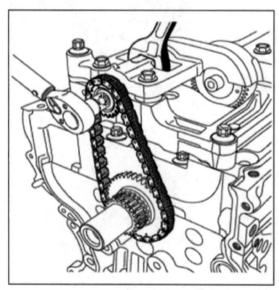

图 14-32

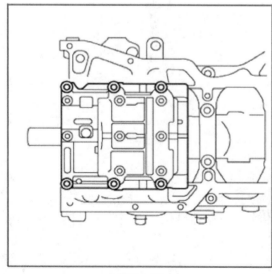

图 14-33

（三）安装

1. 扭力拧紧（如表 14-1 所示）

表 14-1

名称	拧紧力矩
补偿螺栓	42N·m
补偿螺栓	36 N·m
补偿螺栓	120°
顺时针方向补偿器螺栓	90°
补偿螺栓	42 N·m
补偿螺栓	36 N·m
补偿螺栓	120°
顺时针方向补偿器螺栓	90°
补偿器链轮螺栓	65 N·m
补偿器正时链条张紧器的螺栓	7 N·m
正时链条张紧垫的螺栓	17 N·m
正时链条张紧垫的螺栓	17 N·m
正时链条张紧器的螺栓	7 N·m
正时盖上的 M10 螺栓	49 N·m
正时盖上的 M6 螺栓	13 N·m
凸轮轴移相器盖的螺栓	13 N·m
凸轮轴移相器电磁阀螺栓	6 N·m
皮带轮螺栓	42 N·m +60°
上油槽的螺栓 M6×20mm	9 N·m
上油槽的螺栓 M8×25mm	22 N·m
上油槽的螺栓 M8×60mm	22 N·m
上油槽的螺栓 M8×100mm	22 N·m
滤油器的螺栓	22 N·m
传动轴继电器轴承支撑螺栓	48 N·m
油位传感器螺栓	6 N·m
空调压缩机螺栓	31 N·m
油尺导管螺栓	22 N·m
自动张紧器的螺栓	25 N·m
固定滚柱螺栓	28 N·m
右侧发动机螺栓	48 N·m
前谐振器支撑螺栓	10 N·m
气缸盖上提升支架的螺栓	28 N·m
后谐振器支撑螺栓	22 N·m

2. 强制特定工具

（1）飞轮锁定工具。

（2）曲轴密封件装配工具（正时端）。

（3）用于软管夹的远程操作钳。

3. 修复正时的说明

警告：为避免损坏系统的任何风险，请在进行维修之前应用安全和清洁说明以及操作建议（发动机和气缸体）。警告：操作时戴防护手套。切勿逆时针旋转发动机（正时结束）。不要在没有附件皮带的情况下让发动机转动，以免损坏皮带轮。

4. 维修零件和消耗品

（1）需要更换部分。

①补偿器螺栓。

②补偿器正时链。

③补偿器正时链条的张紧器。

④正时链条张紧器导轨。

⑤正时链条张紧器垫。

⑥正时链条张紧器。

⑦正时盖、气缸盖和气缸体的 O 形圈。

⑧正时端的曲轴密封件。

⑨曲轴附件皮带轮螺栓。

（2）耗材。

①表面清洁剂。

②硅酮密封胶。

5. 正时齿轮所需的设备

（1）防护手套。

（2）扭力 / 角扳手。

（3）扭力扳手。

（4）气缸盖螺栓角拧紧扳手（角测量型）。

6. 重新调整正时的操作

①检查：链轮标记如图 14-34 中 1 的位置，曲轴夹头如图 14-34 中 2 的定位。

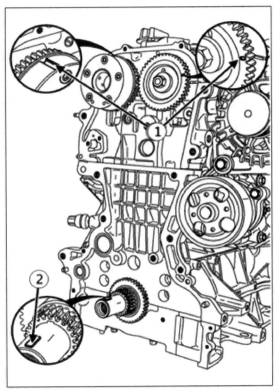

图 14-34

②安装补偿器，新的补偿器螺栓。预紧扭矩：补偿器螺栓在 42N·m（如图 14-35 中 1 至 5 号），补偿器螺栓在 36N·m（如图 14-35 中 6 号）。按照正确的顺序和顺时针方向暂时拧紧扭矩和角度：补偿器螺栓在 120°（如图 14-35 中 1 至 5 号），补偿器螺栓顺时针在 90°（如图 14-35 中 6 号）。以相反的顺序松开所有补偿器螺栓。使用角扳手或量角器检查拧紧角度。不要在不使用工具的情况下进行目视检查。

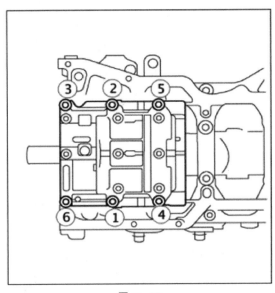

图 14-35

③安装正时链条（如图 14-36 中 5），带有彩色正时链节的补偿器（橙色）必须与标记对齐（如图 14-36 中 7）在曲轴链轮上；正时链条（如图 14-36 中 5）带有彩色正时链节的补偿器（黄色）必须与标记对齐（如图 14-36 中 7）在补偿器链轮上。安装补偿器链

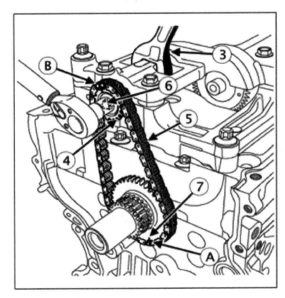

图 14-36

轮（如图14-36中4）、新的正时链条补偿器和新螺栓补偿器链轮。使用工具（如图14-36中3）拧紧补偿器链轮螺栓（如图14-36中6），拧紧扭矩65N·m。

④拧紧扭矩补偿器正时链条张紧器的螺栓到7N·m（如图14-37中8）。

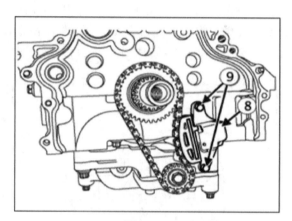

图14-37

⑤安装新的正时链条（如图14-38中10）。

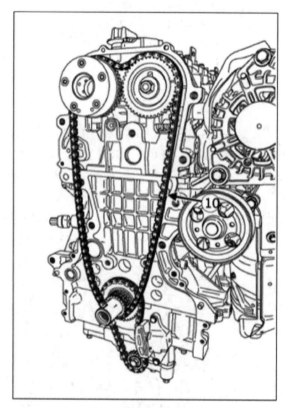

图14-38

⑥安装带有彩色补偿器正时链节的补偿器正时链[如图14-39中11）曲轴链轮侧面橙色，补偿器链轮侧面橙色]与每个链轮的标记对齐，带彩色链节的正时链条（如图14-39中12：黄色）在与每个链轮的标记对齐的正时链条上，带彩色链节的正时链条（如图

14-39中13：橙色）在与曲轴链轮上的标记对齐的正时链条上。

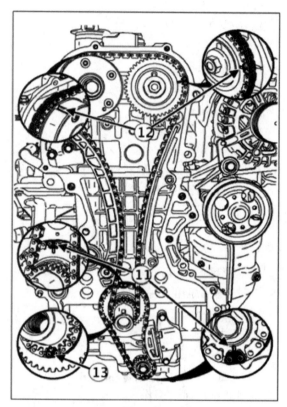

图14-39

⑦安装新的正时链条张紧垫（如图14-40中14），安装正时链条张紧垫新螺栓（如图14-40中15）。正时链条张紧垫的螺栓拧紧扭矩17N·m。

⑧安装新的正时链条张紧垫（如图14-41中16）、新螺栓（如图14-41中17）正时链条张紧垫。正时链条张紧垫的螺栓拧紧扭矩17 N·m。在重新安装正时链垫之前，再次检查标记是否滑落。

⑨在进气凸轮轴链轮上放置合适的工具（如图14-42中18）。如图14-42所示，通过移动工具来安装新的正时链条张紧器（如图14-42中19）和正时链条张紧器螺栓（如图14-42中20）。正时链条张紧器螺栓拧紧扭矩7 N·m。取下金属棒（如图14-42中21）松开正时链条张紧器。

⑩重新安装新的O形圈、气缸盖侧（如图14-43中22）和气缸体侧（如图14-43中23）。用表面清洁剂清洁正时盖和气缸体之间的接合面。

⑪涂上珠子（如图14-44中24）的硅胶密封条正时盖接合面边缘周围直径为4.5 mm。对于带标记的螺栓孔（5个位置），在孔的外侧涂抹液体胶泥。安装必须在5min内进行。

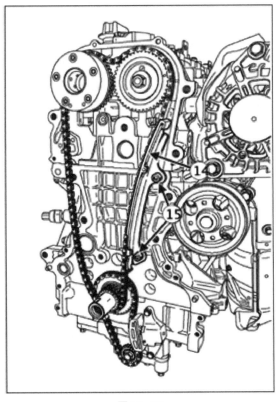

图 14-40

图 14-42

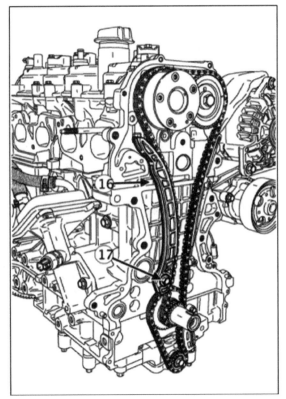

图 14-41

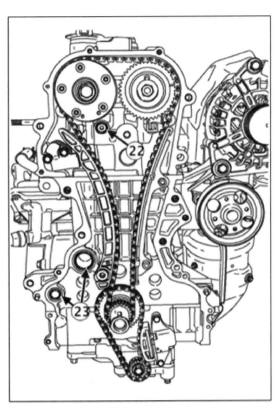

图 14-43

⑫安装计时盖和正时盖螺栓。拧紧扭矩并按顺序拧紧，如图 14-45 所示。拧紧扭矩正时盖上的 M10 螺栓 49 N·m，拧紧扭矩正时盖上的 M6 螺栓 13 N·m。

去除表面流动的多余胶泥，以便重新安装盖子。

⑬安装在凸轮轴链轮之间的链垫（如图 14-46 中 25），新的 O 形圈（如图 14-46 中 26）在计时盖上。

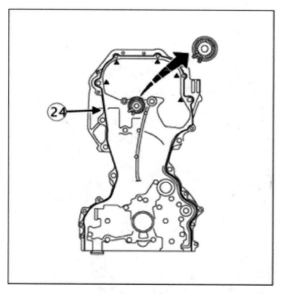

图 14-44

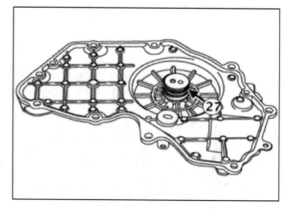

图 14-47

⑮重新安装新的 O 形圈（如图 14-48 中 28）在凸轮轴移相器电磁阀中。用表面清洁剂清洁正时盖和凸轮轴移相器盖之间的接合面。

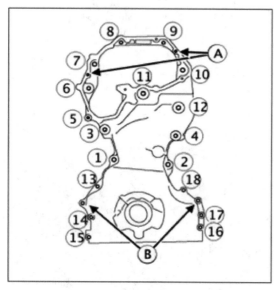

图 14-45

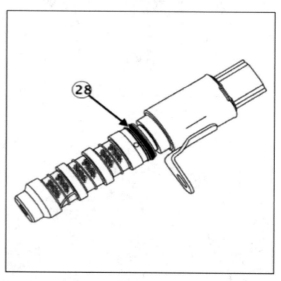

图 14-48

⑯涂上珠子（如图 14-49 中 29）的硅胶密封条在凸轮轴移相器盖的垫圈表面边缘周围，直径为 4mm。

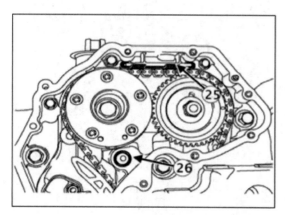

图 14-46

⑭重新安装新的 O 形圈（如图 14-47 中 27）在凸轮轴移相器盖的一侧。

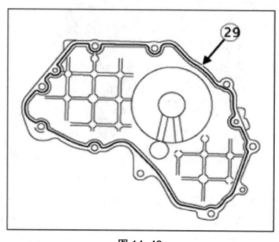

图 14-49

安装必须在应用后 5min 内进行。

⑰ 安装凸轮轴移相器盖和凸轮轴移相器盖螺栓，如图 14-50 所示。拧紧凸轮轴移相器盖的螺栓，拧紧扭矩 13 N·m。

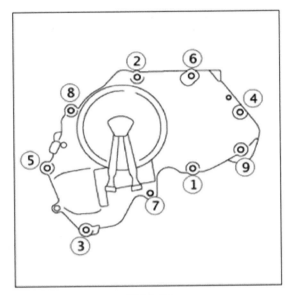

图 14-50

⑱ 安装凸轮轴相位器电磁阀（如图 14-51 中 30），安装凸轮轴移相器电磁阀螺栓（如图 14-51 中 31）。拧紧凸轮轴移相器电磁阀螺栓，拧紧扭矩 6 N·m。

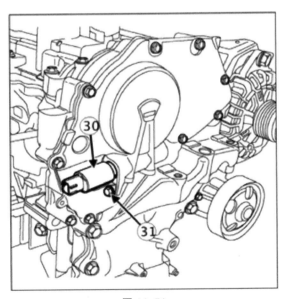

图 14-51

⑲ 重新安装工具（如图 14-52 中 32）（Mot.1431）用于锁定驱动板和飞轮锁定工具。

⑳ 重新安装油泵驱动垫片（如图 14-53 中 33）。通过接合面重新安装油泵驱动垫片（如图 14-53 中 34）正时盖内。

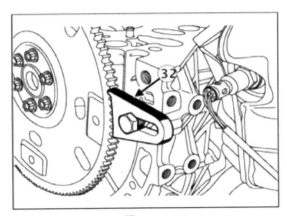

图 14-52

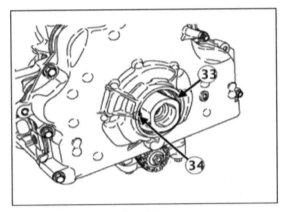

图 14-53

㉑ 新的曲轴密封件（如图 14-54 中 35）在工具上（如图 14-54 中 36）。工具带有新的曲轴密封件。对齐工具盖在曲轴夹头上。重新安装适配器（如图 14-54 中 37）在工具上。按下工具逐渐接触到正时盖。移除工具和适配器。

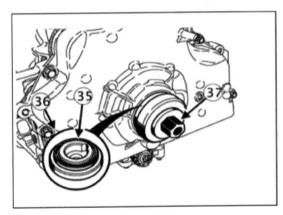

图 14-54

㉒ 安装曲轴皮带轮（如图 14-55 中 38）、曲轴皮带轮螺栓（如图 14-55 中 39）。拧紧附件皮带轮螺栓的扭矩和角度为 42 N·m +60°。

㉓ 移除工具（如图 14-56 中 40）（Mot.1431）。

图 14-55

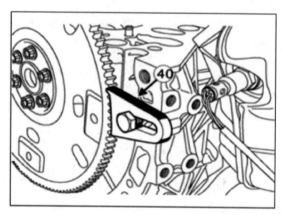

图 14-56

㉔重新安装新的 O 形圈（如图 14-57 中 41）在计时盖上。使用清洁剂清洁密封接合面表面清洁剂。检查底板是否被划伤。

图 14-57

㉕清洁：为确保正确密封，垫圈表面必须清洁、干燥且不油腻（避免任何指印）。涂上珠子的硅胶密封条直径约为 4.5mm。对于带标记的螺栓孔（5 个位

置），在孔的外侧涂抹胶泥，如图 14-58 所示。安装必须在 5min 内进行。

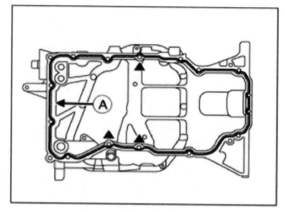

图 14-58

㉖安装上油槽和上油槽螺栓。拧紧上油槽的螺栓 M6×20mm，拧紧扭矩 9 N·m（如图 14-59 中第 16、17 号），拧紧上油槽的螺栓 M8×25mm，拧紧力矩 22 N·m（如图 14-59 中第 4、6、11、13、14、15 号），拧紧上油槽的螺栓 M8×60mm，拧紧力矩 22 N·m（如图 14-59 中第 7、8、9、10 号），拧紧上油槽的螺栓 M8×100mm，拧紧力矩 22 N·m（如图 14-59 中第 1、2、3、5、12 号）。

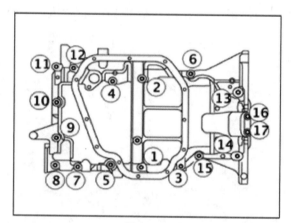

图 14-59

㉗安装滤油器上的新 O 形圈、滤油器（如图 14-60 中 42）和滤油器螺栓（如图 14-60 中 43）。扭矩滤油器的螺栓扭紧力矩 22 N·m。安装油槽。

㉘安装油位传感器（如图 14-61 中 46）和油位传感器螺栓（如图 14-61 中 47）。拧紧油位传感器螺栓，拧紧力矩 6 N·m。

㉙安装空调压缩机（如图 14-62 中 48）和空调压缩机螺栓（如图 14-62 中 49）。拧紧空调压缩机螺栓，拧紧力矩 31 N·m。

㉚安装新的 O 形圈（如图 14-63 中 50）在油尺导

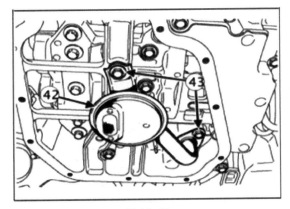

图 14-60

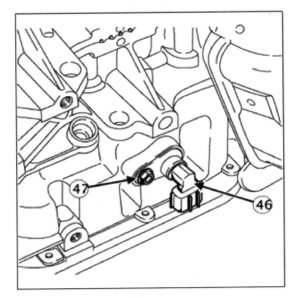

图 14-61

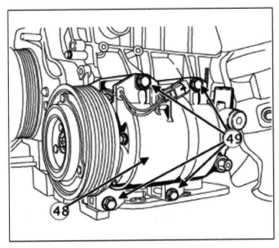

图 14-62

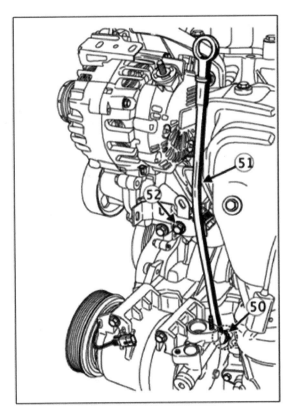

图 14-63

图 14-64

管上、油尺导管（如图 14-63 中 51）和油尺导管螺栓
（如图 14-63 中 52）。拧紧量油尺导管螺栓，拧紧力
矩 22 N·m。

㉛安装自动张紧轮和张紧轮总成（如图 14-64 中
53），安装自动张紧器螺栓（如图 14-64 中 54）。拧紧自动张紧器的螺栓，拧紧力矩 25 N·m。

㉜安装固定辊（如图 14-65 中 55）和固定滚轮螺栓（如图 14-65 中 56）。拧紧固定滚轮螺栓，拧紧力矩 28 N·m。重新装上腰带。

㉝安装（如图 14-66 中 57）在发动机右手侧，安装螺栓（如图 14-66 中 58）。拧紧发动机右侧螺栓，拧紧力矩 48 N·m。

㉞安装前谐振器支撑（如图 14-67 中 59）和前谐

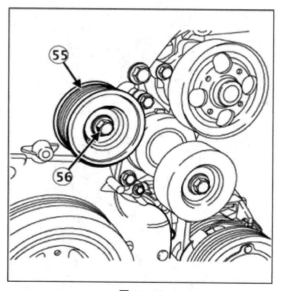

图 14-65

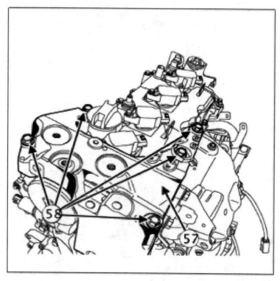

图 14-66

振器支架的螺栓（如图 14-67 中 60）。拧紧前谐振器
支撑螺栓，拧紧力矩 10 N·m。安装喷油器和喷油器
导轨。安装进气歧管。

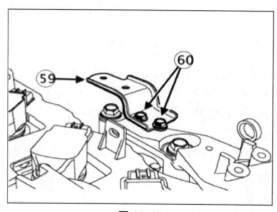

图 14-67

㉟安装油蒸气蒸发管（如图 14-68 中 61、62）。

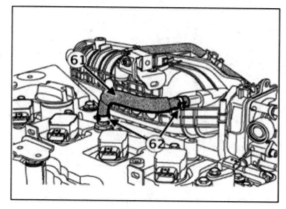

图 14-68

㊱安装升降支架（如图 14-69 中 63）在气缸盖上。
气缸盖上的升降支架螺栓（如图 14-69 中 64）。拧紧
气缸盖上提升支架的螺栓，拧紧力矩 28 N·m。

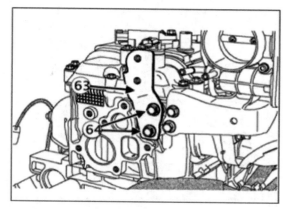

图 14-69

㊲安装后谐振器的支撑（如图 14-70 中 65），安
装后谐振器支撑螺栓（如图 14-70 中 66）。拧紧后谐
振器支撑螺栓，拧紧力矩 22 N·m。

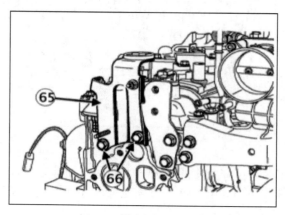

图 14-70

㊳安装水室（如图 14-71 中 67）和软管（如图 14-71

中 68）。使用工具夹住软管上的夹子（Mot.1448）。

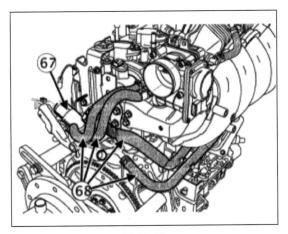

图 14-71

二、车型

东风雷诺科雷傲（2.0L M5R），2016—2021 年。

（一）拆卸

（1）从正时盖上拆下螺栓，链条标记如图 14-72
所示。

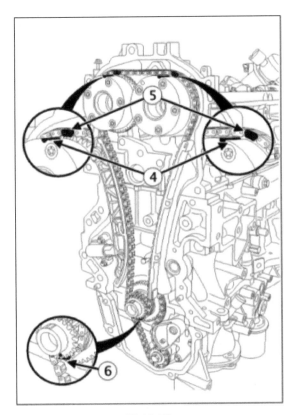

图 14-72

（2）以平稳的动作，顺时针转动曲轴（正时结束），
使凸轮轴链轮的标记（如图 14-73 中 4）与标记（如
图 14-73 中 5）对齐在气缸盖罩上，并确保曲轴链轮

上的标记（如图 14-73 中 6）处于较低的垂直位置。
拆下曲轴附件皮带轮螺栓。

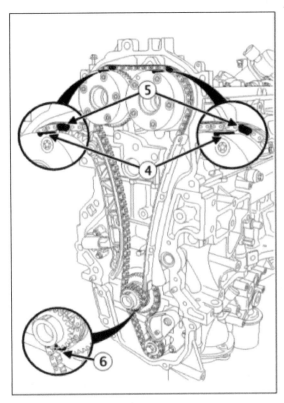

图 14-73

（3）压紧正时链条张紧器，如图 14-74 所示。

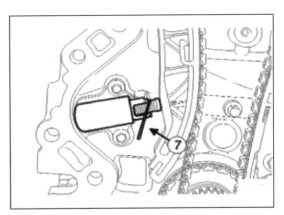

图 14-74

（4）在张紧器内放一根金属棒以保持链条松动。

（5）拆下正时液压张紧器螺栓。

（6）拆下正时液压张紧器。

（7）拆下正时链条导向螺栓。

（8）拆下正时链条导轨。

（9）拆下正时链条。

（二）安装

1. 安装准备操作

注意：不要刮擦铝材的接合面，对接合面造成的任何损坏都会导致泄漏的风险。使用清洁剂清洗正时盖的接合面。使用塑料抹刀去除残留物。使用清洁剂完成接合面的清洁灰色研磨垫。注意：为确保正确密封，垫圈表面必须清洁、干燥且不油腻（避免任何指印）。用表面清洁剂清洁：气缸体和气缸盖上正时盖的接合面和正时盖。

2. 需要更换的配件

（1）O形圈。

（2）曲轴皮带轮。

（3）正时端的曲轴密封件。

3. 安装

（1）正时链条装配图如图14-75所示。检查气缸盖罩上的标记（如图14-75中8）与凸轮轴链轮上的对齐曲轴链轮上的标记（如图14-75中9）处于较低的垂直位置。

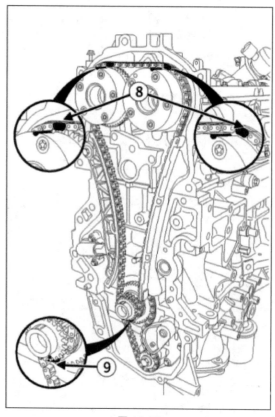

图14-75

（2）将发动机置于"上止点"。

（3）安装正时链条导轨。

（4）安装正时链条导向螺栓。

（5）安装正时液压张紧器。

（6）安装正时液压张紧器螺栓。

（7）将曲轴顺时针旋转两圈（校对正时结束）。

（8）检查凸轮轴链轮上的标记与气缸盖罩上的标记正确对齐，曲轴链轮标记位于较低的垂直位置。

（9）注意：使用过多的密封剂可能会导致在拧紧零件时将其挤出。密封剂和流体的混合物可能会损坏某些部件（发动机、散热器等）。涂上一粒硅酮密封胶，正时盖接合面周边直径4mm（如图14-76中10）。

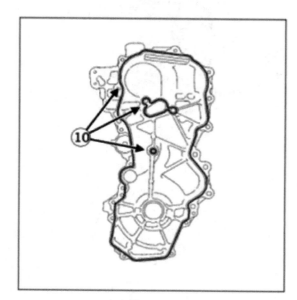

图14-76

4. 最终操作

按照与拆卸相反的顺序进行安装。

三、车型

进口科雷傲（2.0L M4R），2011—2015年。

（一）正时链条拆卸和安装

1. 专用工具

（1）带有多功能调整正时和保持带的发动机锚架Mot 1453，X45/M4R/APL03。

（2）外壳的硅密封圈拆卸工具 Mot 1716，X45/M4R/APL03。

2. 拆卸

（1）拆卸准备工作。

①将车辆置于双柱举升机上。

②断开蓄电池。

③拆卸进气歧管。

④放出发动机机油。

⑤请拆下右前轮、右前轮叶子板内衬和附件皮带。

⑥注意：为确保完全稳定，在轴承表面放置一块木头或类似的材料。注意：为了确保完全稳定，将物体放置在元件插孔后面或类似物以提供支撑。

⑦将千斤顶（如图14-77中1）或类似的发动机支撑工具放置在气缸体下。

图 14-77

⑧拆下右侧发动机支架支撑、凸轮轴可变相位装置电磁阀和凸轮轴附件皮带轮。

⑨拆下发动机线束支架螺栓（如图14-78中2）。将发动机线束移动到另一侧。

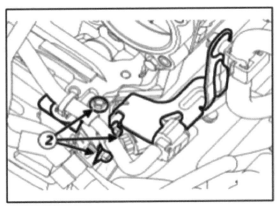

图 14-78

⑩重新安装挂耳和吊耳螺栓（如图14-79中3）。将吊耳螺栓的扭矩拧紧为28N·m。

⑪拆卸天窗半格栅。

⑫在如图所示位置安装专用工具Mot 1453（如图14-80中4）。

（2）正时链拆卸

①举升车辆来拆下正时盖螺栓。拆卸正时盖上的螺栓（如图14-81中6）。

②落下车辆。

③确认千斤顶位置。

④拆下正时盖上的螺栓并标记螺栓的位置。

⑤拆下吊耳螺栓（如图14-81中7）。

⑥拆下吊耳。

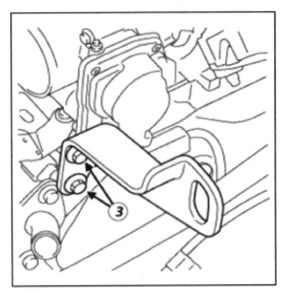

图 14-79

图 14-80

⑦用专用工具Mot1716（如图14-82中8）来拆下正时盖。拆下正时盖（如图14-82中9）。用扳手拧紧曲轴附件皮带轮螺栓（不要覆盖正时链轮标记），并将其安装在曲轴上。拆下专用工具Mot1716。

⑧拆下O形环（如图14-83中10）。用扳手拧紧曲轴附件皮带轮螺栓（不要覆盖正时链轮标记），并将其安装在曲轴上。小心地顺时针转动曲轴正时端，使凸轮轴链轮（如图14-83中11）上的标记与气缸盖罩上的标记（如图14-83中12）对齐，并确保曲轴链轮（如图14-83中13）上的标记处于下部垂直位置。拆下曲轴附件皮带轮螺栓。

⑨压紧正时链张紧器。将一个金属棒（如图14-84中14）插入到张紧器，以保持链条松弛。

⑩拆下正时链张紧器螺栓（如图14-85中15）和

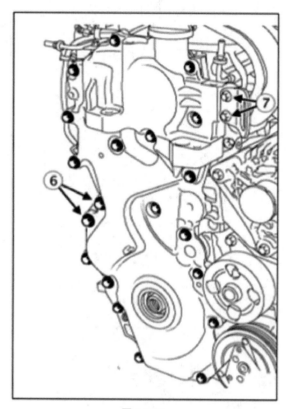

图 14-81

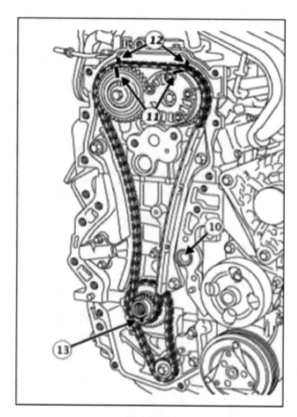

图 14-83

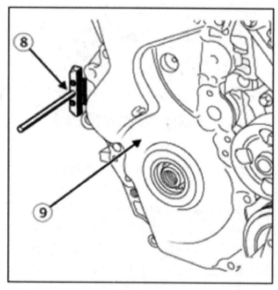

图 14-82

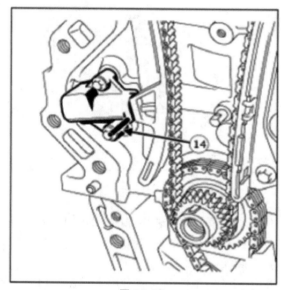

图 14-84

正时链张紧器（如图 14-85 中 16）。

⑪拆下正时链张紧器隔板轨螺栓（如图 14-86 中17）和正时链张紧器隔板（如图 14-86 中 18）。

⑫拆下正时链导轨螺栓（如图 14-87 中 19）和正时链导轨（如图 14-87 中 20）。

⑬拆下正时链（如图 14-88 中 21）。

3.安装

（1）准备重新安装。

注意：不要划伤铝零件的接触表面，任何损坏接触表面都会造成泄漏危险。接触表面使用超级清洁剂清洁正时盖的配合表面。使用塑料刮刀刮除残留物。使用分段灰色抛光垫完成接头表面的清洁。为确保正确密封，垫圈表面必须清洁、干燥、无油脂（避免出现任何指纹）。

①清洁部件。

气缸体的正时盖和气缸盖上的接触表面和正时盖。

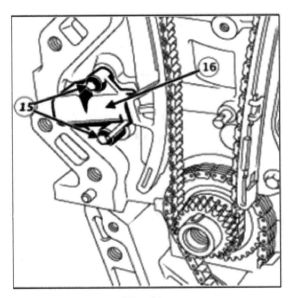

图 14-85

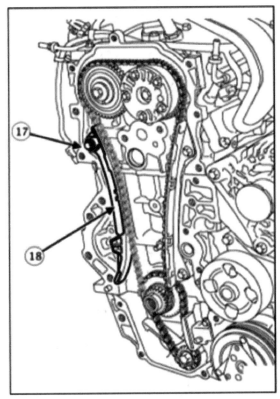

图 14-86

②需要更换的部件。
①曲轴附件皮带轮螺栓。
②正时链条张紧器垫片。
③正时链条张紧器。
④正时链条。
⑤正时侧的曲轴密封件。
⑥正时链导轨。
（2）重新安装正时链。

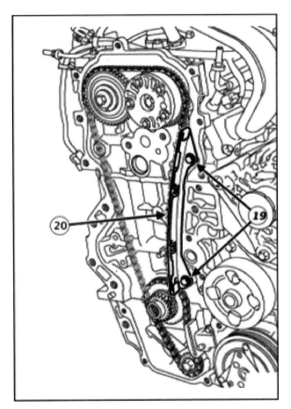

图 14-87

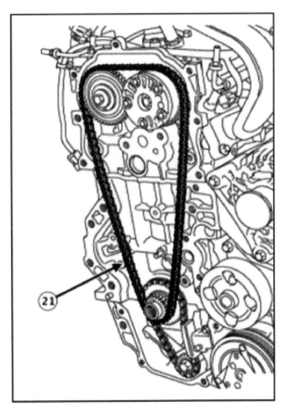

图 14-88

①检查气缸盖罩上标记（如图 14-89 中 22）与凸轮轴链轮标记对齐。曲轴链轮标记（如图 14-89 中 23）处于下部垂直位置。

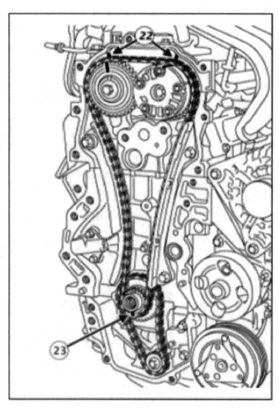

图 14-89

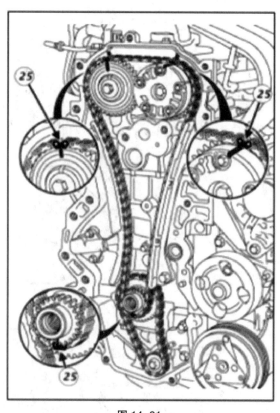

图 14-91

②将发动机设置为"上止点"。

③安装新的正时链（如图 14-90 中 24），让正时链（如图 14-91 中 25）上的标记与每个链轮上的标记

对齐。

④重新安装新的正时链导轨（如图 14-92 中 26）和正时链导轨螺栓（如图 14-92 中 27）。将正时链导

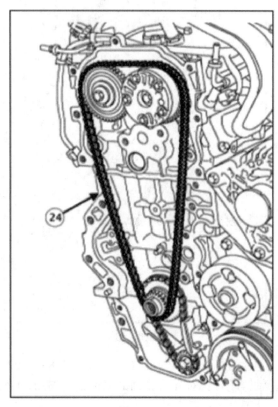

图 14-90

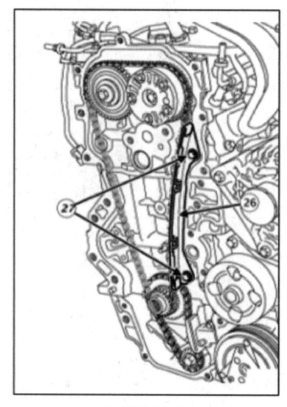

图 14-92

轨螺栓拧紧至 25N·m。

⑤重新安装新正时链张紧器隔板（如图 14-93 中 28）和正时链张紧器隔板螺栓（如图 14-93 中 29）。将正时链条张紧器隔板螺栓拧紧至 25N·m。

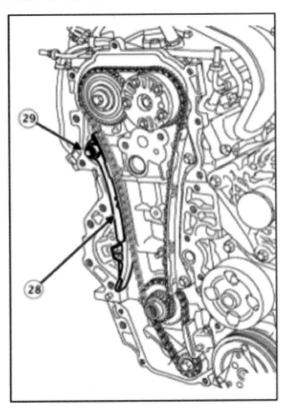

图 14-93

⑥重新安装新的正时链张紧器（如图 14-94 中 30）和正时链张紧器螺栓（如图 14-94 中 31）。将正时链张紧器螺栓拧紧至 10N·m。

图 14-94

⑦拆下金属棒（如图 14-95 中 32）来释放正时链张紧器。用扳手将旧的曲轴附件皮带轮螺栓拧紧到曲轴上（不覆盖正时链轮标记）。顺时针转动曲轴 2 圈。

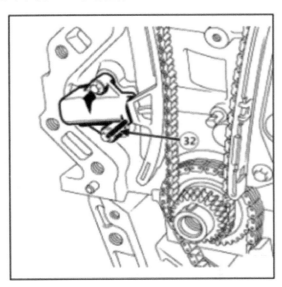

图 14-95

⑧将凸轮轴链轮上的标记与气缸盖罩的标记（如图 14-96 中 33）对齐。曲轴链轮（如图 14-96 中 34）上的标记处于下部垂直位置。拆下旧的曲轴皮带轮螺栓和垫片。重新安装新的 O 形圈（如图 14-96 中 35）。

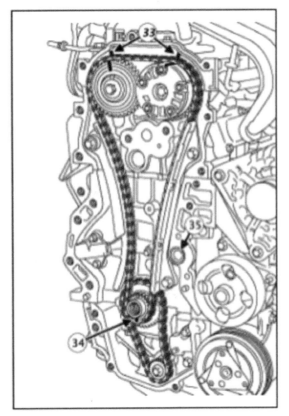

图 14-96

⑨注意：使用过多的密封胶会导致密封零件时密封胶被挤出。密封胶和液体的混合物会损坏某些部件（发动机、散热器等）。在正时盖（如图14-97中36）上涂抹密封胶。

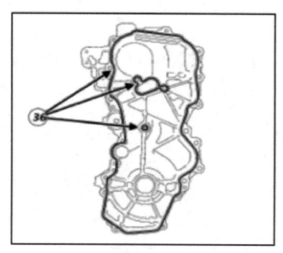

图 14-97

⑩注意：这个操作需要两个人。重新安装正时盖和正时盖螺栓。

按顺序拧紧力矩：正时盖 M5 螺栓拧紧力矩 7N·m，正时盖 M6 螺栓拧紧力矩 25N·m，正时盖 M10 螺栓拧紧力矩 55N·m，正时盖 M12 螺栓拧紧力矩 75N·m，如图14-98所示。

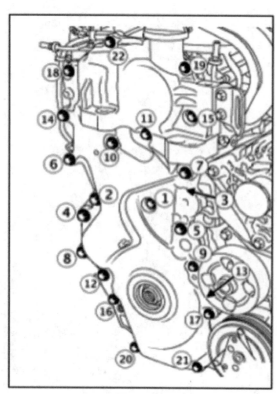

图 14-98

（3）继续步骤。

①拆下专用工具 Mot1453。

②重新安装天窗半格栅、吊耳和吊耳螺栓。吊耳螺栓的拧紧力矩为 28N·m。

③重新安装发动机线束支架螺栓、凸轮轴附件皮带轮、凸轮轴可变相位装置电磁阀、右侧发动机支架支撑、附件皮带、右前轮内衬、右前轮和进气歧管。

④连接蓄电池。

⑤加注发动机机油。

四、车型

进口雷诺达斯特冒险家（2.0L），2019 年。

（一）正时皮带拆卸和重新安装

1. 强制性的专用工具

（1）TDC 定位销 Mot.1054。

（2）凸轮轴正时工具 Mot.1496。

（3）锁皮带轮通用工具 Mot.2100。

（4）F4 型发动机凸轮轴链轮锁止工具 Mot.1801。

（5）Mot.1509 或 Mot.1801 适配器套件 Mot.1509-01。

2. 拆卸

（1）拆卸准备操作。

①将车辆放置在双柱举升机上。

②拆卸进气管。

③拆卸右前轮。

④拆卸右侧发动机支架支撑。

⑤使用螺丝刀在凸轮轴密封塞的中间打一个孔，如图14-99所示。拆下凸轮轴密封塞。

图 14-99

⑥拆卸 TDC 设置销塞（如图 14-100 中 2）。

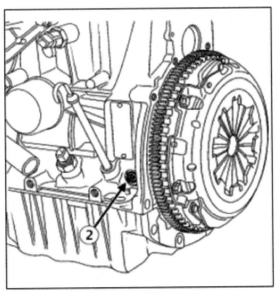

图 14-100

（2）拆卸操作。

①调整正时。重新装上曲轴附件皮带轮和曲轴附件皮带轮螺栓。

②顺时针旋转发动机，使凸轮轴凹槽偏移到中心线下方且几乎水平，如图 14-101 所示。TDC 设置销在设定点前位置，如图 14-102 所示。TDC 设置销在设置点的位置，如图 14-103 所示。

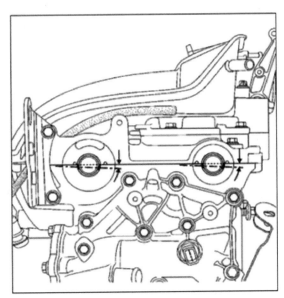

图 14-101

③插入 TDC 设置销（Mot.1054）并稍微顺时针旋转发动机，直到达到设定点，如图 14-103 所示。

④在设定点，凸轮轴槽必须水平和偏移到中心线以下，如图 14-104 所示。

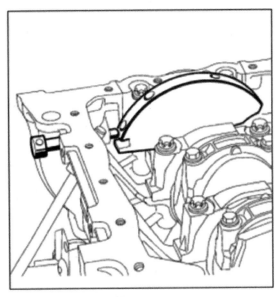

图 14-102

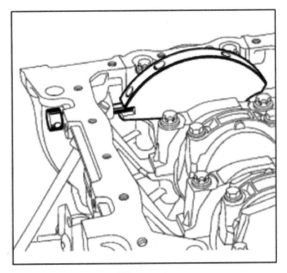

图 14-103

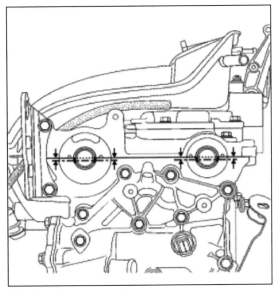

图 14-104

⑤将专用工具 Mot.1496 装在凸轮轴的末端,如图 14-105 所示。拆卸曲轴附件皮带轮螺栓和曲轴附件皮带轮。

图 14-105

(2)拆卸正时带。

①危险:切勿使发动机反向转动。注:检查正时皮带的张力后,务必更换进气凸轮轴相位器螺栓和排气凸轮轴皮带轮螺母。

②拆下上正时盖、上正时盖上的螺母和螺栓(如图 14-106 中 3),下正时盖和下正时盖上的螺栓(如图 14-106 中 4)。

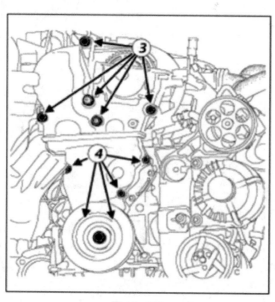

图 14-106

③松开张紧辊子螺母(如图 14-107 中 5),松开正时皮带。拆下惰轮(如图 14-107 中 6)以及螺栓和

隔板。拆下正时带。拆下张紧辊子(如图 14-107 中 7)及其螺母。拆下曲轴链轮(如图 14-107 中 8)。检查凸轮轴相位器的圆形标记位置(圆形标记不向左或向右旋转)是否正确,如果不对,请更换进气凸轮轴相位器。

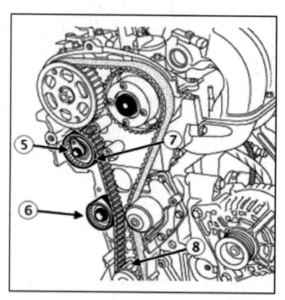

图 14-107

3. 重新安装

(1)调整正时。

①使用专用工具 Mot.2100,如图 14-108 所示定位凸轮轴凹槽。

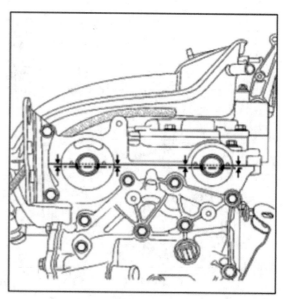

图 14-108

②将专用工具 Mot.1496 固定到凸轮轴的末端,如图 14-109 所示。

③检查曲轴设置是否正确且不位于平衡孔内,曲

图 14-109

轴凹槽（如图 14-110 中 9）应位于两个曲轴封闭盖肋
（如图 14-110 中 10）的中间。

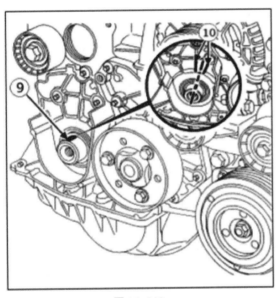

图 14-110

④设置销在平衡孔中，如图 14-111 所示，不正确
如图 14-112 所示。

⑤安装专用工具 Mot.1801 和专用工具 Mot.1509-
01。上正时盖上的上部螺栓（如图 14-113 中 11），
锁环螺母（如图 14-113 中 12）。

⑥将工具的链轮齿（如图 14-114 中 13）与凸轮
轴带轮接触。链轮齿螺母拧紧力矩 80N·m。拆下进
气凸轮轴相位器堵盖（如图 14-114 中 14）。

⑦通过单旋回操作进行释放：旧的进气凸轮轴相
位器螺栓（如图 14-115 中 15），旧的排气凸轮轴皮

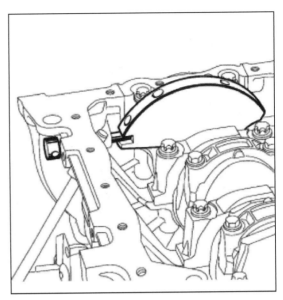

图 14-111

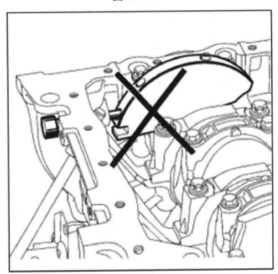

图 14-112

图 14-113

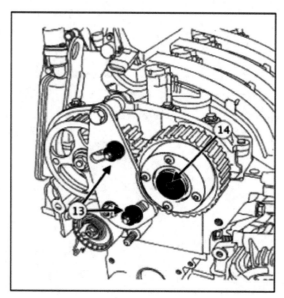

图 14-114

带轮螺母（如图 14-115 中 16）。

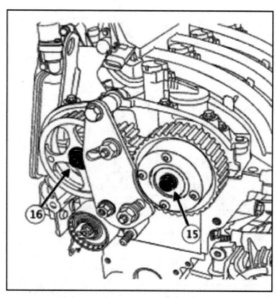

图 14-115

⑧拆下进气凸轮轴相位器螺栓、排气凸轮轴皮带轮螺母、专用工具 Mot.1801 和 Mot.1509-01 和凸轮轴皮带轮。必要时，松开螺柱螺母。用旧支架重新安装除污的凸轮轴皮带轮。使用专用工具 Mot.2100 将旧的凸轮轴皮带轮紧固件拧紧，拧紧力矩 15N·m。

（2）重新安装正时皮带。

①重新安装曲轴链轮。

②重新安装正时皮带。

③重新安装惰轮。将惰轮支架螺栓拧紧，拧紧力矩为 50N·m。

④确保张紧辊子突出部（如图 14-116 中 17）正确地定位在凹槽（如图 14-116 中 18）中。

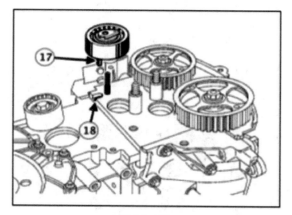

图 14-116

（3）皮带张紧。

注意：不要以逆时针方向旋转张紧辊子。

使用 6mm 内六角扳手在如图 14-117 所示位置转动，使张紧辊子标记（如图 14-117 中 20）和标记（如图 14-117 中 21）对齐。预拧紧张紧辊子螺母，拧紧力矩 7N·m。

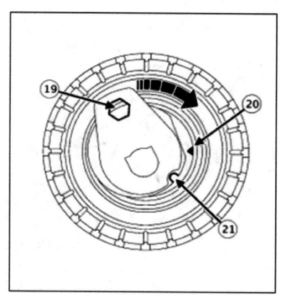

图 14-117

②使用专用工具 Mot.1801 和 Mot.1509-01 锁止凸轮轴皮带轮。再拧紧旧排气凸轮轴皮带轮螺母（如图 14-118 中 22），拧紧力矩 30N·m，拧紧旧凸轮轴相位器螺栓（如图 14-118 中 23），拧紧力矩 30N·m。

③在凸轮轴皮带轮和凸轮轴轴承盖之间做一个铅笔标记（如图 14-119 中 24）。

④拆下专用工具 Mot.1801 和 Mot.1509-01，专用工具 Mot.1496 和 Mot.1504。

（4）检查正时。

①顺时针旋转曲轴两圈。

②安装 TDC 设置销（Mot.1054）（检查凸轮轴皮

图 14-118

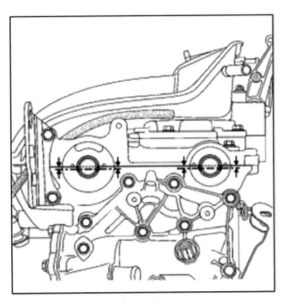

图 14-120

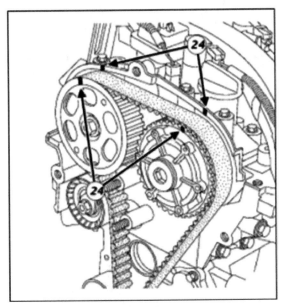

图 14-119

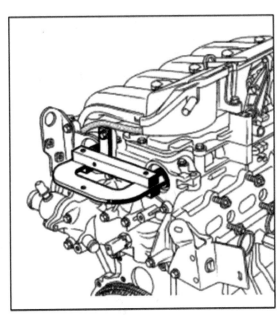

图 14-121

带轮上的标记是否对齐）。

　　③在检查正时设置前确保张紧辊子标记定位正确。

　　④安装（不强制安装）凸轮轴设置工具（Mot.1496）（凸轮轴凹槽必须水平且向底部偏移），如图 14-120 和图 14-121 所示。如果工具未能啮合，则必须重复正时设置和张紧程序。

　　（5）最后操作：

　　①按照相反的顺序进行。

　　②用泥封重新安装曲轴 TDC 插销。

　　③重新安装下部正时罩。

　　④重新安装下部正时罩螺栓。拧紧下部正时罩螺栓，拧紧力矩 9N·m。

　　⑤重新安装上部正时罩。

　　⑥重新安装上部正时罩螺栓。拧紧上部正时罩螺栓，拧紧力矩 38N·m。

五、车型

　　东风雷诺科雷缤 Tce240（1.3T H5HC453），2019—2021 年。

　　（一）正时链拆卸和安装

　　1. 拆卸

　　（1）拆卸准备步骤。

　　①备案遮阳篷格栅和遮阳篷格栅下的导流板。

　　②拆下"发动机和变速器"总成。

　　③从发动机上拆下变速器。

④装上发动机支撑支持。

⑤排空发动机。

⑥备案附件皮带、水泵皮带轮螺栓、水泵皮带轮、曲轴附件皮带轮和正时罩螺丝。

⑦用平头螺丝刀轻轻撬动正时罩（如图14-122中1所示）。

图14-122

⑧用木槌敲打吊耳（如图14-123中2），拆下正时罩。

⑨备案油尺导轨、油底壳通风管、水泵进水管、节气门体、高压燃油泵、高压油轨和喷油器、真空泵、点火线圈和排气凸轮轴传感器。

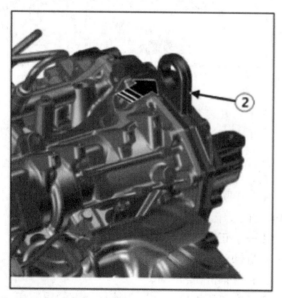

图14-123

⑩从隔热罩上松开上游和下游氧传感器插头（如

图14-124中3）。拆下废气温度传感器的插头（如图14-124中4）。移开废气温度传感器的线束（如图14-124中5）。拆下颗粒滤清器压力传感器（如图14-124中6）。将颗粒滤清器压力传感器的线束移到一边。拆下涡轮增压器上部隔热罩的螺丝并移到一边（如图14-124中7）。拆下冷却管支架螺栓。将冷却管支架移到一边。拆下气缸盖罩。取下正时盖。

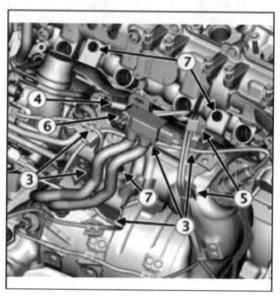

图14-124

⑪检查排气凸轮轴正时齿轮上的标记（如图14-125中8）以及进气凸轮轴正时齿轮上的标记（如图14-125中9）位于图14-125所示的位置。

图14-125

（2）拆卸步骤。

①使用2.5mm直径的金属棒（如图14-126中

11）尽可能降低液压张紧器的杆（如图 14-126 中 10）来解锁张紧器活塞。

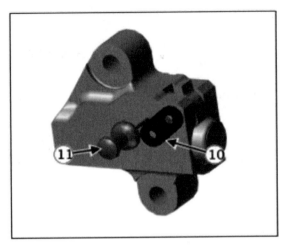

图 14-126

②推动正时链条张紧器导轨直到液压正时张紧器的活塞完全被压下（如图 14-127 中 12）。从液压正时张紧器上卸下 2.5mm 直径的金属杆。

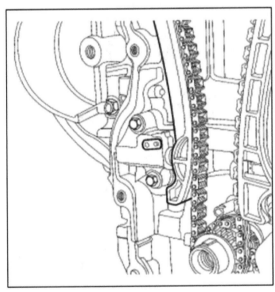

图 14-127

③小心地松开正时链条张紧器导轨装置，直到张紧器杆与张紧器壳体上的孔对齐，如图 14-128 所示。

④将 2.5mm 直径的金属棒安装在液压正时张紧器外壳的孔中，以将正时链条张紧器杆锁定在锁定位置。备案液压正时张紧器螺栓、正时链条张紧器（注意不要解锁）、从其轴上的正时链条张紧器导轨、正时链条导轨的螺丝和正时链条导轨。

⑤请使用专用工具 MOT.2203 固定凸轮轴，然后松开正时链轮的螺栓，进气侧（如图 14-129 中 13）和排气侧（如图 14-130 中 14）。备案正时齿轮的螺栓、

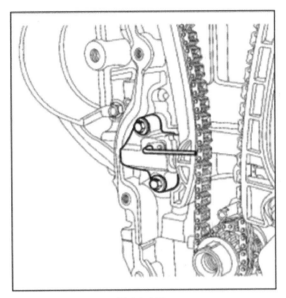

图 14-128

图 14-129

图 14-130

715

排气凸轮轴正时齿轮、进气凸轮轴正时齿轮和分配链。

2. 接着步骤

（1）安装准备步骤。

①使用塑料刮刀清除黏附在垫圈面上的任何硅胶垫圈残留物。危险：请勿划伤铝材表面的接合面，接合面表面状况的任何损伤都会带来泄漏的风险。

②清洁气缸盖、气缸体和正时盖。注意：不要使用砂纸。

③必须更换液压正时链条张紧器、正时链条张紧器导轨和正时链条导轨。

④检查曲轴的标记（如图14-131中15）位置垂直向下。

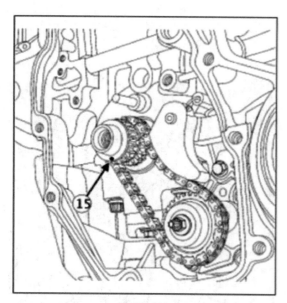

图 14-131

（2）安装步骤。

①安装进气凸轮轴正时齿轮、排气凸轮轴正时齿轮和正时齿轮的螺栓。

②警告：为避免正时链条从齿轮上跳出的风险，切勿以与正常操作相反的方向转动发动机。从凸轮轴调节器开始并与新正时链涂漆链节（如图14-132中16）与进气凸轮轴相位器标记（如图14-132中17）、排气凸轮轴链轮标记（如图14-132中18）和曲轴小齿轮标记（如图14-133中19）。安装分配链导轨、正时链条导轨螺栓、新的正时链条张紧器导轨、新的液压正时链条张紧器和液压分配张紧器。

③解锁液压正时张紧器。顺时针旋转曲轴两圈（正时侧）。

④检查排气凸轮轴正时链轮上的标记（如图14-134中20）以及进气凸轮轴正时链轮上的标记（如图14-134中20）位于图14-134中所示的位置。

图 14-132

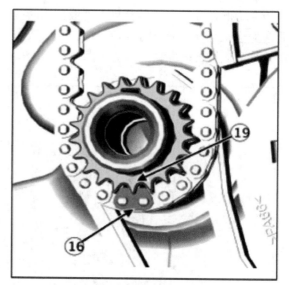

图 14-133

图 14-134

（3）最后步骤。

①清洁气缸盖和气缸体表面。将正时盖 / 气缸盖和正时盖 / 油底壳之间的间隙涂上直径为 3~4mm 的密封剂，如图 14-135 中 21 所示。注意：在应用过程中过量的密封剂会导致本产品在夹紧零件时溢出。密封剂会导致某些元件（发动机、散热器等）退化，故使用塑料刮刀去除多余的密封剂。

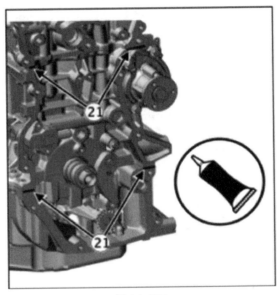

图 14-135

②涂抹硅胶密封条凹口处的最小厚度为 5mm（如图 14-136 中 22），确保正时盖 / 气缸体 / 气缸盖完全密封。使用以上方法去除正时盖的接合面表面多余胶。

③在正时盖的垫圈表面上（如图 14-137 中 23）涂上硅胶密封条，直径为 3~4mm，距正时盖内缘

图 14-136

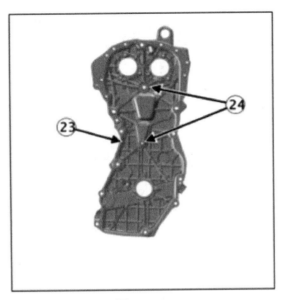

图 14-137

1~2mm 处。正时箱中央部分（如图 14-137 中 24）。

④等待 5~10min 安装正时盖和正时盖螺栓。

⑤扭紧正时盖螺栓。用无绒布擦掉附着在正时盖边缘的多余胶。

（4）最后一步。

按照与拆卸相反的顺序进行。

六、车型

雷诺 ESPACE（太空）Tce 300（1.8T M5PK401），2018 年。

东风雷诺科雷嘉 Sce 200（2.0L M5R），2019 年。

1. 拆卸

（1）拆卸准备操作。

①将车举升到两柱举升机上。

②拆下发动机和变速器总成。

③从发动机上拆下变速器。

④将发动机安装到支架上。

⑤排空发动机油液。

⑥安装专用工具 Mot.1431（如图 14-138 中 1）。

⑦拆下曲轴附件皮带轮和正时侧的曲轴密封圈。

⑧拆下凸轮轴可变相位装置供油罩螺栓、凸轮轴可变相位装置供油帽和凸轮轴可变相位装置供油罩密封圈。

（2）拆卸操作。

①拆下正时罩上的螺栓。

②使用专用工具 Mot.1716（如图 14-139 中 2）拆下正时罩。拆下正时罩（如图 14-139 中 3）。安装曲轴附件皮带轮螺栓。拆下专用工具 Mot.1431。

③顺时针轻转曲轴（正时端）为了将凸轮轴链轮的标记与摇臂室盖上的标记对齐，并确保曲轴链轮上

图 14-138

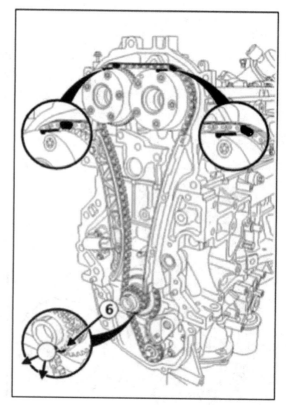

图 14-140

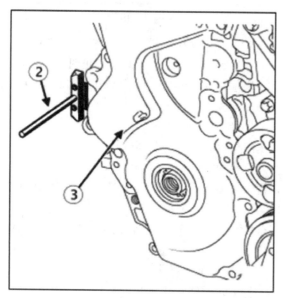

图 14-139

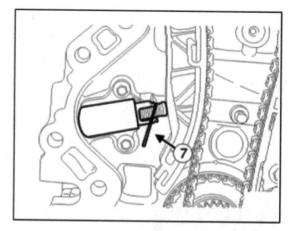

图 14-141

的标记（如图 14-140 中 6）处于垂直向下的位置。拆下曲轴附件皮带轮螺栓。

④压紧正时张紧装置。将硬度金属棒（如图 14-141 中 7）插入张紧装置中以保持松动。

拆下正时液压张紧器螺栓、正时液压张紧器、正时链条导轨螺栓、正时链条导轨和正时链条。

2. 重新安装

（1）重装安装准备操作。

注意：严重刮擦铝制件的接合面，接合面的任何损坏都将导致危险。使用接合面超级清洁剂清洁正时盖的接合面。使用塑料刮刀刮除残留物。必须更换的部件：O 形环。

（2）重新安装操作

①重装正时链条。

②检查摇臂室盖上的标记（如图 14-142 中 8）与凸轮轴链轮上的标记对齐，曲轴链轮标记（如图 14-142 中 9）处于垂直向下的位置。

③设置发动机"上止点"。

④重新安装正时链导轨、正时链导轨螺栓、正时链液压张紧器和正时链液压张紧器螺栓。

⑤顺时针旋转曲轴（正时端）两圈。

⑥检查：将凸轮轴链轮上的标记与气缸盖罩上的标记对齐正确，曲轴链轮标记处于向下垂直位置。

⑦注意：使用过度的密封胶会导致密封件被退化。用 4mm 的胶涂抹在正时盖接合面（如图 14-143 中 10）边缘一圈。

（3）最后的操作。

按照相反顺序拆开。

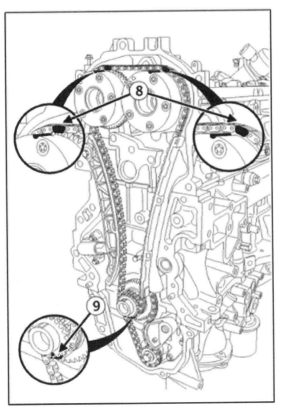

图 14-142

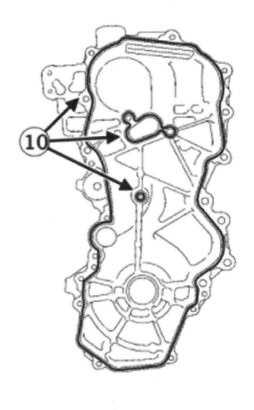

图 14-143